A HISTORY OF ART COLLECTING
艺术收藏的历史

〔美〕弗朗西斯·亨利·泰勒 著
秦传安 译

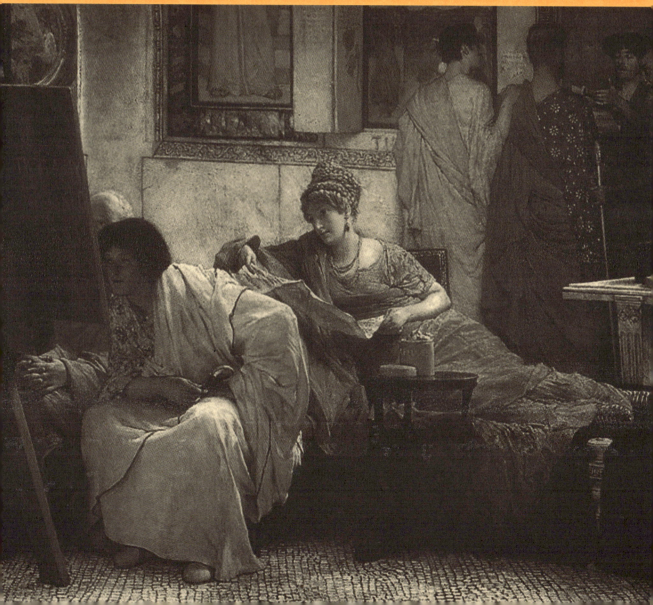

图书在版编目（CIP）数据

艺术收藏的历史 /（美）泰勒(Taylor,F.H.) 著；秦传安译. —北京：北京大学出版社, 2013.8
ISBN 978-7-301-22442-7

Ⅰ.①艺… Ⅱ.①泰…②秦… Ⅲ.①艺术品–收藏–历史–世界 Ⅳ.①G894

中国版本图书馆CIP数据核字(2013)第084112号

书　　　名：	艺术收藏的历史
责任著作者：	[美] 弗朗西斯·亨利·泰勒 著　秦传安 译
责 任 编 辑：	闵艳芸
标 准 书 号：	ISBN 978-7-301-22442-7/J·0504
出 版 发 行：	北京大学出版社
地　　　址：	北京市海淀区成府路205号 100871
网　　　址：	http://www.pup.cn　新浪官方微博：@北京大学出版社
电 子 信 箱：	minyanyun@163.com
电　　　话：	邮购部 62752015　发行部 62750672　编辑部 62752824 出版部 62754962
印 刷 者：	北京中科印刷有限公司
经 销 者：	新华书店
	787×1092mm　16开本　26.5印张　516千字 2013年8月第1版　2013年8月第1次印刷
定　　　价：	128.00元

未经许可，不得以任何方式复制或抄袭本书之部分或全部内容。
版权所有，侵权必究
举报电话：010-62752024　电子信箱：fd@pup.pku.edu.cn

目 录
CONTENTS

导言 1

第一章
古典传统的起源 1
  1. 最早的收藏 2
  2. 希腊的贡献 8
  3. 罗马假日 14
  4. 中世纪 27
  5. 封建的北方 37

第二章
意大利与资本主义的兴起 41
  1. 美第奇家族 42
  2. 与美第奇家族争辉的对手们 56
  3. 作为保护人和收藏家的教皇们 67
  4. 美第奇家族的金色落日 87

第三章
哈布斯堡家族的长臂 93
  1. 新颖的，奇妙的，古怪的，罕见的 94
  2. 百万和百万富翁 99
  3. 女总督和皇帝 108
  4. 帝王有很多 116

艺术收藏的历史
A History of Art Collecting

124　　5. 大公爵收藏家
132　　6. 腓力二世：是美第奇，还是宗教裁判官

第四章
141　意大利文化的传播及法国、英国与荷兰的财政
142　　1. 枫丹白露学派
154　　2. 都铎王朝治下收藏的兴起
161　　3. 斯图亚特王朝的辉煌
168　　4. 白金汉公爵
172　　5. 英格兰的古玩之父
180　　6. 议会导致的悲剧性散佚

第五章
185　十七世纪西班牙与低地国家的收藏
186　　1. 安特卫普与勃艮第人的遗产
191　　2. 荷兰共和国的中产阶级艺术
203　　3. 西班牙及低地国家的艺术与外交

第六章
217　古典余晖中的罗马
218　　1. 裙带关系与巴洛克艺术
225　　2. 瑞典女王克里斯蒂娜

3. 梵蒂冈博物馆的形成　233

第七章
艺术与法兰西专制主义　239
1. 学院的理想　240
2. 王室收藏　243
3. 马萨林的兴衰沉浮　248
4. 大计划与太阳王的日薄西山　253
5. 卢浮宫的开始　258
6. 时尚玩家：弗尔吕厄夫人　264
7. 蓬巴杜夫人的统治　269
8. 古玩家与哲学家　275

第八章
理性时代的英国收藏家　291
1. 乔治时代的品味与不断扩张的财富　292
2. 科学兴趣　297
3. 霍勒斯·沃波尔与多数趣味的统治　302
4. 霍顿庄园与草莓山　308
5. 觊觎艺术王座的汉诺威王室　313
6. 业余爱好者的黄金时代　318
7. 皇家艺术学院　322

330	8. 雅典人、哥特人与中国人
337	9. 业余爱好者与考古学
342	10. 埃尔金大理石之战

第九章
349 德国专制主义与仿造的凡尔赛

350	1. 波兰与萨克森
355	2. 腓特烈大帝与普鲁士收藏的兴起
362	3. 凯瑟琳大帝

第十章
367 拿破仑时代的收藏

368	1. 山雨欲来的革命风暴
373	2. 洗劫意大利
376	3. 维旺－德农与拿破仑博物馆
388	4. 法兰西古迹博物馆
391	5. 归还和赔偿

| 394 | **结语** |
| 396 | **人名、地名（英汉对照）** |

导　言

　　第二次世界大战之后，在法西斯意大利那些骚动不宁的日子，艺术圈子里流传着一个传闻，说的是一个美国旅行者在佛罗伦萨买了一幅提香的画。为了蒙混当局，瞒天过海地把这幅画带出这个国家，他请来一个修补师，用一层厚厚的清漆把画面覆盖，等彻底干透之后，再在上面画一幅现代风景。这幅画从莫达讷过了海关，很快就运抵巴黎。在那里，收藏者请来另一位技术更高超的修补师，让他除掉覆盖层，使之恢复原貌。修补师埋头苦干了几个礼拜：先是清除了那幅现代风景画，然后出现了提香的画。但他并不满足于他所发现的东西，于是继续清理。最后，在提香画作的下面，紧贴着画布本身，是一幅墨索里尼的肖像。现在看来，这个传闻很可能是向壁虚构的，但从中得出的道德教训却千真万确，因为它所带有的真实性的印记，远远超过学者们在拍卖行里滥发的证书。

　　事实上，道德教化正是激励笔者撰写本书的动机。作为博物馆的馆长和管理者，20年的经历使得我相信，艺术收藏是一种本能的、十分常见的现象，不可能一概斥之为纯粹的时尚或对名声的渴望。它是内在个体一种复杂的、抑制不住的表达，有点像魔鬼，一些伟大人物也经常被这个魔鬼附体。一个古怪的巧合是，本书中涉及的男男女女，其人都十分有趣，即便是那些一辈子从未收藏过任何东西的人，也是如此。

　　这些个体彼此之间差别很大，却都是他们各自时代和各自国家的典型代表——古埃及的法老，希腊化时期的早期祭司和圣殿司库，雅典早期的暴君，亚历山大大帝和他的将军们。随着罗马对古代东方的征服，新的战利品和新的文化便纷纷涌入罗马——共和国的军人和元老，尤里乌斯·凯撒，帝国时代的皇帝们，以及像维吉尔和西塞罗那样的普通公民，都进入了古代最重要艺术收藏家的名单。收藏的时尚在行省总督维勒斯的挑剔和贪婪中达到了高潮，西塞罗对维勒斯的控告让人想起战后对赫尔曼·戈林的审判，他被指控对社会和纽伦堡的艺术品犯下了同样的罪行。

　　中世纪的圣徒和罪人给收藏的艺术增添了他们自己的独特风味；圣丹尼斯修道院的絮热院长、贝里公爵、勃艮第公爵和日耳曼的少年王子们使他们的收藏成为迷信与现实的结合，并最终为博物学和科学博物馆奠定了基础。反过来，与他们相抗衡的是文艺复兴时期的艺术画廊，是佛罗伦萨的美第奇家族和历任罗马教皇，他们给这些画廊贡献了他们的人文主义和他们的慷慨资助。

　　这些都是艺术史家所熟悉的故事。不那么为人所知的是那些追寻他们足迹的人所遵循的模式：自 1273 至 1918 年统治欧洲不同地区的哈布斯堡王室的财富积累，他们留下了普拉多美术馆，以及维也纳和低地国家的很多画廊；还有英格兰的收藏三巨头——查理一世、白金汉公爵和阿伦德尔伯爵。在 6 个世纪的时间里，法国在瓦罗亚王室和波旁王室的统治下，把高卢文化的杰作聚集到了它的教堂、宫殿和博物馆中。黎塞留、马萨林、柯尔贝尔迈步走在前面，拿破仑标志着其雄心壮志的顶峰，使得 19 世纪的发展成为可能，并为现代艺术的生根发芽准备了土壤。

　　尤其值得一提的是英国的遗产，在我们自己这个时代的政治、生活和文学中扮演了一个如此显著的角色。因为英国人懂得艺术领域的帝国主义，懂得它们在社会中所发挥的作用，这个社会在绅士的身上完成了它的最终实现——绅士是一个世界公民，他的身上结合了古希腊的智性理想和中世纪的骑士精神。如果说本书选择霍勒斯·沃波尔作为一个工具，来解释英国人对财产的世袭态度，那是因为，他不仅是这些习俗的缩影，而且是用英语写作的最伟大的艺术批评家。

　　这些都是艺术收藏史赖以构成的要素。然而，艺术收藏中两个最根本的组成部分自然是艺术家本人，以及富甲一方、学识渊博的艺术资助人，正是他们，使艺术家的天才得以开花结果。

　　人们常说，每一件艺术品都需要一个创造者和一个观赏者，因此有一点变得很明显：为了弄清楚资助人或收藏者所扮演的角色，需要某种探索性的研究。千百年来，收藏者一直维持着艺术家与门外汉之间的平衡，并以非凡的勇气和冒险精神，把文明史中切实有形的遗存传承了下来。因此，过去十年来，笔者从繁杂的行政事务中忙里偷闲，致力于这样一个目标：要穿透遮蔽画布的那层清漆，希望进一步找出藏在图画后面的人。

　　迄今为止尚没有一部用英语写成的艺术收藏通史。虽然有数量庞大的文献涉及到欧洲各个国家和各个时代具体的收藏阶段，但没有以任何语言出版过一部总体性的著作。在 19 世纪，我们的思想因为现代经济学的出现而发生了深刻的变革。紧接着出现了对历史和政治领域的动机和事件的重新评价。斯宾格勒和汤因比认识到了社会史与资本兴衰之间的相互作用。金钱似乎突然在学术的世界里赢得了自己的一席之地。但是，艺术史和艺术批评古怪地逃脱了经济学和社会科学的冲击。人文学科的作者和教师们满足于忍受陈腐过时的结论和套话。他们走进了死胡同，为了消磨单调乏味的时光，他们发明了肖像学的游戏，那是一种在无穷无尽的时间人行道上玩的智力跳房子游戏。

一百多年来，人们习惯于把创造时期看做是收藏时期和折衷时期的对立面。这一学说普遍流行，并被各国学者所接受；此外，考虑到下面这个事实，这一理论看上去好像颇有道理：创造性艺术产量最丰富的时期似乎都出现在文明开始衰落的时候。例如，19世纪中叶的历史学家没能认识到，大肆花钱的希腊化时期刚好与亚历山大大帝征服过程中大肆掠夺波斯黄金同时，古代世界突然出现了一次利润膨胀，随之而来的是富人当中的奢华时期（与穷人当中的悲惨境况形成鲜明对照），这在其他历史时期很少见到过。然而，今天我们已经学会了认识这些膨胀时期和紧缩时期的周期性特征。在埃及，第十八王朝出现了一次艺术复兴，其赖以建立的基础是对底比斯国王的掠夺。罗马的收藏是征服希腊和帝国扩张的战利品（主要是黄金和白银）。凯恩斯勋爵提出了一个很有说服力的论点：他相信，所谓的"黑暗时代"，其宗教和文化的衰落，并不比有史以来最悲惨的紧缩时期（紧接着罗马繁荣之后）更严重。由于交通改良所带来的贸易复兴，神圣罗马帝国的经济（它一直依赖于金银与农业和制造业之间微妙的比例平衡）为现代资本主义的兴起奠定了基础。

在克里斯托弗·哥伦布的历史性航行之后不到十年的时间里，来自新世界的黄金和白银便已经在运往西班牙的路上。紧接着是1519年来自蒙特祖玛的财宝。接下来是1534年来自秘鲁印加人的财宝。在16世纪，查理五世和亨利二世每年运回的财宝，比任何一年欧洲矿山的产值加在一起还要多。据汉密尔顿说，从1503至1660年，欧洲输入的黄金大约在5000万至1亿比索之间。黄金的过剩由于西班牙王室愚蠢的金融政策而变得更加要命。在西班牙人控制的安特卫普股票交易所出现了一次空前的繁荣之后，1557年出现了一次崩盘，导致腓力二世连续三次破产，与此同时也摧毁了佛罗伦萨（当时是教会的税收中心）和奥格斯堡银行家的势力。马德里的一块面包的价值相当于今天的11美元。物价的剧烈波动和普遍的灾难给宗教改革的火种添柴加炭。桑巴特、陶尼和马克斯·韦伯都把资本主义的兴起直接归功于加尔文教派的兴起，从而遮蔽了由于来自美洲的贵金属过剩所导致的实际原因。

要确定货币在从前时代的价值，有很多不同的因素要加以考量。因为，自中世纪以来，货币的数量发生了巨大而迅速的改变，其对物价的影响同样明显。趋势一直向上。欧文·费雪认为："如今的物价大约是1200至1500年间物价的10倍。"如果考虑到两次世界大战之后的通货膨胀及美元含金量大约贬值了50%，那么可以公正地说，费雪提到的这个比例在过去30年的时间里已经翻了一倍。普里泽夫德·史密斯声称:"中世纪几乎没有什么财富,只有不同程度的贫困,16世纪最早开始看到名副其实的财富积累。"1909年,法国有1100人年收入超过4万美元,其中,年收入超过20万美元的有150人。在1916年的英国,共有79人为超过1.25亿美元的财产缴税。在17世纪,法国最富有的人雅克·科尔所积累的资本只有540万美元。据估计,富格尔家族在1550年前后的全部财富为3200万美元。[①]教皇朱利叶斯二世的财政大臣阿戈斯蒂诺·基吉一年的收入据说是200万美元。另一方面,根本不存在一个繁荣兴旺的中产阶级。富人腰缠万贯,穷人一贫如洗。实际流通的货币少得可怜,关于这一点,可以根据下面这个事实加以判断:弗朗索瓦一世和亨利二世从税收中获得的总收入约为25.6万美元。

历史学家的难题就在于要把不同时期的货币价值换算成人类劳动的价值和生活必需品的价格。本书的目的就是要确立(不管多么模糊)艺术品在它赖以创造或获取的那个社会中的相对价值。为了这个目的,有必要对货币的价值做出某些武断的假设。我们所参考的标准货币是意大利的货币,它取决于佛罗伦萨的金基尔德或弗罗林和威尼斯的达克特,从中世纪时期起,这些货币的含金量是2.25美元[②]。粗略说来,达克特、弗罗林、基尔德、法国的里弗、英国的英镑和西班牙—奥地利的泰勒在将近300年的时间里一直或多或少地可交换使用,尽管它们的实际金银含量大不相同(依据各国对于货币贬值的政策)。没有制订出任何现代外币兑换的方法。这些国家之间的经济交往十分有限,把所有这些国家的货币价值估算为一个整体的货币单位只是为了方便。很显然,艺术品(珠宝或金银制品)对于国际汇兑来说是一种更稳定的媒介,也可以更自由地从一个国家输送到另一个国家,而不那么担心遭到抢劫。我相信,我们可以公正地认为,从文艺复兴时期到法国大革命时期,达克特或弗罗林的购买力是20美元[③]。这样一个经验法则充其量不过是一种相对来说比较方便的手段,使得读者能够在自己的想象当中对于从前的财富与今天艺术资助人的财富做一个粗略的比较。简而言之,本书将始终遵循这一总体原则(除非另有说明)。

自罗马衰亡以来,艺术品就从未有过真正的市场价值。哥特时期和文艺复兴时期的艺术家都是作为私人仆役而附属于王公贵胄的家庭,其产品的价值纯粹而简单地基于产品的成本。他所得到的是膳宿、一笔最低生活工资,以及一定数量的赏钱,这取决于其保护人的慷慨和开明。至于别的,他还可以根据作品的尺寸、主题等等,得到一笔数额固定的钱,以支出材料成本,按照既定的日程安排完成具体的委托。因此,艺术品成了官廷整体背景的组成部分,并或多或少地被认为是理所当然。

但是,文艺复兴时期的(尤其是意大利的)王公贵胄由于15世纪的萧条和16世纪的破产而衰败破落了。世界金融摆脱了他们的控制;英格兰、低地国家、法国和德意志作为现代资本主义强国脱颖而出。

百年战争和红白玫瑰战争的灾难性后果早就结束了。这些国家出现了一个大肆花钱的时代,而在意大利方面,则是疯狂地卖掉他们能够从灾难的废墟中抢救出来的任何资产。其中最主要的资产是晚近几代文艺复兴时期的艺术资助人继承来的、能够立即变现的艺术品。

关于文艺复兴时期的艺术家和艺术品的价值,我们所拥有的信息太过支离破碎。到15世纪中叶,艺术家在经济上达到了小店主的同等水平。据阿弗内尔子爵说④,艺术家们给女儿的嫁妆从5400至10800金法郎不等。1499年,曼坦那给女儿的嫁妆是13.4万法郎。

拉斐尔、米开朗基罗和提香是最早有条件靠手艺赚钱的艺术家。拉斐尔留下的财产价值1.4万美元,他为绘制罗马圣十字教堂的壁画而向阿戈斯蒂诺·基吉索要的价码是每个人头100达克特(约合200美元)。基吉对自己的代理人说:"毫无疑问,如果拉斐尔按照衣服的皱褶跟我要价,那我就破产了。"达·芬奇和米开朗基罗给一位亲王创作作品,他们各自得到的薪水是每月129美元。米开朗基罗还为绘制西斯廷教堂的天花板而得到了28万法郎(5.6万美元)。这项工作耗去了他4年的时间,他不得不从这笔钱里支付助手的工资。另一方面,在绘制《最后的审判》时,除了作为教廷首席建筑师、雕塑家和画家应得的薪水之外,他什么报酬也没有。他身后留下了价值18～20万法郎的财产,还有布拉曼特为他设计的那幢房子,以及另外一些不动产。教皇保罗三世给了他5200美元的巨额年金。而提香的保护人查理五世皇帝对他的资助更加慷慨。

丢勒留下的财产价值3.2万美元——大多数来自销售他的雕版画。他从皇帝那里接受了600美元的年金,而他的画卖到了每幅375美元。鲁本斯每幅画的平均价格是300至800美元。凡·代克绘制《查理一世肖像》(现藏卢浮宫)得到了250美元的报酬,伦勃朗绘制肖像的价码大致与此相当。《夜巡》给他带来的收入只不过略多于1200美元。委拉斯开兹担任宫廷画家的薪水大约是3000美元,外加全额生活津贴。路易十四的宫廷画家的年薪是3000美元,外加住处、仆人,以及数额相当的津贴。

但是,1550年之后,新兴财富迅速崛起,世袭财富被取而代之,为了还债,为了给军事行动筹措经费,为了给丑小鸭们置办嫁妆,艺术品被一件件地卖掉了。最壮观的出售是1627年曼图亚公爵的世袭收藏被卖给英格兰国王查理一世,这批收藏包括贡萨加家族和埃斯特家族在将近300年的时间里积累起来的令人难以置信的财宝。从那时起,17世纪和18世纪的艺术收藏史便成了南欧家族世袭财产变卖给北欧资本主义暴发户的历史。

像历史一样,艺术品收藏既非因,亦非果;它根本不操心究竟是先有鸡,还是先有蛋。创造时期对折衷时期的学说,就算包含了真理的萌芽,也完全是不相干的。收藏只不过是有形的例证,说明了经济史的平常过程,显示了历史品味的大势所趋。它们构成了成功人士和成功时代生活故事的记录。不同国家的收藏模式不尽相同,这完全符合历史中的其他可变因素。就算伊丽莎白女王能够平安度过她那个时代的物价革命,那也是因为她和托马斯·格雷欣爵士的金融智慧。凯恩斯曾向我们展示了伊丽莎白女王如何使用德雷克从西班牙人那里抢来的战利品来偿还她欠下的外债,并把剩余的大约4.2万美元投资于累范特公司。来自累范特公司的大部分利润被用来组建东印度公司,在17和18世纪,东印度公司的利润成了英国对外联系的主要基础。自1580年以来,伊丽莎白从德雷克的战利品中拿出的4.2万美元投资,到1930年已经积累到了接近于第一次世界大战之前英国海外投资的总和——即42亿美元,或者说是最初投资的10万倍[5]。我所暗示的意思是:每个国家的经济都会透露出其国民趣味和审美风格的方向。

本书难免会招致这样的指控:它信马由缰,浮光掠影,涉猎了很多不同的领域,而事实上,没有一个人能全面掌握这些领域。不过,在这样做的过程中,笔者希望它能够向读者展示:在任何国家和任何时代,实干家在很大程度上是一样的,他们的品味和他们的雄心也是一样的。本书既不是写给艺术史家看的,也不是写给生意人看的,目标读者是那些关心艺术的人,他们对从前那些像他们一样关心艺术的人有好奇心。在翻开这本书的时候,希望读者能分享作者创作过程中的惊喜。眼下这本书讨论的是自古埃及至拿破仑战争时期的收藏家和名人。接下来的一本书将涉及工业革命时代的欧洲收藏家和美国收藏的兴起。

○ 注释

① 普里泽夫德·史密斯:《宗教改革的时代》(The Age of the Reformation,1920),第460～461页。
② 法国的里弗在1500年的价值大约是1.00美元。文艺复兴时期法国的生活成本要低得多。在美洲的黄金大量输入之前,西班牙、英格兰和低地国家的情形也是如此。在德意志,由于皇帝与教皇之间的紧密联系,基尔德的比价有利于意大利的流通货币。
③ 布克哈特按照1870年的面值,把金弗罗林、达克特和斯库多的价值定为55～60金法郎之间,这个价值就含金量而言近似于同一时期的10美元。自1870年以来,物价出现了普遍上涨,美元在1933年将近贬值一半。
④ 阿弗内尔:《财富七百年》(Les riches depuis sept cents ans),1909年,巴黎。
⑤ 约翰·梅纳德·凯恩斯:《货币论》(A Treatise on Money,1930)第二卷,第30页。

第一章　古典传统的起源
Origins of the Classical Tradition

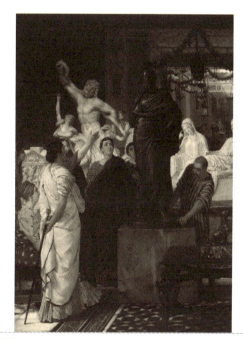

1. 最早的收藏

人类最早的收藏不可避免地跟宗教和国库密切相关。战争中赢得的战利品和工业生产的有形成果，一直代代相传，而总是跟权力密切相关的艺术品，则充当了交换的媒介。与此同时，由于其内在价值（主要是基于构成这些艺术品的贵金属和奇珍异石），艺术品还充当了公共财富的储备和国家信用的符号。财宝的增长，势必让储藏室或保险库跟不上趟，于是便开始侵占圣殿和庙宇的地盘。这些地方实际上既不是博物馆，理论上也并非为了文化享受而建造；它们是日常生活的组成部分，介于储蓄银行与圣器收藏室之间。

帝王谷的法老陵墓，充当了无声的证词，佐证着人类生命的短暂无常，同时也提供了一个有力的证据，证明了他们对肉身永恒的信念。别以为法老们对自己生前身体福祉的关注会阻止他为自己储藏尘世的财富。埃及法老们留下的记录，记载了他们用来抚慰神祇的祭品收藏。但这些藏品不同于佛教或基督教所规定的那些祭品，因为这些物品本身几乎没有创造奇迹的神力；它们是死者所熟悉的并在其肉身存在期间使用过的物品，同样装饰着符合其身份地位的尊贵与奢华。如果说埃及木乃伊的一丝不苟令人叹为观止的话，那更多地是因为他选择带入坟墓的财产所具有的连续感。吉恩·卡帕特说："神生活在他的神殿里，就像国王生活在他的宫殿里一样，神殿本身只不过是一个复制品而已，是为了让法老们居住过的短暂住所永存不朽而建造起来的。""生不带来，死不带去"的观念，跟埃及人毫不相干，他们永远无法理解这样的观念。

因此，对于埃及人和他的"卡"（Ka,

> 帝王谷，位于开罗以南700公里，尼罗河西岸岸边7公里。是古埃及新王国时期第18至第20王朝时期法老和贵族的主要陵墓区，埋葬着古埃及60多位法老。

大卫·罗伯茨：《帝王谷》

亦即"灵魂",是其肉骨凡胎的精神对应物)来说,借助一种有限合伙关系,他们完全有可能幸福地生活在一起,在这种合伙关系中,有一种不断增强的、令人宽慰的确信,即合伙公司赖以构成的股本不会随着时间的流失而减损。法老扮演了三重角色:神、祭司和埃及的世俗国王。在这三重角色中,他按照主权的原则和经济的原则来运作,这些原则完全合情合理。他的所作所为,不能归因于他的世俗需要,他发现,必需品是他死后生活装备的组成部分。尽管他想方设法让艺术家和工匠所制作的最精美、最奢华的产品围绕在自己身边,但他并不是现代意义上的收藏家。这些艺术品要么是家用之物,要么是祭祀用品。

埃及在新王国时期达到了其实力和奢华的顶峰。第18王朝的法老们在底比斯建造了巨大的宫殿,里面堆满了各种战利品,并建造了祭祀胜利之神的神庙。在尼罗河对岸,法老的将领们把自己安顿在豪华别墅里,尼罗河的浪花拍打着别墅的花园。一种充分彰显的自然主义时尚,很快就要摧毁僧侣的堂皇壮丽,以及早期王朝的繁文缛节。植物形态和动物大量出现在宫殿的墙壁和立柱上。然而,与此同时,传统的一丝不苟依然留在他们的神庙里,在整个埃及艺术的晚期,某种返祖现象阻止了它们以激进的方式远离长期确立的模式。这种复古主义,我们常常在帝王谷斯提克斯神庙的积聚物中找到,因为这位法老并没有局限于他那个王朝最新潮的流线型小玩意儿。他带进自己陵墓的东西还有:祖先的小雕像,一位早期王后的油膏罐,以及那些曾经赋予其前任们以超自然力量的魔物和护符。最为壮观的收藏——因为它是人们迄今为止所发现的最大的一批完好无损的收藏——是图坦卡蒙的收藏,有人把它描述为"很可能是因为政治原因而建立的一座王朝博物馆"。霍华德·卡特说它是一批"不同时期、甚至不同国家的艺术品收藏。简言之,这些收藏是在相当漫长的时期里由一位接一位法老积攒起来的宫廷传家宝"。尽管在我们看来,今天的流行观点从第18王朝艺术这种对传统形式的放松限制中看出衰败的因素,以及向自然主义的迷人召唤举手投降,但你依然难以逃避那些飞鸟、动物和肖像那令人窒息的美,正是这种美,赋予了底比斯和阿马内的宫殿以如此丰富的色彩和欢乐的氛围。

尽管法老的威严令人敬畏,但他们往往也有人类共同的弱点,而且,像后代那些更凡俗的君王一样,他们也喜欢沉湎于幻想。年轻的图坦卡蒙看来是一位收藏手杖和权杖的业余收藏家,因为在其陵墓的附属建筑中,以及在陵墓的前室中,人们找到了大量这样的玩意儿。他的前任阿孟霍特普三世也是个收藏家,并酷爱蓝色珐琅。图特摩斯三世对大自然更感兴趣,他从历

> 新王国时期(约前1570～前1085年),包括第18至第20王朝,是古埃及奴隶制国家空前强盛的时期,而第18王朝是极盛时期,以后则逐渐走向衰落。

> 图坦卡蒙,古埃及新王国时期第18王朝的一位法老,在位时期大约为前1334～前1325或1323年。

次战役中带回了一系列罕见的异国植物，并下令把他收藏的植物标本和生物标本的目录镌刻在卡纳克神庙的墙壁上。有了这种对自然哲学的兴趣，接下来就应该有一种被唤醒的对书籍和不断积累起来的人类知识的智力好奇。因此，在底比斯，在尼罗河谷上下游，法老们修建的大型新建筑都包括巨大的图书馆和珍藏室，作为宫殿的附属建筑，历史著作开始在这里找到一个合乎逻辑的、十分自然的场景。因此，在纽约大都会博物馆，面对著名的卡那封勋爵的收藏，还有博物馆员工50年系统挖掘的成果，就连最漫不经心的参观者，也会对这些早期君王在个人装饰和过分讲究的住所上表现出来的惊人能力留下深刻印象。确实，历史上其他任何时期都不曾有过这样的总体氛围，收藏家在日常生活中如此显著，对藏品的渴求如此强烈，对财产的连续性有着如此清醒的认识，而这些财产，正是为了满足收藏者墓中生活的永恒关切和需要。

公元前500年，米利都的赫卡泰厄斯曾经描述过埃及一座宏伟的神庙，它包括一座图书馆，其入口的上方镌刻着这样一句箴言："灵魂康复之地。"公元前1世纪末，斯特雷波描述过一座类似的神庙，但把它称做"底比斯神庙"。稍后，西西里的狄奥多洛斯留下了一段非常细致的描写，描述的是他所说的"奥西曼德斯墓"。其实，这座陵墓不过是拉美西斯二世的一座大宫殿和图书馆。与之

> 拉美西斯二世（前1314~前1237年），古埃及第19王朝法老，前1304~前1237年在位，其执政时期是埃及新王国最后的强盛年代。

相连的是世界上最著名的图书馆，也是我们手里有文字记载的最早的图书馆。

雪莱曾经写到过这位奥西曼德斯：

> 我遇见一个来自古国的旅客，
> 他说：有两只断落的巨大石腿
> 站在沙漠中……附近还半埋着
> 一块破碎的石雕的脸；他那绉眉，
> 那瘪唇，那威严中的轻蔑和冷漠，
> 在在表明雕刻家很懂得那迄今
> 还留在这岩石上的情欲和愿望，
> 虽然早死了刻绘的手，原型的心；
> 在那石座上，还有这样的铭记：
> "我是奥西曼德斯，众王之王。
> 强悍者呵，谁能和我的业绩相比！"
> 这就是一切了，再也没有其他。
> 在这巨大的荒墟四周，无边无际，
> 只见一片荒凉而寂寥的平沙。①

关于拉美西斯二世的神殿，连同它巨大的柱廊、宫殿房间、图书馆和圣器陈列室，这些记述有一定的真实性，但依然要靠诗人的想象和翻译的笔触。唯一留下的文字，让人想起赫克特斯和狄奥多洛斯的引文，这段文字是：

> 永恒之主，使人生不老的神。

然而，更能说明问题的是第18王朝某些大臣的陵墓里依然保存的一些场景，因为他们是同时代的文献。这些大臣的职能之一就是把外国来的使节引见给国王，有几次，他们带来了一些来自努比亚、亚洲和地中海诸岛的礼物。这些礼物有一部分是

"商品",比如来自南方的黑檀和象牙,来自北方的铜锭和金锭。更有趣的是那些设计精美、工艺复杂的金银器皿,它们被带来取悦于法老,让他的眼睛为之一亮。要不是陵墓里对这些礼物的描绘,对于一些古老的文明,比方说克里特文明,无论是关于它生产了什么,还是关于它兴盛于哪个时期,我们的了解恐怕远远到不了今天这个程度。

与这些场景紧密相连的是另一个场景,描绘了数以百计的物品:珠宝首饰,盥洗用品,雕像,武器,以及诸如此类,都是皇家工场制作的,在新年庆典上呈献给国王。宫殿想必包含一座名副其实的"现代艺术博物馆",藏品既有国内的,也有国外的,由于在整个王朝期间,像第18和第19王朝那样,一代代国王父传子继,因此这些收藏既包括现代艺术,也包括古代艺术。

伦纳德·伍莱爵士发现了一些证据,显示埃及人的收藏传统很早就在美索不达米亚得以复制。在乌鲁克,在迦勒底人的乌尔,以及在其他不同的地点,他都发现了苏美尔、巴比伦和叙利亚的国王们祖传的收藏。其中有属于阿卡德国王的石杯,一直被小心翼翼地珍藏,一代接一代传承了一千多年。在乌尔,有一个陶鼓,被证明是已知最早的博物馆标签。但最重要的,正是在巴比伦和亚述的公共图书馆里,我们找到了古代早期一些最奢华的收藏。例如,亚述巴尼拔的图书馆包含了大约3万多块泥板,内容涵盖美索不达米亚的整个文学、历史、科学和宗教。有古苏美尔经文的副本、神殿档案、鸟类收藏、占卜、道德规诫、咒语、医学文献、法律文件和传奇文学。简言之,正如里格比夫妇所指出的那样,苏美尔人的图书馆无所不收。它们是今天一些大型公共图书馆的先驱和原型。[2]

直至我们延伸到亚历山大的希腊世界,我们才发现,古埃及和美索不达米亚的遗产在亚历山大城那座伟大的图书馆中混合在了一起。这座图书馆是古代世界的七大奇迹之一。满世界无处不在的地理学家斯特雷波把它描述为"最美的公共区域,同时也是最美的王宫",显示了每一位国王为了使自己的统治永存不朽,都自掏腰包,给纪念性的公共建筑增光添彩:

> 图书馆也是王宫的组成部分,它有一条公用步行道,一条有座位的半圆形长廊,以及一间大房子,里面有一个公共食堂,供那些使用这座图书馆的饱学之士享用。这群人不仅拥有共同的财产,而且还有一个祭司负责管理这座图书馆,他从前是由国王任命,如今则由罗马皇帝任命。[3]

公元1世纪,菲罗欣喜若狂地说到这座城市:

> 世界上从未有过像所谓的萨拉匹斯神庙这样一个地方,它正对着那些超群出众的海港,引人注目地拔地而起,非常大,非常显著,其祭品之丰富无可匹敌,被图画、雕像、白银和黄金所环绕。在这个广阔的区域,有柱廊,图书馆,人们

大卫·罗伯茨:《法老的陵墓》

住的公寓,浴室,神圣的丛林和通廊,开阔的空间和露天的厅堂。事实上,它是用最奢华的方式来装饰的,让那些动身出发的人和离船登岸的人同样看到了安全的希望。④

很少有哪个中心城市在旅行者和作家们当中引发这样的惊叹,到亚历山大城一游,通常被认为是有教养的公民必做的事情之一。人们相信,这座图书馆的灵感来自亚里士多德在雅典创建的缪斯神殿,托勒密·索特尔把亚里士多德的一位门徒德米特里厄斯召到了自己的宫廷里,为的是在埃及的首都重建它。到罗马时期,这座图书馆的藏书多达数十万卷,同时被称作世界几大奇迹之一。但亚历山大图书馆在很多方面不同于亚里士多德的模式,它远远富有得多,大得多。资金由国王所任命的一位祭司管理,它本质上是一个由王官控制的宫廷机构,而王室的资助,既有好处,也有坏处。在某些方面,它有点类似于现代的大学,但它所养活的学者、科学家和图书馆员并无教书的义务。他们只需钻研自己的学问,以便给国王托勒密一世带来更大的荣耀。福斯特宣称,不管王室有什么样的要求,"他们只要告诉图书馆,这些接受津贴的人员就会立即着手工作。那里的诗人和科学家们决不会做让王室生气的事情,也不会做让王室伤脑筋的事情,因为他们知道,如果他们没能让王室满意,他们就会被赶出这个令人痴迷的好地方,不得不去寻找另外的资助人,否则的话就要饿死。局外人

亚历山大图书馆

立即会指出,这不是一个理想的安排,因为势利和奴颜婢膝从一开始就会玷污亚历山大城的文化。然而,它在高墙的后面迅速兴起,它从不知孤独为何物,也不知道独立所带来的光荣和危险,令人惊奇的是,它事实上发展得非常好。无论如何,批评是毫无意义的,那对它来说没什么不同,如果有什么不同的话,那它就不是亚历山大城的了。无论在精神上,还是在事实上,王室和图书馆都是联系在一起的,而且,王室更强大,更古老。这样的联系窒息了哲学,同时也剥夺了文学原本可以获得的哲学带给它的营养。但它鼓励了科学,甚至也赋予了文学某些它迄今为止忽视了的优雅"⑤。

如果说这是一座现代意义上的博物馆,那么,它的藏品也完全局限于充实萨拉匹斯神庙及王宫周围各种神庙的献祭品、雕像和艺术品。幸存下来的记录当中,看来没有一份收藏品的详细清单,可以让学者们在研究的时候作为参考,这本身就很有趣。事实上,古怪的是,在雅典和帕加马,甚至在安条克,人们对艺术理论和美学一直有着强烈的兴趣,而亚历山大城却完全没有这样的兴趣。

○ 注释

① 译者注:这里引用的是查良铮先生的译文,参见《穆旦译文集》第四卷,人民文学出版社,2005 年,第 54 页。
② 道格拉斯和伊丽莎白·里格比:《扳机、枪托和枪管》(Lock, Stock and Barrel),1945 年,第一至第十章。
③ 斯特雷波:《地理学》(Geography),第 17 卷。
④ 菲罗:《论世界七大奇迹》(On the Seven Wonders of the World)。
⑤ E. M. 福斯特:《亚历山大城:历史与向导》(Alexandria: A History and Guide),1938 年修订版,第 26 页。

2. 希腊的贡献

如果说死亡崇拜似乎主宰了埃及人生活的方方面面，那么，希腊人的思想里则几乎不存在这样的崇拜。希腊人的宗教中有一种让人感到友善和亲切的东西，有一种与奥林匹斯山上的众神和女神之间的同志之谊，诸神既是凡俗的，又是不死的，与阿卡迪亚的牧羊人有着同样的恐惧和弱点；他们对美和精神自由有着一样的共鸣。古希腊人都是彻头彻尾的"性格外向的人"，他们过着开诚布公的生活，彼此之间毫无隐瞒，完全没有闪米特人的不安感，也没有基督徒的悔罪感千百年来给现代生活的复杂性和挫败感所增添的那些压抑。

> 阿卡迪亚，原为古希腊一地名，位于伯罗奔尼撒半岛，人们在此安居乐业。后被西方国家广泛用做地名，引申为"世外桃源"。

这种对神人同性论的极端表达，可以在希腊艺术中找到，这样的艺术也是神与凡人之间所共有的。它完全不同于埃及的艺术，很大程度上就像希腊人的宗教信仰不同于尼罗河谷的宗教信仰一样。正如他们希望与众神共享自己的世俗快乐一样，希腊人也把自己的艺术品供奉到神庙里，供他们共同使用。荷马的诗篇让我们丝毫也不怀疑，他们在奢华而精美的技艺中得到了感官快乐，如果希腊人自己期望高品质的话，那么他们就应该知道，低标准的完美不会让他们试图安抚的神感到满意。这些物品是不是服务于生活中的实用目的并不重要，只要它们能让捐赠者在这个红尘俗世中获得神的青睐就行。

由于人们通常把缪斯女神与江河泉水联系在一起，因此，在阴凉的小树林里建造供奉她们的神殿也就成了一种惯例，而且常常建在山顶上，在那里，神话中这9位有智慧少女的灵魂就可以激励艺术家们做出最大努力。专门的礼拜仪式和装饰着神像的祭坛被奉献给她们。很快就建起了一些学校，比如奥林匹斯山上的俄耳甫斯学校，以及赫利孔山上的赫西奥德学校；这些学校成了艺术爱好者聚集的地方。后来，它们发展成了德尔斐和奥林匹亚的大神殿的宝库，这些地方（尤其是后者）都塞满了那些在泛雅典娜运动会上赢得荣誉的运动员的供奉雕像。这些神殿散布于希腊各地，其中最有名的是供奉雅典娜和赫拉的神殿，它们的雕塑装饰，尤其是装饰神殿的雕带（译者注：雕带是古典建筑柱石横梁与挑檐之间的装饰部分，通常为浮雕），今天成了巴黎、伦敦和慕尼黑等地博物馆引以为傲的藏品。

正如在埃及一样，宗教保守主义和祭司们的管理在很大程度上决定了这些宝库收藏品的品格和性质。与祖先的神祇和他们的崇拜有关的任何东西都被小心翼翼地、虔诚地保护起来。一些最精美、最珍贵的彩绘花瓶，还有金银器皿，从这些神殿附近的地坑里被挖了出来，重建天日，曾几何时，当它们不再派上用场的时候，人们便把它们埋在了这些地坑里，以免被那些渎神的人所玷污。总的来说，正如丁斯莫尔所证明的那样[①]，这些神殿积攒的收藏物十分随意，藏品包括珍宝、盘碟、武器和家具。在一些更大的宗教中心，这些宝库通过一些长长的走廊彼此相连，走廊通常是露天的，里面陈列着供奉雕像。由于祭司们十分珍视任何罕见的东西，或者当时看来似乎有内在价值的东西，因此，一些博物学标本，特别罕见和宝贵的石头，以及被附上了某些医学知识的物质，全都偷偷进入了他们的收藏。这些早期的宝库很快就变得有点像16世纪德意志北部亲王们的**Wunderkammer**（奇物室）。

这些宝库的年度财务记录，与其后代那些干巴巴的报告并无不同，充当了这些最早的希腊博物馆的馆藏目录。帕萨尼亚斯在他对雅典卫城以及德尔斐的阿波罗神殿、萨摩斯的赫拉神殿和奥林匹亚的宙斯神殿所作的记述中，不仅列举了他所看到的供奉雕像、图画及贵重的黄金、白银、青铜和镶嵌木制品，而且，他还详细记述了每一件宝物的出处和历史，只要这些出处有传说或传闻支持。例如，在他描述雅典神庙的藏品之前，他先在雅典卫城的山门那儿停了下来：

> 在大门的左边，是一幢带有图画的建筑。在那些尚没有因岁月侵蚀而损坏的图画中，我发现了狄俄墨得斯从特洛伊带回雅典娜，以及奥德修斯在利姆诺斯岛拿走菲罗克忒忒斯的弓。图画上有俄瑞斯忒斯杀死埃癸斯托斯，皮拉德斯杀死瑙普利俄斯的儿子们，后者前来救援埃癸斯托斯。……还有一些画，包括亚西比德的一幅肖像，而且，在这些画中，有他的战马在尼米亚所赢得胜利的标志。[②]

除了宗教目的之外，这些宝库还服务于另外一个目的：各城邦还把它们用作分支银行，或者作为存款，存放在泛希腊地区供奉本地神祇的神殿里。因此，在祭司的管理之下，建立了一套原始的银行体系，用于国际结算，这是早期希腊经济的基础。这些银行还成了接受战争抵押品和战利品的地方，因为帕萨尼亚斯系统地记载了历次战役中所带来物品的条目，比如被带到德尔斐的、由菲迪亚斯创作的一些雕像。

> 菲迪亚斯（约前490～前430年），古希腊雕刻家、画家和建筑师，被公认为最伟大的古典雕刻家。其著名作品包括宙斯巨像和帕台农神庙的雅典娜巨像。

重要的是要记住，希腊的艺术品收藏，尽管起初十分类似于埃及和美索不达米亚早期的神庙收藏，但它们本质上是公共财产，即便不是在宗教神殿里陈列展览，也会

利奥·冯·克伦泽:《雅典卫城》

在画廊和室内运动馆里展出。早期的希腊公民,其日常生活的大部分时间是在户外度过的,他们并不需要那种适合于装潢和修饰的房子,这种装饰性住房后来在希腊化时期才变得流行起来。希腊人的需求很简单,雕塑和绘画是公共考量,而不是私人性的,家族肖像或诸如此类情感纪念的观念并不存在,除了墓碑之外。

> 希腊化时期,指公元前4世纪末~公元1世纪。在这一时期,马其顿国王亚历山大率军征服了希腊各城邦,建立了亚历山大帝国。随着帝国的不断扩张,导致了希腊文化向东方的传播以及与东方文化的交流,这一时期又称"泛希腊时期"。

这些财宝的积累,如果说有什么意图的话,那也是非正式的,完全没有现代收藏家的那种自觉意识。对艺术品的考量纯粹是客观的,希腊人直到亚历山大时期之后才开始稍稍关注美的理论,或者说关注艺术家的情感过程和智力过程。艺术品因其本身的价值而受到欣赏,而不像今天经常出现的情形那样,因为其创造者的声望或重要性而受到赞赏。苏格拉底起初是个雕塑家,"因为觉得低级和卑贱而放弃了这个行当",在柏拉图的《理想国》(Republic)中,艺术家被看做是最低级的公民。普鲁塔克把艺术家置于跟最伟大的诗人平起平坐的位置上,但在古代作家当中,他是个例外。另一方面,塞涅卡曾说:"尽管我们崇拜偶像,但我们却看不起那些塑造偶像的人。"斐洛斯特拉图斯和盖伦在知识社会中给了他们一个谨慎的、暂时性的身份。尽管近些年有证据表明,公民身份也被授予给像菲迪亚斯和波利格诺托斯这样一些杰出的艺术家,但一般说来,艺术家被认为是普通劳动者和工匠。吉塞拉·M.A.里克特小姐指出,在伯里克利时代的雅典,艺术家的社会地位,与战前的、爱德华七世时期伦敦的医生(或者说,事实上是任何专业人士)的社会地位是一样的——也就是说,只有那些最著名的天才,才被上流社会所接受,而且是万分不情愿地、带着屈尊俯就的姿态来接受。狮子自古以来就吼叫,只有那些勇敢的、非常富有的人才会拍拍它们的脑袋。

在古代,艺术家的经济地位我们今天特别难以理解。路德维希·弗里兰德的《罗马人的生活与习俗》(*Roman Life and Manners*)③大大有助于揭开那块朦胧的面纱,看到艺术家是如何劳作的:

> 艺术品主要通过奴隶的劳动来生产并被广泛使用,这一事实使这样的劳动变得廉价。不过,即使是自由艺术家也不会获得优厚的报酬。在"戴克里先法令"中,从事房屋艺术装饰的工人每天的薪水是基于下面这样一个假定:他们像其他人一样从房主那里得到膳食。灰泥工人的报酬跟砖匠、木匠、烧石灰工人、马车匠、面包师和铁匠是一样的;镶嵌工人是固定薪水,黏土和泥灰铸模工的薪水是他的一半,肖像画师的薪水是他的三倍。青铜雕像的浇铸按重量支付报酬。就雕像而言,它们生产的结果在很大程度上是价格的极大降低。在亚历山大大帝时代,一尊雕像的通常价格似乎是3000德拉克马(约合600美元);而普鲁萨的戴尔在他的"罗得岛演说"中说,花1000德拉克马(即200美元),甚或500德拉克马(100美元),就可以竖起一尊青铜雕像。艺术作为一个机械职业,在艺术领域里究竟占据多大的比例,以及大多数从事艺术工作的人的卑微地位,不可能不影响到那些受过教育的人对艺术的评价。

雅典的伊瑞克提翁神庙遗址

在雅典最宏伟的纪念性建筑物上，雅典的艺术家们付出了艰辛的劳动，而得到的报酬却少得可怜。在公元前5世纪最后四分之一的时间里，当时，艺术家们正在肩并肩地为帕台农神庙的雕带而艰辛劳作，一些记述中提到了埃雷赫修神庙雕带的成本，"一个没有任何附属品的人物雕像是60德拉克马（12美元），一个骑在马背上的人物雕像是120德拉克马，一个有两匹马和一个年轻人的战车是24德拉克马，一个女人带个小孩是80德拉克马，雕像高2英尺，正面制作得非常精美，但背后是平的"。弗里兰德坚持认为，由于价格如此之低，我们完全可以猜想，这些价格只是支付给工人的，而不包括材料成本。在罗马占领希腊期间，真人大小的大理石雕像的价格是4000德拉克马（约200美元），同样的价格盛行于罗马。

既然早期的希腊人对手艺人并没有太高的评价，而且很少有关于艺术品味的理论，那么很显然，他们不会成为收藏家；因为从根本上讲，收藏家必定是艺术品味的理论家，他正是根据这样的理论，来接受或拒绝关于艺术品市场涨跌起伏的流行判断。因此，在亚历山大时期之前，艺术品要么是供奉给神的祭品，要么是公共财富的组成部分，被珍藏在神庙的宝库里，只考量它的货币价值。事实上，艺术家们的产品其本身的价值被估计得如此之低，以至于当雅典的城堡在公元前480年被波斯人摧毁的时候，希腊人为了重建神庙而把倒塌的雕像填埋在泥土里。

许多个世纪之后，当亚历山大大帝和他的将领们创立的新城市动工修建的时候，他们热切地想要占有一种他们迄今为止尚不拥有的文化，借此赢得名声。艺术已经注定要沦为政治征服和军事征服的婢女。在培拉的时候，亚历山大很怀念古代雅典文化的纯净，在这种怀旧情绪的触动下，他成了一个古物收藏家。希腊化时期的君主们开始系统而虔诚地收集古典时代的遗迹和残片，**西锡安**成了帝国的艺术品商人聚集的地方。马哈菲曾

> 西锡安，古希腊城邦，位于伯罗奔尼撒半岛北部的科林西亚，在科林斯与亚该亚之间。公元前7世纪时独立。公元前6世纪达于极盛。

经描述这座城市"在希腊化时代相当于文艺复兴时期的佛罗伦萨"。他指出，亚历山大的帝国没有一个国王或总督会忽视收藏艺术品的流行需要，尤其是来自西锡安的青铜艺术品。事实上，罗马时期盛行的艺术品收藏，正是起源于西锡安。据普鲁塔克说，亚拉图设法从亚历山大城的托勒密王朝那里获得了一批精美的图画收藏，因此缔结了长期寻求的政治同盟。在叙利亚的安条克，达芙妮的神庙和宫殿都开设了画廊，藏有绘画作品和规模空前的雕塑，安布拉基亚的皮洛斯国王的住处也是如此。对艺术和收藏的兴趣在整个亚历山大帝国变得非常普遍。但迄今为止，似乎还未出现过像从前的雅典和未来的罗马那样的集中。

奢侈品的观念通常似乎来自东方。正是亚历山大的将领们与东方那些专制君主国家（尤其是波斯）的联系，给了他们新的对奢侈品的欲望。此外，涌入希腊的黄金

和白银的数量也令人咋舌。历史上没有见过能够与之相比的贵金属流入，除了16世纪，也就是美洲和印度的黄金涌入西班牙的时候。冒险家把大笔的财富带回国内，商人和军队的供应商使他们原本已经相当可观的财富大为增长。马哈菲说："这些东方的财富，必然要带来对所有高级的舒适和奢华的爱好，他们是在波斯贵族当中发现了这些好东西。不仅餐桌上陈设的盘碟和陶器，而且还有希腊烹饪术的风味，都必定要与东方的知识相对比，从而获益匪浅。家具也是如此，尤其是地毯和帷幔，都必须复制波斯的流行款式，正如我们今天依然在影响东方的材质与设计一样。"④ 图画和雕像破天荒第一次开始装饰私人住宅。家具和日常生活用品的奢华超过了一切限制，建筑学和家庭趣味中的一场革命随之而来。

说到希腊化世界的奢华和优雅，最引人注目地方莫过于帕加马，据维特鲁威说，在帕加马，**阿塔罗斯王朝**的国王们"被语文学的甜美芬芳所吸引，创建了

> 阿塔罗斯王朝，希腊化时期安纳托利亚古国帕加马的统治王朝，得名于其始祖阿塔罗斯，阿塔罗斯的儿子菲勒忒尔于公元前282年称王，建立了独立的帕加马王国。

一座极好的图书馆，供公众享用"。像亚历山大城的图书馆一样，与这座图书馆紧密相连的是庞大的雕塑品收藏，其中有菲迪亚斯的一些最伟大作品的复制品。后者在古人当中受到极高的尊崇，就像我们今天看待埃尔金大理石一样。就我们现有的历史记载而言，他们是最早为了让早期艺术品重见天日而组织发掘的君主，正是在他们的图书馆里，明确阐述了后来传递给西塞罗和昆体良的那些审美判断，为雕塑和绘画的完美设立了标准。斯特雷波给我们讲述了亚里士多德和泰奥弗拉斯托斯的图书馆如何被埋入地下，为的是把它们藏起来，免得被阿塔罗斯王朝的国王们所掠夺；而帕萨尼亚斯、塔西陀和老普林尼则描述了一些记录他们的政治和军事战役的绘画作品。巨大的宙斯祭坛，长期以来一直是柏林古典博物馆的主要装饰，俄罗斯人把它装在平板车上运去了东方，它大概是帕加马学派最引人注目的例证。

正如罗马将征服希腊世界一样，它也感觉到有必要把它所劫掠的文化据为己有。事实上，这里讨论的很多东西在罗马时期将再次出现，只不过又要被埋起来，然后再被文艺复兴时期的人文主义者所复活。

○ 注释

① 威廉·B.丁斯莫尔教授非常慷概地让笔者有幸读到他的一份未发表讲稿的笔记，那次讲座是他1941年在纽约弗里克博物馆所作的。
② 帕萨尼亚斯：《希腊纪闻》(Description of Greece)第一卷，第41页。
③ 路德维希·弗里兰德：《罗马人的生活和习俗》第一卷，第319～321页。读者不妨注意一下马丁·S.布里格斯的《有品味的人》(Men of Taste)当中论述伯里克利时代艺术资助的那一章。
④ J.P.马哈菲：《希腊人的生活与思想》(Greek Life and Thought)，1896年，第113页。

3. 罗马假日

罗马人崇拜的神祇跟希腊人是一样的，他们也祈求这些神的保护，想到自己曾劫掠希腊人的神殿，罗马人起初有些内疚。根据祭司的建议，他们采用了一种很好的方法，把神圣的东西和世俗的东西区别开来，当一座外国神殿的诱惑力让人无法忽视的时候，他们便把很大一部分战利品奉献给本国的神祇。一个罗马将领经常会事先确保得到一尊神的保护；他们会跟罗马的祭司们商量好，哪些神殿能提供最大的好处，并在战斗开始之前分配预期中的金银战利品。因此，最早征服一个希腊城邦的罗马人马塞勒斯把他从叙拉古的神庙里带来的所有财宝都给了亚壁古道上的光荣神庙和美德神庙，只给自己留了一个天文球。

正如对征服的爱好不断蔓延一样，罗马人对艺术的爱好也与日俱增，而且变得越来越包罗万象。罗马城里逐渐堆满了从被征服民族那里抢掠来的战利品。它们充当了向国家和神明致敬的纪念碑。但在共和国时期后来的那些年里，当个人的重要性要求得到更多认可时，这些收藏同样充当了个人野心的纪念碑。它们经常用那个把它们带回国内的将领的名字来命名，人们漫不经心地把一座神庙里的某尊雕像称做"索希斯的阿波罗"或"帕里乌斯的纪念碑"。一些杰出的罗马人在建造和装饰他们的神庙时相互攀比。例如，卢库勒斯为了他新近建成的命运女神庙的开张，从他的朋友穆米乌斯那里借来了一批科林斯人的雕像。他后来再也没有归还这些雕像，聪明而慷慨的穆米乌斯并没有提醒他履行自己的承诺。另外一些以这种方式成为宗教博物馆的神庙还有：卡斯托尔和波吕克斯神庙，和谐女神庙，凯撒广场的维纳斯神庙，以及奥古斯都广场的马尔斯神庙。在另外将近20座神庙中，有伊希斯神庙和塞拉皮斯神庙，几乎完全致力于收藏埃及的艺术品。

这种对古物的热情，起初是作为贵族的业余爱好开始的，如今发生了意想不到的转变。它成了政治权威和军事权威的象征，正如在纳粹德国一样。对艺术品的需求，以流行病一样的速度迅速蔓延。罗马成了一座希腊化的城市，像帕加马、安条克和亚历山大城一样。罗马人的良心对于劫掠希腊依然有些许迷信，幸运的是，克利奥帕特拉也参与了对希腊纪念性建

> 克利奥帕特拉七世（前69～前30年），埃及女王，托勒密王朝最后一位统治者，抵抗着罗马帝国的不断扩张。她先后与罗马两位执政官凯撒和安东尼产生恋情，并与安东尼结婚，亚克兴战败后自杀。

筑物的劫掠，而且人们认为，埃及应该把它所获得的财宝都交给屋大维，这样才算公平。效法共和国时期的将军们的榜样，皇帝时代扩大了这种收藏狂热，以及创建新机构的狂热，并使之明确化了。就在法萨卢斯战役打响的那一天，尤利乌斯·凯撒发誓要建造一座供奉维纳斯的神庙，而屋大维则允诺在腓力比建一座马尔斯神庙。

与这两座神庙连在一起的，有特别适合于保存和陈列艺术品的区域和大厅。在维纳斯神庙的一间大厅里，凯撒存放了他自己那些极其精美的雕刻珍品收藏。巴拉丁山上的阿波罗神庙是最有名的宗教建筑，后来包含了奥古斯都的希腊文和拉丁文图书馆。除了一些著名作品之外，它自吹藏有斯科帕斯的一尊雕塑；它的大门上镶嵌着雕刻象牙，描绘的是尼俄柏的故事；山墙上的雕塑是希腊人的作品，来自希俄斯岛，米伦雕塑的铜牛立于大门口。

不过，如果说罗马的神庙就像希腊神殿的宝库一样，是某种意义上的博物馆，那么建立它们的动机则有所不同，希腊神殿的建立是地方性的、自发的，而罗马神庙则是国家宗教的一整套周密计划的组成部分。然而，在事情从共和国时代起稳步向前发展的过程中，人们对拥有收藏的态度出现了明显的变化。宗教方面退到了幕后，藏品被看做是公共财富或宝藏。很多大型浴室（它们是世俗的、半公共的）有这座城市里最壮观的绘画和雕塑收藏，这些浴室的"高级房"装饰得十分奢华，陈设着来自整个地中海世界的器皿和挂毯。《拉奥孔》这尊雕塑是1503年在提图斯的浴室里发现的；利西波斯的杰作装饰着阿格里帕的浴室。阿西尼乌斯·波利奥是著名的文学艺术保护人，在罗马创建了最早的公共图书馆，尤利乌斯·凯撒曾敦促他向公众开放他的艺术品收藏和他的藏书。阿格里帕后来

维纳斯神庙内部

倡导，把所有绘画和雕塑收藏都变成国家财产，在罗马公开展出，而不是把这些最珍贵的古代遗物藏在富人的乡村别墅里。这个吓人的想法并没有施行，后来的皇帝们为了装饰他们的宫殿而继续劫掠遥远的行省，地方总督为了维持皇帝对他们的恩宠，而帮助他们劫掠。仅从德尔斐一地就运走了500件青铜雕塑，皇帝们的这种贪得无厌，在戴克里先的斯巴拉多皇宫遗迹中，以及在哈德良的蒂沃利庄园的遗址中，依然可以看出其登峰造极的程度。①

这位把罗马边界推到了最远极限的哈德良皇帝，正是在台伯河畔这座占地7平方英里的蒂沃利庄园里，度过了他一生中最后一个下午。他花了18年时间，跑遍了帝国的各个角落，对这些城市的建筑和美做出了贡献，这之后，他试图通过重建他所见过的最漂亮的纪念性建筑的副本，来重温过去走过的地方。他复制了雅典和德尔斐最著名的建筑，甚至打算复制塞萨利的坦佩谷。他不仅是建筑的保护人，而且是学术的资助者，他不停地创办图书馆，为之慷慨解囊，并且像很多艺术资助人一样，还为它们写了一些让人不敢恭维的诗歌；他是军人、旅行家、哲学家和文人，是一个希腊语比拉丁语说得更好的希腊学者。即使没有别的任何功绩，今天的博物馆也应该为"年代馆"这个观念而对他心存感激。

不可避免的是，官方对艺术的资助将影响到个人的趣味和品格。任何一个有品质的罗马人都不可能允许自己被文学和艺术的时尚界所忽略，我们发现，在一段将近300年的时期里，整个拉丁文学界都痴迷于罕见的图书和艺术品。

罗马的时尚界颇像今天的纽约——金钱、舒适，以及金钱能买到的最高标准的奢华，是人们的主要考量。管道系统精密复杂，运转得非常完美；只有最好的大理石才被认可。那是一个青铜和雪花石膏大行其是的时代，其放纵的程度，跟我们今天使用平板玻璃和铬钢不相上下。上流社会尽管沉湎于集市（这一传统在米兰和罗马的拱廊里一直坚持至今），但还只局限于私人住宅的奢华，带有三面躺椅的餐桌，或者四季常备的饭厅，局限于乡村别墅的花园和游泳池。公共酒吧和餐馆尽管在某种程度上还是存在，但在日常生活中并没有扮演什么重要角色。当罗马人不在家时，他们便在神庙或广场上消磨时间，然后去大型公共浴室里打发闲暇时光，这些浴室很像今天的健身俱乐部和娱乐场。

对罗马公民来说，没有什么太好或太贵的东西，他们有他们征服的整个世界可以利用。然而，古怪的是，跟他们的挑剔和财富比起来，他们能够利用的奢侈品的种类却相对较少。当然，美女、骏马和醇酒佳肴在他们的财富和关注中占据着相当可观的份额。珠宝、艺术品和纵酒狂欢帮助他们花掉了另一部分财富。没有所得税，也没有汽车；貂皮大衣的观念尚未像今天那样成为一种纠结心头的迷恋，而离婚赡养费的致命恐惧更是闻所未闻。没什么东西跟

> 哈德良（76～138年），外号勇帝，罗马帝国五贤帝之一，117～138年在位。

金钱相关,除了把它花在最琐碎、最偶然的日用物品上:一个厄基那人的大烛台2.5万塞斯特斯,一个萤石玛瑙杯价值30万至100万塞斯特斯,一张用金线织成的巴比伦刺绣床单价值80万至100万塞斯特斯,镶嵌着象牙、黄金和白银的橘木桌子价值两倍于此。据说,塞涅卡的收藏中有500张这样的桌子。

奢华无处不在,不仅局限于皇帝和元老院的元老们,也不局限于获胜军队的将领。马提雅尔的短诗和警句毫不留情地暴露了这个自命不凡的家伙总是夸大他所拥有的一切东西的品质和价钱:他购买奴隶花了20万塞斯特斯,喝陈年老酒,拥有价值5 000塞斯特斯一磅的餐具,一辆镀金马车的价值等于一座庄园,一头驴子是花一匹骏马的价钱买来的,他所拥有的并不十分庞大的财产,价值相当于我们现在的百万美元。弗里兰德说,这笔钱"想必足以装备一幢豪宅,即便不是一座皇宫"。

罗马人热心收藏的各种艺术品当中,著名的**科林斯青铜器**最受青睐,也是价值最高的。公元前146年担任执政官的穆米乌斯征服了希腊。在科林斯地峡打败了亚该亚同盟的军队之后,他在没有任何抵抗的情况下进入了科林斯城。这座城市被纵火焚烧,听任士兵们把它洗劫一空;科林斯人被卖为奴,希腊艺术最珍贵的样本任由无知的征服者掠夺。历史学家波利比乌斯曾

> 科林斯,古希腊城邦,位于伯罗奔尼撒半岛的东北,临科林斯湾。该城邦以青铜工艺和科林斯式立柱而闻名。

看到罗马士兵在阿里斯提德的那幅传世名画《狄奥尼索斯》上玩跳棋;穆米乌斯本人完全没有意识到他所得到的战利品的真正价值,他把一些罕见的绘画、雕塑和雕刻珍品卖给了帕加马国王,并"把剩下的运回了意大利,要求运送这些艺术品的船主们提供抵押,用等价物补偿途中丢失或损坏的任何图画或雕像"。

据传说,科林斯青铜器的制作技术(它融合了黄金和白银)是穆米乌斯焚烧科林斯城的一个意外结果,到罗马帝国时期,这门技艺已经成了一个失传的古代秘密。在接下来的两个世纪里,科林斯器皿上的铜绿和色彩给一种收藏带来了殊荣,这是其他任何艺术形式都不容易得到的。塞涅卡记载了这些藏品所卖到的令人难以置信的价格,"尽管有点疯狂",而小普林尼在写给他的朋友安尼乌斯·塞维鲁的一封信中写到了他刚刚得到的一件青铜雕像:

> 我最近用我所得到的一笔遗产购买了一件科林斯的青铜雕像。它很小,但令人喜爱,至少制作得非常精美,如果我还算有点品味的话;在这种事情上,就像在所有其他事情上一样,品味肯定是极其缺乏的。然而,我甚至想,我所拥有的品味足以发现这尊雕像的美;由于它是赤裸的,所以,缺点(如果有什么缺点的话)和完美都更容易观察到。它描绘的是一个站着的老人:骨骼、肌肉、血管和皱纹都得到了强有力的表达,以至于你会想象这尊雕像被赋予了

罗马的浴室（劳伦斯·阿尔玛－塔德玛）

生命；头发稀疏而且掉了不少，前额宽阔，脸上布满皱纹，脖子瘦长，双臂有气无力，胸部下垂，腹部凹陷；从背后看同样给人垂垂老矣的印象。在我看来，它是一件真正的古董，无论是从它的锈迹斑驳还是从青铜最初色彩的残留来看，都是如此。简言之，它是一件技艺高超的作品，以至于既能吸引艺术家的关注，也能让最外行的观察者欢喜不已，这导致我买下了它。在这门艺术上，我是个新手。但我之所以买下它，并不是打算把它放在我自己家里（我家至今尚没有一件科林斯青铜雕塑），而是打算把它安放在我们本省的某个显眼的地方，最好是朱庇特神庙，因为它是一件礼物，只有神庙和神才受之无愧。

那么，就请你着手此事吧，尽快接受我的所有委托，立即下令制作底座。挑选大理石的事情交给你了，但要把我的名字刻在上面，如果你认为合适的话，还请刻上我的头衔。我会尽快把这尊雕像寄给你，或许，我可能亲自带给你（我敢肯定，你更喜欢这样）。我知道，你听到这个承诺一定会很高兴；但我要是补充一句你想必会脸色大变：我的这次拜访只能逗留短短几天时间，正是眼下让我不得不留在这里的那些事情，让我没法作更长时间的逗留。再见。②

罗马公共庄园附近的整整一个街区是交易商、书商和古董商专用的——这个街区因为历史悠久的造假、"仿冒性"修复和作弊拍卖而闻名。第57街的所有勾当（更好或更糟）全都在罗马讽刺作家的作品中出现过。苏埃托尼乌斯描述过罗马一家拍卖行里的场面，到赫斯特先生那个时代，纽约将会出现同样的场面。总是缺钱的卡里古拉皇帝宣布卖掉他收藏的一批赝品，他亲自充当拍卖商。宫廷里的所有成员都应邀出席，并不得不以远远超出拍卖底价的价格购买。一个倒霉的朝臣睡着了，卡里古拉于是让拍卖主持人注意：这家伙打瞌睡的时候每点一下头就是提高一次叫价。结果，当他醒来的时候，他从皇帝的收藏中得到了大约价值500万美元的垃圾货。

但拍卖并不总是有这样大的规模；数百家商店堆满了大量的艺术品，适合于每一个人的钱包和各种不同的品味。纪事和戏剧经常嘲笑收藏者的无知和自负，嘲笑他们的虚荣和不愿意听取别人的意见，以及他们对错误信息的炫耀。佩特罗尼乌斯在他的《萨蒂利孔》（*Satyricon*）中让这类鉴赏家名垂千古，书中那位滑稽可笑的暴发户特里马乔是古往今来所有此类收藏者的原型。

佩特罗尼乌斯注意到，宾客济济一堂，为这场盛宴而聚集在一起：

> 终于，我们坐了下来，几个来自亚历山大城的小男孩把冰冷的水倾倒在我们手上。另外一些孩子紧跟着走了进来，跪倒在我们脚下，技巧娴熟地给我们修剪脚趾甲。就连这一令人不快的职责也没有让他们安静下来，他们在干活的时候还一边唱着歌。我想看看是不是整个家庭都能唱歌，于是我要了一杯酒。一个随时恭候的奴隶以一种还算悦耳的咏唱复述了我的命令。只要你要求他们拿任何东西给你，他们都会这样做。这里倒更像是一个演员的舞会，而不是一个绅士的饭厅。不过，一些香喷喷、美滋滋的开胃品端了上来；此时，我们

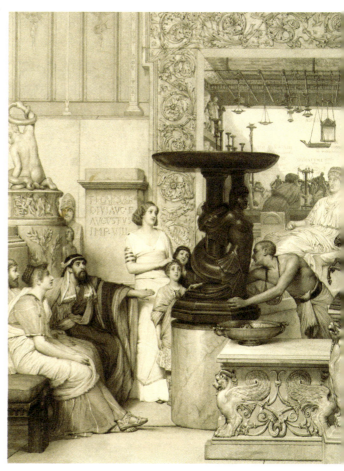

罗马贵族在欣赏他们的艺术收藏（劳伦斯·阿尔玛－塔德玛）

都坐了下来，除了特里马乔之外，首席是留给他的。一只科林斯青铜雕塑的猴子立在餐具柜上，背上挂着驮篮，一边是白色的，另一边是黑色的。两个碟遮住了那头驴子；特里马乔的名字以及它们所耗白银的重量刻在碟子边缘上。还有几只睡鼠裹着蜂蜜和罂粟籽，支撑着跟碟子焊接在一起的小桥。接着，有一些热乎乎的香肠躺在一个银烤架上，烤架下面有李子和石榴籽。

就在我们享用这些精致美味的时候，特里马乔在音乐声的引导下走了进来，他靠在那只极小的枕头上。这个粗心大意的家伙忍不住爆发出一阵大笑。他剃着光头，披着一件猩红色的斗篷，在他脖子周围笨重的衣物上，他放上了一块餐巾，有一条很宽的饰带，四周悬挂着流苏。他左手的小指上戴了一个硕大的银指环，旁边那根手指的顶节上戴着一个小一些的指环，在我看来似乎是纯金的，但实际上周围镶嵌着切割成小星星形状的铁。他并不满足于这种财富的炫示，他还裸露出自己右臂，一只金手镯闪闪发光，一只象牙手镯被裹上了一块鲜亮的金属薄片。

随着这场欢快夜宴的继续进行，特里马乔不断吹嘘自己拥有的财产。"我是唯一拥有科林斯餐具的人。……你们可能会问，"他说："我如何成为独一无二的拥有科林斯真货的人呢，理由显而易见：卖给我这些东西的那个商人，他的名字就是科林斯人的。除非一个人有科林斯人做他的后盾，否则，什么东西才是真正的科林斯的呢？别认为我是一个无知的人。我完全清楚科林斯餐具最早是如何被带到这个世界来的。"接下来，在对朋友们就这个问题发表了一通夸夸其谈之后，他转向了银器，"我对此有着极大的热情。我拥有大约400件容量为4加仑的杯子，雕刻着卡桑德拉杀死她的孩子们，他们躺在那里奄奄一息，雕刻得栩栩如生。我有1000个水罐，全都是穆米乌斯留给资助人的，在这些水罐上，你可以看到代达罗斯把尼俄伯关进特洛伊木马里。我还得到了一些杯子，上面刻着不同希腊部落之间的战斗，每只杯子都很重；因为我不会为了金钱而出卖我的鉴赏力"。特里马乔的财宝只不过属于那个尚没有完全灭绝的种类，他们至今依然活在棕榈滩和林荫大道的宴会上。③

然而，我们千万不要以为，所有罗马人都必然是粗俗的，不要以为他们当中就没有哪个人拥有的知识和鉴赏力能比得上文艺复兴时期的收藏家。这一传统发展了很长的时间，而且早在公元前2世纪就已经深深扎根于拉丁人的土壤中，当时，欧迈尼斯二世把他的文法学家和图书馆长马鲁斯的克拉图斯作为特使派到了罗马。这位早期人文主义者所带来的推动力，点燃了对知识和教养的渴望，这种渴望尽管是从其他古代中心引入的，但肯定是真心实意的。历史常常见证了这样的现象：一些民族在它们兴旺发达的时候转向了艺术——美第奇治下的佛罗伦萨，斯图亚特和乔治时代的国王们所统治的英格兰，路易十四统治时期的法国。如今在美国，我们也见证了同样的发展趋势。它是一种智力上的补偿或赎罪，对其在某个特定时期主宰这个世界做出补偿——大概也调节了太过强烈的炫耀财富的人类本能。

从共和国时代起，希腊的图书馆便持续不断地被转变为罗马的组织化单位。卢基乌斯·埃米利乌斯·保卢斯把马其顿国王珀尔修斯的图书馆据为己有。后来，他又把它传给了自己的儿子们，其中就有迦太基的征服者小西庇阿。卢库勒斯在小亚细亚得到了一批丰富的藏书，把它们带回了国内，对学者开放。公元前86年占领雅典的苏拉把亚里士多德的藏书带回了国内，在罗马他那座宽敞的宫殿里建立了一座图书馆，由两个学识渊博的学者打理，一个是亚历山大的注释家、罗得岛的安得罗尼库斯，另一个是提兰尼奥，他后来成了西塞罗图书馆的顾问。几乎

> 埃米利乌斯·保卢斯（前229～前160年），古罗马政治家和统帅。公元前182年当选执政官，前168年领兵征服马其顿，俘获马其顿国王珀尔修斯。

用不着指出，在这一时期，拥有一座图书馆是文化修养和个人成就的象征。汤普逊认为："就真正有文化修养的人而言，这些书的核心目的无疑是一座能够起作用的图书馆；但即便是这样的人，也常常不管自己的年龄，纯粹为了坐拥百城而挥霍无度地收集图书。例如，西塞罗的通信中有很多地方提到这种狂热。在他的每一幢别墅里（他在意大利的不同地区拥有18幢别墅），都有一座永久性的图书馆。然而，就他在图书收藏上的挥霍无度而言，西塞罗似乎只不过是他这个社会阶层的典型而已，他们的做法，照例要被那些粗鲁无文、新近发达的富人以荒诞离奇的方式所仿效。"④

这个世界很少见过（无论是此前，还是之后）这样的挥霍和奢侈，也很少见过对他人财产的这样一种恬不知耻的漠视。这些别墅和宫殿并不局限于罗马，在整个罗马帝国的广大地区，只要是能搞到钱的地方，一样可以看到。超越首都是地方总督或银行家的骄傲。在庞贝和赫库兰尼姆（以及更加奢华的巴亚）的一些浴室里，罗马帝

凡维特里：《罗马圆形竞技场与君士坦丁凯旋门》

国的缔造者们把他们日渐颓唐的衰退岁月,耗在了柔软的日常饮食、柔软的女人以及更加柔软的智力活动上。

多亏了普林尼和维特鲁威,我们才有了一幅鲜活生动的图景,才得以知道这些别墅和收藏看上去是个什么样子,以及拥有者和他们的家人如何生活在前所未有的奢华中,而这种奢华,很大程度上是从希腊和亚洲盗用来的。到了奥古斯都时代,画廊已经变得十分普遍,以至于在维特鲁威设计的大房子中,"为了这一目的,一间朝北的大厅被认为是必不可少的;在后来的时期,雕塑的收藏变得十分普遍"。人们的爱好总是偏向于古代。年轻的罗马公民纷纷去希腊,去非洲和小亚细亚,其精神与18世纪的辉格党贵族去意大利作豪华旅行大抵是一样的。他们所搜寻的首先是藏书,是要把他们所受教育的碎片与古典时代残存的美联系起来;艺术品的积累,并不是证明其艺术感觉的证据,而更多地是一种手段,以满足新近被激发起来的好奇心,为他们的社会地位和政治地位获取必不可少的肤浅背景。像他们在乔治王时代的继任者一样,他们也很少关注同时代人的杰作。就算他们容忍了当代艺术,那也是在装饰、尤其是建筑装饰领域,而并不是因为他们相信一个无名天才的不朽。那么,像从前一样,古代作品照例为赢得尊崇提供了一个特殊的、引人入胜的机会。普林尼坚持认为,画廊里要塞满古老的绘画;昆体良曾嘲笑那些热衷于"原始作品"的人,而且,在哈德良统治时期,出现了一次疯狂的时尚,热衷于希腊的艺术,尤其是亚历山大的继承者统治时期的绘画和雕塑。

对占有财产的势利,充斥于拉丁注释家们的著作中,远远超过我们今天所知道的任何别的东西。马提雅尔谈到过一个人,他总是大肆吹嘘自己的财宝,以至于他的朋友的真诚度与他的藏品的真实性不相上下。在哈德良统治时期,把过去伟大艺术家的签名刻在雕像上成了一种普遍做法。或许,这样做的目的可能并不在于欺骗,而是像中国的皇帝们一样,千百年来,他们总是把自己的标志或官印戳盖在他们收藏的卷轴上,以证明他们自己的雄心壮志和高超的鉴赏力。在这方面,"出处"和世系也成了年代久远以及重要性的不可或缺的属性。弗里兰德曾经谈到,能够引发个人和历史联想的物品被赋予了多么高的价值——爱比克泰德的陶制油灯,日耳曼尼库斯的珠宝首饰,曾经属于马其顿的腓力国王的银质器皿(他从一次海难中得到了这些东西)。卡拉卡拉有一些古代武器,据说曾经属于亚历山大大帝;诺维厄斯·文德克斯收藏的利西波斯的小雕像《赫拉克勒斯》,据说也来自亚历山大大帝。这些吹嘘之词激起了无礼者的嘲笑,因为当马提雅尔被要求以尊敬的目光看待"战船亚尔古号上的一块船板"时,他说,他再也不想听到那些据说曾经属于内斯特、阿喀琉斯和狄多的银杯那"年代久远的系谱"。

> 苏拉(前138～前78年),古罗马军事家、政治家,前88年当选为罗马执政官,前82年任无限期独裁官,前79年宣布退位。

罗马人的收藏模式很早就由**苏拉**制定

出来了，苏拉是最早从事大规模收藏的私人藏家。他是一个大贵族和武士，他在希腊出手大方，毫不吝惜公帑私款，只要能给自己捞到好处。在他的宝藏中，有利西波斯的《赫拉克勒斯》，它最早属于亚历山大大帝，后来属于汉尼拔；还有从德尔斐偷来的一尊小金像《阿波罗》，在他参加的所有战役中，他都把这尊小金像带在身边。每场战斗开始之前，他都会对着小金像祈祷，虔诚地亲吻它。他的副手维勒斯和穆列纳在掠夺这门技艺上显然经久训练。苏拉的继承人和女婿斯考卢斯甚至让他的同时代人大吃一惊：他建造一座剧院，一次演出能容纳 8 万名观众，他用 3000 尊雕像和 360 根立柱装饰这家剧院。他在图斯库鲁姆城收藏的雕刻宝石，最早藏于罗马，只有尤利乌斯·凯撒给维纳斯神庙的 6 批浮雕宝石和凹雕宝石才能与之匹敌，连同他的家具、绘画（包括从锡西安带回的鲍西阿的一些画作）和来自墨西拿的金线挂毯，其总价值如换算成今天的货币，大约值 1000 万美元。据普鲁塔克说，卢库勒斯的花园一直延伸到了宾丘山的山坡上，那个地方后来被美第奇别墅所占据，花园里不仅塞满了雕像和艺术品，而且还有来自欧洲一些遥远地区的奇花异草和珍稀禽兽。卢浮宫那尊巨大的《墨尔波墨》和青铜雕像《赫拉克勒斯》被教皇庇护九世为梵蒂冈所获得，装饰着他的私人剧院，据说，这座剧院有一个柱廊，装饰着 300 根玫瑰大理石柱。

据博纳费说，在凯撒的财产当中，有现藏卢浮宫的《丘比特》雕像的头部⑤，现藏梵蒂冈的《墨勒阿格》雕像，以及现藏圣彼得堡的那尊可爱的《修道院的维纳斯》雕像。塞勒斯特在奎里纳尔山的花园同样收藏了一些千百年来幸存下来的样本，其中包括一些著名作品，比如现藏梵蒂冈观景楼的《垂死的高卢人》和《维纳斯与丘比特》，除此之外，还有在后来占据这个地方的路德维希别墅里发现的大量古董。

这些只是充斥于罗马富人住处的古代杰作当中的少数几件，它们为学者和收藏家进行田野调查提供了绝好的机会。但即便是这些，跟行省总督维勒斯的藏品比起来，也不免相形见绌。

> 维勒斯，古罗马行省总督，在公元前 73 至前 71 年任西西里总督期间大肆搜刮民脂民膏，并抨击罗马统治集团对行省的剥削。

维勒斯是一位贵族的儿子，注定要担任公职，并爬到了西西里总督的位置。没有什么东西能逃过他的手掌。他冷酷无情，十分挑剔，大概拥有最敏锐的眼睛，贪得无厌地搜求古代任何人的艺术作品。他的收藏，不仅体现了他的同胞们那巨大的文化贪欲，而且体现了他们为了满足这种贪欲而屈尊折腰的态度。西塞罗对他提起的冷酷无情的诉讼被包含在著名的演说集《诉维勒斯》（*In Verrem*）中，仅为他在西西里一个地方的偷窃，便索赔 1000 万斯特斯（约合 2500 万美元）。这些演说（里面充斥着痛骂和毁灭性的批评）十分生动地描述了维勒斯的宫殿及其中的藏品。进入宫殿，要穿过两扇用象牙和黄金打造的大门，它们来自叙拉古的雅典娜神殿，大门的上方是一个用象牙雕制的蛇发女怪头像，门厅的挂毯是从墨西拿偷来的，从马耳他和叙拉古的宫殿里偷来的，用金线编织而成，据说价值20万塞斯特斯。他的最精美的家具，是美丽的高等妓女西利东遗赠给他的，窗帘和家具装饰是西西里一些最高贵的贵夫人3年艰辛劳作的产物。

这座规模宏大的宫殿，仿照的是通常的罗马设计：侧厅和建筑物朝向一个正厅或院子，它的柱廊装饰着意大利最精美的雕塑。维勒斯在他曾经统治过的地方没有获得的东西，他后来通过购买和勒索获得了。这座宫殿的一间侧厅专门用作画廊，陈列他从东部劫掠来的艺术品；绘画作品当中包括西西里国王们的27幅肖像，来自叙拉古的雅典娜神殿。青铜和烛台陈列柜的精美程度不亚于大理石雕塑，科林斯青铜雕像的收藏尤其丰富。赤土陶器、装饰花瓶和雕刻石头占据着专门的大厅，生活区有一连串的餐厅，用于各个不同的季节，陈设奢华，有各式各样的金银餐具，在这方面，维勒斯的鉴赏力无人能比。

可是，所有这些财富，带给他的只有悲痛和耻辱。由于西塞罗的起诉，他在公元前70年被赶出了罗马城，维勒斯在流放中度过了27年。当他在西塞罗被暗杀之后回到罗马的时候，当权的马可·安东尼要求维勒斯给他一些科林斯青铜雕像。尽管他知道，如果他拒绝的话后果将会是什么，但维勒斯依然决定，不能把这些青铜像拱手奉送，于是，他上了被剥夺公民权的名单，并被判处死刑。故事讲到，马可·安东尼让人给他送去了毒药，要他用一只萤石杯子喝下它，那是他的收藏中最贵重的一件藏品，维勒斯迅速喝下了毒药，把那只杯子猛掷向大理石地面，摔成了碎片。

罗马贵族的画廊（劳伦斯·阿尔玛－塔德玛）

行省总督们的贪婪，以及他们对艺术品贪得无厌的胃口，对于罗马帝国的突然衰落，很可能作出了一定的"贡献"。西塞罗在他对维勒斯的起诉中，并没有把他的控告局限于这位西西里总督，而是猛烈抨击了整个分赃制度。"年复一年，"他说，"我们眼睁睁地看着全世界的所有财富成了一小撮人的财产；我们对这种情形的容忍和默许，因为下面这个事实而变得更加明显：这些人当中，没有一个人试图隐瞒自己的贪婪，没有一个人担心人们对他的贪婪投来怀疑的目光。在充斥于我们这座美丽城市的所有财宝当中，可曾有一件雕塑、一幅绘画，不是从我们所打败的敌人那里缴获来的？而我所提到的那些人，他们的乡间宅邸里陈设着数不清的漂亮玩意儿，全都是他们从我们最忠诚的盟友那里抢夺来的。当你看到雅典、帕加马、基齐库斯、米利都、希俄斯、萨摩斯——不止这些，而是整个亚细亚和亚加亚，整个希腊和西西里——的时候，你可曾想到，那些如今变得一贫如洗的外国民族，它们的财富如今全都集中在这些为数不多的乡间宅邸里？然而，我要再说一遍，先生们，今天，你们的盟友并不试图、也不操心重新找回其中任何一件宝。凭借他们的忠诚，以及他们良好的服务，他们保护了自己，使自己免于被罗马民族的公开法令剥夺殆尽。已经到了这样的时候：他们再也不能抵制此人或彼人的贪婪；相反，他们只能以这样或那样的方式满足这种贪婪。今天，他们已经失去了力量，不仅没有能力抵抗，甚至也没有能力满足对他们提出的任何要求。"⑥

对收藏的爱好一直持续了下来，贯穿

亨里克·谢米拉茨基：《尼禄的火把》

于欧洲历史的不同时期。但是，当罗马帝国的结构越来越着重于皇帝本人和他的宫廷时，私人收藏也就变得越来越不重要了。到公元4世纪君士坦丁大帝时期，新的兴趣被唤起，罗马文化的衰落已经显而易见。随着帝国首都在公元476年迁往拜占庭，罗马便进入了其中世纪的千年沉睡当中。"废墟之城"已成事实，就连拜占庭宫廷的辉煌也阻止不了这个土崩瓦解的过程。罗马成了一个采石场，基督教就是从这里采掘材料，来构建它的新世界。君士坦丁堡的竞技场包含了大约60尊雕像，它们曾经装饰着罗马皇帝们的广场，而圣索菲亚大教堂（有420尊古代雕塑）也是按照罗马的模式建起来的，它色彩斑斓的大理石镶板后来拱手奉送给了威尼斯的圣马可大教堂。但它们依然是奉献给不同神祇的博物馆。君士坦丁大帝决心让拜占庭成为世界之都，正是这件事情杀死了罗马。要想重新唤醒它鼎盛时期的品味和好奇之心，并把它们从基督教的狂热中恢复过来，需要许多个世纪的时间。收藏家赖以兴盛的社会条件和经济条件已经一去不返，要等到文艺复兴时期才能够重新获得。

> 君士坦丁大帝（约272～337），罗马帝国皇帝（280～337年在位），是历史上第一位信仰基督教的皇帝。他于公元330年将罗马帝国的首都从罗马迁到拜占庭，并将该地改名为君士坦丁堡（今伊斯坦布尔）。

○ 注释

① 大约在公元72年前后，普林尼声称："在征服亚该亚之后，穆米乌斯用雕塑品填满了整个罗马。……卢库利也带回了大量雕像；据曾经三次担任执政官的穆奇阿努斯说，有7.3万件雕塑依然可以在罗得岛看到，据猜测，至少有同样多的雕塑品依然留在了雅典、奥林匹亚和德尔斐。"参见K.杰布拉克：《老普林尼论述艺术的篇章》(The Elder Pliny's Chapters on Art)，1896年，伦敦，第29页。

② 小普林尼：《书信集》(Letters)第二卷，威廉·梅尔莫思编，第205页。

③ 佩特罗尼乌斯：《萨蒂利孔》，迈克尔·赫塞尔廷译，1913年。

④ 詹姆斯·韦斯特夫·汤普逊：《中世纪的图书馆》(The Medieval Library)，芝加哥大学出版社，1939年，第5页。

⑤ 卢浮宫的《丘比特》雕像头部有一段漫长的传奇史。马可·安东尼把头部和它所属于的身子都从萨摩斯岛带回了意大利。最早渴望得到它的罗马皇帝奥古斯都把它放在了罗马的朱庇特神庙里，它在那里一直待到了16世纪，才落入了卡马里翁公爵夫人、安条克的玛格丽特的贮藏橱。她反过来把它送给了查理五世皇帝的大臣、红衣主教格兰维拉，后者把它放置于他在贝桑松的花园里。当路易十四在17世纪占领这座城市的时候，当地的行政长官把这尊雕像送给了国王，用于装饰他在凡尔赛的花园，头部至今完好无损，但躯干随着岁月的流失而遭到了损坏，由雕塑家吉拉尔东和德鲁伊进行了修复。参见E.博纳贾：《古罗马的收藏家》(Les Collectionneurs de l'ancienne Rome，巴黎，1867)。必须记住的是，在此书作者工作的那个时代，考古学依然是一门艺术，而不是实验科学，因此，他所关心的，更多的是虚构，而非事实。

⑥ 西塞罗：《诉维勒斯》（英译本）第二卷，第606、607页。

4. 中世纪

中世纪开启了收藏史上的另一幅景象，收藏是人类心智中的"松鼠本能"，它在一股涓涓细流中又延续了一千年。罗马的衰亡毕竟是一个漫长的衰落过程，我们千万不要以为，大幕在15世纪的某个夜晚突然落下，然后，喜剧结束了。纵使登台献艺的演员都缺乏其前辈们的那种天才，合唱队也荒腔走板，但观众依然需要某种形式的表演。此外，在蒙昧主义的漫漫长夜里，守护古典学术的荧荧灯火使它不至于彻底熄灭，正是教会的责任。

中世纪的基督教共产主义终结了私人财富，在意大利的那些共和国建立之前，欧洲再也看不到中产阶级了。只有世袭统治者和教会的高级教士才有能力资助艺术。再者说，早期基督教的生存斗争（先是针对罗马皇帝们的迫害，后是针对异教和偶像崇拜的顽固坚持），也迫使他们在主题的问题上推行严格的审查制度。在一个阅读能力局限于教士阶层的社会，有必要动员一切视觉表达的手段，来宣传新宗教。在中世纪的体系中，很少有古典神祇和女神们的容身之地。在拉韦纳，以及在东部的那些拜占庭宫殿里，尤其是在博斯普鲁斯海峡一些大的中心城市，在安条克和亚历山大城，依然残存着一种绵绵不断的对古典时期的怀旧。基督教世界的圣徒带着一种新的圣职光辉出现了。他们的光荣是新信仰的光荣，但其形式却含蓄地仿效过去的模式。由于教会的权威从来不能完全摒弃古老的传统，我们因此能够看到，表现希腊哲学家的古典图画被转变成了法相庄严的福音传道者的肖像，在《新约》的早期手抄本中，这些肖像出现在《福音书》的篇首。

但是，说到基督教时代早期几个世纪里这种品味的改变，还有更加深刻、更具哲学意味的理由。已经占据人们头脑的那种罪恶感，以及通过赎罪来实现拯救的紧迫性，导致这个土崩瓦解、衰朽溃败的帝国的公民们抱着厌恶的态度看待个人的奢华，以及相伴而生的邪恶。教会的神父们为他们周围的邪恶而痛心疾首，圣奥古斯丁年轻时崇拜柏拉图和西塞罗，他猛烈地抨击古代文化。"希腊的哲学家们，"他说，"听到基督的名字一定会瑟瑟发抖。诗人是谎言和不道德的发明者。"他在《忏悔录》（*Concessions*）中写道："各种不同的技艺和制造，在我们

> 圣奥古斯丁（354～430），基督教神父，被公认为古代基督教的最伟大的思想家。他一生著述颇丰，晚年的《忏悔录》更为现在普通公众所知。

的衣服、鞋子、器具当中，在图画和五花八门的画像当中，制造出了多少数不清的玩意儿啊，这些东西远远超出了一切必需的、适度的用途，以及一切虔诚的意义，人们不过是为了吸引自己的眼球。上帝神殿的美是正义之美。……上帝的神殿之所以令人惊叹，不在于立柱、大理石和镀金的穹顶，而在于正义。"①

然而，如果说审美意识在拜占庭教会中因为临近东方文化而坚持得更长久一些的话，那么，在拉丁基督教的前哨，它很快就被忘得一干二净了。一波接一波来自北欧和中欧平原的野蛮人横扫了整个意大利半岛，占领了伦巴第及罗马在西班牙和普罗旺斯的殖民地。高卢和莱茵河那边的殖民地稍稍保持了一些罗马占领所带来的文化影响，这些地区的手艺人主要关注部落的装饰，以及这些游牧民在迁徙中随身携带的珠宝和个人物品的设计。罗马一而再再而三地倒在了匈奴人的猛烈攻击之下；这个曾经繁荣的帝国，在遭受了经济上的毁灭之后，接踵而来的是瘟疫和饥荒。欧洲的土地曾经被罗马的殖民者打理得如此美丽，如今却由于疏于管理而变得糟糕不堪。为了养活自己，占据了这些地方（它们曾经是优美雅致的别墅）的农民为了制造石灰而焚烧那些曾经装点着园中小径和柱廊的大理石雕像。究竟有多少古典时代的收藏就这样灰飞烟灭，我们不得而知，如果说，这些至今依然在希腊和中东继续的做法有什么暗示的话，那么，我们可以有把握地猜想，大部分雕像就这样被毁了。

查理曼大帝（742～814），又称查理、卡尔大帝，法兰克王国加洛林王朝国王，公元800年被加冕为神圣罗马帝国皇帝。

直到查理曼大帝时代，才终于有了一点欧洲国的样子。那些昙花一现的王国和公爵领地曾经权倾一时，不料纷纷倒在了邻居的劫掠之下。教会是联系过去的唯一纽带，而且，至少是在名义上承认了对罗马主教的服从，世俗教区的主教提供了欧洲大陆唯一的组织化权威。就连那些在罗马庄园的废墟上建立起来的自给自足的农业社群，充其量也只能提供一种地方性的家长式统治。治理国家的技艺已经失传了，到诺曼底征服时期已经十分完善的封建制度，要想作为一种政治理想而被人们所接受，还有很长的路要走。

1066年，诺曼底人在征服者威廉的率领下，征服了撒克逊人统治的英格兰，建立了诺曼底王朝。

与世俗主教并肩崛起的是修道院院长，他们直接对罗马负责，逐步发展出了他们的修道院机构，这一切都是浩瀚博大的古代文化遗留下来的。本笃会修士最早是作为传教士，从那不勒斯附近的卡西诺山老家脱颖而出，把他们的权威传播到了整个西欧和不列颠诸岛。对于这些修道士，应当给予充分的赞扬，不仅由于他们保存了古典的遗存，而且还因为他们一直保持了对学术的激励。

如果没有他们，读书写字的技艺多半也会随着罗马的衰亡而从西方消失。他们建立了图书馆和抄写室。他们的祈祷书，他们的神学评论集和动物寓言集，连同从朝圣者和旅行者那里落到他们手里的任何古典著作的抄本，充当了贵族和教士接受教育的教科书，而这些书的插图，则是他们指导下所发展起来的艺术的典范。中世纪教堂的巨大壁画和雕刻正门，以及彩绘玻璃和挂毯，都是穷人的《圣经》，它们的灵感全都来自修道院里绘制的手抄本。有人公正地说，欧洲手抄本的彩饰插画是中世纪艺术的支柱，各种风格和插图技法的变种全都来源于此。

到了"加洛林王朝的文艺复兴"时期（查理曼大帝于公元800年在圣彼得大教堂由教皇加冕为皇帝），社会已经开始在罗马帝国的断壁残垣

> 加洛林王朝，公元8世纪中叶～10世纪统治法兰克王国的封建王朝，因其家族惯用名字加洛尔(拉丁文为Carolus，即查理)而得名。

上重现建立起来。本笃会正处在它的全盛时期。封建贵族靠着游击战的好运气，设法获得了新的财富，而且常常是不义之财，他们把这些钱财慷慨大方地花在了宗教建筑上，希望借此获得进入天国的入场券，使他们可以在炼狱里耽搁了相对较短的一段时间之后，便荣登天堂。他们的礼物和遗赠采取了各种不同的形式；当然，其中最重要的是教堂的建筑，修道院的附属建筑，修道院回廊的重建，纪念性的小礼拜堂，以及彩绘玻璃窗。但在教士们的眼里，同样重要的是来自东罗马帝国的一些珍贵的书籍和文物；还有纺织品，从某个殉道者

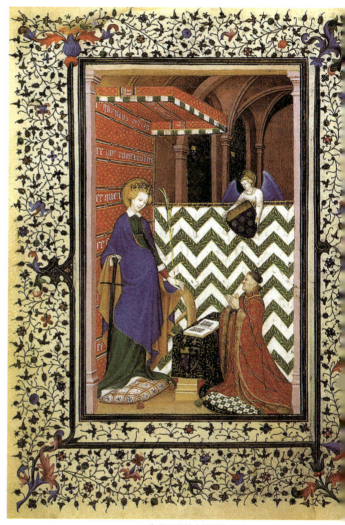

中世纪手抄本的彩饰插画

的裹尸布上剪下的碎片，圣母玛利亚的一滴奶水，真十字架上的一块残片，或者本地某个深受尊敬的人士（他可能像圣帕德里克那样，把蛇从本地区赶走了）那已经朽烂的牙齿，诸如此类，不一而足。把这些东西放进用黄金和白银打造的精美圣匣里，裹以宝石、珍珠和古代浮雕宝石，它们便成了教会宝库的核心，丝毫不亚于希腊和罗马神殿的宗教收藏。

在这些中世纪宝库当中,最大的是圣丹尼斯皇家修道院的宝库,公元12世纪,这座修道院的院长絮热神父重建了教堂,为它提供了一批极为珍贵的祭器。

> 圣丹尼斯皇家修道院,又译圣德尼修道院,位于巴黎近郊的圣丹尼斯,始建于3世纪,后在9世纪重建,直到12世纪才扩建为大教堂,是法国君主的墓地、法国君主政府的圣殿。

其中有一些传到了我们手里:卢浮宫阿波罗廊的那些水罐和器皿,以及华盛顿的怀德纳收藏中那些镶嵌着古代宝石的玛瑙和黄金圣杯。

絮热院长列出了装饰教堂的物品清单——唱诗班正上方的金祭坛及金十字架。絮热描述了用来装饰这个十字架的宝石,以及在他指导下制作的各种物品在使用黄金和珐琅上的技艺质量。接下来他说:

> 也是怀着对圣丹尼斯的热爱,我们获得了一些金质器皿,以及一些珍贵的宝石,侍奉于上帝的餐桌,除此之外,还有法兰克人的国王们和那些献身于教会的人为这一服务而捐赠的各种各样的器皿。尤其是,我们让人制作了一个很大的金质圣杯,重达140盎司,装饰着宝石,即红锆石和黄宝石,以替代我们的前辈时期所遗失的那个圣杯。②

他还继续列举了另外一些珍宝:一个"绿石英容器,雕刻成小船的形状,那是路易国王(腓力国王之子)在手里摆弄了10年的心爱之物";一个"绿宝石或水晶酒瓶,那是阿基塔尼亚王后作为新娘子在他们的第一次航行中送给我们的路易国王的礼物"(现藏卢浮宫);"一个用实心缠丝玛瑙宝石圣杯"(怀德纳收藏);以及"一个斑岩花瓶,雕刻师和磨光师把它制作得令人赞叹,在柜子里闲置多年之后,把它从一只酒壶改成了一只鹰的形状"(现藏卢浮宫)。

地中海的商业,通过航船索具的新发明,也通过航海科学的进步,而获得了新的推动力。与东部世界的接触,曾经差不多完全中断,如今重新开始了。陆上贸易通道打通了,把海港与内陆水道连接了起来,教会通过垄断中世纪的旅行业务,再次担当了领导者的角色。在贸易通道的沿线,修道院星罗棋布,彼此之间隔着一段相当方便的距离,它们不仅充当了旅行商人的旅店和客栈,而且也充当了朝圣者们的医院和庇护所,这些朝圣者开始到巴勒斯坦和罗马那些被神圣化了的废墟中去寻求拯救。

大约在公元1000年前后,当所有善良的人都相信世界将会终结的时候,有一个重大发现产生了,它导致了一次工业革命,就其影响而言,几乎就像800年后蒸汽机的发明一样重要和深远。这就是人们发现,从古代传下来的传统轭具(它牢牢地固定在马的颈部周围)并没有让马匹的拉力得到充分的发挥,任何沉重的拖拽都会立即把它勒死。欧洲的经济因此依赖于行动迟缓的牛车来拖拉沉重的货物,马匹被保留给更轻便、更具流动性的骑兵战斗。为解决这一难题,人们发明了现代马轭;它平贴着马的胸部和肩膀,留出气管让它自由呼吸,使它能够拖拉千磅以上的重负。从这个简单装置的发明当中——正如林恩·怀特所指出的那样,它使得货物的移动加快了很多倍,中世纪的繁荣发展出来了,因为马拉运输的时代就是从这里开始的,它是新一轮的、重新恢复活力的经济发展的基础,这一经济一直主宰着欧洲,直至19世纪。③

还有另外一些科学上的进步和发现,增加了欧洲的商业活跃和智力骚动。仅眼镜镜片的打磨技术这一项发明,就让普通学者多阅读20年,在加速文艺复兴上,它是一个不可估量的重要因素。很多这样的科学发现,都是通过巴勒莫的高度文明化的诺曼人的宫廷过滤的,在那里,**霍亨斯陶芬王朝**的皇帝和西西里的国王们为很多阿拉伯和犹太科学家、医生及哲学家提供了庇护。西班牙的穆斯林从科尔多瓦的哈里发那里获得了他们的方向,同样按照东部的模式来塑造他们的文化。伊斯兰世界的智慧和文化与基督教修道士们的学问融合在了一起,渗透到了古典时代的遗存当中。事实上,巴勒莫之于拜占庭艺术的晚期阶段,就像拉文纳之于16和17世纪。正是在这座熔炉里,迅速临近的意大利文艺复兴的各项因素被熔化了。然而,西西里和马耳他只不过是通往圣地的中途小站。在封建制度最终成熟的时候死死攫住欧洲的那种焦躁不宁,把地中海的探究精神带到了法兰西和西班牙,也带到了北欧国家。十字军东征让欧洲大陆的骑士们忙活了将近250年,并让成千上万的朝圣勇士有机会接触到东部文明,这场运动终于完成了为学术复兴准备土壤的任务。

> 霍亨斯陶芬王朝(1138~1254)是欧洲历史上著名的统治王朝,最初的霍亨斯陶芬家族为现德国南部士瓦本的世袭伯爵与统治家族,与皇室联姻使霍亨斯陶芬家族得以跻身于最高的统治阶层。

剥去19世纪给它们加上的浪漫光环,脱掉沃尔特·司各特爵士和霍华德·派尔给它们披上的华丽装饰,我们大可不必把十字军东征看做是一场精神运动,而更多地应该视之为针对封建经济那种自给自足的一场反动。统治着乡村和封邑的城堡是这样一个单位:它给个人的想象力或进取心留下的空间甚小。每个郡县或公爵领地都跟它的邻居彼此隔绝,不仅在忠诚的问题上各为其主,而且还通过很高的关税壁垒把彼此隔离起来。免税的机会十分有限,商品从自由城市或者从东部向其他地方流通,经过私人庄园的时候总是被随心所欲地征收重税。我们已经听到人们对这些贵族发出了"自由企业"的呐喊,因为不存在像罗马或现代那样的资本和商品的交换。每个社群都几乎完全靠自己所生产的东西维持生活,广泛的食物和商品分配几乎闻所未闻。社会已经陷入了生产与消费之间的这样一个周期性的僵局,历史上它总是不可避免地导致大动荡。十字军东征便是一条摆脱困境的方便出路,因为它们为贵族的穷兵黩武提供了一个宣泄的出口,也使他们能够以基督的名义去掠夺新的土地。

像一切军事战役一样,十字军东征也需要非同寻常的融资;为这一盈利冒险充当经济后盾的,是威尼斯共和国的商人和银行家。从拜占庭首都在拉文纳最后的日子起,威尼斯就一直维持着其海上霸权。

这个亚得里亚海的女主人逐步控制了整个地中海地区。威尼斯的三桅帆船和海军战船驶进了每一片海域,威尼斯商人是每一个港口的重要人物。它与亚历山大城(当时依然是累范特最繁荣的制造和出口中心)之间的贸易几乎是一种垄断。威尼斯两边通吃,凡是能得到的好处都不放过。它运送了大量的西欧骑士去圣地,跟撒拉逊人和土耳其人打仗。它仅用15艘船就运送了圣路易的1万名十字军和4000匹战马。维尔阿杜安告诉我们,在第四次十字军东征期间,威尼斯人花去了8.5万银马克,用他们的船队装运十字军士兵。此外,他们也为分享战利品谈好了价钱。④

> 累范特,又译黎凡特,是一个不精确的历史上的地理名称,指的是中东托罗斯山脉以南、地中海东岸、阿拉伯沙漠以北和上美索不达米亚以西的一大片地区。

然而,威尼斯依然严守中立,它把基督徒女人和金发碧眼的北欧宦官卖给东方君主的后宫。在武器方面,当然也是一视同仁,为双方制造武器,贩卖武器,直到13世纪的第四次、也是最后一次十字军东征,威尼斯才终于听从真理的召唤,突袭了君士坦丁堡城;在那里,它的商人和船长被希腊人当做兄弟一样款待了700年。这次卑劣行动的成果,至今可以在圣马可大教堂看到,这座教堂不仅从那里的竞技场获得了尼禄的青铜马,而且还有大理石饰面和外壳,

卡纳莱托:《威尼斯圣马可广场》

卡纳莱托:《威尼斯运河入口》

是从圣索菲亚大教堂的表面小心翼翼地撬下来的,放在战船船底带回了威尼斯。

威尼斯的生意非常兴隆,它把基督徒奴隶卖给穆斯林,连同来自法兰西和西班牙平原的粮食,来自托尔切诺和穆拉诺工厂里的玻璃,还有返航的平底船所进口的香料、金银、丝绸和珠宝,从这样的繁荣中,这位亚得里亚海的女王纵情享受了真正的东方奢华。每一年,"累范特的旅行商队"都在海军的护送下启程出发,前往东方的港口。对它们安全返航的投机和赌博没完没了,再加上针对北非海岸海盗行径的其他形式的原始保险,催生了大量的商业企业。当大帆船终于抵达威尼斯、并在贵族官廷的私人码头卸下货物的时候,这座城市便陷入了狂欢的气氛当中。

黄金塞满了商人的保险箱。他们的家人穿着如此华美的衣服,以至于本城元老担心他们新近赢得的财富让其他人灰心丧气,于是便通过了限制奢侈的法律,禁止12岁以下的孩子佩戴覆盖着珍珠的腰带,限制贵族女性公共场合穿戴金丝织品的数量。

威尼斯人的财富的价值,就是这些暴发户所建造的豪宅,其中一座便是"黄金宫"(Ca' d'Oro),至今依然耸立在那儿。每一幢宅邸都有阳台,由摩尔人的那些造型优美的立柱支撑着,还有装饰着金叶和鲜艳壁画的墙壁,由于楼下运河里的水所映照出来的倒影,而显得倍加辉煌。⑤

这种炫富得到了官方的批准。只有那

些能建造黄金豪宅的商人，才能让自己的名字镌刻在贵族的"金册"上。根据法令，威尼斯富裕家庭的社会地位不对外人开放，并拥有对公共事务的垄断权。因此，共和国是由"一个精英集团和他们的家庭来统治，他们大约有1000人，年收入在20万至50万里拉之间，他们组成了大约19万人口当中的贵族"。

对于收藏之乐来说，这样一个社会是成熟的。遵照中世纪的惯例，威尼托的教堂宝库里存放着最早的艺术品收藏。西萨尔·奥古斯托·利瓦伊指出，在十字军东征的早期，圣马可大教堂的宝库不止是一批收藏，它还是一个当铺，一家典当银行，存放来自西欧各个教堂的文物和贵重物品。十字军建造了这座宝库，作为他们乘坐威尼斯的船只前往圣地所应缴纳的盘缠的抵押。这些文物常常留在了那里，在接下来的几百年里无人认领。然而，最早的公共收藏是总督们聚集起来的收藏，通常由来自东方君主的礼物或通过征服获得的艺术品所组成，存放在公爵宫里。后者几次毁于大火，最严重的一次是在塞巴斯蒂亚诺·维尼尔总督统治时期，传到我们手里的东西十分稀少。接下来是商人和手艺人行会的社团收藏，信众公会受托为教会保管它的艺术品收藏。其中某些行会，比如包括金匠、银行家和珠宝商的金匠行会，权力极大，掌控着巨大的资源。⑥

但正是在私人个体当中，我们发现了最大的收藏兴趣和收藏活动，尤其是像法列里、默森尼戈、孔塔里尼、提埃波罗和米歇尔这样的家族，两百年来，威尼斯共和国的总督都是出自这些家族。事实上，正是在米歇尔总督和丹多罗总督的统治下，君士坦丁堡遭到了洗劫。那些没有被政府保管的东西便落入了他们子孙后代的手里。马可波罗是曾经探访中国皇帝朝廷的著名商人和探险家，他带回了东方的珍宝，成了威尼斯富人的样板。他最有价值的手稿落入了法列里之手，而另一部分后来成了彼特拉克的财产，诗人把它给了公爵宫的图书馆。收藏的时尚一旦确立，我们完全有把握猜想，每一个贵族从威尼斯派出到累范特地区的商船都会满载而归，运回古代的大理石雕塑、碑刻的残片，以及各种各样的艺术品，它们也充当了压舱物，因为商船运回的丝绸和香料相对比较轻，但更珍贵。

在威尼斯，收藏十分广泛，而且是不自觉的，只不过是繁荣和典型的国际主义精神的一种反映，这样的海上繁荣总是培养着这种国际主义；而另一方面，即使在14世纪的收藏家当中，也有一种深思熟虑的人文主义计划。威尼斯一直对文艺复兴没有表现出多大的兴趣，直到多纳泰罗在1434年探访帕多瓦，制作加塔梅拉塔的青铜骑像。可以肯定，在这座商业城市里，一百多年来始终有一小撮"鉴赏家"，他们所抱持的观点比大多数商人更有见识。帕多瓦大学影响很大；乔托大约在14世纪之交的时候为阿雷那小礼拜堂绘制了那些令人惊叹的壁画，当时，但丁就是在那里拜访了他。在整个威尼托地区，有一些个人，像特勒维索的公证人和医生奥利维耶罗·弗泽塔，积累了一批重要的古玩和绘画收藏。他的藏品目录出版于1369年，是现存最早的此类目录。我们知道，彼特拉克1345年就在威尼斯收藏图书和艺术品，当时，马可波罗已经给威尼斯收藏家树立了标准——这一典型后来经常被一些个人所复制和示范，比如丹多罗总督，他走遍亚细亚、叙利亚和日耳曼各地，持续不断地搜寻艺术品。收藏的兴趣代复一代地与时俱增，在多纳泰罗到访之后，我们看到了威尼斯绘画中的变化。拜占庭的传统让位于正在下意大利出现的个人表达的自由[7]。然而，直到1474年，艺术家在社会上的权威才最终确立，当时，詹蒂莱·贝利尼被请来负责公爵宫的修缮和装饰，并管理属于国家的收藏。

在15和16世纪，威尼斯人的财富和文化都已经达到了充分成熟的时期。那是色彩大师们走红的时期，所有贵族的黄金屋里都塞满了同时代艺术家的画作：西玛、乔尔乔内、贝利尼父子、提香，以及后来的丁托列托和委罗内塞。他们委托艺术家们绘制的这些画作，被他们用来点缀他们从祖先那里继承来的古董，以及镶金裹银的拜占庭圣像。事实上，正是威尼斯的贸易，把便携式面板绘画引入了意大利半岛。

雕塑从来都不是威尼斯的强项，弗拉里墓园的大部分雕塑是由一些在伦巴第接受训练的艺术家完成的，在那里，石匠的传统比在威尼斯更加深厚。东方遗产的另外一些方面，当然是鼎鼎大名的吹制玻璃的技艺和镶嵌工艺，它们共同赋予威尼斯以夺目的光彩，吸引着整个西欧，就像飞蛾扑火一样涌向威尼斯。公爵家族的宫邸竞相攀比奢华，这样的奢华，我们今天依然可以在一些豪宅和花园中看到，比如丹多罗家族在久德卡岛的宅邸，孔塔里尼在莱园圣母院的宅邸，以及福斯卡里尼家族的宅邸。像马利皮耶罗、文德拉明、鲁兹尼和格里马尼等家族的宫邸，后来成了18世纪英国和奥地利收藏家们的大好猎场。[8]

可意味深长的是，威尼斯人尽管热爱感官享受，但是他们的收藏还是缺乏计划性和目的性，使其有别于佛罗伦萨的美第奇家族的收藏，也有别于曼图亚和费拉拉的那些充满人文主义气息的宫廷。首先，不存在王朝的利益，因为总督是选举产生的，尽管我们看到同样的名字一而再再而三地回到这个职位上，但并不存在围绕一个世系构建一批收藏的动力，尤其是由于并不存在长子继承法，家族财产要在众多继承人当中平分。因此我们看到了这样一个悖论：尽管在文艺复兴的那几个世纪里，威尼斯总体上大概继续保持着欧洲最出色的收藏，但它的"收藏家"（就这个词的现代用法而言）却比任何一座欧洲大城市都要少。威尼斯人所拥有的艺术品，对他们来说并不比豪华家具更有意义。其证据在于下面这个古怪的事实：威尼斯人两批最著名的收藏，并不是在威尼斯积累起来的，而是由红衣主教巴尔博和格里马尼在罗马构建起来的，他们是从他们在枢机主教团的竞争对手那里学会了自己的角色。许多年来，罗马城的威尼斯宫包含了一座博物馆，比我们在威尼斯的任何一片屋顶下所能找到的

卡纳莱托：《威尼斯安康圣母教堂》（局部）

博物馆都要大。格里马尼的收藏后来运回了老家，留给了公爵宫，但彼得·巴尔博（后来的教皇保罗二世）的收藏则在他死后风流云散，大部分被美第奇家族的教皇克莱门特七世为玛德玛宫得到了。同样，公爵宫的两大批藏书也是威尼斯城之外的两位人文主义者赠送的，他们就是彼特拉克和希腊红衣主教贝萨里翁。

○ 注释

① 奥古斯丁：《论美与适度》（De Pulchro et Apto）。同时可参看安德烈·方丹的《法国的艺术学说》（Les Doctrines d'art en France，1909）和弗兰克·P. 钱伯斯的《品味的历史》（The History of Taste，1932）。

② 絮热：《论管理》（De Administrations）。

③ 林恩·怀特："中世纪的技术与发明"，载《金属镜》（Speculum）杂志，1940 年 4 月，第十五卷，第 141～159 页。

④ 阿尔伯特·马雷：《中世纪》（Moyen Age），1926 年。

⑤ 米里亚姆·比尔德：《商人的历史》（A History of the Business Man），1938 年，第 110、111 页。

⑥ 利瓦伊：《威尼斯的收藏》（Collezioni Veneziane），1900 年。

⑦ 在帕多瓦，弗朗西斯科·斯卡奇奥是一间画室的创立者，从这间画室走出了马可·佐普、曼坦那、卡洛·克里韦利、安萨维诺·达·弗利、科西莫·图拉和雅各布·达·蒙塔尼亚纳等人。他们所接受的训练，有一部分内容就是临摹斯卡奇奥多年收藏的古画。

⑧ 关于欧洲艺术品味的历史，任何介绍都会提到弗朗西斯科·桑索维诺的《威尼斯纪闻》（Description of Venice）这本书。桑索维诺的父亲是一名建筑师和雕塑家，这本书对 16 世纪末威尼斯城的生活和财富的记述十分详尽和完美。

5. 封建的北方

千万别想当然地认为,威尼斯人生活上的精细复杂蔓延到了西欧。在那里,有另外一些因素,赋予社会以完全不同的风味。封建制度本质上跟它背道而驰,因为它并不允许自由企业的充分发挥,而这正是亚得里亚海上资本家的典型特征,相反,法兰西或佛兰德斯的贵族却行使着专横独断的家长式统治,在这种统治下,一切事情都依赖于贵族及其宫廷的官员。

> 佛兰德斯,西欧的一个历史地名,泛指古代尼德兰南部地区,位于西欧低地西南部、北海沿岸,包括今比利时的东佛兰德省和西佛兰德省、法国的加来海峡省和北方省、荷兰的泽兰省。

中世纪社会的自给自足,曾经不得不在十字军东征中寻找其作用的出口,在 14 和 15 世纪被应用于宫廷本身。每个贵族不仅让大批朝臣和政客、军人及教士围绕在自己身边,而且对他来说,有必要通过成为学术和艺术的策源地,来强调其王朝的传统权威。两个在中世纪早期发展起来并盛极一时的惯例,对他确立自己的地位起到了很大的作用:一是修道院图书馆和艺术家画室的模式;另一个是从西西里和西班牙的阿拉伯宫廷传到北欧的骑士守则。

变化已经发生在建筑上,哥特式建筑的原则使得土木工程更加经济,并且通过穹棱拱顶的使用,为壁画、玻璃和挂毯的装饰打开了更大的空间。此外,行会和公司日益壮大的力量,通过德意志和意大利那些自由市的榜样,产生了对新建筑的需求,欧洲大陆很多新近创造的财富被倾注其中。另一个变化发生在民用建筑上,在百年战争早期,毁灭的手段已经取得了很大的进步。面对围攻,修筑了防御工事的城堡再也提供不了它过去享有的那种保护,尤其是在法国,路易十一试图通过削弱贵族的权力,来巩固法国君主的统治地位,中世纪的城堡逐步被享乐堡所取代,或者被意大利乡村宅邸风格的别墅所取代。

但无论在原则上,还是在实践上,封建主义的传统都反对中产阶级的兴起;因为骑士制度——尽管有别具一格的行为准则和十分迷人的宫廷爱情——是保持中产阶级继续受到控制的主要武器。本质上,骑士制度就是某种形式的"排外法案",通过一种同舟共济和隔离的制度,来强制推行骑士或朝臣的权威。通过连续不断的头衔、神秘兮兮的段位和符咒来提升他的地位,使他拥有高于同胞的特权和权利。保护这些世袭特权的斗争,便是 15 世纪争取个人自由斗争的历史。这一自由最早是在意大利的那些城市共和国中赢得的,它们摆脱了雇佣军首领的暴政,这一事实,正是文艺复兴为什么首先在意大利找到了生根发芽的土壤的主要原因之一。

最清楚地显示出这种社会改变的地方,莫过于艺术家的地位。他不再是大教堂建造者时代那个身强体壮、聪明过人的手艺人,他成了一个有技能的仆从,适合于从事各种服务,"成了一个与小丑、吟游诗人和裁缝一道跻身于王公贵族家庭的人"。14世纪之前,在好人约翰和他儿子查理的宫廷里,艺术家与劳工之间的区别并不明显。在竞争的勃艮第宫廷,封建骑士制度的表达在金羊毛勋章中达到了极致。在三代人的时间里,中世纪晚期文化发展到了顶峰。那种把瓦罗亚王朝的国王们带到意大利的知识好奇心已经被点燃,我们看到了北欧文艺复兴最早的骚动。然而,在好人腓力和大胆查理的保护下,艺术家重新获得了从前的高度,并给自己的桂冠上添加了新的桂枝。

> 勃艮第公国,由理查德伯爵于公元9世纪建立,包括法国中部和东部的一些地区。在大胆腓力当政时期(1363～1404),勃艮第公国的军事和政治势力有所扩张,在大胆查理治下(1467～1477),其势力达到顶峰,但1477年查理公爵在南锡战役中被瑞士击败,勃艮第公国逐渐被法兰西王国和哈布斯堡王朝瓜分。

> 瓦罗亚王朝(1328～1498),法国王朝,因创建者腓力六世的封地瓦罗亚(Valois,一译瓦卢瓦)而得名。

勒南在《论艺术地位的讲稿》(*Discours sur l'état des beaux-arts*)中指出:"艺术家成了王公贵族的宠儿、座上宾,常常还是他们的间谍和心腹知己;建筑师拥有了御前侍卫的头衔;画家成了贴身侍从。他们与低等仆从——调味师、裁缝等等——并肩进入了王室家庭。"③然而,这些并不是空职闲差;他们在宫廷里举足轻重,跟那些并没有赢得国王青睐的艺术家的地位有着天壤之别。然而,不管艺术家的影响和权势有多大,他的社会地位也只是在文艺复兴的高潮中缓慢地获得的,因为,正如库尔顿所指出的那样,迟至庇护二世教皇的统治时期,开明的埃涅阿斯·西尔维乌斯·比科罗米尼,也只有像保罗·罗曼诺这样的画家,才被允许进入他的大厅。"大师乔瓦尼拥有'使徒宫雕塑家'的头衔,也被降至侧厅,与裁缝、厨子、门童、信使、马夫、清扫工、赶骡人、运水工等人为伍。"④

连同这种对艺术家的傲慢对待,在欧洲封建社会,收藏的意义和目的也不同于文艺复兴时期的意大利。藏品确实很少,而且主要由各国公使和到访君主赠送的礼物或偶然得到的艺术品所组成,通常是用黄金和白银做成的,是军事征服的战利品。圣物匣和祭器存放在城堡的小教堂里,其他物品则分散各处,或者跟武器和其他古董一起储藏在军械库里。珍稀的钱币和勋章构成了早期贮藏橱的核心,博物学的奇品异物尤其受欢迎。这些收藏,特别是在德国,反映了条顿人精神的严谨务实,为16世纪的"奇物室"铺平了道路。从这些收藏中,出现了现代时期的科学博物馆。

像北方的人文主义者一样,这些收藏所关注的,也更多的是科学的破晓,而不是美。其知识趋向本质上是宗教性的,并发展出了一种刨根问底的理性精神，在很多方面帮助促成了宗教改革。所积累的藏品古怪地包罗万象；它们包括各种各样的礼品、贝壳、化石、短吻鳄标本、矿石，以及金、银和玻璃制品，还有五花八门的绘画和雕塑。例如，巴伐利亚的阿尔布雷希特大公拥有3407件藏品，其中除了780幅绘画之外，还包括"一个鸡蛋，那是一位修道院院长在另一只鸡蛋里面发现的；在饥荒中从天而降的神赐的食物；一个大象标本，一只水螈，以及一只美洲蜥蜴"。像塞缪尔·加思的《药房》(Dispensary)中所描写的那位老药剂师一样：

> 木乃伊最虔诚地躺在这儿变得陈旧，
> 那儿，海龟背着它坚硬的盔甲；
> 在距离那只巨大的鲨鱼头不远的地方
> 飞鱼伸开它们枕骨外的隆突。
> 高处，巨大的罂粟果被串成一串串，
> 近处，悬挂着一只有鳞的短吻鳄。①

教堂的宝库也没有完全摆脱对奇品异物的崇拜，在18世纪初，一位博学的苏格兰法官在探访圣丹尼斯皇家修道院时恳求一位朋友"注意查理大帝的皇冠，上面有一颗大红宝石做的鸽子蛋；一个很大的东方玛瑙杯，他们很看重这个；一颗曾经把我们的救世主钉在十字架上的钉子，那是君士坦丁堡的皇帝君士坦丁五世送给查理大帝的；一个水罐，在加利利，我们的救世主曾经在迦南的婚礼上把里面装着的水变成了葡萄酒；一只灯笼，当犹大出卖我们的救世主时，这只灯笼曾被带到他的面前；还有

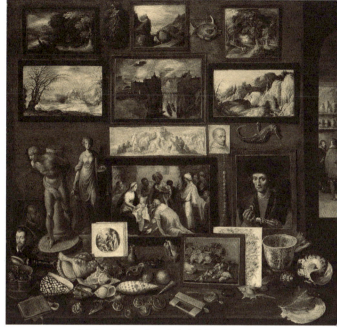

弗朗斯·弗兰肯:《日耳曼贵族的奇物收藏》

上千件非常值钱的东西"②。更近一些时期，据马克·吐温记载，在科隆大教堂的圣器收藏室，可以看到一个孩子的颅骨，装在一个十分精致的圣骨匣里，上面贴着标签"施洗者圣约翰12岁时的头。"

在中世纪晚期的这个匿名大杂烩中，有一个人的名字显得尤为突出，他就是贝里公爵让·德·弗朗斯。在他身上，可以看到结合了瓦罗亚王室、英格兰国王和勃艮第王室的鉴赏力。他体现了他们的趣味的广度和优良，而且，幸运的是，通过罗比内在1461年仔细编制的那份藏品目录，我们能够对他的个性特征有一定的了解。他的主要爱好是图书和插图精美的手抄本，他坚持不懈地收藏这些东西——尚蒂伊城堡的那本《祈祷书》(Book of Hours)就是为他而

> 贝里公爵是法国国王约翰二世（好人约翰）的第三子，也是查理五世的兄弟和查理六世的叔叔，热心资助艺术。

制作的。他还有着一个真正收藏家的纤细手指,因为直到临终之时,他的忏悔神父才迫使他把他"借来的"那本《法兰西编年史》(Chroniques de France)归还给了圣丹尼斯皇家修道院。在跟英国人打仗期间,贝里公爵和贝德福德公爵竟然会打着休战旗,在对方的营帐里会面,互相比对新近得到的《祈祷书》的微型复制品,第二天早晨又回到战场上兵戎相见。他收藏的古代金银币(其中一部分在阿金库尔战败后被熔化了)后来引得菲拉雷特大加赞赏,后者也很欣赏他收藏的大约 1500 件浮雕宝石和凹雕宝石。维也纳博物馆里那件举世无双的"奥古斯都之宝"最早被记录在这份藏品目录中。贝里公爵是第一个派代理人去意大利购买艺术品的法国人,主要搜罗古代雕塑、手稿和花瓶。他送给普瓦西修道院的那个祭坛(现藏克吕尼博物馆)就是代理人从威尼斯的巴尔达萨雷工场里为他买来的。像所有中世纪的王公贵族一样,他也贪得无厌地喜爱宝石,其中很多宝石被用来装订他所喜爱的手抄本。藏品目录还提到了一些绘画,既有面板画,也有微缩画。凡·艾克的侧板画(从前是艾尔米塔什博物馆的藏品,现藏大都会博物馆)大概是这份清单中的一件。贝里公爵还雇用了有史料记录的最早的艺术品商人——让·奥希耶,即乔凡尼·阿尔切里奥——大约 1400 年前后,此人在巴黎作为一个"古玩家"而著称,他持续不断地在伦巴第、法国、勃艮第之间往返穿梭。他的主要兴趣是研究佛兰德斯人和意大利人在技巧上的差别。

尽管贝里公爵在艺术上表现出了开明的品味,但他并没有摆脱"奇物室"的魔力,他的收藏本质上是中世纪的,这种精神在这份目录中通篇都可以看出。这位日耳曼年轻亲王心爱的各种小玩意儿包括:镶嵌着宝石的棋盘,赌博的桌子,奇形怪状的座钟和时钟,做工精细的金银暖水瓶,装在异国情调的容器中的香水,装满用来制作颜料的青金石的袋子、瓷碗和玛瑙碗。他收藏的古物包括圣若瑟的订婚戒指,以及记录圣约翰原话的福音书,写在一片"不比一块银币大多少"的羊皮纸上。椰子,鲸鱼的牙齿,水晶,鸵鸟蛋,来自七大海的贝壳,北极熊的皮,以及独角兽的角,与最珍贵的面板和插图书有同等的权威。它是一个封建领主的第一批、也是最后一批这样的收藏——迄今为止,文艺复兴的意大利那一缕人文主义的微弱气息尚未吹进其中。

○ 注释

① 欧内斯特·勒南:《关于艺术地位的讲稿》,1865 年,第二卷,第 208 页。
② G.G. 库尔顿:《艺术与宗教改革》(Art and the Reformation),1928 年,附录 7,第 254 页。
③ 加思:《药剂师》,1720 年,第二篇,第 17 页。
④ 戴维·默里:《博物馆:它们的历史和作用》(Museums: Their History and Their Uses),1904 年,第一卷,第 198 页。
⑤ 儒勒·吉弗雷:《贝里公爵的藏品目录》(Inventaires de Jean, duc de Berry),第二卷,巴黎,1894~1896 年。

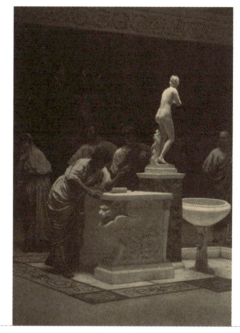

第二章　意大利与资本主义的兴起
Italy and the Rise of Capitalism

艺术收藏的历史
A History of Art Collecting

1. 美第奇家族

在西欧和北欧，黑暗时代用一片愚昧无知的罩布，覆盖了更早的希腊－罗马文明，然而在意大利，古代遗风在废墟、语言和日常习俗中的持续存在，在几乎从未间断的记忆长河中得到了反映，其中，对罗马城的记忆最为生动，最有吸引力。哈斯金斯指出，对中世纪的人来说，罗马是历史上离他们最近的一个重大事实，"因为几百年来，罗马帝国一直与文明世界紧密相连，把统一、普遍、秩序和权威的观念传了下来，拉丁欧洲再也逃不出这些观念。罗马是他们的共同记忆，罗马没有衰亡，罗马永存不朽。任何时候，每当他们蓦然回首，他们总是看到罗马的身影，听到罗马的声音，那是低声细语的罗马所发出的声音。"①

> 罗马巍然屹立，是世界的顶峰，是荣耀、宝石和辉煌……

但是，这座帝国之城确实陷入了衰败。它辉煌的建筑一直遭到那些烧石灰的人和雕刻大理石的人掠夺，为的是装饰比萨、卢卡和萨勒诺的大教堂。伊拉斯谟曾买过一些"立柱、底座、柱头和各种颜色的大理石"，为的是修建卡西诺山修道院教堂。12世纪伟大的修道院院长和圣丹尼斯修道院的鉴赏家絮热为了从戴克里先的那些浴室里得到立柱而签订了一些协议。纵使在相距遥远的英格兰，罗马的断片残块也进入了威斯敏斯特和坎特伯雷，斯蒂芬国王的兄弟、威斯敏斯特的亨利主教从意大利买来了最早的一批古董收藏，是罗伯特·奎斯卡率领的诺曼底人在散落于阿文丁山和西莲山的雕像当中搜集起来的。

然而，这些废墟以一种不可抵抗的魔力吸引着说拉丁语国家的朝圣者和旅行者。为了给他们以启迪，人们编写了一些指南和记述，像马姆斯伯里的威廉撰写的《罗马城的奇迹》（*Mirabilia Urbis Romae*），着重强调了它古时候作为世界女主人的辉煌与当下境况之间的鲜明对比。哈斯金斯说："这本书非同寻常地结合了事实与神话、异教与基督教，它可以分成三个部分：第一部分，在描述了诺亚之子杰纳斯在贾尼科洛山上建立了罗马城之后，便列出了它的城门、拱门、浴室、官殿、剧院和桥梁，它的基督徒墓地，以及圣徒们殉道的地方。第二部分包括五花八门的皇帝和圣徒的传说，尤其是那些雕像的传说，其中包括那尊深受欢迎的《罗马的拯救》；一组大钟，在朱庇特神庙里与几个行省的雕像紧密相连，一旦有哪个行省发生叛乱便会发出警报；德西乌斯统治时期几个殉道者的受难故事；以及君士坦丁建立的三座大教堂。第三部分带领读者穿过这座城市的各个街区，指出与它们紧密相连的名胜古迹和古代传说，最后这样结束：

> 这些地方，以及更多的神庙和皇帝、执政官、元老及总督们的宫邸，异教徒时代都在罗马城内，正如我们在古老的编年史中所读到的，用我们的眼睛所看到的，以及听人们讲到古人时所说起的那样。此外，在金、银、铜、象牙制品中，在宝石中，它们究竟有多美，我们已经竭尽所能，来唤回人类的记忆。②

另一本旅行手册是"贵格利神父论述罗马的奇迹，究竟是魔法的技艺还是人类的劳动创造了这些奇迹"，手册把这些废墟按等级进行了分组，列出了青铜兽像，由于偶像崇拜而被大贵格利毁掉的大理石雕像，宫殿，凯旋门，及金字塔。"古代建筑的命运，"哈斯金斯继续说，"雅典娜神庙是一个很好的说明，基督徒花费了大量劳动把它拆毁，时间也给它带来了很大的损害，最后只留下一部分，给红衣主教们充当谷仓，被一堆残破的雕像所环绕，其中包括雅典娜女神的无头雕像，基督徒们曾经被带到她的面前，以检验他们的信仰。我们已经看到了对古代遗迹的疏忽，波吉奥在15世纪曾为之扼腕悲叹。曾经金灿灿的罗马，如今随着皮拉内西所刻画的那种腐朽而变得黯淡——这导致吉本开始构思他的《罗马帝国衰亡史》(The History of the Decline and Fall of the Roman Empire)，当时，他坐在'佐克兰提派或圣方济各会修士的教堂里陷入了沉思，而修士们正在主神殿废墟上建起的朱庇特神庙中吟唱着晚祷。'"

光荣的观念从未消亡，罗马教皇作为罗马皇帝的真正继任者而被人们所接受。《罗马历书》(Ordo Romanus)显示，当教皇们在城内庄严出行的时候，他们一路上经过古代异教的凯旋门，"一条新的朝圣之路便为了基督教的荣耀而出现"。15世纪的人文主义尚未到来，但踪迹已清晰可见，在整个意大利半岛，我们看到了古代光荣的一次复兴。罗马元老院1162年颁布的法令称："图拉真柱决不应该被摧毁或损坏，而应该让它依然耸立，纪念罗马人民的

古罗马的废墟让人依稀记起过去的荣耀（帕尼尼）

光荣,直至地老天荒",这一法令只是很多类似措施的前奏。意大利各大城市都建造了纪念碑,纪念拉丁诗人:曼图亚纪念维吉尔;科摩纪念普林尼;苏尔莫纳纪念奥维德。据传说,锡耶纳的纪念性建筑《欢乐喷泉》中所包含的那尊古典人像是利西波斯的作品,而且,如果没有在比萨墓园的古代大理石雕像当中接受过广泛的熏陶和严格的训练,尼科洛·比萨诺绝对制作不出他那些著名的布道坛。

如果我们看到15世纪意大利突然出现的这种娴熟老练和古典意识而感到惊讶的话,那你一定不要忘了,在这之前——借用现代心理学的术语——"古典无意识"已经稳定流淌了一千年。我们再也不能接受简单而方便地把文艺复兴定义为1453年发生的一次古典遗风的复活,而应当把它看做是一场稳步发展的运动,其方向就是朝着个人和个人自由的发展,它始于公元1000年之后人们头脑里的骚动不宁。中世纪晚期的经济繁荣使之成为可能,这种繁荣也带来了不可避免的世界性问题——宗教意识形态,劳动争议,以及对贵族的组织化反对,尤其是在大城市,还有现代资本主义的兴起。我们美国的企业家们心中如此珍视的"粗犷而朴实的个人主义",在一个有着无穷机会的时期却完全不为人知。可以肯定,它产生了自己的哲学和道德准则。13世纪,弗罗拉的约阿钦曾这样总结它:"父亲的福音已成为过去,儿子的福音正在成为过去,精神的福音即将到来。"约翰·阿丁顿·西蒙兹在回忆米什莱那句经典短语时声称:"文艺复兴的伟大功绩是世界的发现和人的发现。……所谓世界的发现,一方面指的是,这个适宜居住的星球上,每个角落都已被文明的人类所占据,另一方面指的是科学征服了我们关于宇宙本性所知道的一切。再者,在人的发现中,有可能追踪到一个双重过程。异教古代所说明的世俗关系中的人,以及圣经古代所说明的精神关系中的人;它们是两个范畴,起初有明显的区别,后来发现它们互相渗透,而文艺复兴时期那些批评性的、爱刨根问底的天才为研究这样的渗透开辟了道路。"③

这样一个过程,不可能不产生出新的美,或者关于美的新观念。人类立即从中世纪工匠的实用考量中解放了出来。他的作品包含了新的内容,不同于他在牧师的指导下做出来的东西,作为一个个人,同时也是作为社会的一员,他赋予他的作品以他自己的精髓。作者的匿名,是教会惯例所要求的,几百年来如此权威性地在宗教艺术作品上留下了自己的印记,如今让位于一种思辩性的诠释,这样的诠释,只有当艺术家享有前所未闻的良心自由时才成为可能。圣托马斯·阿奎那曾经在很大程度上受制于中世纪的精神,他在《神学大全》(*Summa Theologica*)中说:"艺术的名字只能应用于那些对生活的需要做出贡献并生产生活必需品的艺术。"在别的地方,他坚持认为:"艺术只不过是制造某些东西的正当理由而已。"他把美与善混为一谈,在这一点上,他只允许审美情感发挥很小的作用。他很不情愿地谈到"美的对象所带来的荣耀",

谈到"美的事物的诚实、完美、均衡与和谐",但只有等到文艺复兴时期人文主义的兴起,通过"研究古典记录,以及科学观察和科学实验的精神的发展,从而更准确地认识了自然世界和人类世界,"直到这时,人们才承认,美的创造本身也是有价值的。

钱伯斯在他的《品味的历史》中证明,在重新唤醒审美意识上(这种意识自希腊-罗马时代以来就一直处于冬眠状态),文艺复兴急切地想要在艺术和文学中重新创造出"美的艺术"的观念。很自然,它给意大利过去的伟大传统披上了新形式的外衣。钱伯斯说:"文艺复兴并不是发现古代经典(它们长期以来被埋葬在最黑暗的无知当中),而是发现了古代经典原来是美的。中世纪为了'说什么'而阅读经典,而文艺复兴是为了'怎么说'而阅读经典。"他补充道,文艺复兴所要做的事情,就是要"创造出艺术作为美的事物的观念,根据美来加以验证,从中看到美,赞赏美,这种艺术观念满足于纯粹的沉思,它是这样一种观念:绘画是为了画廊,建筑是为了街面,戏剧是为了剧院,音乐是为了音乐厅。"④

这种精神,不仅影响了生产者,而且也影响了消费者。自罗马衰亡以来,我们第一次又看到了艺术收藏赖以出现的条件,正如在古代和现代时期一样。尽管我们已经看到,自君士坦丁大帝去世以后,在一千多年的时间里,对珍宝的喜爱从未消亡,而且,收藏确实是有产者的一种下意识本能,但是,郑重其事的收藏与艺术品的偶然搜集(这是封建贵族的典型特征)之间还是有很大的差别。文艺复兴时期的收藏并不是新手攫取政治权力和财政权力的结果,而是人文主义真正的有形表达,这种人文主义已经俘获了意大利人的想象力。这些原则的具体体现,可以在一个佛罗伦萨家族前后11代人的收藏中看到,这个家族为西方世界的艺术品收藏和王公贵族的画廊树立了典范。

佛罗伦萨的经济气候

跟流行观念背道而驰的是,并非只有美第奇家族创造了佛罗伦萨的财富。美第奇家族出场的时间相对较晚,当时,佛罗伦萨的羊毛商人和纺织品制造商已经凭借他们的聪明机灵和欺骗花招,缓慢地控制了竞争对手,成为欧洲的银行家。但是,托斯卡纳的经济,还有托斯卡纳人的商业品味和商业习惯,都起源于早期罗马商人与伊特鲁里亚商人之间的商业竞争,据比尔德小姐说,伊特鲁里亚人崇拜命运女神⑤,对罗马的农业政策从来都不服气。在中世纪早期,当首都持续不断地遭到侵略,这个政治和金融政策的中心听命于拜占庭的时候,佛罗伦萨便奠定了它作为西欧货币市场的财富基础。逐渐地,当货币经济继物物交换之后而兴起的时候,佛罗伦萨便进入了更

> 托斯卡纳位于今意大利中部,9世纪成为托斯卡纳侯国,11~12世纪形成由佛罗伦萨、卢卡、比萨、锡耶纳等城市组成的国家。15世纪上半叶后处于佛罗伦萨美第奇家族的统治之下,1569年,该家族建立了托斯卡纳大公国。

朱塞佩·佐奇:《佛罗伦萨领主广场》

赚钱的制造业领域,以及进出口贸易领域。在威尼斯人主宰着意大利东部和累范特贸易的同时,佛罗伦萨把它的权威从西班牙扩大到了斯堪的纳维亚和日耳曼地区,让一个接一个君主和贵族臣服于它的权力。作为教会的银行家和教皇税收(尤其是什一税和教皇年金)的收缴人,佛罗伦萨手里从来都不缺现金,它利用这些现金,行使了针对其他人的权力,控制了教皇或皇帝的选举。它习惯性的手段是,把钱贷给那些有地无钱的封建贵族,而且利率极高(这肯定是教会严格禁止的),如果这些贵族不领着他们的大军来支持它的政治野心,就威胁要取消他们所抵押土地的赎回权。以这种方式,像威尼斯一样,佛罗伦萨靠十字军东征大发横财,威尼斯为运送十字军去圣地而收取极其昂贵的盘缠,而佛罗伦萨的商人和制造商们则因为给骑士们提供装备、粮食和军需品,而收取他们的预付款。佛罗伦萨的政策经常受到皇帝的阻挠,作为托斯卡纳地区理论上的领主,和古老欧洲骑士债务人的捍卫者,皇帝支持保皇党人反对教皇党,那是商人、银行家和教皇的党派。但丁支持皇帝的事业,他成了这场经济战争的典型喉舌,这场战争持续了300多年,不仅撼动了佛罗伦萨,而且震动了整个欧洲大陆。

比尔德小姐在她那本引人入胜的《商人的历史》中概述了最近关于佛罗伦萨在13和14世纪商业活动的研究和文献,并展示了佛罗伦萨的主要家族如何明智地把他们作为商人的利益多样化,从而最终不可避免地成为银行家⑥。例如,斯卡利家族最开始是作为原材料进口商,在佛罗伦萨的里亚托岛（译者注：里亚托岛是威尼斯的商品交易中心）——毛织品公会——站稳了脚跟，很快就与羊毛行会结成同盟，并从事与英格兰之间的羊毛贸易。没过多久，他们便借钱给英国王室，并在阿基坦、普瓦图和诺曼底获得了巨大利益作为回报，还有在巴黎、图卢兹、纳博讷和波尔多征收田赋的权利。除此之外，他们还被允许组建一家财团，在佛罗伦萨收税，在那不勒斯铸币。美第奇家族早年是另外一些商业家族的典型代表，他们把自己的商业冒险分散到了很多方向。"作为制造商，他们经营着丝绸和毛纺工厂。作为贸易商，他们有非常广泛的联系，例如，布鲁日的商行装运东方的香料、杏仁、食糖和布匹到伦敦，换回羊毛和皮革。美第奇家族首领有所有分号的账簿，每年寄给他来检查，1400年代晚期，这些账簿有24本来自法国，37本来自那不勒斯，50本来自土耳其。作为银行家，他们卷入了外交事务，美第奇家族曾在暴君斯福尔扎的支持下，把一家分号强加给了米兰，斯福尔扎保护他们，而他们则诱使朝臣和教士购买他们银行的股份。"⑦

更早的时期，巴尔第家族（美第奇家族就是在这个家族的废墟上在另一代人当中攀上了他们的财富顶峰）甚至更加清楚地说明了佛罗伦萨国外利益的范围，因为他们是为百年战争筹款的金融家，在克里西战役和阿金库尔战役中，他们给双方提供现金和补给。巴尔第家族没有丝毫良心上的不安，当教皇乌尔班四世因为那不勒斯人与土耳其人的阴谋诡计，而向英格兰国王亨利三世提出把那不勒斯王位给他儿子的时候，这个家族看到了靠一场圣战大发横财的机会。连同佩鲁齐家族、弗雷斯科巴尔迪家族和另外一群佛罗伦萨商人，他们以180%的利率把钱贷出去，作为抵押物的，不仅有来自英格兰的羊毛，而且还有牲畜和牧场。他们要求得到葡萄酒的垄断权，以及在不列颠诸岛的港口收取关税的权利，此外，还要得到国家收入的留置权。但对他们来说，不幸的是，这笔天上掉下来的意外横财，即便不是一场名副其实的暴风雪，也只是一场疾风骤雨，因为，当爱德华三世继承王位的时候，他立即就拒绝偿还英国欠下的每一分钱，并把意大利的代理人扔进了伦敦塔。巴尔第家族和佩鲁齐家族败落了，不过，在他们破产

> 伦敦塔是一座历史悠久的中古建筑，坐落于伦敦城东南角的塔山上。它实际上是一组庞大的建筑群，由历代王朝不断扩建而成，曾经既是英国王室的宫殿和议事厅，又是皇家的黑监狱和秘密刑场。

的时候，巴尔第家族依然能够支付46%的红利给他们的股东。

事实上，这样的百分比是当时的规矩。比尔德小姐引用了一句谚语来支持这个观点："25%等于什么也没有，50%不过是打发时间，100%才让人有点兴趣。"她还显示，在风险特别大的情况下，佩鲁齐家族和弗雷斯科巴尔迪家族承担的利率高达266%。当然，这与教会反对高利贷的法律直接抵触。但生意就是生意，生意场上使用的花招，凡是没法向忏悔神父隐瞒的，他们都厚着脸皮如实承认，并爽快地掏出一笔慈善捐赠。当然，把罗斯金和前拉斐尔

派笔下的那个假想世界砸个粉碎未免有些残忍,但在这一时期,对教会、修道院和医院的慈善捐赠,实际上是一种被神圣化了的封口费,而不是任何突然发作的宗教狂热的表现。仅举一座教堂为例,巴尔第家族和佩鲁齐家族在圣十字教堂的捐建的小礼拜堂,是用这些给英格兰的借款所产生的利息支付的。行会和社团的捐赠同样慷慨大方,而原因并无不同,因为总是把上帝的最高目的摆在面前的教士,其实很愿意支持商业,只要商业也愿意支持他们。

正是这一装饰美化教堂的做法,给佛罗伦萨的早期艺术带来了如此巨大的推动。画家和雕塑家都按照令人难以置信的巨大尺寸来构思,能够轻而易举地掌控巨大的墙面。对公共建筑的爱好也解释了私人收藏为什么很少,直到伟大的洛伦佐时期,私人收藏才开始变得重要,当时,他们已经把教士完全装进了自己的口袋,意大利的商人和军事冒险家已经厌恶了装饰教堂,因为他们如今可以肆无忌惮地把他们的钱花在他们自己的乡间别墅上,花在他们在城里豪宅中的个人享乐上。⑧

然而,这些新的、巨大的财富,如果没有大量的艰苦劳动是产生不出来的。你千万不要想当然地以为,钱是从树上长出来的,即便是在文艺复兴时期那些开明的日子里。在商人们越来越兴旺的同时,穷人的状况却变得不堪忍受。马基雅维利把公民分为 popolo grosso(胖人)和 popolo minuto(瘦人)。纺织工业的迅速扩张导致了"散工外包制"的开始,这一制度很快就

遭到滥用,就像 19 世纪的工业革命使得曼彻斯特和新老英格兰那些纺织业城镇变得臭名昭著一样。14 世纪确实是一个混乱和劳工纠纷持续不断的世纪。行会之间的司法战,很像今天美国的劳工联盟与产业工会联合会之间的争吵,以及英国各工会委员会之间的争吵,在雇主与雇员的关系中,教会时不时地介入,对那些似乎太过恶劣的虐待,十分小心翼翼地发出警告。然而,一个工作日通常依然是 12 至 14 个小时,当然不存在反对童工和保护妇女的规定。最后,佛罗伦萨的工业造反了,银行家们能想到的最好办法,就是叫来雅典公爵,此人是

> 雅典公爵(卒于1234年),勃艮第贵族,1204 年参加第四次十字军东征,并获得雅典公爵的头衔。

个温文尔雅的恶棍,一半是法国人,一半是累范特人,是"佛罗伦萨城的保护人"。但是,像所有法西斯独裁者一样,他也有冠冕堂皇的错觉,很快就会咬住那只给他喂食的手。希特勒和德国银行家的故事,早在 1343 年就讲过一遍了,那些利用元首的家族到头来不得不想方设法摆脱他。一些最显赫的商业家族(巴尔第、弗雷斯科巴尔迪、斯卡利、斯特罗齐、阿尔托维提、鲁切拉、帕齐、阿奇阿尤利),其成员与佛罗伦萨主教领导的美第奇家族密谋串通,把雅典公爵围困在市政厅,夺回了公爵从他们手里拿走的权力。然而,这一行动并没有终结劳工纠纷,因为在接下来的 30 年时间里,我们看到,美第奇家族由于背叛和贿赂而激怒了身处困境中的人们,导致了 1378 年的叛乱,最后,叛乱者占领了佛罗伦萨政府。除

了中间20年的短暂间隔之外，他们直到18世纪中叶才交出政府。

全盛时期的美第奇家族

尽管美第奇家族的起源至今隐晦不明，但在文艺复兴之前的那200年时间里，他们在这个社群中就享有相当重要的地位。1201年，詹博诺·德·美第奇的长子奇里西莫是市议会的议员，并在老市场做买卖，生意很是兴隆。从那时起，任何时候，凡是嗅到利益或纷争的气味，只要能处理得对他们有利，就总能在记录中找到美第奇家族的名字。当这个名字的魔力传遍欧洲的商业版图时，家族的财富也就与日俱增。1378年，当西尔维斯特·德·美第奇领导毛纺工业的工人骚乱，并因此打断了贵族的权力、摧毁了教皇派的时候，美第奇家族便作为人民的捍卫者脱颖而出。

这一时期，佛罗伦萨无疑是欧洲最繁荣的国家。据麦考利说："共和国的税收总计30万弗罗林……这笔钱至少相当于60万英镑：比两个世纪后英格兰和爱尔兰上缴给伊丽莎白女王的税赋还要多。"佛罗伦萨的年收入远远大于麦考利在一个世纪之前的估计，在很大程度上，未来艺术赞助的历史正是建立在这个社群非同寻常的财富的基础之上。⑨

美第奇家族收藏的历史始于"国父科西莫"，从父亲乔凡尼·迪比奇那里，他不仅继承了家族的银行，而且还继承了美第奇家族从叛乱中赢得的权力。在他身上，我们第一次看到政治和外交天才的充分发挥，这样的天才，是这个家族后来成员的典型特征。贵族在叛乱期间造成的破坏让他很不满意，于是他着手在贵族当中施行分级所得税，以此取悦工人阶级，并因此消灭了把自己手里的权力归还给竞争对手的任何可能性。他还完成了另外一些必要的改革，但他的眼睛一直小心谨慎地紧盯着家族的生意，他在艺术上最重要的一

雅各布·彭托莫：《国父科西莫肖像》

次分心旁骛，是 1407 年指导洗礼堂青铜大门的设计比赛。这场比赛（吉贝尔蒂获胜）胜利宣告文艺复兴终于开始了。

萨尔维亚蒂在他的《齐巴多内》(Zibaldone)中说，对于他付出了如此多时间和金钱的优秀作品，科西莫的态度为未来所有企业巨头的那种自鸣得意的态度树立了典范。"所有这些东西，给了我最大的满足，"他说，"因为它们不仅是为了上帝的荣耀、而且也是为了我自己的记忆而创作出来的。"对此，他补充了这样一个虔诚的想法："50年来，除了挣钱和花钱之外，我一事无成；到如今，有一点变得很清楚：跟挣钱比起来，花钱带给我的快乐更大。"⑩

贵族们抱怨他的商业方法，对此，他答道："如果你挣得更少，你缴纳的分级所得税也就更少，因此你没有理由抱怨。"他1429年去世，留给儿子——科西莫和洛伦佐——17.9221万弗罗林（约合360万美元），以及几句宝贵的老生常谈："我把好运馈赠给我的大笔财富留给了你们，你们善良的母亲和我自己的艰苦劳作，使得我能够保住这些财富。我留给你们的生意，比托斯卡纳这片土地上任何其他人的生意都要大。……但是，对穷人要慈善，不要像发表意见那样说话，在接受任何建议的时候不要带着骄傲的态度。要避免……讼争。当心，不要吸引人们的关注。"⑪

财富增长了，而且，科西莫也践行了父亲的说教。1440年，他的兄弟洛伦佐留给他将近双倍的遗产，约23.5万达克特，而科西莫的儿子皮耶罗在1469年遗赠了差不多同样数额的财产。当然，这些都是他们的个人财富，跟家族生意的资本利息是分开的。除了价值3.7238达克特（约合75万美元）的珠宝、指环、珍珠、浮雕宝石、图书和银器之外，科西莫还留下了一大笔现金。根据遗产清单，部分金匠作品来自巴黎和阿维尼翁。作为"锦缎"列出的项目显示了代表小亚细亚的产品。盔甲收藏被分为三类：阅兵的盔甲，比赛的盔甲，以及打仗的盔甲。清单还包括时钟和天文仪器，现藏那不勒斯博物馆的那只做工精致的杯子，被称做"法尔内塞杯"，价值1万荷兰盾。在所有这一切的基础上，除了他根据多纳泰罗的建议而放在遍及整个佛罗伦萨的亲戚朋友家里的古董之外，他后来增加了176件宝石、浮雕宝石和凹雕宝石，是曼图亚的红衣主教搜罗起来的，它们被放在一个专门的圣物柜里，1494年，当皮耶罗被迫逃出佛罗伦萨城的时候，他带走了这些宝石，以十分优惠的价格卖给了罗马的银行家阿戈斯蒂诺·基吉。这些便是美第奇家族收藏普普通通的开始，借助蒙兹对财产清单所作的研究，我们得以能够再现这些收藏，并对其特点有所了解。

像北欧同时代王公贵族的收藏一样，这些艺术品也只是根据制作它们的贵金属的内在价值来估值的。再过一代人，我们便会看到另一种收藏的出现，藏品因为其本身的价值而宝贵，而不仅仅被看做是家族金库里可转让的有形资产。

如果说，在跟同胞们的生意交往中，科西莫所遵循的模式非常接近于现代银行家或企业董事长的经典模式，以至于既没有什么吸引力，也一点都不可爱，那么，不可否认，他有权声称自己是文艺复兴最早的人文主义资助者。科西莫与法拉·安吉利科和利波·里皮私交甚密，他还以崇拜古典学术源流的同样热情，资助过雕塑家吉贝尔蒂和多纳泰罗，以及建筑师米凯洛佐和布鲁内莱斯基。晚年的时候，他在写给导师马奇尼奥·斐奇诺的信中说：

> 昨天我去了卡雷吉的乡间别墅，不是为了耕耘我的田地，而是为了培养我的灵魂。到我们这里来吧，马奇尼奥。把柏拉图的那本《至善》(De Summo Bona) 带来。我想，你已经遵照你先前的承诺，把它从希腊文翻译成了拉丁文。我最想知道的是通往幸福的康庄大道，舍此别无所求。再见，一定记得带来俄耳甫斯的那把七弦琴。⑫

科西莫把大笔的财富捐给了慈善事业和公共福利。他负责了圣马可的多米尼克修道院的重建，他在那里保留了一个单人小间，用做退隐和沉思。圣马可图书馆的基础是人文主义者尼古洛·尼古里的藏书，科西莫从他的继承人那里把这些藏书买了下来，遗赠给了这座修道院。他重建了菲耶索莱修道院和圣洛伦佐教堂。他在自己的《回忆录》(Ricordi) 中声称，从1434至1471年，美第奇家族仅在建筑和慈善事业上所花的钱就多达 63.6755 万个金弗罗林（约合1300万美元）。

1444年，科西莫创建了著名的美第奇图书馆，从而使自己的事业生涯登上了一个巅峰，这是自罗马时期以来欧洲存在的第一座公共图书馆。30年后，教皇西斯笃四世将仿照这一模式，创建重组后的梵蒂冈图书馆。这座图书馆起初安置在美第奇宫里，在接下来每一代人中，这个家族不断给它添加藏书。有人估算，从科西莫在1434年的被罢免到皮耶罗1469年去世，在收藏手抄本和专门委托人给古典文本（这些正源源不断地从欧洲和拜占庭帝国流入佛罗伦萨）制作插图和装饰上，美第奇家族就花去了大约1500万美元。后来，科西莫的孙子、伟大的洛伦佐在他的统治时期增加了这方面的开支，每年仅用于图书的花销就在325万美元至375万美元之间。他两度派人文主义者拉斯卡里斯去东方，目的是发现和购买古代手抄本。在第二次航行中，拉斯卡里斯带回了2000册希腊文著作，其中多达80种著作可以追溯到不为人知的远古时期。这座图书馆在传播意大利人文主义上所扮演的角色确实很难估量，因为，无论是在事实上，还是在精神上，它都与梵蒂冈图书馆一起，成为欧洲所有伟大图书馆的发源地。它藏有大约1万册希腊文和拉丁文手抄本，其中很多是孤本；在这些书当中，有查士丁尼的《法律全书》(Pandects) 最初的副本（公元533年），这一发现导致了法学课程上的一次革命。"它藏有西塞罗书信最好的抄本，塔西陀的两部手抄本，其中一本是《编年史》(Annals) 的前5卷当中现存的唯一一份副本；索福克勒斯悲剧的一部非常古老的抄本；埃

洛伦佐图书馆的阅览室

斯库罗斯最重要的一部抄本；一本希腊文外科专著；尤利乌斯·凯撒的《高卢战记》(*Commentaries*)；4世纪的一本维吉尔和6世纪的一本叙利亚语福音书；韦尔茅斯修道院院长西弗里抄写的《圣经》，被称做《阿密亚提努斯手卷》(*Codex Amiatinus*，约公元700年)，10世纪的一本普林尼，以及与彼特拉克和但丁的佛罗伦萨有关联的很多藏书。"⑬当美第奇家族在1494年被赶出佛罗伦萨时，这些藏书被政府没收了；20年后被教皇利奥十世买去，运到了罗马，后来被另一位美第奇家族的教皇克莱门特七世再次归还给了佛罗伦萨；最终在1524年，米开朗基罗建造的圣洛伦佐修道院接受了这批藏书，从而得到了"洛伦佐图书馆"这个名字。

文艺复兴的发展与美第奇宫的关联，丝毫不亚于它跟美第奇家族图书馆的关联。他们在拉尔加路的宅邸（它更为人知的名字叫做"里卡迪官"，源自后来的拥有者）是科西莫在1430年前后建造的，是这一时期的建筑典范。多纳泰罗的《大卫》耸立在内院的中央，大门的上方刻有这样一段题词："一切学问的保姆。"一百年来，这里一直是这个家族的居所，直到1539年，第一位大公科西莫一世迁居韦奇奥官，准备占住亚诺河对岸新建的、更大的皮蒂官。在美第奇（里卡迪）官，国父科西莫度过了他的艰苦岁月，伟大的洛伦佐把他那个时代最有才华的知识分子聚集在自己身边。

教皇、皇帝、国王和亲王与商人、学者和科学家一起来到这里，对新学术表示赞赏，亲眼目睹美第奇家族用他们几近传奇的财富和智慧积聚起来的那些艺术品。这幢房子实际上是欧洲最早的博物馆，就15世纪意大利和佛兰德斯的艺术品收藏而言，自此以后就没有能跟它势均力敌的，而且今后恐怕再也不可能有了。科西莫和洛伦佐收藏的青铜雕塑和古代宝石（现藏佛罗伦萨考古博物馆），构成了家族收藏的组成部分。雕塑、挂毯、绘画、家具，以及金匠、搪瓷匠和珠宝匠最珍贵的工艺品，把这间相对来说还算比较宽敞的宅邸的各个房间和走廊塞得满满的，米里奥内说，这幢宅邸后来被称做"全世界王公贵族的旅馆"。

为美第奇家族工作、并被他们以朋友之礼相待的个人艺术家多不胜数。毫无疑问，多纳泰罗、波提切利和贝托尔多因为跟这个家族的关系特别亲密而引人注目，但是，要回忆他们，几乎所有人都需要复述瓦萨里的《艺术家列传》（*The Lives of the Artists*）。这样说吧，在150多年的时间里，欧洲享有盛名的艺术家当中，很少有人没有被美第奇家族的手指头碰过，尽管究竟有哪些人的作品装饰这座官殿，我们不得而知，但可以有把握地猜测，这座画廊里藏有他们大部分人的作品。

1489年，也就是他妻子去世之后的那一年，洛伦佐想出了这样一个主意：要把他在圣马可教堂附近为妻子建造的那幢郊区别墅改造成一座培养年轻艺术家的学校。正是在这个院子里，洛伦佐放置了他收藏的古代大理石雕像；大幅油画和素描，壁画草图，以及美第奇宫里没地方存放的其他艺术品，全都存放在这幢别墅的厅堂和客舍周围。**贝托尔多**（曾在帕多瓦与多纳泰罗一起工作的雕塑家）被任命为这所现代最早的艺术学院的校长，据瓦萨里说，他在那里招收了16世纪意大利艺术的一些伟大人物，作为自己的弟子，他们包括：洛伦佐·迪·克雷迪、格拉纳奇、布贾尔迪尼，雕塑家鲁斯蒂奇、托里贾诺、巴奇奥·达·蒙特卢波，尤其是年轻的米开朗基罗，他制作的农牧神面具据说就是今天保存在巴杰罗博物馆的那一件。作为这所学院的助学金获得者，米开朗基罗（当时18岁）幸遇了当时最重要的学者和人文主义者，正是在这里，波利齐亚诺鼓励他尝试他的第一件经典作品《半人马之战》，现藏波那洛蒂博物馆。这一时期，艺术学院学生生活中有更轻松的一面，这一点被下面这个事实所证实：就是在这些花园里，托里贾诺跟米开朗基罗打了那场著名的架，打断了后者的鼻子；他逃出了佛罗伦萨，先是去了西班牙，然后去了英格兰，在那里致力于亨利七世的陵墓。1492～1493年间的冬天，在佛罗伦萨有史以来十分罕见的一场大雪中，米开朗基罗得到了他最早的委托之一：用雪给学院的庭院制作一尊雕像。事实上，兰杜奇在他的日记中声称，那年冬天在佛罗伦萨，堆雪人十分流行。⑭

> 贝托尔多·迪·乔瓦尼（约1435～1491），意大利雕刻家和徽章设计师，出生于佛罗伦萨。他是多纳泰罗的弟子，曾长期在师父的工场里工作。

> 伟大的洛伦佐，即洛伦佐·德·美第奇(1449~1492)，文艺复兴时期意大利杰出的政治家、外交家，佛罗伦萨的实际统治者，也是学者、艺术家和诗人的资助者和保护人。他生活的时代正是意大利文艺复兴的高潮期，他的去世也标志着佛罗伦萨黄金时代的结束。

在伟大的洛伦佐那里，美第奇家族达到极盛。洛伦佐是一个英俊潇洒、富有魅力、常常也很喜欢交际的年轻人，他并不缺乏祖父科西莫的机灵和智慧。他体弱多病的父亲、"痛风者"皮耶罗，无论是作为一个生意人，还是作为文艺复兴的资助者，都继承了家族的传统；但他本人作出的贡献并不大。这一代人更多地倾向于花钱，而不是挣钱，因为到这一时期，美第奇家族已经变得如此富有，以至于他们越来越粗心大意。洛伦佐可以随意动用佛罗伦萨城的金库，"当佛罗伦萨的市政债券贬值的时候，危机便出现了，正是这场危机催生了大商业的死敌萨沃纳罗拉，洛伦佐不得不把利率从5%降低到1.5%"⑮。对外战争，英格兰的羊毛贸易从佛罗伦萨转到佛兰德斯，以及教皇西斯笃四世的反对（通过他的侄儿们那些恶魔般的阴谋），导致了一连串的经济风暴，需要技巧高超的舵手来驾驭。比尔德小姐显示："在洛伦佐治下，经常给公众提供盛大庆典，作为引人入胜的宣传和消遣，因为美第奇家族的辉煌正是建立在公众喜爱的基础之上。尽管无与伦比的盛大游行和美第奇家族建筑的速度使得佛罗伦萨成为最奢华的城市，但洛伦佐把这座城市的活力带向了帝国主义。扩张的必要性日益迫切，因为洛伦佐及其家族让如此多的市民陷入了破产的境地，并把政府的收入据为己有，以至于只有对外冒险才有可能带来新的财源。"⑯

在科西莫时期，家族的艺术品收藏已经相当可观；在伟大的洛伦佐去世之前的1492年又翻了一倍。两年之后，美第奇家族被赶出了佛罗伦萨，官殿遭到洗劫，艺术品风流云散，家族财产被政府没收。只有官殿本身保留了下来，多纳泰罗制作的大徽章在庭院的拱门上诉说着曾经的奢华。贝诺佐·戈佐利给家族小教堂绘制的那些壁画，大概是如今留给我们的与早期美第奇家族最大的联系。越过漫长的岁月，你站在那里，吸引你目光的，是佛罗伦萨市议会突然爆发的人文主义，以及清新的意大利精神与拜占庭帝国那日渐暗淡和衰弱的传统之间的联姻。

瓦萨里：《伟大的洛伦佐肖像》

在18年的时间里，美第奇家族被逐出了佛罗伦萨，但这个家族的权力和影响力并没有松懈。他们只是把他们的活动转移到了梵蒂冈，在那里，教会的亲王们和罗马教皇继续主宰着文艺复兴的现场。利奥十世和克莱门特七世作为艺术资助人所发挥的作用将在介绍罗马收藏的另一章中讨论。就其本身而言，后者完全是意大利模式的另外一个变种，其中，佛罗伦萨人文主义那种知识上的好奇心，让位于日益增长的古典权威的意识。亚诺河地区那种快乐无忧的异教主义，开始深深浸淫于有意识的权力欲和自我陶醉，只有上帝的代牧才有权沉湎于这样的自我陶醉。如果说把艺术的文艺复兴带向繁花盛开的功劳应当归于佛罗伦萨的美第奇家族，那么这个家族在罗马的代表反过来对它的衰落负有责任。但是，在罗马假日那20年的时间里，欧洲艺术最伟大的杰作得以完成。在此期间，当教皇正在为他的黄金时代做准备的时候，艺术品收藏这出大戏也正在意大利的那些小宫廷的舞台上红红火火地上演。

○ 注释

① 查尔斯·霍默·哈斯金斯：《十二世纪的文艺复兴》(*The Renaissance of the Twelfth Century*)，哈佛大学出版社，1927年，第117～118页。
② 哈斯金斯：前引书，第122页。
③ 约翰·阿丁顿·西蒙兹：《意大利的文艺复兴：暴君的时代》(*Renaissance in Italy: The Age of the Despots*)，1888年，第15、17页。
④ 弗兰克·P.钱伯斯：《品味的历史》，哥伦比亚大学出版社，1932年，第29、37页。
⑤ 比尔德：前引书，第124页。
⑥ 在最近半个世纪里，论述佛罗伦萨经济气候的文献相当可观，而探究最透彻的地方——尤其是就其与艺术和文学的文艺复兴的关系而言——大概莫过于瓦尔堡图书馆，从前在汉堡，如今跟伦敦大学的考陶尔德艺术学院有联系。另一个富饶多产的来源，并且是一个包含丰富材料的来源，是马丁·沃克内格尔的《文艺复兴时期佛罗伦萨艺术家的聚居地》(*Der Lebensraum des Künstlers in der Florentinischen Renaissance*)，莱比锡，1938年。
⑦ 比尔德：前引书，第131页。同时可参看雅各布·布克哈特的《意大利文艺复兴时期的文明》(*The Civilization of the Renaissance in Italy*)，比尔德小姐的很多材料取自这部作品。
⑧ 沃克内格尔(前引书)给出了一份花名册，列出了一些大的委托项目，并显示了在科西莫时期与洛伦佐时期之间，资助人和物主在观点上的逐步改变。
⑨ 布克哈特：前引书，第98～104页。对于估计佛罗伦萨的财富和工业，脚注提供了很有价值的数据。
⑩ 沃克内格尔：前引书，第234页。
⑪ 比尔德：前引书，第152页。同时可参看尤金·蒙兹的《美第奇家族的收藏》(*Les collections des Médicis*)，巴黎，1888年。
⑫ 比尔德小姐翻译，见前引书，第154页。
⑬ 乔治·弗雷德里克·杨：《美第奇家族》(*The Medici*)，兰登书屋，1933年，第68页。
⑭ 沃克内格尔：前引书，第270页。
⑮ 比尔德：前引书，第157页。
⑯ 比尔德：前引书，第155页。

2. 与美第奇家族争辉的对手们

说到文艺复兴时期收藏的历史，如果不承认女性的优势地位，不承认她们养育政治、军事、艺术和哲学天才的能力（正是这些天才，使这个时代变得如此伟大），那任何记述都是不完整的。跟那些在哥特式西欧掌管着爱情宫廷的女主人比起来，那些统治着曼图亚、乌尔比诺和费拉拉宫廷的女主人就显得不那么有女人味了；至于那些给佛罗伦萨、罗马、米兰和拜占庭威尼斯的男人们带来灵感的女性，那就更不用说了。伊莎贝拉·德·埃斯特、卡塔丽娜·科尔纳罗、米兰公爵夫人和乌尔比诺公爵夫人身上的男性特质，可以追溯到基督教美德剥夺了性别平等之前那个更早的时代。泰勒夫人曾说："女人对浪漫爱情的崇拜已经过去，但文艺复兴对美的激情决不会让那个时代的女人被推到生儿育女、默默无闻的境地。男人做的事，女人也能做，在这一点上不存在争论。政治或许缔造了婚姻，但那些伟大的王公贵胄都必定有美丽迷人、才艺出众的夫人，来统治他们的艺术家宫廷，就像玫瑰钻石一样在她们辉煌的背景上闪闪发光。女人是作为平等之人嫁过来的，聪明伶俐，满腹诗书，而且头戴冠冕，就像示巴女王来到所罗门国王身边一样。她们还是作为战友、而不是作为爱人嫁过来的。在青春年少的时候，她们并不更像中世纪的贵夫人，有着微微弯曲的身体，穿着柔软贴身的衣服，带着甜美迷人的微笑；相反，她们更像英俊潇洒的小伙子，打猎斗鹰，研读经典，同时也跳舞唱歌。后来，她们思考希腊哲学，是各种艺术的业余爱好者，她们统治国家，她们披甲持矛、守卫要塞。"[①] 用米什莱的话说，"她们捣乱，她们堕落，她们很有教养。"

正是伟大的洛伦佐在1492年的去世，以及美第奇家族被逐出佛罗伦萨，才把聚光灯从亚诺河转移到了北部和东部。必须记住的是，在这一时期，意大利很像美国内战之后的北方各州。南方已经倒下，南部邦联的各大家族都在忙着疗伤，无暇顾及文化。只有在北方佬的那些繁荣兴旺的城市里，才存在争相赢得社会声望和政治声

> 这三座城市都先后成为意大利文艺复兴的中心。曼图亚，意大利语为Mantova（曼托瓦），位于意大利北部，自1328至1707年，在贡萨加家族的统治下开始兴旺，逐渐成为北意大利文艺复兴的中心和著名的艺术之都。乌尔比诺位于意大利马尔凯大区，由翁布里亚人建立，先后被伊特鲁里亚人、凯尔特人、高卢人和古罗马人占领，9世纪时由教廷管辖，1442～1482年成为艺术和文学活动的中心。费拉拉位于意大利伊米利亚地区的东北部，建于1135年，自13至16世纪，在埃斯特家族的统治下成为北意大利文艺复兴的中心。

望的竞争，就像 15 世纪的那些独立城邦一样。没有一个王朝主宰这个国家，也没有一个王朝承认任何个人统治者的最高权威。暴君的时代正在走向终结，然而依然存在对民族自决的强烈渴望，这一点，显露在那些主持这些宫廷的贵夫人之间的互相竞争上。通过成功地影响那些完美的朝臣，**卡斯蒂里奥内和彼得罗·本博**用新的思想和小花招（它们暂时会吸引一座城市的注意力）讨好和引诱了一些艺术品和作家，并使他们引起了人们的关注。在这个暴发户和商业贵族大行其是的世界上，我们再一次看到了蓝血与黄金之间的冲突。在埃斯特和贡萨加这些更古老的公国，我们不仅发现了人们对托斯卡纳制造之都的财富有一种藏而不露的蔑视，而且还发现了一种压倒性的渴望，想要把佛罗伦萨的人文主义打造成某种更高贵的东西，毫无疑问，这反映了一种源自世系、而不是源自物质资源的文化更加优越。

佛罗伦萨就是那个时代的纽约，是喧嚣嘈杂的货币市场，粗俗无文，恬不知耻，然而却让所有其他城市心怀忌妒。如果把这个比方再向前推进一步，那罗马就是华盛顿了，是政府的所在地，也是教会影响力的所在地。靠近德法边境的米兰，就是文艺复兴时期精力充沛、粗鲁无文的芝加哥，而威尼斯则盘踞着通向东方的金门。只有在那些政治上比较弱小、后来回归了教皇

> 卡斯蒂里奥内(1478～1529)，文艺复兴时期作家，外交家，著有《朝臣论》等书。
> 彼得罗·本博(1470～1547)，文艺复兴时期诗人、红衣主教，著有《威尼斯的历史》等书。

或皇帝的国家，我们才能找到波士顿或费城的那种自鸣得意和温文尔雅。

乌尔比诺、那不勒斯、米兰、摩德纳，全都通过血缘、联姻或私生子的关系，与曼图亚结成了同盟。父辈的血统是费拉拉的埃斯特的世系。米兰公爵的年轻新娘贝亚特丽斯·德·埃斯特是费拉拉的埃尔科勒和那不勒斯的利奥诺拉的女儿。她的妹妹，鼎鼎大名的伊莎贝拉，就是那位优雅迷人的曼图亚侯爵夫人，她的心腹知己和小姑子伊丽莎贝塔·贡萨加嫁给了乌尔比诺大公费德里戈·达·蒙特费尔特罗的儿子吉多贝多。教皇亚历山大六世的金发女儿卢克蕾西亚·博尔吉亚——在她那甜美芬芳的脸庞和身体之下，"蒸馏着一个恶毒时代最纯的毒药"——嫁给了阿方索·德·埃斯特，他的儿子埃尔科勒二世后来成了法国国王路易十二之女伦娜塔的丈夫。在这些宫廷里，还来了"那个全副武装的弗利女人"，驰骋沙场的卡特琳娜·斯福尔扎，以及佩斯卡拉侯爵的罗马妻子维多利亚·科隆娜，是她照亮了米开朗基罗最后的岁月。最后，这个女人圈子似乎闭合于阿索罗，在那里，塞浦路斯的前王后、"威尼斯共和国的女儿"卡塔丽娜·科尔纳罗掌控的宫廷吸引到了红衣主教彼得罗·本博，他是利奥十世的拉丁文秘书、《朝臣论》(*Cortegiano*)的催生者和卢克蕾西亚·博尔吉亚的情人。

这些女人的身上，有一样东西是共同的：她们全都热爱艺术。她们的宫殿和乡间别墅里塞满了艺术品，她们给这些收藏带来随意和亲切，这是真正人文主义的基础。

艺术收藏的历史
A History of Art Collecting

维尼托:《卢克蕾西亚·博尔吉亚肖像》

文艺复兴时期的商业大亨或政治家与他们在纽约的后辈并无不同,除了在庄重而正式的场合,他们也倾向于把自己的文化冠以妻子的名字。他们任由家里的女人跟艺术家打成一片,借此奠立家族的名声。

但是,文艺复兴时期女人的秘密大概是,她们很愿意听取艺术家的意见。我们这些从第57街、邦德街或旺多姆广场的商人那里买东西的人,常常忘掉了艺术家在审美趣味的历史上所扮演的角色。艺术家不仅生产我们渴望得到的艺术品,而且在他创作的过程中,还发展出了一种明察秋毫的鉴赏力,一种区别好坏的本能。因此,

一点也不奇怪,那些附属于王公贵胄家庭的画家和雕塑家们搜集起来的少量艺术品收藏,常常成为他们的资助人最终掌管的王朝博物馆的核心。这些收藏的特征和范围取决于艺术家的腰包,由于他们买不起完整的或保存完好的古董,因此,他们的藏品通常由残片组成:雕像的头、手和脚,布料和装饰的样本,这些东西无论是对于他们自己的研究,还是对于他们弟子的学习,都很有价值。吉贝尔蒂留下了很多大理石和青铜人像,据瓦萨里说,其中包括波利克里托斯制作的一尊侧卧像,以及一些希腊花瓶。15世纪中叶帕多瓦艺术学院的院长弗朗西斯科·斯卡拉奇奥足够富有,能够搞更大规模的收藏,并跑遍希腊和意大利,带回很多古董和绘画。他要求自己的弟子们临摹这些古代作品,其弟子曼坦那就是在他的画室里培养出了对古物的鉴赏力。据说,詹蒂莱·贝里尼拥有普拉克西特列斯制作的一件维纳斯躯干雕塑和一尊大理石柏拉图胸像。威尼斯圣马可学校附近的大理石浮雕是一个证据,证明了《无名氏著作家》(Anonimo Morelliano)中的一个说法:图里奥·隆巴多曾用一件被遮住的古代躯干雕塑充当他的模特儿。在锡耶纳,索多马的收藏包括大约30件古代作品,其中有一件森林之神雕像、两件雕塑立柱,还有五花八门的青铜像、浮雕、花瓶、钱币,以及一些中世纪的作品。他还搜集了大量灰泥、蜡和铅的铸模。朱利奥·罗曼诺在曼图亚的家里塞满了罗马的残片,他总是向宫廷的成员出售或交换这样的残片。

所有这些收藏，无论大小，在不同的方面都只不过是美第奇家族的苍白反映，美第奇家族的宅邸和花园作为艺术家和鉴赏家的天堂而变得远近闻名。在美第奇家族，并没有在资助当代艺术家和偏好古董之间划出一道界线。各个时期的作品都并排展示在同样的房间里。至于艺术媒介，同样是包罗万象。壁画处在鼎盛时期，但通常是保留给教堂和半公共建筑的，比如修道院和医院，保留给更大的宫殿。据布克哈特说，在佛罗伦萨，发展出了这样一种时尚：把一排排绘画嵌进墙面镶板里。这些绘画通常表现的是神话题材，有光彩照人的裸体，跟私人礼拜堂和祈祷室的小幅宗教绘画形成鲜明的对照。当佛兰德斯人在木板上绘制油画的秘密被越来越多的人知道的时候，它就像野火一样蔓延开来，尤其是在威尼斯，在那里，海上的湿润空气让壁画家垂头丧气。风景画和风俗画也逐步经由威尼斯从北方传了进来，尽管从本能上讲它们跟意大利人的品味并不相符。事实上，拉丁人的头脑从未完全领悟这样一个事实：正如布克哈特所阐明的那样，风俗画需要"再现整个环境，从整体上再现生活的某个方面，而不只是表现一个场景"，像大多数意大利绘画那样。②

百宝阁（guardaroba）是宫殿里王公贵胄们储存收藏品的地方的通称。它包括漂亮而宽敞的画廊（gallerie），既用于展示艺术品，也用做储藏室和藏宝库，花瓶及其他材料都藏在那里。收藏者选择与自己作伴的更私人性的藏品被保留给书房（studio）。如果藏品太多，就会溢出到谒见厅（antecamera），给那些在内室外面坐冷板凳的朝臣和官员留下深刻印象。

所有非王室收藏当中，有两批收藏对意大利艺术趣味的影响比其他任何收藏都要大。其一是历史学家保罗·乔维奥在科摩的收藏。乔维奥是一个主教、朝臣兼学者，拥有敏锐的心理洞察力和生动刻画历史名人的能力，他在自己的书房里跟这些名人打过交道。因此，对肖像感兴趣并成为热心的肖像收藏者，对他来说也就是再自然不过的事了。意大利一直喜欢"荣誉"崇拜，有数不清的 viri illustres（拉丁语：名人）肖

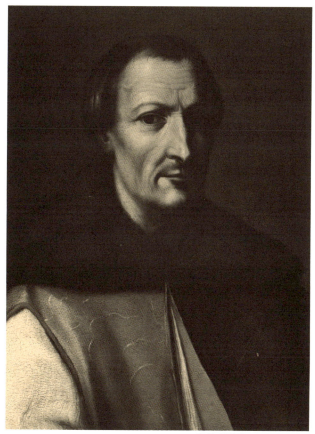

保罗·乔维奥

像存在。描绘宗教和政治事件的壁画,常常添加进本地名人和重要市民的肖像。还有为贵族和修道院的图书馆绘制的文学名人肖像,如果资助人坚持要有过去伟人的肖像,而他们又没有留下真实可信的画像,艺术家就只好求助于他们的想象了。根特的尤斯图斯绘制的28幅著名半身肖像(现藏卢浮宫和罗马的巴贝里尼收藏)大概是给乌尔比诺宫廷图书馆绘制的。修道院的神职人员让下面的做法成为惯例:让人绘制一排排圣徒和作者的肖像,作为他们的图书馆的壁画。

乔维奥在描述自己的收藏时声称,他从1521年开始收藏,一直坚持到他1552年去世之前的那一年。他的家是各国人文主义者的庇护所,被认为是那个时代的奇迹之一。他让一些杰出艺术家描画他的同时代人。如果没有肖像可用,他就命人临摹(通常是半英尺高的胸像),画在画布上。乔维奥的收藏中包括大量木刻,他原本打算只搜集诗人和学者的肖像,但后来,他逐渐把每个国家和每个领域的名人包括了进来。人们最后一次提到这批收藏是在1589年,没有报告它发生了什么。一切踪迹似乎都消失不见了,只有这批肖像收藏的副本,那是科西莫·德·美第奇在乔维奥去世的时候派阿尔蒂西莫去绘制的。

乔维奥代表了人文主义学术的一面,而曼坦那则是渴望艺术知识渴望美的象征,这给曼坦那带来了很高的声望,这一切都要归功于伊莎贝拉·德·埃斯特。

毕竟,贡萨加家族的文化传统源远流长,从路易吉·贡萨加(他在1328年使自己成为曼图亚城的主人)的时代起,这个家族就强烈地意识到艺术在提升其统治的显赫光辉上的重要性。吉多和卢多维科对普鲁塔克以朋友相待,詹弗朗切斯科一世搜罗了一批藏书,在他1407年去世的时候总数接近400卷。他的儿子詹弗朗切斯科二世创立了一个画室,1423年被认可为一所大学。10年前,他把学识渊博的教授、"苏格拉底式的天才"维多里诺·达·菲尔特请到了

> 维多里诺·达·菲尔特(1378~1446),意大利文艺复兴时期的人文主义者和教育家。提倡身心兼顾,德智并重,发展儿童个性与培养社会责任感相结合的教育。

曼图亚,培养他的孩子们。维多里诺在"快乐宫"(Casa Zoisa)建立了他的学校,教授希腊语和拉丁语文法、哲学、数学、逻辑学、音乐和舞蹈。起初,只打算让詹弗朗切斯科的孩子们在这里接受教育,这所学校为贵族教育树立了典范,学生的花名册很快就包括了全意大利最高贵的名字。像这样的

学生都出得起学费,而且其他学生,维多里诺"因为对上帝的爱"而教他们。这所学校如此重视体育、击剑和骑士游戏等方面的兴趣,以至于整个意大利半岛那些刚刚出道的朝臣和贵夫人都趋之若鹜。维多里诺对于意大利的重要性,就像温彻斯特主教威克姆的威廉之于英格兰,因为他也相信"举止造就人"。正是在这所学校,乌尔比诺公爵、"品行高尚"的费德里戈·达·蒙特费尔特罗获得了对古典和书籍的热爱,从老师那里发展出了一套管理乌尔比诺和古比奥宫廷的哲学。事实上,费德里戈是如此深深地依恋他的老师,以至于他把维多里诺的肖像放在他的图书馆里,跻身于世界著名哲学家和诗人当中。

当曼坦那被召到曼图亚宫廷来装饰这座宫殿的时候,这座城市才终于有了一座首都的样子。在一个光荣队列的前列:科斯塔、乔瓦尼·贝里尼、米开朗基罗、达·芬奇、佩鲁吉诺、柯勒乔和弗朗奇亚都用描绘胜利和寓言的绘画作品装饰过这座宫殿的房间。朱利奥·罗曼诺

曼坦那:《帕纳塞斯山》

> 安德里亚·曼坦那(1431~1506),又译曼特尼亚,意大利文艺复兴时期画家,其壁画完全从观众角度,以仰视面构成全景,古典器物的刻画达到考古学的精确,大胆的构图与精密写实相结合,对16世纪绘画和巴洛克美术都有着深远的影响。他的祭坛画和铜版画也享有盛名。

后来为伊莎贝拉的儿子装潢和扩建了堤宫。曼坦那的薪水是一个月50达克特(1000美元),外加住宿、粮食和木柴,这是一份很不错的报酬,也表明亲王对他的器重。亲王授予他一枚盾形纹章,为额外的委托而给他专门的礼物和津贴,并允许他随心所欲地为别的主顾干活。

曼坦那的房子(至今依然保存完好)充当了他的古代雕塑收藏的一个背景;事实上,这幢房子的设计图看来似乎取自梵蒂冈的绘画馆,1490年,当曼坦那装饰教皇的小教堂时,绘画馆刚刚完工,他因此在那里见过了。房子里的藏品明显从未开列过清单,但它们想必都是第一流的品质,因为豪华王罗伦佐曾专程去曼图亚观赏这些藏品,米兰公爵曾派代理人去找他,提出了

很有诱惑力的价格,想购买它们。在历史的乌烟瘴气中,这些藏品与统治家族的收藏混在了一起,1627 年,由于把曼坦那的《凯撒的胜利》(还有另外一些极其珍贵的艺术品)卖给了代表英格兰国王查理一世的丹尼尔·奈斯,这些藏品便散佚了。查理一世把它们存放在了汉普顿宫。贡萨加家族收藏的剩余部分被法国人洗劫一空,三年后,他们洗劫了这座城市,并因此使得红衣主教黎塞留的宫殿顿时丰富起来。

血管里有那不勒斯和费拉拉血统的伊莎贝拉·德·埃斯特轻松地把曼图亚、它的人文主义和它的艺术品纳入彀中。柯勒乔称她是 "La prima donna del mondo"(意大利语:世上第一夫人)。"她使自己成为意大利的艺术、文学和哲学的取火镜。" 一个优雅的物质主义者,像很多热情洋溢地对待艺术的女人一样,在满足自己的欲望上她失去了所有的分寸感或道德感。对于获取,她的钱包的限制激发了她的冷酷无情和她的外交手腕;她的胃口与美第奇家族不相上下,而她满足这一胃口的手段,则纯粹是一个一流冒险家的手段。手抄本、小摆设、绘画和雕塑,珠宝和镶嵌精致的乐器,都源源不断地流向她,就像针被磁铁所吸引一样。她去世 3 年之后编制的一份清单详细列出了她的藏品。③

伊莎贝拉的梦想是要把她的 grotta(意大利语:洞穴)打造成一个遁世隐居的地方,她竭尽自己性格中的坚韧和固执,努力装饰它。她在信中屡次三番地纠缠她在威尼斯、佛罗伦萨、费拉拉或罗马的朋友和代理人,要他们给自己寄"一点漂亮东西,用来装饰画室"。她恳求马耳他骑士、巴达萨尔的外甥萨巴·卡斯蒂里奥内从哈利卡纳苏斯和爱奥尼亚诸岛带给她一些古董。对这个不屈不挠的女人来说,再多的恳求都不过分。1501 年,她写信给佛罗伦萨的一位代理人:

> 如果佛罗伦萨画家达·芬奇眼下在佛罗伦萨,请您告知我他的生活情况如何,也就是说,他是不是开始创作什么作品(像有人告诉我的那样),这件作品是什么,您是否认为他会暂时会留在那里。阁下可否打听一下,他是否愿意为我的画室画幅画。如果他答应,我会把主题和时间告诉他;不过,如果他拒绝了,你至少可以劝他给我画一幅小的圣母像,就像他自己的本性一样温柔而神圣。还请您求他再送给我一幅我的肖像素描,因为他原先留在这里的那一幅被我们家爵爷送人了。为此,我们将不胜感激,既感谢达·芬奇,也感谢您。

达·芬奇显然没有作出答复,她还听人说,有一些属于洛伦佐·德·美第奇的古代花瓶要出售(一伙暴徒从他的宫里抢走了这些花瓶),伊莎贝拉于是写信给她的代理人弗朗西斯科·马拉特斯塔,请他把这些花瓶拿给某个有鉴赏力的人看:"比如画家达·芬奇,他总是住在米兰,是我们的朋友,如果他在佛罗伦萨的话,你就去请教他,看看这些花瓶的品质如何,是不是漂亮。"

这位固执而任性的夫人决不会放弃。3

年后,她直接写信给艺术家:

> 致大师列奥纳多·达·芬奇。
>
> 列奥纳多先生:
>
> 听说您在佛罗伦萨安顿了下来,我真心希望,我想要获得你亲手绘制的一幅作品的愿望最终能够实现。您在本城的时候,曾给我画过一幅炭笔肖像,您曾答应我,有朝一日您会用色彩来画它。可是,由于您不能来这里,此事也就不可能了,所以我恳求您信守诺言,就把我那幅肖像改成另一个人物吧,那会更合我意;也就是说,为我画一个年轻的基督吧,大约12岁的样子,他正是那个年纪的时候,在神庙里与博士们争论,当时的氛围充满了温柔和魅力,只有在您的笔下,才能再现这样的氛围。如果您答应满足我的这一愿望,请记住,除报酬之外(这个由您来定),我将一直感激您,我唯一的愿望就是做您希望我做的事,从今往后,我乐意随时为您效劳,希望得到您肯定的答复。

很显然,达·芬奇受不了这个女人,因为他从未给她回过信。保存在卢浮宫里的那幅"炭笔肖像"显示了一张性感、固执而冷漠的小脸。不过,就算伊莎贝拉在跟达·芬奇打交道的时候总是装出一副天真无邪的样子,那么,对待年事已高的曼坦那(她欠曼坦那的情实在太多),她的态度就显出了她的本色。多年来,她一直垂涎古代大理石雕像《福斯蒂娜》,那是曼坦那的藏品中最重要的一件宝贝。他发誓决不跟这件宝贝分离,可是,伊莎贝拉的机会终于来了。当时,曼坦那急需钱请医生给女儿看病。他写信给伊莎贝拉说:

> 我已经被债主逼得走投无路……我能想到的最好的自救办法就是告别我最珍爱的宝贝,因为有很多名流显要经常要我卖掉我最珍爱的古代大理石雕像《福斯蒂娜》,穷困总是迫使我们做很多事情,如今也促使我就这个问题给陛下写信,因为,如果我必须与它分离的话,我宁愿您得到它,而不是任何别的贵族或贵夫人。价钱是100达克特,卖给别人可能是这个价钱的很多倍。我恳求您让我知道您的打算,万分感谢。您的仆人,安德里亚·曼坦那。

在经过漫长的协商之后,伊莎贝拉买

达·芬奇为伊莎贝拉画的炭笔肖像

艺术收藏的历史
A History of Art Collecting

提香：《伊莎贝拉·德·埃斯特肖像》

下了《福斯蒂娜》，而 6 个礼拜之后，曼坦那辞别人世。

乌尔比诺的人文主义，尽管源自于费德里戈·达·蒙特费尔特罗在曼图亚拜师维多里诺门下时所受的教育，但无论在形式上还是在风味上，都不同于伊莎贝拉的宫廷。伊莎贝拉的小姑子伊丽莎贝塔·贡萨加

嫁给了费德里戈的儿子、年轻的公爵吉多贝多二世，因此给这一环境带来了另外那座城市的某种东西。但费德里戈早在 1454 年便指挥修建了乌尔比诺的宫殿，他在乌尔比诺留下了自己品格的烙印。卡斯蒂里奥内在他的《朝臣论》中谈到过这座宫殿，说它是"全意大利最美的；他给它提供的各种便利是如此丰富，以至于它看起来更像是一座宫殿之城，而不是一座宫殿。他不仅给它配备了丝绸和黄金编制的华丽锦缎、银盘，以及诸如此类，而且还用大量古代大理石和青铜雕像、各种罕见的绘画和乐器来装饰它，而且都是精挑细选的东西"。

费德里戈的图书馆在他还是个孩子的时候就开始建造，今天已被并入梵蒂冈图书馆，它仅次于佛罗伦萨的美第奇图书馆。尽管他的财富要少得多，但他依然雇佣了 30～40 个写手，每年要在他的业余爱好上花掉 3 万多达克特。除了大量神学著作和中世纪作品之外，图书馆还藏有当时可用的每一种医学书，很多希腊文抄本（包括全套的索福克勒斯，全套的品达，以及全套的米南德），25 位人文主义者的意大利文和拉丁文著作，连同它们所有的译本，以及重要的现代作品，其中，但丁和卜伽丘的著作被赋予了突出的位置。这里，我们看到一个收藏家、一个文化人的理想典型，总是热衷于增长自己的学问，热爱自己的图书，智慧地使用它们，小心翼翼地保护它们。"当他说，他羞于在自己的图书馆里收藏印刷图书的时候，那是因为他看重并尊敬手抄本的美，而不是因为他是个唯利是图者或

自命不凡者。"④

伊丽莎白塔缺乏伊莎贝拉的那种冲劲，不像她那样强烈地关注物质的东西。她是个耽于幻想和沉思的人，不过也是一个有着深邃激情的人，只不过这种激情表现在书信中，而不是表现在艺术品中。她的宫廷，以及她丈夫的宫廷，都在卡斯蒂里奥内的《朝臣论》中得以永存不朽，这本书生动叙述了那些频繁出入宫廷的人的思想和哲学。正是在这里，拉斐尔·桑西招待了皮耶罗·德拉·弗朗西斯科和朱利亚诺·迪·美第奇。西尼奥雷利在圣灵教堂作画，而内穆尔公爵朱利亚诺·迪·美第奇则与本博一起在花园里散步，讨论诗歌和音乐。

正是在这个和平的统治时期，凯撒·博尔吉亚的进攻像霹雳一样闯入了。这座城市遭到洗劫，宫殿被劫掠；伊丽莎白塔逃到曼图亚，找伊莎贝拉寻求保护，而热切的侯爵夫人抓住了这个天赐良机。在凯撒·博尔吉亚征服乌尔比诺3天之后，伊莎贝拉写信给他的哥哥伊波利托·德·埃斯特：

> 凯撒·博尔吉亚（1475～1507），意大利红衣主教、军事领袖，教皇亚历山大六世的私生子，以凶狠残暴著称。

大主教阁下，我敬爱的哥哥：我的妹夫乌尔比诺公爵家里有一尊维纳斯古大理石雕像，还有一尊丘比特雕像⑤，那是不久之前罗马涅公爵给他的。我敢肯定，这些东西必定在最近的一场革命中落入了这位公爵之手，连同乌尔比诺宫殿里的所有东西。由于我非常热衷于收藏古物，来装饰我的画室，我极其渴望拥有这些雕像，而在我看来，这似乎是不可能的，因为我听说，殿下对古物没什么兴趣，因此更乐意施惠于他人。但由于我与他的关系并没有亲密到胆敢冒昧地要求从他手里得到这种恩惠，因此我想，最好是利用您深受崇敬的影响力，恳求您好心帮忙，通过信差和信函向他要求上述维纳斯和丘比特雕像，以这样一种有效的方式，您和我都能得到满足。如果阁下高兴的话，我十分愿

拉斐尔：《伊丽莎白塔·贡萨加肖像》

意您提到我的名字，并告诉他，我非常迫切地想得到它们，我能从您这里得到的最大快乐和恩惠莫过于此，万分感谢。

您的妹妹，曼图亚侯爵夫人伊莎贝拉，1502年6月30日，于曼图亚。

就像一场突如其来的风暴，随着教皇亚历山大六世的去世，凯撒·博尔吉亚的魔法帝国便离开了他。吉多贝多从曼图亚回去了，尽管很多被劫掠的战利品教会再也没有归还给他，但他的余生都是在他官里的退隐处，在他的财宝当中度过的。

埃斯特家族和贡萨加家族的艺术收藏短暂却辉煌的故事就这样走向了终结，就品质而言，它们不输于任何收藏，包括美第奇家族的收藏。[6]

○ 注释

[1] 雷切尔·安南德·泰勒：《文艺复兴时期意大利的诱惑》(*Invitation to Renaissance Italy*)，1930年，第154～155页。
[2] 参见雅各布·布克哈特的《艺术史论集》(*Beiträge zur Kunstgeschichte*，巴塞尔，1898年)，以及朱利叶斯·冯·施洛塞尔的《文艺复兴晚期的艺术和收藏》(*Die Kunst und Wunderkammern der Spätrenaissance*，1908年)。
[3] 参见朱莉亚·卡特莱特：《伊莎贝拉·德·埃斯特》(*Isabella d'Este*)，纽约，1903年。
[4] 道格拉斯和伊丽莎白·里格比：前引书，第166页。
[5] 这尊丘比特雕像是米开朗基罗的一件早期作品。伊莎贝拉得到了它，后来随着贡萨加的收藏一起转到了英格兰国王查理一世手中。据推测，它已经毁于白厅的一场大火。
[6] 1627年，贡萨加收藏的大部分被卖到了英格兰，剩余的部分3年后被法国人抢去了。蒙特费尔特罗家族随着吉多贝多一起消亡了，而乌尔比诺的公爵领地则落入了弗朗西斯科·德拉·罗维雷家族之手，直至1624年归还给了教皇。接下来，后者的收藏大部分搬到了罗马。1597年，教皇克莱门特八世声称费拉拉是一个无主的封邑，但德·埃斯特家族坚持认为，阿方索一世的私生子的后裔就是摩德纳公爵和雷吉奥公爵。他们的统治一直持续到了19世纪，当时，通过与年轻的奥地利王室结盟，这一世系灭绝了。最后一位乌尔比诺公爵斐迪南五世在1869年把他的家族画廊捐赠给了摩德纳城，与坎波里侯爵的收藏合并在一起，成了如今的埃斯滕斯美术馆。

3. 作为保护人和收藏家的教皇们

文艺复兴在罗马的发展则是另外一个故事,完全不同于佛罗伦萨或意大利其他小宫廷的故事①。洛伦佐宫廷的人文主义不存在轻松自在的独立,也不存在托斯卡纳诗歌的轻灵和优雅。因为教皇职位的选举特征,埃斯特和贡萨加家族中如此明显的王朝感呈现出了另外的形式。罗马很少产生它自己的艺术家和学者,相反,它有"一切大都会的接受力和贫瘠,在城市当中,这些大都会是被宠坏的享乐女人。"但罗马有它独一无二的财产:对帝国的悠久记忆给了它预言性的补偿。古代永恒的精神权力和世俗权力是它的,外部世界的一切艺术和天才都不可抗拒地被它所吸引。它的衰亡用了许多个世纪才得以完成,而且从未得到教皇的承认,最终被西方世界的大分裂和教皇在阿维尼翁的巴比伦之囚所决定。在这座城市陷入罗马贵族之间的妒忌和冲突的那70年里,文艺复兴已经在亚诺河畔扎下根来。②

> 1309～1378年间,罗马教廷在天主教大分裂时期驻在法国城市阿维尼翁,历时70年,前后七任教皇。教会史上习惯于把这段历史称为"阿维尼翁之囚",以此类比古代巴比伦将以色列人掳至巴比伦70余年的"巴比伦之囚"。

1417年,奥多·科隆纳当选为教皇,采用了马丁五世这个名号,他决定,既然大分裂已经结束,他就可以回罗马了,并再次恢复教皇的最高权力,让他的权威在整个基督教世界被人们感觉到,被人们所听从。他没有忘记14世纪佛罗伦萨的教训,他认识到,人民的捍卫者、国父科西莫正在重建这座城市,把自己的财富耗在它的教堂和公共机构上,以此赢得贵族和工人阶级的热爱和信任。眺望着罗马七山,教皇看到的,只有满目的荒凉,四面八方的废墟和破坏。在城里,卡西奥多鲁斯曾经自夸,里面的雕像跟它的市民一样多,如今只不过耸立着寥寥无几的古代纪念碑,其中多数残缺不全。托斯卡纳银行家们能够做到的事情,神圣教会的财富和权力可以做得更好。

放逐中的罗马教廷枢机主教团并没有完全远离那个时代的知识潮流和骚动,克莱门特六世的宫廷欢迎科学研究的精神。说来也怪,阿维尼翁邻近地中海的法国港口,这种便利给教皇带来了东方的旅行者和商人,而他们则带来了艺术品和新观念,这些通常不会经过罗马。锡耶纳人西蒙·马尔蒂尼在教皇的宫廷画过画,利波·梅米及其他很多艺术家也是如此。彼特拉克也曾吟诵过赞美普罗旺斯的诗篇。因此,当马丁五世决定把佛罗伦萨的文艺复兴输入到罗马的时候,它扎根的土壤已经完全准备好了。他首要而紧迫的关切是"满眼凄凉的教堂",他怀着恢复被废弃圣殿的热情,着手系统性地掠夺异教徒的遗迹,而他的那些人文主义继任者将把这一做法带向极端,甚至拒绝承认法律保护他们所掠夺的每一幢建筑。教皇给宝石匠、刺绣工和金匠建立了工作室,他特别喜欢金匠的作品。他还雇佣了佛罗伦萨能够找到的最好的画家——马萨乔、皮萨内洛和詹蒂莱·达·法布里亚诺。

马丁的继任者是欧根四世,他是一位对泻湖的感官之美颇有造诣的威尼斯人。他继续追随前任的足迹,只不过专注于拉特兰教堂的重建与扩大,他的建筑师和承包商采掘了古罗马圆形剧场的石灰华覆面。让·富凯给他画过肖像,菲拉雷特帮他建造了陵墓。詹蒂莱·达·法布里亚诺完成了拉特兰教堂的壁画,弗拉·安吉利科被召到了罗马。教皇的冠冕上覆盖的珠宝价值3.8万个金达克特,重达20磅,是佛罗伦萨雕塑家吉贝尔蒂制作的。它被认为是那个时代的奇迹之一。

但是,直到萨尔扎纳的尼古拉五世统治时期,文艺复兴才真正可以说到达了罗马。在他担任教皇的8年里(1447~1455年),这座中世纪的城市被彻底改变了。古代的城墙在蛮族人连续入侵期间多处遭到损坏,正在土崩瓦解,如今得以重建;喷泉得以恢复,或者用新的雕像和装饰品加以装饰;倒塌的拱门和方尖塔被重新竖立起来;古代的墓地被收拾整齐了。这项重建计划是如此庞大,以至于有必要在罗马广场、竞技场和圆形剧场采掘泉华和石灰华。一年内从这些地方拉来的石头就多达2 500车。尼古拉五世关注的主要目标是梵蒂冈的宫殿,因为他希望确立教皇的权威,就像国王一样,让他们逐步获得的世俗权力所带来的财富围绕在自己周围。为了装饰新的教皇宫邸,雇佣了安吉利科、皮耶罗·德拉·弗朗西斯科和安德里亚·德尔·卡斯塔尼奥,他们统率一支由技艺娴熟的工匠、画

维塔尔:《罗马远眺》

家和玻璃工组成的大军；书法家、照明师、金匠和刺绣工都得到了委托，其规模达到了惊人的程度；安装了挂毯编织机，教皇在欧洲各地的代理人都得到指示，要他们为梵蒂冈搜罗能够得到的各种奇珍异宝。

考古学的精神到处盛行。多纳泰罗和布鲁内莱斯基已经探访过罗马，为的是更贴近地研究在疯狂地争相为新建的宫殿和教堂提供大理石的过程中不断出土的古物。让·富凯（他给欧根四世教皇画过像）和罗希尔·范德魏登满怀对过去的好奇来到罗马。人文主义者和学者们仔细考量古典碑铭的断章残片，在餐桌上围绕它们喋喋不休地争论，给一个未完成的对句最微妙的结尾。来自拜占庭的避难学者，来自意大利北部的诗人和历史学家，来自法国和日耳曼各地的拉丁文学者，蜂拥着群聚罗马。很显然，应当厘清这一未经整理的学术大杂烩。尼古拉五世下令，创建梵蒂冈图书馆，让一群人文主义者有活可干——诸如奥里斯帕、曼内蒂、蒂弗尼亚斯和特拉布宗的乔治这样一些人——让他们去整理堆积如山的书籍和手抄本，这些在此前一千年的时间里一直是教皇们的临时财产。①

西班牙人加里斯都三世3年的教皇任期只不过是罗马城复活过程中的一次短时间中断。他一心扑在针对土耳其人的十字军东征上，他融化了尼古拉的盘碟和金匠作品收藏，为的是购买战船，他解散了附属于教皇宫邸的艺术家和手艺人。幸运的是，这个粗鲁无文的博尔吉亚人的继任者是锡耶纳的一个人文主义者，伟大的埃涅阿斯·西尔维乌斯·比科罗米尼，西蒙兹曾把他描述为"我们能够真正尊敬的文艺复兴时期教皇当中的最后一位"。在他还是个年轻的红衣主教时，就曾在巴塞尔会议上代表教皇欧根四世，他醉心于"外交、美食和完善他优雅的拉丁文写作"。没有哪个教皇像他那样精通教会的语言。53岁那年，他成了教皇庇护二世，在身体上他已经垂垂老矣，饱受痛风和哮喘的折磨，这可能是他个人习惯和他的宫廷一直很简朴的原因。格雷戈罗维乌斯在检查教皇金库的档案时发现，尽管教皇的宫邸有270个仆人，但他餐桌上的花销平均每天不超过8个达克特。在智力消遣方面，庇护二世更奢侈一些，他对学者以朋友相待，沉湎于自己对古物的爱好。1459年，在一次去曼图亚议会旅行的时候，他中途在克卢西乌姆停了下来，为的是搜寻普林尼曾经提到过的迷宫，并在明西奥探访了所谓的维吉尔别墅。布克哈特曾讲到，这位体弱多病的教皇如何被人用轿子抬着走遍罗马平原，为的是熟悉图斯库鲁姆、阿尔巴隆加、奥斯蒂亚和法莱里的古代遗址。在《纪事》（*Commentaries*）一书中，他以同样的兴趣描述了早期基督教的遗迹和异教徒的遗迹。

作为一个经济上并不宽裕的人，庇护二世在罗马的早些年是学术性的和消极被动的。直到托尔法的教皇领地上发现了金矿之后，他才开始继续推进尼古拉五世扩大和重建梵蒂冈的工作。这笔意外的横财给他带来了每年10万金达克特的收益，使教皇的计划得以大规模重新开始。意识到连续不断的建筑给古典罗马造成的无法弥补的损害,庇护二世在1462年颁布了第一份教皇敕书,禁止采掘古代石材或在新建筑上使用任何古物残件。具有讽刺意味的是,教皇本人无视自己的敕令,掠夺了蒂沃利的哈德良离宫,用于他在罗马、锡耶纳和他的出生地柯西格纳诺的建筑。他把他著名的藏书连同自己个人收藏的艺术品都捐献给了锡耶纳,其中包括漂亮的大理石群雕《美惠三女神》,这尊雕塑想必启发了现藏尚蒂利的拉斐尔的那幅名画。尽管庇护二世在一定程度上可能属于托斯卡纳,但他说:"像锡耶纳一样,罗马也是我的家,因为我的家族(比科罗米尼家族)是早年从首都迁到锡耶纳的,我们家的人持续不断地使用埃涅阿斯和西尔维乌这样的名字就是证明。"

如果说,在教皇当中,庇护二世是个学者型的考古学家,那么,1464年继任他的保罗二世则是真正意义上的收藏家。他对文艺复兴早期任何教皇的艺术品都有着最贪得无厌的胃口,在拍卖场上是他的同时代人、伟大的洛伦佐的主要竞争对手。在他还是威尼斯红衣主教、欧根四世教皇的外甥彼得·巴尔博的时候,保罗二世就创建了威尼斯宫。最近作为贝尼托·墨索里尼的官邸被大肆宣扬,这座宫邸塞满了各种艺术品,在当时被认为是古典艺术和拜占庭古董在意大利最重要的博物馆。尽管他把绘画从威尼斯引入了罗马,并改组了罗马大学,还恢复了一些古物,像马可·奥勒留的雕像和提图斯的凯旋门,从而对人文主义的事业小有帮助,但实际上,他只是一个喜欢炫耀的粗俗之人,对精美艺术品的爱好,更多的是出于本能,而不是出于学识。他对炫耀的热爱没有边界,仅他的一个冠冕就价值12万达克特,他渴望把公众的注意力集中在自己身上,这导致他把最严格的禁止奢侈的法律强加给教皇宫廷,以防止任何人在官方的游行仪式中风头超过他。尽管他缺乏他的直接继任者那种危险的堂皇排场,但在庞贝的别墅里,或者在杜维恩勋爵的陈列室里,他一样如鱼得水。

保罗二世的收藏后来被西斯笃四世给卖掉了,大部分被美第奇家族的红衣主教朱利亚诺(克莱门特七世教皇)给买了去,因此连同他的财产一起被转到了佛罗伦萨。在拜占庭的黄金制品和象牙制品上,尤其是在罕见的东部执政官的双连记事板上,这批收藏最为丰富。清单中列出的另外一些项目包括47尊青铜像、25件镶嵌画或便携式祭坛、一大批由红衣主教委托制作的彩绘圣像和宗教题材的面板画、大约400件浮雕宝石和凹雕宝石,既有基督教题材,也有异教题材。皮萨内洛曾自吹,圣章的收藏中有很多件是巴尔博从伟大的洛伦佐眼皮底下拿走的,而艺术家依然谎称是在他的官邸里挖掘出来的。不过,最为重要的,是这批收藏中有大量的金、银和宝石制品。公众普遍怀疑,教皇是被一些紧紧抓住其指环中的宝石的恶魔给扼死的,就连普拉蒂纳也坚持认为,教皇死于其冠冕上宝石的巨大重量所导致的中风。

罗马文艺复兴的黄金时代

当庇护二世授予红帽子给弗朗西斯科·德拉·罗维雷的时候,他并不认为这个57岁的圣方济各会修士,一个渔夫的儿子,有朝一日会继承自己的位置,成为美第奇家族的死敌。但4年之后,也就是1471年,罗维雷登上了圣彼得的王座,采用了西斯笃四世这个名号。他的同时代人称他为"大商人",可谓恰如其分,因为在西斯笃四世那里,我们看到了教皇把他的筹码扔在了世界政治的赌桌上,为了博取比以前更大的赌注而慷慨一掷。教皇已经品尝过世俗权力之血,如今打算要尝一尝它的肉。具有讽刺意味的是,这位教皇,在太平岁月就像在战争时期一样可怕。蒙兹说,他只知道两件事,"在宗教事务上只知道诅咒,在政治事务上只知道打仗"。然而,他将被基督教世界最严肃的小教堂所铭记,这座教堂后来成了米开朗基罗的最高成就。

从西斯笃四世(他死于1484年)到75年后教皇保罗三世去世,罗马将听任它的主教们骄奢淫逸,胡作非为。但考虑到那个时代的道德(及其对艺术趣味的影响),我们必须记住,跟文艺复兴时期其他王公贵胄比起来,教皇们在道德上既不更好,也不更糟。他们对实验有同样的激情,对古董有同样贪得无厌的胃口。他们对艺术和人文主义的热情,既是他们旺盛活力的组成部分,也是他们的过激行为的组成部分。把欧洲拖入新教改革的,更多的不是他们所做的事,而是他们"在神圣传统披在他们肩上的那件圣洁的斗篷之下"做了这样的事。他们的贪婪采取了索求德意志财富的形式,为的是支持并扩大他们的世俗野心。这在道德家、政治家和神学家们看来,比肉体的罪孽更严重,后者毕竟是个人事务。

对于品味的历史,教皇就像世俗的王公贵胄一样重要。"由于他们不得不要么成为世俗的领主,要么就像基督本人一样,成为没有土地的人,而且还由于天国的选择似乎是不可能之事,于是,他们便维护了意大利王公所特有的那种王朝感,就本身而言,这纯粹是文艺复兴时期强烈个人主义的一种延伸;他们更疯狂地蹂躏邻国,因为他们的任期很短暂,其行为,往好里说是为了教皇的物质利益,往坏里说是为了子孙后代的颂扬。所以,每位教皇都会关注每一个允诺分赃的新的侵略者,梵蒂冈成了外国阴谋的中心,最终注定要在西班牙的黑色狂热与路德教德国的偏执之间,撕裂中世纪伟大的普世教会。……他们,这些教皇,组成了一个古怪的人类队列,头戴三重冕,披着用神奇的祥扣系紧的贵重法袍,像玩偶一样僵硬,饱受可怕疾病的折磨,因为贪婪和不得体的欲望而深受煎熬,然而对过去的美如饥似渴,为庄严堂皇的幻象而焦虑不安,精力充沛地要创造新的辉煌,非理性地想从基督的每一次呼吸中承受天国的火焰。看着他们沉重的头颅,骄傲地佩戴着他们的圣章——沉重的头颅里充满了动物般的帝王意志。"①

西斯笃四世与其说是个收藏家,不如说是个资助人。他声称,在教皇的金库里

艺术收藏的历史
A History of Art Collecting

梅洛佐·达·弗利:《西斯笃四世和他的宫廷》

只找到了 5000 个弗罗林——西蒙兹认为这是谎话——于是,他立即卖掉了前任的收藏;但另一方面,他又对罗马的遗迹表现出最强烈的兴趣。他创建了主神殿博物馆,里面搜集了很多中世纪幸存下来的雕像,并禁止从罗马城出口古董。他重组并建造了梵蒂冈图书馆,扩大了宫殿的房间,在他去世之前完成了西斯廷教堂的建设,尽管还没有完成它的绘画。从西斯笃四世开始,不计其数的艺术家、建筑师和工匠前往罗马朝圣,是黄金时代的教皇们雇佣了他们,其中包括波提切利、西尼奥雷利、佩鲁吉诺、科西莫·罗塞利和吉兰达约。梅洛佐·达·弗利给教皇绘制了那幅著名的肖像,被他的甥侄和大臣们所环绕,正在接待人文主义者普拉蒂纳。建筑师和雕塑家也来到了现场,其中包括韦罗基奥和波拉尤奥洛。西斯笃并不满足于把艺术家们请到梵蒂冈,他还希望在某种程度上控制他们;1478 年,他为受自己保护的 30 位主要艺术家创立了圣路加学院。在本届教皇任内,罗马的文艺复兴终于达到了成熟期。

接下来,在英诺森八世治下的 8 年,只不过标志着围绕在罗德里戈·博尔吉亚周围的那个"黄金邪恶团体"罪大恶极的一段时期。后者作为教皇亚历山大六世,是教皇当中的尼禄,兰克把他描述为一个"犯罪大师",威尼斯大使说他"很肉欲"。博尔吉亚放荡淫乱的那些年尽管引人入胜,而且,不管教皇和他的两个孩子凯撒和琉克勒齐亚的那种镀了金的异端行为多么有诱惑力,但他们对教皇的艺术收藏或艺术资助的贡献相对较小。诚然,对于一切让他们赏心悦目的东西来说,博尔吉亚家族一直是慷慨的保护人,他们也雇佣了很多艺术家,为了他们的狂欢和舞会,为了装饰他们的宫殿和堂皇威严的巡游;但是,与之前的教皇比起来,或者与亚历山大的继任者比起来,这支曲子是用小调演奏的。除了梵蒂冈博尔吉亚官邸的豪华装饰之外,这位教皇的纪念碑,不是在石头或画布上,而是在更广阔的政治世界里。西蒙兹说:"凭借他的犯罪,他的残忍,以及他的能力和政治手腕,亚历山大给教皇的世俗权力奠定了真正的基础。他为教皇职位所实现的东西,就相当于路易十一为法兰西王座

波提切利:《春》

实现的东西,他在更小规模上按照更大的欧洲君主国的模型,打造了罗马。"①

十六世纪的血色黎明

1492年,伟大的洛伦佐去世,这一年是欧洲历史上时不时地发生的预言性的年份之一。正如将近半个世纪之前的1453年同时标志着英法之间百年战争的终结和拜占庭都城陷落于土耳其人之手,我们在1492年再次看到了历史突然裂变的未来进程,并捕获到了人的想象。格拉纳达陷落于斐迪南和伊莎贝拉之手,摩尔人被赶出了西班牙。在德意志,选帝侯和他们的政治伙伴们一心忙于选举年的兴奋和阴谋,这不仅导致了马克西米连一世登上了皇帝宝座,而且导致了中欧的命运通过哈布斯堡王朝与西班牙和低地国家的命运紧密结合在一起。这一年还标志着中世纪传统思想的进一步变革。人们发现,世界不再是平的了,因为克里斯托弗·哥伦布的航行,已经越过了人们普遍接受的传统航海的边界之外,并给世界政治注入了一种新的氛围。16世纪斗争的舞台已经搭好,现代世界的问题将在这个舞台上得以界定,并通过集中于拉丁半岛那个永恒的战场,注定要把意大利自由的足迹远远地留在身后。

在佛罗伦萨的空位期内,美第奇家族不是在我们今天习惯于使用的那种意义上遭到了放逐。当他们离开佛罗伦萨的时候,他们播下的酵母继续发挥作用,因为文艺复兴的艺术发酵是任何政治动荡都不可能突然消灭的一股力量。那些指示和福祉都

艺术收藏的历史
A History of Art Collecting

来自于被废黜统治者的艺术家们在继续履行他们的职能，尽管有些人在罗马、米兰或别的什么地方劳作。然而，从1492年至1527年罗马被洗劫的这段时期，可能是自伯里克利时代以来最辉煌的黄金时代。

科内尔·杨很方便地列出了1505年在佛罗伦萨或附近地区工作的艺术家的名单，那一年，列奥纳多·达·芬奇和米开朗基罗正在给领主宫绘制草图；佩鲁吉诺在圣母领报广场工作，崭露头角的拉斐尔正在绘制《圣母与圣子》和《金翅雀的圣母》。此时，波提切利61岁，佩鲁吉诺59岁，达·芬奇53岁，米开朗基罗30岁，拉斐尔22岁。

在这座城市的人还包括洛伦佐·迪·克雷迪、弗拉·巴托洛米奥、菲利比诺·利皮和安德里亚·德尔·萨托。弗朗奇亚在博洛尼亚工作，平图利奇奥在锡耶纳，卢伊尼在米兰，卡尔帕乔、乔尔乔内、帕尔马·韦基奥和提香正在忙着给威尼斯的王冠安装最后的宝石。意大利成了文明世界羡慕的对象，正把它的掠夺之手伸向西欧那些正在崛起的君主国。文艺复兴熟透了的果实已经承受了"丰富朽烂的沉重"。

在世纪之交的那个神话般的10年里，文艺复兴差不多结束了，巴洛克艺术已经开始上路。意大利四分五裂，法国和西班牙为争夺对意大利半岛的控制权而开始殊死搏斗。正如米什莱所指出的那样，查理八世的入侵不仅是欧洲历史的一个转折点，"它同样也把意大利暴露给世界各国"。美第奇家族因为

> 1494年，法国国王查理八世宣称自己有权继承那不勒斯王位，率3万军队长驱直入意大利，次年2月进入那不勒斯，5月加冕为那不勒斯国王。

把托斯卡纳拱手让给法兰西国王而遭到放逐，他们的宫殿遭到洗劫。亨利七世正在通过他的吝啬，为伊丽莎白时期英格兰的富裕和伟大奠定基础。威尼斯的实力逐渐衰微，在1509年的阿格纳德洛战役中被路易十二、马克西米连和斐迪南的康布雷联盟彻底击败。已经被夺去了君士坦丁堡，这个亚德里亚海共和国坚持不了多久，就会失去维罗纳、帕多瓦、贝加莫、克雷莫纳和皮亚琴察。从那一刻起，威尼斯不再是一个世界强国了。

正是在这个舞台上，另一位德拉·罗维

拉斐尔：《圣母与圣子》

雷跨过了"黄金时代"的门槛，占据了梵蒂冈的宝座，成为尤利乌斯二世教皇。西蒙兹说他"既是教皇职位的救星，也是意大利的祸根"。从艺术的观点看，他的统治时期见证了人文主义将近两百年准备期的高潮和成果。米开朗基罗和拉斐尔最辉煌的作品，都要归功于他，梵蒂冈大教堂本身也是如此，"它把一种观念具体化了，这一观念象征着从中世纪教会到现代罗马教皇那种半世俗的最高权力的过渡"。

1503 年，也就是尤利乌斯二世继位的那一年，《拉奥孔》被发现埋在一座罗马别墅的葡萄园里。这尊人与毒蛇纠缠在一起痛哭扭动的群雕，深得专业考古学家的喜爱，跟艺术史上任何其他雕塑比起来，大概引来了更多华而不实的废话，以及来自无礼之辈的更多鄙视。但是，不管你的个人趣味如何，不管你是服膺莱辛的学派，还是遵循自己个人的一贯正确感，它依然是艺术批评发展过程中的一个里程碑，在接下来 400 年的时间里，它规划了收藏家和鉴赏家的路径。尤利乌斯二世（他在当选教皇之前就通过购买《观景楼的阿波罗》及其他雕塑而表现出了对古董的兴趣）从一位向别墅业主出价 600 斯库多（约 3000美元）的红衣主教的眼皮底下拿走了《拉奥孔》，把它据为己有。而教皇则以罗马市政府中的一个肥缺回报了那座别墅的拥有者，正如几年之后，《阿里阿德涅》的发现者被免除 4 年的绵羊税和山羊税一样。这种交易成了梵蒂冈收藏赖以增长的经典套路。

当佛罗伦萨人文主义者和收藏家波吉奥在 1440 年探访罗马的时候，考古发现的精神已十分活跃。安科纳的克里亚库斯向**西吉斯蒙德**皇帝解释罗马的古迹，当时他正在意大利、希腊和小亚细亚各地旅行，关注各种碑铭，并绘制素描图，正如他所说的："唤醒死者。"从这些描述中，以及

> 西吉斯蒙德（1368～1437）是卢森堡王朝的神圣罗马帝国皇帝。他是查理四世的儿子，1433 年加冕为神圣罗马帝国皇帝，他同时还是匈牙利和克罗地亚国王及波希米亚国王。

更多地从另一个旅行者、米兰人普洛斯佩蒂诺那些不太出名的诗歌中，完全有可能重新构建出一幅 15 世纪所能看到的古迹的图景。

拆除旧房的人每天要造成巨大损失；戴克里先和卡拉卡拉的浴室在波吉奥的时代依然保存着它们的大理石覆面，教皇们的建筑计划是要清理这座中世纪城市的中央区域，以便给有着宽敞的宫殿和教堂的巨大广场让路。令人遗憾的是，波吉奥的著名作品《罗马城废墟纪闻》（*Ruinarum Urbis Romae Descriptio*）没有插图，不过，1532 年，佛兰德斯艺术家马丁·凡·海姆斯凯克探访过这座城市，保存了一个速写本，里面塞满了当时在公共建筑和教堂的废墟以及一些别墅和私人府邸上依然可以看到的古物的素描图[①]。这些素描对于重现这座基督教首都的面貌极为重要，因为就在 5 年之后，也就是 1527 年，皇帝的大军就洗劫了这座城市。[②]

在最早的收藏当中，有一批收藏必须提及，这就是普罗斯佩罗·科隆纳的收藏，他是波吉奥的朋友，在他位于圣徒广场的

宫殿里可以看到《观景楼的阿波罗》、《美惠三女神》、巨像《赫拉克勒斯》和两尊蛮族武士的雕像。后来，在这个世纪的晚些时候，这些收藏被埃涅阿斯·西尔维乌·比科罗米尼（教皇庇护二世）和朱利亚诺·德拉·罗维雷所瓜分。另一座以古董收藏而闻名的宫殿是拉菲尔·里亚里奥的宫殿，他是西斯笃四世那几个堕落外甥之一。还有另外一些家族也藏有一些著名雕像，如瓦莱家族、马菲家族、马西莫家族、卡法迪奥罗家族、波卡里家族和萨维利家族，随便一数就能举出几十个罗马显赫家族的名字。

到16世纪之交，教皇们的奢侈挥霍，以及强加给罗马居民的不公正税赋，导致了自奥古斯都时代以来从未见过的现象，即艺术品交易。对古董的欣赏，得到了150年自觉人文主义的刺激，创造出了这样一群人，他们不仅渴望重新发现古典的过去，而且渴望其最昂贵象征的耀眼奢华。同样是那些以一掷千金的奢华气派光顾他们那个时代的画家和雕塑家的文艺复兴时期商人，找到了一种新的方式，让他们自己千古不朽，当然，也会把增值的有形资产传递给他们的子孙后代。因此，正是在美第奇家族教皇们的黄金时代，诞生了现代时期的收藏家和艺术品商人。对于后者，我们只有零零碎碎的知识，但在一开始，商人们就是资助人，像拉斐尔这样一些艺术家，或者像"完美朝臣"卡斯蒂里奥内这样一些公使，就已经在这个伟大的世界上享受了崇高的地位。这样一些人将会醉心于像美第奇家族这样一些贪婪无情的银行家与破落贵族之间的外交谈判；他们这一时期的活动局限于最具绅士风度的两面派形式。在这一领域，最积极的是**朱利奥·罗曼诺**，他是法尔内西纳宫里那些精美壁画的绘制者，除了其

> 朱利奥·罗曼诺（1499～1546），文艺复兴晚期画家、建筑师，曾经是拉斐尔最重要的助手。

他重要的交易之外，他还在1520年买下了乔瓦尼·西亚姆波勒里的大批收藏，后来卖给了红衣主教朱利奥·德·美第奇，用于装饰玛达玛庄园。

如果说早期的罗马教皇们照亮了梵蒂冈的获取之路，那么尤里乌斯二世可以被

拉斐尔：《利奥十世肖像》

视为教皇收藏真正的建筑师。他把《观景楼的阿波罗》（那是在他当红衣主教时得到的）放置在梵蒂冈的官廷里，然后逐步增加古董，最后给它带来了如此持久的名声：1502年的《拉奥孔》，第二年的《赫拉克勒斯》和《康茂德像》。1512年，巨大的寓言群雕《台伯河》与《尼罗河》被添加了进来。大约在同一时期，两批最精美的收藏被发现：一是红衣主教格里马尼的收藏，后者把它遗赠给了威尼斯共和国，现藏总督官；另一者是玛达玛庄园的收藏，前面已经提到过，是美第奇家族红衣主教们积攒起来的。

当拉斐尔在1515年被利奥十世任命为古物总监的时候，观景楼的藏品，加上主神殿（西斯笃四世已经在1471年把它建成了一座博物馆）的收藏，是教皇最主要的官方收藏。今天散落于梵蒂冈博物馆和官邸里的大批古董，全都是教皇官邸的考古学家在接连几个世纪里从各种不同的来源劳心费力搜集来的。对这些收藏，利奥十世本人并没有太大贡献，因为，像美第奇家族的大多数成员一样，教皇更感兴趣的是个人的荣耀，而不是公众的福祉。不过，对于考古学，他给予了大力支持，不管是哪里发现了古代遗迹，都会把聚光灯直接对准他本人的光彩。"他的出行，列队欢迎的花销前所未闻——他不加掩饰地醉心于带着他的教皇宝座，穿过古代雕像，凯旋门，赞美维纳斯和雅典娜的短诗，奖杯和方尖塔，圣徒和众神的雕像。"

"既然上帝给了我们教皇这个职位，那就让我们享受它吧！"这是利奥十世对自己统治时期直言不讳的辩解，格雷戈罗维乌斯把他的统治时期称作一次"文化狂欢"。米开朗基罗正在完成西斯廷教堂的绘画（这项工作始于1508年）。拉斐尔正在致力于同样著名的梵蒂冈官邸。欧洲绝大部分天才，不管是在建筑、雕塑还是在绘画方面，都被招募来了，专心致志地打造罗马的教堂和官殿。新的圣彼得教堂正从脚手架中露出真容，圣城不再保持它中世纪的甜美温柔；罗马再一次成为世界的首都。①

一种新近发展出来的对权力的贪欲，其所要求一切享乐和过度，都属于这样一座都城。利奥十世把自己的时间分别花在了政治事务和狂欢上。关于舞会、假面舞会和盛大游行的记述，超出了任何人的想象，就连柯尔贝尔那样丰富的想象力，后来为路易十四在凡尔赛官的娱乐活动所能想出的花样都无法与之相比。罗马平原上的狩猎和猎鹰聚会，在马格利亚纳的卢加拉斯行宫举行的晚餐会，上演生动再现希腊和罗马神话的童话剧的凯旋仪式，是当时的规定程序。就连教皇随从的可爱情妇们（她们面容姣好，就像给她们增光添彩的配乐六步格诗歌一样精雕细琢）也作为浮雕宝石出现在纯异教的黄金背景上。除了在建筑师或艺术家的线条上，除了在乐师或文人的精细微妙上，别的方面根本不存在任何限制。

马丁·路德得知基督教首都的情形，从维滕贝格写信给教皇：

艺术收藏的历史
A History of Art Collecting

我必须承认,我对罗马教廷深恶痛绝,无论是您,还是任何人,都无法否认,它比索多玛或巴比伦更加堕落;据我所能得到的最确切的信息,它已经沦入最可悲、最臭名昭著的不虔诚中。事实上,有一点就像白昼的日光一样清楚:罗马教会,从前最神圣的教会,如今成了窃贼的淫窝,成了不知羞耻的妓院,成了一个罪孽之国、死亡之国和地狱之国,它的邪恶就连基督之敌也不敢想象。

另一位新教领袖,后来的伦敦主教曼德尔·克莱顿博士,隔着4个世纪的距离回望那段日子,也没有宽恕利奥十世的骄奢无度,他对这位教皇表达了一个更冷静的看法。谈到此人的个人魅力——结合了他的父亲、伟大的洛伦佐的优秀品质,以及他那位出身奥尔西尼家族的母亲更加软弱的犹豫不决的倾向——克莱顿让我们看到,利奥十世始终有出自真心的微笑和温和友好的评论,行为举止中透着庄严高贵,无疑是一个天生的统治者:

就某一点而言,利奥极其成功;他在一段很短的时间里把罗马转变成了意大利的首都,他的名声主要是建立在这一成就的基础之上。在他担任教皇之前,艺术和文学在罗马是舶来品;在他治下,这些都适应了罗马的水土。尤里乌斯二世是文学和艺术劳工的一个严厉的雇主;而利奥十世是一个富有同情心的朋友,给他们提供了舒适宜人的环境。利奥作为一个渴望享受生活的人,以及做为一个政治家,像英格兰的查理二世一样,他认识到了,在亲切、懒散、好脾气的外表之下,从戴面具的政治活动中所能获得的好处。[①]

利奥是个出手大方的收藏家——也是一个有品味的人,能够在瞬间做出决定,他总是乐意为一件藏品支付卖家要求的价钱,即使夜不成眠也要想出获取的办法和手段。教皇良好的幽默感是传染性的;平民百姓分享了他的风趣和名副其实的玩笑,比如在主神殿给平庸诗人巴拉布拉戴上桂冠,无论走到哪里都让他耀武扬威地骑着教皇的大象汉诺。这头大象是葡萄牙国王曼努埃尔送的,是基督教时代罗马所见过的第一头大象,它不仅成了教皇的一个乐子,而且还成了人民的吉祥物,是公开游行中的特色项目,公众猜想它价值7万达克特。冷静的路德派教徒乌尔里希·冯·修顿曾经一本正经地报道了教皇对于汉诺的最终死去所感受到的悲痛:

你们全都听说过教皇有一头大牲畜,被称做大象,教皇十分尊敬它,也非常爱它。因此,你们应该知道,这头牲畜如今死掉了。当它生病的时候,教皇心中充满了悲痛。他召来很多医生,他说:"只要有可能,就一定要治好我的大象。"于是,他们全都拿出看家本领,使出了浑身解数。他们检查了大象的尿,让它服用了大量的泻剂,重达500盎司,但并没有产生任何效果。它就这样死掉了,教皇大为悲痛。他们说,教皇愿意拿出5000达克特,给任何一个能治好大象的人,因为它是一头引人注目的畜生,有着巨大的鼻子。当它走到教皇面前的时候,它总是跪下来,声音洪亮地吹着喇叭:"叭,叭,叭"。

教皇命令拉斐尔给汉诺画一幅肖像,放在它的陵墓上,并刻下这样一段墓志铭:

> 我,大象,被葬在这个巨大土丘的下面。曼努埃尔国王,东方的征服者,把我这个俘虏送给了利奥十世。我是一头长期以来这里不曾见过的动物,城里的年轻人都夸奖我,因为在畜牲的身体里,我有着人的智慧。我的家在美丽的拉齐奥,命运女神妒忌我,不让我伺候我的主人更长时间,只允许3年。因此,噢,上帝啊,就把命运之神从我这里夺去的那段时间添加给伟大的利奥吧——大象享年7岁,死于心绞痛,身高12掌。这块纪念碑于1516年6月18日由阿奎拉的乔瓦尼·巴蒂斯塔立于此地,他是教皇的侍从,是这头大象的首席饲养员。大自然拿走的东西,拉斐尔用他的艺术给恢复了。①

而且,仿佛这头大象的笑话还不够,彼得罗·阿雷蒂诺——当时是基吉家谦卑的仆人,后来成了"王爷们的祸根"——利用这个机会,吸引了教皇的关注,他出版了一本《大象的遗愿和遗嘱》(Last Will and Testament of the Elephant),在这份粗俗下流的文献中,这头大象把自己遗体的几部分(各有一个十分恰当的侮辱性词汇,勾起人们的回忆)遗赠给了罗马教廷枢机主教团的不同成员。

罗马的财富已经十分巨大。西欧没有一个王公贵族敢自吹有教皇宫廷及操控教廷的银行家和商人那样的奢侈挥霍。"教皇的岁入总数在50万至60万达克特之间。仅教皇宫邸,尤里乌斯用了4.8万达克特来维持,如今是这个数字的两倍。总共,利奥十世花了大约450万达克特。在他意外去世之后,他的债主们面对的是财政崩溃。有讽刺文章声称,利奥吃光了三任教皇:尤里乌斯二世留下的财富,他自己统治时期的收入,以及他的继任者的收入。"锡耶纳银行家阿戈斯蒂诺·基吉1485年来到罗马,积累了巨额的财富,是新兴资本主义社会的典型,这一新兴社会正逐步

> 阿戈斯蒂诺·基吉(1465~1520),文艺复兴时期锡耶纳一个富有家族的成员。他在罗马开有一家银行,曾帮助若干教皇举办工程筹措资金。他还拥有托尔法的明矾开采权。

取代古老的罗马家族,而在博尔吉亚教皇亚历山大六世治下,他们要么倾家荡产,要么被迫流亡。起初,基吉是作为孔特拉达区——文艺复兴鼎盛时期的华尔街——的一个放债人起家,20年后,他在尤里乌斯二世治下成了教皇的司库和非正式的国务卿。在他的私人业务中,他雇佣了2万人,拥有一支由100艘商船组成的船队,在意大利各地都有分支银行。他的仓库分散在世界各地,从君士坦丁堡到里昂,从亚历山大城到伦敦,让美第奇家族半个世纪前在外国城市建立的商行黯然失色。他管理着

天主教会的财政,经营着教皇的铸币厂,把持着托尔法明矾矿的垄断权。亚历山大六世给了他独家向教皇政府供应粮食的权利。仅来自地租的收入就超过 7 万达克特,从另外的来源究竟能得到多少收入很难估计,不过,一个有把握的猜测可能是一年不下于 200 万美元。

巴达萨尔·佩鲁齐为这个文艺复兴的瑰宝——商人之王——设计了法尔内西纳宫作为背景。基吉的收藏让整个欧洲艳羡不已;在一个保护人很难犯错的时代,他是生者的保护人。他还是彻底发掘古典文物的保险商,其中有些文物被发现埋在他家别墅的花园里。他的珠宝,他的家具,以及他的艺术品,全都像拉斐尔绘制的壁画一样是高品质的。伽拉忒亚以及丘比特和普赛克的故事,由于基吉把画家心爱的《福斯蒂娜》"长期"放置在他身边而变得有血有肉,在这样的诱惑下,拉斐尔创作出了他的一些最精美、最饱满的杰作。在为了向教皇致敬而举行的一次宴会上,每当一道菜吃完之后,仆人就会把金质餐具撤走,拿到窗前,把杯盘碗碟扔进台伯河里。不幸的是,第二天早晨,当利奥从河边经过的时候,他看到几个渔夫正在那里找回这些餐具,其实,他们早在河里布好了渔网。

但是,新教改革的乌云早就在北方发出隆隆声。利奥十世在 1523 年的突然去世让查理五世皇帝得到了他一直在寻求的机会,于是,他操纵选举,把自己的家庭教师、乌得勒支的阿德里安推上了教皇的宝座。假如这位狂暴的禁欲主义者再多活几个月,究竟会发生什么事情还真不好说。大概,教会会加速自身的改革,新教叛乱得以避免。但是,随着教皇职位在一年之内再一次出现空缺,美第奇利益集团得以能够集结他们的力量,再一次让家族的一位成员掌权。尽管红衣主教朱利奥——他采用了克莱门特七世这个名号——一直是利奥十世手下一位能干的国务大臣,但他把收藏艺术品当成了自己的主要工作。他奠定了托斯卡纳大公将会仿效的那种模式。

尽管作为一个收藏家非常杰出,然而,克莱门特七世作为一个教皇却被证明是灾难性的。当政治的地平线变得越来越暗的时候,他早年的政治机敏被证明是造成他毁灭的原因。1527 年,崩溃开始了。西蒙兹说:"通过一连串的条约、背叛和推诿,克

皮翁博:《克莱门特七世肖像》

莱门特七世让自己失去了每一个朋友,激怒了每一个敌人。意大利已经被战争消耗得山穷水尽,人们已经习惯了漫无目标的革命所带来的无政府状态,习惯了陌生的骑兵踏上意大利的海岸,以至于一支由路德教徒组成的大军直扑意大利而来的消息,几乎也没能唤醒他们的漠不关心,这支军队是抱着洗劫罗马的明确目的而发动了这场战争,给他们提供增援的,是西班牙暴徒,以及各个国家的社会渣滓。那支所谓的弗兰兹堡大军(因为劫掠的希望而临时凑到一起的一伙强盗)轻而易举地兵临罗马城下。"①在9个月的时间里,罗马城被丢给了这个3万人的土匪团伙,而教皇则沦为阶下囚,被监禁在圣天使城堡。

> 罗马之劫发生在1527年5月6日。当时,神圣罗马帝国皇帝查理五世属下的军队由于得不到应得的军饷而发生哗变,他们攻打并劫掠了罗马城。

本韦努托·切利尼在他的《自传》(Autobiography)中为我们描绘了围攻期间的生动图景。如果我们相信他的吹牛的话,那么他不仅用自己的步枪杀死了波旁家族的康斯特布尔,而且还单枪匹马负责了罗马城的防御。他写道:

> 我将跳过中间的一些情况,跟你们讲讲克莱门特教皇(他很想保住教皇的三重冕以及宫里收藏的大量珠宝)如何把我叫去然后锁上门,房里除他之外,只有我和一位骑士。这位骑士原本是菲利普·斯特罗齐的马厩里的马夫,是个出身卑微的法国人,但他是个忠心耿耿的仆人,教皇让他变得非常富有,对他推心置腹,不分你我。就这样,教皇、那位骑士和我被关在了一起,他们把象征王权的冠冕和珠宝放在我的面前,教皇陛下命令我把所有珠宝从它们的黄金底座上取下来。我照此做了,在我把它们分别用纸包好之后,我把它们缝进了教皇和那位骑士的衣服的衬里中。然后,他们把所有的黄金都给了我,重约200磅,吩咐我尽可能秘密地把它们融化。我回到天使旅馆(我在那里寄宿),锁上房门,以避免被人打扰。我在那里建造了一个砖砌的小通风炉,在炉子的底部,有一口相当大的锅,形状就像一个敞口盘;我把黄金扔在煤块上,它们逐渐往下沉没,滴落到盘子里。在炉子工作的时候,我从未停止留意如何骚扰我们的敌人;他们的战壕距离我们的正下方不超过扔一块石头的距离,我能够用一些无用的抛掷物给他们造成不小的损伤,我们这里有好几堆这样的东西,它们构成了古老的城堡军火。我选择了一门回旋炮和一门轻炮,二者的炮口都略有损坏,给它们装上了我前面提到的那些抛射物。当我把这两门炮点着的时候,炮弹呼啸而出,在敌人的战壕里造成了各种意想不到的伤害。因此,在黄金被融化的同时,我让这两门炮始终没闲着。在晚祷之前,我注意到有一个人骑在骡背上正沿着战壕的边缘走来。那头骡子飞快地一路小跑,那个人正在对战壕里的士兵说话。我采取了预防

措施,刚好在他走到我正对面之前装好了我的大炮,就这样作了精确的计算之后,我打中了目标。一块碎片打中了他的脸,其余的散落在那头骡子身上,骡子当时倒毙,战壕里响起一阵巨大的吵闹声。我用另一门炮再次开火,给他们造成了很大的伤害。那人原来是奥伦治亲王,他被人抬进了战壕,抬到了附近一家小旅馆里,不一会儿,军队的所有首领都一起去了那儿。

当克莱门特教皇听说了我做的事情之后,便立即派人来叫我,询问当时的情况。我讲述了事情的整个经过,并补充道,他被抬进的那家小旅馆里立即挤满了所有军队首领,至少就我的判断而言是这样。教皇以他灵敏的直觉,派人叫来安东尼奥·桑塔克罗切,我前面已经说过,此人是个贵族,是炮兵的首领和指挥官。教皇吩咐他命令我们所有的炮兵集中火力对准那幢房子,听到火绳钩枪的信号便一起开火。他判断,如果我们打死了这些将领,这支已经濒临瓦解的部队就会望风而逃。上帝大概听到了他们连续不断的祈祷,打算以这种方式让他们摆脱这些渎神的恶棍。

我们的大炮已经根据桑塔克罗切的命令准备就绪,万事俱备,只等信号。但是,当红衣主教奥尔西尼知道了即将要发生的事情之后,他便开始劝诫教皇,声称这样的事情决不应该发生,因为他们即将达成和解,如果将领们被杀,群龙无首的乌合之众肯定会猛攻城堡,

导致他们彻底毁灭。因此他们绝不让教皇的计划实现。可怜的教皇,眼睁睁地看着自己在城堡内外都遭人暗算,他说,就听他们的安排吧。据此,命令被撤销了。但我对这种约束感到恼火,当我知道他们正要命令我停止开火的时候,我点着了我的一门炮,打中了那幢房子院子里的一个柱子,因为我看到一群人正聚集在那根柱子周围。这次开火给敌人造成了很大的伤害,以至于他们准备撤离那幢房子。奥尔西尼红衣主教绝对想吊死或处死我,但教皇支持我。他们之间说了一些过激的话,尽管我知道他们说了什么,但我不会在这里讲,因为书写历史并不是我的本行。对我来说,专注于我自己的事就足够了。①

但是,这位佛罗伦萨著名金匠的大话并没有吓阻佛兰德斯、德意志和西班牙的军队,几个月以来,他们只得到了许诺,没有得到军饷,一直处在公开哗变的边缘。

当夜幕降临,那些守卫西斯廷大桥的大腹便便的家伙突然惊慌失措,军队潮水般地从特拉斯提弗列涌入罗马城。然后,你听到了高声喊叫。大门被撞倒在地,人人四散奔逃,人人东躲西藏,人人哭天抢地。很快,鲜血湿透了地面,到处都有人被杀,被严刑拷打者发出尖叫声,俘虏恳求饶命,女人披头散发,老人浑身颤抖,整个城市被翻了个底朝天。那些一击之下便立时送命的人是幸运的,那些在剧痛中能够找到人帮忙结束

自己生命的人也是幸运的。但谁能讲述这样一个夜晚的悲痛？修士、修女、牧师及其余的人，不管是全副武装，还是手无寸铁，全都藏进了坟墓里，死人多于活人，地上每个洞穴和缝隙，每座钟塔，每间酒窖，每一个隐秘的地方，都塞满了形形色色的人。体面之人遭到嘲弄，衣服被人扯掉，袒胸露背，被人推倒在地，被人吐唾沫。无论是教堂、医院，还是私宅，都没有得到应有的尊重。他们甚至进入了那些从来不允许男人进入的圣所，不怀好意地追逐女人，把她们赶进从前禁止她们踏足的地方。眼睁睁地看着大火吞噬镀金凉廊和彩绘宫殿，着实令人痛心。听到丈夫（他们自己的伤口还在流血）为死去的妻子放声恸哭，让你心如刀绞，那种撕心裂肺的声音，就连罗马大剧场（不过是一堆冷冰冰的大理石）也要为之落泪。①

克莱门特被迫投降。在短短几周的时间里，这座美第奇家族的城市被摧毁了。整个基督教世界——无论是天主教还是新教——都在颤抖，震惊于耶和华给文艺复兴时期的索多玛和蛾摩拉降下的灾祸。罗马城的艺术品风流云散，或者被摧毁，艺术家们流离失所，不得不去寻求威尼斯和曼图亚的保护。

据格雷戈罗维乌斯估计，这次洗劫所造成的损失高达150万英镑。13000幢房子被烧或被毁，3万居民死于刀剑、大火、疾病、饥饿或瘟疫。"当野蛮人饱饮了鲜血，满足了色欲，吞够了黄金，大批地死于瘟疫，而最终撤走的时候，罗马总算抬起了头来，发现自己成了一个寡妇。她再也没有从这次洗劫所带来的耻辱和痛苦中恢复过来，再也没有重新成为那个快活、淫荡、可爱的文学之都——利奥时代那个欢快的、镀金的罗马。"克莱门特就这样使教皇的黄金时代走向了终结，同时也给美第奇家族年长

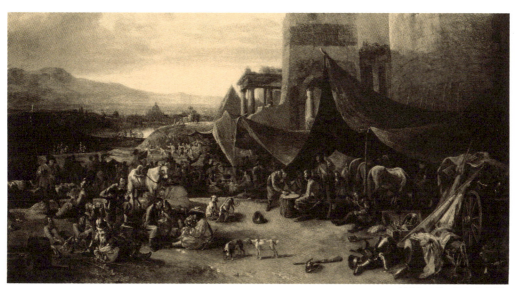

林格尔巴赫：《罗马的洗劫》

的那个分支拉下了帷幕。他自己在玛达玛庄园的收藏，要么在这场洗劫中被毁，要么被卖掉了，后来被美第奇家族红衣主教的另一个年幼的世系重新购回。

1534年，亚历山德罗·法尔内塞当选为教皇，他是104年来第一个坐上教皇宝座的罗马人，这是一件值得高兴的大事。罗马大洗劫的那些黑暗日子已经结束，痛苦的符咒已经被扯碎。罗道夫·兰奇安尼指出，保罗三世统治的15年标志着罗马城历史上最幸福的时期。不过，这段时期对于艺术史、尤其是对于收藏史之所以如此重要，很大程度上要归功于教皇本人精力充沛的个性。他在25岁那年被任命为红衣主教，并开始从事考古学研究，很快就脱离了业余爱好者的阶层，使自己成为所有专业人士妒忌的对象。

亚历山大六世为了回报他的某些支持，授权他可以使用城墙外圣洛伦佐教堂附近的一切废墟、建筑和要塞，用作法尔内塞宫的建筑材料。这些废墟和建筑残骸，其始建的日期从8世纪到12世纪，它们被仓促地堆到了一起，临时凑成抵挡撒拉逊人和条顿入侵者的堡垒。为了加固这些围墙，各种各样的大理石被扔了进来，仅在一堵墙中，年轻的红衣主教便找到了20尊罗马皇帝的头像。这些便是著名的法尔内塞博物馆的核心藏品；打这以后，亚历山德罗·法尔内塞便表现出对发掘的狂热爱好。他从教皇那里获得了进一步的权利，可以得到他能够在一个晚上的时间内用大车拉走的所有古代材料。他仔细周详地制订了自己的计划，测量了城里的不同场地，红衣主教征募了700辆牛车，因此他一举获得了修建他的官殿所需要的材料。发掘工作在罗马城和罗马平原的每一个角落进行。奎琳岗上科隆纳花园里的太阳神殿彻底给毁了，尼普顿神殿和石头广场的亚尔古英雄柱廊也是如此。

作为教皇保罗三世，他继续对发掘罗马古物有着狂热的兴趣。从凯撒的花园，以及从戴克里先和卡拉卡拉的浴室，发掘出了今天那不勒斯博物馆的几件主要藏品。利戈里奥说："艺术杰作的数量远远超出人们的想象。"所有这些藏品，教皇都留给了他的孙子、另一位红衣主教亚历山德罗·法尔内塞。在劫掠古代废墟的过程中，保罗三世很留意改善他所发掘的场地，其活动的规模，可以从他的公共工程专员为查理五世皇帝1536年4月1日凯旋进入罗马城所作的准备工作中看出。在不到15个礼拜的时间里，总成本5万达克特，修建了一条3英里长的专用公路，开阔、平坦，铺砌了路面，装饰着凯旋门；200幢房子和4座教堂被拆除。卡拉卡拉浴室、七节楼、圆形大剧场、凯撒的官殿都清除了周围的现代建筑；圣科斯马与圣达米安教堂，马克森提乌斯的儿子罗穆卢斯的陵墓，福斯蒂娜的神庙，塞普蒂米乌斯·塞维鲁的凯旋门，图拉真的广场和立柱，全都充分展现在人们的面前。简言之，位于圣马可广场与圆形大剧场之间的所有罗马遗址都被保罗三世打开了，并在很大程度上一直保持着当时的样子，跟我们当中的一些人在墨索里尼记起它之前就了解到的状况并无不同。通过这条大路，查理五世皇帝在人们的簇拥下，从亚壁古道出发，然后经过人民路，最后达到圣彼得大教堂。这次盛大游行是查理五世一生中最辉煌的胜利，也标志着文艺复兴在罗马的终结。①

法尔内塞的收藏传给了教皇的孙子，他在一份签署日期为1587年的遗嘱中把它们留给了罗马城：

> 我在此郑重立下遗嘱：我所有的青铜或大理石雕像，我的图书馆，以及由乔维奥·克洛维装饰的圣玛利亚储藏室，都将得到保护，并永远留在罗马城，留在法尔内塞宫，我的后嗣和继承人当中，任何人都不得出售或转让，不得把我的收藏中现有的任何一件艺术品或古玩转移到其他地方，亦不得抵押。

可是，尽管有了这份遗嘱，但他的收藏还是很快就离开了罗马城。教皇的侄子奥塔维亚诺·法尔内塞结婚了，新娘是皇帝的女儿、奥地利公主玛格丽特（后来的帕尔玛公爵夫人），这门婚事使得教皇的收藏向诉讼和诱惑敞开了大门。一个波旁王室的人在18世纪通过帕尔玛家族提出了权利主张，而教皇庇护六世为了不冒犯新近建立的波旁王朝，在1787年下令把这些收藏转移到了那不勒斯。

16世纪后半叶见证了自奥古斯都时代以来最大散佚的开始。阿尔德罗瓦迪在1550年列出了大约一百宗私人收藏，在规模上与法尔内塞和美第奇的收藏或红衣主教伊波利托·德·埃斯特的收藏大致相当，在品质上稍次一些。在等级上仅次于这些收藏的，大概要算是卡比的收藏和切西的收藏，不过，这些收藏像其他收藏一样，在一个世纪之后被博盖塞家族、路德维希家族、巴贝里尼家族和朱斯蒂阿尼家族给吞掉了。保罗三世的继任者尤里乌斯三世教皇只对他在人民路的朱利亚庄园感兴趣，如今那里塞满了令人惊叹的伊特鲁里亚人的雕像。观景楼的《博斯凯托》反过来用庇护四世从这座庄园里偷来的藏品来装饰，他还在1550至1565年间实施了一些激动人心的购买。但伟大的时期已经结束。文艺

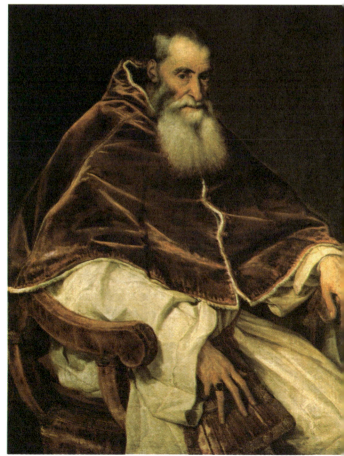

提香：《保罗三世肖像》

复兴已经筋疲力尽。在接下来 200 年的时间里,除了佛罗伦萨晚期美第奇家族的收藏成果颇丰以外,收藏的故事开始转到西欧正在兴起的君主国。

○ 注释

① 在本书中,为了简洁起见,而省略掉讨论米兰的维斯康蒂家族和斯福尔扎家族的收藏或那不勒斯国王们的收藏,看来是明智的做法。模式是佛罗伦萨的美第奇家族定下的,成就则完全类似于曼图亚、乌尔比诺或费拉拉的宫廷收藏。布克哈特的《意大利文艺复兴时期的文明》中论述那不勒斯和米兰的那几章足够详尽地展示了这些宫廷的图景。
② 关于教皇的收藏,最重要的研究可以在尤金·蒙兹的《教皇宫廷里的艺术》(Les arts à la cour des Papes,巴黎,1878) 中找到。
③ 参见卡尔·伯恩哈德·斯塔克:《考古学的体系和艺术史》(Systematik und Geschichte der Archäologie der Kunst),莱比锡,1880。
④ 雷切尔·安南德·泰勒:前引书,第 206、213～214 页。
⑤ 西蒙兹:前引书,第 413 页。
⑥ 根据赫姆斯科克的素描,德国作家保罗·古斯塔夫·霍伯纳详尽地研究了收藏本身,在文献允许的范围内分开了罗马各大家族的收藏,以及教会王公的私人收藏。后者特别青睐于更没有名气的作品,因此明显更具学术性,对众神在奥林匹亚山上消遣娱乐时刻的描绘,让我们看到了那个时代人文主义的另一面,并因此为我们自己这个时代的运动肖像奠定了基础。参见斯帕克的《艺术考古学手册》(Handbuch der Archäologie der Kunst,1880) 和霍伯纳的《罗马的雕像》(Le Statue di Roma,1912)
⑦ 利奥波德·冯·兰克:《教皇的历史》(The History of the Popes,1908)。兰克讲到,被派到罗马向教皇阿德里安六世奉献忠诚的威尼斯大使在一份给本国政府的报告中描述了新近发现的古物。在热情洋溢地描述了《拉奥孔》之后,他们评论道:"弗朗索瓦一世国王在博洛尼亚遇到教皇的时候,向他请求这件高贵的作品作为礼物;但教皇陛下不同意夺走他在观景楼的原作,只答应为国王制作一个复制品。他们告诉我们,伙计们已经完成了这件作品,可是,就算大师活上 500 年,再在他的复制品上苦干 100 年,也决不会达到原作的那种完美。"
⑧ 《天主教百科全书》(The Catholic Encyclopedia) 声称:"利奥十世保持了他家族的习惯,过着业余爱好文学和艺术的生活尽管他的生活方式完全是世俗的,但在红衣主教当中,他最擅长于庄严礼节和无可指责的行为举止。"这个条目引用阿尔弗雷德·冯·罗伊蒙特的话说(参见《罗马的历史》[Geschichte der Stadt Rom]第二部分,1870 年):"利奥十世在很大程度上因为下面这个事实而受到责备:对于教皇的诚实和优点,就其道德的和使人新生的力量而言,就其良好的意图而言,人们的信任降到如此之低的程度,以至于人们完全可以宣称,古老的、真正的教会精神已经灭绝了。"
⑨ 曼德尔·克莱顿:《教皇的历史》(A History of Papacy,1903) 第四卷,第 193 页。
⑩ 托马斯·卡尔德科特·查布:《阿雷蒂诺:王爷们的祸根》(Aretino: The Scourge of Princes,1940),第 48～53 页。
⑪ 西蒙兹:前引书,第 443～444 页。
⑫ 本韦努托·切利尼:《自传》第一卷,第 179 页。
⑬ 这篇记述基于塞巴斯蒂亚诺·德尔·皮翁博写给阿雷蒂诺的一封信,是借阿雷蒂诺的《对话录》(Ragionamenti) 中那位快乐的修女之口说出的,可以说是最早的战地通讯之一。转引自查布:前引书,第 190 页。
⑭ 罗道夫·兰奇安尼给出了更详尽的记述,参见《罗马文艺复兴的黄金时代》(The Golden Days of the Renaissance in Rome,1906)。

4. 美第奇家族的金色落日

如果说，美第奇家族年长的那一支在佛罗伦萨创造了艺术的文艺复兴，那么，正是美第奇家族年幼的分支，收获了这次文艺复兴的成果。因为在1494年空位期之后的两个世纪里，亚诺河畔的画廊和宫殿都接受了这个家族来自罗马和佛罗伦萨不同分支的收藏。冷漠沉静、不苟言笑的托斯卡纳公爵们将成为西欧——事实上是全世界——收藏家的典范。

然而，美第奇家族的落日并不缺少光彩。如果说年长的分支作为银行家、人文主义者和商人成就卓著，那么，托斯卡纳大公们则作为外交家和联姻中间人而名垂史册。到1610年，在乔瓦尼·迪比奇之后的11代人之内，欧洲4个主要君主国——法国、西班牙、英格兰和德意志——的王座上都有美第奇家族的人南面称王。

在私生子亚历山德罗1537年去世之后，美第奇家族年长的分支便没有男性继承人。凯瑟琳·德·美第奇是最后一位直系后裔，成了法国王太子的夫人。乔瓦尼·德勒·班德·尼里的儿子科西莫声称，他出身于美第奇家族的两个分支，因为他母亲是伟大的洛伦佐的孙女，他因此被48人委员会推选为公爵，继而成为托斯卡纳大公，他着手实施他的计划：扩大美第奇家族的权力和影响力。通过迎娶西班牙那不勒斯总督的女儿、欧洲最富有的女人之一、托莱多的埃利奥诺拉，科西莫发现，他如今有能力纵情沉湎于自己的个人兴趣，继续第一位科西莫的艺术追求。

拉尔加大街上的美第奇宫尽管被利奥十世还给了美第奇家族，但看上去显得根本无法防御，与此同时，他正在等待皮蒂宫的扩建和改造，科西莫一世搬到了防守更坚固、更有权威的韦奇奥宫。在瓦萨里和布隆齐诺的帮助下，他决心积攒起一批比祖上更出色的收藏。美第奇家族收藏所遭受的劫掠（先是发生在1494年，后在1527年再次发生），使得年长分支多年积攒的财宝风流云散，大多数没有被毁的藏品都散落各处。一些珍贵的绘画，曾经是美第奇家族的财产，如今却流入了法国和德国。"可是"，科内尔·杨声称："这些艺术珍宝的某些部分依然在佛罗伦萨，散落于不同的家族，或藏在别的什么地方。科西莫曾努力搜寻这些东西，把他所能找到的尽量买回来，用于装饰他的新宫殿，包括家族先人的肖像，几件雕像和半身像，以及诸如花瓶这样的艺术品，它们曾经属于伟大的

艺术收藏的历史
A History of Art Collecting

布隆齐诺：《科西莫一世肖像》

洛伦佐。"布隆齐诺得到委托,根据大徽章、壁画或其他文献来源,给乔瓦尼·迪比奇以降的美第奇家族的先人绘制肖像。

科西莫对古董的热情同样强烈,他实施了阿雷佐和丘西的大规模发掘,为的是追踪伊特鲁里亚人的艺术,与此同时,他还买下了他所遇到的每一件跟古典文物或埃及古迹有关的东西。今天的佛罗伦萨伊特鲁里亚博物馆(现有的最好博物馆)和埃及博物馆在很大程度上要归功于科西莫一世。除了别的东西之外,他发现的杰出艺术品还包括1541年在阿雷佐找到的雕像《密涅瓦》,以及3年后在同一个地方找到的雕像《吐火兽》,以及出自特拉西美诺湖的《演说家》。

科西莫创办的挂毯工厂也是他对艺术的主要贡献之一。通过支付高得出奇的薪水,他得以引进两个佛兰德斯人:尼古拉斯·卡彻和扬·范·德·鲁斯特。他们的年薪是600斯库多(1.2万美元),还有免费的住处,并允许他们在管理工厂的本职工作之外接受私人委托。作为回报,他们必须把自己的秘技传授给固定数量的佛罗伦萨人,并保持手头始终有24件挂毯作为样品。这家工厂在水平和声望上不断增长,直至1743年,巴拉丁王妃、女大公安娜·玛丽亚·卢多维卡去世。[1]

科西莫一世所开始的工作被他的子孙后代发扬光大。宫殿被频繁扩建,给皮蒂宫添加了侧翼,著名的拱廊也完工了,横跨于亚诺河上,把两座宫殿连在一起。这条通道据说是模仿荷马所描述的类似通道,那条通道把赫克托耳的宫殿与普里阿摩斯的宫殿连在一起。波波里花园也是一个吸引眼球的目标。但它们最大的吸引力在于其收藏的构成和系统化。弗朗切斯科一世实际上已经开始把乌菲齐宫建造和布置为一座美术馆。在这一时期之前,它容纳了政府部门的办公室,科西莫把上面几层用做那些正在给他装修宫殿的手艺人的工作间。

1587年,科西莫与埃利奥诺拉的第四个儿子斐迪南继承了他哥哥的位置。斐迪南凶狠、傲慢而独立,在枢机主教团里度过了13年,尽管从未担任过任何圣职。不过,就在客居罗马的那段时期,他见识过了尤里乌斯二世、利奥十世、克莱门特七世和保罗三世积累起来的大部分收藏,这些藏品被他们的继任者散落各处,疏于管理,斐迪南买回了他能够染指的每一件藏品。

他在平乔山建造了可爱的美第奇别墅（后来的法兰西学院），他在那里收藏了巨量的最珍贵的希腊和罗马雕塑作品，其中包括在蒂沃利的哈德良庄园找到的令人销魂的

《美第奇的维纳斯》

《美第奇的维纳斯》，1583年在圣保罗门发现的群雕《尼俄伯和她的孩子们》，还有《跳舞的农牧神》、《磨刀人》、《阿波里诺》，以及很多其他古董，罗马皇帝的雕像和半身像，它们如今装饰着佛罗伦萨一些博物馆的楼梯。科内尔·杨指出，就这样，斐迪南"在成为大公爵之前，自掏腰包买下了佛罗伦萨现有的6件最好的希腊艺术品；不包括《观景楼的阿波罗》、《拉奥孔》和《赫拉克勒斯》，这些在当时被认为是最好的"。

作为托斯卡纳的统治者，斐迪南在艺术界的活跃程度丝毫不亚于他在罗马。他把他在罗马的大部分藏品运到了他在乌菲齐宫为它们准备的房间里，并委托布翁塔伦蒂建造另外的房间，包括著名的特里布纳。他继续搜集散落各地的祖先们的财宝，这些东西慢慢地从佛罗伦萨一些家庭的阁楼和地窖里出现，它们是在1494年洛伦佐宫遭到洗劫后流落到这些地方的。

科西莫二世（统治时期从1609至1620年）之所以被人们铭记，更多地是因为他对科学的兴趣以及他对伽利略的保护，而不是因为他对艺术的资助。然而，他的地位的尊贵，需要上流社会的认可，在他治下，宫殿在规模上（即便不是在水准上）有所发展。在这个家族中，他最不适合成为一个银行家，他撤出了家族的生意，这些生意曾把家族的财富带到了如此惊人的高度。在美第奇家族占据欧洲主要王座的那段时期，科西莫二世觉得有必要关闭家族银行在外国首都的分支机构，以抹去这个资产阶级王朝的成员经商11代所留下的耻辱标记。

正是在他的长子、1620年继位的斐迪南二世统治的50年里，美第奇家族作为收藏家的故事终告圆满。我们已经看到，大公爵弗朗切斯科一世和斐迪南一世已经开始把家族的一些绘画存放在乌菲齐宫上层的房间里；"可是"，科内尔·杨指出，"到那时为止，那里尚没有任何东西使之可以被称做一座正规的画廊。然而，在斐迪南二世统治的晚期，根据红衣主教利奥波德的

建议，他和他的兄弟乔瓦尼·卡罗——除了大量的其他艺术品之外，他们各自都有数量庞大的绘画收藏（这还不包括作为家族普通财产的那些绘画作品）——拿出了他们的全部收藏，在大公爵宫组成了一座画廊，而那些属于利奥波德的绘画则组成了乌菲齐画廊。"② 与此同时，斐迪南——他在1640年为了接收这些藏品而扩建了宫殿——不仅增加了他作为家族首领继承来的绘画收藏，而且还有乌尔比诺公爵们积攒起来的非同寻常的财宝，这些是他妻子维多利亚·德拉·罗维雷带来的。

尽管美第奇家族的这一代弟兄们并不是他们的祖先在15和16世纪那种意义上的人文主义者，但我们不能忽视了他们对文化史的贡献。他们的侄孙女安娜·玛丽亚·卢多维卡将使这些画廊成为公共性质的，从而形成了一个模式，欧洲所有王公贵族的画廊都将仿照这一模式。在法国、西班牙和英格兰，艺术已经被要求服务于君主统治的政治意识形态。我们在艺术史这门学科中所知道的一切，几乎都是在美第奇家族的宫殿里养育出来的。

斐迪南拥有"那个时代最有文化的统治者"的名声。他很可能是这样。不过，如果说他的兄弟们有什么东西比他更胜一筹的话，那就是在天赋才能和知识好奇心上。红衣主教乔瓦尼·卡罗是他的财政大臣，他被英诺森十世教皇任命为红衣主教，许多年来一直定居罗马，是瑞典女王克里斯蒂娜的指导老师，当时，克里斯蒂娜这个"好奇的狂热分子"皈依了罗马天主教，我们将在另外一章中再次遇到她。红衣主教利奥波德是三兄弟当中的政治天才，充当了非正式的国务大臣。不过，正是在对科学、文学和艺术的促进上，他们找到了他们真正关注的目标。早在伦敦皇家学会或法兰西科学院建立的十年之前，他们就建立了宫廷哲学会，接纳了当时最能干的科学和文学人才。这家机构在1657年让位于实验科学院，这是欧洲第一家从事自然科学实验的学会，它采用了这样一个基本法则："它将不采纳任何特定的哲学学派或科学体系，它将通过纯粹的实验事实之光确保它的研究特性。"这个学会对所有人才敞开大门，选择实验的特权掌握在会长的手里。

得知乌菲齐宫是这个学术性协会的东道主让人颇觉满意，它的座右铭"尝试再尝试"至今依然是科学家们的口头禅。他们为文学实践制定的标准也同样严格。在美第奇家族统治人亡政息之后，这些学会几乎都没有幸存下来，但它们所实现的成就，其无声的证词至今依然可以在亚诺河畔的博物馆中看到。现存的佛罗伦萨国家图书馆已经成了巴拉丁图书馆的仓库，如今的房子，连同这些王公贵胄的收藏，是世界上收藏早期科学文献最丰富的机构之一。

斐迪南二世统治时期的辉煌很快就黯淡下去了。它就像意料之外的、夏末盛开的葡萄花，它在过去结出的甘甜果实比它水分更多。软弱（这是斐迪南身上最显眼的缺点）在他儿子科西莫三世身上成了一种现行罪恶。后者沉湎于各种罪恶和蠢行中，屈从于宗教上的不宽容和偏执。他父亲统治时期的学术自由消失殆尽,科西莫在艺术方面的唯一兴趣就是搬走留在罗马美第奇别墅里的那些雕像,放到波波里花园里,他的医生吩咐他去那里锻炼身体,他还有一个兴趣就是监管家族陵墓的建造。

托斯卡纳大公国政治生命余下的日子已屈指可数,与此同时,"欧洲君主们像沉船打捞队一样,瞪大眼睛注视着正在沉没的美第奇家族最后的时刻"。接下来的30年里,首要问题是:在佛罗伦萨王位空出的那一刻,谁会占据这个位置。科西莫的长子在1713年的去世,以及两年后路易十四的去世,使得托斯卡纳的未来变得危机四伏。在科西莫的次子乔瓦尼·加斯托内去世之后,佛罗伦萨参议院希望把王位传给他的妹妹巴拉丁公主。各大强国当中,要求得到王位的主要主张者是西班牙的腓力五世,他为了确立西班牙的权利主张而娶了帕尔马公主伊丽莎白(她是科西莫二世的孙女)。英格兰与荷兰表示反对,但没有采取行动。争吵在继续,科西莫一直跟奥地利人针锋相对,直至他1723年去世。随着吉安·加斯托内的就职,事情变得越发不可收拾。大公爵每次微不足道的小病,都会给奥地利和西班牙虎视眈眈的大军提供入侵的新借口。终于,1735年10月,奥地利、法国、英格兰与荷兰达成一致意见:作为普遍和平的基础,托斯卡纳大公国应当交给皇帝的女儿玛丽亚·特蕾莎,她嫁给了洛林公爵弗朗索瓦。后者则把洛林割让给法国,作为托斯卡纳的交换,托斯卡纳就这样成了奥地利王室的封地。这个西班牙很不情愿加入的协定,次年在维也纳和会上得到批准。

就这样,佛罗伦萨的独立(它的自由和声望与美第奇这个名字密不可分)气绝而亡。但在这个光辉的日落时分,在这个末日贵族那慷慨豪迈的(即便不是堂吉诃德式的)姿态中,依然有火红的晚霞。托斯卡纳王座的合法继承人是科西莫三世的女儿安娜·玛丽亚·卢多维卡,她嫁给了莱茵选帝侯巴拉丁伯爵,她在德意志占据着一个重要位置,长达26年,然后才作为一个寡妇回到了她父亲的宫廷。她是一个意志坚定、有很高文化品味的女人,她的亲戚们积累起来的巨大财富和地产都集中到了她这里。作为一个有眼力的收藏家,还是个孩子的时候,她的叔祖父、红衣主教利奥波德就对她进行培养和训练,她后来填补了家族收藏中的一些空白,尤其是在她最喜爱的佛兰德斯绘画和德国绘画的领域。她有慷慨慈善的天赋,再加上她确信,她的财富会随着她的生命一起结束,选帝侯夫人把惊人数量的金钱花费在小摆设、珠宝、贵金属上,花费在衣橱上(这是那个时代的奇迹之一)。新的奥地利大公和他那位粗俗的代理人克拉翁亲王对她的羞辱让人无法忍受,于是,她彻底退出了宫廷生活,在大公爵宫的一角维持着她自己单独的机构。正是在那里,在祖先们积累起来的艺术品当中,她发展出了她的一项伟大构想。她毫无保留地把美第奇家族的所有收藏,不仅仅是在佛罗伦萨的收藏,还有罗马及家族的其他宫殿和庄园里的收藏,全都"永远交给托斯卡纳政府,交给新大公及其继任者"。

安娜·玛丽亚·卢多维卡

但她强加了两个条件:"这些收藏中的任何一件藏品都不得搬离佛罗伦萨,它们应该服务于各国公众的利益。"自那以后,只有两个人胆敢违背她的遗嘱——拿破仑·波拿巴和阿道夫·希特勒。

通过这一行动,安娜·玛丽亚·卢多维卡,正如她的墓碑上所宣称的那样:"美第奇王室家族最后一人",赢得了文明世界永恒的感激,对哈布斯堡家族那种掠夺成性的野心,实现了一次甜美温柔的报复。

○ 注释

① 两件出自这家工厂的华丽样品(它们在质地上与佛兰德斯挂毯大不相同)现藏费城艺术博物馆,从前属于巴黎的埃德蒙·富尔克的收藏。这两件挂毯是为了装饰庆祝帕维亚战役打败弗朗索瓦一世的宴会而织的,因为其边缘装饰图案中的水果、鲜花和鸟而令美国人颇感兴趣,其中包括野火鸡,这种鸟欧洲人闻所未闻,是从新世界引进的,在这次宴会上被端上了餐桌。

② 科内尔·杨:前引书,第669页。

第三章 哈布斯堡家族的长臂

The Long Arm of the Hapsburgs

艺术收藏的历史
A History of Art Collecting

1. 新颖的，奇妙的，古怪的，罕见的

收藏并不局限于哪一个国家或地区；它似乎是一种普遍的本能爱好。但是，在每一个社会和每一个时代，都有一些颇有鉴赏力的人，他们如此清晰地凸显出来，以至于似乎让其他人都黯然失色。美第奇家族的十几代人尤其是这样，他们当中的每个人都在不同程度上对佛罗伦萨的艺术品收藏做出过贡献。同样的话可以用来说教皇，他们把川流不息的艺术财宝引向了梵蒂冈的宫殿。诚然，某些教皇想要胜过前任的强烈渴望，时不时地鼓涨起这样的洪流，但总的来说，罗马在艺术上是一种永恒的精神和世俗权威集体努力的结果。

从1273至1806年，另一个王朝成了历史上继美第奇家族和罗马教皇之后最持久的艺术资助人和艺术收藏者，这就是**哈布斯堡王朝**（他们作为皇帝和亲王统治着欧洲的每一个地区，并与萨克森王室和巴伐利亚的维特尔斯巴赫王室结成同盟），他们的统治权在鼎盛时期从波罗的海一直延伸到了地中海，从直布罗陀延伸到了印度群岛和美洲大陆。这个家族的财富全都集中到了查理五世皇帝（1519～1588）的手中，他父亲那一支的祖父母是皇帝马克西米连一世和勃艮第的玛丽。他是欧洲自查理曼大帝以来统治范围最广的皇帝。传到他手里的，不仅有500年来统治欧洲大陆各个角落的政治经验，

> 哈布斯堡王朝是欧洲历史上统治时间最长、疆域最广的王朝，其家族起源于瑞士的哈布斯堡。它统治过神圣罗马帝国（1273～1806）、西班牙王国（1516～1700）、奥地利帝国（1804～1867）、奥匈帝国（1867～1918），以及一些小王国、公国，直至第一次世界大战中奥匈帝国崩溃，王朝告终。

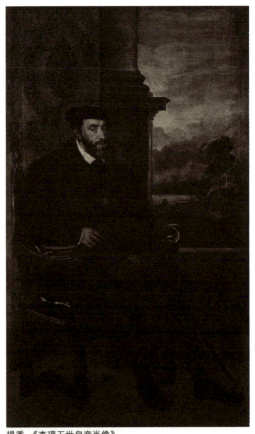

提香：《查理五世皇帝肖像》

而且还有他之前的君主和王公贵胄们积累起来的艺术收藏。马德里、布鲁塞尔和维也纳的博物馆和画廊，不只是一座纪念碑，纪念着腓力二世、利奥波德·威廉大公和鲁道夫二世皇帝的勤奋和品味，而且也是哈布斯堡文化的不朽记录，这一文化一直延续到了我们今天。

德国的文艺复兴发展出了一种生活的模式和套路，就像意大利文艺复兴的模式一样可靠，一样容易辨认。不像法国那样的学术复兴，它不是哥特式与古典遗存的混合，而是一些强烈冲突的元素之间的鲜明对比——正是这些元素，产生了宗教改革，阻止了德意志各国通向民主思想的任何理性途径。它是一面镜子，反映了这样一个社会：它被那些讲求实际、铁石心肠的商人和制造商牢牢地掌握在手里，他们把贵族的宫廷用做精美的古董烟幕，来掩盖他们的野心和活动。兴登堡与纳粹党的工业支持者的历史，如果说在16世纪写过一次的话，那它现在已经重写过100遍了。

最能清楚地显示这位德意志亲王的混乱和糊涂，以及他在应对当时的社会革命时所表现出来的无能，莫过于他的"奇物室"中那些五花八门的收藏了。因为在这里，我们看到了他如何面对当代科学，面对博物学和哲学，面对艺术和建筑的"绝技"。不过，最重要的是，他的统治智慧的彰显，他的收藏中的人工制品，只不过是其祖先家族的光荣和权威的装饰而已。他那些被大量抵押的土地，牢牢掌握在银行家和铁器制造商的手里，他的城堡提供了逃入一个假想世界的通道，瓦格纳和阿道夫·希特勒后来充分利用了这些城堡。

奇物室是保险库的产物，是城堡的金库，任何价值不菲的东西都被置于其中。当家族的财产在几个世纪的时间里逐步积累并扩大，超出了保险库的容量时，后者便被保留给更加珍贵的金银制品，而块头更大的物品则溢出到了军械库及其他半公用房间里。很快，收藏品占到了很大的比例，以至于需要家庭里的某个成员来负责保管它们。处理的方法随着当权亲王的个人性格和兴趣的不同而各异其趣。管理收藏的人，有时候是家里的总管，有时候是一个颇受信任的仆人或士兵，他们的武器知识是必不可少的。更常见的是一位教士，其人通常有学术和科学方面的兴趣，作为图书馆长、家庭牧师或孩子们的指导老师，隶属于城堡。一般说来，他对自然现象比对艺术更感兴趣，他对秩序和分类有一种痴迷。像很多图书馆馆长一样，他更多关注的是人文学科，而不是人文，他看重一件物品，往往更多地是因为它所传授的东西，而不是因为它自身的趣味或美。

奇物室的中世纪特征和迷信特征，在中欧的收藏中是公认的。萨克森选帝侯奥古斯特一世用艺术品塞满了他在德累斯顿的那座宫殿的7个房间，在此基础上，他的继任者们又有大量的添加。他的收藏成了一个核心，围绕这个核心，后来藏于洛可可风格的茨温格宫和萨克逊的绿色藏宝室中的收藏最终得以建立。奥古斯特一世是他那个时代的典型，跟他的巴伐利亚亲戚们有一样的盲目信仰。1611 年,他接受了班贝格主教送给他的一只凤凰标本,他拒绝了威尼斯十人委员会开出的价码:用 10 万金弗罗林购买他拥有的一只独角兽。他特别为之骄傲的,想必也让科摩主教在坟墓里羡慕得打滚的,是他收藏的"提香绘制的一系列罗马皇帝肖像,从凯撒到图密善。"

日耳曼人的这一观点,其缩影可以在死于 1579 年的巴伐利亚大公阿尔布雷希特五世的收藏和目录中找到。他娶了查理五世的兄弟、斐迪南一世的女儿安妮;由此说来,安妮是马克西米连皇帝的重孙女。这批收藏反映了德意志各国所有收藏的氛围和目的,不仅在于此类收藏十分常见的总体上专横独断的规划,而且还在于它们的奢华和浪费。

作为德意志亲王,阿尔布雷希特受过良好的教育,在因戈尔施塔特大学念过书,去意大利作过一次盛大旅行,他在那里熟悉了古典艺术。政治上,他对皇帝忠心耿耿,总是尽可能地从权势人物的争吵中获得好处,但他依然是个彻头彻尾的专制主义者,总是要求得到小国君主的所有好处和特权。作为一个统治者,他开始抱着支持的态度看待中产阶级的崛起,在约束贵族上发挥自己的影响力。他是艺术和手工艺的保护人,他把玻璃制造和挂毯编织技术引入了巴伐利亚。就其私生活而言,阿尔布雷希特似乎是孤家寡人,在艺术中找到了家人和朋友不能给他的东西。他把奥兰多·迪·拉索召到了他的宫廷,雇佣了提香的朋友、当时最伟大的微缩画家格罗维奥给他的祈祷书画插图。他的宝石(他有一大批这样的东西)主要是装饰华丽、做工考究的船只,美人鱼和野生动物的组合,镶嵌在珍珠、珐琅和黄金饰品中,德意志人很喜欢这种东西。作为一个业余藏书家,他曾试图把纽伦堡的哈德曼·舍德尔的藏书和汉斯·雅各布·富格尔的藏书全买下来,但没能成功。

正是由于对新颖之物有一种毫不掩饰的、不加约束的强烈爱好,阿尔布雷希特的收藏才显得格外引人注目。跟贝里公爵的收藏比起来,这批收藏足足晚了 100 年,它的天真和迷信是一种顽固的中世纪精神的产物,而拉丁国家早就抛弃了这种精神,转向了文艺复兴。托马斯主义者对综合的寻求,中世纪神学家那种始终如一的专注,通过某种本能的、潜意识的思想,转移到

阿尔布雷希特五世(1528 ~ 1579),出生于慕尼黑,1550 年继父亲威廉四世之位,成为巴伐利亚公爵。

了科学界和艺术界。德意志亲王们和学富五车的博士们都热衷于根据它们的外在形式，筛选和收集关于宇宙本性的新发现。他们的观察使得新的仪器成为必要，这些仪器对于描述和定义地球和天体的运动和位置来说是必不可少的。然而，人们对很多事物的足够了解，以及日耳曼人对超自然现象的传统信念，导致人们把一些特定的属性归到人和无生命物体的身上，这些特定属性要么是施行恶意的巫术或魔法的能力，要么是治愈病人、让穷人变富的能力。德意志人对炼金术的爱好因为浮士德博士的传说而名扬天下，但它只不过是这种试验好奇心的另一种表达而已。

一个年轻亲王的收藏计划，建立在少数几项基本的、被普遍接受的规则之上。主要目标是研究宏观世界，亦即包罗万象的宇宙。就重要性而言，接下来是三大自然王国：动物、植物和矿物。其任何分支的新形态或畸形都是收藏者羡慕和投机的对象。侏儒，那些表现出畸形或任何异常的人，陌生的动物，形状怪异的石头、化石、矿石，以及珊瑚礁——所有这些都发展出了一些神奇的魅力，很快就给它们注入了一些隐秘的意义和重要性。于是，新颖的、奇妙的、古怪的、罕见的东西都越来越受到轻信者的欢迎。发现世界上的全新地区，熟悉新的民族和他们的习俗，只不过有助于强化他们对收藏那些装饰着贝壳和羽毛的部落神物的偏好。很多艺术家也屈服于这些魅力，丢勒不仅做了一幅描绘一只怪物猪的蚀刻画，而且还特意用了几天时间去尼德兰旅行，为的是画一个在查理五世的

> 尼德兰，历史上荷兰的称谓。这个词的本意为低地，主要包括荷兰，还包括比利时、卢森堡和法国北部。

凯旋仪式上展示的来自美洲的印第安俘虏。他给马克西米连皇帝的祈祷书绘制的书边装饰也充满了他那个时代超自然世界中类似的奇珍异宝。

在日耳曼人看来，艺术品之所以重要，仅仅是因为它们赖以做成的那些材料的价值，或者是因为它表现了宇宙奇观的某个方面。哥特艺术的伟大时期已经过去，而作

德意志贵族的收藏琳琅满目（弗朗斯·弗兰肯）

为收藏者的保护人，尽管依然保持着手艺人的分寸感，但如今正转向文化史和科学解释。他们系统性地委托制作和获取雕像、半身像和肖像，为的是效法科摩的保罗·乔维奥的方式，展示伟大政治家和哲学家的权威连续性。银币按照压印在其表面上的价格来估值，描绘战斗和历史事件的作品深受欢迎，尤其是，如果它们能够以任何方式助长统治者自命不凡的虚荣心的话，那就再好不过了。做工复杂、镶嵌精细的箱和橱柜，有很多隐秘的抽屉，里面塞满了五花八门的零碎：数学和天文学仪器，盥洗室用品，香水瓶子，盒子，游戏用具，以及座钟，全都精心装饰着玛瑙、碧玉和缟玛瑙，或镶嵌着珍珠母和乌龟壳。随着技术的发展，这些"小玩意儿"被装上了发条以及使它们机械地运转的装置，自动报时，或在微型音乐盒中演奏乐曲。

显然，除了一份系统性的目录，没有什么东西能够给这样一种大杂烩带来秩序。大公把这项任务交给了塞缪尔·奎克伯格博士，他是一个同样重要的、经验丰富的收藏家，1567年，他在慕尼黑出版了一本题为《博物馆论》(*Musaeum Theatrum*)的书，这是我们所知道的第一本印刷的博物馆目录。这份整理和展览计划成为了下个世纪的标准，并再次出现在约翰·特拉德斯坎特1656年在伦敦出版的第一份英国收藏目录中。"第一类"藏品包括宗教手工制品，这些东西在展览排列顺序中排在最前面。接下来是一切与拥有者本人或其家人有关的东西。还有一个子类包括描绘当地的风景、植物群和动物群的藏品，特别着重于本地的地形图和地图。"第二类"专注于雕塑和较小的造型艺术品，比如钱币、徽章和金匠作品。"第三类"致力于博物学标本，有很多分门别类的子分支。在"第四类"中，可以找到各种各样的科学仪器和乐器。而最后一类，即"第五类"，便是艺术品，包括绘画、盾形纹章、家谱、风景画和肖像。

详细列举这批收藏中将近4000件藏品肯定冗长乏味。阿尔布雷希特买得起他想要的任何东西，而且很明显，就算他买不起的，他也要想方设法买来，因为他死的时候留下了一笔巨债：欠富格尔银行236万弗罗林。他的意大利代理人、威尼斯商人雅各布·斯特拉达和尼科洛·斯托皮到处都有入场许可，他们每看到一件可能让他们的委托人高兴的东西，都会出手买下，用船把它们统统装运到德国。

2. 百万和百万富翁

哈布斯堡家族的统治权大约在1500年前后得以巩固,从而使得这个家族的亲王们有权处置欧洲的全部艺术产品。凡是他们不能通过资助来获得的东西,不能在安特卫普、佛罗伦萨和奥格斯堡的自由市场上掏钱买到的东西,他们便通过联姻和征服,把它们据为己有。马克西米连一世娶了大胆查理的女儿、勃艮第的玛丽,他是个志大才疏的家伙。他给因斯布鲁克教堂的礼物证明了他作为一个雕塑资助人的能力,但他总是债台高筑,把他妻子嫁妆中的很多勃艮第人的宝物抵押了出去。马克西米连一世最大的贡献在文学领域,据说他是《白色国王》(*Der Weisskönig*)和《西乌尔但克》(*Theuerdank*)的作者。他特别青睐于维也纳和因戈尔施塔特的大学。作为伯纳德·凡·奥雷的资助人,他和他的妻子对布鲁塞尔的地毯设计师给予了慷慨的资助,他对丢勒的支持导致了无与伦比的系列版画《马克西米连的胜利》。但是,

> 马克西米连一世(1459～1519),神圣罗马帝国皇帝,奥地利大公,是查理五世皇帝的祖父,也是哈布斯堡王朝鼎盛时期的奠基者。马克西米连通过自己和子女的婚姻,使他的孙子成功地取得西班牙这个殖民帝国的王位,再加上自己的神圣罗马帝位,使查理五世成为欧洲的盟主,更令哈布斯堡王朝成为一个日不落帝国。

跟他在南欧的竞争对手们比起来,或者跟他的女儿奥地利的玛格丽特以及他在西班牙和低地国家的外孙和重外孙们比起来,马克西米连显得只不过是他那个时代和环境中一个贪心还算正常的人。马克西米连是一个典型的德意志少年王子,在奥格斯堡长大成人,在富格尔家族和威尔瑟家族的卵翼下仰人鼻息,他经常欠这两个家族的债,他祖上属于中世纪强盗贵族。可现如今,权力正在落入新型的工业大亨之手——相当于现代的百万富翁资本家。跟他们相比,他似乎是一个软弱无力的政客,一个无足轻重的收藏家,傲慢、迷信而不可靠。

当然,文艺复兴繁荣的基础是东西方之间的运输贸易。威尼斯,以及更小程度上的热那亚,几百年来成功地开发了十字军所开拓的这些市场。到15世纪,两条最重要的通往欧洲的贸易通道已经确立。水路经由印度洋和红海,到达埃及,在亚历山大港,威尼斯的仓库和商业前哨为它的商船承揽货运业务;陆路通过商队穿越土耳其斯坦至里海,再从那里用骆驼运至黑海,与热那亚商人的船只会合,他们在佩腊(君士坦丁堡的一个郊区)的殖民地和克里米亚的卡法使得他们能够控制欧克西涅水域。除了

艺术收藏的历史
A History of Art Collecting

丢勒：《马克西米连一世肖像》

这些水路之外，还有几条次要通道；一条中间通道从波斯湾出发，沿幼发拉底河，通过大马士革，到达贝鲁特及叙利亚的其他港口。即使在今天，阿勒颇依然是自西藏出发的商队通道的西部终点，而且距离火车站不远，你可以从火车站登上托罗斯快车去柏林或巴格达，中东最伟大的艺术收藏之一就坐落于那里。它属于马可·波罗的后裔马可波利家族，他在那座城市哥特式拱顶集市的上方建造了一幢巴洛克风格的别墅，过着奢华的生活。在隔壁，占据着这些可爱的斜坡花园中另一块场

> 阿勒颇，叙利亚北部城市，占据着幼发拉底河和地中海之间的关键位置，是古代商路上的一个重要地点。

地的，是绅士冒险家们的英国贸易公司，由伊丽莎白女王颁发特许状，它至今依然在运转，从东方给国内送去咖啡、茶和香料。

这样一种经济生活的扩张，给封建制度带来了革命性的观念和实践，威胁着中世纪行会的绝对权威，如果没有精密复杂的银行和信用体系，是根本不可能实现的，而这样的体系，需要许多代人才能发展起来。早在 11 和 12 世纪，在意大利北部城市阿斯蒂和基耶里，银行家们便已经作为货币兑换商站稳了自己的脚跟。他们被人统称为"伦巴第人"和"卡奥尔人"（来自法国南部的卡奥尔），通常经营当铺生意。一点也不意外，英格兰银行和伦敦交易所坐落于中世纪伦敦古老的伦巴第街，因为正是在大英帝国的这个神经中枢，自那个时代以来便经营各种国际业务，操着五花八门的语言，使用五花八门的货币。

教会的高级教士自然要求助于这些经纪人。伦巴第人不仅擅长于长期和短期票据，而且，通过他们在欧洲每个港口和贸易中心的通讯员，他们建立了一些既有利可图又很方便的关系。

到中世纪末，教会已经成了一个巨大的行政体系，正在确立它自己的国际关系政策，随心所欲地发动战争，控制教育、医学及各种慈善事业。为了养活这些巨大而分布广泛的机构，一套精心构建的教皇税收制度必不可少。大约在 13 世纪初，教皇英诺森三世便建立了正规收入来源，其基础便是什一税、十字军的捐献、税赋以及对整个基督教世界征收的赦罪捐。教士因

此面对了这样一套复杂的经济体系,欢迎任何阶层的经营者帮他们操持这些肮脏的金融工作,同时赦免他们的高利贷罪。如果足够幸运,银行家碰巧既是一个伦巴第人又是一个犹太人,那么一个真正的基督徒就可以不偏不倚地同时侍奉上帝和财神。

在教皇、皇帝、主教和强盗贵族这个错综复杂的构造中,西欧的商人们编织进了资本主义和自由企业的丝线。在每一个地方,活动的模式本质上都是意大利的,但在各个国家染上的颜色,受制于当地封建习俗的气候和韧性。查理七世治下的皇家司库兼财政大臣、布尔日的雅克·科尔,以及马克西米连皇帝和查理五世皇帝的皇家顾问、奥格斯堡的**雅各布·富格尔**,通过模仿威尼斯人的海上政策,重组了法国经济,并通过法国的力量,最终把英国人赶出了欧洲大陆。富格尔打理着哈布斯堡家族庞大的金融业务,使用了佛罗伦萨人曾经要求安茹家族的同样的担保和抵押。我们有趣地注意到,在每个国家,金融头脑都是土生土长的儿子,随着各自国家迅速发展和改变的商业环境而成长起来。

有两个发现,在很大程度上导致新兴资本主义在整个欧洲的迅速蔓延——其一是发现了时间作为工业生产中的一个潜在要素;其二是复式簿记的发明,发明者是那不勒斯的一个修道士,名叫卢卡·帕乔利。在中世纪,由于没有恰当的机械手段来度量时间,计时工资或计件工作的观念几乎不存在,因此,产品与成本从未根据它们彼此之间的正确关系来估算。雇员与雇主的关系在很大程度上是奴隶与主人的关系,工作日和工作周或多或少是根据当地的基督教日历来调整。经常有人指出,一个社群中圣徒纪念日的数量在某种意义上取决于一段给定时期内的繁荣时期和萧条时期。如果由于失业和高物价而不得不缩短工作周,那么就会有一个新的圣徒纪念日得以确立,因此又创造出了一个无需工作的节假日。"突然间,商人被扔进了一个现代世界,不再围绕日出日落打转;祈祷钟让位于星盘和机械钟,只需瞅一眼账簿,他就能说出他每天的生意状况。雅各布·富格尔因此把他的财富从1511年的20万荷兰盾增长到了1527年的200万荷兰盾(4000万美元)。假如他完全依靠祖辈的记账方法,他决不

雅各布·富格尔(1459～1525),奥格斯堡新兴金钱贵族富格尔家族的第二代掌门人,富格尔金融帝国的缔造者。

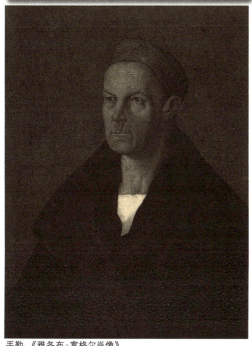

丢勒:《雅各布·富格尔肖像》

可能染指世界范围的生意,这一生意为他挣到了55%的年利润。"①

这些发现对于资本主义的总体传播尽管很重要,但正是鼓风炉的完善,为德国经济定下了基调,并间接决定了南方文艺复兴的品格。因为从那一刻起,德国工业便致力于军火的制造,并通过军火销售实现了较高的生活水平,从而创造出了休闲的氛围,以及对艺术的培养和资助,其功劳远远超过活字印刷。

意大利的金融权力逐渐北移——威尼斯在1509年被康布雷同盟打败。同一年,葡萄牙人在第乌打败了阿拉伯人,确立了他们在印度洋的霸权。贸易通道转到了北海,以佛兰德斯与英国之间的羊毛贸易为中心。佛罗伦萨继续收取教会的税赋,维护着它作为货币市场的地位,但欧洲新兴的商业之都是安特卫普、纽伦堡和奥格斯堡。

安特卫普是羊毛工业的中心,也是与英国联系的主要接触点,如今成了纺织品及各个商业领域的经纪事务所。它的港口是铜和香料的主要通道,是英德之间制造品交换的主要通道。汉萨同盟城市的势力曾经控制着中世纪德意志的经济,如今被打破了;安特卫普掌握了最高权力,直至灾难最终颠覆了西班牙人的统治。腓力二世的破产(由同样的原因促成)发生于1557年,在经历10年繁荣之后,安特卫普股票交易所崩盘,是现代史上第一次股市大崩盘;斯凯尔特河畔的这座城市被迫让位于荷兰共和国那种有创造力的、顽固倔强的智慧。

纽伦堡在16世纪就像它在纳粹时代一样有欺骗性。古色古香,风景如画,是艺术和音乐的中心,它还是现代军事工业和20世纪大规模生产的摇篮。那里已经可以看到在它后来的历史中呈现出的标准化所带来的一切邪恶。比尔德小姐强调了下面这个事实:在这个"机器的国度",纽伦堡"占据着机械独创性的头把交椅。自它制造出最好的乐器以来,音乐的生意就一直集中在这里,正如印刷工人的出现把图书

> 康布雷同盟,1508年2月,德意志皇帝马克西米连一世、法国国王路易十二、教皇朱利乌斯二世和西班牙国王斐迪南在法国城市康布雷缔结同盟,发动了一场反对威尼斯的战争。

> 汉萨同盟,中世纪西欧的一个松散的商业联盟,正式成立于1358年,其最初的主要成员是波罗的海沿岸的几个城市,鼎盛时期据说有160个以上的城市参加,包括德国内地的一些城市。

爱德华·普利切特:《纽伦堡街头》

贸易带到了法兰克福一样，怀表也是在这里发明的，还有为地理学家制造的地球仪，以及为西班牙征服者大量制造的罗盘"。在纽伦堡，校准火枪的方法大约在1540年前后就发展出来了，连同已经高度组织化的防弹衣大规模生产，给这座"昏昏欲睡"的城市的商人既带来了声望，也带来了埃森的克虏伯家族的观点。这诱使他们密谋反对皇帝，用一个更早的、甚至更加混乱的法国的温德尔家族取代瓦罗亚王室。纽伦堡的发明还包括碾磨火药的水磨、锯木机、钻石切割机，以及浇铸大炮的装置，这样的大炮能够摧毁最坚固的防御工事，还有使用海运煤、而不是使用木柴炼铁的方法。②

下面这个事实中倒是有一种"诗意的公正"：产生了收藏史上最乏味篇章的国家，却产生了最丰富、最有文献价值的关于收藏的评论。在文艺复兴之后的那两个世纪里，德国是保守主义的前哨，也是硬通货的中心；它成了一个拥有大量常备剧目的剧场，封建亲王们的小股份公司在这里轮番上演，他们作为业余演员，在他们自己过于华丽的脚灯后面，演出欧洲宫廷的悲喜剧。德国的政治家、神学家和银行家们创造了这样一个社会：他们模仿了文艺复兴时期和巴洛克时期所有的繁文缛节，以及伟大人物那空洞无物的姿态。然而，除了物质上的成功之外，他们对世界的贡献甚小，而反过来，这种物质上的成功又把他们个人的生活水平提升到了新的高度。

关于17世纪的收藏知识，我们有两个最合格的来源，其一是约阿希姆·冯·桑德拉特的《德意志学院》(Teutsche Academie)，此人是一位在欧洲各地旅行的画家和作家，1679年发表了这篇笔记。另一个来源是卡斯帕·F.尼克尔，他在1727年出版了第一本全面论述博物馆学的著作。在这本书的前言中，尼克尔区分了德国收藏家所搜集的各种不同类型的收藏，接下来的定义很有用，可以仅仅把它看做是一个证据，证明了德国人思维的那种条理性并不只是我们这个时代的产物。我们饶有兴味地注意到，世袭亲王的"奇物室"模式被多么紧密地仿效，而与此同时，这位商人在利用他那个时代的科学好奇心上感觉到了更大的自由。

尼克尔说，"珍宝室"(Schatzkammer)里藏有一些"很贵重的东西，但既不是艺术品，也不是博物学标本"。另一方面，"稀有室"(Raritätenkammer)收藏的是一切稀有的、"通常见不到"的东西。他解释道，"画廊"(Gallerien)实际上是又长又窄的走廊，偶尔用来放置一些有用的橱柜，里面放一些稀奇古怪的东西，上方挂一些珍贵绘画。而且，他补充道，尤其是在意大利，这些橱柜都被文物和小雕像所占据。第四类是"工作室－博物馆"(Studio-Museum)，它实质上就是德国人所说的书房，这里不仅有存放各种稀有之物的橱柜和储藏间，而且还有藏书室，书架上塞满了图书。"博物室"(Naturalienkammer)或"博物柜"(Naturalienkabinett)专门收藏三种自然界的东西：动物、植物和矿物，而且，正如其名字所暗示的那样，严格说来，它是研究博物学的资料室。

所有这些都是中世纪"奇物室"的自然产物,很明显,奇物室是不问青红皂白的大杂烩,随意地存放前面提到的所有类别的东西。

然而,正是最后两类,对于艺术收藏的研究来说最为引人入胜,因为它们分别是"艺术室"(Kunstkammer)和"古物柜"(Antiquitäten-kabinett)。艺术室包含用土、灰泥、金属及其他材料(比如玻璃)做成的东西。它包括精密仪器、望远镜、显微镜,还有各种各样的光学和科学仪器,以及用自然材料组合而成的稀奇古怪的东西,比如象牙、珍珠母、玻璃和瓷器。这里还有徽章、硬币,以及意大利著名大师米开朗基罗、拉斐尔、提香,还有鲁本斯等人的绘画,不一而足。丢勒的一幅作品是每一批这样的收藏中必不可少的藏品。至于艺术品本身,尼克尔指出,它们必须是原作,而不是复制品,它们必须是出自著名大师之手,而且,它们必须在某些方面反映了收藏者本人的奇思妙想。古物柜似乎被保留给死亡证明、殡葬瓮和火葬异教徒的骨灰盒,茶瓶、偶像和异教神像,葬灯和常见类型的葬具,这些东西经常是在罗马和德国城市的部落坟墓里出土的。

尽管桑德拉特从未探访过柏林的艺术室,但他认为,艺术室在德国是最重要的,里面塞满了"意大利和荷兰大师的名画,既有古代作品,也有现代作品"。当然,这明显是夸大其辞,因为那个时期的柏林是一个只有1万居民的村庄,勃兰登堡选帝侯的收藏,自然无法跟巴伐利亚和奥地利更古老的收藏相比;但选帝侯约阿希姆二世至少作出了一次认真的努力。他探访了荷兰,带回了一批藏书,对学者们开放。奥伦治王室与勃兰登堡王室之间的紧密联系在奥拉宁堡的宫殿里得到了表达。

桑德拉特承认,在德累斯顿和慕尼黑的收藏中,他终于看到了"艺术可以达到怎样的高度"。巴伐利亚的马克西米连二世在施莱斯海姆宫建造的画廊,甚至比慕尼黑的收藏让他更加赞赏。他对维也纳的探访

德国人的收藏五花八门(弗朗斯·弗兰肯)

同样重要,对于他在珍宝室和艺术室里看到的那些东西,他留下了一篇非凡的记述。但是,纽伦堡的商人和实业家的私人收藏是最吸引这些博物馆学家关注的东西。尽管它们在品格和内容上与德国其他私人收藏并无不同,但是,由于纽伦堡是欧洲军火工业的中心,这些收藏多半更丰富、更昂贵。

卡尔·威尔瑟的收藏柜里有一整套丢勒的印制版画,连同卢卡斯·凡·莱顿及德国和尼德兰其他雕刻家最精美的雕版画。除了这些热爱印制版画的人之外,还有一些人潜心于徽章和钱币收藏。这座城市里有两批这样的收藏,无论是就数量还是就质量而言,都超群出众,而且都可以追溯到16世纪中叶。它们是普劳恩的收藏和伊姆霍夫的收藏;前者在青铜方面尤为丰富,大约有2000件宝石和一大批钱币。保卢斯·普劳恩(1548~1616)是一个热心的素描收藏家,其中很多藏品是他在意大利旅行期间获得的,包括拉斐尔、米开朗基罗和柯勒乔的一些作品的样稿。他收藏的一组丢勒的素描稿被认为是那个时代最好的。

伊姆霍夫的艺术室自夸拥有帕尔马·韦基奥、委罗内塞、丢勒和提香的绘画。还有一些收藏,属于艾伯迈耶家族、沃克玛家族和伯肯海姆家族,尼克尔在他的《博物馆学》(*Museographie*)一书中进行了详细的描述。他还记述了不伦瑞克、法兰克福、布雷斯劳、哈雷、德累斯顿和魏玛的一些收藏。他特别喜欢他老家汉堡的一些收藏,"一位鉴赏家,看到老家一些著名商人的杰出收藏,定会心满意足"。

这些五花八门的德国收藏,塞满了由最好的商人提供的昂贵艺术品,彼此之间没多大区别,就像1920年代晚期死神和税收抓住第一次世界大战的投机商们之前第五大道和公园大道上无以数计的私人收藏一样。他们是安逸而富有的资产阶级对大君主收藏模式的苍白反应,这一模式后来发展成了欧洲主要强国的国家博物馆。这些收藏当中,很少(即便有的话)作为整体幸存下来。它们早已风流云散。其中有一些在19世纪被重新收集起来,以美化泛德意志精神,并为Kunstwissenschaft(德语:艺术科学)实验提供解剖诊断的尸体。

另一方面,奥格斯堡在很大程度上被富格尔家族及其合伙人所控制,不同于德意志其余地区。奥格斯堡只知道一种忠诚,即忠诚于皇帝和罗马教会。然而,这并不意味着,这个金融家族对于他们的任何胡作非为都给予支持,正如我们从雅各布·富格尔1523年写给查理五世皇帝的一封信中所看到的那样:

> 显而易见,如果没有我,陛下就不可能得到罗马的皇冠,我能拿出文件来证明这一点,上面有陛下所有代理人的签字。在这件事情上,我并不追求私利。假如我收回对奥地利王室的支持,转而支持法国,我将获得大片的地产和黄金,这都是他们主动提出来的。这会给陛下和奥地利王室带来怎样的不利,陛下稍作反思就不难判断。
>
> 因此,我谦卑地要求陛下屈尊回想

一下我的忠诚,以及我为促进陛下的福祉所提供的卑微服务,下令把欠我的一笔尚未偿还的钱,连同它所产生的利息,支付给我,千万不要再有任何推延。

只有一个认识到了上帝站在自己一边的银行家,才胆敢用这种方式威吓他的君主。查理五世深知,没有富格尔家族的谋划和组织,他没有能力开发其领土上的自然财富。对他来说,依靠这个家族的实干天才,就像维持他的军队或祖先的信仰一样必不可少。

奥格斯堡完全是一个采矿业城市,虽说像佛罗伦萨一样,它早期的繁荣也是建立在德意志各国与威尼斯之间的贸易以及麻纱纺织业的基础之上。它习惯于权威统治,很久之前,这个地方叫奥古斯塔·温德利科伦,是哈德良治下的西罗马帝国首都。不过,它的传统尽管很丰富,但它的矿产更宝贵。用雅各布·富格尔的话说:"正是它的矿产,才是万能的上帝赐予给德意志土地最大的礼物和利润之源。"雅各布去世那年,也就是1525年,神圣罗马帝国矿山一年的产出据估计至少是200万金荷兰盾,而且,雅各布·斯特利德认为,这个数字被严重低估了,采矿和冶炼工业提供的就业岗位远远超过10万个。富格尔家族的主要功绩,主要并不在于矿山的实际经营,不在于把哈布斯堡领土上的矿产资源及原材料推向市场,而在于"在一个与当代经济生活的需要相适应的规模上,组织和调控采矿生产和矿产品的贸易"。

为了掌控这些企业所需要的数额空前的营运资本,为了帮助企业和投资者抵御17世纪生活中的可怕风险,资本主义需要一定程度的经济自由,而圣托马斯·阿奎那300年前阐述的中世纪商业伦理体系并不允许这样的经济自由。"够吃够穿"的基督教信条,以及"个人应当争取与本阶级相适应的收入,而不是贪求更多"的信念,并没有提出文艺复兴时期实干家们所要求的那种诱惑。教会对高利贷的禁止,给一切信用扩张设置了不可逾越的障碍。雅各布·富格尔确立了一种新型的德国资本主义,他希望赋予它以法规的尊严。他求助于他的朋友兼顾问、人文主义者、法学和教会法权威康拉德·波伊廷格。斯特利德说:"波伊廷格比其他任何人都更加致力于贸易公司、定价和资本主义垄断或企业联合的自由。他声称:'每个商人都是自由的,可以尽量按照他所选择的价格销售他的商品。在这样做的过程中,他既没有违反教会法,也没有犯下反社会罪。因为经常出现这样的情况:他被迫廉价卖出他的商品,比他买入时的价格还要低,这损害了他的利益。'"然而,波伊廷格还是得出了这样的结论:"正因为奥格斯堡在某种程度上提前奉行了只在19世纪才达致成熟的那种经济个人主义哲学,雅各布·富格尔才得以能够呈现出(至少是勾勒出)一个现代企业家的特征。"[③]

很自然,意大利文艺复兴经由奥格斯堡进入德意志,因为银行家们的性情气质无疑是佛罗伦萨人的。路德曾经抨击富格尔家族是教会抵挡宗教改革浪潮冲击的主要防波堤,但他不得不佩服"一个在一小时内交付3吨黄金的人",没有一个欧洲亲王能够有这样的姿态。就连伟大的洛伦佐也从不抱这样的观念。

雅各布在1512年建造的圣安妮教堂是最早与哥特式过去决裂的建筑,从那以后,布克迈尔、安贝格尔、阿尔多弗和罗滕哈默用文艺复兴风格的装饰彻底改变了这座城市的建筑。雅各布创建了富格尔图书馆,他侄子后来把它扩大到了1.5万册藏书,一个世纪后,这批藏书被装上5艘驳船,沿多瑙河顺水而下,运去了维也纳,成为皇家图书馆的核心。他还小规模地收藏了一些雕像和钱币,以及德国和意大利大师的绘画。他的侄子雷蒙德有更多的时间用在文化上,并在他的花园里搜集了德国最早的一批希腊和罗马古董。他还有一批精美的青铜器,后来在1556～1557年的萧条时期转让给了巴伐利亚大公阿尔布雷希特。他是鹿特丹的伊拉斯谟的密友,资助过他的儿子约翰·雅各布(后来成为阿尔布雷希特的顾问和图书馆馆长)和乌尔里希,后者是大画家艾蒂安的新教保护人,对人文学科有真正的专业兴趣。雷蒙德的兄弟安东是提香的朋友和当代绘画的业余爱好者。

然而,直到第三代中的汉斯·富格尔,这个家族的名字才与伟大的艺术收藏传统紧密联系在一起。汉斯是个花花公子,在意大利的大学接受教育,游遍了意大利半岛的主要宫廷,他更关心艺术,而不是家族的生意。他在1566年开始严肃认真地收藏,并在威尼斯雇用了一位代理人大卫·奥特,此人曾受雇于他的竞争对手阿尔布雷希特。这两个人争夺埃及石棺及其他战利品的竞争,读起来就像是杜维恩和诺德勒与他们的主顾 J. P. 摩根和亨利·克莱·弗里克之间的通信。但汉斯(他包罗万象的爱好使得他总是寻求一切美的东西)最能够被人们所铭记的,大概是他对德国艺术资助人和收藏家的影响。正如乔治·利尔在1908年所写的那样:"我们今天所知道的那个慕尼黑,德国文艺复兴时期最有力的创造物圣米歇尔教堂,以及环绕着维特尔斯巴赫宫廷的艺术遗迹,它们的灵感要归功于汉斯·富格尔,以及他对他的朋友、巴伐利亚公爵威廉所发挥的影响。"

尽管富格尔家族的势力和影响由于哈布斯堡家族相继破产而逐渐衰微,但他们的生活方式并没有受到什么影响,几代人的时间里没有表现出削减开支的迹象。

○ 注释

① 参见比尔德:前引书。
② 参见比尔德:前引书,第220页。
③ 雅各布·斯特利德:《阔人雅各布·富格尔》(Jacob Fugger the Rich,1931),第48～50页。

3. 女总督和皇帝

当查理五世 1536 年在博洛尼亚加冕为皇帝的时候，欧洲终于看到了教皇与皇帝之间、德意志各国与意大利之间的一场千年斗争开始走向终结。克莱门特七世一直在疗治 7 年前的罗马洗劫留下的创伤，他拒绝在圣彼得大教堂把铁皇冠戴在查理的头上。博洛尼亚的妥协因此向日益强大的新教世界昭告了一个事实，两百年后，伏尔泰把这一事实生动地概括为：所谓的神圣罗马帝国，"既不神圣，也不罗马，更不是什么帝国"。然而，就查理五世本人而言，其尊贵的地位，源自于他的奥地利血统，以及他从勃艮第和西班牙继承来的精明，查理把哈布斯堡王朝带向了伟大的高峰。布兰迪说："这种伟大被归因于集中在他身上的那种古老的历史力量，正是这种力量，把权力的继承观念、信念和行为塑造成了新的形式。他统一了哈布斯堡王朝的领地，并使之完整，把勃艮第人古老的骑士观念与尼德兰人的认真虔诚融合在一起，与西班牙人的自制和罗马日耳曼帝国的普遍传统融合在一起。他创造了一种姿态，这一姿态未来将成为他的王朝的典型姿态。与此同时，从他继承来的大片领土中，他形成了一种新的欧洲帝国主义，在某种意义上也是一种新的海外帝国主义——它是这样一个世界帝国：历史上破天荒第一次不依赖于征服，更不依赖于地理条件，而是依赖于王朝理论和信仰的统一。"①

在中世纪晚期，德意志由一大堆半独立的封建国家——世俗的和教会的公侯国——所组成，没什么秩序可言，只有先来后到之别，先到为君，后到为臣。皇帝保留着此前几个世纪里不断堆积起来的有名无实的尊贵。尽管他的统治权已经随着他的帝国领土一去不返，但他在欧洲王公当中依然名列前茅，总是尽可能利用这个选举职位所带来的威望，促进本家族王朝的志向愿望。他外在的富丽堂皇在很大程度上依赖于他的奇物室中一代接一代积累起来的藏品；这些藏品越令人费解，越有迷信色彩，就越发因为它们与皇帝那至高无上的神授权力的结合，而受到人们的崇敬。

尽管皇帝的地位首先源自于上帝，其次——如果你乐意接受教皇的主张的话——源自于教皇的代牧，真正的选举权属于 7 个王公贵族：美因茨、特里尔与科隆的大主教，波希米亚国王，萨克森公爵，莱茵的巴拉丁伯爵，以及勃兰登堡侯爵（勃兰登堡后来成了普鲁士王国）。1356 年，查理四世皇帝的"金印诏书"定下了这些王公贵族的程序和权利。帝国议会被名义上授予了一些权利：可以评估皇帝的行为，对自由市和新兴中产阶级的要求给出不着边际的口头许诺。然而，霍亨斯陶芬王室的衰落没有给德意志留下任何强大的领土权力。在法国和英国发动百年战争的同时，中欧也被拖入了一场类似的百年纷争：一些次要王侯之间围绕"地方主义"而争吵不休。大抵说来，这些派别取决于地理界线；一些更有野心的领土强国在德意志北部、东部和南部兴起，与此同时，采邑主教、皇家骑士和自由市的大本营集中在西部。

大约在同一时期，一些大的王室家族从这个互相冲突的公侯国的大杂烩中脱颖而出，他们或多或少主宰着德意志的现场，直到俾斯麦时代。最早是卢森堡公爵，他统治着波希米亚王国、摩拉维亚和西里西亚。1417年，霍亨索伦王室从他手里夺取了勃兰登堡。接着出现了维特尔斯巴赫王室，一直控制着巴伐利亚，直至1918年，是与霍亨索伦王室争夺莱茵兰和西德意志控制权的主要竞争对手。韦廷王朝统治着萨克森和古代图林根的领地，作为选帝侯，他们在政治上之所以重要，更多地是因为他们的影响力，而不是凭借他们的实际权力。然而，在普鲁士崛起于三十年战争的废墟之前，霍亨索伦王室确立了自己的地位。

要寻找中心主题，我们必须转向奥地利，一个统一的、传统的权威，它将制约16和17世纪的欧洲历史。最初源自斯瓦比亚，哈布斯堡王室的财富是鲁道夫一世奠立的，他在1278年获得了奥地利的一些公爵领地。然后逐步占领了瑞士、斯瓦比亚和蒂罗尔，他很快就渴望得到整个上德意志的领地。只在14世纪出现了一次偶然的中断，哈布斯堡家族自1410年起一直占据着皇帝的位置，直至拿破仑时代。到1500年，他

> 霍亨索伦王朝，由德意志霍亨索伦家族建立的王朝。是勃兰登堡-普鲁士及德意志第二帝国的主要统治家族。王朝的始祖是布尔夏德一世。其家族后裔一支勃兰登堡的霍亨索伦于1525年取得普鲁士公爵领地。1701年，勃兰登堡选帝侯腓特烈三世由神圣罗马帝国皇帝授予"普鲁士王"称号。1772年其家族的腓特烈大帝正式改称"普鲁士国王"，但仍保有勃兰登堡选帝侯的名衔。

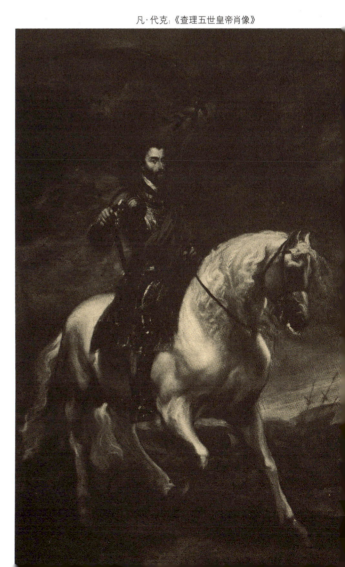

凡·代克：《查理五世皇帝肖像》

们是欧洲首屈一指的王朝势力。

查理五世的祖父马克西米连一世皇帝，我们已经在他所属于的那个历史背景中描述过了，他是一个梦想家，一个哲学家，一个挥霍者，被奥格斯堡的银行家们捆住了手脚。作为一个统治者，他在政治上并不重要，除了优柔寡断和激怒别人之外，没有什么贡献。但他对历史的贡献不可能被低估，因为他既有武士风度，也是一匹赛马。他过于野心勃勃，通过精明的联姻，他不仅设法把哈布斯堡家族在奥地利、德意志和匈牙利的古老领地传给了他的孙子，还把勃艮第的公爵领地——当时西欧最强大的国家——传给了他，而且，通过进一步给他的孩子们选择联姻，从而得到了西班牙王国。

马克西米连和他的妻子、勃艮第的玛丽有一个儿子：菲利普大公，娶了西班牙的斐迪南和伊莎贝拉的疯女儿乔安娜。菲利普死在父亲之前，这桩婚事的果实就是年轻的查理五世，他生于1500年。奥地利和西班牙的遗产因此落到了他的手里。查理被剥夺了与母亲之间任何正常的联系，母亲被终身关在布尔戈斯的一座修道院里，祖父把查理交给他寡居的姑妈、奥地利的玛格丽特照顾，玛格丽特在她梅赫伦的宫廷里统治着尼德兰。她是欧洲最热心的艺术收藏家之一，未来的皇帝在艺术方面的鉴赏力和辨别力便归功于她。

玛格丽特的一生很不幸。3岁那年她嫁给了法国王太子、后来的查理八世国王，她在法国宫廷里度过了自己的童年时代。这桩婚事从未完婚，因为查理拒绝接受她而钟情于布列塔尼的安妮。马克西米连于是在她17岁那年把她嫁给了斐迪南和伊莎贝拉唯一的儿子、阿斯图里亚斯亲王唐璜，唐璜在那一年的悲惨去世，对西班牙的历史来说是灾难性的。在第三次婚姻中，玛格丽特嫁给了萨瓦公爵菲利伯特，他在1504年由于一次打猎意外而死于非命。玛格丽特，这位美丽动人、伤心欲绝的24岁的年轻姑娘，剪去了自己的金发，发誓一心致力于国事，培养她的侄子、未来的皇帝查理五世。她的这两项职责都履行得非常

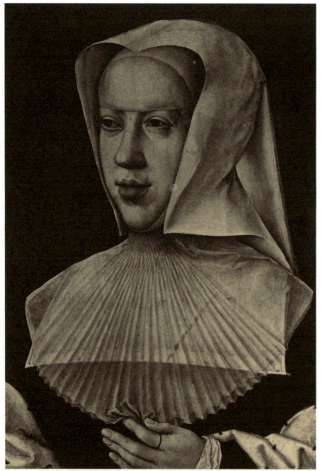

凡·奥雷：《奥地利的玛格丽特肖像》

出色，赢得了欧洲所有政治家的赞佩，艰苦的工作之余，她的消遣就是艺术收藏和诗歌写作。然而，她一切努力的顶峰是萨瓦边境附近布雷斯地区的布尔格教堂，她修建这座教堂是作为菲利伯特的陵墓，而她自己最终也长眠于此。这项工程是如此浩大，以至于她的一位大臣建议摄政王妃"卖掉她最后一件衬衣"，以便支付工程款。

尼德兰在这位女总督的治理下，建筑取得了巨大的进步，而音乐、绘画和文学脱颖于中世纪晚期勃艮第的繁荣，进入了文艺复兴的全盛期。她在梅赫伦的宫殿，正如我们从一份最彻底、最全面的目录中所了解到的那样，表明了玛格丽特

> 梅赫伦，位于安特卫普与布鲁塞尔之间，其历史可以追溯到8世纪末，12、13世纪以纺织业而繁荣。在玛格丽特担任总督的那段时期，梅赫伦作为尼德兰首都，迅速发展为欧洲政治、文化和艺术的中心。

是第一流的收藏家。除了悬挂在墙壁上的珍贵挂毯之外，这份目录还提到了"小雕像，金银首饰盒和镜子，水晶，玉髓和碧玉做的高脚杯和花瓶，象牙雕刻，琥珀，珊瑚，制作古怪的象棋，漂亮的扇子，大徽章，工艺罕见的时钟（每一个小时和半个小时报时），华美的盘子（有时候镶嵌着宝石），玻璃和陶瓷，成套的盔甲，象牙猎号，以及各种打猎的古物。"①

她的图书馆大概是意大利之外最好的，手抄本收藏颇丰，其之所以被选择，不仅因为它们的文学品质，而且因为它们内在的美。其中有很多今天保存在布鲁塞尔的皇家图书馆，见证了她的广泛兴趣："傅华萨，伊索和奥维德的《寓言集》（Fables），几种版本的亚里士多德，李维，《塞涅卡书信集》（Letters of Seneca），尤里乌斯·凯撒的《高卢战记》，圣奥古斯丁的《上帝之城》（City of God，此书她有4本），波伊提乌的《论安慰》（On Consolation）。此外，还有《黄金传说》（The Golden Legend）、《圆桌骑士》（The Round Table）、《湖上骑士兰斯洛特》（Lancelot of the Lake）、《梅林》（Merlin）、《詹森与金羊毛的故事》（The Story of Jason and the Golden Fleece），等等。"这批藏书还包括一些关于象棋、解梦、鸟的本性以及举止和习俗的书，比如《世界的镜子》（Miroir du Monde）和《贵夫人的镜子》（Miroir des Dames）。卜伽丘与圣徒传并排而立，论述打猎和放鹰的书与弥撒书和祈祷书挤在一起。

她创作的很多诗篇（其中有些诗相当长）自始至终贯穿着悲伤的笔调。她早年就开始的屡次丧偶，她对自己所统治地区的责任，以及对她所深爱的小查理的责任（她在他的身上倾注了一个母亲的爱），都在文字和形象中得到了表达和释放。

她的多才多艺远不止是写作，因为她在素描和绘画上也有相当娴熟的技巧，这对于那个时代的公主来说格外不同寻常。颜料和画笔被列入在她最个人化的财产中，据说她曾经为布鲁日的教堂画过部分设计图。伯纳德·凡·奥雷和雅各布·德·巴巴里是她的宫廷画家和始终如一的伙伴，这两个人对她的艺术品味发挥了至关重要的影响，实际上，这种品味是她在法国的童年时代以及在勃艮第的宫廷里形成的。

她对德国艺术明显没什么兴趣，因为她的财产清单中没有列出一份德国手抄本，也没有德国绘画，这让阿尔布雷希特·丢勒颇感不快。丢勒在《纪行》(Reisebriefen)一书中记录了他对梅赫伦的一次探访，日期为1521年6月7日和8日：

> 我去拜见玛格丽特夫人，给她看了我为皇帝画的肖像①，并打算把这幅画送给她，但她不喜欢这幅画，于是我就把它带走了。……礼拜五，玛格丽特夫人把她所有漂亮的东西拿给我看；其中我看到了大约40幅油画，我从未见过像这样精确而杰出的画作。我还看到了让·德·马布斯和雅各布·德·巴巴里的杰作。接下来，我还看到了一些价钱昂贵的东西，以及一批珍贵的藏书。

也是在这次访问中，丢勒见到了科尔特斯从墨西哥带回的蒙特祖玛的宝藏（它后来一直在维也纳博物馆的地下室里饱受蹂躏，直到近年）。这是欧洲人第一次提到前哥伦比亚时代的美洲艺术，大概也是美洲艺术最早的展示。不过，玛格丽特的这些收藏尽管引人入胜，但吸引我们关注的中心，正是画廊本身，因为它包括尼德兰主要艺术家的100多幅绘画作品——凡·艾克、范德魏登、梅姆林、凡·奥雷、米歇尔·范·科克西、马布斯、鲍茨、雅各布·德·巴巴里、胡安·德·弗兰德斯和杰罗姆·波希。

她收藏的所有绘画作品中，最有名的是凡·艾克给布鲁日的托斯卡纳商人约翰·阿诺菲尼和他妻子琼画的那幅画，现藏伦敦国家美术馆。

如果说玛格丽特为画家和雕塑家出力不少，那么她对低地国家的音乐家和作曲家同样帮助颇多——阿格里科拉和若斯坎·德·普雷都是她的官廷作曲家，她官廷里的佛兰德斯歌手，其名声传到了罗马，梵蒂冈

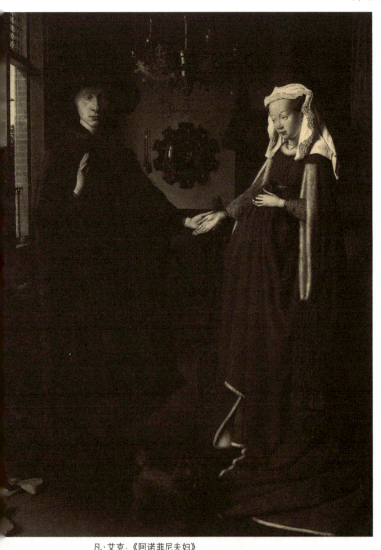

凡·艾克：《阿诺菲尼夫妇》

征召他们组建复调唱诗班。在文学方面，让她的统治时期青史留名的名字有：让·莫利内，伊拉斯谟，乌得勒支的阿德里安，以及她的历史学家让·勒梅尔·德·贝尔热。还有一项功劳也必须记到玛格丽特的名下：推动挂毯编织业实现了最充分的发展，无论是在艺术上，还是在工业上。在1447年阿拉斯陷落之后，那座城市的工人纷纷移居布鲁日、布鲁塞尔和图尔奈。这些人当中，彼得·范·阿尔斯特堪称挂毯制造者之王，40年来，他的工场里制造了数不清的挂毯，最有名的是《使徒行传》（*The Acts of the Apostles*）。所有声望卓著的艺术家都曾受雇为挂毯编织大师设计草图，他们厌倦了中世纪的刻板主题，试图迎合新的口味，乐意支付任何价钱，对古典寓言和基督教故事作出新的诠释。

玛格丽特统治了23年，是她那个时代最受尊敬的君主之一。1530年，她已50岁，也是在这一年，教皇在博洛尼亚把伦巴第的铁皇冠戴在了她侄子的头上。她的伟大使命已经完成。11月15日一大早，玛格丽特一觉醒来，向身边的一位御前侍女要了一杯水。"侍女用一只水晶高脚杯端给她一杯水，但不幸的是，在取回杯子的时候，侍女不小心让杯子掉在了她床边的地上，顿时摔成了碎片。她小心翼翼收拾了她能看到的所有碎片，但还是有一块碎片藏在玛格丽特的高跟拖鞋里。当王妃几个小时之后起床的时候，她把赤脚伸进了拖鞋，试图走到火炉旁，但立即感觉到左脚脚底剧烈的疼痛。检查之下发现，一块碎玻璃扎进了她的脚里，玻璃立即被拔了出来，但创伤留下了，出血并不多。"然而，伤口出现了坏疽，15天后，摄政王妃死于鸦片过量，鸦片是外科医生在给她截肢之前让她服用的。对于勃艮第王室，她最后的想法是：查理五世的孩子们应该继续保持它的完整，不要瓜分它。她处理了自己的几件私人物品——她最好的一个指环给了她的兄弟斐迪南，遗物给了仆人们。她写信告诉她的侄子：

> 我把您作为我绝对而唯一的继承人，把这片国土托付给您，在您离开期间，我保持了它们像你离开的时候一样，现在，我把它们的统治权归还给你，我相信我已经忠诚地履行了这一权力，我希望，我能够以这样一种方式赢得神圣的奖赏，即殿下您的满意，以及您的臣民的善意；我特别要把和平托付给您，尤其是与法国和英国国王之间的和平。最后，殿下，为了您对这可怜的躯体曾经怀有的挚爱，我恳求您，要牢记灵魂的拯救，牢记我对您的托付：我把我可怜的封臣和奴仆托付给您。最后一次对您说再见，殿下，我祈祷您兴旺、长寿。
>
> 1530年11月最后一日，自梅赫伦，
>
> 您谦卑的姑妈，玛格丽特①

尽管查理缺乏他姑姑那样的品味和热情，但他充分认识到了，艺术对于维持王朝的自命不凡，以及给他作为皇帝的威望增光添彩，都是很有用的。像文艺复兴时期任何一个年轻王子一样，他的教育也要求他熟悉艺术和艺术家，但玛格丽特一心想让

她钟爱的侄子为他未来所要承担的严肃责任做好准备,坚持让他攻读历史、语言和科学,还有武艺。敏锐的艺术鉴赏力,只不过是他在官殿内外或在餐桌上非正式地获得的。威廉·德·克罗伊和乌得勒支的阿德里安(后来成了改革派教皇阿德里安六世)是他的指导老师和伙伴。从德·克罗伊那里,他学到了得体的举止、威严的仪态,以及让他赢得西班牙人真心喜爱的那种矜持;从阿德里安那里,他学到了轻松平和的简朴方式,这使得他深受佛兰德斯人喜爱。

尽管玛格丽特曾经给他很好的建议,但在查理统治时期,主要的政治目标就是要在皇帝选举中,以及在意大利争夺米兰公爵这一头衔的漫长斗争中,击败弗朗索瓦一世。他还做了另外两件想做的事——遏制苏利曼二世治下的土耳其人(他们对基督教世界是一个持续不断的威胁),约束新教国王们,并因此阻止宗教改革的蔓延。这些都是他毕生的事业赖以建立的基石,也是他的政治基础,反过来解释了查理五世皇帝对一切文化问题和艺术问题的态度。因此,查理对勃艮第传统的热爱导致他像家族的先辈一样,继续慷慨资助布鲁塞尔的挂毯编织业。在这些挂毯中,编织了一些想象奇特的索圈,以说明他的胜利。让·佛米恩曾经给33岁的查理画过肖像,如今成了他早期的宫廷画家。

从他的西班牙外祖父母——阿拉贡的斐迪南和卡斯提尔的伊莎贝拉——那里,年轻的皇帝继承了他庞大艺术财产的一小部分。在阿拉贡与卡斯提尔统一之前,伊比利亚半岛的艺术收藏严格遵循着中世纪的模式。文艺复兴几乎没有渗透到西班牙,尽管加泰罗尼亚、那不勒斯与西西里之间的紧密联系源源不断地从意大利给它带来艺术品。摩尔人终于在1492年(也就是发现美洲的那一年)被赶出了格拉纳达,对于西班牙人的艺术品味,他们也留下了自己的烙印。在某种意义上,西班牙从未有过文艺复兴;事实上,它根本不需要一次文艺复兴,因为,西哥特人和哥特人的遗产持续不断地得到了经由科尔多瓦渗透进来的东方新观念的补充。意大利艺术同样是舶来品,像整个15世纪出现在教堂中的佛兰德斯人的原始艺术一样。但是,西班牙人本能地理解佛兰德斯绘画中的虔诚和神秘主义,而在斐迪南和伊莎贝拉统治时期,意大利文艺复兴的人文主义作品始终是外来艺术哲学的产物。

自13世纪智者阿方索的时代以来,官廷画家的传统就一直是陈词滥调,而新世界的军事征服所带来的源源不断的财富让伊莎贝拉兴奋不已,她拔下了管风琴上所有的音栓,在熟悉的主题上演奏出了最强音。她修建了公共建筑,建造并捐助了教堂,装饰了王室的住处。她儿子阿斯图里亚斯亲王胡安的陵墓,还有其他王室成员在格拉纳达的陵墓,在圣地亚哥为朝圣者修建的皇家旅店,托莱多的圣胡安皇家修道院,以及阿维拉的圣托马斯修道院,全都是她的创造。在塞维利亚,她完成了大教堂,并为城堡捐赠了一座小教堂。不过,佛兰德斯人艺术趣味的顶峰,及其与哥特式西班牙之间最幸运的结合，在布尔戈斯附近米拉弗洛雷斯的加尔都西会女修道院中可以看到。正是在这座修道院（吉尔·德·西洛埃的杰作）里，疯女乔安娜始终守候在她那位勃艮第丈夫的遗体旁边，日夜祈祷。

据彼得罗·德·马德拉索说①，伊莎贝拉留下了大约460幅绘画，其中大多数最终被查理五世继承了。乔安娜的遗嘱，除了她母亲留下的那些之外，给总数又增加了36幅。某些进口品可以追溯到扬·凡·艾克1428年出使巴伦西亚的时候，例如《活水喷泉》，但大部分是宫廷官方艺术家米歇尔·西图姆、胡安·德·弗兰德斯以及某些西班牙人的作品。托莱多的弗朗西斯科·查孔在1480年被任命为第一位宫廷画家，他还担任绘画审查官，要求他"防止任何犹太人或摩尔人胆敢描绘荣耀的圣母像，或任何其他圣徒的画像"。

○ 注释

① 卡尔·布兰迪：《查理五世皇帝》(*The Emperor Charles V*, 1939)，第13页。
② 埃莉诺·特里梅因：《尼德兰第一位女总督，奥地利的玛格丽特》(*The First Governess of the Netherlands, Margaret of Austria*, 1908)，第273页。
③ 丢勒给马克西米连画的这幅肖像现藏维也纳画廊，标注的日期是1519年。
④ 特里梅因：前引书。
⑤ 参见马德拉索：《西班牙国王三百年绘画收藏的艺术之旅》(*Viaje Artístico de Tres Siglos por las Colecciones de Cuadros de los Reyes de España*)。有一篇非常好的摘录，可以在恩里奎塔·哈里斯小姐的《西班牙王室收藏的宝库》(*Treasure House of the Spanish Royal Collections*, 1940) 一书中找到。

4. 帝王有很多

如果说查理童年时代在佛兰德斯宫廷里发展出了短暂的艺术爱好,那么他真正的教育直到他在意大利的战役才开始。在那里,就像他之前和之后很多德国人的情形一样,文艺复兴的丰饶很快就改变了他的观点。直至他四分之一个世纪之后去世,提香一直是他生活中最主要的文化影响力,也是他几个关系密切的朋友之一。在提香面前,这位沉默寡言的勇士变得比较放松;他与提香之间的关系带有一种亲昵和哀婉,这让他身边那些倍受礼仪约束的西班牙朝臣和勃艮第朝臣困惑不解。这种亲密总是让外人妒羡不已,尤其是当皇帝在博洛尼亚盛大的游行队伍中吩咐画家骑马走在自己身边时,更是激起他们的愤怒。有一次,提香正在给皇帝画肖像,画笔不小心掉在了地上,皇帝俯身帮他捡起了画笔,朝臣们对此表示反对,查理被迫反驳他们,说:"提香值得皇帝为他效劳——帝王有很多,而提香只有一个。"

他们最早相遇是1532年在博洛尼亚,当时,查理与教皇正在商议事情。经彼得罗·阿雷蒂诺的介绍,艺术家受到红衣主教伊波利托·德·美第奇的邀请,并且,据瓦萨里说,他"给皇帝绘制了一幅精美华丽的肖像。这幅肖像让皇帝十分满意,以至于画家为此得到了1000克朗的厚礼。"阿雷蒂诺声称,是他让提香引起了皇帝的注意,这个说法究竟是真是假,还真不好说,但在任何情况下,阿雷蒂诺都不允许提香(他们是最要好的朋友)忘记他这笔人情债。毫无疑问,查理是自己独立作出决定的,因为,在他探访曼图亚的贡萨加画廊之后,他就打定了主意,要让提香成为他的宫廷画家。事实上,提香深得皇帝的欢心,以至于查理五世恳求提香陪伴他去征战突尼斯,再和他一起回西班牙,但提香拒绝了,他们之间的活跃交往被推延至查理返回意大利。1547年,阿雷蒂诺写信给提香(他与皇帝

查理五世为提香捡画笔(贝尔吉)

一起在奥格斯堡)说:

> 无论是阿佩利斯,还是普拉克西特列斯,或者是其他任何给国王或亲王雕过像或画过像的人,都不可能自吹:他们在黄金和珠宝上所得到的酬劳,其价值能够比得上您杰出的天才从陛下那里得到的荣誉;是他屈尊把您召到他的宫廷;由此证明了您在他的心目中占据着多么重要的位置,即使在他为全世界制定法律的时刻,即使在他被骚乱和阴谋困扰和阻挠的时刻还有一点也是真的,正如那些满怀嫉妒之人所宣称的那样,皇帝不屑于在雕塑或绘画中被表现得像英雄甚或是神的伙伴一样传给子孙后代,他只想被铭刻在审慎的善良之人的心里,被描绘在他们的记忆里——我想说的是,如果你相信这些传闻的话,那么,他屈尊让你把他描绘在一幅画中,那该是对你非同寻常的优点寄予了多么大的荣誉,因此要认识到你那只不可模仿的手的巨大力量。去找他吧;当你匍匐在他脚下的时候,请你不仅以你自己的名义、而且也以我的名义膜拜他。①

在第一次探访意大利之后,查理便颁发了一份特许状,日期为 1533 年 5 月 10 日,宣布他只是遵循他的先辈亚历山大大帝和屋大维的榜样,选择提香为他的宫廷画家:"亚历山大只有阿佩利斯这一个宫廷画师,屋大维雇佣了所有画师当中最好的一个,以免他的荣耀被那些缺乏经验的画师的可怕失败所玷污。"他因此任命提香为拉特兰宫伯爵、宫廷会议成员和教会法庭成员,授予巴拉丁伯爵的头衔。除了这些尊贵职位所带来的好处之外,他还获得了"报告公证人和普通法官的权限,给亲王、伯爵或男爵身份以下的人的非婚生子女以合法地位的权力"。他的孩子们被提升到帝国的贵族阶层,享有附属于 4 代祖先的所有荣誉。查理进一步封提香为"金马刺骑士",授予他骑士爵位的所有特权:剑、链和金马刺,以及出入宫廷的权利,提香经常行使这一特权。除了每年给他带来 100

提香:《自画像》

至 400 达克特收入的几项津贴之外, 提香每次给皇帝画像的时候还会得到 1000 金斯库多②。他究竟给皇帝画过多少次像, 没有明确的记载, 但在今天, 仅普拉多美术馆就有 43 幅哈布斯堡王室的肖像, 皇帝和他家人的这些肖像是提香几次拜访宫廷时在奥格斯堡和维也纳绘制的。帕尔多宫在 17 世纪毁于大火, 据格罗瑙说, 这座宫殿里藏有提香的画作多达 76 幅, 是给皇帝和他儿子、西班牙国王腓力二世画的。不管准确的数字是多少, 可以肯定的是, 没有任何其他君主被这样一位高水平的艺术家如此频繁地描绘过, 并对他如此满意。

不过, 除了对这位威尼斯画家的这种亲密和信任之外, 查理五世并不缺乏他自己的智力生活。他生活简朴, 而且, 在相当年轻的时候奢侈挥霍过一段时期之后, 他的穿着也一样简朴——甚至受到一些宫廷成员的非难。据说, 他会在"大目标上大肆花钱, 而不愿意为多余的奢侈品花一分钱"。在德意志, 他戴着一顶简朴的粗斜纹布帽子, 穿着一身总共大约值 1 克朗的羊毛服装。他的一件毛皮衣服从未超过 200 克朗, 据纳瓦吉罗说, 他的衣服总是缝缝补补, 他不知道一件衬衫或一方手帕该何时扔掉。他在西班牙和德意志的宫廷都是低成本运行, 他的家庭常常一年都得不到他给的一分钱。他的侍者很少有新制服, 以至于他们总是穿得破破烂烂, 但他对艺术品和图书有很好的品味。在踏足意大利之前, 他就曾把一些意大利建筑师和雕塑家召到西班牙, 装饰格拉纳达那座一直没有完工的椭圆形大宫殿。军旅之余, 他总是抽出时间研究意大利的修道院和教堂。

查理是一个贪得无厌的阅读者。据范梅尔说, 他最初的兴趣是浪漫小说、骑士传奇和编年史。蒙斯特勒莱的《编年史》是他早年的一个伴侣——他把科迈的《回忆录》(*Mémoires*) 称为他的祈祷书, 在 1550 年以后的那些动乱岁月, 他的阅读变得越来越带有神学性质。他阅读拉丁文圣经——《马加比书》、《以斯拉记》、《但以理书》, 以及关于世界末日的任何先知书。他会吩咐为他读书的人抄写菲罗和约瑟夫斯的副本。范梅尔总是通过阅读来减缓皇帝的失眠症, 尽管他的哮喘有时候让他整夜无法入睡。他最伟大的文学劳动也属于这些年。在莱茵河他的游船上, 查理撰写了他的《纪事》(*Commentaries*), 范梅尔准备把这部著作翻译成拉丁文, "结合了李维、苏埃托尼乌斯和凯撒"。他还把他最喜欢的书, 奥利维尔·德·拉马什的《审慎的骑士》(*Chevalier Déliberé*) 翻译成了西班牙文。皇帝退隐尤斯特修道院时带去了 30 卷书, 其中包括意大利文的凯撒的《高卢战记》, 路易斯·德·阿维拉的《德意志战争》(*War in Germany*),《审慎的骑士》, 法文、意大利文和西班牙文版的波伊提乌的著作, 宫廷历史学家奥坎波的部分手稿, 以及几本关于《诗篇》的思考和评注的书。③

查理在商业和国际金融的问题上是一个热心分子(假如他今天还活着的话, 没准被人称做业余经济学家), 他还是制图学和地图测绘方面的专家。正是他在这方面的热情,极大地支持了西半球的地图绘制,以及大西洋与太平洋的发现航行。

尽管他年轻的时候就跻身于欧洲一流骑手的行列,并喜欢打猎和越野赛马,但他后来越来越不喜欢锻炼。他最容易犯的毛病是暴饮暴食,据说他一天中的每个小时都要吃饭,他的朝臣们在谈到他对餐桌和思考的热爱时总是说"della messa alla mensa"(西班牙语:餐桌上的弥撒)。路易·德·基哈达在看到这位不服从的主人吃牡蛎时说:"国王们想必认为,他们的胃跟别人的胃不一样。"但他并不是个酒鬼,正相反,让他的朝臣们感到痛苦的是:在他的餐桌上,酒精饮料受到了严格限制。40岁之后,没过多久他便患上了可怕的痛风,正是这种影响他整个身体的日益严重的疾病,促使他退位,过上了退隐生活。尽管史书称之为痛风(19和20世纪的传记作者们并不认为改变这一诊断是合适的),但是,对历史记载最业余的诊断观察也不可避免地得出这样一个结论:查理患的是一种癌症,最终吞噬了他的整个身体。1552年,当查理患上嘴唇痛的时候,英国公使理查德·莫里森爵士获准谒见。莫里森说:"他外表没有任何外在的饰物。他坐在一张光秃秃的桌子旁,桌子上没有绒毯,除了他的披风、他的毛笔、他的眼镜和他的牙签之外,没有任何其他东西。他说话很吃力,因为他的下唇有两个地方破了,他的舌端有一片绿叶,那是一种治疗方法,在他说话时可以缓解唇干舌燥。"公使受到了优雅有礼的接待。"皇帝最后说:久经考验、基础牢固的友好关系应当得到尊重。'而且,'莫里森说,'他说这话的时候声音比其余时候稍稍大一些,仿佛他真的想让我认为他是认真说这番话的;然而,他有一张这样的脸:从不习惯于透露内心深藏不露的感情,像我平生所见过的任何一张脸那样,因为他的脸上始终是白色,而在其他人身上,脸色的变化往往会透露一个人的好恶,他的表情则没有这样的变化,他的眼睛也没有透露更多的东西。他常常让我想到所罗门的名言:天之高,地之厚,君王之心也测不透。'"④

到1550年,皇帝达到了他事业生涯的一个临界点。他是世界的征服者,他制服了他在意大利的敌人,他是活着的最强大的君主,然而他深知,他如此强有力地加以巩固的东西,在他身后不可能持续。他在1545年为了从内部改革罗马教会而发起的**特兰托宗教会议**已经开了5年,这次会议最终将耗时18年,毫无结果。查理认识到,宗教改革的浪潮尽管可以被延缓,

> 特兰托宗教会议,天主教在上意大利的特兰托举行的一次宗教会议。此次会议时断时续,历时18年(1545~1563),会议的主旨是反对宗教改革运动。会议最后通过决议:宣布新教为异端。

但绝不可能无限期地抑制。而且他深知,自己患上了致命的疾病,来日无多,到了准备见上帝的时候,还要为他的领土准备一种统治模式,以便在他身后继续维持下去。他试图为他的儿子腓力把奥地利和帝国牢牢抓在手里,但白费力气,这时,他认识到,他必须向必然性低头,分割这个帝国,帝国的大部分是他继承来的,并得到了极大的巩固,被他带上了空前的高度。经过几年的

艺术收藏的历史
A History of Art Collecting

挣扎和犹豫之后,1556 年,在隆重的典礼和悲伤的气氛中,退位仪式在布鲁塞尔举行。他把西班牙王国和尼德兰给了腓力二世,把神圣罗马帝国在德意志的传统领地给了他的兄弟斐迪南一世。

查理为退隐生活选择的地点是尤斯特的圣哲罗姆派修道院,坐落于埃什特雷马杜拉河谷一片风景宜人的青山绿水间,年轻的时候他在那里打过猎。他 1557 年抵达那里,这之前经过了一次仪式性的巡游,从根特飘洋过海到了英格兰,去那里探望他的女儿,然后再由海路去了西班牙,在很多地方驻跸停留,接受从前臣民的谒见。

他给自己安排的那幢房子既不是一座宫殿,也不是一间修道室。他带着大约 100 个随行人员搬进了那幢房子,决心过一种简朴的修道院生活。当时的一些编年史家对皇帝的简朴留下了深刻印象,并颇为吃惊。一位同时代人说:"当他骑马进城的时候,在朝臣和骑士组成的光鲜耀眼的队伍中,很容易通过朴素无华的装束从人群中认出皇帝。"罗杰·阿什克姆在皇帝退位 5 年之前曾获准在一间私室中谒见陛下,他这样谈到皇帝:"他穿着一件黑色平纹皱丝长袍,看上去有点像修道院的人。"他的节俭似乎是本能的,在他第一次战役中,突然遭遇一场暴雨,皇帝取下他的新天鹅绒帽子,派人去

提香:《花神》

城里换一顶旧帽子,在此期间一直光着头。他的一位士兵说:"可怜的皇帝,花了数吨的黄金在打仗上,却为了他的天鹅绒帽子而光着脑袋站在雨中。"普雷斯科特在仔细检查皇帝的财产清单后发现,皇帝的简朴想必被极大地夸大了。"在这份清单中,我们发现了来自土耳其和阿尔卡拉斯的地毯,天鹅绒及其他材料的华盖,细黑布帘帷(自母亲去世之后他一直选择这种帘帷用在他的卧室里),其余的房间里提供了不下于25幅挂毯,都是佛兰德斯编织的,装饰着动物和风景图案。并不像人们所说的'破破烂烂的座位',除了大量的沙发和胡桃木雕花椅之外,我们还发现了半打覆盖着黑色天鹅绒的扶手椅,另外还有两把装饰工艺更精美的供皇帝专用。"⑤

起居室陈设了最奢华的金银器皿,以及各种各样的脸盆和盥洗用品;据估计,金银器皿的总量"重达1.2万至1.3万盎司"。他所拥有的珠宝对于那个时代的大国君主来说只能算是普通,它们主要是小饰物,镶嵌着宝石的金银和珐琅首饰盒,以及相当数量的圣物盒,里面装着圣十字架的残片及其他虔诚的信物。这位逊位君主带到尤斯特的主要装饰品,其价值远远超过他的金银器皿和珠宝,那是一批绘画收藏,总量超过600幅。"其中有一些如今是普拉多美术馆的镇馆之宝,有各种不同的绘画,画在帆布、木板和石块上,大多数跟实物一般大小,装在精美的画框里,挂在他住处的墙壁上。"有一些是微型画,其中至少有3幅是皇后的画像;有一个制作精美的

提香:《荣耀颂》

祭坛,表现了圣母和儿时的基督,装饰着金质徽章,包含了皇室家族不同成员的肖像。普雷斯科特继续说道:"但是,这批收藏中

的瑰宝是提香创作的8幅画。"其中有《瞧，这个人》，白金汉宫后来拒绝了阿伦德尔伯爵为这幅画开出的7000英镑的价码，还有《悲伤的圣母》，尤其是著名的《荣耀颂》，在这幅画中，查理五世与皇后一起出现在天国里的一大群人当中，被天使们所簇拥，神态肃穆，充满崇敬。这幅杰作在皇帝去世之后陪伴他的遗骨去了埃斯科里亚尔，有传闻说，它被放置在尤斯特教堂祭坛的上方。普雷斯科特说，考虑到这幅画的尺寸，这种情况是有可能的，因为它更适合于教堂，而不是私人房间。

1550年，正当查理五世开始思考退位的时候，提香开始创作这幅画，关于这件作品的主题，两个朋友之间想必有过很多交流。它毫无疑问是这位大师所承担过的最宏大的构思。阿雷蒂诺写道："我听说，就《三位一体》这幅画而言，皇帝所欣赏的是宗教和最神圣的信仰；而在《维纳斯》这幅画里，他所喜欢的是温柔和爱。因此，提香同时满足了皇帝的肉体和灵魂，就这一点而言，他可以说实现了风格的奇迹。"

似乎有些古怪，关于查理五世的审美趣味和性格特征，他去世之前的那两年比他一生中其余56年所透露的信息更多。这是因为，他是个勇士，始终在行动，从一座首都到另一座首都，通常与他置身其中的任何一座城市融为一体。诚然，围绕在他身边的，是他的勃艮第朝臣和西班牙朝臣。但他的眼前始终有一项庞大的计划，在他更年轻一些的时期，他愿意为这项计划牺牲自己的安逸和兴趣。

就算尤斯特的宫廷是简朴的，但它依然不缺乏勃艮第的整齐和礼仪，这些已经融入在他的血液里。一天中的大部分时间献给了餐桌，他吃起来不受约束，胃口大得惊人，伴随着大量的啤酒和霍克酒。显然他知道死神正在步步紧逼，于是决定索性纵容自己直到最后一刻。仅次于餐桌上的享乐，以及虔诚地向告解神父忏悔，查理还有几项消遣活动足以自娱。这些消遣通常是机械方面的，他在这方面颇有品味。托里亚诺是他始终如一的伙伴，此人是那个时代最善于创造发明的艺术家和机械师之一。他们一起制作有用的机械模型，从事各种各样的机械实验，尤其是在钟表方面，利用内部发条结构，模仿人的姿势和行为，让修道院里那些无知的修道士们啧啧称奇。普雷斯科特说，这些修道士"无法理解这些运动，有时候不相信自己的眼睛，怀疑查理和托里亚诺与看不见的力量有接触"。托里亚诺早年作为一个液压工程师而扬名天下，因此，他与查理五世一起搞的那些实验主要是天文和机械方面。事实上，这些实验表明，皇帝在精密科学和物理学上有相当的理解力。

皇帝上午10点起床，并接见第一和第二级议会成员。中午听弥撒，正是在这个时候，他沉湎于自己毕生的爱好——音乐。他的复调唱诗班被认为是欧洲第一流的，是梵蒂冈唱诗班的培训学校。弥撒之后，紧接着便是这一天的主餐，皇帝独自一人用餐，偶尔也会邀请他的忏悔神父与他一起用餐。有时候，管家范梅尔会大声给他读书通常是读普林尼或某位古典作家的作品，接下来由一位修道士朗读圣伯纳尔或圣哲罗姆著作中的合适段落。他已经完全退出了王国的事务和政府所关注的事情，事实上已经彻底抽身，以至于他的同时代人说："不管是他的舰队从印度群岛带来了无尽的财宝，还是武器的声音（迄今为止他的生活都是在这样的声音中度过的），都没有丝毫的力量打扰他的宁静。"

1558年8月的一天下午，查理五世安详地离开了这种有规律的平静生活，手里紧紧抓着提香的一幅画：《最后的审判》。他并不是一个伟大的收藏家，也不能说是一个伟大的艺术保护人。他和提香生活在同一个时代，以及他灵机一动选择这个人作为自己的朋友和宫廷画家，都纯粹是历史的偶然。另外一些为查理五世工作的艺术家，则完全是另外一个类别的人。因此，一点也不奇怪，查理五世（被如此紧密地包裹在与提香之间的亲密关系中）从未把任何作品亲自委托给他同时代的另一位伟大艺术家：米开朗基罗。"任何有理性的人都不会说：帝王之尊不适合查理五世。他即便不是一个高度戏剧性的人物，也决不是一个傀儡，更不是戏台上的国王。他不完全是一个伟人，也不完全是一个好人，但除掉所有折扣，他依然是一个值得尊敬的基督徒绅士，尽管有身体上的疾患、道德上的诱惑、政治上的无能为力，但他依然在不仁慈的天意强加给他的那样一种生活状态中恪尽自己的职责。"⑥

○ 注释

① 塞缪尔·帕特南：《阿雷蒂诺文集》(*The Works of Aretino*, 1926)。
② J. A. 克罗：《提香的生平和时代》(*The Life and Times of Titian*, 1881, 4卷本)，第一卷，第371页。
③ 关于查理五世的私生活的详尽记述，可参看爱德华·阿姆斯特朗：《查理五世皇帝》(*The Emperor Charles V*, 1910)。
④ 阿姆斯特朗：前引书。
⑤ 威廉·H. 普雷斯科特：《查理五世皇帝统治时期的历史》(*The History of the Reign of the Emperor Charles the Fifth*, 1857)，第三卷第二册，第384页。
⑥ 阿姆斯特朗：前引书，第二卷，第387页。

5. 大公爵收藏家

查理五世的退位对于欧洲的政治命运来说是一个不祥之兆，与此同时，对于艺术史来说也是预言性的。因为，正如查理五世把哈布斯堡家族的领土分给他的儿子、西班牙国王腓力二世和他的兄弟、奥地利国王斐迪南一世那样，奥地利分支和西班牙分支的个人财产也是这样被瓜分掉了。奥地利的玛格丽特的收藏，在她 1530 年去世之后，大部分传给了西班牙的继承人；在这些藏品的基础之上，查理五世又增加了他收藏的绘画（特别是提香的画），以及他从祖父母斐迪南和伊莎贝拉那里继承来的西班牙王室收藏。在查理去世之后，腓力二世为了偿还父亲的债务，把所有这些藏品都拿去拍卖，但大多数精美的绘画被他自己买回来了。这些藏品，连同后来收藏的委拉斯开兹、格列柯和戈雅等人的绘画，构成了今天西班牙王室收藏的基础。尽管埃斯科里亚尔及其他城市王室官廷的财产目录已经失传，但据彼得罗·德·马德拉索记载，仅马德里的官殿里就藏有 357 幅绘画。推测起来，这只是整个收藏的一部分；因为为了增加自己继承的这些藏品，腓力二世曾鼓励大规模的艺术品生产。

然而，奥地利王后玛格丽特的部分收藏流入了维也纳，其中包括丢勒为她父亲马克西米连一世画的肖像。后者曾收集了家族的肖像画，拥有一批古董和艺术品收藏。这些藏品，连同他收藏的古物和钱币，他都传给了马克西米连二世，他的收藏中其余的部分落入了蒂罗尔大公斐迪南和施蒂利亚伯爵之手。后者的藏品最终在 1765 年从格拉茨带到了维也纳。

16 世纪早期的哈布斯堡家族当中，蒂罗尔的**斐迪南大公**是最活泼的，也是最具原创性的。尽管他在自己那座浪漫主义风格的阿姆布拉斯城堡里收集的很

> 即哈布斯堡家族的奥地利大公斐迪南二世 (1529~1595)，是神圣罗马帝国皇帝斐迪南一世的次子、马克西米连二世皇帝的弟弟，1564 年起担任蒂罗尔及大奥地利执政官。

多艺术品与那个时代意大利或英格兰最好的收藏不相上下，但他好奇心的范围还是表明，他依然是德意志文艺复兴时期的封建王侯，依然跟他的先辈巴伐利亚的阿尔布雷希特和萨克森选帝侯有一样的兴趣和迷信。他是一个非常富有的人，因为除了他继承来的财富之外，他还娶了奥格斯堡银行家族的一位女儿：菲利皮娜·威尔瑟。他的主要业余爱好是研究建筑，他给布拉格附近的斯特恩城堡画过设计图。蒙田称他

为"伟大的建筑者和设计者",痴迷于他建立的木雕与熟铁工场,以及他从慕拉诺引进的玻璃吹制机。在后来的几个世纪里作为一种出口品深受欢迎的"波希米亚玻璃",就源自于这些工厂。

斐迪南还狂热地喜爱音乐和戏剧。他是1584年因斯布鲁克印行的一部喜剧的作者。他的宫廷乐师乔瓦尼·布翁滕波编了一本《斐迪南宫廷音乐集》(*Parnassus Musicus Ferdinandaeus*),收入了他的主人和蒙特威尔第创作的作品。斐迪南大公把他的收藏全都汇集在阿姆布拉斯城堡,那里后来成了一个圣地,不仅是欧洲艺术家和学者的圣地,而且是那个时代所有旅行者的圣地。他的盔甲收藏后来成了维也纳兵器博物馆的核心①。阿姆布拉斯城堡的图书馆自吹藏书超过4000册,艺术品收藏被称做 Grosse Kunstkammer (德语:*伟大的艺术收藏室*)。绘画相对较少,主要是历史题材的肖像画,以及一些漂亮女人的画像,她们的魅力总是让斐迪南为之痴迷。他收藏的小型雕刻矿石——蒂罗尔的一种典型产品,一些品质非常好的样本现藏摩根图书馆——就像他的乐器收藏一样著名。他还像他的德国亲戚一样喜欢收藏精密仪器,他的收藏中塞满了数学和光学小机械,包括稀奇古怪的座钟,显示星星的运动和一天的时间,还有一些错综复杂的锁,它们是如此坚固,以至于"没人能拧开"。此外,还有各种各样的人种学奇物。

在斐迪南1605年去世之后,他的儿子马克格拉夫·卡尔·冯·布高把全部收藏以17万荷兰盾的价格卖给了鲁道夫二世,附加条件是它们应当永远留在阿姆布拉斯。但是,像大多数遗嘱的情形一样,几个世纪过去,经历过许许多多的兴衰变迁之后,这些收藏与利奥波德·威廉和皇帝在维也纳的收藏合并在了一起。

奥地利的所有分支当中,**鲁道夫二世皇帝(1552～1612)**在精神上和品味上最接

> 鲁道夫二世,哈布斯堡王朝的神圣罗马帝国皇帝。传统观点认为,鲁道夫是一个碌碌无为的统治者,他的政治失误直接导致了三十年战争的爆发。但他同时又是文艺复兴艺术的忠实爱好者,他还热衷于神秘艺术和知识,促进了科学革命的发展。

约瑟夫·海因茨:《鲁道夫二世肖像》

近于他的叔叔腓力二世,他的童年时代就是在叔叔的西班牙宫廷里度过的。腓力的宗教热情表现在一种狂热的个人苦行中,而鲁道夫则沉湎于学术生活以及扩大他的中世纪奇物室。他对绘画很有眼光,主要

是通过他对提香的钦佩发展出来的,他满腔热情地收藏丢勒和希罗尼穆斯·波希的作品。鲁道夫是维也纳博物馆与帕拉多美术馆之间的连接纽带,他似乎把古代哈布斯堡遗产的几种复杂气质统一在了自己身上。他19岁离开西班牙,退隐到了布拉格,把自己关在城堡里,拒绝处理国事,把自己的时间和财富都花在了收藏上。他生活在他雇佣的科学家和占星家当中,其中有第谷·德·布拉赫和开普勒,生活在他的女人、他的画家、他的冒险和野生动物当中。他雇佣了欧洲最好的金匠和艺术家,创造人类能想象到的结构最复杂的仪器,对它们的进步和别出心裁产生了浓厚的日常兴趣。

鲁道夫的艺术品收藏据估计价值超过1700万荷兰盾,大概是世界上最大的收藏之一。不幸的是,这些收藏最后沦为三十年战争的牺牲品,它们被捷克人、萨克森人、尤其是被瑞典人给瓜分并带走了。幸运的是,其中一些更精美的藏品在布拉格遭到围攻之前被搬走藏了起来,最终去了维也纳。但大部分藏品消失不见了,古董最终流入了慕尼黑,绘画被用船分批装运,沿着易北河顺流而下,成了瑞典女王克里斯蒂娜的财宝。②

纵观整个欧洲,在马德里,有三位腓力在构建西班牙的王室收藏;鲁道夫则专注于用藏品塞满哈布斯堡家族在维也纳的宫殿,而在这个家族辽阔领土的另一个角落,利奥波德·威廉大公是尼德兰摄政。在他统治这个国家的10年时间里(1646~1656),威廉大公积攒起了一大批艺术品收藏,就连本家族其他成员似乎也相形见绌。

佛兰德斯早就有伟大的收藏传统。在弗朗什孔泰的贝桑松,查理五世的两位大臣——查理·佩勒诺·德·格兰维尔和他儿子红衣主教安东尼·德·格兰维尔—开创了艺术收藏和高雅生活的时尚,其方式让官廷的努力相形见绌,并在奢华程度上与枢机主教团的另一位成员沃尔西红衣主教一争高下。佛兰德斯人的思维因此完全习惯了鉴赏家的贪婪。

利奥波德·威廉是之前统治尼德兰的奥地王后玛格丽特的重侄孙,事实上,他只比他叔叔、蒂罗尔的斐迪南大公小20岁。他在抵达布鲁塞尔之前的某个时期便开始收藏,每当天气变化他就会去那里,我们知道,他的某些最好的艺术品,是他从维也纳动身去布鲁塞尔时沿途获得的。他是个病人,大概是结核病,于是,忧郁、哀怨和骄傲的气质是他性格中的典型特征。他似乎不肯花太大的力气,即便是为了扩大他的艺术收藏。1659年(在他回到维也纳之后不久)编制的一份财产清单显示,他积攒了1397幅油画,343幅大师的素描,542件雕塑。除了这些之外,还有大量各种各样的"小玩意儿"。他的挂毯收藏是世界上最精美的,他收藏的珠宝、器皿和家具与绘画不相上下。

起初,在艺术趣味上指导威廉大公的

> 利奥波德·威廉(1614~1662)是神圣罗马帝国皇帝斐迪南三世的弟弟,曾任尼德兰总督,喜爱收集尼德兰画派、意大利文艺复兴绘画和西班牙画家委拉斯开兹的作品。

特尼尔兹:《威廉大公在布鲁塞尔画廊》

是花卉画家让·安东·范·德·巴伦,此人还是他的宫廷牧师。但在布鲁塞尔,这位牧师很快就被**特尼尔兹**所取代,特尼尔兹后来成了画廊的主管,并创作了一系列画作来纪念这座画廊,画面上描绘的是威廉大公和他的随从陪伴艺术家和宫中的重要人物正在欣赏图画。维也纳博物馆里的那幅画是这个系列中最著名的一幅,描绘的是坦耶斯正在向他的保护人展示卡特纳、帕尔马和安尼巴莱·卡拉齐的画作,同时,几个艺术家正在仔细查看素描及其他艺术品。可以清楚地看出,大多数画作今天属于维也纳博物馆的收藏。

> 小大卫·特尼尔兹(1610～1690),佛兰德斯画家,出生于安特卫普。从他父亲老大卫,到他孙子大卫四世,前后四代人不仅同名,而且都是画家。

除了这些"画出来的画廊"之外,特尼尔兹经常绘制一些画作的小尺寸副本,或称 pastiche(模仿作品)。这些画充当了他根据整个收藏制作的铜板雕版画的模型,这些铜版画在最早的一份艺术博物馆插图目录中被装订在一起。这部作品中大约1246幅雕版画被编辑成册,题为《画苑》(*Theatrum Pictorium*),于1660年出版。

当然,利奥波德·威廉短暂的尼德兰总督任期是在腓力二世去世之后的半个世纪。他涵盖了西班牙国王腓力三世和腓力四世的统治时期。在斯图亚特王室收藏——查理一世的收藏、白金汉宫的收藏和阿伦德尔伯爵的收藏——散佚期间,他是总督。上述后两批收藏是在比利时和荷兰处理掉的。他立即提出了他的财富所允许的最高报价。他自己的肖像多达34幅,并委托尼德兰各省的艺术家画过大约65幅画。一点也不奇怪,他所惠顾的那些艺术家热心地四处寻访老一辈大师的作品,并把这些作品介绍给他,供他考虑。

鲁本斯在他抵达尼德兰的前不久去世了,但他的几个弟子被宫廷雇佣,其中,"小凡·代克"冈萨雷斯·科克斯是总监。意大利绘画得到了极好的代表,尤其是被威尼斯画派的伟大倡导者们——贝利尼、乔尔乔内、提香——所代表。弗里梅尔指出,还有洛伦佐·洛托、保罗·委罗内塞和丁托列托绘制的一些令人赞佩的肖像画。威廉大公的西班牙亲戚们给他介绍了里贝拉和委拉斯开兹及其画派的作品,尽管"不像皇帝,利奥波德·威廉并没有得到这些大师最好的作品"。维也纳美术馆里西班牙画派的杰出画作直到17世纪才来到维也纳,而奥地利和西班牙的哈布斯堡家族之间的联姻导致了家族肖像的一次交换。

然而,利奥波德·威廉在鉴赏力上有一个方面超出了大多数同时代人,这就是对15和16世纪尼德兰画派的欣赏。如今奥地利的此类收藏当中,几乎所有重要作品都源自于他的收藏——凡·艾克的《红衣主教克罗斯肖像》,以及雨果·凡·德·古斯、罗希尔·范德魏登、梅姆林等人的画作。盖尔特根·托特·辛特·扬斯的镶板画《圣母怜子图》和《背教者朱利安焚烧施洗者圣约翰的遗骨》是从英格兰国王查理一世的收藏中得到的。但是,像一个真正的哈布斯堡家族的人一样,利奥波德·威廉对荷兰共和国的新教画家避之唯恐不及,尽管在伦勃朗创作生涯的鼎盛时期,他一

扬斯:《圣母怜子图》

直居住在布鲁塞尔的宫殿里,但他并没有选择这位新教徒的作品来玷污自己的墙壁。这位异端者只有一件小幅作品《书房里的哲学家》进入了威廉的藏品目录。在平常的绘画搜集中,沃弗曼得到了容忍,奥斯塔德以风俗画闻名;但弗兰斯·哈尔斯、特博尔赫及低地国家的其他天才(他们最伟大的画作距离威廉大公那座巨大的画廊不过咫尺之遥)依然不为人知,直到他们被哈布斯堡家族后来的几代人重新发现。

1656 年,利奥波德·威廉带着他的收藏回到了维也纳,他去世之后便把这些收藏留给了他的侄子利奥波德一世皇帝。它们成了霍夫堡宫的主要吸引力,并一直留在了那里,直到 18 世纪,被梵蒂冈的观景楼及其他皇家宫殿所瓜分。在这些收藏的基础上,增加了从马克西米连二世直接传下来的收藏,以及鲁道夫二世的部分收藏,它们在三十年战争中逃过了一劫。

通过哈布斯堡世系直接传下来的维也纳皇家收藏尽管十分庞大,但它的卓著声望在很大程度上源自于阿尔贝蒂纳美术馆——最受到珍视、最被人垂涎的古典大师们的素描收藏。经历了连续不断的革命和战争的狂风暴雨,以及眼下的俄罗斯占领,这座美术馆如今矗立在它最初的宫殿里,成为一个符号,象征着艺术的永恒。它的创立者是萨克森-特生公爵阿尔伯特·卡齐米尔,波兰国王、强人奥古斯特的儿子。他娶了玛丽亚·特蕾西亚的女儿、可爱而友善的玛丽亚·克里斯蒂娜公主。他们一起把自己的精力和财富都投入到了搜集素描和

阿尔贝蒂纳美术馆的素描收藏天下闻名(图为鲁本斯的一幅素描稿)

印制版画上,其质量几乎令人难以置信。他们一起探访意大利、匈牙利和低地国家(他在那里担任总督)。在这个节骨眼上,他们遇上了大好的机会:马里埃特去世,法国大革命渐次平息,而英国摄政时期的素描收藏家们尚未开始。通过 1796 年与弗朗茨二世皇帝之间的一次精明的交换,阿尔贝蒂纳宫获得了一系列无与伦比的丢勒的作品,这批藏品来自阿姆布拉斯城堡,是鲁道夫二世从威利巴尔德·皮尔克海默的孙子手里买来的,而威利巴尔德则是从丢勒的寡妻那里买来的。另外一些丢勒的素描则来

自红衣主教格兰维拉的继承人。阿尔贝蒂纳宫的收藏工作被阿尔伯特的继承人们所接续，先是卡尔大公和阿尔布莱希特，最后是弗雷德里希大公。今天，它是令人骄傲的国家财产，美术学院的学生们主要是通过已故馆长约瑟夫·梅德的著作了解了这批收藏，梅德论述素描的书成了他们学习素描的经典教科书。

由于哈布斯堡王室领土有着广泛的分支，奥地利贵族大概比其他任何德意志人有更好的机会紧跟国内和国外的艺术品产出。他们与意大利（尤其是威尼斯）的接触是持续不断的，就像他们与低地国家和西班牙的交往一样。但在哈布斯堡家族对艺术的保护和绵延不绝的传统面前，奥地利贵族不免黯然失色，以至于只有少数人尝试大规模收藏。有哈拉赫家族、施瓦岑贝格家族、切尔宁家族，但最重要的还是列支敦士登家族，他们在列支敦士登和维也纳的家族宫殿里的艺术品收藏，其价值与这个诸侯国本身的净值几乎不相上下。这些收藏在16世纪末已经天下闻名，这一点，可以从下面这个事实中看出：1597年9月1日，鲁道夫二世皇帝从布拉格写信给第一代列支敦士登亲王，恭维他拥有杰出而罕见的艺术名作，以及据说他拥有的那些藏画，皇帝说，他已经派自己的代表施利亚克伯爵去找他，卡尔亲王绝对信任这位伯爵；皇帝因此恳求他"在各方面提供合作"，满足皇帝的愿望。毫无疑问，正如多纳斯所指出的那样，列支敦士登亲王不免怀疑皇帝有贪求的企图，可是，当伯爵抵达维也纳的时候，他的使命不过是委托复制一些亲王所拥有的最好作品而已。

第二代列支敦士登亲王卡尔·优西比乌在收藏上真正活力十足。他是个杰出的业余爱好者和鉴赏家，他的著作《论建筑》（*Werk von der Architektur*）中包含了一篇很有见地的论述收藏艺术的专论。事实上，从这位维也纳亲王为购买艺术品而支付的账单中（它们都被保存下来并出版了），你可以注意到17世纪国际艺术品贸易的绝佳图景之一。1643年，安特卫普的佛施霍德兄弟公司向卡尔·优西比乌推销一批绘画收藏，其中包括彼得·勃鲁盖尔的《死神的胜利》，1000荷兰盾；范·克利夫的《圣母与圣子》，300荷兰盾；以及卢卡斯的《贤王朝圣》，150荷兰盾。同样是这家公司，后来把鲁本斯著名的组画《德西乌斯·穆斯》卖给了卡尔·优西比乌的后代。亲王支付的价格都被详尽无遗地记录在案；阿尔布雷希特·丢勒的两幅圣像《瞧，这个人》和《圣母像》100泰勒，卢卡斯·克拉纳赫的两幅小肖像各3泰勒。拉斐尔"最完美、风格最纯正"的《圣母像》1500泰勒，而帕米贾尼诺的《炼金术士》的价格高达2000泰勒。

同样是这些文献材料，让我们看到了同时代奥地利收藏的为数不多的记录之一。1673年，卡尔·优西比乌买下了皇室管家沃尔夫·威廉·普拉默和宫廷画家克里斯托夫·劳什的收藏。这些收藏，连同另外几笔购买，包含了今天的收藏中很多最受珍视的样本。尽管18和19世纪不断向这些基本收藏添加了新的藏品,但正是卡尔·优西比乌,为世界上最大的(即便放在今天也是最大的)单一家族收藏奠定了基础。

在列支敦士登亲王利奥波德·威廉和卡尔·优西比乌面前,奥地利的收藏家突然矮了一截。尽管在18世纪,约瑟夫二世、玛丽亚·特蕾西亚、欧根亲王及他们的一些臣民十分辉煌地复活了日渐衰落的收藏风气,但文艺复兴的传统已经是明日黄花,这个家族的激情也已消耗殆尽。只是在西班牙半岛,哈布斯堡家族艺术鉴赏的火把还在燃烧,直至它去了法国,成为波旁王室的一片封地。

○ 注释

① 约翰尼斯·阿格里科拉1601年在因斯布鲁克出版的一本豪华目录中描述过这批收藏。插图由多米尼克·古斯托斯根据乔瓦尼·丰塔纳的素描图雕刻。

② 这些绘画我们将在罗马克里斯蒂娜女王的宫殿里再次遇到,在女王去世之后,她的继承人、红衣主教阿索里尼和他的侄子们把它们卖给了奥德斯卡奇亲王,而亲王又把它们卖给了法国摄政王奥尔良公爵。在巴黎王宫逗留了将近一个世纪之后,它们于1792年在伦敦被出售。

6. 腓力二世：是美第奇，还是宗教裁判官

腓力二世是众多亲王当中最具西班牙特征的，尽管他的血管里也流淌着勃艮第和奥地利的血液，据布兰迪说，他"与那些衣着华丽、看上去生活富足的尼德兰人形成了一种古怪的鲜明对照。他身上没有自然的欢快，没有年轻人的清新蓬勃。酒精把他变成了一个病人，在一次阅兵仪式上他昏倒在地。在另一次阅兵式上，他无法充任他在宗教仪式中应当扮演的角色，无法在游行队列中行走"。①腓力似乎没有继承父亲查理五世平衡公正的判断力，卡尔·尤斯蒂把他描述为"半是美第奇，半是宗教裁判官"。他是一个狂热分子，生活中的主要目标是确立天主教会无所不在的最高权力，不仅在西班牙，而且在他所有的外部领土中。在他虚弱的身体中，结合了强劲而犀利的现实主义和空想虚幻的虔诚。乌纳穆诺十分恰当地把这种精神气质称做"Sentimiento tragico de la vida"（西班牙语是：生命的悲剧意识）。就是这样一个人，居然对艺术产生了兴趣，这在很大程度上要归因于西班牙宫廷严格刻板的繁文缛节给他带来的孤独感，归因于一种神秘的内在生活，这种内在生活在埃斯科里亚尔修道院的建筑中得到了如此不祥的表达。

索弗尼斯瓦·安古索拉：《腓力二世肖像》

腓力肯定是哈布斯堡家族所有统治者当中最具西班牙特征的。他是个独裁者，吃苦耐劳，很有能力。他把西班牙的命运带到了它的最高巅峰，然后掉头向下，堕入了破产和无敌舰队的可耻覆灭中。除了西班牙在新世界的领土之外，尼德兰、弗朗什孔泰、那不勒斯和米兰都是他的功劳。对欧洲事务代价高昂的介入，不仅榨干了西班牙帝国的资源，而且让国王任由意大利（特别是热那亚）银行家们的摆布。比如格里马尔蒂家族，他们把西班牙变成了一个战场，在这个战场上，为了争夺欧洲、美洲和印度群岛的金融控制权，他们与更加强大的奥格斯堡富格尔家族展开了搏杀。由于斐迪南和伊莎贝拉在1492年赶走了犹太人和摩尔人，从而剥夺了西班牙的金融智囊，使得这种情况变得更加严重。事实上，在中世纪，卡斯提尔和阿拉贡的经济几乎完全掌握在犹太人和摩尔人的手里。

对腓力二世统治时期财政问题有所贡献的另一个因素是下面这个事实：现代资本主义的兴起，恰逢美洲的金银进口威胁要毁灭欧洲经济的时期——几个世纪以来，欧洲经济设法维持了黄金与白银之间恰当平衡的比率，其主要基础是奥地利和德国的矿产。

汉密尔顿说，历史上没有哪个时期"目睹过像墨西哥和秘鲁征服之后所发生的如此大比例的贵金属产出的增长。1520年之前，还只在安的列斯群岛获得过少许宝藏，直到美洲大陆——在新西班牙、秘鲁和新格拉纳达——发现了巨大的矿藏之后，贵金属的收成才超出了西班牙征服者最不着边际的梦想。源源不断的贵金属流入欧洲，美洲的黄金和白银促成了价格革命，而这场价格革命反过来在现时代前两个世纪的社会制度和经济制度变迁中扮演了一个至关重要的角色"。②

在1503至1660年这段时期，通过塞维利亚的印度贸易署（哈布斯堡家族把美洲贸易和航运的垄断权授予给了这家机构），用大帆船和战舰漂洋过海正式运入欧洲的金银条价值高达4.47820932亿比索，当然，这还不算劫掠的赃物和自由采矿业的产出，这样的冒险普遍盛行。"由此而产生的物质繁荣，"汉密尔顿补充道，"加上硬币对国民心理的影响，对于西班牙经历它的艺术和文学的黄金时代扮演了一个重要角色。但最终，输入金银财宝交换商品逐渐削弱了这个国家的经济活力，强化了价格革命，阻碍了整个出口工业。历史学家都同意：美洲的黄金和白银扇旺了哈布斯堡王室帝国主义的火焰，增强了西班牙统治者捍卫天主教信仰、抵制新教和伊斯兰教的热情，为战争提供了力量，简言之，构成了西班牙好战的外交政策中的一个重要因素。……因此，来自印度群岛的黄金和白银也是西班牙在遥远的欧洲战场上流血的一个重要因素——供奉于帝国主义和宗教狂热的祭坛上。还有一些人，被新西班牙和秘鲁的黄金所引诱，在他们最富创造力的年龄移民海外。毫无疑问，美洲的财富创造了繁荣的假象，并因此培养了奢侈和漂泊。你不能不得出这样一个结论：取自印度群岛的黄金和白银最终对母国造成了有害影响。"

这种贵金属的过剩以及随之而来的价格革命与艺术及艺术收藏的历史之间的关系不可能被忽视。因为，由此逐步出现了一种关于艺术品的新观点，它完全不同于中世纪和文艺复兴时期人们所知道的观点。在那几个世纪里，收藏者——除非他对收集希腊和罗马古董有一种人文主义兴趣——主要是资助人。收藏者与艺术家之间的关系在很大程度上是主仆关系。突然出现了代理商、经销商或其他中间人，站在了他们之间。想当年，艺术家依附于王室家庭，并接受一笔可观的薪水，作为对完成委托艺术品的回报，他的生活和津贴取决于人们对他的评价，以及东道主的慷慨。很少对已经完成的艺术品赋予货币价值。早期的合同总是明确规定艺术家的薪酬，同样按照固定的比例每天或每周向他的助手支付薪酬，并附有一份成本清单，尤其是对于用来碾磨颜料的贵重材料，以及用作镶板背景的金叶。脸和手所支付的报酬通常高于穿衣服的身体；画框与装裱也有明确的规定。

这种态度盛行了很长的时期，而且，毫无疑问，在西班牙一直延续到了腓力二世的统治时期。查理五世和他儿子的连年征战不仅耗尽宫廷的财力，而且让欧洲大多数地区的贵族山穷水尽。新兴的中产阶级百万富翁或投机商为王公贵族们提供了一个现成的市场，在几代人的时间里，这些王公贵族继承了文艺复兴艺术生产的精华。此外，16世纪上半叶的信用膨胀，通过安特卫普股票交易所的操作，要求拿出新的抵押品，它们应当比当时通行的笨重而过时的房地产抵押更具可移动性。突然之间，文艺复兴资助人的第三代和第四代发现自己不得不对他们继承来的绘画和其他艺术品进行估值，尽可能昂贵地卖掉它们，以补充家庭的财富。

因此，我们完全可以有把握地说，我们今天所知道的那种现代收藏始于**1557年的股市崩盘**，这次崩盘是紧接着16世纪中期疯狂的股市繁荣之后出现的。

> 1557年的股市崩盘是世界上第一次大规模的股票投机交易崩盘。当时，哈布斯堡王朝停止支付此前过量发行的国债利息，也不再分期付款，从而导致法国国债崩盘，西班牙国家破产，影响波及整个欧洲。

自古罗马时代以来第一次，我们看到了这样一个规律在发挥作用：通货膨胀时期购买艺术品的高价格在通货紧缩时期被变现。腓力二世治下的西班牙达到了美国在1929年达到的那个临界点——囤积了全球的黄金供应。但接下来，由于航海太原始，不可能把黄金重新装船运到美洲去、放回矿井里（当时尚没有想到把黄金埋在诺克斯要塞并把它彻底忘掉的好主意），除了把黄金贴在教堂的祭坛上、贴在私人小礼拜堂的屏风和天花板上之外，没有别的办法处理它。有一点恐怕并非巧合：西班牙和葡萄牙的建筑风格被称做 plateresque（银匠风格），而这个词源自于西班牙文表示金银器皿的单词 plata。

1548年，腓力作为既定继承人访问了意大利，在那里，他"不容分说地"传召提香去米兰跟他见面。4年后，他们再次在奥格斯堡会面，提香当时正在那里为查理五世绘制大量的肖像及其他委托作品。提香已经75岁，腓力是一个23岁的年轻人，他对这位艺术家无限崇拜。当提香受雇为他父亲绘制普拉多宫的《荣耀颂》和《悲伤的圣母》时，腓力委托了一系列神话题材的作品，作为自己的私人收藏，他想拿这些作品与他参观过的多里亚宫和博洛梅欧宫一争高下。这些画作包括：《达娜厄》，布里奇沃特府邸那两幅著名的姐妹篇《黛安娜与阿克泰翁》和《戴安娜与卡利斯托》，以及波士顿芬威博物馆杰克·加德纳夫人收藏中的那幅《欧罗巴的蒙难》，那是提香在美国保存最完好的、也是最可爱的一幅作品。③

除了这些异教题材的绘画之外，腓力还从这个威尼斯人那里订制了大量宗教题材的作品，其中包括《圣劳伦斯的殉道》，以及普拉多美术馆那幅十分感人的《基督与古利奈人西门背负着十字架》。提香著名的帆布油画中还包括《朱庇特与安提俄珀》，以及卢浮宫里那幅所谓的《帕尔多宫的维纳斯》，在腓力二世时代，这幅画最初挂在马德里郊外的帕尔多宫里。④

腓力在向他喜欢的艺术家支付报酬上并不总是十分爽快，这一点，可以从上了年纪的提香在去世前6个月的时候写给国王的一封信中看出来，信中，他提醒国王不要

提香：《达娜厄》

忘记自己长期以来的效劳：

> 25年过去了，在此期间，我从未收到任何东西，以补偿我在不同场合呈献给陛下的很多画作……如今我年事已高，生活困顿，在此怀着万分的谦卑恳求陛下，以您惯有的怜悯，屈尊对您的大臣下达指示，采取在您看来最方便的手段，解救我的匮乏，……好让我能够以更愉快的心情，在为陛下效劳的过程中度过残年。⑤

尽管他天生吝啬，但勃艮第宫廷传统的繁文缛节和辉煌派头，腓力二世依然一丝不苟地予以遵循。就他自己的个人品味而言，尽管堪称简朴，甚至是节俭，但对于他的扈从，他依然讲究排场和奢华；他的家庭成员超过1500人，其官员都是最高等

级的贵族。他的禁卫队由 300 人组成——100 个西班牙人，100 个佛兰德斯人，100 个日耳曼人。有 40 个侍从，都是卡斯提尔显贵家族的子弟。王后（腓力结过 4 次婚）有她自己的班底，规模是一样的。传统上，宫廷画家是作为宫廷职员服务于国王，即使在晚期，也像腓力的祖先们在布鲁日时代一样，宫廷画家也属于王室家庭的成员。他们在财政部的工作间紧挨着王宫，通过一条秘密通道与之相连，国王掌握着秘密通道的钥匙⑥。安东尼斯·莫尔——他那种安静而正规、但依然优雅的风格十分契合西班牙宫廷礼仪——担任宫廷画家多年，在遭到贬黜之前，他一直享受着国王非同寻常的信任与亲昵。坎伯兰在他的《西班牙著名画家的趣闻轶事》（*Anecdotes of Eminent Painters in Spain*）中记述了莫尔与腓力二世之间的关系（材料取自帕罗米诺），让我们更清楚地认识了这两个人的性格特征：

> 安东尼斯·莫尔（约 1517～1577），尼德兰肖像画家，出生于乌得勒支，在欧洲各国宫廷颇受欢迎。

> 他[莫尔]接下来被皇帝派到了英格兰，去玛丽的宫廷，赶在她与腓力订婚之前给她画肖像。为完成这幅肖像，莫尔雇佣了一帮善于谄媚讨好的助手，就这样用玛丽的个人魅力使西班牙的朝臣为之神魂颠倒，以至于纷纷要求他复制这幅画的副本。……在英格兰大发横财之后，他回到了西班牙，开始给腓力二世效力，而后者总是把朋友当奴隶，

把画家当朋友，他对待莫尔非常随便。然而，这位伟大的艺术家缺乏审慎，他用同样轻松随意的态度对待国王的示好；于是，有一天，正当他在工作的时候，腓力在一旁观看，他用手里的画笔蘸了一点胭脂红颜料，涂抹在国王的手上，当时国王正把自己的手臂搁在画家的肩膀上。这个玩笑开得有点过头，开这个玩笑的人不可能不受惩罚。西班牙国王的手（即便是女性也要跪倒向它致敬）自王朝建立以来从未受过这样的对待。国王严肃地打量了一会儿自己的手，在这个令人提心吊胆的紧张时刻，莫尔命悬一线，在场的朝臣们紧张不安，惊恐而愕然地看着眼前的一幕。任性，抑或是怜悯，使天平发生了逆转；腓力沾沾自喜地对这一蠢行一笑置之。画家连忙

安东尼斯·莫尔：《英格兰的玛丽肖像》

跪倒在地，亲吻国王的双脚，谦卑地弥补自己犯下的过错，一切如常，或者说看上去如此。但考虑到那个年代，国王的身体太过神圣，这一行为太过大胆，不可能逃过令人闻风丧胆的宗教法庭的注意。他们很有学问地得出了这样一个结论：安东尼斯·莫尔，一个外国人和旅行者，要么是学会了艺术的魔法，要么更有可能是在英格兰获得了某种符咒或魔力，借此让国王着了魔。

莫尔逃之夭夭，去了比利时，留下他的弟子桑切斯·科埃略完成王室肖像画廊。到那个时候，这个画廊里总共有 57 幅画，包括提香的 11 幅（主要是在哈布斯堡和维也纳画的哈布斯堡家族的肖像）和莫尔的 15 幅。哈里斯小姐根据同时代人阿戈托·德·莫利诺的记述，再现了帕尔多宫画廊（1605 年毁于大火）的外观⑦。这些肖像都是同样的尺寸，而且都是大半身像，画至膝盖的上方，环绕着整个大厅，"是陛下所拥有的最漂亮、最尊贵的房间"。提香为皇帝和皇后画的肖像占据着最显眼的位置，在肖像饰带的下面，悬挂着佛米恩画的查理五世的历次战役，以及帝国主要城市的油画。在另一个房间里，《帕尔多宫的维纳斯》悬挂在一扇门的上方，也许正是由于这个原因，它才逃过了毁掉肖像画廊的那场大火。走廊里挂满了风景画和打猎场景，包括波希的一系列、共 8 幅迥异的幻想画，以及范德魏登的《解下十字架》，这幅画现藏埃斯科里亚尔，费城约翰逊收藏中的两幅镶板画《耶稣受难像》很可能是它的配套作品。

但正是在埃斯科里亚尔修道院——这座王室特权和天主教神秘主义厚重而凶险的纪念碑，部分是修道院，部分是要塞，包括一座宫殿，一所大学，一座教堂，一座图书馆和墓园——腓力那饱受折磨的、被宏大与简朴之间的永恒冲突所撕裂的灵魂，才得到了最充分的表达。他用了 3 年时间寻找一个

> 埃斯科里亚尔修道院，位于西班牙马德里市西北约 50 公里处的瓜达拉马山南坡。该建筑名为修道院，实为修道院、宫殿、陵墓、教堂、图书馆、慈善堂、神学院、学校八位一体的庞大建筑群，气势磅礴，雄伟壮观，并藏有欧洲诸多艺术大师的名作，有"世界第八大奇迹"之称。

埃斯科里亚尔修道院全景图

合适的场地,1563 年,他亲手埋下了它的第一块石头。将近 40 年的时间里,他在这个建筑群里注入了一种奇特的混合,"结合了无边的幻想和精神的局限、宏大堂皇和简单质朴,以至于产生出了这样一件作品,赞赏和责难的意见尖锐对立,就像针对创作者本人的看法一样。埃斯科里亚尔修道院的建造是为了履行一个誓言,建筑设计图是一个烤架的形状,那是圣劳伦斯殉道的象征"。

几乎没等到奠基石上的水泥完全干燥,国王就派出了他的使节和代理人,为装饰胡安·包蒂斯塔和胡安·德·埃雷拉设计的这些建筑而开展工作。意大利和佛兰德斯的阁楼和地下室被翻了个底朝天,为的是寻找艺术品——挂毯、雕塑、绘画、铁器,还有金匠的作品和教会的服饰。但是,除了用腓力新近在美洲获得的黄金购买艺术品的问题之外,使节们还要负责满世界寻找——尤其是到罗马、佛罗伦萨、热那亚和威尼斯去寻找——艺术家来西班牙,给王室家庭效力。这些艺术家当中包括费德里科·朱卡里、卢卡·坎比亚索、佩莱格里诺·蒂巴尔迪,以及其他很多才能平平的画家。保罗·委罗内塞拒绝来西班牙,一些更优秀的艺术家只是做短暂逗留。朱卡里得到的推荐言过其实,3 年后便让他打道回府了。尽管国王(他的吝啬与日俱增)给了他 2000 金斯库多的报酬,外加 400 金斯库多的津贴,但他还是下令销毁朱卡里的画作,要么把它们搬到不那么显眼的地方去。腓力说:"这不是他的错"。格列柯受托为埃斯科里亚尔的教堂祭坛创作《底比斯军团》,但没能让国王满意,何塞·德·锡古恩萨解释说:"陛下对它并不满意——很不满意——因为没有多少人对它满意,虽然他们都说它是一件伟大的艺术品,作者也深知这一点,而且经他之手创作了一些杰出的作品。但在这件作品上,有很多不同的意见和品味……"

正如尤斯蒂十分正确地指出的那样,腓力在埃斯科里亚尔的绘画装饰上之所以没能实现充分的成功,更多地是他所生活的那

范德魏登:《解下十字架》

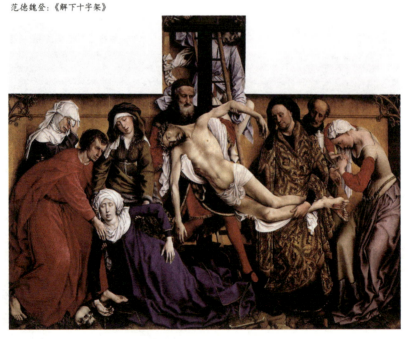

凡·艾克:《羔羊崇拜》

个时代的错误,而不是他自己品味的不足。当他有能力获得精美藏品的时候,他完全不计代价,他对波希的作品的偏好证明了他眼光的独立和敏锐。当他探访米拉弗洛雷斯女修道院、参观吉尔·德·西洛埃设计的陵墓时,他毫不犹豫地承认:"我们在埃斯科里亚尔没有实现任何东西。"人们好奇的是,挫折究竟在何种程度上困扰了这位君主,无论在小事上,还是在国家大事上。尽管不断尝试,但他还是没能买到凡·艾克兄弟的《羔羊崇拜》,而不得不让米歇尔·科克西临摹它的副本。在与西班牙艺术家打交道的过程中,腓力显示出了他的偏好和成见。桑切斯·科埃略、胡安·费尔南德斯、潘普洛纳的哑巴画家和卡尔瓦哈尔都是他所喜欢的艺术家;他受不了莫拉雷斯,因为他骄傲自大。我们古怪地注意到,尽管腓力生活在装饰艺术鼎盛的时期,但他的财产清单中却没有提到一件彩饰雕塑,而巴利亚多利德博物馆正是以收藏这类艺术品闻名于世。

腓力最后的日子是在一场可怕疾病所带来的巨大痛苦中度过的,他以一个修道士(他一直渴望成为修道士)的听天由命和坚韧不拔,承受了这种痛苦。他躺在临终的病床上,透过房间墙壁上的孔隙,望着小教堂,像罗伯特·勃朗宁笔下那位圣普拉主教一样,能够

听到弥撒那神圣的轻声低语,
整天看着上帝做饭和吃饭。

腓力二世实现了查理五世的宿命,更有甚者,他在有生之年目睹了泡沫不可避免的爆裂,毫无疑问,对泡沫爆裂的预感驱使他父亲宣布逊位,弃绝红尘,退隐到尤斯特。西班牙帝国的崩溃几乎就像它的崛起一样迅速。在临终病榻上,腓力能够看到它富丽堂皇的残骸。这个国家已经山穷水尽,饱受压迫,腐败堕落,只有毁灭一途。无论是农业,还是手工业,都因为摩尔人的被逐而遭受重创。渔业由于所有船只都被征用去打仗而遭受了灭顶之灾。坚不

可摧的无敌舰队已不复存在。制造业由于纯粹的惰性而停滞不前。人口已经被美洲耗尽（在那里，西班牙军人大批死于疟疾和黄热病），尽管直到后来，人口下降的严重性才开始显露出来。没有哪个社会阶层好多少。上层阶级的奢华过度与底层社会的可怕贫困形成鲜明对照。"国王的宗教狂热在他的宫廷里和他的人民当中培养了伪善，有各种证据表明了道德音调持续不断地降低。"⑧

1598年9月13日，这位最狂热的天主教国王长眠在一口简朴的棺材里，做棺材的木料来自一艘曾经与异教徒战斗过的船只。不管是出于吝啬，还是出于对艺术的热爱，他指示：不要把他的灵柩台升得太高，以免蜡烛烟熏黑了他最喜爱的教堂天花板。威尼斯大使向总督通报了腓力二世的死讯，并写道：

Ha aborrito la vanità di tutte le cose（西班牙语：他痛恨万物的虚空）。

○ 注释

① 布兰迪：前引书，第592页。
② 厄尔·J.汉密尔顿：《美洲的财富与西班牙的价格革命》，载《哈佛经济研究》(Harvard Economic Studies) 第43卷，第2章，1934年。
③ 这些画作后来被腓力四世送给了查理一世，当时后者正作为威尔士亲王访问西班牙，向公主求婚。
④ 他的孙子腓力四世把这幅画送给了英格兰国王查理一世，后来在1653年被国会给卖掉了。科隆银行家雅巴赫代表红衣主教马萨林花500英镑买下了它，打那以后，它一直留在法国，作为卢浮宫的镇馆之宝之一。
⑤ 哈里斯：前引书，第22页。
⑥ 哈里斯：前引书，第23页。
⑦ 哈里斯：前引书，第23页。
⑧ 亨利·约翰·蔡特：《1492年之前的西班牙历史》，载《西班牙》(Spain, 1929) 一书

第四章 意大利文化的传播及法国、英国与荷兰的财政

The Spread of Italian Culture and Finance in France, England and the Netherlands

1. 枫丹白露学派

说来也怪，法国人的审美趣味，就像它所启发的"法国风格"一样，其达到充分自觉的成熟时期，不是在中世纪，而是在文艺复兴时期，在意大利和佛兰德斯大师的指导之下，他们是为了创造民族艺术的明确目的而被请到法国。尽管罗马式风格和哥特式风格（尤其是在法兰西岛和一些大的公爵领地）总是通过它们的纯正，透露出了本质上的法国特征，但它依然是一种不承认任何边界的共同宗教灵感的产物。民族意识的觉醒，既表现在人民的智力生活中，也表现在欧洲的政治思维中。艺术，以及法国的经济，都怀有对封建制度的忠诚，依赖于教会获得权威，依赖于悔改的武士的奇思妙想而赢得声望。然而，它依然是一种令人满意的制度，因为它赋予建立在统一宗教信仰基础上的通行意见和品味以价值。此外，它注定要服务于一个由上帝决定的国际基督教社会，在这个社会中，职业和报酬被预先规定好了，并且幸运地被各行各业的人所接受。

个性是意大利半岛献给现代世界的最高礼物。除了弗朗索瓦·维庸之外，个性这个概念在15世纪初期的法国几乎就像民族国家的概念一样不为人知。但是，百年战争所带来的混乱，以及互相竞争的王公贵族可悲地不承认贵族的义务——尽管这些义务只不过是骑士规则和他们很久之前立下的忠诚誓词早已清楚地规定了的——在15世纪最后那些年里导致了政治目标的统一。一套新的忠诚使得个体的崛起和新观念的接受成为可能；在此之前这是不可能的，直到1477年，"蜘蛛王"**路易十一**在南锡战役中打败了勃艮第，从而第一次击中了贵族的要害。路易下令拆毁他们修筑了防御工事的城堡，许多个世纪以来，这些城堡一直安全地躲在护城壕和有城垛的塔楼后面，在它们的废墟之上，立即产生了都兰的那些雅致而开阔的花园别墅。这些别墅后来被称做 châteaux de plaisance （快乐城堡）。在查理八世和路易十二统治法国的那几个世纪，当他们突袭伦巴第平原的时候，立即被帝国和教皇意大利的人文主义和古代辉煌所诱惑和征服。自十字军东征时代以来，法国人的精神从未如此彻底地屈服于外国的影响。

那不勒斯是文艺复兴输入北欧的港

> 路易十一（1423～1483），法国瓦罗亚王朝国王，查理七世之子，法兰西国土统一的奠基人，又称"万能蜘蛛"。他吞并了勃艮第公国、安茹公国、普罗旺斯伯国和曼恩伯国等，基本统一了法兰西全境。

口。战利品——包含各种各样的古董和艺术品——经由马赛和蒙彼利埃进入法国。普罗旺斯在长达70年的时间里接纳了教皇的宫廷,它毫无困难地采纳了意大利优雅的生活方式,用于蓝色海岸或罗纳河谷那些风景明媚的露台。那不勒斯和西西里的无冕之王,**安茹公爵勒内**毕生都在为争夺南意大利的控制权而与阿拉贡战斗,却由于他对艺术的激情而被打败,把文艺复兴引入法国的功劳应当记在他的名下。这个富有浪漫情怀和高度文化修养的君主,是个诗人、画家兼音乐家,他雇佣了弗朗西斯科·劳拉纳及数不清的另外一些15世纪艺术家。也正是在普罗旺斯宫廷,他充当了北方那些随和而有教养的贵族与他那些在法兰西岛和勃艮第的瓦罗亚和奥尔良亲戚们之间的联系人。尽管他实际上几乎没有参与新兴法国风格的发展,但像贝里公爵和匈牙利国王马提亚斯·科维努斯一样,勒内也是那种虚饰浮夸的盛期哥特式风格最后的旗手之一,对他们来说,民族风格——作为维持国家声望的一种必要工具——的观念尚未出现。

然而,一个有趣的悖论是:正是勒内,连同安茹王朝另一个支持者**雅克·科尔**,确立了法国王室收藏应当遵循的框架。这位布尔日的商人、法国中产阶级捍

> 即勒内一世(1409~1480),别称好人勒内,他拥有巴尔公爵、安茹公爵、普罗旺斯和皮埃蒙特伯爵等爵衔,1435~1442年为那不勒斯名义上的国王。

卫者的缩影,扮演了一个特殊的角色,跟圣女贞德的角色比起来,这个角色尽管不那么浪漫,但肯定同样重要。因为,在把他的商业经验和精明敏锐交给法兰西国王任意支配的时候,他就像圣女贞德一样,对勃艮第的衰落和英国人被赶出欧洲大陆作出了贡献。然而,在这样做的过程中,他并没有放过机会满足自己对艺术的欲望,这种欲望就其风味而言是哥特式的,就其贪婪而言是美第奇家族式的。

16世纪前25年里的政治事件正在塑造某种新东西。哈布斯堡家族势力所带来的日益严重的威胁,**弗朗索瓦一世**与查理五世之间为竞选皇帝和争夺意

> 雅克·科尔(1395~1456),法国商人和王室官员,国王查理七世的顾问,曾出任财务总监,后又参加御前会议,负责税收工作。1441年封为贵族。1456年指挥一次征讨土耳其人的海军远征时,死于途中。

> 弗朗索瓦一世(1494~1547),法国国王,被视为开明的君主、多情的男子和文艺的庇护者,是法国历史上最著名、也最受爱戴的国王之一。在他统治时期,法国繁荣的文化达到了一个高潮。

让·克卢埃:《弗朗索瓦一世肖像》

大利统治权而展开的斗争,紧紧抓住了法国艺术和文学的注意力。由此新近发展出来的法国在欧洲的命运意识天生就是"法国式"的。这种意识是一切艺术和文学努力的主要关切,从弗朗索瓦一世,到柯尔贝尔,直到拿破仑,莫不如此:如何吸收、提炼并澄清意大利及北方各国文艺复兴时期的智力发现,如何让它们融入到一种单一的、精力充沛的艺术中,建立在一种本能逻辑的框架之上,并打下良好品味的烙印,这种良好品味是这个民族后来几个世纪的主要资本。

把法国风格各种不同要素——托斯卡纳的、佛兰德斯的、伦巴第的——融化并混合在一起的那座熔炉,便是弗朗索瓦一世和他儿子亨利二世在枫丹白露的宫廷,当时最主要的画家、雕塑家和装饰家都被召到了那里。绘画的 chefs d'ateliers(工头)是意大利人普里马蒂乔和尼科洛·德尔阿巴特。很多重要委托雇佣的是诺曼底人让·古戎。安德里亚·德尔·萨托和佛罗伦萨金匠及拈花惹草的专业高手本韦努托·切利尼被请到了法国,而上了年纪的达·芬奇也离开了米兰,据传说,他在安布瓦斯死在了国王的怀里。王太子(未来的亨利二世)与凯瑟琳·德·美第奇的婚姻进一步确立了对意大利人的偏爱;但是,尽管枫丹白露的传统建筑是基于意大利的设计图,但它始终被法国人的逻辑和佛兰德斯人的色彩所调和。

北欧宫廷生活(这种生活一直延续到了巴士底狱陷落)破天荒第一次拥有了自己的风格。已经明确抛弃了中世纪的骑士法则,这套法则依赖于一系列忠诚,从最底层开始,通过等级分明的一连串贵族和朝臣,直至君主。法国宫廷如今希望实现两件事:让朝臣直接与君主接触,穿透贵族等级集团,把聚光灯直接对准国王本人。因此,君主更牢固地掌控了他的家庭成员。与此同时,他反过来为他们提供面包和娱乐。凯瑟琳·德·美第奇写信给她的儿子查理九世说:"我听人说你祖父弗朗索瓦一世曾说,要与法国人和平相处并让他们热爱他们的国王,他必须让他们每周有两天的娱乐,否则的话,他们会发现自己正在从事更危险的职业。"

弗朗索瓦对艺术的热爱大概受到了双重渴望的激励:渴望在他的臣民面前有更好的表现,渴望向外国使节证明:法国能够跻身于世界上最文明民族的行列。毫无疑问,如果这就是国王的目的,那他一直都在不遗余力或不惜代价地实现这个目标。他的宫廷,无疑聚集了欧洲最耀眼的绅士和贵妇,始终像过节一样,始终衣着华丽。当然,女人彻底主宰了宫廷生活,完全占据了国王的兴趣,因为他最早认识到了布朗托姆的至理名言:"没有女人的宫廷就是没有鲜花的花园。"奢华被带入了生活的方方面面,从国王穿戴的丝绸珠宝,到房间的家具陈设。粗略算来,国王的收入大约高达 300 万克朗,而开支清单上的条目包括"衣物和经常费用 5 万克朗,menus plaisirs(小乐趣)5 万克朗,养活禁卫军 20 万克朗,王后和她的家庭支出 7 万克朗,王太子的开支30万克朗,运动4万克朗"。但是,国王的挥霍与慷慨(尤其是对他的情妇们)使他债台高筑,即位一年的时间之内就高达130万英镑[①]。

然而,这位酷爱享乐的君主并非没有严肃的一面,他给了人文主义者的小圈子以慷慨的支持,他们在**纪尧姆·布代**的领导下,创建了国王图书馆,奠定了法兰西学院的基础。据路易·巴蒂福尔说:"弗朗索瓦全心全意地投入到了这项计划中。"在这一时期,威尼斯是希腊和意大利手抄本的巨大市场。法国驻威尼斯共和国公使纪尧姆·佩利奇尔负责尽可能多地收集这些手抄本,钱明显不是问题。

> 纪尧姆·布代(1467～1540)是古典文艺复兴的推动者和严肃的考据家。做了不少富有成效的工作,为法国人本主义史学的建立作出了贡献。

1541年,佩利奇尔寄出了4箱手抄本到枫丹白露。纪尧姆·波斯德尔为了同样的目的去了近东、君士坦丁堡、叙利亚和埃及,收获颇丰。国王还雇佣了很多其他人,有的在国外,有的就在枫丹白露的宫殿里,在伊尔·罗索描绘过的那座画廊上方的一个小房间里,布代奠定了今天法国国家图书馆的基石。在这个核心的基础上,弗朗索瓦又添加了他继承来的另外几批藏书;来自布洛瓦的中世纪晚期图书,除了法国王室传统的遗产之外,还包括奥尔良王室的收藏,路易十二从米兰带回的维斯康提-斯佛扎藏书,以及他自己的昂古莱姆王室祖先们积攒起来的图书。

弗朗索瓦在尚博德和枫丹白露的宫殿以及在巴黎的卢浮宫、圣杰曼宫和马德里

枫丹白露宫的亨利二世画廊

城堡上投下的大笔财富,为法国在建筑和装饰领域的优势地位铺平了道路。从那些被他召到法国的佛兰德斯人和意大利人的联合努力中,法国文艺复兴那种兼收并蓄、优美雅致的风格脱颖而出。但是,仅有这些艺术家装点门面远远不够。弗朗索瓦已经尝到了资助艺术的甜头,决心要让他憎恨的竞争对手查理五世黯然失色,要千方百计地把这个黄金时代所能拿出来最好的东西带到他的宫廷。不仅创立国家图书馆的功劳要记到他的名下,而且,卢浮宫国家艺术收藏在后来几个世纪里被黎塞留、马萨林、柯尔贝尔和维旺-德农发扬光大,其核心收藏的功劳也必须记在他的名下。枫丹白露圣路易馆顶层的私人收藏包含他收藏的花瓶、徽章、小雕像和素描;宫殿里的墙壁和正式房间塞满了他的代理人在意大利和累范特为他搜集来的挂毯和雕塑。

达·芬奇:《蒙娜丽莎》

弗朗索瓦一世的绘画收藏是国家图书馆的让·阿德玛最近研究的课题,阿德玛指出,当弗朗索瓦在1517年登上王位的时候,他的前任路易十二的收藏中已经有一些精美的画作,包括达·芬奇的《岩间圣母》。上一年,也就是1516年,达·芬奇来到巴黎,带来了他现藏卢浮宫的另外两件作品:《蒙娜丽莎》和《圣母与圣安妮》,1520年,国王在艺术家去世的时候便把这两幅作品据为己有。也有人力劝拉斐尔来法国,但他在教皇宫廷的职责使得他无法答应屡次三番的讨好建议。然而,在他的有生之年,拉斐尔还是有几幅作品去了枫丹白露。《圣玛格丽特》画的是国王的妹妹、纳瓦拉的玛格丽特王后，据记载，这幅画1540年在枫丹白露；卢浮宫的大幅油画《圣家庭》和《圣米迦勒》是利奥十世教皇委托绘制的，被红衣主教洛伦佐·德·美第奇给了他的姑姑、未来的法国王后。拉斐尔在1518年给红衣主教比比恩纳画了《阿拉贡的让娜》，十有八九是比比恩纳在法国担任教皇使节的时候把这幅肖像送给了弗朗索瓦一世。丹神父还在他的财产清单中提到了枫丹白露宫里拉斐尔的另外几幅作品。②

安德里亚·德尔·萨托也是在弗朗索瓦即位的那一年来到法国，在他短暂逗留期间绘制了大量画作，包括卢浮宫的那幅《慈爱》。据瓦萨里说，他最早是以一幅《两个天使搀扶着基督》引起了国王的关注，这幅画是一位商人卖给弗朗索瓦的，价格4倍于艺术家最初所接受的酬金。可能正是

萨托：《慈爱》

由于这笔交易的极不公平，才导致艺术家突然回到了托斯卡纳，在那里把国王给他的钱都花在了自己身上，而这些钱原本是让他为王室收藏购买绘画和雕塑的。卢浮宫里那幅《酒神巴克斯》（在很长时间里被认为是达·芬奇的《施洗者约翰》）大概是他后来作为补偿而为法国国王绘制的作品之一。另一个托斯卡纳人萨尔维亚蒂为国王画过几幅画。有人力劝米开朗基罗来法国，他甚至答应了弗朗索瓦一世的邀请。但他太专注于自己的工作，没法离开罗马。另外一些被介绍到枫丹白露的艺术家包括弗拉·巴托洛米奥、塞巴斯蒂亚诺·德尔·皮翁博和布隆齐诺。威尼斯人的艺术明显缺席。法国与威尼斯共和国之间的敌对浇灭了法国君主对威尼斯画派的热情。事实上，提香为国王绘制的肖像（是奉阿雷蒂诺之命照着一枚徽章绘制的）是**柯尔贝尔**时代之前王室收藏中这位大师唯一的作品。

> 柯尔贝尔（1619～1683），法国政治家、国务活动家，长期担任财政大臣和海军国务大臣，是路易十四时代法国最著名的人物之一。

弗朗索瓦的兴趣并不局限于意大利画派。他对佛兰德斯人、尤其是对波希和老勃鲁盖尔的作品的喜爱十分明显，他把这些作品连同小幅家族肖像保存在更私密的房间里，这些家族肖像画在镶板上，是一位接一位国王传下来的。

这批收藏中最珍贵的作品似乎全都集中在枫丹白露，藏在弗朗索瓦一世画廊下面的浴室里。尽管有各种不同的记载谈到了它的存在，但这些记载互相矛盾。不过，

一个有把握的猜想是：装饰和呈现的模式深受亚诺河右岸那座宫殿的影响，托斯卡纳大公在这一时期把那座宫殿的奢华带到了空前的高度。国王的大多数代理人和艺术家都在佛罗伦萨的这座宫殿（皮蒂宫）里度过了漫长的几周，因为法兰西国王公开声称的目标就是要为自己的权威创造一个辉煌的背景，它应当不亚于、甚至要超过欧洲的任何亲王，很自然，美第奇家族将是一个典范，到这一时期为止，美第奇家族在事业上比其他任何资助文学艺术的家族都要大。

弗朗西斯一世对古代雕塑的兴趣丝毫不亚于他对绘画的爱好；1540年，普里马蒂乔和让·古戎被派到罗马，制作希腊和罗马伟大雕像的石膏模型，尤其是新近发现的雕像，正是通过教皇宫廷考古学家们方兴未艾的热情，这些雕像才得以重见天日。运回法国的133件石膏模型当中，包括《拉奥孔》、《观景楼的阿波罗》、梵蒂冈著名的《阿里阿德涅》和《尼达斯的维纳斯》，以及群雕《尼罗河》。

意大利观念在法国的传播在很大程度上要归功于凯瑟琳·德·美第奇的影响。她是弗朗索瓦一世的儿子亨利二世的妻子，是法国国王弗朗索瓦二世、查理九世和亨利三世的母亲。对于这位佛罗伦萨银行家族的女儿来说，对美的事物的热爱是本能的，也是引人入胜的，尽管她沉湎于艺术爱好的动机部分程度上是政治的。在国王的情妇黛安娜·德·普瓦捷那里遭受了难以言说的羞辱和轻蔑（后

> 黛安娜·德·普瓦捷（1499～1566），法国贵夫人，弗朗索瓦一世和亨利二世宫廷中的活跃人物，后来成为亨利二世的情妇。

者为了装饰她那座巨大的阿奈城堡而资助了很多法国和佛兰德斯的工匠，这几乎已经成为传说），凯瑟琳决心展示意大利文化的优势，而让她丈夫的同胞们为此掏腰包。在这一时期，法国被宗教战争搞得四分五裂，凯瑟琳象征了她的两位教皇亲戚利奥十世和克莱门特七世的权力和权威。此外，让这位佛罗伦萨出生的法国王后把意大利的时尚引入到西欧成熟的新兴市场，对意大利的金融家是有利的（他们逐步吞并了法国的商业和工业，最终在两代人之后导

弗朗索瓦·克卢埃：《黛安娜·德·普瓦捷》

致了反对红衣主教马萨林的投石党叛乱)。凯瑟琳写信给她的儿子查理九世说:"殿下必须获得我从前在这里确立的尊严和端庄。"借助宏伟壮观、富丽堂皇的派头,通过强加严格刻板、装腔作势的礼仪(它巨细无遗地规定了国王的生活方式),她给儿子灌输了一种根深蒂固的专制主义意识,后来的哈布斯堡王朝和斯图亚特王朝与17世纪奥古斯都时期的波旁王朝同样有这种意识。

今天巴黎股票交易所的场地即为凯瑟琳在城里的"宅邸"苏瓦松宫的旧址,对这位意大利公主来说,这是一个完美的场景。德图把她描述为一个"极其奢侈的女人"。这一点在她去世时编制的财产清单中得到了证实,这份清单显示她已经债台高筑。她的挂毯收藏非常出名:佛兰德斯的、法国的、意大利的,总共约129件,描绘着汉尼拔、伍尔坎的历史故事及其他深受欢迎的异教和基督教传说。它们被圈了起来,因为苏瓦松酒店同时容纳不了这么全部挂毯;在某些特殊场合会把它们悬挂在镶板上,而它们在墙壁上的位置则被另外一些样本所占据,或者悬挂印花和彩绘科尔多瓦皮革,王后有130多件这样的皮革。地板上覆盖着44件东方的地毯——在当时来说这几乎是闻所未闻的奢华。房子本身就是细木工艺术的奇迹精美的木雕,

镶嵌着珐琅和威尼斯镜子的面板嵌在墙壁里。有一个房间被称做"镜阁",墙壁上镶嵌了100多面玻璃镜;在"珐琅阁"里,镶嵌着74件王公贵族和贵夫人的肖像徽章,高度超过1英尺,还有选自古典神话和圣徒传记的寓言画。珐琅非常受欢迎,主要是里摩日生产的。有一套这样的珐琅肖像,是法国大革命期间从黛安娜·德·普瓦捷的阿奈城堡搬来的,打那以后一直保存在沙特尔的圣彼得教堂里③。

王后在她的宫殿里大肆铺张的家具和帷幔也同样富丽堂皇,反映了有点俗艳的巴洛克风格的品味,这种风格正逐渐进入

弗朗索瓦·克卢埃:《凯瑟琳·德·美第奇肖像》

托斯卡纳大公爵的宫殿。黑檀木椅子镶嵌着象牙和珠母，缟玛瑙和黑白大理石的桌子和壁炉台与绸缎和天鹅绒争辉；锦缎装饰着绉绸和金穗，起到了强调居丧的作用，丈夫去世之后，王后一直不愿意从哀痛中走出来。在绘画方面，她的爱好更多地表现在小玩意和微型画上，而不是弗朗索瓦一世收藏的那些更堂皇的帆布油画。其中很多画作——由让·克卢埃和高乃依·德·里昂根据委托绘制的——是卢浮宫无可匹敌的法国油画收藏的组成部分，在她的私人收藏当中列出了"20幅风俗画和风景画"。王后对瓷器和古玩的喜爱导致了一批藏品的收集，它们如今是阿波罗画廊的荣耀：水罐，高脚杯，香水瓶，用雕刻水晶和马赛克饰面制作的平底船，中国漆器——属于最早从东方引入到欧洲的舶来品——青铜器，象牙制品，胸像，以及古代的徽章扇子和威尼斯玻璃制品。

"当时最有品位、最新奇的珍宝都可以在她的收藏中找到。"④ 伯纳德·帕利西最著名的作品中，王后收藏了141件样品、装饰品、碗和盘碟。巴蒂福尔说："任何珍贵的藏品，甚至包括图书和手抄本，她都渴望得到一批有价值的收藏。她留下了4500册书和776卷手抄本，它们所见证的，不是她的博学——手抄本是拉丁文的，论述了很多严肃的主题，但她一本也没有读过——而是她的不加选择。我们还没有说到她的珠宝和金银器皿。"

尽管宫廷支持凯瑟琳的爱好，但千万不要以为，学术领域的法兰西民族主义——在很大程度上得到了加尔文教派学者和普罗旺斯及朗格多克的新教贵族的鼓励——并没有表现在枫丹白露内部圈子之外的大量收藏中。法国的人文主义是典型法国式的，而不像意大利的人文主义，收藏本身（它们的整体轮廓及它们的内容）不同于文艺复兴时期意大利的收藏，正如法国文学不同于托斯卡纳的文学一样。

伊拉斯谟和德国宗教改革时期人文主义者的作品通过日内瓦和巴塞尔进入了法

莱昂纳德·里姆森：《亨利二世肖像》

国,紧跟着带来了关于科学和自然界的新观点和好奇心,这些对于南方人的思维来说完全是陌生的,他们之所以接受这个世界及其带来的享乐,是因为它们值得拥有,而不会具体地涉及到良心的问题。事实上,法国人——他们总是用精细的逻辑筛子来过滤道德,并因此使得他们能够把他们的情感和他们的智力过程规范化、条理化——给16世纪的思想留下了特殊的印记,这样的思想对宗教战争中天主教作家的影响几乎像它对新教徒的影响一样大。在法国文艺复兴的内部实际上有两个互相分离的趋势:一个趋势是试图通过恢复古典著作来寻求知识,并把人的精神从中世纪的经验主义传统和宗教传统中解放出来;另一种趋势破天荒第一次宣称艺术的尊严,凭借这种尊严,建筑师和诗人,以及画家和雕塑家,"不再把自己看做是纯粹的手艺人,而是自视为高层次的创造者和学者"。

亨利二世即位3年之后,也就是1550年,马罗、拉伯雷和纳瓦拉的玛格丽特相继去世,带走了晚期哥特式法兰西残存的中世纪精神。正是在这个时候,法国人对方法论的激情,对 plan général et définitif(法语:最终的总体设计)的激情,被允许充分地得到满足。因为在短短一代人之内,便涌现出了约阿希姆·杜·贝莱的《捍卫和弘扬法兰西语言》(Défense et Illustration de la langue française),加尔文的法文版《基督教的体制》(Institution Chrétienne),雅克·阿米欧翻译的《希腊罗马名人传》(Plutarch's Lives),以及艾蒂安·帕斯奎尔的《法兰西研究》(Recherches de la France),这是第一部建立在源材料基础上的法国科学史。此外,也正是在这个群星璀璨的时期,一群才华横溢的诗人在龙萨领导下组成了宫廷学院。这个时代也是米歇尔·德·蒙田的时代,在他的随笔和旅行日记中,可以找到最完整的图画,不仅呈现了那个时代的精神和灵魂,而且也展示了当时的总体氛围。正是在这种氛围里,法国知识分子作为一个在特定环境中成长起来的人类种族的产物而得以发展。

这样一个社会,自然而然地成为培养藏书家的温床。事实上,这一传统很早就建立起来了:瓦罗亚王室早期的国王们,以及特别是路易十二,黛安娜·德·普瓦捷,凯瑟琳·德·美第奇,弗朗索瓦一世年轻迷人的新教徒妹妹、纳瓦拉王后玛格丽特,阿米欧,拉米斯,波旁家族的康斯特布尔,杜尔菲,以及德图,全都追寻伟大的神父吕克瑟伊、弗勒里、西笃和克吕尼的足迹,不知疲倦地收集最精美的手抄本和印刷图书。不过,有一个人堪称藏书家之王,必将名垂千古,在路易十二、弗朗索瓦一世、亨利二世和查理九世的统治时期,他一直都在踏踏实实地、默不作声地行动着,此人便是让·格罗里埃。1510年,他继承了父亲的职位,担任米兰公爵的司库。1534年,他出任驻罗马大使,后来担任财政大臣。尽管公务繁忙,但他的生活和他的财富都集中在了他那些装订漂亮的图书中。在16世纪,

> 让·格罗里埃(1489~1565),法国财政大臣,文艺复兴时期最伟大的藏书家。

大概没有哪个法国人有他那样的优势或机会,如此卓有成效地沉湎于自己的爱好。

像法国人文主义收藏家一样,法国文艺复兴时期的私人艺术收藏介于佛罗伦萨和乌尔比诺的王公贵族画廊与德意志帝国的奇物室之间。正如博纳费所指出,收藏阁是每一座精美而优雅的住所必备的装饰。没有一个学者或在位君主比普通绅士更能克制自己对古玩的兴趣。亨利·埃斯蒂安在《为希罗多德辩护》(*Apologie pour Hérodote*)一书中把古玩定义为"le sens de l'entendement"(*法语:理解的意义*)。

这些收藏阁出现在法国各地;在鲁昂、里昂、图尔、第戎、特鲁瓦、罗德兹,还有在贝桑松(红衣主教格兰维尔那座更精致的宫殿就坐落于那里),都可以看到好的、坏的和不好不坏的收藏——在这些收藏中,正在迅速发展的强烈的法兰西民族主义与枫丹白露和巴黎宫廷里官方的意大利精神处在无休止的冲突中。这些收藏者是谁,以及他们各自拥有什么藏品,相对来说无关紧要,因为尽管他们对法国人的智力和品味在路易十四的伟大世纪最终具体化作出了巨大的贡献,但他们远离了意大利文化和金融的主流,给未来的收藏史或今天的博物馆的构成留下的印记并不多。诚然,在这些收藏千篇一律的背景上,某些个别收藏鲜明地凸显出来:吉耶贝尔·德·梅斯是第一个与15世纪巴黎的宫廷毫无关系的私人收藏家。弗洛里蒙德·罗伯特是查理八世、路易十二和弗朗索瓦一世治下的财政大臣,他的寡妻在1532年编制了他的一份藏品目录,他是一个很有品味的人,拥有一尊巨大的青铜像:米开朗基罗的《大卫》,最初是佛罗伦萨的西格诺里亚委托制作的。这尊雕像后来消失不见了,尽管米开朗基罗为它画的素描草图还在卢浮宫。拉斯卡斯·德·巴加里斯精美的徽章和古董收藏被加布里埃尔·德·埃斯特蕾给看上了,她的国王情人亨利四世帮她搞到了手,后者跟她一样酷爱徽章和雕刻宝石。如今,它们

米开朗基罗:《大卫》

成了国家图书馆徽章收藏馆的组成部分。伟大的学者和文物研究者克劳德·德·佩雷斯克把毕生的精力投入到了研究和旅行上，同样关注考古学、艺术、钱币学和博物学。他是鲁本斯的好朋友，也是那个时代大多数博学之士和艺术家的好朋友。1598年，国王任命他为波尔多附近的圭特圣母修道院院长。他被视为精通与考古学或艺术有关的一切问题的贤哲。雅各布写道："任何一艘进入法国港口的船只，都会给他的收藏阁带来博物学的罕见之物、古代大理石雕像、手抄本，以及在亚洲或伯罗奔尼撒半岛找到的古埃及、阿拉伯、希伯来、中国和希腊的断章残简。"

但模式通常是一样的。关于这些收藏，有两位编年史家给我们留下了丰富的材料，除了大量的藏品目录之外（其中有几份由巴黎的一些文物研究者在1860年发表过），还有关于藏品内容的热情洋溢的记述。德国人文主义者津泽林以条顿人特有的缜密周详，探访了他在法国听说过的所有收藏，数量十分庞大。他依据后来因卡尔·贝德克而闻名的原则，对这些收藏进行了注释和评估。特别让他爱不释手的收藏包括蒙彼利埃药剂师劳伦特·卡特兰的收藏，以及阿雷兹的金匠阿加德先生的收藏，他给了它们三颗星。

○ 注释

① 路易·巴蒂福尔：《文艺复兴的世纪》(*The Century of the Renaissance*, 1916)，第98页。
② 让·阿德玛：《弗朗索瓦一世的收藏》，载《艺术报》(*Gazette des Beaux-Arts*)，1946年1月。
③ 在美国可以看到一些极好的样本，分别收藏于大都会博物馆、纽约的弗里克收藏、巴尔的摩的沃尔特斯艺术馆和辛辛那提的塔夫脱博物馆。美国这些机构收藏的259件珐琅徽章当中，有很多可能没有出现在凯瑟琳的财产清单中，这份清单许多年之后散佚了。
④ 巴蒂福尔：前引书，第334页。

2. 都铎王朝治下收藏的兴起

罗杰·弗莱曾指出:"有三位国王表现出了对艺术的欣赏。其中两位,理查二世和查理一世,被处死了;另一位,乔治四世,生活在不那么野蛮的时代,只不过有一伙愤怒的暴徒把他的御马车的窗户砸得稀烂。对头戴英国王冠的人来说,爱好艺术显然是危险的勾当。"这或许是真的,但是,陛下最忠诚的臣民再三证明了他们是这个世界上最敏感、最精明的艺术收藏者。即便到今天,英格兰的乡村宅邸依然是最丰富的矿藏,依然诱惑着艺术品商人和鉴赏家。索斯比或佳士得拍卖行一天的营业额,随便拿出任何一年当中任何一个季节的记录,都足以证明英国人明察秋毫的天才。

诚然,文艺复兴很晚才来到英格兰,在百年战争期间,人们很少有时间把心思花在奢侈品上。然后,紧跟着他们在1453年被赶出法国之后,英国人在一代人的时间里投入到了约克的白玫瑰与兰开斯特的红玫瑰之间的内斗中。威胁金雀花王朝的老贵族失去了他们的土地和权力,并因此给都铎王朝创造的新贵族让了路。在封建城堡和修道院的废墟上(亨利八世国王由于不满罗马教皇对自己的婚事横加阻挠,一怒之下解散了全国的修道院),他们积累起了他们的财富,建造起了他们巨大的乡村宅邸。当时,除了阿尔盖特的基督城修道院之外,国王还把瓦尔登修道院赏给了他的大臣托马斯·奥德利,这座修道院后来被称做奥德利恩德宫,富勒阴阳怪气地称之为"瓜分修道院土地盛宴的第一刀,味美汁肥的第一口——真是一笔妙不可言的进账,为的是给代言人润润嗓子,好让他更清晰、更洪亮地代表主子说话"。这些引领并预报伊丽莎白时代的乡村宅邸,本质上是中世纪风格最后一次蓬勃喷发——这种中世纪风格在意大利已经消失得不见踪影,在法国和西班牙正迅速转变为一种国际风格。但是,还要过一百年,当克里斯多佛·雷恩爵士把帕拉第奥式的建筑嫁接到这个岛国民族的哥特式遗产之上时,这样的国际风格才占领了不列颠诸岛。

> 都铎王朝是1485~1603年间统治英格兰王国及其属土的王朝,历时118年,共经历了五代君主。始于亨利七世1485年入主英格兰、威尔士和爱尔兰,结束于1603年伊丽莎白一世的去世。

> 所谓的红白玫瑰战争(1455~1485),是英国以兰开斯特家族和约克家族为代表的封建贵族之间的战争。兰开斯特家族以红玫瑰为族徽,约克家族以白玫瑰为族徽。这次战争使旧的封建贵族几乎消灭殆尽。战争结束后,建立了由资产阶级化的新贵族和新兴资产阶级支持的都铎王朝。

粗略考察一下这一时期的豪宅——诺尔庄园、哈特菲尔德庄园、彭斯赫斯特庄园、凯尼尔沃思的莱斯特庄园、朗里特庄园和哈顿庄园——就可以看出，尽管它们富丽堂皇、奢侈豪华，但强加给盎格鲁-撒克逊砖石建筑之上的意大利式装饰，并不比斯宾塞、本·琼森或菲利普·西德尼的诗歌中的拉丁文警句更有价值。

当伊丽莎白时代的和平与富庶到来、英国人终于能够品尝意大利文化的果实时，他们已经吸收了一种不同类型的人文主义：北欧新教徒的人文主义。然而，用特里维廉那雄辩有力的措辞来说："伊丽莎白时代的体制，都铎王朝胜利的宏大终曲，既是文艺复兴的胜利，也是宗教改革的胜利。二者合而为一，部分理由是因为莎士比亚的英格兰有一种心灵的魅力和轻盈，一种心智和精神的自由高飞，这些在当时严厉的耶稣会-加尔文教派的欧洲是找不到的。同样是在这个充满希望的时刻，英格兰古老的大海之歌成了一首新的海洋之歌。伊丽莎白时代的冒险家们——德雷克、弗罗比舍、霍金斯、罗利等人——扬帆远航，驶向更广阔的世界，发现'遥远的岛屿'，为国内的同胞开辟了充满希望和幻想的新领地——在爱尔兰以及在奴隶贸易上确实是在犯罪，但他们并不知道这些是犯罪，也不知道在时间的深处有着怎样可怕的后果。伊丽莎白时代的牧歌和抒情诗，表达了一个摆脱了中世纪的情结和恐惧、尚未被清教徒的情结和恐惧所压迫的民族合情合理的欢乐；欣喜于大自然和乡村，在这样的环

英格兰的乡村宅邸：奥德利恩德宫

境中，他们有幸福的生活要过；正向着健康的农业繁荣和商业繁荣前进，尚没有被工业物质主义的重负给压垮。"①

查理一世时期一些大的艺术收藏正是建立在16世纪繁荣的基础之上。如果说霍勒斯·沃波尔能够责难"英明女王"的祖父，那也是因为他在半野蛮状态中离开了英格兰，你至少必须想到，这个守财奴国王把他的金库塞得满满的，而他的子孙后代后来如此辉煌地把它们耗在了艺术上。

> 亨利七世似乎从未心甘情愿地花过任何钱，却心甘情愿地把钱花在自己根本不可能享受的东西上，这就是他的陵墓——在这上面他毫不吝惜；不过，大概正是它打算提供的那种用途，他于是可以用下面这个想法聊以自慰：它的费用要到他去世之后才支付。他既不喜欢炫耀，也不慷慨大方，天才从他那里得不到任何眷顾，他就像一个代理律师那样统治自己的国家：宁愿要一个搬运工，也不要普拉克西特列斯。②

> 托马斯·格雷欣爵士（1519～1579），英国金融家、慈善家，皇家证券交易所及格雷欣学院的创建者，曾任伊丽莎白一世女王的金融顾问。

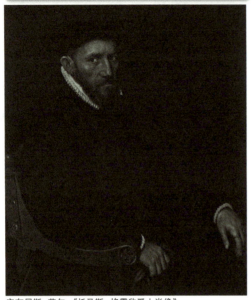

安东尼斯·莫尔：《托马斯·格雷欣爵士肖像》

朝臣只存在于他们君主的想象里，托马斯·格雷欣爵士大概象征了未来几个世纪引领大英帝国命运的那种类型的商人。像他父亲一样，格雷欣是伊丽莎白女王的王室代理人，是一个成功的商人，结合了王室的很多财政职能和推销职能，充当了"商业利益与王室利益之间的联系人"。但格雷欣父子——他们在宫廷里的影响和权威涵盖了亨利八世、爱德华六世、玛丽女王和伊丽莎白女王等几个统治时期——都是基于都铎家族创立者的金融天才，在后者的身上，结合兰开斯特世系和约克世系的气质。他们的政策是要在世界贸易上确立本民族的伟大，他们满足于把艺术和时尚这样一些锦上添花的工作留给未来时代的朝臣们。对英国来说，幸运的是，这种好战的经济精神占了上风，因为当中世纪结束、文艺复兴开始的时候，这个被 15 世纪的苦难所撕裂的国家经历了一段过渡时期。特里维廉说，在 16 世纪，英国的贸易"尽管在经历了一个相对停滞的时期之后再次出现了增长，但它依然沿着北欧海岸航行在中世纪的航道里，有一股新的动力推进到了地中海，为的是拓展布料的销路。尽管卡伯特早在亨利七世时期就从布里斯托尔航行到了纽芬兰，但大西洋彼岸更加宽阔的视野对伊丽莎白即位之前的英国人并没有产生多大的影响"。不过，当它产生影响的时候，英格兰经历了一连串与西班牙类似的经济危机。尽管英格兰在亨利八世、爱德华和玛丽统治时期并没有像西班牙在查理五世和腓力二世时期那样卷入大规模的国际战争，但是，一些内部环境，比如出生率的稳步增长，以及人口过剩造成的土地稀缺（这跟大片土地集中在少数地主手里也有关系），导致了这样一种情况：地租很高，而一般物价结构却出现了相应的膨胀。在 1500 至 1560 年之间，物价普遍翻了一倍，食品价格上涨了近三倍。③

英国人适应 16 世纪新的社会和经济条件的能力，大概是一个重要因素，对盎格鲁-撒克逊式民主后来表现出的那种形式有很大的贡献。从都铎王朝早期开始，绅士便延伸到了各行各业——"母校领带"（译者注：即带有英国公学标志的领带，也是校友情感联系的一个象征符号）直到进入 19 世纪很久之后才开始佩戴，当时，工业革命的新兴贵族需要某种比大学口音更显著的东西,把他们与自费生区别开来。从绅士阶层当中,出现了这个岛国文化独一无二的产物——大英帝国公务员,他们是统治阶级的中坚。因此,由于英国绅士不必受朝臣生活的礼仪和限制的约束(而欧洲大陆的 petite noblesse〔法语,直译为"小贵族",相当于英国的绅士阶层〕则自动接受这种约束),他们能够随心所欲地周游世界,去遥远的地方接收教育。在现代英格兰发展的早期,我们就看到了盛大旅行正在成为公认程序的组成部分,不仅对于那些有爵位的、后来在上议院拥有一席之地的"头面人物"是这样,而且对于公证人、圣公会牧师和商人的子弟也是如此。意大利自然是他们朝圣的主要目的地,他们去那里了解文艺复兴时期的文化,并事实上成为它的组成部分。帕多瓦和博洛尼亚有时候被认为实际上就是英国人的大学。对于这一点,意大利人的感觉是如此强烈,以至于伊丽莎白女王的指导老师罗杰·阿什克姆在1563年出版的《教师》(The Schoolmaster)一书中引用欧洲各地流行的一句谚语说:"Inglese italianato e un diavolo incarnato(意大利语:意大利化的英国人就是人格化的魔鬼)。"

在亨利八世那里,艺术的境遇开始有所好转,霍勒斯·沃波尔因此能够宣称:

> 这位奢华亲王的即位,带来了艺术的确立。他奢侈、堂皇而慷慨——这对艺术家来说是多大的诱惑啊!一个有品味的人总是鼓励才华;一个大手大脚花钱的人总是鼓励能手;而当一个国王讲究排场的时候,不管他有没有品味,影响总是如此之大,榜样总是如此具有传染性,以至于略有专长的人都有机会得到面包。尽管亨利没有才能开创后来几个时代所实现的那种进步,但他有足够的才能选择当时世界上最好的东西。就英格兰的乡野质朴和他自己性情气质的狂暴粗俗所允许的范围而言,他算得上时髦。弗朗索瓦一世是这些王公贵族们仿效的标准。在弗朗索瓦与查理五世争夺帝国的同时,他也在盛大排场和保护艺术上与我们的亨利国王一争高下。④

沃波尔言过其实,事实正相反,作为艺术资助人,亨利八世只不过是他的同时代人查理五世和弗朗索瓦一世的拙劣模仿品。荷尔拜因是被他吸引到英格兰宫廷里的唯一一个一流画家,他的王室收藏中包

汉斯·荷尔拜因:《亨利八世肖像》

含150幅画,大多是伊拉斯谟介绍来的这位德国大师画的肖像,这批收藏毫无疑问是欧洲最普通的王室收藏。没有一个意大利巨匠在他的宫廷里留下过记录(不管是他们本人,还是他们的作品),唯一的例外是脾气暴躁的佛罗伦萨雕塑家彼得罗·托里贾尼,在一次吵架中,托里贾尼打断了米开朗基罗的鼻梁,随后逃之夭夭,去了西班牙,从那里被请到英格兰,为亨利父亲那座未完工的陵墓工作。

伯灵顿馆举行的国王藏画展(1946～1947)有一份令人赞叹的目录,它让我们更清楚地了解了都铎王室的收藏。有少量幸存下来的作品能够讲故事——国家美术馆那幅为理查二世画的《威尔顿双连画》,以及威斯敏斯特教堂里那幅理查二世的肖像。在爱丁堡的苏格兰国家美术馆里,有一幅雨果·凡·德·古斯绘制的大祭坛画,上面有詹姆斯三世和他的王后的肖像。其余的我们只能根据威斯敏斯特宫、威斯敏斯特教堂、剑桥的国王学院以及伊顿和温莎的小礼拜堂残留下来的东西,来重构爱德华三世及其继任者们最早的王室收藏。拉斐尔的《圣乔治》⑤是"完美朝臣"巴达萨尔·卡斯蒂里奥内带到英格兰的,当时,他代表他的保护人、乌尔比诺公爵吉多贝多来英国接受嘉德勋章。

关于亨利八世的收藏,考陶德艺术学院最近出版的目录表明,除了马布斯的《亚当与夏娃》及荷尔拜因的《禁止接触》之外,

威尔顿双连画

他还拥有各种不同的宗教画,"都是奉国王之命创作的,表现新教宣传的主题,其中有一幅画,描绘了教皇站在4位福音传道者身边"。委托荷尔拜因绘制的主要作品——国王的肖像——1698年毁于白厅大火。"但他的艺术,"这本目录继续说道,"在温莎皇家图书馆的一系列素描中,以及在后来几位国王(从查理一世到乔治四世)所获得的精美肖像中,得到了辉煌的再现。丹麦的克里斯蒂娜(后来的米兰公爵夫人)那幅著名的肖像是荷尔拜因为亨利八世绘制的,当时他正在向克里斯蒂娜求婚,这幅肖像在国王去世后不久给了阿伦德尔勋爵,现藏国家美术馆。"

另一方面,红衣主教沃尔西(他的傲慢加速了与他的衰落相伴随的反教权革命)是唯一一位在规模上可以与欧洲大陆相媲美的收藏家。诚然,某些大贵族和主教,比如罗彻斯特主教约翰·费希尔,坎特伯雷大主教克兰麦、帕克和劳德,伯利勋爵,莱斯特伯爵,以及罗伯特·布鲁斯·科顿爵士,很快就作为最著名的藏书家而载入史册。但就更广阔的艺术收藏领域而言,在沃尔西与斯图亚特王室之间没有一个人处在最前列。红衣主教沃尔西的家庭由将近一千个人组成,特里维廉说:"他行进的队列有银柱和战斧在前面开路。……在这里,你看到的确实是欧洲世界性神职统治集团的王者,几百年来,人们对他卑躬屈膝。"他对罗马教廷的探访使他染上了美第奇家族教皇们的传染病。那是一个大兴土木的时代,更多的不是建造教堂,而是建造王公贵族的住处和公共建筑。哈里森在他的《英格兰纪闻》(*Description of England*)中,因为亨利八世建造的那些漂亮而奇妙的砖石建筑",而把他称为"他那个时代唯一的完人"。如果说,温莎城堡、汉普顿宫和圣詹姆斯宫是这样,那沃尔西捐助过的牛津和伊普斯威奇的大学就更是如此了。没有一件美术品或奢侈品沃尔西不曾染指过。

托马斯·沃尔西(约1475～1530),英国红衣主教,英王亨利八世的大法官和主持国务的大臣。1528年因处理亨利八世离婚案失败,被免除僧俗官职,死于解赴伦敦途中。

在爱德华、玛丽和伊丽莎白的统治时期,除了为装修新贵族的豪宅而继续推进建筑和装饰艺术之外,异乎寻常地缺乏斯图亚特王室即将引入的那种宏大的品味。就连沃波尔,在仔细梳理了乔治·弗图毕生研究王室记录和档案的笔记本之后,也只能列出屈指可数的几个引入的荷兰人和佛兰德斯人,再加上一帮肖像画家和微型画家,诸如尼古拉斯·希利亚德和艾萨克·奥利弗之类,他们让英国画派的开端有了些许的声望。

这些肖像画家的主要工作似乎就是给女王画像。沃波尔说:"没有证据表明伊丽莎白对绘画有多大的兴趣;但她喜欢自己的画像。在这些画像上,她可能显得确实端庄大方;然而,公平地说,它们似乎美化了她。她的肖像当中,没有一幅可以称之为漂亮。画面上大量的装饰,是她喜爱衣服的标志,与此同时,它们排除了一切优雅,画面完全由手和脖子组成,没有给画家的

伊丽莎白女王肖像

天才留下更多发挥的空间,就好像他是被雇来复制印度神像似的。一个苍白的罗马式鼻子,头上戴着王冠,缀满了钻石,巨大的轮状皱领,更巨大的撑环裙,以及大量的珍珠,是人人都知道的伊丽莎白女王画像的典型特征。"沃波尔以一种不那么歉疚的、有点鄙视的口吻得出结论:"我们如此幸运地拥有她那个时代几乎所有伟大人物的肖像,尽管那个时代的大多数画家并不胜任他们所面对的课题,然而,他们是大自然的模仿者,他们所传达的形象,大概比那些想象力更丰富的人更加忠实。"⑥

说来也怪,尽管产生了世界上最伟大的文学作品:莎士比亚的戏剧和詹姆斯国王版的《圣经》,但在视觉艺术领域,这个有着巨大创造力的民族似乎一直没有作出响亮的回应。不过,酵母已经开始起作用:伊丽莎白去世之后的那50年给这个岛国带来了(即便是临时性地带来了)规模最庞大的一批杰作。

○ 注释

① G. M. 特里维廉:《英国社会史》(English Social History, 1944),第97页。
② 霍勒斯·沃波尔:《英国画坛轶事》(Anecdotes of Painting in England, 1862)第一卷,第48页。
③ 特里维廉:前引书,第119页。
④ 沃波尔:前引书,第一卷,第57页。
⑤ 现藏华盛顿国家美术馆。
⑥ 沃波尔:前引书,第一卷,第150页。

3. 斯图亚特王朝的辉煌

"穿越浩瀚的时空，艺术的号角吹响的声音比其他任何号角声更加洪亮。"就算查理一世从未像法国国王路易那样有意识地表达过这个观点，他至少同样认识到了这一点，因为没有任何其他君主像他那样彻底地在一批巨大收藏那太过脆弱的框架上支撑他的绝对权威。沃波尔《英国画坛轶事》一书的编者达拉韦先生引用吉尔平的话说：

> 查理一世（1600～1649），英国斯图亚特王朝第二代国王，詹姆士一世之子。正是在他治下，国王与议会之间爆发了战争。1649年，查理一世被宣判为"暴君、叛徒、杀人犯和国民公敌"而被处死，成为英国历史上唯一一位被公开处死的国王。

> 如果查理在行动的时候就像他在阅读时一样有洞察力，在生活中就像他在艺术品位上一样有洞察力，那么他完全可能跻身于伟大国王的行列。然而，每一个热爱绘画之美的人都应当尊敬这位和蔼可亲的国王，尽管他在政治上有诸多弱点。我们英格兰从未有过哪位国王的天才和品味比他更高雅、更严谨。他以更加宽阔的视野来看待艺术。他的宫廷娱乐是全欧洲的优雅典范；他的收藏阁只接纳雕塑和绘画中的精品。只有本行当最杰出的人，才能从他那里得到鼓励。琼斯是他的建筑师，凡·代克是他的画师。查理是一个学者、一个有品味的人、一个绅士和一个基督徒；他什么都是，独独不是国王。统治国家的艺术是他唯一不懂的艺术。①

洪特霍斯特:《查理一世肖像》

查理一世与他的哥哥亨利亲王有相同的兴趣,亨利年纪轻轻便去世了,留给他一批精美的艺术收藏,以及戴王冠的艰巨任务,而这顶王冠原本打算让哥哥戴。他们的父亲詹姆斯一世没有任何品味,除非算上沃波尔指责他在文学上拥有的糟糕品味。他的宫廷画家都是一些这样的人:他们的才能仅仅让他们颇得档案保管者和文物研究者的欢心。他的儿子们对艺术究竟如何获得了这样的洞察力和热情,这一点无法解释。事实上,把他们各自拥有的财宝分开是不可能的,因为查理被处死前后编制的财产目录都把王室收藏列在了一起,尽管国王和他的宠臣白金汉(他的收藏仅次于查理和阿伦德尔的收藏)始终对亨利亲王心存感激。《查理一世国王主要收藏的目录和描述》(A Catalogue and Description of King Charles the First's Capital Collection)主要基于范德多特编制的一份有错误的清单。范德多特是一个荷兰肖像画家和徽章设计者,起初给亨利亲王效力,后来担任国王的藏画鉴定人。这份文献由于范德多特既不懂英语也不熟悉他所负责的课题而被搞得混乱不堪。它之所以有趣,更多地是因为它对查理一世统治时期的艺术荣耀所给出的概貌,而不是由于其信息的准确性。国王的收藏是他(还有他派到国外的代理人和使节)从很多不同的来源,勤勉不懈地不断积累起来的,水准很高,而且总量令人吃惊:1387幅绘画,399件雕塑。

克罗斯是国王在西班牙的代理人。在查理一世作为威尔士亲王访问马德里的时候,他便在西班牙的宫廷里度过了差不多半年时间,让委拉斯开兹给他画肖像。他醒着的时间大部分都用来扩大他的收藏。据斯特林-麦克斯韦尔说,正是在西班牙,"他的雄心壮志被唤醒了,要创建一座配得上英国王冠的画廊"。②逗留西班牙首都期间,他在拍卖场上买下了维拉梅迪安那伯爵的收藏和雕塑家彭佩欧·莱奥尼的收藏。"他向安德烈亚斯·委拉斯开兹出价1000克朗,购买柯勒乔的一幅小铜版画,但遭到了拒绝。他试图从胡安·德·埃斯宾纳那里获得达·芬奇

提香:《乌尔比诺的维纳斯》

几册珍贵的素描和手稿的努力也同样以告吹，埃斯宾纳的托词是：他打算把这批收藏遗赠给他的主人——腓力二世国王。"然而，国王和他的朝臣们还是送给他很多精美绘画。腓力把他父亲十分喜欢的一幅画、提香那幅著名的《安提俄珀》给了他，是真正的皇家礼物。提香的《戴安娜沐浴图》、《欧罗巴》和《达娜厄》尽管已经打包，但是，当亲王与公主的婚事谈判无果而终的时候，它们被留了下来。

回到英格兰继承王位之后，大臣、朝臣及外国使节们都知道国王喜欢这些东西，于是便纷纷拿出他们的私人藏品孝敬国王，反过来又雇佣代理人去欧洲大陆的宫廷搜寻艺术品。惠特洛克讲过这样一个故事："12月，王后生下了第二个女儿伊丽莎白。为庆祝殿下安全分娩，荷兰人隆重派来了一个特别使团，送来了一份厚礼：一块很大的琥珀，两个几乎透明的精美瓷器盆，一个稀奇古怪的座钟，四幅罕见的丁托列托和提香的油画。有人猜测，他们这样做是为了讨好我们的国王，因为他的舰队在海上是如此强大，而且他们已经认识到，他决心维护自己在海上的权利和统治权。"温斯顿·丘吉尔因此有足够的先例，拿出联合王国最精致的技艺，用来打造斯大林格勒之剑。

查理最主要的一次猎获，也是收藏史上最大的一笔购买，是曼图亚公爵夫妇巨大的祖传收藏。这些收藏在两次交易中被全体买下，最终在1627年被查理国王的代理人丹尼尔·奈斯和尼古拉斯·拉尼尔购得，据称总金额高达8万英镑，而曼坦那的《尤利乌斯·凯撒的胜利》在1629年购得。确切的年份存在疑问，记录表明，查理不断从其他代理人那里购买大量的藏品——最重要的23幅画是通过一个名叫弗罗斯利的人购得的[③]。尼古拉斯·拉尼尔是陛下的音乐老师，也是一个了不起的绘画爱好者，他1625年被派到意大利"为他购买一些精选的画作"。塞恩斯伯里说，他想必大肆购买，因为我们发现，国王的银行家伯拉马奇"抱怨他被召来为购买这些艺术品提供'一大笔钱'：1.5万英镑"。他多半跟国王讲过曼图亚收藏的奇观，因为，1627年他再次出现在威尼斯，大使艾萨克·韦克爵士奉命给拉尼尔"最好的建议和帮助"，而后者将"获得免费的运输，来运送这些肖像、油画、雕像及其他珍品"。下面是发自商人丹尼尔·奈斯的一系列信件，它们忠实地传承了画商通信的伟大传统：

丹尼尔·奈斯致恩狄弥翁·波特

威尼斯

1628年4月17/27日～5月2/12日

阁下及最尊敬的保护人：

拉尼尔先生(他是这封信的捎信人)以一种陛下将会很高兴看到的方式，细心而勤勉地修复和整理了从年轻的曼图亚公爵那里购得的这些画，让人把它们装箱，并通过商船"玛格丽特"号运送回国；陛下将会从他那里了解到我获得这些绘画的过程。我有生以来订立过各种契约，但从未有过比这次更困难的，幸运的是，它成功了。首先是曼图亚城，然后是基督教世界的所有国王（无论大小），都深感惊讶：我们竟然能劝诱文森佐公爵卖掉它们。曼图亚人民闻此大哗，他们说，如果文森佐公爵能要回它们，他一定愿意支付双倍的价格，他的百姓愿意提供这笔钱。我相信，瓜斯塔罗亲王宁愿要一半的收益，也不愿把它们白送给皇帝（鲁道夫二世）。托斯卡纳大公爵，还有热那亚大公爵，都做过同样的事情。似乎命运之神对我青睐有加，不是因为我自己，而是为了我代表他谈判的那个人，我指的是不列颠国王。愿上帝保佑它们能安全到港，愿陛下能从它们那里得到持久的快乐。大家都知道我代表陛下，于是他们狮子开大口，漫天要价。眼下我在罗马谈判，为的是得到柯勒乔画的圣凯瑟琳，希望能成功。这些针对蒙凡拉的战争，是内维尔公爵抵押他的很多珠宝的原因，但我怀疑他究竟愿不愿意卖掉他的大理石雕像，之前您已经得到了这些雕像的目录。万一陛下想得到它们，麻烦请您告诉我一声，以便不让别人把它们拿走，接下来我会竭尽全力，以最优惠的条件把它们弄到手。此外，请您务必让陛下相信，对于落到我手里的一切精美之物，我会迅速向他提出建议，好让陛下能够成为它的主人；我会全心全意为他效劳，在他认为值得我效劳的所有事情上。拉尼尔先生今天早晨启程，带去两幅柯勒乔的画，都是世界上最好的，仅这两幅画，我们为全部藏品所付的钱就值了。

上帝保佑他一路顺风。最后，请多关照，并恳请让我继续得到陛下的垂青。

下面这封信同样是写给恩狄弥翁·波特的：

尊敬的阁下：

眼下是5月12日。上面是我最近一封信的副本；这封信打算证实拉尼尔先生已经启程，我已经收到他5月2日从贝加莫寄出的信。他已启程经由格里松斯前往巴塞尔，身体状况还不错，带了几匹良马，愿上帝一路保佑他。他带去了柯勒乔的两幅蛋彩画，还有拉斐尔的一幅画，都是世界上最好的，其价值足以抵得上我们为全部藏品支付的钱，这既是由于它们的稀有，也是因为它们的精美。"玛格丽特"号此时想必已经航行了很远。我尚未听说它已经抵达伦敦，好让陛下能看到这么多漂亮而精美的画作。其中有拉斐尔画的圣母像，曼图亚公爵曾出价5万斯库多，已故的佛罗伦萨公爵曾经愿意现金支付2.5万达克特给曼图亚公爵：洽谈此事的人依然健在。此外，还有提香画的12幅皇帝肖像，安德里亚·德尔·萨托的一幅大画，米开朗基罗的一幅画，以及提香、柯勒乔、朱利奥·罗曼诺、丁托列托和圭多·雷尼等人的其他画作，全都是最精美的。简言之，这批收藏是如此辉煌、如此绝妙，以至于类似的收藏恐怕再也不会遇到了。它们真正配得上像大不列颠国王这样一位伟大的君主。在这次谈判中，我得到了上帝的帮助,倘若没有神助,事情不可能成功;因此,荣耀属于上帝。

在另一封写给多尔切斯特勋爵的信中,奈斯回顾了他所做过的事情,让我们饶有兴味地了解到了谈判的第二部分。

阁下知道,我正在谈判,劝说曼图亚的斐迪南公爵卖掉他的藏画,他咬住不松口,而文森佐公爵已经同意,以6.8万斯库多的价格把它们卖给我,让整个意大利大吃一惊,让曼图亚的居民极其不满。我此举仅仅为了赢得陛下的垂青,在这宗交易中我没有丝毫利益,相反,我在谈判上耗去了五六个月的时间,往返来回,疲于奔命,那段时间我一直把尼古拉斯·拉尼尔先生留在我家里,什么也没得到。有一点倒是真的,他想给我500斯库多,但我不会接受,现在我也不打算接受。我所做的一切,只为一个目的,就是要得到国王的垂青,我把这看得比世界上所有事情都有价值。如今,在跟文森佐公爵打交道的过程中,他把组成《尤利乌斯·凯撒的胜利》的那9幅大画保留给了自己,并建了两间新大厅来安顿它们,我什么也没得到,这伤透了我的心。我因为害怕,什么也不敢说,陛下知道此事可能觉得愤愤不平;我在部分程度上对拉尼尔先生掩饰我的感情,他离开这里之前一直在为公爵的那些大理石雕像谈判,连同密室里发现的一些画。他们为这些画开价1万西班牙金币,雕像5万西班牙金币,但在拉尼尔先生看来,或者在我自己看来,我们不可能拿出1万英镑。事情就这样搁置起来了。如今,文森佐公爵死了,讷韦尔公爵拥有了它们;他发现,战争让自己手头拮据,他不得不卖掉并抵押他的家具。在大公爵和法国王太后商谈购买这些大理石雕像的同时,一个信使从曼图亚来,建议我买下它们,但我当时对我和拉尼尔先生反复查

曼坦那.《尤利乌斯·凯撒的胜利》(之一)

看过的这些雕像和绘画毫不动心；这倒不是因为它们不值得买，而只是因为我没有得到来自陛下的命令。我拒绝了两三次。公爵的首相尤里奥·卡萨雷·扎卡雷洛（公爵的所有关税和岁入都由他掌管）于是来到维也纳。他对我说："你犯了一个大错，没买下公爵的雕像和绘画；它们肯定会被大公爵或法国王太后买走。"我答道："他们高兴买走就让他们买走吧，我反正不想要。"他答道："我会给你弄到安德里亚·曼坦那的那9幅画，也就是《尤利乌斯·凯撒的胜利》，你要不要，因为我知道文森佐公爵会卖掉它们"；于是我答道："是的，我愿意买下它们，但我出的价钱不会超过1万英镑，买下所有雕像和绘画，包括《尤利乌斯·凯撒的胜利》的这9幅画。"公爵不知道这9件作品的重要性，尤里奥·卡萨雷·扎卡雷洛带着合同回去了，共1.05万英镑我实在没有时间通知陛下，但我知道这些雕像的价值，所有绘画都是原作，此外，曼坦那的《尤利乌斯·凯撒的胜利》世所罕见，独一无二，而且它的价值无法估量，我想通过这笔交易为陛下效劳，赢得他的青睐。我丝毫没有想到在这笔交易或第一笔交易中获得什么利益。我只想寻求国王的善意。……

艺术史上最大的一笔交易就这样做成了。要想再次见到与之差堪比肩的交易，恐怕要等到安德鲁·W.梅隆从艾尔米塔什博物馆购买那33幅画，其中有很多藏品是凯瑟琳大帝从罗伯特·沃波尔爵士霍顿庄园的收藏中获得的，这批收藏曾经是查理一世和曼图亚王室的恩赐。当时，梅隆先生支付了1900万美元给苏联政府——事实上，他为一件作品支付的价格，就超出了丹尼尔·奈斯代表他的国王向公爵购买整批藏品的价格。

逐一详细列举查理国王在怀特霍尔宫以及其他宫殿里积累起来的所有藏画毫无意义。达拉韦在编辑沃波尔的《英国画坛轶事》的时候编制了一张表，列出了部分藏画，他说："在怀特霍尔宫，总共有460幅绘画，陈列在不同的房间，包括长画廊里的102幅画。这里提到的仅仅是一些更有名的大师的作品。"

显然，这张表正如他所声称的那样，只是一份粗略的摘要，是在19世纪初年编制的，没有详细提到它们的来源。要整理和核对查理一世收藏现存的三份清单，将会花去数年的艰苦劳作，几乎没什么奖赏——因为编纂者的趣味反映了他们那个时代的偏见，认识不到15世纪的"早期风格"，正如我们从意大利的早期记述中所了解的那样，贡萨加收藏中此类风格的作品是如此丰富。也没有提到另一神来之笔：根据鲁本斯的建议购买拉斐尔的一批草图（现藏南肯辛顿）。这些草图曾被利奥十世送到了佛兰德斯，为梵蒂冈的那些挂毯充当图样[④]。雕塑、素描和徽章的巨大收藏也没有记载，只是漫不经心地提到了它们异乎寻常的丰富。也没有到提凯内尔姆·迪格比爵士花17 989英镑在累范特获得的古董收藏，特别是来自德尔斐的阿波罗神庙的古董,这些藏品全都陈列在格林威治和萨默塞特宫的画廊里。

查理国王对北欧国家的艺术几乎同样热心,尽管他没有获得一批像曼图亚收藏那样的藏品,当然,后者主要是意大利人的作品。核心收藏包括他继承来的荷尔拜因家族的作品。他用提香的《伊拉斯谟》和《神圣家庭》跟路易十三换了一幅达·芬奇的《施洗者约翰》(后来又回到了卢浮宫)。他把荷尔拜因的一些素描(卡罗琳王后后来在一张桌子的抽屉里发现了它们)给了彭布罗克伯爵,换来了拉斐尔的《圣乔治》,这幅画在中间这些年里不知何故临时离开了皇家收藏。他是鲁本斯和凡·代克的保护人。前者是白金汉公爵的朋友,后者成了查理国王的宠儿,从1632年起就一直居住在英格兰,直至1641年去世。一系列无与伦比的王室肖像显示了他非凡的技巧,他以这样的技巧"赋予查理本人、他的王后及其他宫廷成员以一种有节制的优雅和高贵的特征,对子孙后代来说,这些特征成了这个宫廷所呈现出的虚幻图景不可分割的组成部分。这些品质究竟在多大程度上被国王和他的朝臣们真正拥有,又在多大程度上要归功于艺术家熟练而巧妙的奉承,如今还真不好说,但是,没有一幅肖像能够像凡·代克的肖像那样强烈地传达出英国绅士独有的特质"。

○ 注释

① 沃波尔:前引书,第一卷,第261页。
② 威廉·斯特林-麦克斯韦尔:《委拉斯开兹及其作品》(Velasquez and His Works, 1855),第80页。
③ 布莱思·里德:《威廉·弗里泽尔与王室收藏》,载《伯林顿杂志》(The Burlington Magazine)第89卷(1947年3月),第70页。
④ 教皇为这些挂毯草图支付给拉斐尔150英镑,他后来为这些挂毯支付了7000英镑。在挂毯交货之后,梵蒂冈便对原图失去了兴趣,鲁本斯后来在挂毯厂发现了它们。

4. 白金汉公爵

在威斯敏斯特教堂，白金汉公爵乔治·弗朗西斯·维利尔斯的陵墓上雕刻着这

乔治·维利尔斯（1592～1628），第一世白金汉公爵英格兰政治家，1614年成为詹姆斯一世的宠臣，1616年任侍从长，1617年封伯爵，次年升侯爵，1619年任海军大臣。在众多的宠臣中，乔治·维利尔斯最受詹姆士一世青睐，1623年2月获得白金汉公爵的封号。

科尼利厄斯·德·内维：《白金汉公爵肖像》

样几个字："世界之谜"。亨利·沃顿爵士决定"撰写乔治·维利尔斯的生平和结局、性格和命运（认为他值得跻身于时代和命运的伟大样本的行列）"。最机智的艺术鉴赏家和驻海牙大使达德利·卡尔顿爵士称他为"一个英国人，一个绅士，一个军人，一个新教徒"。克拉伦登勋爵谈到他的时候曾经这样说：

> 他的上升是如此之快，以至于看上去似乎是飞翔，而不是成长；命运对他如此青睐，以至于还没等你看到他在底部，他就已经爬到了顶部——仿佛他天生就是个幸运儿，他来到宫廷的头一个月就是至高无上的。

1625年在巴黎遇见过他的莫特维尔夫人到处传播一个普遍看法，像约翰·奥格兰德爵士这样一些人都认为他是"全世界最英俊的人之一"。在西班牙（他在1623年跟威尔士亲王一起去了那里），他在女士们那里同样深受欢迎。哈克特主教写道："他是这样一个人，你在肤色黝黑、出身卑微的卡斯蒂利亚人当中找不到类似的人物。……从他的指甲——不，是从他的脚底，到他头上的冠冕，他身上没有任何瑕疵。……他的举止仪态，他的每一次弯腰，比起他出色的形体，更是美中之美……一顾一盼，一颦一笑，一举一动，一俯一仰，莫不令人赞佩。……丝毫也不奇怪，一个这样的翩翩少年，在国内和国外都能深受人们的喜爱，尤其是在马德里，那是亲王们的宫廷。"

我们今天关于白金汉公爵的知识，大

多数要归功于大仲马。但当时的一些传记也记录了他的风流韵事,几乎像《三个火枪手》(*The Three Musketeers*)一样引人入胜。1625 年,白金汉出使法国,去带走未来的英格兰王后亨利埃塔·玛丽亚,她将成为查理一世的妻子。路易十三的王后、奥地利的安妮金发碧眼,魅力十足,当时 24 岁,虽然悲惨不幸,却正当成熟之年,渴望她从来不曾拥有过的爱情。接下来的事情不免老套,用克拉伦登勋爵的话说:

> 在他的驻法大使馆里,他的仪态和风度深受人们的赞叹和尊敬(事实上,在所有人眼里都是一个奇迹),他体现了英格兰的财富能够集中到他身上的所有光彩,让宫廷给自己披上的华丽盛装黯然失色,以最独特的虚荣表演整个国家。他野心勃勃,想要紧紧盯住一位高贵庄严的女士,把自己最热烈的爱奉献给她,用最难缠的表白追求她。正当他打算付诸行动的时候,(法国)国王把王后引见给他的妹妹,把她交到公爵的手里,由他领入英格兰。离开宫廷之后,公爵在他的旅行中再次下定决心要拜访那位女士,他相信自己能够与她私通。但它如此轻而易举地被人发现了,以至于为接待他而作出了专门的规定。……他发誓,他会见到那位女士,并跟她说话,不管法国的力量多么强大。①

尽管法国宫廷作出了种种努力,试图阻止他,但白金汉公爵还是拜访了王后。关于他们之间关系的准确定性,至今只能推

鲁本斯:《奥地利的安妮肖像》

测,然而,这个故事依然是斯图亚特王朝历史上最浪漫、最热烈的篇章之一。可以肯定的是,不管他对奥地利的安妮的喜爱究竟是怎么回事,白金汉公爵总之是决心要"不负责任地冒犯"法国。他成功地赢得了黎塞留不共戴天的持久敌意,这种敌意将在两百年的时间里影响法英两国的历史进程。

事实上,杰勒德·凡·洪特霍斯特绘制的维利尔斯一家在汉普顿宫的那幅巨大肖像呈现了公爵私生活的另一个方面。尽管他总是寻花问柳,但他也是一个和蔼的丈夫和一个慈爱的父亲。同时代的历史学家加德纳在白金汉公爵 36 岁那年去世的时候这样写道:

> 事实上,公爵夫人[凯瑟琳·麦纳斯]从不怀疑已故丈夫的完美。在她让人刻写的墓碑碑文中,她带着甜美的回忆,说到了他身体和心灵的天赋,他的慷慨

洪特霍斯特:《白金汉公爵和家人》

大方,尤其是他的性情气质中不同寻常的仁慈和举世无匹的温柔。对她来说,他依然是世界之谜,有段时期他被称做父亲,而另一时期又被视为国家的敌人。至少,她本人在心里对古老的宗教形式抱有温暖的依恋,能够带着惊讶(如果不是半遮半掩的讽刺的话),说到那古怪的命运,正是这一命运,导致他被指控依恋教皇制度,同时又发动针对天主教徒的战争,导致他被新教徒所杀,同时又竭尽所能帮助新教徒。②

白金汉公爵尽管作为詹姆斯一世的宠臣已经功成名就,但可以说,他是一个跟查理国王志趣相投的人,无论是在品味上,还是在慷慨上,后者都在追赶他,支持他。查尔斯·理查德·卡梅尔在他最近出版的一部传记中声称:"他们的友谊之美,就像其不死的忠诚一样,历史上罕有其匹。在人类进步更高级的领域,这一友谊的成果最辉煌、最持久。查理与白金汉——或者更准确地说,就这种令人赞佩的文化共存而言,是白金汉与查理——在充满深情的竞争中你追我赶,既在鉴赏力上竞争,也在获取任何伟大或精美的艺术品上竞争。在这方面,就像在其他所有方面一样,两个人当中年长一些的白金汉更强大、更有灵感,他是发动者,是始作俑者;查理是竞争者、完善者。但是,如果说白金汉是查理在文化上的第一位建筑师,是把他领入美的宗教的高级祭司的话,那么必须承认,他的门徒在精神上是他的孪生兄弟,在智力上是他的互补者。"③当他们俩一起在西班牙的时候,白金汉从詹姆斯国王给他的财富中预支了1.2万英镑给亲王。这一恩惠查理后来加倍偿还了,他把腓力送给自己的詹博洛尼亚的作品《该隐与亚伯》转送给了白金汉。正是白金汉公爵,把鲁本斯介绍给了英国官廷,把他从对国王的服务中解放了出来,为他接受怀特霍尔宫宴会厅的那些伟大画作的委托开辟了道路。

白金汉的收藏主要集中在约克官,这幢豪宅是培根失势的时候他从培根手里夺过来的。他把它专门用于娱乐,尽管他的另外一些住处几乎同样富丽堂皇。皮查姆写道:"画廊和房间由于拥有这些罗马头像和雕像而显得尊贵无比,这些东西不久之前还属于安特卫普的杰出画家、骑士彼得·保罗·鲁本斯爵士。"这些古董是鲁本斯用他自己的 13 幅画从达德利·卡尔顿爵士那里换来的，它们只是白金汉公爵 1625 年访问安特卫普时从鲁本斯手里买下的大批艺术收藏的一部分。在公爵于 1635 年遭到暗杀（被一位不满的朝臣所杀）7 年之后，人们为他那位不幸的继承人编制了一份藏品目录，到 1649 年，他将眼睁睁地看着全部藏品被议会给"侵吞"。霍勒斯·沃波尔的《白金汉公爵藏画目录》(*Catalogue of Pictures belonging to the Duke of Buckingham*，出版于 1758 年）是这份文献的一个修订版。这份目录只代表了一部分收藏④，它列出了提香的 19 幅画，丁托列托 17 幅，保罗·委罗内塞 15 幅，帕尔马·韦基奥 13 幅，巴萨诺 20 幅，荷尔拜因 6 幅，安德里亚·德尔·萨托 4 幅，多米尼科·费蒂 6 幅，吉多 3 幅，达·芬奇和拉斐尔各 2 幅，迈腾斯 4 幅，勃鲁盖尔和马布斯各 2 幅，以及鲁本斯的画作不下于 30 幅；米开朗基罗、乔尔乔内和凡·代克都有作品，还有一大堆有质量的艺术家，人数太多，没法在这里一一提及。这份目录的一个特征很值得在这里记上一笔这就是它逐一描述了约克宫的各个房间，全都挂着挂毯，镶着镜子，排列着雕塑。这趟巡视结束于一些私人房间，显示了一些更小的、更具私密性的绘画。

一个新的音符敲响了，那是一个收藏史上迄今尚未遇见过的音符——这个音符越过英吉利海峡发出响亮的声音，激起黎塞留和马萨林的妒忌。然而，在通读这些藏品目录的时候，你可能很想知道，查理是不是两个人当中更敏感、更伟大的收藏家。白金汉的同时代人被其人及其堂皇派头给弄得目眩神迷，以至于把他放在第一位。就算是这样吧，但另一个巨人隐约出现在我们的视野里——他既是一个收藏家和鉴赏家，也是一个考古学家，让前面这两个人都黯然失色。他被称做"英格兰的古玩之父"。

○ 注释

① 沃波尔：前引书，第一卷，第 261 页。
② 威廉·斯特林-麦克斯韦尔：《委拉斯开兹及其作品》(*Velasquez and His Works*, 1855)，第 80 页。
③ 布莱恩·里德：《威廉·弗里泽尔与王室收藏》，载《伯林顿杂志》(*The Burlington Magazine*) 第 89 卷 (1947 年 3 月)，第 70 页。
④ 教皇为这些挂毯草图支付给拉斐尔 150 英镑，他后来为这些挂毯支付了 7000 英镑。在挂毯交货之后，梵蒂冈便对原图失去了兴趣，鲁本斯后来在挂毯厂发现了它们。

5. 英格兰的古玩之父

鲁本斯在沃里克城堡给阿伦德尔伯爵托马斯·霍华德画的那幅肖像，如今悬挂在波士顿的伊莎贝拉·斯图亚特·加德纳博物馆里，不仅显示了鲁本斯是最好的肖像画家，而且还证明了他对这位非同寻常的画中人必定感受到的那种同情。他那张英俊而深思的脸，与他身上闪闪发光的盔甲形成了鲜明的对照，鲁本斯在这张脸上发现了种族的骄傲和智力的确信，尽管他毕生都在承受悲伤和病痛的折磨，斯图亚特王朝伟大的鉴赏家当中，只有阿伦德尔拥有这样的一生。1636年陪伴阿伦德尔去德国的爱德华·沃克为我们描绘了他的另一幅栩栩如生的肖像：

> 他身材高大，体型和比例与其说是匀称，不如说是优美。他的表情庄重而严肃，他的脸很长，眼睛又大又黑，富有穿透力。他的脸是棕褐色的，他的头发和胡须都很稀薄。他仪态庄重，举止威严，以至于任何一个见过他的人都忍不住断定他是个大人物，他的衣服和样式总是比其他人的华美装束吸引到更多的关注；以至于卡莱尔伯爵的一句话成了老生常谈："阿伦德尔伯爵来了，穿着他那件普通面料的衣服和宽松短罩裤，加上他的胡子和他的牙齿，看上去比我们当中任何人更像一个贵族。"

> 托马斯·霍华德（1585～1646），詹姆斯一世和查理一世统治时期著名的朝臣，但他的出名，更多地不是作为一个政治家，而是作为一个收藏家，被称做"伯爵收藏家"。

鲁本斯：《阿伦德尔伯爵肖像》

他出生于1585年，61年的寿命差点让

他在有生之年目睹查理国王的事业生涯在断头台上走向终结，尽管他的活力大部分耗在了为詹姆斯一世效劳上。因为祖父对苏格兰的玛丽女王的忠诚，他被剥夺了继承诺福克公爵领地的合法权利，他毕生都在徒劳地为归还这块领地而斗争，阿伦德尔成了一个痛苦内省的人，特立独行，孤高冷漠，但与此同时，他热爱一切美的事物，无论是精神的产物，还是人手的作品。他同样忠诚地为国王效劳，无论是在国内，还是在国外，他多次出任驻外大使；但他的心始终在意大利，年轻时他在那里娶了自己的新娘，后来又回到那里死去。他是一个深刻而自然的人文主义者，据他的图书馆馆长弗朗西斯科斯·朱尼厄斯说，他是"卡斯蒂里奥内的'完美朝臣'在英格兰的缩影"。①

他的收藏的核心是连同阿伦德尔官邸一起从菲茨-阿兰斯那里继承来的几幅画，但他以极大的耐性和决心，不断扩大最初的收藏，直至它跻身最前列——无论在学术上还是在鉴赏力上都丝毫不输于他的两位伟大的竞争对手。

阿伦德尔在国外和英格兰整体购买了几批收藏，从而使最初的藏品大为增长，以此作为骨干，他在此基础上构建起了自己的整个收藏，一有机会，便把新发现的杰作添加进去。作为一个收藏经典大师素描稿的收藏家，他特别系统和彻底，不断从他在意大利的通信者那里购买成批的作品。他最幸运的一笔交易，是购买丹尼尔·奈斯在威尼斯的收藏，奈斯在为英格兰国王商谈购买曼图亚王室藏画的那段时期把曼图亚的素描收藏并入了这批收藏中。奈斯显然把这些素描留给了自己。②

白金汉公爵在找东西上可能眼明手快，查理有一个手艺人的鉴赏力，但我们要想寻找功德圆满的收藏家，就必须转向比他们年长的阿伦德尔伯爵。他们之间的竞争足够友好，但这三个人之间的角逐始终是激烈的。没有一个人会自愿地把一件藏品拱手让给另外两个人。在阿伦德尔这里，还是考古学家和古物研究家这一伟大世系的起始点，他们给英国的大学和公共服务带来了如此高的声望。当阿伦德尔在1606年去意大利的时候（他在那里待了几年），他带去了国王的工程总监伊尼戈·琼斯，作为他家庭中的一员。在罗马，他们痴迷于古典的世界，阿伦德尔积聚起了一批精美的古董收藏，然而，这些东西禁止出口。但在这里，他的品味得以塑造成形，他开始把目

鲁本斯：《阿伦德尔伯爵肖像》

光投向罗马之外,投向更伟大的希腊古物。亨利·皮查姆(他的《完美绅士》[Compleat Gentleman]出版于 1634 年)注意到早期的考古学爱好非常活跃,并把这一领域的进步归功于阿伦德尔。

在希腊以及大君主领地上的其他地区(有时候,这些地方的雕像比活人还要多,那年头,艺术所做的事情远远超过大自然),可以挖掘和搬运这些雕像。由于土耳其人的原始宗教不允许描绘或再现任何活物,大部分雕像因此被埋在废墟里,或者被砸碎了;不是无头就是缺胳膊少腿,要想发现一件完整的作品殊非易事,然而,它们大多数因为年代久远、雕刻精美而令人肃然起敬。在这里,我不能不怀着极大的敬意,提到英格兰军务大臣托马斯·霍华德阁下,他之所以伟大,既是由于他的出身和地位,也是因为他对艺术的高贵资助,以及他渊博的古代知识。在我们这个世界的角落,能够第一次瞥见希腊和罗马的雕像,要归功于他的慷慨和大气,大约 20 年前,他就开始用这些雕像给阿伦德尔宫邸的花园和画廊增光添彩,并且从那时到现在,继续把古老的希腊移植到英格兰。

约阿希姆·桑德拉特是一连串枯燥无趣的德国学者给不列颠群岛的艺术财富开列清单的第一人,他证实了皮查姆在描述他 1632 年(阿伦德尔官邸当时正处于全盛时期)探访这批收藏时所表达的观点。

藏品中最值得一看的东西,就耸立在这位著名艺术热爱者阿伦德尔伯爵那座漂亮的花园里:最精美的古代大理石雕像,希腊和罗马的辉煌技艺。首先,这里可以看到一位罗马执政官的雕像,披着优雅的长袍,透过它,可以感觉到身体的形状和比例。接下来有一尊帕里斯的雕像,以及很多其他人的雕像,有些是全身像,有些只是胸像;还有几乎数不清的头像和浮雕,全都是大理石,世所罕见。

走过花园,进入长廊;汉斯·荷尔拜因最杰出的作品在那里占据着主人的位置。其中最重要的作品是《财富的胜利》。……在它的旁边,还有一幅《贫穷的胜利》。在同一个画廊里,还有荷尔拜因的一些最好的肖像画,其中有鹿特丹的伊拉斯谟、托马斯·莫尔、亨利三世的首相,还有伟大的英国君主及那位深爱他的洛林公主。……另外还有一些肖像,有些是德国与荷兰古典大师们画的,有些是拉斐尔、达·芬奇、提香、丁托列托和委罗内塞的作品。在获得这些作品的过程中,伯爵多次去意大利、德国与荷兰旅行,为的是从各种不同的来源收集这些著名艺术家的原作。

阿伦德尔有条件接触国王的驻外使节,雇佣他们以及数不清的其他代理人(尤其是画家)把市场上可能出现的任何好东西报告给他。赫维小姐在她的著作中发表了 1655 年在阿姆斯特丹编制的那份目录,连同非常有价值的评注③。跟查理国王和白金汉公爵的藏品目录比起来,那是一份引人入胜的文献,因为我们从中看到的,更多的是一种冒险精神,而不是王室的谱系。阿伦德尔是个天生的收藏家,其品味的独立和成熟证明了这一点。这份目录列出了799件藏品,其中有200件艺术品,包括雕塑,但没有计入古典文物。剩下的藏品中,有将近600幅绘画。事实上,自米开朗基罗以降,很少有哪位大师阙如,但更加有趣的是,他似乎把同样的关注给予了200多幅不知出自谁手的画作。因此,阿伦德尔看来是因为其本身的价值而欣赏艺术品的第一人,他对商人和批评家如何看待它毫不关心。

他所热爱的首先是古物,以及他对古典作品的开发利用,无论在艺术上,还是在文学上,他的花园成了他那个时代文人学者的聚会场所。弗朗西斯·培根是那里的常客,他在1626年的复活节死了阿伦德尔宫邸;特尼森曾讲到,培根"走进阿伦德尔伯爵的花园,那里有大量古代裸体男女雕像,他站住了,惊讶地叫了起来:'耶稣复活'"。就连克拉伦登勋爵(他对阿伦德尔生平的记述充满了妒忌和恶意)也说(大概千真万确):"他的支出无法估量,总是远远超出了他的收入。"不允许有任何障碍阻挡一次重要购买,仅仅因为运输困难,才阻止了他把那块方尖碑从罗马带回国内,当时,这块方尖碑破成了4块,躺在大竞技场上。贝尔尼尼于是介入了,把它拿去修建他在纳沃纳广场的那个异想天开的喷泉。

在搜遍意大利、带走他所能带走的东西之后,阿伦德尔满怀渴望地把目光投向了希腊和小亚细亚海岸,投向了爱琴海诸岛。1621年,托马斯·罗伊爵士被任命为驻土耳其宫廷的大使,这导致了一次合作,文艺复兴时期最引人入胜的通信之一完整记录了这次合作。罗伊是一个声望卓著的学者和鉴赏家,他曾宣称,他愿意"回望古代"。然而,他还要用一只眼睛同样小心翼翼地向后紧盯着他的保护人白金汉公爵的利益,公爵本人并不是那么关注古董,但作为宠臣,他受不了在纹章院院长面前黯然失色。罗伊得到了各种机会和各种许可。他比施利曼博士差不多早200年得到了"一块石头,取自特洛伊古老的普里阿摩斯宫殿,切割成了新月形"。

当另外很多古董正在运往阿伦德尔宫邸的路上时,白金汉公爵对这位大使施加压力,要求得到部分战利品。阿伦德尔伯爵进行了报复,派出了威廉·配第教士,配第是剑桥的一位学者,他对古典艺术品的了解和欣赏,只有他的机智风趣和他对平常伦理的漠不关心才能超过。罗伊和配第一起制订了一项计划,这项计划因为其大胆而成为伟大的考古学故事之一,假如成功实施,它将会让庞森比的梦想(运走哈利卡那苏的*摩索拉斯陵墓浮雕*)沦为一个小手术。"他们计划把装饰着所谓'金门'的那12幅巨大浮雕中的6幅弄到手,那是君士坦丁堡最精美的城门,由狄奥

> 摩索拉斯陵墓,位于土耳其西南方的哈利卡那苏。之所以天下闻名,除了它的建筑外,还有那些雕塑。摩索拉斯陵墓的雕塑由四位著名雕刻家创作,属于世界七大奇观之一。

凡·代克：《阿伦德尔伯爵和夫人》

多西大帝建成。"拜占庭的皇帝总是通过这个大门，威武庄严地进入这座城市。自土耳其人征服以来，它就再也没有打开过，而是用高墙围了起来，建成了被称做"七塔"的要塞。尽管它因此不能到达，但它依然被视为主城门。在大约一年的时间里，这个异想天开的计划在通信中勾勒出了一个大致的轮廓。事实证明，让苏丹同意毁掉整个金门不是一件容易事，对这两个代理人来说，就像通过贿赂政府官员达致目标的想法一样困难。1625年5月，托马斯爵士写信给白金汉公爵说：

只剩下一种办法：贿赂某些教士，他们不喜欢这些浮雕，因为违反他们的教规；以此作为借口，把它们拆下来，带到某个私密的地方；在事情冷却、无人怀疑之后，再从那里运走它们。4月份我一直在谋划此事，有人提出要600克朗把这事搞定，把它们装在箱子里运回国，并在码头上再拿出一些贿赂把它们装船，可能还要100克朗。这是一笔大价钱，但我对弄到它们有点绝望了。

10月，大使再次写信给公爵说：

大臣担心他的人头，不敢提出损毁这座最主要的港口城市，这么多的人会大声嚷嚷反对他。没有来自大君主的特别命令，无论是城堡的头领，还是城墙的监工，都不敢做这件事；士兵们不可能把它们偷出来，30英尺宽，40英尺高，用铁钉牢牢固定在墙壁上；必须用脚手架，再加上至少50个人帮忙，才能把它们放下来；因为地板是如此之薄，而且饱经岁月的侵蚀，如果它们倒下来的话，一定会粉身碎骨。那么就只剩一个办法，我会尝试这个办法；如果我能够设法得到它们，阁下将会通过我给你送去的那部分，了解到我出了多大力，没有配第先生或任何其他人帮忙。在城堡的内部，在那扇大门前，有20个士兵持续不断地守护：它是国王的监狱；试想从伦敦塔上拆卸这样的东西（每件至少有1吨重）有多难，阁下大概不难判断。如果我放弃了它们，我会宣布，任何人（哪怕是大使）都做不了这事；除非大君主想卖掉那座城堡。

他们没能通过财政大臣的恐惧或当地人的迷信洗劫土耳其宫廷，但失败决没有浇灭这些代理人的热情。配第先生被派到小亚细亚去了，据罗伊在10月份写给阿伦德尔伯爵的另一封信说：

> 他弄到了很多东西，由海路去了以弗所，他在亚洲海岸遇上了一场大风暴，船失事了。他自己这条命倒是捡回来了，但他在这趟航行中收集的所有东西都葬身海底，他通过我设法搞到的那些通行令和信用状也丢了。他想让我再寄一些材料给他，否则的话，他下一步就没法进行了。他被当做间谍投入了大牢，他的所有证明材料都在海上丢掉了；但一些认识他的土耳其人出面作证，于是他被释放了。他从那里去了希俄斯岛，再次装备了自己，去了他的船沉没的地方打捞大理石，希望能找到它们，然后从那里去了以弗所，这就是我从他那里听到的最后消息。

在漫长的一生中，阿伦德尔伯爵得到过很多荣誉，也经历了很多变故。1641年，国王任命他为皇家总管大臣——这个职位要履行繁重的职责，不仅要出席军事会议、管理海军部队，而且还要跟议会下院打交道。但乌云正在地平线上聚集，由于叛乱而变得越来越浓密。普遍不满的汹涌波涛越来越集中于一个人的身上，即将在他的头顶上爆炸。斯塔福德勋爵注定要成为公众狂怒的第一个受害者；查理国王徒劳地试图阻挡这波大潮，保住自己的项上人头，他出卖了斯塔福德。作为总管大臣主持这次审判是阿伦德尔的不幸。洋相出得太大，让伯爵无法忍受，尤其是，国王再次拒绝了阿伦德尔要求归还诺福克公爵领地的请愿书（有18个贵族共同签名）。他辞去了自己的

鲁本斯：《阿伦德尔伯爵夫人》

职位,请求出国旅行;他的健康状况很糟糕,需要换个环境。查理国王利用这个借口,委派他陪同玛丽·德·美第奇王后,她当时正要离开英格兰,前往低地国家,伯爵(连同阿伦德尔伯爵夫人)负责在国外陪护王后。

这是阿伦德尔自我流放的信号。1642年2月,带着其收藏中的大部分绘画和艺术品(除阿伦德尔大理石之外,这些大理石雕像在决定英国人审美趣味的未来方向上扮演了一个如此重要的角色),他登船前往安特卫普。当英格兰海岸在视野中逐渐远去,阿伦德尔伯爵斜倚在船舷上,有人听到他大声说:"但愿它再也不需要我。"事实上,他再也没有回到自己的祖国。在荷兰逗留一段时间之后,他很快去了意大利。正是在那里,他为约翰·伊夫林草拟了那些迷人的备忘录——"纪念英格兰和意大利值得一看的事物"——伊夫林在意大利旅行时把它们用做"旅行指南"。尽管阿伦德尔的好运已经到头,并被迫卖掉了他收藏的很多艺术品和珠宝——1655年的目录中少了一些我们知道他拥有的重要藏品——但他依然在继续从事他的研究,继续满足他作为一个真正收藏家那技痒难熬的手指。

尽管他把自己的大部分藏品都带到荷兰去了,但他在伦敦的宅邸并没有彻底搬空,依然有一些艺术品,大理石雕像依然在那里,尽管无人顾问。国外的收藏在伯爵去世之后逐渐风流云散。然而,1655年那份著名的目录直至伯爵夫人在海牙去世之后才编制完成。

伦敦的财产,伯爵已经立下遗嘱,交给阿勒西娅全权处置,对它的清算导致剩下的藏品四分五裂。部分藏品落入了她的长子新伯爵亨利·弗雷德里克之手;另一部分归斯塔福德子爵威廉·霍华德所有,被他搬到白金汉门附近的塔特厅去了。后一组藏品构成了1720年拍卖的组成部分,在这次拍卖会上,米德博士购得了荷马的青铜头像④。那些依然留在阿伦德尔宫邸的古董和藏书在内战期间遭受了严重损毁。全部财产被国会查封,因为1651年的一份财产清单列出了"河滨路阿伦德尔宅邸里的几件物品、绘画和雕像"。尽管有几幅绘画似乎在这一时期消失了,但古董保留下来了,不料却被新伯爵所忽视,他就是骄奢淫逸、毫无文化修养的马特雷弗勋爵,后来的诺福克公爵。后者离婚的妻子把雕像都卖给了庞弗雷特伯爵的父亲,后来被伯爵夫人捐给了牛津大学。至于碑铭,伊夫林在1677年记录道:

> 我得到了他捐赠的阿伦德尔大理石,那些举世闻名的希腊文和拉丁文碑铭,是他德高望重的祖父阿伦德尔伯爵(他在世时是我的朋友)以如此高昂的代价和勤奋的努力搜集起来的。当我看到这些珍贵的纪念碑被悲惨地忽视,散落在花园里及阿伦德尔宅邸的其他地方,伦敦极具腐蚀性的空气给它们造成了无法挽回的损害,我设法说服他把它们捐赠给牛津大学。他很高兴同意了我的建议;刚刚把画廊的钥匙给了我,让我把那些石头、瓮罐、祭坛等等全都

做上标记,只要我发现了上面有铭文,而且不是雕像。我这样做了;让人把它们搬走了,堆在一起,连同那些嵌在花园墙壁中的石板。我立即写信给牛津大学的副校长,告诉他我所做的事情,如果他们认为这对大学来说(我本人是这所大学的一员)是一桩功德的话,我就着手整理它们,准备运走。⑤

次年,伊夫林再次被召到伦敦,拜访诺福克公爵:

在我的要求下,他把阿伦德尔图书馆的藏书捐赠给了皇家协会。……除了印刷书之外,我还设法得到了将近100本手抄本,其中有些是希腊文的。印刷书都是最老的版本,同样有价值。我认为它们的价值与手抄本几乎相当。它们当中,有大多数神父的作品,在巴塞尔印刷的,刚好在耶稣会士用他们的禁书目录糟蹋这些书之前;还有维特鲁威的一份品质卓越的手稿。其中很多书是教皇、红衣主教及其他大人物送给阿伦德尔伯爵和诺福克公爵的;已故的阿伦德尔伯爵曾经在德国购买了一批品质精良的藏书(匈牙利国王和丢勒的保护人威利巴尔德·皮尔克海默博士的藏书),它们也在这批收藏中。要不是我看到公爵对它们毫不在乎的话,我应该不会设法说服公爵捐赠这些藏书;他任由牧师们及其他任何人拿走它们,高兴怎么处置就怎么处置,再这样下去,大量珍本善册必将风流云散。⑥

隔着300年的距离,我们开始懂得,英语世界的学术研究应该多么感激托马斯·霍华德,这位"英格兰的古玩之父"。

注释

① M. F. S. 赫维:《阿伦德尔伯爵托马斯·霍华德的生平、通信和收藏》(*The Life, Correspondence and Collections of Thomas Howard, Earl of Arundel*, 1921),第225页。
② 关于这些交易,德尼斯·萨顿最近给出了一篇令人赞叹的记述,参见"作为素描收藏家的阿伦德尔伯爵托马斯·霍华德",载《伯灵顿杂志》(*Burlington Magazine*),第 LXXXIX 卷(1947年1~3月)。
③ 赫维:前引书,第473页。
④ 后来被埃克塞特伯爵捐献给了大英博物馆。
⑤《约翰·伊夫林日记》(*The Diary of John Evelyn*),"人人丛书"版,第一卷,第31~32页。
⑥ 同上书,第126~127页。

6. 议会导致的悲剧性散佚

斯图亚特王朝那颗令人头晕目眩的艺术太阳在天空升得如此之高，为英国艺术的未来展现了如此美好的前景，不料却因为内战和弑君的日全食而突然变得天昏地暗。陶醉于权力和复仇中的清教徒着手证明其神圣使命的野蛮性。沃波尔指出："古往今来，暴民总是把他们对暴君的仇恨迁怒于暴政的奢华排场。人们越是妒忌富丽堂皇的排场，他们就越发痛恨，并且错误地把结果当做原因，他们发泄愤怒的首要目标是主人的宫殿。如果宗教被卷入了争执中，最无辜的也与罪孽同列。查理与议会之间的斗争便是这样的情形。当他把对科学的热爱与对权力的贪婪混合在一起的时候，胡说八道和愚昧无知便成了臣民的自由。绘画就成了偶像崇拜，纪念碑成了世俗的骄傲，令人肃然起敬的大教堂似乎同样与《大宪章》和《圣经》相抵触。知识学问和聪明才智被认为是彻头彻尾的异端，以至于一个人不免认为，圣灵忍受不了高于双关语的任何东西。假如他们赞同任何更加柔和的艺术，那么这些艺术可能表现了什么呢？一个再洗礼派教徒的形象如何生动活泼？但非教会派新教徒没有表面上的快乐；他们的快乐是私人的、惬意的和粗俗的。文明社会的艺术并不适合于那些打算在既定秩序的废墟上崛起的人。"

早在1645年，议会就开始拍卖约克宫的藏画（从二世白金汉公爵那里没收的），还有属于国王的财产。为了给他们的"侵吞"披上某种合法性和神圣权威的外衣，那年的7月23日颁布了下列命令：

> 兹命令，彼处（约克宫）所有此类绘画和雕像，凡没有任何迷信色彩者，立即悉数拍卖，所得收益用于爱尔兰和北方。
>
> 兹命令，彼处所有此类绘画，

朱利叶斯·施拉德：《临刑前的查理一世告别家人》

凡表现三位一体中之第二人（译者注：即圣子耶稣）者，立即悉数烧毁。

兹命令，彼处所有此类绘画，凡表现圣母玛丽亚者，立即悉数烧毁。

由此出发，在国王被处死之后便立即没收他的收藏就是很容易的一步了。从理论上讲，出售此类财产所得的收益将用于维持舰队。国王在7月份被处死几个月之后，编制了一份财产目录，给艺术品定的价格都很保守。主要通过私自出售和公开拍卖所造成的散佚一直持续到了1652~1653年间。国王的私人财产总计49 903.2.6英镑。藏画在价值上仅次于珠宝，先后在1650年和1653年分两批卖掉了。价格如此之低，以至于威尼斯大使乔瓦尼·萨格雷多向总督报告，说它们"价格微不足道"，尽管如此，但它们依然卖到了闻所未闻的118 080.10.2英镑。自罗马时代以来，从未有过艺术品收藏卖过这么多钱，事实上，它是一个国王的赎金，但这笔赎金支付得太迟了。沃波尔的《英国画坛轶事》有一篇非常精彩（即便有点浪漫）的记述，描写了这次出售。最近这些年，有人更彻底地检查了各种不同的文献①。然而，所有证据都让人越来越倾向于相信：护国公（即克伦威尔）本人并没有人们所描绘的那么坏，他敢于采取措施，阻止圆颅党人实施他们最坏的意图。正是他，为国家挽救了拉斐尔的草图

> 圆颅党，17世纪英国资产阶级革命中拥护长期国会、反对王权的政治集团，成员多为清教徒，他们剪短发、不戴假发，在样貌上与当时权贵极为不同，并因此而得名。

和曼坦那的组画《尤利乌斯·凯撒的胜利》。

与这些画在300年前的拍卖行里卖得的价格同样有趣的，是一些名流要人都像秃鹫一样扑向国王财宝的残骸。这些人都注定要在17世纪欧洲大陆艺术趣味的发展过程中扮演重要角色。即使价格低得有些荒唐，他们作为竞价人也还是十分精明。同样是这些藏品，假如放在今天的伦敦拍卖台上，即便是在6年战争之后，其中大多数藏品肯定会卖到10万英镑以上。那些准备支付任何价格的人，面对这样的机会不由得目瞪口呆。西班牙大使阿朗佐·德·卡

提香：《查理五世皇帝和狗》

德纳斯先生为腓力四世买的画实在太多，以至于"把它们从科鲁尼亚运到马德里需要18头骡子"。其中包括拉斐尔的《珍珠圣母》、曼坦那的《圣母安息》和提香的《查理五世皇帝和狗》，今天构成了普拉多美术馆的3幅主要名作。

接下来的一个买主，明显有着取之不尽的金钱，他就是科隆的银行家和马萨林红衣主教的代理人埃瓦拉德·雅巴赫，他的收藏后来被柯尔贝尔为卢浮宫获得。一篇同时代的记述说："查理一世国王藏品的拍卖给他大胆的指挥和准确的判断提供了一个千载难逢的机会。"他不仅为自己购买了一些油画和素描，而且还为红衣主教购买了挂毯、艺术品和古玩。有传闻说，雅巴赫离开拍卖会之后，领着一支马车队进入巴黎城，"满载着艺术战利品，就像一个罗马胜利者领着一支凯旋的队伍"。捉摸不定而充满热情的收藏家瑞典女王克里斯蒂娜为她的收藏阁购买了一些罕见的徽章和珠宝珍品。这组藏品是她巨大的收藏中少数保存完好的单元之一，至今犹存，分属巴黎徽章收藏馆和斯德哥尔摩博物馆。尼德兰总督利奥波德·威廉大公是古往今来最大的收藏家之一，他的代理人为维也纳的画廊购买了大量藏品，尤其是提香、委罗内塞及维也纳画派其他画家的画作。还有一批画家，既为他们自己、也作为其他王公贵族的代理人购买了藏品，其中包括德·克里茨、赖特、巴普蒂斯特和立普特。这群人当中最主要的是一位能力不凡、却令人讨厌的人物：巴尔萨泽·热比耶爵士，他的家庭在鲁本斯的巨幅绘画《家庭群像》中得以流芳千古。热比耶

> 埃瓦拉德·雅巴赫（1618～1695），法国银行家和收藏家，以收藏绘画和雕塑著称。

> 巴尔萨泽·热比耶（1592～1663），荷兰朝臣、外交家、艺术品收藏顾问、微图画家和建筑设计师。

的受雇，不仅仅是因为他的艺术天才，而且还是作为间谍和秘密代理人；他在几乎每一座欧洲城市从事很多阴暗活动的历史，他对鲁本斯及他那个时代一些重要艺术名人的掌控，以及他在伦敦创立的私人艺术学院——所有这些都证明了他的魅力和邪恶，也使得他在北方占据的地位，有点类似于彼得罗·阿雷蒂诺早先在威尼斯的地位，尽管是在一个更加微弱的意义上。

最后（但并非最不重要）的是来自低地国家的一些银行家，他们蜂拥着云集拍卖会现场。这些人当中，雷恩斯特兄弟因为把几幅名画添加到了他们在阿姆斯特丹已经大名鼎鼎的

> 即格里特·雷恩斯特（1599～1658）和让·雷恩斯特（1601～1646），他们都是荷兰富商，也是著名的收藏家。

收藏中，从而名声大噪。里多菲1646年论述威尼斯画家的著作《艺术的奇迹》（Le Meraviglie d'arte）正是题献给雷恩斯特兄弟。其中一个兄弟，生平大部分时间是在意大利度过的，在那里管理着自己的生意。弗里茨·卢格特说："两个人都是典型的、有见识的业余爱好者，有天赋，有眼光，不怕高价。由于威尼斯著名的文德拉明宫收藏的瓦解，以及他们所抓住的另外几次机会，他们得以能够建立起一家收藏意大

利绘画和古代雕塑的美术馆，像这样的美术馆，荷兰再也没有见过。关于它的记忆，在一系列根据最好藏品复制的雕版画中传承下来了，可惜并不完整。版画收藏家都知道这份出版物是同类当中最好的版本之一，领先于克罗扎收藏和罗伊收藏半个多世纪。不幸的是，这批收藏的辉煌是短命的。两兄弟都死于盛年，第二个人去世之后，这批收藏也就没有了主心骨。"②后来，政治介入了；那位生活在阿姆斯特丹的兄弟的寡妻同意卖掉24幅画和12件雕塑，"价值3桶黄金"，荷兰议会为了安抚正在崛起的大英帝国，在王朝复辟的时候把这批藏品送给了查理二世。这些艺术品现藏汉普顿宫，属于斯图亚特王室收藏中为数不多的残余。

不过，正如沃波尔所指出的那样："王权的复辟带回了艺术，但没有带回品味。查理二世转向了机械学，而不是更高雅的科学。他在年轻的时候就学过绘画，……但他太懒惰，甚至都不愿意以此自娱。他引入了法国宫廷的时尚，而没有引入它的优雅。他看到了路易十四支持高乃依、莫里哀、布瓦洛、勒叙厄尔，这些人都是按照古人的模型来塑造自己。查理在国内发现了很多天才；可是，他所允许或要求的风格是多么淫荡、多么粗俗！德莱顿的悲剧是夸夸其谈和夸张淫秽的混合物，包裹在华美的外衣中。如果说威彻利有本性，那也是赤裸裸的本性。那个时代的画家对这样的本性几乎不加掩饰：彼得·莱利爵士很少顾全面子，除非只用一小块缘饰或布片。他笔下的仙女（通常躺在草地上休息）太淫荡、太华

丽，只能让人误认为是侍女。"③

如果说，莱利像勒布伦一样，显然缺乏一个有创造力的艺术家那样的天才和原创性，那么他作为这一时期最重要的鉴赏家和收藏家，给这个朝代增添了相当的光彩。他的油画和素描收藏十分了不起，在很大程度上是从二世白金汉公爵那里得到的——约克宫中硕果仅存的部分藏品。他过着排场很大的生活，曾经自吹，国王的委托让他实在忙不过来，没有时间去旅行并探访其他的收藏和画廊，因此不得不把过去最好的典范留在家里，让它们围绕在自己的身边。他大肆购买——在他富有的妻子财力许可的范围内——已故的国王和阿伦德尔伯爵的收藏中散佚的藏品，他从凡·代克的寡妻那里获得了这位艺术家所搜集的一批非常精美的艺术品。正是他收藏的一批大师的素描，吸引了不同寻常的关注，并帮助他的继承人把整个收藏卖得了一笔巨款：2.6万英镑。其中包括委罗内塞、提香、克罗德、乔尔乔内、米开朗基罗的素描，甚至还有凡·艾克的4幅作品。

尽管不难猜想，莱利费尽心机把最好的藏品留给自己（只要他出得起钱），但后来人们针对他的不诚实所提出的一些指控似乎是夸大了。在他的指导下，查理二世几乎是从曼坦那的《凯撒的胜利》和拉斐尔的草图（这些几乎是他父亲的收藏中圆颅党人给他留下的全部家当）开始，把王室收藏增加到了大约1100幅绘画和100件雕塑。这些藏品分散在圣詹姆斯、怀特霍尔、汉普顿和温莎等不同的宫殿里。在这批藏品

彼得·莱利：《黛安娜·喀尔克肖像》

沃波尔的话说，"充满了暴动、起诉、革新，不可能在绘画史上有什么突出的表现"。

斯图亚特王室试图夺回失去的东西，即便不是夺回实际上的艺术品（它们曾经给查理一世的统治带来如此辉煌的荣耀），至少也要夺回他们从前作为艺术资助者和鉴赏家的声望。但灾难对他们穷追不舍。奥兰治亲王威廉刚刚登上英格兰的王座，怀特霍尔宫（里面有不下于700幅绘画暴露在外）便被大火所吞噬，只有宴会厅幸免于难。对于这场可怕的损失，瓦根给出了一份记录："达·芬奇3幅，拉斐尔3幅，朱利奥·罗曼诺12幅，乔尔乔内18幅，提香18幅，帕尔马·韦基奥6幅，柯勒乔6幅，帕米贾尼诺7幅，荷尔拜因27幅，鲁本斯4幅，凡·代克13幅，威廉·凡·德·维尔德14幅，都在那座宫殿里，其中相当一部分明显是真迹，大部分在这场大火中被毁。"④

对于清教徒来说，他们的狂怒把这么多艺术名作从英格兰送到了欧洲大陆，使得斯图亚特画廊的很小一部分经由上帝之手得以保全，这大概是他们持久的荣耀。

的基础上，詹姆斯二世添加了少许不重要的油画，他在王位上那风雨飘摇的4年，用

○ 注释

① 这些财产目录的摘要，连同注释一起，发表在《十九世纪》(Nineteenth Century) 杂志上，1890年8月号，第211～217页。还可以参看《历史·手稿·注释》(Hist. Mss. Comm.) 的第7份报告（1879年），第88页以后。还有W.G.伯恩-默多克的《斯图亚特王室及其与艺术和文学的关系》(The Royal Stuarts in their Connection with Art and Letters, 1908)；以及H.N.尼克松的"克伦威尔的艺术品味"，载《拉特兰杂志》(Rutland Magazine)，卷一，1903年，第100页。

② 引自卢格特与笔者的私人通信。

③ 沃波尔：前引书，第二卷，第427页。

④ 瓦根：《大不列颠的艺术珍宝》(Treasures of Art in Great Britain, 1854) 第一卷，第15页。

第五章 十七世纪西班牙与低地国家的收藏

Collecting in Spain and the Low Countries in the Seventeenth Century

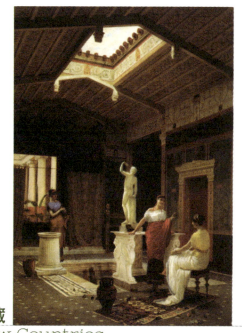

1. 安特卫普与勃艮第人的遗产

1560年,佛罗伦萨历史学家奎恰迪尼探访了**安特卫普**,据他记载,这座城市里有300个艺术家、169个银行家和78个屠夫。我们并不能由此断定,佛兰德斯兴旺发达的市民更感兴趣的是满足于耳目之娱,而不是饕餮于口腹之欲。但公众对艺术的欢迎由来已久;两百多年来,艺术家们得到了佛兰德斯伯爵、布拉班特伯爵、尤其是勃艮第公爵的积极支持。正是在**好人腓力**(他在1429年建立了金羊毛骑士团)的宫廷,骑士制度达到了它最后的、也是最奢华的繁荣。

> 安特卫普,位于比利时西北部斯海尔德河畔,是比利时的第二大城市。它在16世纪曾是欧洲最富有的商业城市,1568年爆发八十年战争,此后逐步衰弱。

> 好人腓力,即瓦罗亚王朝第三代勃艮第公爵腓力三世,他是百年战争末期欧洲重要的政治人物之一。

在14世纪末和15世纪初,首都在布鲁日,尽管根特和伊普勒可能是更富裕的佛兰德斯工业中心。但是,在大胆查理战败和去世之后,1477年,安特卫普崛起在勃艮第—法兰西文化的废墟之上,成为一个绝对至高无上的地方。

把低地国家的文艺复兴与意大利的文艺复兴区别开来的,是如何看待题材上的差别,是艺术家如何看待社会的差别。北方一直不存在旗鼓相当的古典主义的宏大传统。在那里,中世纪的艺术是宗教狂热的产物,是一种对奢侈的爱好——在宫廷生活中,"神秘主义和粗俗的物质主义这两个极端相遇了"。凡·艾克兄弟可以说终结了艺术中的中世纪主义时期,而不是打开了通往文艺复兴的大门。其所产生的大多是应用艺术,仅仅因为其装饰方面的作用才被人看重。例如,罗希尔·范德魏登画的一幅肖像,就其处理现实问题的方法而言,不同于皮耶罗·德拉·弗朗西斯科的一幅肖像。皮耶罗的现实主义是普遍的、一般的。费德里戈·达·蒙特费尔特罗的肖像更像是乌尔比诺的雇佣兵;它是王公贵胄的集体古典肖像(这里是在希腊和罗马古物的意义上使用古典这个词),它与历史上具体个人的关系,跟卡斯蒂里奥内的《完美朝臣》或马基雅维利的《君主论》(*Prince*)与具体个人的关系是一样的。在罗希尔那里则不是这样,他的肖像画让一个人历经几个世纪依然鲜活地浮现在人们的面前,是密切了解被画者、分析他的性格和身体的记录,你不可能把他混同于其他王公或商人。他的名字和职衔,那些在他脸上留下印记的疾病，他对同胞所作的恶，连同他灵魂深处的虔诚，全都呈现在那里，让人们可以看到，只要这幅肖像画的材料质地没有损坏。

北方与南方之间性情气质上也有同样的差别，这在宗教艺术中可以看出，因为对意大利画家来说，一幅宗教画是一件委托制作的作品，主要通过形式构成的手段来表达教会的某个哲学真理或教义。而对佛兰德斯人来说，宗教画是一种媒介，为的是与观看者分享某种内在的神秘体验。

在佛兰德斯，封建制度的持续存在（在地中海国家，它已经被遗忘很长时间）也极大地影响了艺术家的社会地位，他们认为自己不过是手艺人而已，因此乐意被召到王室家庭从事任何工作。像存在于曼坦那和伊莎贝拉·德·埃斯特之间的那种关系，在勃艮第的宫廷里几乎闻所未闻，在那里，对艺术的资助在很大程度上是国家的垄断。艺术家不仅被雇佣来装饰教堂和宫殿，而且他们还给椅子镀金，为重要事件设计招贴画，制作王室船只的船艏雕饰。凡·艾克和雨果·凡·德·古斯的工场都制作婚庆和葬礼的装饰品。当马克西米连大公1488年在布鲁日沦为阶下囚的时候，杰勒德·大卫给监禁他的囚牢绘制了三柱门和百叶窗上的画。著名系列挂毯《善与恶的冲突》（由此导致了挂毯艺术的巅峰之作《最后的审判》，现藏伍斯特艺术博物馆）的草图取自一些彩绘帷幔，这些帷幔在1468年大胆查理与约克的玛格丽特结婚时悬挂在布鲁日的街头。婚礼上的甜点由雨果·凡·德·古斯、罗希尔·范德魏登和迪里克·鲍茨设计，包括"巨大的馅饼，围着整个管弦乐队，帆樯齐全的船只，城堡，猴子和鲸鱼，巨人和侏儒，以及寓言故事中所有无聊的荒唐东西"。这种对通俗表达的喜爱最终超越了自身，创作出了宗教仪式戏剧，以及在大教堂台阶上表演的神秘仪式。

然而，尽管丰富而华丽，但15世纪末和16世纪初的佛兰德斯艺术本质上是一种腐朽的艺术——那是一种干腐，侵蚀了智力生活的每个方面。那是一个过渡时期，从中世纪的经院主义向文艺复兴时期的人文主义过渡。十分自然，尼德兰的艺术反映

雨果·凡·德·古斯的祭坛画

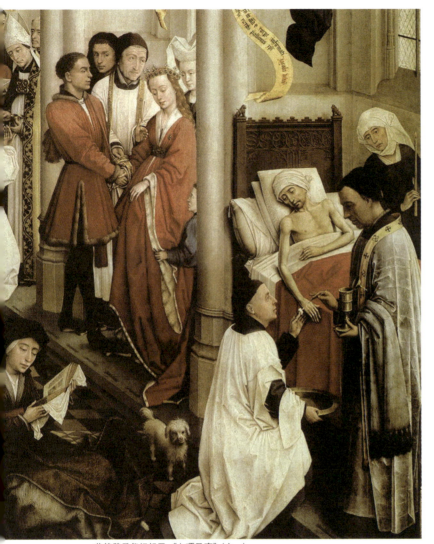

范德魏登祭坛组画:《七项圣事》(之一)

装饰。虚饰浮华的建筑风格就像一个没法结束演奏的风琴演奏者的终曲。它没完没了地腐蚀着一切形式要素;它把所有的细节交织在一起——每一条线都有它的反向线。形式的发展,以牺牲观念为代价,装饰越来越繁复,掩盖了所有线和所有面。一种可怕的空虚占主导地位,这始终是艺术衰落的征兆"。①

关于勃艮第人的这种姿态,大概可以从下面这个事实中看出一些端倪:他们把"捐赠者"这个词应用于佛兰德斯艺术,相比之下,佛罗伦萨人习惯于使用"资助人"。除了宫廷成员之外,其他的收藏家很少,尽管(看似有些矛盾)中产阶级拥有艺术品的情况比意大利更普遍。那些买得起绘画或雕像的人,获得它们是理所当然之事。但宫廷里的大人物,有一种天生的虔诚,这与大多数意大利人不同,他们试图通过慷慨捐赠修道院和医院而使自己名垂千古,因为这样一来,他们的肖像就可以永久供奉在这些地方的礼拜堂祭坛画中。②

佛兰德斯人从来都不觉得他们胆敢在生活环境的富丽堂皇上超过公爵,从而公然挑战他的权威。于是,给教堂和医院的

了当时正在发生的政治革命和经济革命;在荷兰人坚持古老的象征和传统的同时,同样的传统姿态已经失去了它们的意义,仿佛在试图唤回早年那种安全感的努力中被记忆所重现。赫伊津哈说,这一努力"渴望赋予每个观念以形式,头脑中挤满了系统排列的图案和形状——所有这一切都再现在艺术中。我们还发现了这样一种趋势:不允许任何东西没有形状、没有图案、没有

捐赠便提供了一个出口。图尔奈主教让·谢弗罗是范德魏登那幅举世无双的《七项圣事》（现藏安特卫普博物馆）的捐赠者；公爵的财政大臣皮埃尔·布拉德林可以在柏林的米德尔堡的祭坛画上看到。另外还有一些贵族捐赠者，他们的名字频繁出现在佛兰德斯绘画史中。

这种对华丽排场的喜好（由公爵本人上行下效）导致了公众对艺术的兴趣。早在1463年，格拉蒙的威廉·格罗斯特莱恩便在根特举办过一次宗教画展，甚至在那个时候，艺术品就在支付租金、购买杂货时被人们所接受。还举行过绘画彩票抽奖，奖金相当可观，扬·凡·艾克的寡妻在1445年参与过最早的活动之一。

这一时期艺术家的画室看上去是个什么样子，我们可以从范德魏登的画作《圣路加画圣母玛利亚》中得知，波士顿美术博物馆藏有这幅画的变体之一。它描绘了路加跪在圣母的面前，后者坐在一扇对着阳台敞开的窗户旁，路加用一支银铅笔描画她的肖像。诚然，这幢建筑被理想化了，但即便如此，画室环境中的某些东西还是呈现出来了。

弗勒尔克证明，所有艺术生产，以及艺术品的买卖，都被置于圣路加行会的绝对控制之下。画家们正是向这个行会申请学徒，并从它那里接受作为学徒期满的工匠和师傅的执照。行会的权威扩大到了控制星期五集市的程度，未经行会的许可，二手商人被禁止销售艺术品。它甚至强制推行关于清算去世艺术家画室财产的规则。③

范德魏登：《圣路加画圣母玛利亚》

一个世纪以来，**布鲁日**与**根特**分享了宫廷的青睐，但逐渐地，它在安特卫普的面前黯然失色，后者如今正开始半个

> 布鲁日，位于比利时西北部，自9世纪末起为佛兰德行政中心。13—15世纪是西欧重要贸易中心之一。15世纪后因茨文河口淤塞而衰落，但依然是勃艮第公爵宫廷所在地和佛兰芒画派的艺术中心。
>
> 根特，位于比利时西北部，历史上是布鲁日的竞争对手，曾经是佛兰德斯的都城，13世纪成为北欧最大的城市之一。

世纪的新兴城市的疯狂繁荣，同时成为低地国家的文化中心。身披铠甲的骑士让位于手无寸铁的市民，他们自然希望自己身上能够反映出金钱能买到的一切富丽堂皇。

安特卫普是出口贸易和意大利金融业的中心,它的交易所作为冒险投机的中心而臭名昭著。还有那么多来自意大利和累范特的银行家和商人,他们的出现,在这个全球的十字路口开辟了一些新的、有利可图的冒险。其中最重要的是新兴的、增长迅速的艺术品进出口生意——这一生意同样需要我们今天所熟悉的方法:展览、检验和融资。

我们有文字记载的最早为了销售而举办的展览,是1540年在安特卫普举行的。尽管有人推测,之前许多年里,画家行会的不同分支机构都曾举办过这样的展览。这一次,交易所的大院被改造成了一系列小店铺,转租给艺术品商人。这个市场被称做"绘画典当行",这里举行永久性的、却不断变化的展览。它想必是一项非常赚钱的生意,因为弗勒尔克告诉我们,这个典当行在1565年支付给巴塞洛缪·德·蒙佩尔一笔巨额租金:一年1258弗罗林。正是在这里,安特卫普的商人满足了国外对佛兰德斯艺术的需求,又反过来充当了意大利名作的进口商和代理商。阿拉斯的挂毯,林堡的微缩画,布鲁日的彩绘人像,连同梅姆林、杰勒德·大卫及勃鲁盖尔父子的肖像画和宗教画,都从这里流向了帕多瓦、米兰、尤其是那不勒斯和威尼斯。佛罗伦萨的很多银行都在安特卫普开办了自己的机构,以便这些机构能够直接从艺术家那里接受委托,其中有几个人,像范德魏登,为了研究和就业而去了意大利。

安特卫普的艺术品商人通常都加入了圣路加行会,珠宝商、当铺老板、镀金商和画框制作商也都嚷嚷着要求加入。另一方面,在阿姆斯特丹,他们都加入书商行会和出版商协会。

尽管如此,与意大利、西班牙和葡萄牙之间的交易依然为佛兰德斯艺术提供了最大的市场。斐迪南和伊莎贝拉的藏品目录中有大量尼德兰人的名字,汉萨同盟城市同样提供了丰厚而富饶的市场。但是,暴跌最终随着安特卫普交易所在1550年代晚期的崩盘而到来,艺术品生意在其他每一座城市都一落千丈;它只不过是另一种类型的过度扩张其信用的商品融资。奇怪的是,在这个世纪,正当中产阶级终于繁荣兴旺的时候,哈布斯堡王室实现了他们最大的荣耀,把有史以来品质最卓越的一些艺术品收藏留给了欧洲未来的几代人。

○ 注释

① 约翰·赫伊津哈:《中世纪的衰落》(*The Waning of the Middle Ages*, 1924),第227页。
② 佛罗伦萨的美第奇家族、波提纳利家族和萨塞蒂家族,卢卡的阿诺菲尼家族,当然都是引人注目的例外,事实上,想必是在他们与布鲁日之间持续不断的生意来往中受到了启发。
③ H. 弗勒尔克:《荷兰艺术及文化史研究》(*Studien zur niederländischen Kunst-und Kulturgeschichte*, 1905)。这些研究为本章及下一章的材料提供了非常有价值的帮助。

2. 荷兰共和国的中产阶级艺术

查理一世死后，对艺术的资助转移到了欧洲大陆，起初是转移到了法国和西班牙。但逐渐地，当路易十四的漫长统治势不可挡地贯穿这个世纪时，荷兰成了世界的艺术品市场，它注定要在接下来两百年的时间里保持这一地位。国王宫廷连同其规矩和礼仪的缺席，让资本家有了发展"自由企业"的机会，这很快就反映在他们的豪宅和他们收藏的艺术品中。

在考量16世纪和17世纪低地国家的艺术时，我们应当避免像今天这样囫囵吞枣地谈论尼德兰。荷兰和西班牙行省——佛兰德斯和比利时——在气质和信仰上有天壤之别；它们之间的鸿沟是一条分界线，远比比利牛斯山脉这道把法兰西与西班牙割裂开来的天然屏障更清晰、更坚固。到世纪之交的时候，北方已经摆脱了外国统治，但西班牙依然完全占据着南方地区。实际上，这两个国家长期以来是一大堆中世纪诸侯国统一起来的聚合体，它们之间几乎没什么交往。两个国家之间的任何一个游客都会被怀疑是间谍或破坏者。就连鲁本斯要想得到探访荷兰的护照也有极大的困难。这种敌意一直持续到了18世纪，南方行省从西班牙的领地落入奥地利之手。比利时依然是天主教地区，直到拿破仑战争之后才实现政治自由。

17世纪的荷兰商业帝国很大程度上是在安特卫普100年前所确立的贸易与重商主义原则的基础上构建起来的。当荷兰人表现出他们的航海才能比早期

> 重商主义是封建主义解体后的16~17世纪西欧资本原始积累时期的一种经济理论或经济体系，它建立在这样的信念之上：一国的国力基于通过贸易顺差所获得的财富。

的佛兰德斯人更大更深的时候，更年轻的港口城市阿姆斯特丹便逐渐发展起来了；这使得他们的东印度贸易更广阔的探险成为可能。财富和权力向北移了；佛兰德斯由于西班牙的破产而锐气大挫，被宗教冲突所撕裂，而英格兰一门心思专注于内战，事实证明，在佩皮斯为查理二世重组海军之前，它完全不足以抗衡荷兰的海上力量。事实上，欧洲的转口贸易暂时掌握在那些引入了新的贸易实践和贸易理论的荷兰市民手里；因为重商主义观念与主宰文艺复兴时期的意大利金融学说背道而驰，通过补贴、关税壁垒及各种形式的税收豁免，发展出了保护"幼稚产业"的垄断。荷兰人无条件地相信：一个国家要想生存下去，必须始终保持贸易顺差。

这个观点需要新类型的人物，随之出现的是大规模工业的领袖。破天荒第一次，我们看到了美式商人——公司总裁和"企业巨头"进入了历史。我们千万不要忘了，纽约从来都没有完全抛弃新阿姆斯特丹的传统和生活方式，这座哈得逊河口的商业都市与更英国化的新英格兰和南方之间与生俱来的互相反感甚至到今天依然存在，这种反感源自于思维与心灵的分歧，这样的分歧300年前就存在了。我们已经看到人们盲目地相信金钱的力量。当然，寡头专制是国王专制合乎逻辑的自然结果，在没有国王一言九鼎的地方，商人便按照自己的想象创造出标准，除自己之外，不取悦于任何具体的人。带着美国革命之子和D.A.R.（美国革命之女）的精神，新老阿姆斯特丹的贵族们闯进破落贵族的大门，通过联姻，通过购买可疑的专利权，与比他们自己略好一些的财富结成同盟。阿姆斯特丹股票交易所的牛熊之战产生了一种金融战的模式，从那时到现在一直主宰着欧美大陆的股票交易所，就连华盛顿证券交易委员会天真的理想主义也没有能力控制它。从此以后，纽约无论在精神上还是在事实上都成为了阿姆斯特丹着手开始的、佩皮斯和柯尔贝尔最终没有干涉的那种东西。

柯尔贝尔带着鄙视的态度看待荷兰人，把他们描述为"满腹空谈，充满报复之心"，伏尔泰说荷兰是"昏昏欲睡的地狱"。泰纳带着两个世纪的洞察和远见，对荷兰人充满惊奇和赞佩，称之为"一个小小的商人民族，迷失在一堆污泥中"。但是，盎格鲁-撒克逊人和荷兰人的性格彼此融合、互相交织，以至于对大多数美国人来说，尼德兰依然是第二个精神家园。

如果说阿姆斯特丹在性情气质上是美国式的，那么在这个国家，我们继承了荷兰人的美德和宽容，也继承了他们在智力上的好奇心。因为尽管须德海上的这座城市是新教徒商人的天堂，但它同时也欢迎每一个宗教异议者和每一个避难者：胡格诺教徒和天主教徒，犹太人和异端分子，清教徒和政治流亡者。它的印刷所对所有信仰的哲学家敞开大门，对它

阿姆斯特丹街头（让·范·德·海登）

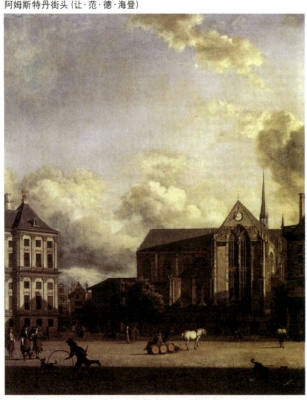

来说，几乎没有一种政治或经济学说或理论太过激进；它似乎很高兴把鄙视的手指指向宗教裁判所。说来也怪，就像它的美国后辈（译者注：这里指的是纽约，纽约最初的名字就叫新阿姆斯特丹）一样，阿姆斯特丹尽管给任何艺术家提供庇护，但它在品味上却天生保守。它关注现实世界，欣赏那种让人倍感亲切的现实，它在描绘内景、静物和餐桌之乐的绘画中得到了最好的表达。它对过去的兴趣是学术性的，有时候，作为一种虔诚的姿态，它很不情愿地保护它哥特式过去的遗迹，但它几乎不想复活它早期的文化。阿姆斯特丹同样忽视了文艺复兴及其所有的影响；除了一个难能可贵的古物研究者的小圈子之外，它一门心思专注于当下，决心要最大限度地利用现代世界，它就是在这个世界上繁荣兴旺。

这样一种姿态有利于促进公众对艺术的兴趣，在这样的艺术中，忠实地呈现出来的当代场景实现了其本身的正当性。很小的室内（容易加热）比意大利别墅巨大的敞开式房间更适合于入画，荷兰人喜欢让一些令人回想起平常事物的东西围绕在自己身边。身体上的舒适和自然欲望的满足，对他们的日常生活来说比神话或圣徒传更加重要。他们认为，一件艺术品应该根据它的优点来加以判断，要理解它，并不需要专门的训练或古典学的知识；它是一件旨在带来愉悦的

商品，并且，根据它的吸引力来衡量，它对中产阶级来说可以被认为是一笔安全的投资。因此，几乎每个人都拥有和购买画作，这被认为是理所当然的事。约翰·伊夫林在1641年探访了荷兰，据他记载："农民们如此富有，以至于都在寻找投资机会，常常花2000～3000弗罗林买画。"布雷迪乌斯注意到："在17世纪，一个荷兰人拥有一个小画廊是一件十分自然的事；无论是贵族，还是最普通、最平凡的市民，都有一间房子装满了画，在一个中等之家找出

维梅尔：《绘画艺术》

100～200幅画，实在是稀松平常的事。"

当然，尽管有这样广阔的大众市场，依然有规模更大、程度更重要的收藏。资本家收藏者出了名的精明，无论是就价格还是品质而言都是很好的买主。尽管在某些情况下他们的鉴赏力似乎缺乏法国、意大利和英格兰的同时代人那种智力上的精细优雅，但荷兰人"对市场变化很有眼力"。像我们美国人一样，他们的藏品是安全的——是引人注目的"金边"债券的组合，是根据从业艺术家的可靠建议购买的，就大部分而言，搜集它们的时候既不在乎风格，也很少有人文主义者的好奇心。此外，这些收藏的形成，刚好与黄金危机同时，一代人之前在对外贸易中积累起来的黄金都闲置在那里，没有投资，整个三十年战争期间，阿姆斯特丹的市场上的黄金始终供大于求。因此，在17世纪中叶，这座城市成了欧洲王室收藏大肆抛售的市场，正像法国大革命之后的伦敦和第一次世界大战之后的纽约一样。银行家们大举投资，他们的儿孙在18世纪把他们的藏品卖给充满好奇的法国和英国，从而收获丰厚的回报。

在17世纪，荷兰是欧洲羡慕忌妒的对象。繁荣无处不在，这样的繁荣是在贸易和殖民地的基础上构建起来的。有足够的钱来维持和保护本地的艺术和手工艺。但随着荷兰工业的发展，到1650年，这些产品成了出口生意中的主要因素。绘画、印刷品和陶器不再是专门给国内的富人和小康之家创造的，而是获得了一种国际风味。伍弗曼、特博尔赫、梅特苏和德·霍赫等人实际上比法国人的品味领先一个世纪。探访荷兰的意大利人，像托斯卡纳大公科西莫三世，都会爱上维梅尔和威廉·凡·德·维尔德的艺术。英国人一会儿是荷兰人的对手，一会儿又是荷兰人的盟友，他们开始系统地榨干荷兰最好的画作；他们是如此勤勉不懈，以至于很多艺术家，譬如阿尔伯特·奎伯，只有少量作品留在这个国家。

另一方面，尼德兰南部在这个世纪的下半叶衰落了，它的艺术也是如此。鲁本斯和凡·艾克的早期推动，在那些已经积累起了财富的地方创造出了这样一种欲望：人们渴望用艺术品塞满他们的宅邸和私人画廊。此外，天主教徒与西班牙和意大利之间的联系——与路易十四统治时期的法国之间更密切的接触就更不用说了——激发了大规模的生产，即便其产品没有达到那群在海牙、阿姆斯特丹和代夫特工作的艺术家那样的品质，但至少在尺寸上令人印象深刻。这一贸易是扬·德努塞最近研究的课题，他梳理了安特卫普的一些藏品目录，以及很多主要画商的档案和记录①。荷兰的艺术品市场同样风起云涌，而且，由于它控制了更多的钱，它因此成为投机商和骗子追猎的目标。

不妨暂时回到黄金时代，最引人入胜的收藏是围绕伦勃朗及其朋友和保护人为中心。他们当中最典型的是海牙的康斯坦

> 荷兰黄金时代大约在17世纪，当时荷兰的贸易、科学与艺术等方面获得了全世界的赞扬，被视为荷兰的巅峰时期。后文提到的诗人和作曲家惠更斯（1596～1687）及收藏家西格斯（1618～1700）都是荷兰黄金时代重要的文化人物。

第五章　十七世纪西班牙与低地国家的收藏

托马斯·德·凯塞尔:《康斯坦丁·惠更斯和他的秘书》

丁·惠更斯,他是奥兰治亲王的秘书和著名物理学家惠更斯的父亲;还有一个是阿姆斯特丹贵族扬·西格斯,他在伦勃朗去世多年之后成为市长。伦勃朗曾两次给西格斯画像:1647年在蚀刻版画中,1654年在油画中。伦勃朗给这个家族的其他人绘制的肖像(哈尔斯和波特)一直留在这个家族的手中,并在1936年由考古学家兼艺术史家扬·西格斯教授遗赠给了荷兰政府。西格斯家族在18世纪由旁系后代积累起来的另一批收藏在近年散佚了。

伦勃朗本人就是一个兼收并蓄的收藏家,不幸的是,他的眼界和胃口比他的钱包更大。他破产的时候(具有讽刺意味的是,

此时他的晚期绘画正处在其辉煌影响的巅峰)编制的藏品目录,让我们了解到了他的个人品味。他不仅收藏古典大师们(尤其是意大利人)的油画和素描,而且他的印刷品收藏包含了一座观念和肖像技法的图书馆。此外,他酷爱古代胸像,能够与这种爱好相匹敌的,只有他对武器和来自美洲及印度群岛的人种学标本的兴趣。他的绘画进一步表明,他拥有数量庞大的服饰;其中就有犹太人聚居区的华美祭服,其宗教版画中的犹太拉比和圣经场景就出现过这样的服饰。他所见过或接触过的任何东西都成了"道具",以备用做证据,或用于模特儿摆姿势。②

东方的武器、铠甲及乐器对伦勃朗来说是一个持续不断的快乐和灵感之源,正如他的作品所证明的那样。他对浇铸作品的选择证明了他对雕塑艺术的浓厚兴趣;他拥有一件浇铸的《拉奥孔》,那是最早传到北欧的此类浇铸作品之一,他还拥有几件米开朗基罗最伟大作品的复制品。

伦勃朗从来都毫不犹豫地为自己的作品定一个恰当的价格,他太精明了,不可能为他最精美的藏品去跟人讨价还价。他总是当机立断地买下他真正想要的任何东西,并时刻准备以最高的价格卖掉它们。霍夫斯塔德·德·赫罗特引用了伦勃朗在印刷品拍卖行里支付的破纪录的成交价——具有讽刺意味的是,正是他在这一领域创

艺术收藏的历史
A History of Art Collecting

伦勃朗自画像（34 岁）

造了第一轮牛市，特别是为意大利人和早期的德国人。一份标定日期为 1659 年 3 月 19 日的文件，给伦勃朗在 1640～1650 年间的藏品定出了价格：雕版画、素描、徽章、古董和海洋生物标本共计 1.1 万弗罗林，古典大师的绘画单独估价为 6400 弗罗林。他总是尽可能以最高的价格卖掉了自己的雕版画，但是，当机会出现的时候，他便抓住了机会，以 80 帝国泰勒购得了卢卡斯·凡·莱顿的一组蚀刻版画。瓦伦丁纳说："我们都知道，鲁本斯非常看重卢卡斯·凡·莱顿，通过霍赫斯特拉滕和桑德拉特我们得知，他为自己收藏的卢卡斯的蚀刻版画《戴荆冠耶稣》、《埋葬》、《达那厄》及其他作品支付了一大笔钱。他的弟子林迪特·科内利斯后来用一笔巨款（637 荷兰盾）买下了他收藏的卢卡斯的速写簿。甚至在破产拍卖之后，伦勃朗依然以他所拥有的卢卡斯的版画和素描作为抵押，获得了一笔 600 荷兰盾的借款。"瓦伦丁纳同样推断，伦勃朗收藏的意大利雕版画当中，应该有马克·安东尼奥的作品，而且，任何时候，只要能弄到威尼斯画派油画的雕版画，他都会掏钱买下。尽管这些目录中没有明确提到荷尔拜因和丢勒，但有一些零零碎碎的材料足以证明，他对这两个人的作品感兴趣，并有收藏。

在购买和转卖藏画上，他同样精明。他花 425 荷兰盾买下了鲁本斯的《海洛与利安得》，这笔钱是他从"地方法官"（用现代术语就是"破产仲裁人"）那里借来的，他后来卖给了另一位地方法官，卖了 530 荷兰盾。他经常通过出售自己的画作来缴税。最令人称道的是，文献表明，他经常通过购买弟子们的作品来鼓励他们，并因此为年轻人开拓了市场。不过，除了那些与他有交往的人之外，他很少购买当代人的作品。

在他的第一任妻子萨斯基亚·凡·乌伦布罗赫于 1642 年去世的时候，伦勃朗正处于其事业生涯的顶峰。他既有钱又有名，但他感到厌烦。他为了那幅所谓的《夜巡》不断与委员会周旋，这一经历坚定了他对官方艺术的厌恶，那个时代的荷兰人乐意为这样的艺术掏钱。伦勃朗退守自己的内心，

第五章 十七世纪西班牙与低地国家的收藏

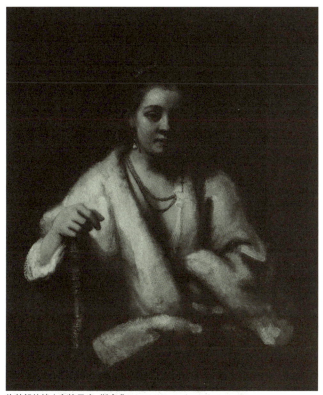

伦勃朗的情人亨德里克·斯多弗

要让伦勃朗最终脱离那个今天全心全意地认领他的官方荷兰,1656年的破产诉讼便是所需要的一切。他生命中的最后10年是在贫困潦倒中度过的,好在有精神的富足作为补偿。古往今来,这个世界很少看到这样的富足。

在一定程度上,阿姆斯特丹、海牙和代夫特的其他收藏反映了同样的品味和嗜好,伦勃朗的收藏是其缩影。对于指导正在崛起的荷兰艺术家来说,这些画廊和艺术品被认为是一种共同财产。当奥兰治亲王的秘书、诗人康斯坦丁·惠更斯指责伦勃朗和列文斯不去意大利面对面地研究拉斐尔和米开朗基罗的作品、以避免"他们同时代人的心胸狭隘"时,伦勃朗回答道:"我们正当盛年,没有时间去旅行;再者说,亲王们如此喜爱绘画艺术,以至于在意大利之外也可以找到最好的作品,在那里,你不得不到不同的地方去寻找这些东西,而在这里,你却发现它们已经集中在一起,而且大量存在。"

致力于创造成熟而自由的杰作,这些作品对于今天的我们来说意义重大。他跟自己的模特儿、农村姑娘亨德里克·斯多弗好上了。他没法娶她,因为萨斯基亚为了他们的儿子提图斯而对财产进行了托管。顽固刻板的新教徒社会不可能以赞许的态度看待不道德的生活。朋友们离他而去,债主们对他紧追不舍。他痛心而愤怒,越来越为了取悦自己而画,把自己的天才用于解剖这个他已经学会鄙视的社会,就像一个外科医生解剖尸体一样。但是,当他越来越远离他曾经的主顾时,他就越来越走近穷人,尤其是那些悲惨不幸的贫民区居民,他就生活在他们当中。在他的版画和素描中,他显示了自己是描绘人类悲剧最伟大的大师之一。

卢格特坚持认为,当伦勃朗这样回答的时候,他并不是在贬低意大利的奇迹,而是在表达他那个时代的普遍看法。因为不仅在王公贵胄们的收藏中,而且在阿姆斯特丹的商人和艺术品商的收藏中,他觉得自己每天都在与南方艺术家所创作的最好的作品交流。甚至早在他作为一个画家赢得自己的名声之前,伦勃朗就能够通过他的表哥乌伦布罗赫，接触到他想要参观的任何宅邸或画廊。卢格特指出，两位最有名的佛兰德斯画家鲁本斯和凡·代克都比伦勃朗稍微年长一些，他们"在同时代收藏家的活动中都有重要的一份。两个人都特别推崇提香，他们的热情是有传染性的。他们与那个时期王公贵胄的关系，对于传播提香的名声作出了极大的贡献。16世纪，这个威尼斯人在北方一直因为罗马画派和博洛尼亚画派（拉斐尔和卡拉齐）制图艺术的卓越品质而黯然失色，多亏了他的忠实崇拜者鲁本斯和凡·代克的热情，他终于在北方被认为是色彩和构图的大师。凡·代克并不满足于唱赞歌，而且还要竖立作为收藏家的榜样"。④

鲁本斯去世的时候，他的庄园里留下了提香的10幅画，此外，还有32幅提香作品的副本，是他在马德里的时候临摹的。这还不包括他在1625年卖给白金汉公爵的提香作品。作为一名收藏家，凡·代克几乎像鲁本斯和伦勃朗一样活跃。尽管玛丽·德·美第奇的秘书（他1631年与王后一起在安特卫普探访了凡·代克的宅邸）写道，他在那里"看到了提香作品收藏，亦即这位大师所有最好的作品"，但关于这批收藏，我们所知甚少。没有藏品目录传到我们手里，凡·代克的通信中谈到这批藏品的内容像他的传记作者一样少。不过，据卢格特说，几年前，在战争部的一些不太可靠的维也纳档案中，偶然发现了一份意大利文凡·代克藏画目录。他说："把这份目录与这位大师的草图相比较，再加上其他材料

的佐证，使得我们有可能证实：他就是你那幅被称做《科尔纳罗一家》（实际上是"文德拉明一家"）的伟大作品的幸运拥有者，这副画大约在15年前被伦敦的国家美术馆以12.5万英镑购得，他还拥有卢浮宫的那幅名画《劳拉·黛安蒂与阿方索·德·费拉拉》，以及那幅华美气派的肖像，被错误地称做《阿里奥斯托》。"据说，凡·代克的收藏中，仅提香的画就多达19幅。

大都会博物馆的奥尔特曼收藏中有凡·代克的一幅肖像，画的是尼德兰伟大的

凡·代克．《卢卡斯·凡·乌菲尔肖像》

收藏家之一卢卡斯·凡·乌菲尔。凡·代克经常探访这位商人在威尼斯的家，乌菲尔在那里经营着尼德兰与亚德里亚海之间的贸易。1639年4月9日，他的财产在阿姆斯特丹拍卖是当时的著名事件之一。很不幸，没有藏品目录留下来，只有同时代人的一些记述，让我们可以了解到其收藏的宏

富；总共卖得了6万弗罗林，这对那个时期来说几乎是一个闻所未闻的数字。伦勃朗当时在场，并且画了一幅速写，卢格特说，此事引起了"拍卖场的轰动。拉斐尔的肖像画《卡斯蒂里奥内》卖给了一位法国收藏家，售价3500弗罗林。乌菲尔拥有的另一幅画是提香的《花神》，在英国、法国和奥地利多次易手之后，于18世纪回到了意大利，如今是乌菲兹美术馆的荣耀之一。"

阿姆斯特丹艺术界最别具一格的人物大概是阿方索·洛佩兹，他是路易十三的代理人，黎塞留把他派到荷兰去购买枪炮、战船和军火。许多年来，这位外交官、珠宝商和艺术品商（他声称自己是格拉纳达的摩尔人的后裔）一直在为自己买画，并为他的两个保护人、红衣主教黎塞留和马萨林充当代理人。回到法国之后，他接受了法国公民的身份和他的资助人的宗教，成了国务委员会的一员，并在奢华排场上超越了自己，总是乘坐一辆六匹马拉的四轮马车在巴黎兜风，希望被人误认为是西班牙国王的大使。在阿姆斯特丹，他购买藏品就像他的日常生活一样出手阔绰，始终着眼于将来在巴黎卖掉他的财产，此事1641年发生在他位于小场街的宅邸里。塔勒芒·德·雷欧记述了这次拍卖，他说："有一个专门的传唤员。它是小号的'圣日耳曼博览会'，不断有名流要人光顾。"画家克劳德·维尼翁写信给伦敦的版画商和出版商朗格卢瓦，告诉他，洛佩兹藏品的拍卖将在12月举行，给凡·代克捎去了他的问候，并说，他刚刚在洛佩兹的宅邸里看到了提香的《阿里奥斯托》。

我们想必还记得，阿伦德尔伯爵的收藏在1643年运到尼德兰去了，不久之后，查理一世的很多藏画和白金汉公爵的很多藏品都被议会给没收了。这几批藏品破天荒第一次为低地国家的人民看到早期的意大利绘画提供了机会。因为阿伦德尔除了藏有34幅提香、12幅乔尔乔内、10幅丁托列托、12幅柯勒乔、32幅拉斐尔和25

> 阿方索·洛佩兹（1582~1649），犹太商人、艺术品收藏家，红衣主教黎塞留在尼德兰的代理人。

凡·代克：《自画像》

伦勃朗：《自画像》

幅委罗内塞（这里只提到了 1655 年为他的寡妻编制的那份目录中的少数几个名字）之外，他还有一批安托内罗·达·墨西拿、贝利尼父子及其他威尼斯和佛罗伦萨大师的早期画作和素描。

丹尼尔·奈斯曾在 1629 年谈判把曼图亚公爵的收藏卖给查理一世，并在 1637 年把他的素描收藏卖给了阿伦德尔，他是一个安特卫普商人，许多年来一直居住在威尼斯，从事艺术品生意作为副业。毫无疑问，他必定培养出了对早期绘画的喜爱，贡萨加家族的祖传收藏在这方面十分丰富。我们有理由推测，在他谈判的那段时期，有很多画作不符合文艺复兴时期威尼斯的高雅品味，从未传到不列颠诸岛；因为尽管知道曼图亚的宫殿里有这些画，但它们并没有出现在后来的通信或目录中。在比利时与荷兰（当时的国际贸易在这两个地方处于顶峰时期），艺术品商人的地下室和阁楼里想必塞满了此类没人想要的、滞销的剩货，正是在一些富裕艺术家的收藏中，而不是在王公贵胄的收藏中，这些画更有可能出现，他们收藏这些画，是因为它们的艺术价值，而不是因为它们的声望。

阿姆斯特丹在 1600 至 1800 年间的拍卖目录只是强调了这一趋势的充分重要性。不仅有意大利艺术的业余爱好者，而且还有那些喜爱本国产品的人。这些人当中，这里稍稍提到几个名字就足够了：雅各布·英格布莱希兹·劳威特，他的收藏在 1612 年卖了 1.4411 万弗罗林，据说他拥有佛兰德斯画家彼得·埃特森一批最好的作品。他还卖了几幅画给鲁道夫皇帝的代理人蒂比伯爵，卖得 1000 佛兰德斯磅。马丁·克雷泽从事收藏 20 余年，专攻提香、巴萨诺和安德里亚·德尔·萨托的作品。他还以收藏意大利风格的荷兰画家的作品著称，他敬佩这些画家——拉斯特曼、普伦比尔赫、皮尼亚斯、洪特霍斯特、特尔布鲁根、博斯和德·拉尔。他 1670 年的拍品目录包括鲁本斯、凡·代克、伦勃朗、列文斯和法布里蒂乌斯。

赫尔曼·贝克是另一种类型的收藏家，是杜朗－吕埃尔和安布鲁瓦兹·沃拉尔的先驱，他通过预付现金和借钱给艺术家（他们用自己的画来偿还），从而积攒了一批数量惊人的收藏。我们知道伦勃朗欠他很多钱，至少拿了自己的两幅帆布油画《狄安娜》和《朱诺》来还这笔债。另一个收藏家安东·凡·莱恩以每天 4 个弗罗林的薪水雇佣画家。他带着伊曼拉特去法国、意大利和德国旅行，为期两年半，"给他所听说的每一样东西画速写"。凡·莱恩支付所有旅行费用，万一他死于旅行途中，伊曼拉特的庄园将得到 300 弗罗林作为赔偿。他还有权利为自己临摹任何油画和素描的副本。⑤

这些收藏的模式各不相同。雷恩斯特兄弟收藏的意大利大师的作品，是荷兰古往今来所见过的最伟大的收藏——包括来自威尼斯的文德拉明宫和来自查理一世的名作——就品质而言，他们的收藏大概是这座城市最重要的收藏之一，仅次于伦勃朗的收藏。然而，这批收藏的存在是短命的，因为当格里特的寡妻在 1660 年把来自查理一世的那些画卖给荷兰国会的时候，这批藏画也就风流云散了。这些画被荷兰人民作为礼物送给了查理二世，现藏汉普顿宫。另外一些收藏的形成，部分是作为投资，部分是作为一件值得骄傲的事。毫无疑问，贪婪也扮演了一个重要角色，菲利普·凡·沃尔肯尼斯便是这样的情形，他在 1614 年去世的时候留下了几百幅藏画。

艺术品生意在这一时期有着空前的重要性，它所遵循的路径是一两个世纪之前在安特卫普设计的。定期举行展览，艺术品商必须严格遵守圣路加行会制定的规则。然而，也有不受管束的现象，1639 年，一群画家得到了乌得勒支一家修道院的大厅，作为独立的销售和展览画廊，与此同时，海牙的画家脱离了行会，创立了一个被称做 Pictura（绘画）的协会。⑥

我们今天的艺术品生意，其大多数规矩和惯例要归功于阿姆斯特丹的艺术品商人。仔细检查过去的记录，以及弗勒尔克令人钦佩的研究成果，似乎让我们觉得：太阳底下确实没有多少新东西。阿姆斯特丹建立起了一个技能团体，巴黎、伦敦以及后来的纽约的画廊都是效仿它。今天几乎任何一家有国际影响的公司都可以直接或间接地从荷兰的艺术品市场追踪到它的起始点。杜维恩兄弟公司经由阿姆斯特丹进入英格兰，只要在伦敦的邦德街或巴黎的博埃蒂街上浮光掠影地扫视一下，通常可以说，把艺术品商人与小古董收藏者区别开来的东西，是他与 17 和 18 世纪阿姆斯特丹之间接受训练的或隔代遗传的联系。

即便如此，也还是有一套伦理法则强加给艺术品生意，违犯这套法则就会受到重罚。**格里特·乌伦布罗赫**在 1670 年不仅被认为是最优秀的意大利艺术鉴赏家，而且也是荷兰最富

> 格里特·乌伦布罗赫（1625～1679），荷兰黄金时代的画家和艺术品商人，他所经营的家族艺术品商行在黄金时代的艺术界扮演了一个关键角色。

有、最正直的艺术品商人，他陷入了一桩丑闻，涉及到把 13 幅著名的意大利油画卖给勃兰登堡选帝侯，售价 3 万弗罗林。亨德里克·冯·弗罗曼蒂欧声称，它们全都是赝品。法庭请了 51 位艺术家出具他们的意见书；其中 31 个人支持乌伦布罗赫，20 个人反对他。他被迫心灰意冷地离开阿姆斯特丹，去伦敦寻求庇护，他在那里通过给彼得·莱利爵士画风景和背景来维持生计，他是在当年更风光的日子认识了莱利。

阿姆斯特丹作为艺术之都的至尊地位，

比它作为一个世界强国的伟大地位更长寿。事实上,直至拿破仑战争结束很久之后,它才把自己的这一地位拱手让给了伦敦和巴黎。整个18世纪,北欧的王公贵胄们不断把他们的代理人派到荷兰,希望能买到值得他们自夸的艺术品。一些人试图购买霍弗特·凡·斯林格兰的著名收藏,但白费力气,凯瑟琳大帝和舒瓦瑟尔公爵便是其中的两位。斯林格兰对品质的坚持出了名的严格,他任何时候都不允许自己的收藏中超过40幅画。他经常购买整批的收藏,自己留下一两件藏品,然后把其余的拿去拍卖。当斯林格兰在1767年去世的时候,他下令把自己的收藏都卖掉。当尼德兰执政官、奥兰治亲王威廉五世插手此事并以5万弗罗林购买全部收藏的时候,藏品目录已经印行。荷兰王室收藏的核心就这样建立起来了,它如今是海牙皇家美术馆的荣耀。

○ 注释

① 参见扬·德努塞:《17世纪安特卫普的艺术品出口》(Kunstuitvoer in 17e eeuw te Antwerpen, 1930) 和《安特卫普的画廊,16和17世纪安特卫普艺术收藏目录》(The Antwerp Galleries, Inventories of the Art Collections' of Antwerp in the 16th & 17th Centuries, 1932)。

② 霍夫斯塔德·德·赫罗特的《伦勃朗的工具》(Die Urkunden über Rembrandt, 1906) 和查尔斯·布兰克的《伦勃朗全集》(L'OEuvre Complet de Rembrandt, 1859~1861) 中给出了详细目录,连同关键性的注释。

③ W.R.瓦伦丁纳:"伦勃朗和他的环境",载《外国艺术史》(Zur Kunstgeschichte des Auslandes, 1905),第XXIX卷,第64页之后。

④ 除了他的巨著《收藏的标记》(Marques de Collections) 中所包含的信息之外,卢格特先生还给了笔者一些颇有价值的建议和参考材料。此外,他还慷慨地把他在大都会博物馆发表的一篇关于荷兰的意大利艺术品收藏家的演讲的注释提供给我使用。

⑤ 弗勒尔克:前引书。

⑥ 据弗勒尔克说:"协会章程的第19和21条规定了固定的展览。大约1个世纪之后,这一展览扩大到了包括非成员的画作,每个成员有权展览自己的作品,并出价销售它们,他愿意展出多少幅都行。展览从11月至1月的每个星期二举行,出席者乐意为参观者提供目录和价格。"

3. 西班牙及低地国家的艺术与外交

17世纪是高层外交和晚期巴洛克艺术的世纪。大概没有一个人像彼得·保罗·鲁本斯那样完美地体现了这样一个世界,他是尼德兰总督伊莎贝拉女大公的特命全权大使,先后被派往英格兰的查理一世、西班牙的腓力四世和法国王后玛丽·德·美第奇的宫廷,以及荷兰。无论是从官方还是非官方讲,他在很多商业事务和政府事务上都是起决定作用的声音。他在那个时代的世界大舞台上之所以取得成功,部分程度上要归因于他的个人魅力,以及跟人打交道的能力。但这还不够——鲁本斯身上有更多的东西。对于雇佣他履行特殊使命的君主,他忠心耿耿,除了这种短暂的忠诚之外,他还体现了一种态度,对艺术的态度,对心智培养的态度。对于这种心智的培养,当时的欧洲已经成熟,而且很热心。一种智力上的好奇正在受过高等教育的精英们的头脑中发酵,正在制造出日益增长的、持续不断的对它的需求。王公贵胄们正在为了赢得威望、为了在专制权威和神授权利的赌桌上赢得先手而争斗。之所以选择鲁本斯作为他们之间的谈判代表,首先是基于一个本能的认知:这个佛兰德斯画家精通于某种流通货币,这种货币能够被各行各业、各种信仰和各个民族的人普遍接受。

来自新世界的黄金和白银只不过增加了现代生活的复杂性,在这样一个节骨眼上,不得已而求其次,艺术作为一种表达语

> 伊莎贝拉·克拉拉·尤金妮亚(1566~1633),西班牙公主,奥地利女大公,苏格兰和法国王位的觊觎者,西属尼德兰的摄政和总督。

弗兰斯·普布斯:《伊莎贝拉女大公肖像》

言——从知识上和政治上讲，是某种形式的世界语——而被人们所接受。王公贵胄们深知，他们用纸牌搭起的房子正在他们的耳畔轰然坍塌，他们就像溺水的人一样，拼命抓住艺术家们递给他们的任何稻草。英格兰的国王们先是转向鲁本斯，然后是凡·代克，最后是莱利；法兰西的国王们在很多事情上依靠勒布伦、贝尔尼尼和普桑，远不止是装饰他们的宫殿，并在哈布斯堡的太阳落山之前，把腓力四世最后的光辉更多地归功于委拉斯开兹，而不是任何其他人。

诚然，这些画家都是非凡的天才，而且，由于最近人们习惯于带着日益增长的恐惧看待"专业化时代"的侵蚀，那些能够适应任何工作的"全能天才"因此被认为是已经灭绝的古老物种之一。有一些大部头的著作写到达·芬奇的无所不能，他对科学的兴趣、对物理学和力学法则的兴趣；写到米开朗基罗的神奇，他是建筑师、工程师，是现代时期最伟大的画家和雕塑家之一。但这样的作品似乎总是忽视了这样一个事实：正是社会，而不是个人，确立了任何单个天才的全能。社会必须创造出相应的环境，这种类型的全才只有在这样的环境中才能发挥作用。对专制君主来说，艺术家正逐步取代中世纪的告解神父，因为他们的手里掌握着新的钥匙，可以通向那些思想和心灵的通才，没有他们的知识，任何统治者都不可能接触到他的人民。事实上，艺术家在一般事务中扮演了一个特殊的角色，在今天，这样的角色如果有人扮演的话，那一定是大报纸和大杂志的出版人和主编的角色，而这些人在300年前完全不为人知。鲁本斯在他那个时代所扮演的角色，类似于比弗布鲁克勋爵与温斯顿·丘吉尔的政府之间的关系，这样的类比并不像它看上去的那么遥远和牵强。

然而，你千万不要以为，鲁本斯——或以他为典型的任何一个艺术家外交官——是从朱庇特的脑袋里蹦出来的，早已为履行自己的使命做好了充分的准备。起初，职业军人和朝臣们也是带着内行的、有偏见的目光来看待这些艺术家。在几乎任何情况下，都有必要先把他们封为贵族，这一事

鲁本斯：《自画像》

实就是一个证据，证明他背叛了自己轻车熟路的本行。

鲁本斯之所以能够如此游刃有余地应对这个世界，很大程度上要归功于他年轻时在曼图亚宫廷里接受的严格训练。文森佐公爵认可他，不仅仅因为他作为一个画家的非凡天才，而且还有作为学者和商人的一些更清醒冷静的品质。1603年，鲁本斯第一次被派往西班牙，带了一些名画和骏马作为礼物送给腓力三世，公爵为他的这次涉世历练提供了资金，后来的西班牙国王把这次历练给资本化了。但鲁本斯起初很粗鲁，在腓力三世宫廷的早期并没有给人留下很深的印象。他与西班牙画家关系疏远，只限于研究古典大师的作品，尤其是王室收藏中拉斐尔和提香的作品。

鲁本斯如此无所不能地走过的那个舞台（年轻的委拉斯开兹很快也会从这个舞台上走过），是全欧洲的政治舞台。那是三十年战争的前夕，这场战争将在1648年结束，其结局对于奥地利和德意志来说是如此悲惨。罗马正在抛弃文艺复兴，投身于一个裙带关系、宗教裁判所和巴洛克艺术的时代；两位腓力（三世和四世）豪华气派、但无足轻重地把西班牙的王冠戴在自己头上，尽管他们对普拉多美术馆的荣耀作出了慷慨大方的贡献，但与此同时，他们也在继续挥霍哈布斯堡王朝的遗产。英格兰的斯图亚特王朝正在播撒弑君和内战的种子。在被宗教冲突弄得筋疲力尽的法国，国王的权力通过两位红衣主教首相的精明和克己而得以增强。古斯塔夫·阿道夫治下的瑞典正在把斯堪的纳维亚的势力推向其最远的边界，并为克里斯蒂娜女王（就是后来在教皇的首都成为收藏家和业余艺术爱好者的那位女王）的退位清理舞台，从而威胁到了皇帝的权威。荷兰正在品尝寡头统治的果实，静悄悄地从英格兰和法兰西那里偷走了新世界的贸易。说来也怪，好也罢，歹也罢，在17世纪早期和中叶维持势力平衡的任务竟落到了佛兰德斯的肩上。

> 文森佐·贡萨加（1562～1612），曼图亚公爵。他是神圣罗马帝国皇帝斐迪南一世的外孙，也是那个时代最重要的艺术和科学保护人之一。

鲁本斯和妻子

鲁本斯完成了他第一次出使西班牙的使命,回到了曼图亚,此后4年里,他一直在那里为公爵效力,致力于绘画,以及他作为学者和收藏家对人文主义的兴趣。他先后游历了威尼斯、罗马、热那亚,以及托斯卡纳大公的宫廷,获得了一批令人难以置信的绘画和雕像,他没有为这些藏品掏一分钱,而是用自己的作品换来的。他的名气已经很大,能够随心所欲地开价。

1608年,鲁本斯回到安特卫普,进入了他事业生涯中最多产的时期之一。次年,他娶了美丽的伊莎贝拉·勃兰特,为自己建造了一座意大利式的豪宅。有一篇描述这幢豪宅的文字保存了下来,马克斯·卢瑟斯后来把它连同几幅雕版图一起发表了,至少可以让我们部分了解到它的奢华:

> 跨过入口大门的门槛,豪华气派的效果就扑面而来。门厅有石柱廊和雕刻繁复的楼梯,院子里,房屋的正面有大量雕塑和绘画,比例和分布都恰到好处,柱廊的风格宏大庄严,可以看到花园和亭阁的景色,花瓶和雕像高踞其上,所有这一切都让人想到一片桔树花开的土地上的一幢宅邸,而不是我们粗野的北方乡下的一间住房。任何一个王公贵族或商人走进来,都会对它的奢华和主人的良好品味感到吃惊。①

这幢豪宅的名声传到了国外;德·皮雷根据道听途说写到过它,他补充道:

> 他在院子和花园之间建造了一间圆形房子,就像罗马的万神殿那样,光线只通过穹顶中央的一个开口照进来。这个房间里塞满了他从意大利带来的胸像、古代雕像和名画,还有另外一些非常珍贵和稀奇的东西。

这些收藏究竟是什么,由于没有目录保存下来,现在恐怕很难说清了。我们知道,他曾经用自己的18幅画,从达德利·卡

鲁本斯:《劫夺留基伯的女儿》

第五章 十七世纪西班牙与低地国家的收藏

尔顿手里换来了一大批古代大理石收藏。围绕这些谈判而产生的大量通信保存完好。不过,要想对鲁本斯的收藏有更清晰的印象,我们必须转向约克宫。1627 年,白金汉公爵花 1 万英镑买了这批收藏中的大部分藏品,两年前,他曾在安特卫普对这批收藏赞叹不已。鲁本斯留下了一些东西,正如他后来写信给他的朋友、学者佩雷斯克时所说的那样,其中有一些雕刻宝石。然而,白金汉公爵最精美藏品当中最大的一部分肯定是从这里来的,我们可以从公爵与他的代理人巴尔萨泽·热比耶爵士之间卷帙浩繁的通信中推断出这一点。

> 达德利·卡尔顿(1573～1632),第一代多切斯特子爵,英国政治家、外交家和艺术品收藏家。

我们发现,鲁本斯作为一个杰出画家,对伟大作品有一种可靠而敏感的品味,这当然没什么稀奇。毕竟,对于一个成功而富有创造力的天才来说,艺术判断力似乎是自然而然的结果。不过,稀奇(在艺术家当中则尤为稀奇)的是,我们竟然在他身上发现了学术成就和对考古学的科学兴趣。在这两个方面,鲁本斯都达到了引人注目的程度。他的很多私人通信都是用拉丁文写的,大量引用西塞罗、荷马和柏拉图,装饰着古典"警句"和名言,这些将会让他深受 19 世纪牛津教师史蒂文森的喜爱。

在他从西班牙和意大利回来之后,鲁本斯已经是个老于世故的有钱人,有幸娶了一个大美人。他用不着去结交布鲁塞尔那些吵吵闹闹的艺术家同行,也无需跟安特卫普那帮附庸风雅的罗马研究者厮混。此外,从此以后,他有更多的订单,手头的工作忙都忙不过来。当事业兴隆的时候,他便更丰富地扩大自己的收藏,有规律地与他那个时代的饱学之士保持通信。

这段幸福快乐的平静时期被外交活动给打断了,1622 年,法国王太后玛丽·德·美第奇把鲁本斯召去装饰她最喜爱的卢森堡宫。这些巨幅装饰画(现藏卢浮宫)描绘了王太后和已故丈夫亨利四世生平最辉煌的场景,这项委托的酬劳是 2 万埃居。鲁本斯在巴黎待了几个月,并在另外几次场合再次从安特卫普回到巴黎,完成这套著名的组画。到最后,他没有因为这些画而得到一分钱的报酬,并且发现,自己处在很多艺术家遇到过的同样境地:不得不为自己的雇主筹钱。在这几次探访期间,他与时髦的白金汉公爵交上了朋友,后者把一些重要委托

鲁本斯:《丽达与天鹅》

交给了他，慷慨地送给他很多礼物，并故意让他越来越深地卷入国际事务。

鲁本斯的第一忠诚始终奉献给了西属尼德兰总督伊莎贝拉女大公，他作为伊莎贝拉的特别全权大使被派往荷兰、英格兰、法国和西班牙。在各行省，没有一个人有权接触到这么多重要耳目，也没有一个人有条件建立这么多亲密关系，成为这么多王公贵族的心腹知己。在这一时期，佛兰德斯的政策是要保持英格兰与西班牙的友好，法国就更不用说了；继续与荷兰和平相处对它来说也很重要。形势极其微妙。西班牙是一个正在衰落的强国，但詹姆斯一世和他的儿子查理一世都对不祥之兆视而不见，坚持与西班牙之间的同盟关系。而黎塞留则认识到，西班牙已经日薄西山，不大重视它的友谊和支持。此外，这位红衣主教生生把白金汉公爵和奥地利的安妮给拆散了，从而彻底激怒了公爵，以至于就连他对西班牙首相奥利瓦雷斯公爵的怨恨跟他对法国的深仇大恨比起来也要相形失色。要不是这位英国宠臣试图说服腓力二世帮助拉罗谢尔的胡格诺教徒反对黎塞留的话，白金汉、鲁本斯和奥利瓦雷斯完全有可能成功地使法国和西班牙和好。这样一个提议当然很荒唐，1628年夏天，就在这个节骨眼上，鲁本斯被派往西班牙，试图弄清国王的真实意图。他刚刚踏上西班牙的土地，就传来了白金汉被刺和黎塞留在拉罗谢尔被俘的消息。鲁本斯的外交使命因此彻底泡汤。但是，由于他带来了8幅画作为礼物送给国王，这次探访（它将耗在与委拉斯开兹之间的忠诚友谊上）被证明是艺术史上最幸运的大事之一。

据斯特林－麦克斯韦尔说，鲁本斯第二次探访的这个马德里完全可以自吹"跟任何其他城市比起来（只有罗马除外），它的画廊更漂亮，它的业余艺术家更多……卡斯提尔的将军府里藏有拉斐尔、提香、柯勒乔和安东尼斯·莫尔的很多精美作品，还有稀奇古怪的盔甲，以及精美的青铜和大理石雕塑；埃斯基拉切亲王——弗朗西斯科·德·博尔吉亚，被称做'卡斯提尔的缪斯'的9位诗人之一——也以丰富的藏画而著称"。② 奥利瓦雷斯公爵拥有西班牙最精美的藏书之一，在手抄本和古版本方面尤其丰富。他是委拉斯开兹的

> 奥利瓦雷斯公爵（1587～1645），西班牙国王腓力四世的亲信和大臣，担任首相期间，他的外交政策使西班牙深深卷入三十年战争，并最终导致加泰罗尼亚和葡萄牙发生叛乱，从而使他身败名裂。

朋友和保护人，在奥利瓦雷斯名誉扫地之后的那些年里，委拉斯开兹依然保持着对他的忠诚和友谊，这让我们更清楚地看到了委拉斯开兹的性格；他同样是鲁本斯的保护者及其作品的收藏者。另外两个重要收藏家是奥利瓦雷斯的亲信、臭名昭著的"米兰窃贼"：莱加内斯侯爵和蒙特雷伯爵。蒙特雷自吹有米开朗基罗一组著名的速写，被称做《游泳者》，而胡安·德·埃斯宾纳则声称拥有达·芬奇的两卷素描和手稿。

尽管腓力三世对任何形式的艺术都不感兴趣，但他父亲给予艺术收藏的推动力到16世纪下半叶并没有彻底耗尽。整个西班牙，聚集了一系列重要收藏。在阿尔瓦－

德托梅斯,鼎鼎大名的阿尔瓦公爵是"佛兰德斯的祸害"、米尔贝格战役的英雄和葡萄牙的征服者,他在自己的宫殿里塞满了图画和雕塑,并请来佛罗伦萨人托马索给他绘制壁画,描绘他的军事功绩。门多萨家族在武器、外交和文学上同样出名,他们在瓜达拉哈拉建了一座精美的图书馆和博物馆。在萨拉戈萨,阿拉贡的比亚埃尔莫萨公爵的宫殿请来了提香的弟子帕布罗·埃斯夸特给它绘制壁画,他是从威尼斯专门请来的,为的是记录这个家族的历史。很多城堡也有"大量的装饰,以及意大利的凿子和铅笔留下的战利品"。城里的一些豪宅,像大臣安东尼奥·佩雷斯在马德里的宅邸、贝拉斯科家族在布尔戈斯的宫殿,以及塞维利亚的里贝拉家族的宫殿,都同样富丽堂皇。

> 第三世阿尔瓦公爵费尔南多(1507～1582),曾任腓力二世的首相。在担任佛兰德斯总督期间,因其暴虐的统治而臭名昭著。

尽管马德里是西班牙王国的首都,但在这一时期,塞维利亚是西班牙最繁荣、最有文化修养的城市。迭哥·罗德里格斯·德·席尔瓦·委拉斯开兹正是出生在这座城市,那是1599年,同一年,鲁本斯的另一位伟大弟子凡·代克在安特卫普出生。像鲁本斯一样,委拉斯开兹的家庭也是一个有钱有势的家庭,年轻的艺术家从不缺乏恰当的指导。他学徒期的早年是在塞维利亚画家老弗朗西斯科·埃雷拉身边度过的,跟着他研究里贝拉官的收藏。后来,他转到了另一位画家帕切科那里当学徒,5年后,他娶了帕切科的女儿。委拉斯开兹对艺术的精通是通过本城的收藏和教堂培养的,因为教会——尤其是大教堂的理事会——是那个时代最大的艺术资助人,在很多方面远远超过王室的资助。你完全可以相信,帕切科的任何一个弟子都熟悉教会珍藏的艺术瑰宝,因为他曾大声宣布:"基督教艺术的主要目的,就是要说服人们虔诚,把他们领向上帝。"

1622年,年轻的委拉斯开兹去了马德里,在那里,通过胡安·丰塞卡先生的关照,他能够进入王室画廊。他在马德里的逗留

委拉斯开兹:《自画像》

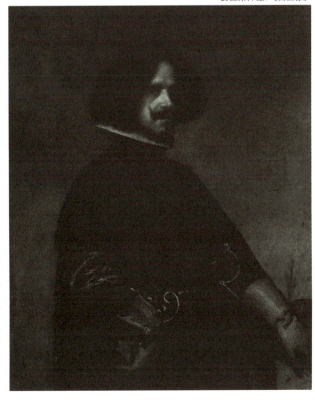

艺术收藏的历史
A History of Art Collecting

委拉斯开兹：《纺织女》

纯粹是一趟研究之旅，他在那里致力于临摹古典大师的作品，但丰塞卡掂量了他的能力。在回到塞维利亚不久之后，他被召到马德里，作为宫廷画家附属于王室家庭。他在那里开始了与国王之间的亲密关系，这种关系连续不断地持续了他的整个一生。

腓力四世假如不是西班牙国王，他依然可以作为那个时代最重要的文学人物之一而被人们所铭记。他写了一部文字优美、清晰晓畅的西班牙语散文，从意大利文翻译了一系列诗体悲剧。作为一个画家，他的才能是合格的，即便缺乏灵感，他作为一个新的黄金时代的使者而接受了来自宫廷的赞颂。他尤其是一个"仪式之王"，他追随祖父的足迹，沉湎于此。但不像腓力二世，他还沉湎于肉体的享乐。他对女人的吸引是他毁灭的原因，因此，他的大臣奥利瓦雷斯和路易斯·德·哈罗得以放开手脚胡乱治理这个国家，最后自食其果：国内的压迫和贪婪，不断衰退的商业，以及殖民地和边远行省的叛乱。灾难性的血腥战争占据了他44年统治时期的大部分时间，最后结束于丧权辱国的《比利牛斯条约》。

但是，不管他是一个多么不负责任的统治者，腓力四世依然会作为古往今来的国王当中最热情的艺术鉴赏家和艺术保护人而名垂青史。大多数国王的资助，比如英格兰的查理一世和路易十四，都只是根据代理人的建议采取行动；而腓力四世不同，他本人就是个艺术家，与他的宫廷画家建立了亲密的关系，这种关系赋予他的整个存在以生命活力，至今无可争辩地反映在普拉多美术馆的收藏中。帕切科说："这样一个大权在握的君主，竟然那样慷慨大方、亲切和蔼地对待他[委拉斯开兹]，简直令人难以置信。他的画廊里有一间工作室，陛下手里有它的钥匙，而且那里还有一把椅子，好让他几乎每天在闲暇的时候能够看他[委拉斯开兹]作画。"

当鲁本斯在1628年8月抵达马德里的时候，他和委拉斯开兹（他比鲁本斯小

20岁）已经有过通信来往，并乐意成为朋友。他们立即喜欢上了对方，长者认可年轻人的天才，而年轻人则渴望从一个他长期敬佩的艺术家那里得到他所能得到的一切。据帕切科说，鲁本斯也比他第一次探访西班牙的时候更加温文尔雅，更加平易近人。

他［鲁本斯］很少跟其他画家交往，只跟我女婿交上了朋友，高度赞赏他的作品简单而质朴；他们还一起去探访了埃斯科里亚尔修道院。

他给腓力四世陛下带来了8幅不同题材和尺寸的画作，它们被放在新房间里，跻身于其他名画当中。在马德里的9个月时间里，他没有忽视他来这里要办的重要事务，尽管他有些日子因为痛风而不舒服，但他还是画了很多画，正如我们将要看到的那样，他的技巧是如此娴熟。首先，他画了国王、王后和王子们的半身像，将带回佛兰德斯去；他给陛下画了5幅肖像，包括一幅骑在马上的肖像，连同另外几个人物——非常棒。他画了公主在皇家赤足女修道院，是大半身像，并制作了它的一些复制品；他还画了五六幅平民的肖像。他临摹了国王收藏的所有提香的作品……以及属于国王的很多其他作品。他临摹了腓力二世身披铠甲的全身像。……在这么短的时间里，而且有这么多事务缠身，他竟然能画这么多画，这似乎难以置信。……他在宫里的这段时间，陛下和他的主要大臣一直都表现出了对其人及其天才的高度欣赏。陛下授予他布鲁塞尔宫廷终身枢密大臣之职，一年的薪俸是1000达克特。他的公务办完了，当他离开陛下的宫廷时，公爵代表国王送给他一个价值2000达克特的指环。③

次年，鲁本斯回到了佛兰德斯，希望用余下的日子为西班牙国王工作，他带回了很多未完成的草图和习作，他后来完成了这些作品，并把它们送回了西班牙。在他的兄

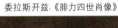

委拉斯开兹：《腓力四世肖像》

弟、红衣主教斐迪南亲王于 1634 年被任命为尼德兰总督之后，国王任命鲁本斯为他的购画首席代理。通过他，鲁本斯在 1636 年受托绘制一组神话题材的画，装饰帕拉达行宫和布恩丽池宫——共有 112 幅画被用船运往西班牙——其中很多画在 18 世纪当帕拉达行宫遭奥地利王位觊觎者洗劫的时候被毁。

腓力四世还购买了鲁本斯及其画派的 32 幅作品，其中 17 幅是鲁本斯本人的原创作品，10 幅是他临摹的提香的作品。后来，1648 年，在鲁本斯去世之后，"鲁本斯画室为伊莎贝拉公主绘制《信仰的胜利》的部分巨幅草图在腓力的要求下被送到马德里，并存放在罗彻斯的卡尔梅勒会教堂里。早先在布鲁塞尔为他们制作的一些挂毯已经送到马德里去了"。④

从西班牙回来之后，那一年的大部分时间里，鲁本斯作为大使被派往了英格兰。在那里，查理一世委托他装饰怀特霍尔宫的宴会厅。他在英格兰还绘制了国家美术馆的那幅《和平与战争》及白金汉宫的那幅《圣乔治》。因为这些作品，他被国王封为爵士，他带着"大为增长的名声、一根金链及和平的希望"回到了佛兰德斯。在伦敦期间，他探访了约克宫，再一次见到了他曾经卖给白金汉公爵（仅仅在他被杀一年之前）的那些藏品。在写给皮埃尔·杜佩的一封信中，他记录了自己对英格兰的感情和印象：

> 我不断愉快地回想我在这次旅行中遇到的所有美丽的东西，聊以自慰。譬如，在我看来，这座岛值得一个有品味的人仔细思量，不仅因为乡村的魅力和人民的美丽，不仅因为外在的展示（这在我看来是最好的选择，宣布了一个富足而快乐的民族珍爱和平），而且还在于英格兰宫廷里数量惊人的杰出绘画、雕塑和古代碑刻。⑤

鲁本斯生命中的最后十年再次变得比较平静，摆脱了外交活动的干扰。从英格兰回来之后，他再婚了，娶了妩媚迷人、成熟性感

鲁本斯：《海伦娜·富曼肖像》

的海伦娜·富曼,一个 17 岁的姑娘,是他的亲戚丹尼尔·富曼最小的女儿。史蒂文森写道:"她的模样让他喜欢,事实上,她那种类型的女人经常出现在他的画布上,从此以后,作为鲁本斯心目中维纳斯理想的化身,她亲自为丈夫的画中人充当过模特儿。"鲁本斯本人是一个英俊潇洒、有名有钱、稍稍患有痛风的 53 岁鳏夫。他的新任妻子,他所接受的西班牙国王的委托,以及他对考古学的兴趣,成了他的晚年倾注全部激情的目标。

在约克宫探访自己从前珍藏的瑰宝,大概让鲁本斯的心中充满无以平复的怀旧情绪,这种情结潜藏在每一个天生收藏家的表面之下;因为在他 1640 年去世的时候,他在安特卫普的宅邸里再一次塞满了名作,尽管这第二批收藏的质量(虽说鲁本斯的财富和实力都大为增长)看上去似乎比不上他卖给白金汉公爵的那一批,而且很大程度上是收藏他自己的作品。其中包括 314 件已编号藏品和 15 件未编号藏品,其中绘画作品 319 件,雕像或古玩 10 件。有 46 幅画是鲁本斯临摹意大利大师的作品——包括他在马德里临摹的提香的作品——94 幅原创作品,有 7 幅画中的人物是鲁本斯画的,有很多鲁本斯或凡·代克画的肖像,有大量素描和他的一些重要作品的速写稿,以及很多他的画作的复制品。⑥

鲁本斯离开马德里之后的那个十年,对于委拉斯开兹来说,成果更加丰硕,回报更加丰厚,如今他 30 岁,艺术上已经充分成熟。尽管他从未拥有过大使的正式头衔,也从未专门被委托过政治事务,但这个西班牙画家凭借他与国王之间的友谊,被国王任命为宫廷画家,垄断了所有的王室肖像,他事实上是一个比鲁本斯权力更大的全权大使。增加和丰富王室收藏是腓力四世统治时期的主要政策之一,委拉斯开兹负责执行这一政策。

据说,鲁本斯在离开前夕让国王确信,有必要让委拉斯开兹去意大利,他从未去过那里。国王给了他的宫廷画家两年假期,薪俸照旧,依然是 4000 达克特,还有他的家庭的住处和免费的医疗服务,另外赠送了 400 达克特。奥利瓦雷斯在此基础上增加了 200 达克特,还有很多介绍信,并安排画家和他的黑人仆人陪伴斯皮诺拉,后者即将从巴塞罗那启航,前往威尼斯,去统治米兰公爵领地。

每到一地,委拉斯开兹都受到了与国王的使节相适应的高规格接待,隆重入住西班牙大使馆。威尼斯正享受其"白银时代"的休闲,委拉斯开兹总是回避平庸艺术家们的社交活动,潜心研究一个世纪前的伟大色彩画家的作品,仿效鲁本斯在马德里的榜样,致力于临摹乔尔乔内、提香、委罗内塞和丁托列托等人的作品。

几个月之后,他动身启程,途经费拉拉和博洛尼亚,前往罗马。关于他接近罗马城时的情形,以及这座长期以来早就烂熟于心的城市的情况,有一篇记述是斯特林-麦克斯韦尔那部传记中令人难忘的篇章之一,在将近 100 年之后看来,就像西蒙兹的《文艺复兴》一样,也是艺术文献中一个不朽的地标：

他走向这座永恒之城，走进它古往今来一切荣耀的纪念碑当中。……幸运的是，委拉斯开兹有条件欣赏这些东西；当那些既陌生又熟悉的标志性建筑扑面而来，当大教堂的穹顶高耸于周围的古典建筑之上，预告着这座他的艺术和他的信仰的母亲之城出现，他能够投入一个心智成熟者的全部感情，纵情欣赏。不像大多数画家，他是带着已经确立的名声和地位走进这些神圣的街区，没有失败的恐惧扰乱他内心的安宁，没有贫困的前景"冻结他灵魂中涌动的暖流"（译者注：此语出自英国诗人托马斯·格雷的《墓地哀歌》）。

仅仅几年之前，他两个同行兄弟便在大不相同的环境下，带着迥然不同的感情，从这条路上走过，他们将在名声上与他平分秋色：一个是尼古拉斯·普桑，他是一个刚从诺曼底乡村走出来的冒险家；另一个是克罗德·热莱，他是一个糕点师傅逃跑的学徒，来自洛林。

那段时期，教皇的宝座是由乌尔班八世马菲奥·巴尔贝里尼占据着，这位教皇之所以引人注目，主要是因为他在漫长的任期里占据着这个肥缺，他优美的拉丁文诗篇，以及由他掏钱根据贝尼尼的设计而完成的两项工程：圣保罗大教堂那个气派宏大的祭坛和巴尔贝里尼宫，罗马圆形大剧场充当了这些工程的采石场。他和他的红衣主教侄子弗朗西斯科·巴尔贝里尼非常客气地接待了委拉斯开兹，提出在梵蒂冈给他一套房间，艺术家谦恭地谢绝了，满足于不那么豪华的寄宿处，以及在自己方便的时候探访教皇画廊的权利（他刚一提出这个要求，教皇便答应了他）。于是，他便致力于勤勉不懈的研究，用他的彩色蜡笔或颜料，从这个如今突然在他眼前打开的绘画新世界采摘盛开的繁花。米开朗基罗的《最后的审判》（在西斯廷教堂）差不多90岁了，然而并没有因为岁月的风霜而变得黯淡。他临摹了这幅画以及《先知》和《女先知》的很多局部；他还临摹了《帕纳塞斯山》、《神学》、《波尔哥宫的大火》，以及拉斐尔的其他一些壁画。⑦

委拉斯开兹平静地生活在美第奇别墅里，当时，红衣主教利奥波德的精美收藏还没有从那里搬到佛罗伦萨去，他能够远离当时正在首都盛行的艺术争论。大概正是在那里，他的发展王室收藏的想法成熟了。一场热病之后，他去了那不勒斯（他父亲的朋友和保护人阿尔卡拉公爵在那里担任总督），最后乘船前往西班牙，1631年春回到马德里。

接下来是在宫廷里度过的8年，是极为多产的几年。委拉斯开兹负责装饰布恩丽池宫（如今的王宫就建在它的场地上）。王国厅（如今的大炮博物馆）是这座宫殿留下来的全部，他所描绘的装饰依然留在天花板上。他还为这间大厅画了腓力三世和他的王后骑马的肖像,分别挂在王座的两侧。在对面的一那头,悬挂着腓力四世、伊莎贝拉王后和巴尔萨泽·卡洛斯王子的肖像。在长长的墙壁上,是一些表现战役的巨幅油画,包括《布雷达的投降》,还有一组小画《赫拉克勒斯的劳作》,是苏巴朗的作品。

1649年,委拉斯开兹再次去了意大利,"寻找并买下能够找到的提香、委罗内塞、巴萨诺、拉斐尔、帕米贾尼诺等人最好的作品"。据帕罗米诺说,他只是部分成功了,带回了"丁托列托的一组天花板装饰画《维纳斯与阿多尼斯》,以及委罗内塞的几幅肖像画"。正是在这一次,他画了那幅杰出的英诺森十世肖像。关于这幅画,霍勒斯·沃波尔说:"当教皇派他的管家去付钱给艺术家的时候,他不愿意接受这笔钱,并说,他的主人、腓力四世国王总是亲自付钱给他。教皇顺从了他的要求。"⑧在罗马期间,委拉斯开兹向一个艺术家群体展示了他的《武尔坎的锻造》(现藏普拉多美术馆),赢得了欣喜若狂的赞赏。

国王在委拉斯开兹离开期间再婚了,在他1651年回来之后,艺术家立即被分派了一项任务:给王室家庭的新面孔画肖像。最有名的是《玛丽安娜王后》和《宫女》(几年后完成),在这幅画里,委拉斯开兹正站在画架前,他胸口上的那个圣地亚哥骑士十字架据说是国王亲自画的。然而,委拉斯开兹同时还在忙于他的宫廷管家职能,负责所有王室住处的环境卫生、家具陈设和装饰,同时还是国王收藏的管理人。桑托斯在他的《纪事》(Descripción)中写道:"就其对绘画的资助而言,国王的宫廷成了世界上最大的资助者之一。"它确实是这样,因为那里收集了一个王朝积累起来的珍宝,这就是哈布斯堡王朝,几百年来,欧洲最伟大的艺术家都唯它的马首是瞻。在此基础上,不仅增加了腓力国王在意大利和佛兰德斯购买的藏品,而且还有他的驻伦敦大使卡德纳斯从查理一世藏品拍卖中为他购得的18骡车绘画。拉斐尔的《神圣家庭》被腓力置于埃斯科里亚尔万神殿圣器室那高高的祭坛之上,因为他认为这副画是他收藏中的瑰宝。

哈布斯堡王朝的西班牙亲王们与他们

委拉斯开兹:《宫女》

的北方亲戚共同拥有的这种对文艺复兴时期伟大艺术的狂热爱好同时都减退了，而且，这种减退在伊比利亚半岛几乎就像在奥地利和低地国家一样迅速。当腓力四世把女儿嫁给年轻的法兰西国王路易十四的时候，大幕几乎是象征性地随之而落下了。比达索阿河中的雉岛是边境上的一个中立点，法国国王和西班牙国王之间的会议在这里举行，为这座小岛所做的准备工作是委拉斯开兹最后的官方行为。自金缕地建成以来，整个欧洲再也没有见识过比这更奢华、更挥霍的东西。

西班牙终于让黎塞留及其继任者占了上风；欧洲的政治霸权和艺术霸权都拱手相让，越过了比利牛斯山脉，为的是创造 Grand Siècle（法语：伟大世纪，即17世纪）。

○ 注释

① 马克斯·卢瑟斯：《鲁本斯》(Rubens, 1904)，第149、151页。
② 威廉·斯特林-麦克斯韦尔：《委拉斯开兹及其作品》，第12页。
③ 帕切科：《绘画艺术》(Arte de la Pintura, 1866)，英文翻译 E. 哈里斯，前引书，第32页。
④ 只有一些速写稿今天依然留在普拉多美术馆，因为这些草图在1808年法国人入侵的时候从西班牙拿走了。
⑤ 史蒂文森：《彼得·保罗·鲁本斯》(Peter Paul Rubens, 1939)，第37页。
⑥ 鲁本斯于1640年6月2日安葬，6天之后，公证人开始编制财产清单，同时开始给他的画作编制目录。到7月14日，这份目录分别用佛兰德斯文、法文和英文编制完成。所有版本中只有一份幸存了下来（现藏巴黎的国家图书馆）。
⑦ 斯特林-麦克斯韦尔：前引书，第112～115页。
⑧ 这些肖像画当中，有一幅依然留在罗马的杜丽亚宫。小幅版本被罗伯特·沃波尔爵士得到，后来转到了俄罗斯的艾尔米塔什博物馆。它如今在华盛顿的梅隆收藏中。

第六章 古典余晖中的罗马
Rome in the Augustan Afterglow

1. 裙带关系与巴洛克艺术

圣年1600年对于教会来说远不止是一个大赦之年；事实上，它标志着罗马天主教的大获全胜。300万朝圣者围绕着使徒的陵墓走过，宗教裁判所的死刑判决在鲜花广场上举行，多明我会修道士、哲学家乔达诺·布鲁诺被庄严地烧死在火刑柱上。罗马进入了一个新时代：大洗劫之后一直苟延残喘的文艺复兴终于成了已死过去的遗骸。神话被逐出了教皇的宫殿，圣坛上的裸体人像（阿雷蒂诺在攻击米开朗基罗时曾引用过他们）被清除了，耶稣会士可以放开手脚推行他们的教义，以及他们的巴洛克艺术。罗马在疯狂地僭取欧洲的世俗统治权，在这样的努力中，它似乎由于博尔吉亚家族和美第奇家族的丑闻而失去了对忠实信徒的控制。但是，特伦特大公会议实现了罗马与新教共同体的分离；这座城市再一次可以自由地证明教皇所统治的是绝对的天主教帝国。从黄金时代的废墟中，浮现出了一个更可怕、更威严的首都：永恒之城，被宗教裁判所的野蛮惩罚和整个基督教世界的返祖崇拜所支撑。①

对于强加的新的威权主义，一个重要媒介是维尼奥拉的革命性建筑：建成于1586年的耶稣教堂②。1540年，在大洗劫13年之后，耶稣会得到了保罗三世的正式批准，他们在罗马建立了自己的总部。他们已经把自己的影响力传播到了国外，远至巴拉圭和中国。在国内，在这座城市遭到洗劫之后的瘟疫流行期间，他们发展出了相当可观的声望，并把这一声望转化为资本，投资于其主教堂的建造。在这幢建筑上，他们不仅大量投入了古代世界的多彩大理石（从已经沦为废墟的罗马皇帝们的纪念碑劫掠来的），而且还有新世界的黄金和白银，来自他们在西班牙和葡萄牙的宅邸。这座教堂按照拉丁十字架的形式建造，在每一点上都模仿了乔万尼·巴蒂斯塔·阿尔伯蒂在曼图亚建造的圣安德烈亚教堂，但还是有一些新颖的建筑元素，后来成为耶稣会的标准做法，并证实了维尼奥拉把维特鲁威解释为东西半球传道机构的建筑规则是有道理的。

教堂中殿又深又宽，使得更大规模的会众可以听清雄辩而有说服力的牧师布道，侧廊里布满了小礼拜堂，高坛（如今极大地缩短了）在半圆形后殿的最深处容纳了高高的祭坛。装饰遵循了修道会的严格分工，一种古典主义（埃斯科里亚尔的严格和神秘主义已经偷偷潜入其中）与巴洛克和洛可可艺术那种奢华铺张的傲慢自大遥相呼应。这幢建筑开始呈现出一种新的情绪、新的姿态:"使这个世纪初呈现出不同特征的那种轻盈和欢快的自由被抛弃了,取而代之的是庄严肃穆和宗教的富丽堂皇。"这不仅反映在耶稣教堂的建筑中,而且反映在反宗教改革的教皇及其家庭即将建造的所有建筑中。

两位西斯笃(1471～1484年间在位的西斯笃四世和1585～1590年在位的西斯笃五世)之间的那个世纪给罗马的外在面貌带来了很多变化。曾经向台伯河两岸退缩的下城区在尤利乌斯二世统治时期完全恢复了;圣彼得教堂正在雄伟庄严地树立起来。尤利乌斯还部分恢复了梵蒂冈的古老宫殿,"在那个把古老的建筑与英诺森八世的别墅(被称做观景楼)分开的斜坡的对面,他打下了'画廊'的基础"。拉斐尔和米开朗基罗给这座基督教首都的荣耀做出了他们不可估量的贡献;私人宫殿,像法尔内塞宫和法尔内西纳庄园都是不朽的纪念碑,纪念他们以及那些追随他们足迹的艺术家。美第奇家族在他们的宫殿里塞满了艺术品和各种各样的手抄本,奥尔西尼家族同样让他们在鲜花广场的那座宫殿塞满了藏品。尤利乌斯的财政主管、银行家阿戈斯蒂诺·基吉为直到那时为止无人匹敌的个人奢华树立了榜样。

但是,在这座城市被攻占之后的50年里,罗马人口损失大半,公共建筑几近停滞。庇护四世给梵蒂冈添加了一些小型建筑,建造了康塞巴托里宫,格列高利十三世给梵蒂冈增加了另外一翼。除此之外,文艺复兴时期的罗马几乎没有向前发展。突然间,在西斯笃五世的5年任期里,这座城市的人口和规模增加了三分之一,成为建筑承包商的大本营。这期间目睹了圣彼得大教堂穹顶的完工,画廊工程的继续,以及缺失的侧翼(它们形成了梵蒂冈那个凹陷的广场)的闭合;目睹了拉特兰宫和奎利

加斯帕·凡·维特尔:《罗马圣彼得广场》

那雷宫的建成（教皇当时实际上并不需要这两座宫殿），以及第二座西斯廷教堂在圣母大教堂侧翼建成。但是，除了这些纪念性建筑物之外，西斯笃五世最应该被人铭记的，是他对城市本身所作的实体改变；他重建了两条大渡槽：玛西亚渡槽和克劳狄亚渡槽，从20英里开外的地方引来泉水，他和他的继任者将用这些泉水来装饰城里的广场。他建造了一个新的街区，并命名为"幸福村"，他把宽阔的"幸福大道"（如今的西斯蒂纳大道）从圣三一教堂延伸到了圣母大教堂。把取自卡里古拉竞技场的方尖碑树立在圣彼得广场是西斯笃五世统治时期最大的仪式性事件之一。

这股建筑狂热，这股为了给新建筑腾出地方而推倒过去的纪念性建筑的狂热，其中更多的属于方法，而不是疯狂。剥夺了他们的世俗权威之后，教皇们希望表明，这座已经恢复天主教信仰的宗教之都比从前更加辉煌，尤其是更加有权威。兰克说："时代关系中发生的这场革命是多么彻底地回归古代啊！就像从前的人们极力仿效古人一样，他们也是如此，但他们早期的努力是要极力接近古人的风度和形式的优美；如今，他们只是试图在范围和尺寸上与古人一争高下，或者超过他们。从前，无论在多么微不足道的古迹中，古代精神的丝毫踪迹都受到人们的崇敬；如今的倾向似乎是要消灭这些踪迹。在今天的人们当中，只有一个观念占主导地位；他们不承认任何别的观念。同样是这个观念，在教会中获得了支配地位——还是这个观念，成功地使得国家纯粹成为教会的工具。现代基督教中这个主宰一切的观念已经弥漫于社会存在中，渗透到了各种各样的社会制度中。"③

这种想要赢得声望和子孙后代的高度评价的渴望，展现得最清楚的地方，莫过于那种不加掩饰、厚颜无耻的裙带关系，教皇们试图通过这种裙带关系让他们的地位和他们家族的财富永远延续下去。自西斯笃五世时期以后，在任教皇都从自己的家族中选出两个人——其中一位成为红衣主教侄子，即教会亲王；另一位成为罗马亲王，一个王朝的创立者。红衣主教（一个独身的神职人员）的尊贵地位当然会随着他的死亡而不复存在，而罗马亲王则会把他的地位、头衔和财产，连同他从教会收入中获得的巨额金钱，传承给他的家人和后代。就这样，一个新贵族产生了，每个教皇都会留下一支亲王世系；在法尔内塞家族之后，有阿多布兰蒂尼家族、博盖塞家族、路德维希家族、帕姆菲利家族、奥德斯卡奇家族、基吉家族，等等。新的家族一个接一个教皇上台掌权，获得世袭财富，往往竞相利用这些财富；他们立即在本国的高等贵族当中取得自己的一席之地，贵族们也很乐意给予他这一地位。

慷慨花费在教皇甥侄们身上的金钱、土地和艺术品产生了黄金时代的落日余辉——一次小文艺复兴——后来资助了欧洲和美洲的美术馆和博物馆，就像利奥十

> 红衣主教侄子，即cardinal-nephew，意大利语是cardinale nipote，是一个由教皇任命的红衣主教，通常是教皇的侄子或外甥。这个职位创立于中世纪，普遍盛行于16～17世纪。

世的竞争对手一样慷慨。西斯笃五世把很大的政治权力委托给了他的红衣主教侄子,从教会的收入中给了他10万斯库多。对他的另外一位侄子(他让这位侄子娶了一位很有钱的公主),他同样慷慨。阿多布兰蒂尼家族的教皇克莱门特八世在13年的时间里给了他的家人100万斯库多,还有很多有价值的财产。兰克指出,保罗五世对博盖塞家族的慷慨使得他们成为罗马最富有的家族。在担任教皇的20年里,乌尔班八世给巴尔贝里尼家族的钱高达令人难以置信的1.05亿斯库多。一位同时代的编年史家说:"这个家族的宫殿,即四泉宫,是一个王室工程;葡萄园、绘画和雕塑,金银制品和宝石,堆满了这幢房子,其价值令人难以置信,无法言表。"

兰克指出,由于不能把教皇的宝座传给自己的继承人,教皇们因此"更热衷于把大笔的财产(既有金钱也有土地)赠予给他们的家族,从而为他们获得世袭的尊贵。……他们很细心地为自己寻找论据,作为他们这样做的正当理由。其论据基于这样一个原则(后来被耶稣会正式批准):他们并没有被贫穷誓言所约束,并断定他们可以公平地把这一宗教职位的剩余收入看做是自己的财产,他们同样推定,他们有权把这些剩余赠予给他们的亲属"。④

这些王侯家族之间的竞争创造出了一种排场奢华的生活,自美第奇家族占据教皇宝座以来还从未见过。"这是节日欢庆、英勇表演、舞蹈、悲剧、芭蕾、歌剧的时代,这些年是罗马嘉年华最美好的年头。"不仅城里的宅邸被改成了王侯的宫殿,且它们的环境也得以改造,能够提供恰当的氛围和道路;广场、林荫道、街道、村庄、喷泉和小瀑布无处不在;邻近城墙的罗马平原边缘上的贫民窟被清理干净了,建起了漂亮的公园、别墅和避暑宫殿,"形成了一个树木和花圃的林荫带,围绕着这座城市"。

17世纪的罗马宫殿仅仅在细节上不同于16世纪的那些大宫殿。它们都是块头硕大、坚固结实的建筑,有巨大的厅堂,能够

罗马城的教会贵族(贝洛托)

在王侯们的节庆活动中容纳为数众多的宾客，有大量的房间，以容留食客、侍从，以及主人不得不养在身边、随时待命的流氓无赖，为的是在教皇选举枢机会议或争夺优先权期间把他们放到大街上去。宫殿的围墙能够经受住围攻，第一层的外墙常常是粗面石工，为的是呈现出堡垒的样子。但缺口有很多，至于门道，从前，在教士们都骑马或骡的时代，它们都很狭窄，如今宽阔到足以允许节日庆典马车和礼仪马车通过。檐口通常多少有些凭空臆想地模仿米开朗基罗为法尔内塞宫设计的檐口。内部装饰模仿法尔内塞宫的壁画和粉饰灰泥。正面通常是光秃秃的，没有壁柱或雕刻装饰，朴素而威严。大庄园和小别墅复制和修改了16世纪建筑师为他们的乡村宅邸构思的五花八门的设计图。贝尔托克斯说："罗马的宫殿和别墅并不打算探索新的观念、新的想象；在巴洛克艺术盛行的那几个世纪里，它们依然是这个世界上最严肃、最正确、最虔诚的建筑物。"

裙带关系的另一个后果是罗马收藏模式的彻底改变。迄今为止，自从他们从阿维尼翁回来之后，教皇们便主要为圣座而收藏。梵蒂冈本身就是人文主义的中心，考古是教会的禁脔，他人不得染指，教廷的领地之内能够找到的任何古物都立即成为它的财产。找到的这些东西被集中到梵蒂冈，15世纪晚期，西斯笃四世已经在梵蒂冈建立了图书馆和观景楼，还有罗马最早的博物馆，在朱庇特神庙。此外，还有很多私人收藏，主要包括偶然出土或系统发掘罗马古老家族的庄园所得到的古物，尤其是在城里那些帝国遗迹十分丰富的区域。乌

罗马：圣彼得大教堂内部（帕尼尼）

利塞·阿尔德罗万迪在 1550 年提到过 100 多批这样的收藏,马丁·凡·海姆斯凯克给其中很多收藏画过图,霍伯纳最近对他们进行了研究。整个 16 世纪,梵蒂冈的收藏通过购买和馈赠从这些来源得到了补充。

自西斯笃五世开始,当教皇的甥侄们进入这一领域的时候,梵蒂冈便暂时失去了其重要性。每一座罗马宫殿都逐渐成了博物馆,与教皇的收藏争夺最精美的艺术品。而且,每座宫殿也都有一个画廊,博洛尼亚画派的大师们在其中占据着最重要的位置,此外,每个祈祷室和小礼拜堂也都得到了适当的艺术品,由那些从本届教皇那里获得了大批官方委托的艺术家们创作。人们认为,这既不是行贿受贿,也不是文雅的敲诈勒索;它仅仅是高级神职人员众多的津贴之一。雕塑家被雇来用雕像和浮雕装饰宫廷、拱廊和门厅,还有宫殿里一些偶然的建筑发明。所有这些装饰都不言而喻地、不加质疑地遵循当时的流行品味。

还有一个因素,给后来的收藏特征带来了深刻的变化,这就是人文主义的日渐式微。到 1600 年,据说,"有名气的古希腊文化研究者全意大利一个也没有"。兰克声称,这在某种意义上是科学进步不可避免的结果,迄今为止,科学主要是试图"填补古人留下的空白。……更深远、更彻底的研究精神已经兴起;人们已经学会了,即使在追寻古人提供的光亮时,也应该有更广泛的观察,学者的头脑已经挣脱了古人的监护。一些已经得出的发现带领他们走出了古人划定的圈子,而这些发现再次为进一步的研究开辟了更宽阔的道路"。⑤当然,还是有一些界限,超出这些界限是危险的,因为教皇决定了人类的头脑在何处必须停止思考哲学奇迹和自然科学。追求真理和个人信仰的自由并不比它们今天在俄罗斯得到更多的宽容,结果,教义的厚重罩布盖住了每一种形式的创造性表达。兰克在谈到意大利文学时指出,整个国家似乎"已经筋疲力尽,用光了它古往今来的全部诗歌构思,以及适合于中世纪的观念;它甚至丧失了理解它们的能力。探求了一些新的东西,但创造型的天才再也不会出现,日常生活也提供不了任何新鲜材料。直到这个世纪中叶,意大利散文尽管是那种说教式的,但依然富有想象力,依然灵活而优雅。逐渐地,散文也变得僵硬而冷漠"。⑥

我们凝视着博洛尼亚画派那宽阔的画布,在画家创作它们的那个时期,威尼斯正通过丁托列托和委罗内塞的天才,使它过去的荣耀永存在公爵宫的墙壁上,此时,我们认识到了巴洛克风格那种空洞无物的浮夸。画家的技艺大概从未达到过比这更高的完美状态;解剖学知识源于帕多瓦和博洛尼亚的医学流派,发展出了绘图和创作的逼真度,就像学习它的时候一样枯燥乏味。它不仅仅是一种宣传的艺术,而且是一种"传道"的艺术。教会完全掌控了人的头脑,而幻想沦为一系列公认的惯例,建立在其他人的教诲和经验的基础之上。

就这样,罗马收藏(它在王公贵胄宫廷藏品的质量和数量上都占有很大的分量),同时是一件既没有趣味、也没有想象力的事务。我们主要是通过它们后来的流传史——在它们从最初收藏它们的宫殿里散佚之后——而了解这些收藏。在18世纪，它们各自凭借其新主人的动态品质而实现了自己的个性：凯瑟琳大帝、沃波尔、普鲁士国王腓特烈、巴伐利亚国王路德维希。在罗马，它们构成了一个聚合体，一笔丰富的积累，不仅通过有血有肉的真人，而且通过一套制度：裙带关系制度，从而把它们聚集到一起。它们之所以没能激发我们的想象，不是因为这些财宝由于买卖，或者后来由于拿破仑的劫掠而散佚了，而是因为我们对那些把它们积累起来的人知之甚少，也不大关心。这些艺术品收藏，其价值令人难以置信，直至那位反复无常的瑞典女王出现，我们才在这座永恒之城的宫殿和庄园里找到了一位能够与阿伦德尔、马萨林或腓力四世并驾齐驱的收藏家。

○ 注释

① 笔者要特别感谢埃米尔·贝尔托克斯《罗马：自尤利乌斯二世出现到今天》(*Rome: de l'avènement de Jules II à nos jours*) 中关于17世纪的那几章，以及兰克和帕斯托的历史著作。
② 这幢建筑的正面由雅各布伯·德拉·波尔塔设计。
③ 兰克：前引书，第一卷，第385页。
④ 兰克：前引书，第一卷，第385页。
⑤ 兰克：前引书，第一卷，第387页。
⑥ 兰克：前引书，第一卷，第389～390页。

2. 瑞典女王克里斯蒂娜

克里斯蒂娜于1650年抵达罗马，这之前的半个世纪遵循的是16世纪末年的辉煌模式。罗马城的名声，其统治家族的财富和对艺术的慷慨资助，把建筑、绘画和雕塑领域最优秀的天才从欧洲各地吸引到了这里。外国人聚居区（后来通过官方艺术院校的建立而合法化了）已经使得任何一个有名望的艺术家都必须在他事业生涯的某个时期来到这里研究学习。如果没有罗马的荣耀，先知在他自己的国家再也不可能了。这不仅是贝尔尼尼的世纪，卡拉瓦乔和卡拉齐的世纪，多梅尼基诺和圭多·雷尼的世纪，它更是普桑、克罗德和委拉斯开兹的世纪，以及那些充满激情、狂暴喧闹的佛兰德斯人的世纪，他们都是"同羽鸟"的成员，那是一个互助协会，年代更近的波希米亚人可以在这里追溯到他们那种放浪形骸的生活方式。

这一时期，教皇的宝座由罗马的豪门望族轮流坐庄。博盖塞家族的保罗五世紧跟在阿多布兰蒂尼家族的克莱门特八世后面①。巴尔贝里尼家族的乌尔班八世自1623至1644年担任教皇，继任者帕姆菲利家族的英诺森十世在位十年。克里斯蒂娜在罗马活跃的那些年里，担任教皇的是基吉家族的亚历山大七世，他一直统治到了1667年，接下来由罗斯皮廖西、阿尔蒂里、奥德斯卡奇、皮尼亚泰利和阿尔瓦尼等家族的几个任期很短的教皇依次统治至世纪末。西斯笃五世奠定的这个模式几乎没什么改变：裙带关系，宫殿和公共工程，给当代艺术家的慷慨委托。这些宫殿里的收藏变得越来越庞大、丰富，更有学术性。美化城市的计划继续全力推进，在贝尔尼尼为亚历山大七世设计的圣彼得大教堂前面的柱廊中达到了高潮。这项装饰性的、却极其无用的计划，毁掉了中世纪城区的很大一部分，仅仅取悦于教皇的对称感，总造价超过了700万斯库多；他说，284根立柱，88根壁柱，"给四轮马车充当了一个遮风挡雨的庇护所"。

一幅古罗马壁画《阿多布兰蒂尼的婚礼》的发现，赋予了**普桑**所支持的那种古典主义精神以权威性，而且，在那帮学究和专家（他们聚集在那里评头品足，给各个宫殿里的内容进行分类）的帮助下，这种古典主义注定要发展成一套学说，温

> 尼古拉斯·普桑（1594～1665），法国巴洛克时期的重要画家，也是法国古典主义绘画的奠基人。他崇尚文艺复兴大师拉斐尔、提香，醉心于希腊、罗马文化遗产的研究。

克尔曼将在 18 世纪成为这一学说的大祭司。普桑几次临摹这幅壁画，有一幅摹本至今犹存，现藏多里亚美术馆。在路德维希家族的收藏中，他见到了斐洛斯特拉图斯《情诗集》（*Amores*）中几幅插图的油画原作，最初是提香为费拉拉公爵的大理石馆画的。这几幅画深刻影响了他后来的所有作品②。凡是普桑去"修正自然"的地方，他都专注于罗马连续不断的力量和传统，并按照其人工遗迹所揭示出来的那样重新诠释它们。

克罗德则异于是，因为大自然赐予给他的，是另一种理解，另一首诗篇。远比他的后来者（弗拉戈纳尔，休伯特·罗伯特，甚至包括柯罗）更加深切动人，他捕捉到了

> 克罗德·洛林（又译洛兰等，约 1600～1682），本名克罗德·热莱，由于来自洛林地区，故以洛林作为姓氏而出名。他是法国巴洛克时期的风景画家，但主要活动是在意大利。

克罗德笔下的罗马

台伯河那低沉的、乳白色的空气。他看到了罗马的自然美，敢于面对同时代人那种古典式的严肃刻板，吸引人们对这种自然美的关注。大概正是通过这两个法国人迥然不同的性情气质，我们才能更好地看清这座城市及 17 世纪的罗马平原，比通过意大利人自己的眼睛看得更清楚。因为崇拜罗马的始终是这样一些人：他们原本是来嘲笑，最后却留下来祈祷。罗马人被他们无穷丰富的过去给宠坏了，似乎已经有了免疫力，不为他们拥有的美所动。

古斯塔夫·阿道夫那位疯狂而反复无常的女儿，就像北风送来的一位狂暴的客人，吹进这个艺术、宗教和权力政治

> 古斯塔夫·阿道夫（1594～1632），瑞典瓦萨王朝国王，那个时代最伟大的国家元首和统帅之一，在三十年战争的吕岑会战中阵亡。克里斯蒂娜是他唯一的女儿。

的世界之都。她的早年（她出生于 1626 年）是在波罗的海原始野蛮的要塞里度过的，她决心要把她所崇拜的外国文化带给她的人民，她实际上鄙视他们。按照其他国家的生活来衡量，瑞典的生活确实非常原始。学术中心乌普萨拉的砖房不超过 10 幢，大多数住房是"用

巨大的杉树躯干建造的，屋顶上覆盖着草皮"。据一位同时代人说，"瑞典有一位国王、一种宗教和一个医生"。法国和西班牙大使乐意倾听她的雄心壮志，因为她皈依天主教铺平了道路，并结束了这个斯堪的纳维亚强国对欧洲的威胁。她18岁登上王位（译者注：克里斯蒂娜6岁继承王位，18岁亲政），第一项行动就是通过《威斯特伐利亚条约》结束了三十年战争；紧接着，她着手把斯德哥尔摩改造成"北方的雅典"。

克里斯蒂娜试图创立科学院的努力，几乎像她试图把艺术和艺术家引入本国的劳动一样白费力气。年事已高的笛卡尔是她王冠上的明星，在到达她的宫廷短短几个月之后便死于肺炎。女王把笛卡尔的去世看做是自己失败（没能创造一个知识中心）的象征，她写道："如果我迷信的话，我将像个孩子一样为他的去世而伤心哭泣，我将为自己把这颗明亮的星星拖离他的轨道而悔恨不已。他的去世让我沮丧：这会让我的心中永远充满合理却无用的懊悔。"

克里斯蒂娜登上王位的时候，斯德哥尔摩的宫殿里只能找到一幅画，是一个瑞典画家画的。女王立即召来了塞巴斯蒂安·鲍登，他是法兰西学院的创立者之一，还召来了荷兰人大卫·贝克，他后来去了一趟欧洲，为她临摹古典大师的作品。鲍登画了几幅肖像，其中有5幅最终连同她的收藏一起进入了巴黎的皇宫。她的代理人在国外得到的几幅佛兰德斯挂毯和一些藏书是瑞典王室收藏的核心，直至战争的机遇给她带来了可以跟鲁道夫二世皇帝一比高下的宝藏。

这些收藏是柯尼希斯马克在《威斯特伐利亚条约》签署几个月之前占领布拉格的时候俘获的，价值高达1700万基尔德，10年前，阿伦德尔伯爵曾在布拉格探访过它们，并大加赞赏。这座城市被士兵洗劫一空，但宫殿里的东西留给了女王。事实上，柯尼希斯马克很担心没等他把战利品送回国内便宣布媾和。著名雕刻家和这些收藏的管理人尤西比乌斯·米塞里尼拒绝交出

克里斯蒂娜女王与笛卡尔（尼尔斯·福斯伯格）

钥匙，并且很精明地赶在瑞典人到来之前把一批最精美的名画送到了维也纳。尽管如此，1648年11月，依然有5艘驳船满载着艺术品，沿着易北河向北驶往斯德哥尔摩，女王正在那里急切地等候它们的抵达。法国人编制的藏品目录完成于4年之后，也就是在克里斯蒂娜退位、这批收藏再次打包启程的几周之前，目录列出了将近500幅画，大约100尊青铜、大理石和雪花石膏小雕像，一些著名的古抄本，座钟，精密仪器，珠宝，以及"一头活狮子"。

这一时期，女王的爱好局限于南欧国家的艺术。她不关心德国绘画，很高兴把克拉纳赫为腓力四世画的那幅《亚当和夏娃》（现藏普拉多美术馆）作为礼物送给西班牙大使。她写信给布拉齐亚诺公爵说："有数不清的绘画，但除了三四十幅意大利人的原作之外，别的我都不想要。另有一些德国大师，我不知道他们的名字，我并不是特别看重，我发誓，我愿拿所有这些画换拉斐尔的两幅作品，我太看重这两幅画了。"正是这种对北方制造的任何东西或观念的不容忍，导致她退位的时候留下了100多幅荷兰人和德国人的画作，它们如今成了斯德哥尔摩国家博物馆的核心收藏。

克里斯蒂娜的不安宁和不宽容逐渐打败了她。她连续不断地遭到她的大臣们和路德教会专横跋扈的统治集团的围攻，于是，她把自己的目光和心思都转向了罗马。通过葡萄牙大使的告解神父（大使觐见的时候始终需要他在场，因为他只会说本国语言），克里斯蒂娜在他的眼皮底下进行了一系列神学讨论，结果导致1652年两位耶稣会士来到斯德哥尔摩，向她传授天主教。兰克指出："此事对克里斯蒂娜的吸引力主要在于这样一种确信：没有一个人对她的做法有丝毫怀疑。"她拒绝嫁人，并坚持指定她的表哥查尔斯·奥古斯都为自己的继承人，有一段时期，她在这些做法中看到了不祥之兆，并知道那是一帮外国人的领导者，希望她信奉人们痛恨的天主教，剩下的唯一办法就是放弃王位。她在自传中写道："要是我没有认识到我有力量在没有爱情的情况下愉快度过一生，我大概嫁人了。""不用服从任何人，远比统治整个世界更快乐。"她乔装打扮成男人，化名多纳伯爵，骑马出了斯德哥尔摩城，在丹麦边境，丹麦国王的一位信使迎候了她，最后一次问她愿不愿意嫁给国王。她答道："告诉陛下，假如我想嫁人，当我南面为王时自己选丈夫，一定会比如今放弃了王位让别人选做妻子更合适一些。"

在离开瑞典之前，克里斯蒂娜下令铸造一枚徽章，以纪念自己的退位。徽章的一面是她的肖像，反面显示了一个迷宫，环绕着迷宫的，是引自维吉尔的一句铭文："Fata viam invenient"（拉丁文：命运会找到自己的路）。

在这一时期，王室财产与君主的个人财产之间没什么区别。因此，克里斯蒂娜带走了价值200万里克斯（合3000万金法郎）的藏品，搬光了这个国家的艺术品，尤其是在布拉格赢得的那些。第一年是在利奥波德大公奢华的布鲁塞尔宫廷里度过的，在那里，她被秘密地接受加入了罗马教会。在这里，伟大的收藏家克里斯蒂娜（此前她从未离开过自己的国家），身处她的宝藏中，如鱼得水，让自己大饱眼福，不断拓宽自己的品味，并购买了白金汉公爵收藏中的很多画（这批收藏当时正在安特卫普拍卖），从而使自己的钱包大为缩水。从尼德兰出发，这一支由 220 个人组成的队伍经由因斯布鲁克前往罗马，她在那里被公开宣布为一个天主教徒。这趟旅行余下的部分是一次凯旋，驻跸之处，旗幡招展，王公贵胄隆重迎候，举办宴会，争相向她致敬。最后，在罗马郊外，亚历山大七世教皇在青铜华盖之下迎候她的皈依，这顶华盖是贝尔尼尼专门为这一场合设计的。当她跪倒在教皇面前，后者把她扶了起来，让她坐在自己的右手边，驱车进入罗马城，驶向法尔内塞宫的大门，她将在那里驻跸。

在这一时期，法尔内塞宫常常被他的主人交给他希望赢得其好感的尊贵客人，任其支配。它大概是整个罗马最漂亮的私人宅邸，保罗三世的收藏，以及他的公共工程专员马里奥·马卡罗内的收藏，它们依然存放在那里，1546 年，奥塔维亚诺·法尔内塞公爵在这些收藏的基础上增加了萨西宫的一些著名古董，这些是他花 1000 斯库多买来的。接下来，1600 年，奥尔西尼收藏再次进入了这座宫殿。这批收藏包括 400 件浮雕宝石，113 幅油画和草图，150 件历史碑铭，58 尊胸像，以及 1500 块铸币。对于所有这些藏品，立遗嘱人福尔维奥·奥尔西尼给出的估价是 1.3595 万斯库多。油画包括拉斐尔、提香、达·芬奇、丢勒和克拉纳赫的作品，价值 1789 斯库多。其中大多数作品在 18 世纪晚期跟着法尔内塞宫的其余藏品去了那不勒斯，在那里构成了国家博物馆的基础。

克里斯蒂娜在这样的环境里住了 7 个月，几乎没有回报帕尔马公爵的谦恭有礼。女王立即亲手撤掉了那些端庄得体地裹着

大卫·贝克：《克里斯蒂娜女王肖像》

裸体雕像的白布，而她的仆人则大肆劫掠：从家具上扯下了金银丝；一些贵重的银器被搬走了，用铜器取而代之。西班牙大使在拜见女王的时候，他的马车遭到了毁坏：漂亮的镶嵌细工门被推倒，剥下了上面的金箔，用做烧火柴。帕尔马公爵派来尽地主之谊的代表彻底绝望了，他拒绝女王在没有自己在场监视的情况下进入奥尔西尼藏品陈列馆。

就这样，克里斯蒂娜在到达巴黎之前便给自己的名声奠定了基础，她去巴黎肩负一项徒劳无功的差事：说服马萨林把她扶上那不勒斯的王座。在她探访王室收藏之后，马萨林写信给柯尔贝尔说："根据这篇记述，我看不出女王是否到过我在卢浮宫的房间，不过，如果她要求去那里看看，请务必留心，千万别让这个疯子进入我的收藏室，因为他们可能会拿走我的一些小幅油画。"

直到1662年回到罗马，入住里亚里奥宫之后，克里斯蒂娜才开始郑重其事地收藏。她从热那亚整体买下了卡罗皇家收藏，并充满激情地着手发掘罗马每一个怀疑埋着古物的地方。她取得了巨大的成功，以至于在她去世的时候，她的财产目录列出了122件雕塑，其中包括在哈德良别墅发现的群雕《缪斯》，在新教堂附近发现的《农牧神》，以及她亲自发掘的一尊《维纳斯》。所有这些雕像，连同更多的胸像和浮雕，一直留在罗马，在她的继承人手里，直至被西班牙的腓力五世买下，运到圣伊尔德封索宫去了。它们现藏于普拉多美术馆。

这个令人惊诧的女性业余艺术爱好者、文学家、考古学家，就其个人品味而言，同时有点像个禁欲主义者。兰克写道："她已经摆脱了所有虚荣，从不试图隐瞒自己一边肩膀高、一边肩膀低；有人告诉她，她的美主要在于她浓密的头发，然而，她并没有给予它最普通的关注。对生活中一些更加细微的关切，她是个十足的门外汉；完全不在乎餐桌上出现的是什么，对于摆放在面前的任何食物，她从未表达过不满，除了喝水之外，什么都不喝。相反，她很高兴有人告诉她：出生的时候，她被误以为是个男孩。……她是一个非常大胆的骑手；一只

塞巴斯蒂安·鲍登：《克里斯蒂娜女王骑像》

脚踩在马镫上,她几乎等不到坐上马鞍便开始疾驰而去。狩猎的时候,她一击而中。她熟读塔西陀和柏拉图,常常比专业的语言学家更清晰地阐释这些作者的意义。"③她还对科学与耕作有着浓厚的兴趣,1680年在罗马(文学上属于纯意大利风格)的时候,她为了净化当时盛行的冗长浮夸的文风而创立了一个学会。她热爱所有智力消遣,她不断出席音乐会、嘉年华会和戏剧表演,甚至写过几部非正式的喜剧。斯卡拉蒂是她的首席小提琴和歌手,被认为是罗马最好的演奏家。凡是讨论阴谋、机智和丑闻的地方,总能找到她。

然而,女王写给她的朋友和继承人阿佐利尼红衣主教的信却充满了忧愁悲伤和失败感。她写道:"我从未失去能够让生活变得更加愉快的任何东西,在这样一次失去之后,我再也不能珍爱我的生活,我也不希望这样,而且我想,我死去的那一天将会是我生命中最幸福的一天,正如它是我活着的最后一天。"1689年,她所渴望的死亡降临在她头上。她最后的要求是,她简朴的墓碑上应当刻下这样的碑文:

奉献给全能的上帝
克里斯蒂娜
享年六十三岁

后世子孙对这个女人的评价莫衷一是;对于她的一生,人们提出了有无以数计的解释,政治的、佛洛伊德式的和虔诚的。关于克里斯蒂娜的性格,以及她在那个时代政治竞技场上的地位,历史的裁决依然未定,但毫无疑问,她给我们提供了艺术史上最辉煌、最有穿透力的篇章。跨过3个世纪的时光,她的这些收藏丰富着世界上最伟大的美术馆,并留下它们的印记。随着她的离去,意大利的文艺复兴也就落下了帷幕。从此以后,罗马收藏的功能回归了国家和教会,有一种新的学术精神引导它的进程,这就是古典理想的精神。

克里斯蒂娜最亲密的朋友阿佐利诺是她的遗嘱执行人和遗产受赠人,但他只比女王多活了几个礼拜。他的侄子庞佩奥·阿佐利诺侯爵只继承了很少的一点钱,连同这些艺术品,根本维持不了它们,只好把绝大部分收藏卖给了利维奥·奥德斯卡奇亲王,售价12.3万斯库多。这次出售的藏品中包括240幅画,

> 利维奥·奥德斯卡奇(1655~1713),罗马贵族和古物收藏家,是那个时代罗马城的著名人物之一。他还是教皇英诺森十一世的侄子。

其中至少有66幅来自鲁道夫在布拉格的画廊。自16世纪初以来,奥德斯卡奇家族作为银行家一直很活跃。教皇保罗四世的秘书保罗·奥德斯卡奇把这个家族带到了最显赫的位置,并通过从朱塞佩·德拉·波尔塔手里购买一批雕像收藏,从而为一座博物馆奠定了基础,即使是与最骄傲的教皇甥侄们的收藏比起来,这批收藏也完全可以高昂起自己的头。1724年,这批大理石雕像随着克里斯蒂娜的收藏一起转到了西班牙。克里斯蒂娜的藏书被红衣主教奥托博尼买去了他后来成了教皇亚历山大八世,他把这批藏书捐赠给了梵蒂冈。女王收藏的徽章和古币超过6000枚,包括她父亲

古斯塔夫·阿道夫从慕尼黑带来的那些；在此基础上，增加了属于鲁道夫二世的那些藏品，查尔斯·古斯塔夫从纽伦堡送给她的一批收藏，查理一世的收藏，以及她的古董商弗朗西斯科·戈蒂弗雷迪在德国和意大利为她搜集的另外一些藏品。

但奥德斯卡奇家族败落了。1714年，皮埃尔·克罗扎作为法国摄政王奥尔良公爵的代理人来到罗马，出价11万埃居购买整个收藏；奥德斯卡奇家族要价20万埃居。克罗扎很不高兴地离开了罗马。6年后，他又回来了，仅出价9.3万埃居购买藏画。

这个提议被接受了，徽章和钱币于1794年卖给了教皇庇护六世，售价2万埃居。然而，它们在梵蒂冈只待了几年，教皇不得不根据《托伦蒂诺条约》把它们拱手送给拿破仑；从那时到现在，它们就一直是巴黎法国国家图书馆徽章钱币收藏馆的荣耀。有数以千计的素描，摄政王给了克罗扎一些，以回报他的辛苦；其中有很多在1742年克罗扎藏品拍卖会上被法国王室收藏获得，现藏于卢浮宫。摄政王购得的藏画于1722年抵达巴黎，其中包括一些我们今天所赞赏的最著名的帆布油画。

○ 注释

① 克莱门特八世死后，美第奇家族的利奥十一世在1605年当了几个月的教皇，而路德维希家族的教皇格列高利十五世的统治时期仅从1621年至1623年。
② 其中有两幅画：《维纳斯的崇拜》和《酒神节》，不久之后被红衣主教路德维希送给了腓力四世，现藏普拉多美术馆。还有一幅《酒神巴克斯与阿里阿德涅》现藏伦敦国家美术馆。参见斐洛斯特拉图斯的《画记》(Imagines)第一卷，第6页。
③ 兰克：前引书，第二卷，第392页。

3. 梵蒂冈博物馆的形成

如果说 17 世纪是罗马世家子弟的世纪,那 18 世纪就是半吊子业余爱好者的世纪了,他们从欧洲各个角落纷纷涌向罗马。意大利在世界政治中不再是一个强国,它已经沦为一所专门研究过去的巨大学院。18 世纪的教皇一直在抵抗耶稣会士们的统治,最终压制了他们,并终结了他们对人们的精神所实施的恐怖统治;思想和行动的自由再次得到容忍。此外,前辈们的肆意挥霍在相当可观的程度上耗空了教皇们的金库,使他们债台高筑,紧接着导致他们在此前 150 年里建立起来的王公贵胄家庭破产。法兰西和不列颠国王的钱包倒是很充实,而且很容易从他们在海外建立的殖民帝国得到补充。他们能够满足任何要价,几乎买得起任何奢侈品。德意志各国的宫廷,尤其是普鲁士、巴伐利亚和萨克森的宫廷渴望赶上和超过更大的强国,渴望在古董收藏和艺术画廊中反映他们新近创立的统治权的宏大堂皇。他们的财政收入当中,投入到这一目的的部分远远超过了正当合理的程度,他们在这方面的挥霍无度,得到了新兴的学者绅士阶层的鼓励,后者正脱离他们享有了几个世纪的家庭秘书和仆人的身份,开始扮演朝臣、学者、外交官和文人骚客的角色。

透纳:《从梵蒂冈远眺罗马》

艺术收藏的历史
A History of Art Collecting

　　罗马贵族张开双臂、高举手掌，欢迎这些外国学者，希望这些人发挥重要的作用，帮助他们赎回自己的艺术品收藏，把它们变成现金。学者很少像这样时兴，这样受宠，这样被人们追捧。这个研究古董的神父神通广大，似乎可以穿墙破壁；他无处不在，谦卑低调，居心不良，通常是第一流的艺术品商人。他的活动披上了精美的学术外衣；他可能写过一本论述罗马地形学的书，或者评注过一个希腊或拉丁古文物专家的游历；他有时候是个语言学家，眼睛只盯着碑刻铭文；有时候是个研究雕刻宝石的学者和鉴赏家——这种艺术形式尤其受欢迎，因为它们很容易揣进口袋，比大型雕塑更容易详细分类，后者需要机构，这超出了他们的经济能力。在这些半吊子业余爱好者当中，我们看到了专业化的开端：有些人喜欢赤陶、油灯和花瓶；而另一些人，像耶稣会士阿塔纳斯·基尔歇，更喜欢研究方尖碑及埃及艺术的其他残片，它们在几个世纪里悄悄流入了罗马。有希腊研究者、罗马研究者和伊特鲁里亚研究者，以及那些专门致力于研究《旧约》抄本的人。他们是艺术家（尤其是雕塑家和雕刻家）的朋友，这些艺术家用描绘遗失古迹的图画或对古代庙宇和花园的想象性重建来给他们的学术著作充当插图。

　　通常，他们是某个学院和科学协会的成员或通信员，当时，这些机构不仅在罗马、而且在意大利的所有城市都很兴盛；他们所有人有一件事情是共同的：每个人都对某个王公贵胄或保护人负有责任，为他寻找合适的艺术品。他们经常光顾像英国人詹金斯那样的艺术品商人或修补师的工作室，对一个鼻子或一条手臂的重建提出建议，搜集零零碎碎的信息，寄给国内跟古董市场有关的人。

　　罗马收藏的变卖是梵蒂冈深切关注的事，它坐在旁边，眼睁睁地看着教皇们慷慨赠予甥侄们的珍宝离开意大利，成为外国君主（而且经常是新教王侯）的光荣与骄傲。17世纪的阿伦德尔已经拿走了他能

罗马：纳沃那广场（加斯帕·凡·维特尔）

够拿走的；他的部分古董被庞弗雷特伯爵夫人送给了牛津大学；剩下的主要部分去给彭布罗克伯爵充实他的乡间宅第沃尔顿庄园，在那里，1720年又增加了1300多尊胸像和另外一些雕塑（来自朱斯蒂阿尼家族的罗马宫殿），来自马萨林收藏拍卖的大量藏品，以及来自瓦莱塔穷困潦倒的拿破仑家族的另外几件藏品。1724年，克里斯蒂娜女王收藏的大理石雕像被奥德斯卡奇家族卖给了西班牙。4年后，菲科罗尼谈下了一宗交易，把基吉家族的收藏以3.4万斯库多的价格卖给德累斯顿的波兰国王；就连最狂热的收藏家亚历山德罗·阿尔瓦尼红衣主教也被迫把他的30尊雕像以2万斯库多的价格卖给波兰国王。这些事件在罗马造成了很大的轰动。据说，正如古代时期一样，Romae omnia venalia（拉丁文：罗马万般皆可卖），有人做出了努力，试图为这座永恒之城尽可能多地保全一些东西。1734年，红衣主教阿尔瓦尼举世无双的胸像收藏被卖掉了，买主不是外国业余爱好者，而是教皇。卡比托奈博物馆的建立似乎提供了最有效的手段，以避免古代雕塑的散佚。

亚历山德罗·阿尔瓦尼是温克尔曼的朋友和保护人，他和卡米洛·博盖塞都是18世纪最引人注目的收藏家和挥霍者。在把他的第二批收藏卖给教皇之后，他立即开始搜罗一批新的收藏：这批收藏的特点有所不同，因为他晚年的失明使他发展出了对古代青铜雕像的敏锐触觉。第三批收藏（第一批他已经卖给了波兰国王）由雕像组成，它们来自蒂沃利、埃斯特庄园和哈德良别墅，随后被法国人抢去了，再后来在巴黎被卖给了巴伐利亚国王路德维希。留在罗马的残件被米兰的卡斯特巴尔克伯爵所继承，最后被卖给了托洛尼亚家族，去装饰他们在罗马的别墅。

博盖塞家族的收藏同样可以追溯到17世纪初叶，当时，保罗五世的亲信斯基皮奥·博盖塞从他叔叔那里接受了一批藏品（外加25万斯库多的年收入），共100幅画，是教皇从阿尔比诺那里没收来的。这批收藏中包括拉斐尔的一幅画（现藏卢浮宫），来自圣方济各教堂的巴廖内小礼拜堂，是教皇从佩鲁贾人民那里偷来的，后来宣称是他们送给红衣主教的礼物。在此基础上，1619年增加了来自教皇宝库里的大量艺术品。

照这样发展下去，如果对基督教世界之都的劫掠不加以制止的话，将会导致它作为朝圣和学习中心的衰落，教皇于是采取了决定性的行动，下令严禁古董出口，并为详尽的发掘筹集了资金，以取代已经散佚的收藏。这确实是不得已而为之，因为除了已经卖到国外的藏品之外，罗马还接受了另一次沉重打击：法尔内塞家族的收藏运到那不勒斯去了，而美第奇官的收藏运到佛罗伦萨去了。

然而，尽管有了这些损失，但罗马依然

> 亚历山德罗·阿尔瓦尼（1692～1779），罗马红衣主教，是当时罗马城内首屈一指的古董收藏家和艺术品鉴赏家，他也是研究古代艺术的著名学者温克尔曼的资助者和保护人。后文提到的卡米洛·博盖塞就是教皇保罗五世。

艺术收藏的历史
A History of Art Collecting

皮拉内西笔下的罗马

> 乔凡尼·巴蒂斯塔·皮拉内西（1720～1778），意大利雕刻家和建筑师，以蚀刻和雕刻现代罗马以及古代遗迹而闻名。

是皮拉内西和爱德华·吉本的那个罗马，一个学术的时代，被古代废墟的浪漫幻想所缓和；罗马是一座被挖掘者的锄镐给撕开了的城市，不像一个世纪之前，是为了竖起新的、更宽敞的宫殿和教堂，而是为了有意识地开发历史和艺术。正如17世纪的教皇主要是为了他们家族的宫殿和庄园而收藏艺术品，他们的继任者再次回归了系统化地发展教会的博物馆和画廊。

教皇对考古学的鼓励已经是一个非常古老的传统，尽管每个教皇都遵循他自己的模式。庞波尼乌斯·拉图斯早在1478年就在奎利那雷宫创建了古物研究院；一些著名的古物研究学家曾在这里主持工作，像安德里亚·富尔维奥，在说服西斯笃四世把他的收藏捐赠给卡比托奈山上的罗马市博物馆这件事情上，他起到了关键性的作用。另一方面，尤利乌斯二世把他收藏的古董连同梵蒂冈本身的收藏一起，放进了观景楼，当时紧挨着宫殿的一幢别墅。他们的继任者时不时地给这些起始收藏增加一些新近发掘的藏品。尤利乌斯三世大概树立了一个坏榜样：他把自己的收藏搬到遥远的朱利亚别墅去了。

宗教改革把这些收藏视为"可耻的"证据，证明了教皇的腐败和偶像崇拜。面对清教徒的攻击，特伦特大公会议软弱无力地试图为古代艺术收藏辩护。大概，正是因为这种对动机的质疑，导致了官方考古的中断，取而代之的是教皇家族私人收藏的发展。但直到克莱门特十一世（他统治了18世纪的前20年），我们才发现了大规模发展教皇收藏的计划。在一些学者（譬如比安契尼）的学术影响之下，已经做了一些准备，为的是更好地管理钱币和碑铭，以及东方的和基督教的古物。为了容纳它们，在康塞巴托里宫的对面建起了主神殿博物馆。下一任教皇克莱门特十二世科尔西尼在此基础上增加从红衣主教阿尔瓦尼那里买来的藏品。本笃十四世用很多重要的古迹使之变得更加丰富，其中包括卡比托奈的维纳斯，他破天荒第一次对收藏埃及艺术品给予了官方认可。

接下来出现了一段平静时期，尤其是在克莱门特十三世的任期内，米歇利斯说，他对艺术的兴趣"仅限于给他的藏画中的裸体天使穿上衣服，给观景楼里的古代雕像披上锡制的无花果树叶"。幸运的是，颇有人文修养的红衣主教甘加内里在1769年登上教皇的宝座，情况彻底变了。像18世纪初一样，一波新的挖掘和出口浪潮（尤其是英国人搞的）开始威胁罗马。米歇利斯说："教皇决定仿效克莱门特十二世和本笃十四世的榜样，首先自己成为一个收藏家。他得到了他的财政大臣布拉斯齐的热情合作，后者在1775年从克莱门特手里继承了教皇的宝座，成为庇护六世，在更大规模上继续执行其前任的计划。他没有扩大卡比托奈博物馆，因为人们很快就认为，更方便的做法是：给梵蒂冈宫廷观景楼已经声名遐迩的雕像收藏添加一个新博物馆，这就是庇护–克莱门特博物馆。"

这批收藏的监管和发布工作委托给了詹巴迪斯塔·维斯康蒂，他去世之后，则由他儿子恩尼奥·基里诺·维斯康蒂负责。政府禁止珍贵藏品出口的权利（类似于如今的优先购买权）得到了更加强有力的行使，为获得高品质大理石雕塑而跟外国业余爱好者展开了激烈的竞争；另一方面又鼓励

梵蒂冈博物馆

积极进取的精神,开始新的发掘,政府宣布放弃某些困难的初始权利。此外,在与私人个体的竞争当中,为了这个新博物馆的利益,政府亲自承担了几次发掘,结果被证明成果颇丰。博物馆的厅室在空间和豪华程度上逐年递增,大约10年过去,尽管它并没有完工,但已经被认为是"罗马及全世界第一流的博物馆"。

我们今天所知道的那些博物馆,要归功于这些教皇。19世纪有了进一步的增加。庇护七世创建的美术馆包括一些被拿破仑偷走的藏画,它们从法国回到了罗马。他还在1817年增加了新翼展览馆。格列高利十六世在19世纪中叶在梵蒂冈增加了伊特鲁里亚博物馆和埃及博物馆,并把拉特兰宫改造成了一个公共美术馆。他的继任者庇护九世在它的内部建立了基督教艺术博物馆。就这样,许多个世纪之后,罗马的教皇们把一些精心协作的画廊整合成了古往今来最具综合性的历史博物馆。

第七章　艺术与法兰西专制主义
Art and Absolutism in France

1. 学院的理想

从弗朗索瓦一世到路易十四，专制主义的发展可以分为4个阶段：第一阶段是弗朗索瓦一世和亨利二世统治时期（1515～1559），是公众为君主制欢呼喝彩的时期，在这一时期，意大利文艺复兴最初的果实被带给了法兰西人民。第二阶段是亨利四世统治时期（1598～1610），统一了一个被宗教冲突和内战所撕裂的国家。只需要国王的个人声望，就足以抵消朗格多克地区新教民族的背叛（通过他的皈依罗马），抵消他们的传统自由的损失。第三和第四阶段涵盖了深思熟虑的威权主义计划，这一计划是黎塞留在路易十三未成年期间发展出来的，由马萨林继续推行。它逐渐增强，最终在 Grand Monarque（**法语：大君主，指的是路易十四**）的宫廷里达到高潮。有一项政策是所有这些阶段所共有的，这就是：通过卖官来培养一个新兴的贵族阶级，他们在理论上忠诚于造就他们的国王。这就是"长袍贵族"（noblesse de la robe）和"资产阶级绅士"（ourgeois gentilhomme）的起源。到路易十四时代，他们

> 相对于行伍起家的旧贵族（"佩剑贵族"）而言，17～18世纪的新兴资产阶级贵族被称做"长袍贵族"（又译"穿袍贵族"）。他们通过金钱买到法官的职位而取得贵族头衔，而法官通常身着长袍，因而得名。

反过来变得如此强大，以至于对国王的权威构成了一种新的严重威胁，尽管莫里哀带着一种滑稽的眼光来看待他们。对于艺术史来说，这些暴发户的重要性不可估量，因为17世纪法国艺术资助和艺术收藏的历史，主要是国王（通过大臣们的铺张挥霍而变得越来越堂皇气派）与这些新兴百万富翁之间竞争的历史，后者希望通过其个人花销的摆阔讲排场而让国王颜面扫地。柯尔贝尔清楚地懂得，只需一个凡尔赛宫，就足以让这些暴发户乖乖地待在他们恰如其分的位置上。

直到英国人在15世纪中叶被赶走、路易十一把瓦卢瓦王朝的力量统一起来，法兰西才可以说成为一个国家了。在此之前，它是一个封建领地的聚合体，由于共同的语言、习俗和宗教而结合在一起。随着君主政体的声望在文艺复兴时期的增长，君主本人也就变得更加尊贵。他不再像整个中世纪那样是"同人之首"（princeps inter pares）——贵族当中的首领——而是成了绝对专制的、高不可攀的（几乎是东方意义上的）君主，僭取了一种权威，他相信这种权威是神圣的。要想把一个中央政府强加给一个始终把个人自由看得比宪法特权

更重要的民族，这是一种必不可少的手段；而且，它也是不经传统贵族的过滤、直接或间接地触及整个民族（士农工商）的一种手段。因此，它服务于两个目的；贵族对抗国王的力量被彻底粉碎了，反过来，国王代表全体国民、而不是代表跟他平起平坐的贵族说话。

红衣主教黎塞留很快就认识到了威权主义学说的价值。他说："国王是活着的神的形象。"尽管黎塞留对路易十三拥有完全的支配地位，但依然需要"毕生的、持续不断的努力，才能维持这一地位不受削弱，即使他面对的是一个麻木而冷漠的国王，他只佩服自己的这位大臣，但并不喜欢他"。黎塞留地位的不稳固因此使得他千方百计巴结这位君主。他把文艺复兴时期艺术家和批评家构想出来的那种古典权威嫁接到了绝对君主制的学说之上，为国王对艺术的真正资助提供了一个逻辑基础和法律基础。

法兰西学术院在 1635 年的创建是确立 Grand Siècle（伟大世纪）知识专制的第一步。接下来一步，是柯尔贝尔在 1648 年创建法兰西美术院（这所学院由勒布伦冷酷无情地管理），1666 年创建罗马学院，以及 1671 年创建建筑学院。

学院制度是一种知识理想，同时也是一个实用架构，在此基础上可以构建出一套程序，为法国君主制增光添彩。这个架构将成为欧洲羡慕的对象，并充当政府资助和津贴的公认模式，直到浪漫主义运动结束。马萨林、柯尔贝尔和勒布伦在黎塞留的基础上添砖加瓦；而艺术家，饱受古人的折磨，被美学理论的争论所撕裂，"很乐意围绕在一个君主和一种美学的周围"。意大利的文艺复兴，由于冲突和太多的专业知识而陷入了困境，在法国变成了一个秩序井然的学说，学院根据这一学说，"规定绘画的题材，坚持艺术的道德性和高贵性。'伟

> 黎塞留（1585～1642），法国红衣主教、政治家，路易十三的首相。在执政期间，他采取了一系列旨在加强王权、提高法国国际地位的措施，为消除当时的社会内乱、巩固君主专制统治作出了突出贡献。

> 查尔斯·勒布伦（1619～1690），法国画家和艺术理论家，路易十四宣称他是"古往今来法国最伟大的艺术家"。在 17 世纪的法国艺术界，他是最有影响力的人物。

鲁本斯：《路易十三肖像》

大风格'的观念提升了艺术的重要性……历史和古典神话通常被授予高贵奖赏"。①钱伯斯写道："它是一种理想——理想中的理想。它崇尚不可企及的抽象、戏剧的统一、建筑的秩序、美的自然和古风。它刚刚确立自己的影响力，便立即使自己容易遭到危险的攻击，而攻击的理由，恰好就是其抽象的不可能。它压制激情和个性。Et sur mes passions ma raison souveraine（法语：我的激情和我的最高理性）。但学院的观念并不拒绝天才在规定法则之内适当地发挥，它严重怀疑一个太过常见的推测：激情与个性对人类有益。学院的观念是人类意志和人类法规的一次宏大展示，它正是文艺复兴的顶峰。西欧人审美意识的圆满完成，不是达·芬奇，不是米开朗基罗，不是拉斐尔，也不是提香，而是勒布伦；理论上，欧洲人的趣味趋向于他，并从他这里往后退。但这样的圆满完成与一个二流艺术家的生平在时间上的吻合只是一个历史偶然。"②勒布伦成了伟大世纪的三位伟大首相——黎塞留、马萨林和柯尔贝尔——的政治野心和知识野心的解释者，法兰西民族的艺术霸权就是以国王的名义建立在他们之上。

○ 注释

① 钱伯斯：前引书，第 96、100 页。
② 钱伯斯：前引书，第 101、102 页。

2. 王室收藏

当路易十四登上王位的时候,王室绘画收藏不超过200件,其中包括达·芬奇、提香、拉斐尔和德尔·萨托的作品。雕刻宝石、徽章和青铜像,还有弗朗索瓦一世搜集起来的古代雕像,它们分散在各个宫殿里,很少得到照料。当然,凯瑟琳·德·美第奇的收藏最后都落入了国王之手,但她的两个儿子都没多大兴趣。亨利四世和他的情妇加布里埃尔·德·埃斯特蕾痴迷于古代宝石、浮雕宝石和凹雕宝石,他们的收藏如今是徽章收藏馆的重要组成部分。王后玛丽·德·美第奇尽管喜欢富丽堂皇的排场,并跟欧洲的其他宫廷互送昂贵奢侈的礼物,但作为一个收藏者,她却没法和本家族的其他成员相提并论;她之所以有名,就在于她对鲁本斯的资助和雇佣。

艺术确实处在散乱无序的状态,无疑不值得欧洲最大的君主国关注。尽管有一些清单和记录提到了16世纪末和17世纪初的法国收藏,但它们依然只是反映了王公贵族的好奇心,是中世纪精神的回流,更多地带有德国的、而不是意大利的特点。收藏家之所以对自己的藏品感兴趣,是为了他们自己个人的启蒙和消遣;他们看不出这里面有什么政治的或学术的重要性。

黎塞留则异于是,他强烈地喜爱艺术本身,把收藏的价值看做是国王权威的一种表达。因此,他的活动和哲学都指向这一目的,即便当他为自己的宫殿获取艺术品(他后来把这些藏品都遗赠给了王室)的时候也是如此。他与自己在德国和意大利的代理人保持着连续不断的通信,催促他们买下他们所能找到的伟大杰作。他是一个不可救药的收藏家,理解所有权的问题和责任,雇佣了法国首屈一指的建筑师给他建造巨大的宫殿,安顿他的珍宝。他希望,有朝一日,这些藏品能成为法国国家博物馆和图书馆的核心收藏。起初,这些收藏占据着阿森纳馆,那是皇宫里的一幢房子。玛丽·德·美第奇把小卢森堡宫送给了他,红衣主教对它进行了翻新重建,并由让·勒梅尔设计装饰。但小卢森堡宫离得太远,他希望离卢浮宫更近一些,以便他能够对宫廷阴谋明察秋毫。1624年,他在圣奥诺雷区(如今的皇宫所在地)买下了一群房子,并让勒梅西耶着手建造红衣主教宫。这座宫殿直至1636年才完工,并数次扩建,以满足红衣主教不断扩张的财富和野心。

这座宫殿是巴黎最豪华的建筑之一。当它完工并布置妥当的时候,红衣主教便把它送给了国王。王后奥地利的安妮在摄政时期入住其中。意大利人对肖像画廊的酷爱传染给了黎塞留。"名人画廊"藏有26幅历史名人的肖像画,全都是真人尺寸,从絮热(中世纪时期圣丹尼斯修道院院长)到路易十三。黎塞留还在国家图书馆建立了一个类似的画廊,收藏了一系列罗马皇帝和名人的胸像,是马萨林(他当时是黎塞留的秘书)在意大利弄到的。

直到马萨林时代,黎塞留图书馆依然是世界上最大最好的图书馆(大概除了梵蒂冈图书馆和佛罗伦萨的洛伦佐图书馆之外),安顿在相邻的一幢建筑里。超过900册手抄本,用红色摩洛哥羊皮革装订,印有红衣主教的纹章,是他的代理人从全世界各个角落为他搜集来的。路易十三允许他获得拉罗谢尔的胡格诺派的大批藏书,在这些巨大收藏的基础上,很快又增加了王室的藏书,是16世纪中叶弗朗索瓦一世和纪尧姆·布代在枫丹白露辛辛苦苦积攒起来的。弗朗索瓦·萨瓦里·德·布雷弗斯出任法国驻土耳其宫廷大使将近四分之一个世纪,他提供的手抄本超过100册——国家图书馆东方收藏的核心。这批藏书,连同存放它的那幢建筑,黎塞留最后都遗赠给了国王,"以便这些藏书不仅能为他的家人所用,而且能为公众所用"。

红衣主教宫的房间同样豪华。国王和王后的房间塞满了品质一流的油画。大藏阁被认为是"巴黎奇迹中的奇迹",它的藏画中包括德尔·萨托和普桑的作品,还有达·芬奇的《圣安妮》。小教堂里不仅有红衣主教惊人的珠宝收藏,而且还有一系列最华美的宗教器皿——圣体匣、十字架和圣杯。

红衣主教宫的财产目录列出了500幅藏画,包括拉斐尔、提香、达·芬奇、索拉里奥、朱利奥·罗曼诺、卢伊尼、乔瓦尼·贝利尼、尼科洛·德尔阿巴特、柯勒乔、阿尔瓦诺、普桑、克罗德、鲁本斯、菲利普·德·尚佩涅等人的作品,以及博

尚佩涅:《红衣主教黎塞留肖像》

洛尼亚画派和伦巴第画派的典范之作。除此之外，还有50尊雕像、100尊胸像和大量青铜小雕像。一套华美的历史挂毯排在纺织品清单的最前面，跟在后面的有刺绣、天鹅绒和波斯地毯。家具都是最高级的，包括很多镶嵌斑岩桌子，是托斯卡纳大公私人作坊的特产。考虑到年代，更加引人注目的是清单中提到了大量中国漆器和400多件中国陶瓷。

这座宫殿刚刚在1636年送给王室，奥地利的安妮便立即对它进行了改造，把大多数藏画转移到了枫丹白露去了，以复制品取而代之。幸亏她这样做了，因为，当它被交给查理一世的寡妻亨利埃塔·玛丽亚和她的那帮英国朝臣（他们为逃离弑君者的愤怒而跑到了巴黎）的时候，这座宫殿遭到了洗劫。1657年，伊夫林在那里拜访了这位流亡中的王后，并讲述了朝臣们如何打碎家具和镶板，把镀金卖去熔炼黄金，以及如何砸碎窗玻璃，为的是把铅框卖掉。最后，这座宫殿被路易十四送给了他的侄子奥尔良公爵腓力，后者对它进行了大规模的改造和扩建。正是通过这段迂回曲折的历史，黎塞留的宫殿成了皇宫，最后成了奥尔良宫。

黎塞留挥霍无度，他在为王室搜罗藏品的时候十分慷慨，而在为自己获取藏品时也同样大方。1633年，他花4.7万里弗买下了十分迷人、但相对比较普通的"帕里西的瓦德瑞尔城堡"，并花了4倍于此的钱设计建造它的小溪和花园。红衣主教正是退隐到这里，与他手下的牧师协商工作，让他饱受病痛折磨的身体得以休息。但瓦德瑞尔城堡太普通，红衣主教宫太分散，是一个由宫殿和画廊组成的建筑群。黎塞留始终梦想着文艺复兴时期罗马平原上那些井

黎塞留城堡一角：橘园与凯旋门

然有序的大别墅。他命令勒梅西耶推倒黎塞留河畔的祖宅，建造一座规模宏大的宫殿，与国王首相的尊贵和地位相称。

黎塞留城堡不止是一座城堡，它完全是一座仿路易十三风格的城市，就它的样式和它的年代而言，像路易十四和路易十五时代的凡尔赛或南锡一样完美。这座城市的主街由28幢宅邸组成，位于前院的侧翼——保存在国家图书馆里的一张平面图标出了占住各个房子的人，他们都是红衣主教的随从。此外，还有一所大学，供贵族子弟接受教育，有一个集市和一个特别法庭。越过一连串的庭院，各种不同的建筑依次排开——马厩、仓库，以及各种服务建筑。最后，就像在凡尔赛一样，入口通道在城堡的主大门达到高潮，那是一个雄伟壮观的大门，装饰着古代的雕像、金字塔和立柱。贝特洛的青铜雕像《名声》高踞于拱门的顶端，而就在大门的上方，安放着他制作的路易十三的大理石雕像。内部的光荣院，三面被亭阁所环绕，第四面构成了主门，上面的壁龛里安放着米开朗基罗的大理石雕塑《奴隶》，是卢浮宫今天所拥有的两件最伟大的雕塑。

这两尊大理石雕塑究竟是如何落入黎塞留之手，这是收藏史上一段引人入胜的插曲。起初，它们是为教皇庇护二世在罗马的陵墓设计的，被米开朗基罗送给了罗伯托·斯特罗齐[①]。后者把它们送给了法国国王弗朗索瓦一世（无疑是在胁迫之下），弗朗索瓦反过来把它们送给了王室总管、蒙莫朗西公爵安尼，被放置在埃库昂城堡的正面，我们可以在迪塞尔索的一幅雕版画上看到它们。它们一直留在了那里，直到黎塞留朝它们投去了喜爱的目光。蒙莫朗西公爵因为叛国而被判处死刑，在断头台上徒劳地希望得到最后的宽恕，于是把这两尊雕

普桑：《海神尼普顿的胜利》

塑连同安尼巴莱·卡拉齐的《圣塞巴斯蒂安》一起送给了红衣主教。

同样是在光荣院,安置了红衣主教最精美的古代雕塑,包括教皇允许他从罗马搬走的那60尊古代雕像。其中有一尊大理石雕像《维纳斯》是在波佐利发现的,贝尔尼尼和普桑说它"比《美第奇的维纳斯》还要精美"。

从主入口出发,走上巨大的斑岩双回旋楼梯,通向贵宾室。国王套房的天花板是尼古拉斯·布雷沃绘制的,描绘的是阿喀琉斯的故事,墙上挂着布鲁塞尔金线帘帷,上面描绘的是特洛伊战争。丢勒的三联画《崇拜》、《基督诞生》和《逃入埃及》是国王小礼拜堂的主要吸引力。在国王收藏阁中,是那些来自伊莎贝拉·德·埃斯特工作室的深受喜爱的珍宝,是1630年曼图亚的公爵宫遭到洗劫的时候黎塞留从那里拿来的,包括曼坦那的《帕纳塞斯山》和《密涅瓦的胜利》、洛伦佐·科斯塔的一副神话场景,以及佩鲁吉诺的《爱与贞洁的战斗》。这些画现藏于卢浮宫:普桑的辉煌组画《酒神巴克斯》中的第4幅是《海神尼普顿的胜利》,它长期以来一直收藏在艾尔米塔什博物馆,1936年被费城博物馆从苏联政府手中购得。另外一些房间同样豪华。红衣主教厅自吹,卡拉齐的《圣塞巴斯蒂安》和《圣方济各》与菲利普·德·尚佩涅给殿下画的那幅全身肖像相映成趣。大画廊有20幅壁画,两侧各10幅,描绘了《黎塞留执政时期路易十三的征服》,天花板上画着《尤利西斯的劳作》。每幅壁画的前面都有一尊大理石胸像,正中间的尤利乌斯·凯撒胸像是斑岩,画廊的两端分别是路易十三和黎塞留的骑马像。

黎塞留通过自己的豪华排场,因而比国王的任何臣民都更加大胆地让国王颜面扫地。具有讽刺意味的是,他从未踏足过自己创建的这座宫殿。糟糕的健康状况和繁忙的政治事务让他只能连续不断地待在巴黎。但即便是在今天的荒废状态,黎塞留城堡依然是一个符号,象征着这位红衣主教对权力和荣耀的贪欲,以及他对国王及其首相的神圣权威的信仰。它是凡尔赛的前奏;到1640年,艺术不仅成了国家的奴仆,而且成了王室特权的象征。君主制的这一表达媒介将在马萨林和柯尔贝尔的任期内通过后者的行政天才和勒布伦的古典专制主义而被组织起来,并使之规范化。

○ 注释

① 当时,钱用完了,因此不得不按照适度的规模来设计陵墓,于是,这两尊《奴隶》就容纳不下了。

3. 马萨林的兴衰沉浮

当黎塞留1642年去世的时候,他把管理法国的工作留给了他的秘书。从性情气质上讲,这两个人大不相同。在他们的艺术收藏中,这些性情气质的差异就更明显了,因为作为法兰西君主制富有远见的设计师,尽管黎塞留本人热爱艺术,但他的收藏是有计划的,与他的政府理论相一致。而另一方面,马萨林是个诡计多端的外交官,还是个衣着光鲜、愤世嫉俗的 marchand amateur(法语:业余商人),一个完美的朝臣,他对财富的贪婪,只有他的艺术知识和鉴赏力才能超过。古往今来,大概没有哪个收藏家比他的价值感更精细,眼光更有把握。他的品味像他本人一样,也是华而不实的,是一个枢机主教的品味,一个法国大臣的品味,然而也始终保留着一点冒险家和即兴喜剧的品质。

他在17世纪的第二年出生于阿布鲁齐的皮斯琴纳,在罗马接受教育,在给黎塞留效力之前,他1630年在罗马遇到了这位红衣主教,他先后担任过几个红衣主教(本蒂沃里奥、萨切蒂和巴尔贝里尼)的秘书。其财富的基础是他花1万达克特从一位牧

> 马萨林(1602~1661),又译马扎然,法国红衣主教、政治家和外交家,曾任路易十四的首相。他富可敌国,大肆收藏艺术品和图书,所创马萨林图书馆在1643年向学者开放,成为法国第一座公共图书馆。

米尼亚尔:《马萨林肖像》

师手里买下了一串念珠，然后作为绿宝石和钻石以6万里弗卖掉了。他到法国之后，以数倍于其本身价值的价格卖掉了自己的意大利艺术品收藏，从而使自己的财富大为增长。

在黎塞留手下，他一直很成功，直至41岁那年，在奥地利的安妮统治下成为首相，搬进了卢浮宫，后来又搬到红衣主教宫，住在王后的隔壁。从1640至1645年，他的权力和财富迅速攀升；他不断发展的收藏需要更大的空间，他接管了黎塞留街上的一群宅邸，在那里建造了自己的宫殿，即现今的国家图书馆。

> 奥地利的安妮（1601～1666），路易十三的王后。路易十三去世时，路易十四尚且年幼，由安妮王后摄政。

马萨林只收藏漂亮的东西，他不考虑奇珍异品，这些东西在欧洲一些大的收藏里依然经常可以看到。但他的爱好同样广泛——雕塑、绘画、挂毯、小地毯、珠宝、豪华家具。法国的代理人无处不在，不错过任何机会给红衣主教购买藏品，他自己曾亲自写信给红衣主教格里马尔蒂，请求他监督法国军队进入米兰，指导他们为自己购买所有最精美的绘画、手抄本及其他艺术品。事实上，欧洲各国的大使馆都清楚地知道，始终可以拿一件艺术品贿赂法国的首相，只要它的品质足够好。

1640～1648年标志着马萨林作为一个收藏家的活动以及他在法国的不得人心达到高峰，当时，法国人对意大利金融家严阵以待。后者在红衣主教默契的保护下，从里昂开始，成扇形向全国蔓延，把法国的商业完全置于他们的控制之下。投石党运动发展成了公开的叛乱，1648年8月，法国宫廷逃到了圣日耳曼。次年1月，国会下令拍卖马萨林的财产。这一命令由于投石党的活动所导致的一次暂时的平静而被延缓执行。两年后，马萨林被迫流亡，逃到了科隆选帝侯的庄园。他起初在布吕尔安顿了下来，依然插手国家事务。

马萨林流亡科隆的这段时期总共18个月，刚好是英国议会拍卖查理一世国王收藏的那段时期。不管马萨林在巴黎的财产存在什么样的危险（这些危险确实存在），他依然坚持尽自己所能获得最好的藏品。他派出科隆的一位银行家雅巴赫（此人也是当时一流的鉴赏家）去了伦敦，后者在伦敦的行动既代表他的资助人，也代表他自己。在他帮红衣主教买到的藏画（现藏卢浮宫）当中，有提香的一幅《普拉多的维纳斯》，腓力二世十分喜爱这幅画，而他的孙子腓力四世把它送给了查理一世，有柯勒乔的《安提厄普》、卡拉齐的《大洪水》；还有拉斐尔的3幅名画：《巴达萨尔·卡斯蒂里奥内肖像》、《圣乔治》（现藏华盛顿的梅隆收藏）及《圣米迦勒》。乔治·弗图的笔记中记述了这次拍卖，并列出了大量珍贵的花瓶、雕像和挂毯，也是为法国首相购买的。

马萨林所预见的"意外"很快就发生了。当他在流亡中积累自己的收藏时，国会正在试图摧毁他的权力和财富。1651年12月29日发布的一份法院裁定下令公开拍卖"马萨林红衣主教的家具和藏书"，并从拍卖收入中拿出15万里弗给起诉他的人。一个月之后,年轻的国王路易十四出面干涉,禁止这份命令的执行。他立即下令停止拍卖藏书,这得到了一封密信的批准,他指示富凯出面。然而,国会已经彻底造反;拍卖继续进行,他们在1652年发布了一项命令,大意是"依然留在马萨林宫里的所有家具陈设一律立即拍卖"云云。国王的政务会再次提出反对,撤销了国会的决议,宣布该项命令无效。

拍卖专员们再次试图违抗国王的命令,并立即张贴了一份公告,宣布拍卖将在巴黎举行。但投石党已经被挫败了。这次拍卖究竟在多大程度上发生了,谁编制了目录,谁去出席了,谁是拍卖商,历史上并无记载。两周后,8月10日,国会请求国王跟马萨林分道扬镳,"为的是把和平带给他的臣民"。与此同时,国会请求自行解散。只有后面这个要求获得了批准;两天后,国王再次下令停止继续拍卖马萨林的财产。这一次,国王的命令得到了服从,叛乱结束了。

10月,路易十四胜利地回到了巴黎,次年2月,马萨林结束了两年的流亡,也回来了,"受到各方的期待、渴望和欢呼,国王的主人,法兰西的主人,比黎塞留更加大权在握"。相关各方很快就和解了,马萨林对两年前试图要他性命的那些人并没有怀恨在心。他以孜孜不倦的热情,一心致力于巩固自己的政治权力,恢复自己损失的财产。他求助于柯尔贝尔(他当时是首相手下的监督官),命令他编制一份财产目录。光是这份文献[①]各章的标题,就足以搅动人们的想象,并对红衣主教的巨大财富给出细微的暗示。马萨林宫成了一个奇迹,也是全欧洲羡慕的对象,马萨林图书馆的藏书超过3万册,还有几千册手抄本。探访其收藏的显贵名流当中,有瑞典女王克里斯蒂娜,她仔细检查了每一样东西,从地窖到阁楼,她的出现让红衣主教十分担心自己的藏品遭人偷窃。

马萨林死于1661年,他刚刚49岁,但他已经被自己的权力和财富给彻底耗尽了。关于这位非同寻常的大主教,他对艺术的全部激情,以及他的幻灭和愤世嫉俗(很多人相信,他心底里是个无神论者),布里埃纳公爵在他的《回忆录》(*Mémoires*)中给出了总结:他在这本书里描写红衣主教去世之前的某一天向他的藏宝告别——这些东西是他唯一关心的朋友。这是一份值得注意的文献,在收藏史上独一无二,它显示了一个人所占有的东西在怎样的程度上占有了其占有者:

> 我漫步走过这座宫殿的新房间。我在那间小画廊里停了下来,那里可以看到那幅描绘西庇阿的羊毛挂毯,是按照朱利奥·罗曼诺的草图制作的。红衣主教再也没有比这更精美的挂毯了。……我听到他穿着拖鞋走过来,拖着沉重的脚步,就像一个十分虚弱的人。我在那幅挂毯的后面,听到他说:"我要离开所有这些东西了。"他每走一步都要站住,停顿片刻,因为他非常虚弱,先是转向一侧,然后转向另一侧,目光

落在面前的物品上。他从心底里说:"我要离开所有这些东西了",并转过身补充道:"那件也是如此。为了弄到这些东西耗费了我多么巨大的努力。我能够离开它们吗?我能够抛下它们而不感到丝毫惋惜吗?……在我即将去的那个地方,我再也见不到它们了。"我非常清晰地听到了他所说的话,这些话深深打动了我,大概更甚于它们打动红衣主教本人。……我深深地叹了一口气,被他听到了。"谁?""是我,大人,我刚刚收到一封十分重要的信,正在等阁下。""过来,过来,"他用一种悲伤的声音说。他没穿衣服,只披了一件装饰着皮毛的驼毛晨衣,戴着睡帽。他说:"搀我一把,我太虚弱了。我再也做不了任何事情。""大人还是坐下来为好,"我这样说着,打算把他搀向一把椅子。"不,"他说,"我走走更好一些。我在藏书室里有事情要做。"我搀着他,让他靠着我。他不想我跟他说公务的事。他说:"我再也不想听这些事情。去对国王说吧,按照他吩咐的去做。眼下我心里有很多其他事情。"他的思绪又回到他最初的想法,"瞧,我的朋友,"他说,"看看柯勒乔那幅精美的画,再看看提香的《维纳斯》和卡拉齐那幅同样精美的《大洪水》,因为我知道你喜欢画,也很懂画。再见了,我曾经如此热爱、付出了如此巨大的代价才得到的这些画。"

正如黎塞留把控制政府的缰绳交给自己的秘书马萨林一样,后者在临终的时候也把他的监督官柯尔贝尔作为自己的继任者推荐给了国王。在接受这一任务的时候,柯尔贝尔所面对的困难是黎塞留和马萨林都无法想象的,事实上,他们每个人都对这些困难的产生作出过不小的贡献。"伟大世

德拉罗什:《马萨林的弥留之际》

纪"的挥霍无度，严重透支了王国的财政资源，以至于他不得不寻找新的政策和新的收入来源。而与此同时，路易十四所热衷的那种美化，需要无休止的支出，才能把君主制的荣耀提高到并维持在其顶峰上。柯尔贝尔的政策尽管提供了临时的经费并因此延迟了清算的时间，但最终注定要失败。即将到来的法国大革命的灾难还有一个世纪之遥，但已经若隐若现，就像一片危险的阴云，笼罩着 Roi Soleil（太阳王）那被夸大的光辉。

荒谬的是，柯尔贝尔对艺术收藏的兴趣并不大，是三位首相当中艺术感觉最迟钝的，而法国在艺术世界的霸权地位却要归功于他。在他的任期内，创立或充分组织化了艺术学院、凡尔赛宫、卢浮宫建筑的扩建部分，以及今天的公共教育与美术部的所有职能。这一模式几乎被所有欧洲国家所仿效，在卢浮宫博物馆达到高潮。

柯尔贝尔无疑是艺术界所见过的最有效率的组织者。在他当权的时候，王室收藏中的藏画不超过200幅，到他去世的时候，这个数字达到了2000幅，几乎全都是最精美的。他最早的行动就是为国王买下了马萨林收藏中的精华。马萨林曾打算立下让国王受益的遗嘱，把自己的全部财产和宫殿留给他。但国王客气地谢绝了，只从马萨林那里接受了18颗宝石。克莱门特·德·里斯认为，它们就是法兰西王冠上那18颗大钻石。在走马上任一个月之内，柯尔贝尔便下令编制另一份藏品目录，以便国王可以从继承人那里买下他想买的藏品。

绘画方面的专家是安德里亚·波德斯塔、皮埃尔·米尼亚尔和弗雷努瓦，雕塑方面的专家是瓦尔佩格斯和博杜安，他们"买下了130尊雕像（其中大部分现藏卢浮宫），以及古代和现代的196尊胸像。柯尔贝尔为雕像支付了5万里弗，为胸像支付了4.692万里弗。此外，还花1955里弗买下了放在桌子和柜子上的各种不同摆设"。这批藏品中包括46幅波斯地毯，一批佛兰德斯挂毯，是西班牙王室之外积攒起来的最大一批。马萨林的其余财产（数量上比上述清单多出很多倍）在几个继承人当中分配，其中最大的一份给了霍腾斯·曼西尼和她丈夫梅耶雷公爵（后者在一次假正经发作的时候，用一把斧头砸坏了他所继承的男性雕像）。藏书成了国家图书馆的核心。

○ 注释

① 奥马勒公爵在《马萨林宫的财富》（*Les richesses du Palais Mazarin*）一书中公布了这份文献。
② 关于马萨林财产的摘要，可参看埃德蒙·博纳费的《17世纪法国业余爱好者词典》（*Dictionnaire des amateurs français au dix-septième siècle*, 1848）。

4. 大计划与太阳王的日薄西山

"L'État c'est moi; le Roi gouverne par lui-même"（法语：朕即国家，统治由我）。路易十四始终小心守护着他的特权，从未把黎塞留和马萨林曾经拥有的头衔给过柯尔贝尔。因此，柯尔贝尔发现，有必要耗尽毕生的精力，讨好国王，使得他相信：他（路易）本人才是法兰西实际上的统治者。自柯尔贝尔当权的那个时期，垄断者、银行家和资产阶级绅士的傲慢无礼已经达到了彻底激发国王妒忌的程度。财政大臣**富凯**肆意挥霍，把大把的金钱花费在他的子爵城堡上，以至于他竟敢垂青于国王的情妇，从而让陛下丢脸。资产阶级绅士是讽刺作家和小册子作者不断攻击的靶子，因此对君主的权威构成了一个严重的威胁。柯尔贝尔作为财政审计长，其首要目标就是要挫败这个新兴贵族阶层的傲气，让他们变得服服帖帖。他让国王注意到了富凯的渎职；富凯失宠了，他的财产被没收。

柯尔贝尔立即着手让国王成为宫廷生活的中心，并引导举国之力，制造外在的富丽堂皇，在他的统治时期烙下了其鲜明的特征。这种富丽堂皇，是通过诸如竞技大会这样的壮观场面及各种各样的宫廷娱乐来实现的，在这些娱乐活动中，国王本人是主要演员，在举世瞩目的聚光灯下表演。

需要额外的头衔来增强他作为财政审计长的权威，柯尔贝尔从拉塔班夫人手里买下了"皇家建筑总监"这个职位。这个职位使得他对王室的所有建筑和装饰计划拥有完全而直接的权力。当然，在我们这个时代，与之相当的情形是安德鲁·W.梅隆，他担任财政部长的职务，同时又是政府建筑项目的主管。

柯尔贝尔通过这些组合起来的职务，把法国的所有艺术生产置于自己的掌控之下。他扩建了杜伊勒里宫，并任命安德烈·勒诺特尔为皇家建筑总监和花园设计师；王室家具和挂毯制造被置于勒布伦、范·德·莫伦和家具制造师查尔斯-安德烈·布勒的联合管理之下。柯尔贝尔一生中最严重的错误是在凡尔赛宫的建造上对国王的让步。他认识到了危险，但国王对这个项目铁了心。国王再也受不了圣日尔曼城堡，因为从这座城堡的窗户里，它可以看到远处的圣德尼修道院，他注定要被埋葬在那里，这那让他想起"万事皆空，生命无常"。路易选择了他的前任花2万埃居在凡尔赛买下的狩

> 尼古拉斯·富凯（1615~1680），路易十四统治初期的财政大臣。在任期间，进行了许多金融投机活动，大发横财。

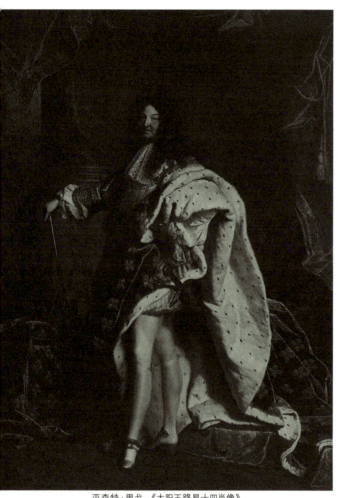

亚森特·里戈：《太阳王路易十四肖像》

给他写传记的美国学者查尔斯·伍尔西·科尔声称，柯尔贝尔"一想到在城堡、喷泉、花园和运河上花出去的大笔金钱，就不由得不寒而栗。但他还是监管了这项工程，总共花掉了 3000 万至 5000 万里弗。相比之下，在马尔利宫及其机械上花掉的 700 万里弗，蒙特斯潘夫人在克拉涅城堡花掉的 300 万里弗，以及在特里亚农宫花掉的 300 万里弗，都相形失色，不足挂齿。在柯尔贝尔的监管下，总共为各种王室建筑花掉了 8000 万里弗"（枫丹白露 100 万里弗，文森城堡 90 万里弗，圣日尔曼城堡 550 万里弗，尚博德城堡将近 100 万里弗，还有贡比涅城堡、布洛瓦城堡和蒙索城堡，金额略少一些）①。

> 卢瓦侯爵（1639～1691），路易十四的陆军大臣，对法国军队的改组作出了突出贡献。

在他的竞争对手卢瓦的煽动下，人们充分认识到了国王在建造凡尔赛宫上的挥霍无度，其所带来的冲击对柯尔贝尔来说是一个沉重的打击，这之后，他再也没有从这一打击中完全恢复过来，并加速了他在大约 20 年之后的去世。

除了国王在凡尔赛和巴黎的官方住处之外，另外还有一些王室官殿安顿"王室家族的主要成员，即国王、王太子和 3 个孙子：勃艮第公爵、安茹公爵和贝里公爵；还有国王的弟弟（奥尔良公爵）和他的儿子沙特尔公爵，以及他的女儿。"

正是他弟弟奥尔良公爵的儿子腓力，后来在路易十四去世时成为摄政王，在皇宫里积攒起了法国所见过的最豪华的私人

猎驻地作为自己新的避暑行宫。尽管他在原则上反对建造凡尔赛城堡，因为他认识到了这会彻底耗空整个法国的资源，柯尔贝尔认识到了国王那压倒一切的虚荣，并深知，他对阿谀奉承的渴望需要自己在这一挥霍行为上不断鼓励他。此外，他还知道，如果他在国王的这一主要兴趣上做出让步，他就可以放开手脚做自己想做的事，在巴黎实现自己野心勃勃的建筑计划。因此，柯尔贝尔违背自己的良好判断，对这一计划给予全力支持。

收藏。事实上,这批收藏不亚于柯尔贝尔为路易十四积攒的那批收藏。杰尔曼·布赖斯在他的《巴黎城记闻》(Description de la Ville de Paris)②一书中欣喜若狂地描述了这座宫殿及里面的藏品。他热情洋溢地写到了木工制品,写到了家具和装饰、水晶吊灯和镜子。主画廊里有"大量精心选择的一流大师的作品,像拉斐尔、朱利奥·罗曼诺、皮埃特罗·达·科尔托纳、圭多、提香、保罗·委罗内塞、丁托列托、柯勒乔、阿尔瓦诺、卡拉齐、保罗·鲁本斯、凡·代克、伦勃朗、普桑及其他很多人。"

据瓦根说,摄政王整体地或部分地购得了下列收藏:黎塞留、马萨林和迪布瓦3位红衣主教的收藏,格拉蒙、诺瓦耶、旺多姆、默纳尔和奥特弗耶等几位公爵的收藏,梅尔福特勋爵和麦塞因维尔神父的收藏,以及德瓦尔、德·诺斯、德·塞尼雷(柯尔贝尔之子)等先生的收藏。他还从纳博讷大教堂得到了皮翁博的《拉撒路复活》,这幅画是作为拉斐尔的《圣容显现》的姐妹篇而创作的。然而,他获得的最重要的一批收藏是克里斯蒂娜女王在罗马的大部分藏画,这些藏画是他从奥德斯卡奇亲王那里买下的。其中包括柯勒乔的著名作品《勒达》、《瞧》(现藏柏林)、《达那厄》(现藏博盖塞美术馆)和《丘比特磨箭》(如今被记到威尼斯的帕米贾尼诺名下)。提香的《照镜子的维纳斯》、《维纳斯的诞生》和《维纳斯、墨丘利和丘比特》(如今被记到斯齐亚沃尼的名下)也在其中。这批藏画总共有47幅,仅这些藏品摄政王就准备出价2万里弗。

奥尔良家族收藏如何于1790年代流落英格兰的故事属于另一章的内容,那是乔治三世治下和英格兰摄政时期新一代收藏家的故事。大概没有一批收藏对19世纪品味的形成产生过这么大的影响。

但私人收藏并不局限于国王和王室成员。埃德蒙·博纳费列出了1100个收藏艺术品的玩家③,其中大多水平很高。最重要的是监督官富凯,他的排场和他的野心使得柯尔贝尔有机会在富凯灭亡的基础上巩固自己的权力。尼古拉斯·富凯还是路易十四的财政大臣,他出生于1615年,死于1680年,那是他从权力顶峰跌落将近20年之后。他是一个充满激情的收藏家,一个伟大的艺术品鉴赏家,他把自己搜集的

拉克雷泰勒:《尼古拉斯·富凯肖像》

艺术品分别藏于他的两个主要住处：圣芒代和子爵城堡。在圣芒代，画廊、沙龙、图书馆、温室和花园里到处都是绘画、大理石和雕像，大多数是古代的，或者出自米歇尔·安吉埃尔之手。富凯的图书馆因为高乃依而闻名天下，藏有2.7万册图书，还有一批徽章、版画和油画收藏，都是来自各个国家的稀有珍品，尤其是两个埃及石棺，拉封丹在一封写给富凯的诗体书信中使之名垂千古。子爵城堡是富凯的乡村宅邸，是路易·勒沃、勒布伦和勒诺特尔的集体杰作。

尚佩涅：《柯尔贝尔肖像》

房间由勒布伦装饰，雕像、家具和华丽的挂毯，尤其是一组根据拉斐尔的草图制作的著名挂毯，以及莫特莱克的一组帐幔，描绘了伍尔坎的历史和伊芙琴尼亚的故事——所有这些作品都是在富凯创办的工作室里制作的，这些工作室由勒布伦负责管理。家具包括斑岩桌子、水晶吊灯、银镜子和一系列前所未有的床。据说，仅一张床的造价就高达1.4万里弗。1655年，富凯派他弟弟路易·富凯神父肩负一项政治使命去罗马，并让他负责购买艺术品。路易立即成了普桑的心腹知己，后者成了他的主要顾问，并亲自为富凯的子爵城堡设计了很多装饰。

藏画中包括很多名作，它们全都在1661年散佚了；相当可观的一部分被柯尔贝尔为国王获得，现藏卢浮宫。对于巴黎的其他藏家来说，富凯的收藏和宫殿既充当了一个典范，也充当了一个警告。因为尽管人们认为沉湎于收藏的爱好并无不当，但是，除了王室家庭的成员之外，在个人奢华上与国王一争高下对于平头百姓来说并不合适。

与后者的收藏及暴发户税赋承包人的收藏形成鲜明对照的是弗朗索瓦·豪日·德·盖涅的收藏。盖涅是17世纪头脑最开明的人之一，他是王室孩子们的家庭教师，若茵维莱公国的总督，以及吉斯公爵和吉斯小姐的侍从武官。盖涅是法国一些伟大的档案馆长和图书馆长的先驱，这些人在19世纪大名鼎鼎。他只有普普通通的财富，但他把这些财富，还有他所有的散步时间，都投入到了搜集法国历史的残迹和遗物上。如果没有盖涅，我们关于法国中世纪艺术的知识恐怕非常有限。盖涅雇佣了一个古文学家和一个艺术家，系统收藏他探访过的所有历史遗迹，走遍法国的每一个角落。他搜遍了所有伟大人物的阁楼，不仅搜集了一批令人难以置信的图书、抄本和画稿收藏，而且是搜集古迹的第一人。后来，正是这类藏品，使得亚历山大·勒努瓦的法兰西古迹博物馆成为可能，再后来是克吕尼博物馆的发展。事实上，盖涅被称做"法国的瓦萨里"。但不像瓦萨里，他撰写法国艺术史是依据文献材料和艺术品，而不是依据画家的生平。仅就他的历史名人肖像收藏而言，数量就超过2.7万件。他在1711年把自己的收藏送给了国王。后者只是有条件地接受了它们，这个条件就是：先付给他4000里弗，然后再加上一笔4000里弗的年金，持续他的余生。在他去世的时候，国王将会给他的继承人2万里弗。7年后，在盖涅去世之后，皇家图书馆接受了2407册手抄本，24个塞满装束图样的大文件夹，31册在法国各地教堂绘制的陵墓素描，117册地理学著作和地图，100册雕版肖像画，还有柯尔贝尔送给他的让·勒庞的肖像。这批收藏余下的部分，包含一些早期的版本，加上性质各不相同的3000件其他藏品，以及1.5万件素描和雕版肖像画，全部被拍卖。3000件法国陵墓素描在1784年从皇家图书馆被偷走了，今天成为牛津大学图书馆的组成部分。

○ 注释

① 奥马勒公爵在《马萨林宫的财富》（*Les richesses du Palais Mazarin*）一书中公布了这份文献。
② 关于马萨林财产的摘要，可参看埃德蒙·博纳费的《17世纪法国业余爱好者词典》（*Dictionnaire des amateurs français au dix-septième siècle*，1848）。

5. 卢浮宫的开始

说来也怪，尽管凡尔赛对于艺术史和建筑史来说有着十分重要的意义（对于把法国人的品味强加给欧洲的小君主国来说也是如此），但跟卢浮宫比起来，它在收藏史上所扮演的角色却微不足道。尽管雇佣了法国最好的工匠为这座城堡提供家具陈设，欧洲最伟大的雕塑家和画家也对它的官方艺术品给予了慷慨的关注，但严格说来，皇家收藏在这里难得一见，即便有的话。只是在17世纪末和18世纪初，才有少量来自枫丹白露和巴黎的珍宝在这里短暂逗留，用于装饰宫廷生活。

今天的卢浮宫博物馆的基础很久以前就在法国的早期历史中奠定了。据民间传说，腓力·奥古斯都在13世纪建造要塞的那块场地一直被丕平时代的一座高塔所占据，那是撒拉逊人建造的；另有一些人认为，它是9世纪抵抗诺曼人入侵的一座堡垒。就连卢浮这个名字（Louvre）的来历，也是众说纷纭，莫衷一是。它大概源自表示护城河的法兰克语单词loever，或者也有可能源自léproserie，即中世纪早期十分常见的麻风病人隔离区；另一个暗示试图把它跟louvrée（狼窝）联系起来，这些动物在放出来供国王狩猎之前便关在狼窝里。

不管卢浮这个名字源自何处，反正没有一个人可以有把握地说出它的来源。弗朗索瓦一世发现这座城堡很不吉利，因为让他想起了自己曾被监禁在马德里的城堡里，他决心把它改造成一座宫殿，在规模和气派上能跟他在意大利见过的那些宫殿一争高下。在他去世（1546年）一年之前，他下令夷平那座高塔，并任命皮埃尔·勒柯为建筑师，重建卢浮宫。亨利二世认可了这一任命，并在1549年批准了"大设计"：一座长方形宫殿围绕着一个开放式庭院，是"按照新风格设计的"。雕塑家让·古戎（他的建筑学知识通过给法文版维特鲁威绘制插图而大有长进）成了"雕塑工作室的首领"。1568年，勒柯去世，但"大设计"的工作继续向前推进。亨利四世和路易十四继续给这座宫殿添砖加瓦。在黎塞留时代，几乎没有对这座宫殿做任何事情，它正处在17世纪末的剧痛中。可是，马萨林的建筑师勒沃尽管维持了原先的设计，但他背离了早期的风格，把朝向塞纳河的正面改造得与他在河对岸为马萨林学院（今天的法兰西学院）设计的建筑相适应。

柯尔贝尔对建造凡尔赛宫是否明智充满了怀疑，他试图让国王的注意力聚焦于这座尚未完工的伟大宫殿。"这幢宫殿看上去更是玩笑和娱乐,而不是陛下的荣耀",并迫使他下定决心,完成卢浮宫。

最终,在很多次错误的开始之后,柯尔贝尔在1664年代表国王宣布"一个高远的志向:重新开始古老而宏伟的设计"。但实际上,意大利人的审美趣味当时处于支配地位,人们发现,老的设计太过复杂。接下来,在创立罗马的法兰西艺术学院的过程中,柯尔贝尔决定引进**贝尔尼尼**,在法国

> 吉安·洛伦佐·贝尔尼尼(1598～1680),意大利著名的巴洛克艺术家,也是他那个时代首屈一指的雕刻家和建筑师,他甚至还写作剧本,担任导演,设计舞台和布景。他毕生服务于教廷,为罗马的巴洛克建筑和雕刻作出了突出贡献。

贝尔尼尼:《自画像》

人看来,他代表了意大利所有宏大而正确的东西。黎塞留当年去罗马接受主教红帽的时候曾让贝尔尼尼给自己塑过一尊胸像,他当时就试图把贝尔尼尼带到路易十三的宫廷,但白费力气。不过,通过红衣主教巴尔贝里尼的调停,教皇亚历山大十一世终于允许贝尔尼尼带着他的儿子保罗、弟子马泰奥·德·罗西和6个随从离开罗马,听候法国宫廷的调遣。他在边境上受到了隆重接待,被带到巴黎,由柯尔贝尔介绍给国王。几乎还没有来得及从旅途的疲劳中恢复过来,贝尔尼尼便开始由于他的傲慢无礼,以及他对一切法国东西的蔑视而使自己被人们所痛恨。一个由法国建筑师组成的阴谋小集团在批评家夏尔·佩罗(业余建筑师和医生克劳德·佩罗的兄弟)的领导下,群起而反对他。勒布伦站在法国人一边,不到一年的时间,贝尔尼尼的设计图被拒绝了;他在憎恶中离开巴黎,回了罗马。法国建筑宣布它脱离罗马,彻底独立;它也是法兰西沙文主义的"大宪章"。卢浮宫的柱廊继续按照佩罗的设计,在勒布伦和勒沃的协助下,建造了12年。接下来,1676年,建筑工作突然停止,因为再也拿不出钱了。

战争的持续消耗,凡尔赛建筑工程的高昂成本,以及花在国王的轻浮享乐上的没完没了的支出,严重削弱了国家的资源。如今,路易十四完全处在曼特农夫人的控制之下,变得闷闷不乐、反躬自省,沉湎于过度的宗教激情中。他对自己的挥霍无度以及国家在他的治下陷入财政崩溃感到惊骇莫名。他对大兴土木失去了兴趣,甚至想到彻底放弃卢浮宫,在荣军院建造一座更小一些的宫殿。

艺术收藏的历史
A History of Art Collecting

卢浮宫鸟瞰

如果说国王对建造卢浮宫的热情不断减弱，那么柯尔贝尔把这座宫殿建成一座终极博物馆的观念依然痴心未改。作为法兰西学术院的成员，以及他所扶持的所有学院——罗马学院、美术院、科学院和音乐学院——的资助人，柯尔贝尔在他出任财政大臣22年的时间里从未放过任何机会，把伸手可及的任何艺术财富悉数收入国王的囊中。在1661年为王室收藏买下了马萨林收藏的精华10年之后，柯尔贝尔得到了科隆银行家埃瓦拉德·雅巴赫的收藏。除了101幅非常好的油画之外，雅巴赫还积攒了大约5600幅大师的素描，这些藏品后来成了卢浮宫素描馆的核心。雅巴赫知道，自己的收藏大概是那一时期欧洲最好的私人收藏，于是漫天要价：46.3425万里弗，但柯尔贝尔就地还钱，把价格压得如此之低，以至于雅巴赫哀求他对待自己"要像个基督徒，舍此别无他求"。

之前4年的时间里，柯尔贝尔已经通过购买库朗热修道院院长米歇尔·德·马罗勒在20年时间里积攒起来的大约25万幅雕版画，建立了国王的雕版画收藏。这批收藏是最早的大规模版画收藏，是学识和热爱的劳动成果，它深深吸引了柯尔贝尔；他自己曾小规模地收藏过一些插图书，借以自娱。马罗勒每年的圣奉不过7000~8000里弗，历史上有些私人收藏家把生命和财富全都奉献给自己的热情，他便是最早的这样的收藏家之

> 马罗勒（1600~1681），法国教士和翻译家，翻译过很多拉丁文诗歌。作为收藏家，他以收藏雕版画而闻名于世。

一。他真正可以称得上"雕版画收藏之父"，因为，尽管有一些这样的收藏比他更早，然而，正是凭借他的活动范围，以及他有兴趣把数以千幅雕版画分成不同的艺术流派，马罗勒极大地提高了雕版画的地位，使之从凸版印刷的一个次要分支，一跃为天生收藏家的重要奖赏之一。

柯尔贝尔拥有不受限制的权力，可以任意处置法国的税收，他从不背离自己的目的，只要机会出现，就会毫不犹豫地出手。一件接一件，一批接一批，柯尔贝尔在 22 年的时间里使王室收藏从大约 200 幅油画增加到了 2000 多幅，以及大约 25 万幅雕版画——更不用说无以数计的挂毯、雕塑及其他艺术品了。

起初，柯尔贝尔从黎塞留那里继承了这样一个观念：把王室珍宝集中起来，整合成一座博物馆，供学院的成员们欣赏，供年轻的艺术家学习。迄今为止，王室收藏一直分散在各个不同的宫殿里。柯尔贝尔与勒布伦通力合作，复活了这样一个观念：把卢浮宫的"大画廊"变成一座美术馆。装饰阿波罗画廊的任务委托给了勒布伦，他超水平发挥，设计了一些寓言画，国王在画中扮演希腊神的角色。另外一些画廊在他的指导下装饰。最后，1681 年 12 月 6 日，国王的一次探访宣布画廊的正式开张。卢浮宫博物馆就这样建起来了，不过直到大革命之后才对公众开放。

卢浮宫开张两年之后，当时正失宠于国王（此时国王完全处在国防大臣卢瓦的控制之下）的柯尔贝尔死于中风。一个小气吝啬的时代开始了；卢瓦继任了皇家建筑总监的职位，新一届政府出现了。佩罗兄弟在 1690 年被解职，米尼亚尔取代了勒布伦，他多半算是个能力有限的画家。伟大的世纪结束了。

垂垂老矣的路易十四一直活到了 1715 年。尽管收藏在时髦的好奇之士当中继续盛行，但不再打着国王的名号。宫廷生活变得十分受限而老套，以至于激起了新的焦躁不安。宫廷已经习惯于一年中大部分时间在凡尔赛的小小阁楼房间里度过，把这种小房间里的生活移植到了巴黎。豪宅大院让位于一种新类型的建筑：郊区的大公寓楼。贵族的生活规模大幅度缩小。形式上的起居呈现出了新的面貌，需要新类型的装饰；小摆设赢得了人们的认可，老贵族逐渐被迫卖掉祖辈辛辛苦苦搜集来的大件艺术品，一种新的时尚确立了，这就是晚年路易所崇尚的更轻巧、更低调的风格。

不过，正是 1720 年约翰·劳"泡沫"的破裂所导致的那场经济灾难，比其他任何因素更加牢固地使法国时尚确立下来。因为在这场投机狂欢中，几乎整个宫廷都破产了。再一次，贵族不得不把他们的艺术品卖到国外；最后，在蓬巴杜夫人的拼命鼓励之下，他们再次转向了收藏之乐，这一回转向的是同时代人的轻浮之作，而不是他们的父辈和祖辈所看重的盛大庄严的老一辈大

> 约翰·劳（1671～1729）是苏格兰裔金融家和投机家，曾担任路易十五的财政总监。他在法国引入了纸币，被认为引发了通货膨胀，并导致有记录的最重大、最特别的一次金融崩溃，史称"密西西比泡沫"。

师。细木工和镂刻师制作的家具，小摆设，出自皇家专营工厂的瓷器装饰，取代了更可靠的投资：文艺复兴时期的艺术品。可以说，这是一次艺术的纸币通涨对越来越少的黄金储备。毕竟，一间单身公寓的装饰和陈设可以由博韦的工厂来提供，价格相当于提香或丁托列托的一幅画，而且确实可以激起一种含情脉脉的回应，大概比一百年前更严肃的阿卡迪亚的牧羊女更有田园风味，却同样亲切。约翰·劳教会了法国人去寻找红利，不管在什么地方，只要他们能找到就行。

巴尔塔扎尔：《约翰·劳肖像》

印度公司的历史难分难解地与品味的历史捆绑在一起，因为，它试图把法兰西国王的每一笔资产都吞进它巨大的胃中，它不仅付钱给那个吹风笛的人，而且还给他定调子。法国人的品味只不过是它无以数计的垄断权之一；这家公司稳步发展，当约翰·劳这个苏格兰金融家对摄政王奥尔良公爵的影响力不断增长的时候，它就变得更加贪得无厌。约翰·劳很早就鼓吹创立一个由纸币支撑的国家银行，1715年，他定居巴黎，并和他的兄弟威廉一起创立了一家私人银行，由政府颁发特许状。这家银行大获成功，以至于摄政王采纳了约翰·劳的计划：创立一家国家银行。这家新机构发行了数量惊人的银行纸币，起初享有完美的信用。（老的国家债券依然保留，就像它们长期以来一样，其价格远低于票面价值。）在接下来不到一年的时间里，约翰·劳让摄政王如此眼花缭乱，以至于竟然鼓励他着手实施所谓的"密西西比计划"，为的是给已经被耗空的法国国库筹钱。西部公司以20万里弗的资本成立，发行股票20万份，很快销售一空。作为回报，公司获得了在路易斯安那和密西西比地区经营贸易25年的专有权。殖民地的自然资源十分丰富，人们相信那里有大量的黄金、白银及其他贵金属。西部公司有权把征税和铸币的权利外包出去。这家公司很快就接管了皇家银行和法国东印度公司，获得了一些更小的特权：经营与中国、东印度群岛和南海之间的贸易，它还给国家债务提供担保。整个事情的名称改成了印度公司；有30万申请人

卢浮宫西面街景（第伯柯尔特）

竞购5万份新股。约翰·劳被任命为财政总监和国务委员。

这次投机狂潮远远超过了历史上任何一次繁荣。尽管那个时代的股票成交量当然没法跟1929年的纽约证交所相比，但相对于欧洲的人口和人均财富而言，其后果更具毁灭性，也更广泛。每一种商品的虚拟价值都增长了；生活成本剧增；工业制成品增长了400%。无论贫富，只要口袋里还能掏出几个铜板，都冲向巴黎，租下任何一个寄宿房间，不管是阁楼，还是地窖，为的是能够在市场上赌一把。

接下来，暴跌开始了。摄政王把皇家银行所发行纸币的流通量增加到了旷古未闻的27亿里弗。谨慎的投机者卖空，偷偷地把他们的股票换成黄金和白银，并为了安全起见把它们运到了英格兰和比利时。1720年2月，银行里出现了大规模的挤兑，根据法令，政府把股票的价值砍掉了50%。对拥有和出口贵金属设定了限制。但股票稳步下跌，低至每股24里弗，约翰·劳小心翼翼地逃到布鲁塞尔去了，然后又去了英国，最后在威尼斯的咖啡馆和赌场里度过他江河日下的余生。

"伟大的世纪"用战争和凡尔赛宫的挥霍榨干了国家的资源，留给两位路易的是破产，不仅是国家财政结构的破产，而且也是智力的破产。哲学家属于未来的世界，并在上个世纪英国革命的自由观念的基础上构建他们新的资本，背离了太阳王古老的金本位。与之相伴随的，是一切具有可流通价值的东西都纷纷逃离法国：黄金、白银和艺术品。尽管有蓬巴杜夫人的优雅和拿破仑的海市蜃楼，但在路易-菲利普时代的资产阶级繁荣之前，法国再也没有见识过真正的繁荣。

6. 时尚玩家：弗尔吕厄夫人

宫廷的回来把品味的最高权威从凡尔赛带回了巴黎，它曾经被淹没在柯尔贝尔和勒布伦的宏大构想中。官方的风格总是在培养自己的反作用力，在这种情况下，出现了一种迅速扩张的强烈渴望：渴望轻盈明快，渴望新鲜空气。起初，人们依然坚定地支持伟大世纪那种更厚重的传统，尽管私人收藏（它长期以来屈居于路易十四宫廷的政府购买之下）已经被新的时尚和品味所调和，这些时尚和品味正从阿姆斯特丹和威尼斯慢慢渗透进来，前者是公认的世界艺术品市场，而后者则得意于自己是18世纪国际"上流社会"的中心。

宫廷生活彻底改变了，摆脱了凡尔赛那种严格刻板的礼仪，贵族都逃到他们的乡村宅第去了，但他们很快就发现，那里的生活甚至比伺候年迈的国王更加无聊。他们回到了城里，回到了郊外相对较小的公寓房里，在赌博和跳舞中度过一个个难熬的夜晚，慷慨地把所剩不多的注意力放在漂亮女人身上，以同样满不在乎的放纵态度撰写爱情喜剧，创作讽刺短诗，在乡下庄园里，他们正是以这样一种态度收割他们的"领主权"所带来的果实。

那是一个轻浮的时代，专制主义的神秘面纱已经被揭开。一个世纪被耗在了千方百计讨国王欢心上，尽管先后两位路易的宫廷并没有分享（他们也不可能同意分享）自由主义，也没有分享雅各宾主义那把不断磨快的刀子，在"恐怖统治"时期，这把刀子将实实在在地切断他们骄傲的脖子。但有一种精神正在盛行，他们不可避免受到传染，结果导致玩世不恭和尖酸刻薄主宰着艺术，也主宰着文学和爱情。精致和优雅是那个时代的头等大事；就大多数方面而言，生活只不过是为了写《回忆录》而排练，在这样的回忆录中，风格和恶毒是衡量智商的标准，任何道德价值都要牺牲给措辞的简洁。它还是一个哲学家的时代，而没落贵族的典型特征正是：他们只懂得后者的诡辩，而不懂得他们的根本智慧。

民用建筑的改变是生活艺术中的一种需要的产物，人们长期以来便感觉到了这种需要。帕特南夫人指出，早在亨利四世统治时期，"朗布依埃侯爵夫人在卢浮宫的圣托马斯街给自己建造了一座房子，把楼梯放在房子的一个角落里，而不是放在中间，全世界都认为楼梯应该在中间。……中间的楼梯把房子一分为二，一边是巨大的客厅，另一边是巨大的卧室。没有人想到一个不那么天真的分法。朗布依埃夫人朝住宅的人性化迈出了第一步，……从楼梯那里收复了房子的中央区域之后，她便可以把整个一楼安排成一套相通的房间，并通过一套对称排列的折叠门，随心所欲地使它们连在一起或者彼此分开。在构思其主要观念的时候，她增加了一些十分令人愉快的细节，更高的天花板，更大的窗户，以及更活泼的装饰图案。在她那个时代之前，除了红色和棕褐色之外，没有一个人想到墙壁还可以刷成别的颜色；她发明了著名的蓝房间。它依然在很大程度上保留了城堡主楼及其家具的传统，以至于蓝房间的主要可移动特征是凹室里的那张大床，朗布依埃夫人就是在那里接待客人。"①

帕特南夫人接下来证明了"整个路易十四统治时期，这一理论都很盛行"，不料在18世纪，当女人在两性之间旷日持久的斗争中以胜利者的姿态出现的时候，情况再次改变了。路易十五的建筑师皮埃尔·帕特写道：

> 最让我们敬重的，莫过于分布房间的艺术。在我们之前，人们想的是外墙及其堂皇气派；内部空间巨大而不方便。有两层高的客厅，以及宽敞的接待室。所有这些都是从一头到另一头，中间没有隔开。房子只是为了吸引公众的注意，而不是为了个人的舒适。新式宅第中我们今天大加赞赏的所有这些令人愉快的安排，房间的巧妙分离，隐藏的楼梯对于遮掩一场阴谋或避免一些讨厌的访客来说是如此方便，还有一些巧妙的构思，可以减轻仆人的劳动，让我们的房子变成惬意而销魂的住处，这一切全都是我们这个时代的发明。

正如笨重从建筑中消失了一样，它也这样失去了与之相伴随的家具陈设和艺术品中所体现出来的吸引力。笨重的木料和橡子被天花板和镶板所隐藏。

> 庞大被小巧所取代。雕像、立柱和大幅帆布油画让位于小瓷像、雕花和镜子。如果说，当路易十四去世的时候，法国绅士的呼吸更加自由了，那么女士的解放则需要一个更加强有力的人物。她再次成为自己；力量在不断为她积累，正如人们在一个继承人未成年的时候便为他积累金钱一样。她伟大的世纪就在前面；她的行动所带来的第一个外在结果就是要缩小规模。从今往后，她的家具不再让她看上去像个侏儒；她已经厌恶了扮演一根做工糟糕的女像柱。宏大和对称的东西决不适合她；她最热烈的愿望，是要被一些小物品所环绕，是要尽可能摆脱两边一样的东西。

18世纪艺术的轻浮草率正是吸引她的东西，因为这样的艺术品，任何一个富人都可以把它挂在自家客厅的墙壁，而用不着冒现实溃烂、不可收拾的危险，也用不着操心下一顿饭来自何处。

1730年，法国收藏家就是一幢被分开的房子。一方面，有一群宫廷收藏家，摄政

贵夫人的沙龙（查尔斯·吉哈德）

王和弗尔吕厄夫人是他们公认的领袖。查尔斯·布兰克在《珍品宝库》(Le Trésor de la Curiosité)一书中列出了一大堆有贵族头衔的买卖艺术品的业余爱好者，连同他们的拍品目录。其中大多数收藏都在大革命之前散佚了，并再次出现在德国和俄国，一些精美藏品落入了英格兰新兴的收藏家群体之手。与这些收藏家形成鲜明对照的是"学者收藏家"、艺术史家和目录编纂者，他们同时跟学院知识分子（他们在意大利的时候与这些人保持着通信联系）和法国数量剧增的百科全书派学者展开竞争。

如果说18世纪在意大利和英格兰是半吊子业余爱好者的世纪，那么在法国它是业余收藏家和古玩家的世纪，他们表达自己的工具是豪华的对开本目录，有丰富的插图，通常题献给这位或那位"阁下"。

但18世纪的艺术史家像今天的同行一样在当代作品的问题上总是作出让步。马里埃特被公认为他们的领袖，他曾激烈抨击自文艺复兴大师以来的稳步衰退。他说："他们仅仅力求取悦于人，可以说，他们成了流行品味的奴隶。现如今占主导地位的是漂亮。他们只寻找优美雅致的题材，这些东西令人愉快，这更多的是因为它们所呈现的东西，而不是它们所表现出来的知识深度——这样的知识是真正鉴赏家所特有的。它就像一场普遍的瘟疫。"

正如在爱情中一样，在收藏上也是如此，18世纪的法国女人独步一时；她们的沙龙成了论坛，在某种程度上甚至成了古代和现代艺术品的拍卖场。这里决定着时代的品味：家具已经改变，以适合轻松活泼的谈话，以及衣着打扮和高头饰的弱不禁风。装饰减少了,以适合暧昧之事的私密;小摆设和瓷器赢得了青睐,并给细木工提供了一些漂亮的小玩意儿,使得严谨刻板的古典线条变得更加明快。庞贝和赫库兰尼姆古城的发现正逐渐召唤着艺术家。最重要的是现代装饰相对低廉的成本,它们是在有着丰厚补贴的王室工厂里生产出来的。贵族曾经在凡尔赛的客厅里赌上他们继承来的遗产,如今再次在大学街和圣日尔曼街那些有细木护壁板的房间里赌上一把,再也没有钱跟普鲁士国王、萨克森国王或凯瑟琳大帝争抢文艺复兴时期的名作了。在投资约翰·劳的事业上损失惨重。他们很欢迎一种新风格,在一个克制成为时髦的时代,这种风格赋予他们优雅和奢华。

17世纪与18世纪之间的差异,从两位国王情妇的品味和命运中看得最清楚,她们的魅力,以及她们对艺术的感情,都像她们的德行一样轻浮和随便,她们是艺术收藏史上两个最迷人的女人——弗尔吕厄伯爵夫人珍妮·阿尔伯特·德·吕讷和蓬巴杜侯爵夫人让娜-安托瓦妮特·普瓦松。

弗尔吕厄夫人是摄政王奥尔良公爵腓力不得不在拍卖场上与之竞争的最强大的对手,但看起来,他们似乎并不是经常狭路相逢。摄政王专注于获得来自意大利的绘画。他对柯勒乔的热情导致他不断从奥德斯卡奇亲王手里购买克里斯蒂娜女王的藏画。皇宫里塞满了品质极好的帆布油画,成了艺术的官方住所。而弗尔吕厄夫人则在另外的场地上比赛,她是北方画派的一个实验者,尤其钟情于荷兰画派,以及法国当代画家。她的包罗万象,她对各种古玩的贪欲和好奇,以及她的挥霍无度,让人想起马萨林的一掷千金,并为她在意大利宫廷的长期居住提供了证明。

在她还是个14岁孩子的时候,她就嫁给了弗尔吕厄伯爵,并被带到了都灵,她的婆婆在那里侍奉萨瓦太公爵夫人。她的美丽,以及她温柔的法国魅力,唤起了萨瓦公爵维克多·阿马迪厄斯的激情,接下来,他与她贪婪的公婆密谋串通,彻底摧毁了这位妩媚迷人的新娘的抵抗。正当贞洁处在被征服的紧要关头,她丈夫的叔叔、上了年纪的弗尔吕厄神父的淫荡纠缠让她深感厌恶,也把她推进了公爵那等待而妒忌的怀抱。后者还是撒丁岛的国王,对法国宫廷的耀眼辉煌深怀忌妒,于是把自己继承来

弗尔吕厄夫人

的巨额财富慷慨地花费在了情妇的身上。6年以来，珍妮·阿尔伯特·德·吕讷收获了爱和奴役的丰硕成果。她始终处在严密的监视之下，监视她的，不仅有一个妒忌猜疑的情人，还有官廷里的奥地利支持者，他们所惦记的，不过是公爵被一个法国女人所控制。克莱门特·德·里斯说："由于她被迫生活在囚笼中，于是她决定给囚笼的栅栏镀上金"，因此纵情沉湎于公爵所允许的一项消遣——购买艺术品和珠宝，不断扩大她对图书和手抄本的兴趣。

监禁中的6年，她始终处在充满敌意的氛围中，以至于险些死于一场给她下毒的阴谋，最后是公爵亲自给了她解药，从而挫败了这场阴谋，这已经超出了她的容忍限度。当她的国王情人离开都灵的时候，她便收拾好她的艺术财宝，带着她的兄弟，逃过边境，进入了法国。她丈夫此时在为路易十四效力，比萨瓦公爵更不讲理，他承认了他们的孩子，并决心要在她身上弄一笔钱。弗尔吕厄伯爵已经是法国宫廷里一个有权有势的人物，对他来说，除了一个丰厚的收入来源之外，他妻子什么都不是，他再次把她置于监视之下，这一次，监视她的人是几个本笃会修女，她被要求住在这几个修女在巴黎的房子里。她又在监禁中过了一年，但她能够监督建造自己的宅邸，就在她住的那幢房子的隔壁，她很快就带着新的自由和新的放纵搬了进去。

正是在这幢房子里，她的沙龙成了全巴黎最耀眼的沙龙之一，也是在这里，她挣得了"享乐夫人"这个绰号。她的财富与人们对她的关注成比例地增长。她最忠实的情人是拉赛伯爵，她把自己一些最精美的藏画遗赠给了他。她最亲密的朋友包括波旁公爵夫人（路易十四和蒙特斯潘夫人的女儿），以及其他很多在宫廷身居高位的人。但她更喜欢跟学者、画家和鉴赏家交往，根据她的藏品来判断，这些人想必是一个非常先进、非常叛逆的群体。她自吹她的收藏中有克罗德、朗克雷、佩特和华托等人的画，还有夏尔丹的3幅画，此人的天才当时几乎不被人们所认可。围绕在勒布伦或米尼亚尔身边的官方群体当中，一个代表也没有。她收藏的意大利绘画表明她对这一领域明显缺乏兴趣。清单中列出的十多个名字当中，今天看来只有皮埃特罗·达科尔托纳和卡洛·马拉蒂勉强及格。但在荷兰和佛兰德斯绘画方面，她大胆冒险，而且异想天开：伦勃朗和凡·代克（当时在法国并非众所周知），卡雷尔·杜雅尔丹，伍弗曼，梅特苏，所有这些艺术家都有画作从她的手上经过，然后丰富着卢浮宫及其他很多公共收藏。

○ 注释

① 艾米丽·詹姆斯·帕特南：《夫人》（*The Lady*, 1910），第211页。

7. 蓬巴杜夫人的统治

专制主义死而不僵，事实上，需要巴士底狱的狂风暴雨和断头台的锋利刀刃，才能让它彻底断气。随着国家被路易十四的穷兵黩武给弄得山穷水尽，它的资源被他在凡尔赛宫的挥霍无度、被贵族阶层由于赌博和糟糕的投资所导致的破产给彻底耗空，让娜-安托瓦妮特·普瓦松在法兰西舞台上的出现，提供了某种类似于电击的东西，同时也给时代所需要的面包和马戏提供了喜剧性的调剂。21岁那年，她成为法兰西国王的 Maîtresse-en-titre（首席情妇），路易十五在她身上大约花掉了7200万里弗。她几乎就是"国家"，是宫廷里最有权势的人，任命和革除大臣，处置公职、荣誉和养老金。宫廷党总是攻击她，莫勒帕把巴黎街头的顽童动员起来跟她作对，叫他们学会最下流、最机智的讽刺短诗。但在她毕生的两个目标上，她取得了绝对的成功：成为一个无聊透顶的傻子国王的妩媚迷人、妙趣横生的情妇；成为她那个时代的柯尔贝尔——有着巨大影响力的艺术组织天才，除了乐此不疲地沉湎于性的消遣之外，艺术是她最强烈的激情。

> 法国国王的首席情妇（又译正式情妇）是一个半官方职位，在宫里有自己的套房。这个头衔始于亨利四世统治时期，一直延续到路易十五时期。

她1720年出生于巴黎，父亲是个公务员。她很年轻的时候就嫁给了农业大臣的侄子勒·诺尔芒·德·蒂奥勒。关于她的早年生活，我们所知不多，尽管比伯说，她"接受了各种可能的教育"。

她是法国艺术和艺术家的崇拜者，几乎到了沙文主义的程度。这个年轻而富有的新娘立即让一些名流围绕在自己身边，譬如伏尔泰、布歇和拉摩，这些人都很高兴得到她的垂青。当时，伏尔泰写道："勒·诺尔芒·德·蒂奥勒夫人受过良好的教育，聪明，和蔼，优雅得体，天资卓异，天生就有良好的判断力和善良的心灵。她告诉我，她始终有一个隐秘的预感：国王会爱上她，她感觉到了对他的强烈兴趣。最后，当她终于让国王投入她的怀抱时，她说，她坚定地相信命运，她是对的。"

她最早的举动之一是在她的私人公寓里建一个小剧院。在这座剧院里，法国的贵族们争相扮演微不足道的小角色；东布亲王在管弦乐队里演奏巴松管，沙特尔亲王以充当临时演员为荣。一位朝臣答应蓬巴杜夫人的侍女：如果让他在莫里哀的《伪君子》(*Tartuffe*)中扮演警察的角色，他将给她的情人在军队里谋得一个职位。布歇担任她的设计师和舞台指导,长达 16 年。事实上,**布歇**就是她的宫廷画师,为她的很多城堡和宫殿设计了装饰,经常与她商讨一些最私密的问

弗朗索瓦·布歇(1703～1770),法国画家,洛可可风格的支持者,以田园风味的、性感妩媚的古典题材绘画而著称。

古斯塔夫·伦德伯格:《弗朗索瓦·布歇肖像》

题,并给出自己的建议。在她与国王的关系出现危机的关键时刻,正是布歇创作了秘阁中的那些艳情画,让陛下恢复了好心情。这些画最初收藏于她在阿森纳的闺房里(她就是在那里接待国王),都是按照文艺复兴时期所谓 menus plaisirs(**法语:小小的乐趣**)的最好的传统绘制的;后来,路易十六在一次道德愤慨发作时对它们进行了公开指责,并下令销毁。幸运的是,接到命令的德·莫普把它们藏了起来,其中只有几幅画保存至今。

蓬巴杜夫人作为一个蚀刻师和雕刻师的才能远远超出了"雅玩"的局限。她的有些作品至今犹存,显示了她对本门手艺有着近乎专业的把握。布歇和维恩与她通力合作,绘制了一些设计图,描绘的是路易十五统治时期的重大事件,再由她制版。

刚刚确立作为国王宠妃的地位,她便开始走上了指导和组织艺术这条路。1746 年,她丈夫的叔叔勒·诺尔芒·德·蒂奥勒被任命为王室建筑总监,柯尔贝尔曾经在路易十四治下担任过类似的职位。她已经从国王那里接受了蓬巴杜侯爵夫人的头衔,还有凡尔赛的一处房产。她弟弟阿贝尔·普瓦松当时只有 20 岁,成了他叔叔的名义助手和积极的代理人,直接从他姐姐那里接受命令。普瓦松的任命,以及进一步晋升为马里尼侯爵,在宫廷里激起了一阵狂怒,他们并没有认识到,这个文静、腼腆而英俊的小伙子在品味和智力上拥有蓬巴杜家族的很多品质。为了转移公众的注意力,他登船前往罗马,开始一次盛大旅行,陪伴他的是建筑师苏夫洛,以及凯吕斯的朋友、考古学家兼雕刻师科钦。在意大利,特别是在罗马,马里尼侯爵成了一个学识渊博、多才多艺的学生,修习艺术和考古学,接受了典型的训练和历练。这些训练和历练,连同他姐姐的机智和精明,导致了品味的净化,以及所谓"蓬巴杜风格"(或称"路易十五风格")中石贝装饰的简化。在他从罗马回来以及蒂奥勒于 1751 年去世之后,马里尼侯爵既在事实上、也在头衔上继承了建筑总

监的位置。他最早的职务行为之一便是提名布歇继任科瓦贝尔,出任首席宫廷画家,同时给了布歇一笔丰厚的津贴和卢浮宫的一套房间。

正是蓬巴杜夫人、布歇和马里尼侯爵的这个三人小组,改变了法国人的品味,并对占主导地位的古典主义给予必不可少的王室支持。布歇本人并不是很赞同古典主义,他开始扮演的角色,对他那个时代来说,类似于华托在一代人之前所扮演的角色;不过,后者笔下所描绘的是盛大的游园会和意大利即兴喜剧中的演员,而布歇则在自己的画布里塞满了奥林匹斯山的众神,以及歌剧中的阿卡迪亚牧羊女。他慷慨地把自己的天才奉献给了蓬巴杜夫人,他深深地依恋她,结果,他给她画的很多肖像,尤其是华莱士收藏和罗斯柴尔德收藏中的那些肖像,有一种感情的温度,以及心理感知的高度,这位擅长描绘性感女性裸体的触觉画家很少达到这种高度。

当国王的财富被慷慨地花费在她身上的时候,蓬巴杜夫人对新风格的兴趣也就变得越来越强烈。始终坚持某种新的艺术或建筑的奇思妙想,以消磨她日渐增长的厌烦感,她发展出了一种名副其实的狂热癖好:在乡下建造城堡和亭阁,在城里建造私密的公寓。1746 年,她在凡尔赛公园里建造了艾尔米塔什宫;3 年后在凡尔赛门建造了塞勒城堡,在枫丹白露建造了一幢别墅。巴黎的埃夫勒宅邸(她从未在这里居住过)是建筑师莫莱为埃夫勒伯爵设计建造的,位于圣奥诺雷街与香榭丽舍大街的交汇处,这幢建筑为她进行了改造,耗资 10 万里弗。另外,还在克里西、欧奈和默纳尔等地为她修建了宫殿。但她最喜欢的是塞纳河畔位于塞夫勒与默东之间的贝尔维尤城堡,由建筑师拉絮兰斯在 1750 年建成。在为期 6 年的时间里,她仅在家具陈设上就花掉了 300 万里弗;它是那个时代的名胜。布歇是她的装潢设计师,除了一座小剧院之外,还为她设计了一个中式闺房、一间彩绘卧室,以及描绘着众神的浴室和画廊。卡菲里设计制作了石膏制品,雇佣的都是最好的木匠。仅藏画一项(大多

弗朗索瓦·布歇:《维纳斯的沐浴》

是当代法国画派的作品）就价值6万里弗；威尼斯镜子、哥白林挂毯、陶瓷（有的来自中国，有的来自她在塞夫勒开设的工厂）、水晶和青铜塞满了整个宅邸。为装饰这座城堡，布歇雇佣了库斯图以及那个时代一些最重要的雕塑家和画家。这位国王的情妇从来没有因为太过专注于国家事务，以至于忽视了个人奢华的细枝末节。

特伦查德·考克斯说："蓬巴杜夫人的品味更多地倾向于精细的工艺，而不是华丽的细节。有时候，她的爱好偏向了古董，她喜欢用蚀刻针来复制古代凹雕，习惯于就这个问题讨教于著名考古学家兼雕刻师科钦，此人是石贝装饰的主要反对者之一。事实上，正是科钦领导了针对华丽风格的反动。1754年，他在《法兰西信使报》（Mercure de France）上发表了一篇热情洋溢的演说，抨击石贝装饰者毫无理性的扭曲。"①

科钦的告诫并没有被人们当做耳旁风。蓬巴杜夫人与凯吕斯之间的友谊，以及严厉苛刻的苏夫洛对他的年轻的被监护人马里尼侯爵的影响，导致了更严肃的古典主义路线受到欢迎。庞贝和赫库兰尼姆古城的发现已经对收藏和学术研究产生了巨大的影响，这种影响如今渗透到了时尚界。女士们开始梳希腊发式，她们的腰围线就像她们的胸脯一样陡峭地升起，衬裙和沉重的塔夫绸让位于半透明的丝绸和平纹细布，假发（尤其是女演员和沙龙女主人的假发）被束之高阁。打扮得像涂脂抹粉的坦纳格拉陶像，是当时的奇想和奢望。考

克斯认为，所谓的"路易十六式风格"是"在1760年前后清晰形成的，那是在这位君主即位的14年前"。

但是，蓬巴杜夫人对个人奢华和排场的热爱无损于她的一些想法的宏大，这些想法就是要通过国家来促进艺术。杜蒙斯尼尔指出，她的雄心壮志就是"让自己的一生留下一些不朽的业绩和机构，好让她的名字能够流芳百世"。在塞夫勒的陶瓷工厂里，在完成卢浮宫的计划中，以及在她徒劳地试图改进巴黎城的努力中，这些雄心壮志得到了最广泛的表达。

对幼陶瓷器的狂热是从东方引入的。为了给本地工匠提供就业机会，满足迅速增长的中产阶级对餐具的日益扩大的需求，曼尼公爵夫人已经建立了皇家彩陶工业。1740年，迪布瓦兄弟二人（一个是模具师，另一个是彩绘师）提出要把他们在圣克卢学到的低温瓷烧制秘诀卖给财政总监的兄弟、菲尔维的奥里侯爵。国王对此事颇感兴趣，于是在万塞讷给了他们一些马厩作工厂。迪布瓦兄弟失败了，之后组建了一家新公司，取名法国皇家瓷器制造厂。

1756年，在蓬巴杜夫人的鼓动下，瓷器厂搬到了塞夫勒，安顿在从前属于音乐家吕利的一幢建筑里。在那里，瓷器制造工作可以在她近距离的、持续不断的监督下进行，而且，她本人可以作为一个设计师和工匠与工厂合作。各种瓷器（既有早期万塞讷的瓷器，也有塞夫勒的产品）的流行传播到了欧洲各地。新近发现的无釉素烧陶器被巴舍利耶所发展，得到了蓬巴杜夫人

的推动，给法国雕塑家提供了一种新的、容易销售的媒介。尽管它可能是矫揉造作的，但法国官廷对瓷器的狂热依然有理有据；事实上，这个国家留下来的17和18世纪的银器为什么如此之少，其理由之一便是：朝臣们都仿效国王的榜样，把他们的银器都送到铸币厂融化了，而用瓷器取而代之。大概还有一个比时尚更迫切的理由，这就是：资本纷纷逃离法国，因为关于革命的谣言已经传到了那里的上流社会。对瓷器的膜拜使得银器能够出口到英格兰，而不会招致批评。全世界的公使和统治者都接受了路易十五赠送的塞夫勒的产品，这些产品甚至销到了中国和土耳其。在来自外国的大量订单中，包括凯瑟琳大帝的订单，她订制了一套青花瓷餐具，共744件，总额高达32.8万里弗。

尽管在蓬巴杜夫人的建议下，卢森堡宫自1750年10月至1761年公开展出了国王的一些藏画，但她还是没能复活黎塞留的想法：把卢浮宫的大画廊转变成一座博物馆，收藏最重要的王室藏画。她在官廷里的敌人阻挠了这一计划，他们不希望给她丝毫的机会为自己赢得声望，他们反对的理由是：这样会让凡尔赛变得一无所有，并且，允许公众看到王室藏画是一次不健康的让步，这些藏画迄今为止一直是保留给国王和贵族的。同样，她试图完成卢浮宫的努力也被官廷所挫败，官廷还与教士联手反对她的另一项计划：把巴黎城转变成一连串像梅费尔和威斯敏斯特那样的花园广场。这一计划需要征用很多富庶的教会领地和修道院的庭园，反对之声的强烈程度自然与她的恶名成正比，她放荡的生活使她无法摆脱这样的恶名。

不过，有一件事情让蓬巴杜夫人聊以自慰，并让她在教会的心目中重新确立了自己的地位：她下令建造了玛德莲教堂，作为自己的陵墓，也是向子孙后代赎罪的一种姿态。事实上，她几乎用不着这样做，因为，她最伟大的纪念碑是18世纪的巴黎城，是奥斯曼男爵即将拆毁的这座巴黎城。让娜-安托瓦妮特·普瓦松，这个命运之子，不仅在她的城市和她的国家，而且也在她的世纪，留下了自己的印记。

蓬巴杜夫人尽管兴趣广泛，关注众多，但依然是她那个时代最伟大的艺术资助人和收藏家之一。有一点也许是真的：她的奢侈挥霍给原本已经奄奄一息的君主制以致命的一击；毫无疑问，与英格兰和普鲁士之间的七年战争通常被归咎于她，由于这场战争，法国丢失了在印度和北美的属地。然而，正是最痛恨她的人最欣赏她的诸多天才。博多尔神父的《秘史》（*Chroniques secrètes*）中记载了杜卡洛斯在一次严肃的政治辩论中发表的一段演说："对于新事物，我们需要新词儿来称呼。如今我们有了一种新类型的统治模式；作为法国历史的编纂者和法兰西学院的秘书，我的任务就是要找到一个新词来描述它，我找到了，这就是conocratie（女人统治）。"

带着悔恨和自责，面对连续不断的挫败，她到最后依然保持着旺盛的生命力和意志力。考克斯指出："当她再也留不住国

布歇:《蓬巴杜侯爵夫人肖像》

王的爱情时,她依然与他保持着友谊,社交界把他已经改变的殷切关注看做是自然法则不可改变的实现。即便在临终的弥留之际,她依然不愿放弃。当匆忙赶来给她主持临终圣餐的神父做出一个举动,仿佛就要离去的时候,蓬巴杜夫人,这位在 42 岁之年便过早老去的交际花,以她惯有的专横、挑衅、谦恭和机智,说:'请再等片刻,神父先生,我们会一起出去。'"

○ 注释

特伦查德·考克斯:《华莱士收藏指南》(*A General Guide to the Wallace Collection*、1933),第 72 页。

8. 古玩家与哲学家

到 18 世纪，私人收藏家已经成了颇为复杂的人，不仅反映了他混迹其间的宫廷昙花一现的品味，而且也反映了他的藏品类型所昭示的新的智力好奇。后者第一次显示出了私人收藏家有意识地努力理解他那个时代正在改变的经济和政治条件。突然之间，现代世界的帷幕拉开了；现代生活的理性基础，连同它所有的物质主义和对抽象美德的疯狂寻求，今天已经成为老生常谈，当初却只有通过与中世纪世界分道扬镳，才得以实现。那个中世纪的世界已经在文艺复兴和巴洛克艺术的奢侈和夸张中耗尽了自己。

这些变化，不仅要归功于更加自由的探索精神（它使得一种对待科学和技术发明的新的姿态成为可能），而且要归功于商业的扩张，正是这些发明（尤其是印刷术的发明）使得这样的扩张成为可能。事实上，饱学之士占据了宫廷；因为当"伟大世纪"的古典权威逐渐松懈，探索哲学的世界对朝臣来说已经不那么危险，谈话便不再局限于凡尔赛阁楼走廊里的闲言碎语了。突然间，我们看到了文人墨客高视阔步地走过客厅和花园，滥施恩宠，广结善缘，使绅士的殷勤沦为纯粹的乏味消遣。

但是，并非人人都毕恭毕敬地看待饱学之士。对于他智力上的自命不凡，他处理各种问题的能力，以及他的时尚品味，有一种健康的、有见识的怀疑态度。莫里哀的喜剧早已得到了充分的肯定。古玩家开始让位给哲学家。在一个这样的宫廷里，如此沉重地负载着从意大利进口的古典艺术品，因此一点也不奇怪，随着新世纪的到来，蠕虫也翻身了。对于知识分子的任何官方表达，积累起了一种自然而然的憎恨。大约1700 年前后，夏尔·佩罗——他几年前在完善卢浮宫的计划上还跟着意大利建筑师和

> 夏尔·佩罗 (1628～1703)，法国诗人、作家，当过律师和皇家建筑总监，1671 年被推选为法兰西学院院士。

雕塑家贝尔尼尼亦步亦趋的——扔出了法兰西沙文主义的铁手套，他说：

> 漂亮的古物总是令人尊敬，
> 但我从不认为它值得顶礼膜拜。
> 我看着古人，没有屈膝下跪，
> 诚然，他们很高大，但他们也是像我们一样的人。
> 我们完全可以把路易的世纪与美好的奥古斯都时代相比较，
> 而用不着担心不公正。

还有一些人，就连沙文主义也没法给他们提供一条活路。拉布吕耶尔同样看不起学者、政客和教士。然而，收藏家和古玩家招致了他的攻击，在《品格》（*Caractères*）一书的第13章里，他公开抨击了这些人，其措辞我们今天足够熟悉：

> 古玩家所偏爱的，不是好东西或美的东西，而是罕见的东西和古怪的东西，是那些无可匹敌的东西。他们所喜爱的，不是那些最好的东西，而是那些人们最希求的东西，最流行的东西。它不是一种娱乐消遣，而是一种激情，常常如此强烈，以至于只有在对其目标物的吝啬中才表现出热爱与渴望。这种激情不是渴望一切罕见而流行的东西，而是渴望某种特定的罕见而流行之物。①

政治上的变化甚至更加深刻；1685年，《南特敕令》的废除象征性地把法国的霸权带向了终结。3年后，英国的光荣革命终结了斯图亚特王朝，在汉诺威王室的议会监督下迎来了新的自由。牛顿和洛克是这场革命的精神领袖，而那些航行七海寻找殖民财富、丰富自然科学的冒险家们则是它的使徒。大英帝国脱颖而出，在政治上、物质上，尤其是在道德上成为世界的征服者，因为它的法则赖以建立的基础是科学和自由人之间知识的自由交换。欧洲大陆的哲学再生（它在法国带来如此悲剧性的后果）是英国自由的结果，这种自由酝酿于国内，却是在它那些反叛的殖民地臻于完美。民主制的最终本质，不是在议会下院、而是在富兰克林博士的实验室里提炼出来的，详细阐述它的，也不是公共安全委员会，而是托马斯·杰斐逊的著作、《独立宣言》和美国宪法。

然而，在启蒙的道路上，如果没有流血杀戮，没有激烈的政治扭曲和经济剧变，人类的进步决不会大功告成。权力在任何地方都不可能温文尔雅地拱手交出，尽管一般说来，这个世纪以中产阶级和社会底层的崛起为标志，但专制主义在日尔曼各国和俄罗斯依然完好无损。奥地利和匈牙利的领土在1687年的合并，俄罗斯作为一个世界强国在彼得大帝和凯瑟琳大帝治下的巨大扩张，以及西班牙在1700年从哈布斯堡王朝手里转到波旁家族手中，同时标志着一股新兴力量在北方的出现。德意志迄今为止只是一个地理学意义上的措辞，是一组有着共同语言和习俗的国家，被神圣罗马帝国同盟松散地整合在一起，如今通过勃兰登堡转变为普鲁士王国，从而在东部挑战了俄罗斯日益增长的权威，在西部挑战着法国日益衰落的势力。而英格兰，汉诺威选帝侯占据着它的王位直至1837年，罗伯特·沃波尔给它带来了半个世纪的和平，它一直在关心着它的海外领地，并没有感觉到德意志的威胁，直至工业革命的结果迫使它为自己的工业制造品到欧洲大陆去寻求更大的市场。

一些小国（如今彻底消失了）只好竭尽财力，使用不那么昂贵的材料，诸如粉饰灰泥和石膏，模仿凡尔赛城堡，以此弥补它们的主权损失；后者直至拿破仑时代依然是

凡尔赛鸟瞰

国王威望和神圣权利的象征。荷兰被卡在法国陆军和英国海军之间,满足于做一个普普通通的共和国,充当法国和法国时尚的文化前哨。波兰被瓜分,而瑞典的实力受到了削弱,再也不能享受它一个世纪之前扩张的果实。这个世纪中叶还见证了拉丁各国的衰落:西班牙依然是天主教反动势力的闭塞之地,原则上对抗着启蒙哲学,很不稳定地靠着海外殖民地的财富为生,这些殖民地正稳步地离它而去。葡萄牙离开了西班牙的轨道,落入了英国的掌控之中;它不得不在很大程度上一直是英国的一个政治殖民地,直至今日,它的大部分财富来自巴西和澳门。意大利在西欧享有很高的声望,以至于它宁愿对自己深层次的政治和经济腐朽视而不见,因为它依然是盛大旅行的目的地,如果不去意大利旅行,任何一个绅士的教育都是不完整的。人们所寻求的,更多的是充斥于其宫殿和教堂的杰作和掩埋在其不朽泥土中的古物,而不是文艺复兴时期创造出来的艺术、科学和文学等方面的理论。但是,作为一个政治实体,它实际上已经不复存在。那不勒斯王国、托斯卡纳大公国和威尼斯共和国是欧洲政治的旷世豪赌中前赴后继的卒子,而教皇,已经"跌至其历史轨道的最低点",再也不能阻止对教会的敌意。如今,理性主义正联手"詹森主义、高卢主义和国家专制主义"跟教会作对。

"启蒙运动"见证了新的世界观,确立

了新的知识秩序。这一世界观更符合欧洲的政治和经济版图，完全比得上历史上其他思想革命。普里泽夫德·史密斯说："像希腊诡辩家一样，启蒙运动的哲学家们在他们的标准与其他种族的标准的比较中，在智者的互相反驳中，找到了怀疑公认宗教和伦理体系的理由。像文艺复兴时期的人文主义者一样，他们热切地从超脱而悲观的心境转向了世俗而乐观的心境。像宗教改革者一样，他们诉诸装饰性或感官性的东西，而不是道德说教的东西。明白易懂成了文学美德中的女王；清晰、简洁、机智、易读，是以牺牲雄辩、情感和深刻为代价而培养出来的。诗歌拒绝了对崇高的危险激情，为的是培养客厅里的精致优雅。"②

这样一种知识氛围自然鼓励了对考古学和艺术史的追求。尽管瓦萨里

> 瓦萨里(1511～1574)，意大利画家、美术史家，因在1562年创立了迪亚诺学院（今意大利佛罗伦萨美术学院）被誉为现代美术教育的奠基人，是米开朗基罗的得意门生。

在他的《画家列传》（*Lives of the Painters*）中开辟了一条道路，此后3个世纪里，大多数艺术史家都将遵循这条道路，但瓦萨里的方法更多的是传记的方法，而不是批评的方法。依然有必要建立艺术史的修辞和学科。领导权由考古学家掌握，因为他们处理的毕竟是可以测量、可以触摸的过去时代的遗存，而批评家依然受制于学院争论中的派

性压力。两次大论战：素描对色彩，理想对现实，自普桑时代以来便占据着画家和批评家醒着的时间。这些争论在18世纪远没有解决，德·皮雷在他的宣言中概括了这些争论："我热爱著名的画派，我热爱拉斐尔、提香和鲁本斯，我总是试图辨明那些伟大画家的罕见品质。但不管他们有怎样的品质，我都更加热爱真理。"当艺术家越来越深入启蒙时代的时候，他们对自然的观察，以及他们对自然的忠诚，便持续不断地增长；他们越来越充满科学精神，而学院的影响则日渐式微；最后，在卢梭和狄德罗的指引下，浪漫主义成了一个既成事实。

但是，有些规律主宰着一切智力活动的形式，审美趣味也同样受制于这些规律，有人认为，艺术就像科学一样，也"源于对

瓦萨里：《圣路加在画圣母玛利亚》

自然的研究,因此适用于几何公式"。美和真都是理性的产物,一方面可以通过冷静的观察,另一方面可以通过演绎性的数学公式推导出来。作为研究自然的替代,古典作品为审美趣味的发展提供了次优的机会,因为它们依赖于对自然、尤其是对人的体形的忠实观察。弗朗西科斯·朱尼厄斯认为:"就其本身而言,一幅画只不过是对我们的眼睛的欺骗。"他还认识到,即便是在大自然中,也不大可能找到古人所声称的理想之美所具有的那种完美;这种完美"是从最美的人体中提炼出来的。……古人研究过如何依据真正的对称法则来产生绝对的美丽;追求俊秀和美丽的优雅,正如它不可能在任何具体的人体中找到一样,它也不可能从很多人体中产生出来。"

像往常一样,为考古学和美术制定的一般原则源自于罗马,那里的阿尔瓦尼别墅对于所有认真研究古典艺术的学者来说变得就像麦加一样著名。红衣主教阿尔瓦尼和他的秘书兼图书馆长温克尔曼管理着依附于教皇的学者。但梵蒂冈本身连同它的古董收藏是实际上的中枢,考古学界围绕着这个中枢旋转;事实上,对过去的研究给教皇家庭指出了新的方向。巴洛克时期的罗马一个多世纪以来屈从于耶稣会,正在寻求更大程度的知识自由。通过他们与18世纪启蒙运动之间公开而激烈的冲突,通过他们在政治和金融事务中的影响力,以及通过对宗教裁判所的滥用,耶稣会士们激起了如此狂暴的愤怒,以至于到这个世纪中叶,他们先是被逐出了葡萄牙,之后又被逐出了法国。西班牙取缔了耶稣会,把6000名教士从其领地上赶了出去。接下来,在1773年,教皇克莱门特十四世对耶稣会施行了镇压。反宗教改革运动实际上走向了终结,而教廷(一代人之前,在哲学家教皇本笃十四世的治下,它甚至欢迎过伏尔泰和孟德斯鸠的观念)则试图向世人表明:梵蒂冈像欧洲的任何宫廷一样开明。

埋藏在罗马地底下的古代财富被证明是最雄辩的见证者,证明了教皇传给继承人的伟大传统。18世纪的教皇们认识到,在古代遗迹和他们收藏的艺术品中,潜藏着一把钥匙,可以在一个更自由的时代打开通向声望的大门。逐渐地,散落于罗马七山的古代文物被集中到了梵蒂冈的建筑群内。克莱门特十一世(也是一位阿尔瓦尼)是第一个把自己收藏的金币、铭文、胸像和基督教古董捐献给教廷的人。他为此在康塞巴托里宫对面创建了主神殿博物馆。他的继任者克莱门特十二世获得了他的侄子阿尔瓦尼红衣主教的收藏。重组这些收藏的工作由本笃十四世和他的财政大臣布拉斯齐红衣主教完成。庇护-克莱门特博物馆建造完工,我们今天所知道的梵蒂冈收藏成了欧洲最重要的博物馆。这样说似乎并无不当:有一种天意即将从北方派来一个新教徒,负责照料这些收藏,此人就是温克尔曼。

约翰·约阿希姆·温克尔曼1717年12月9日出生于阿尔特马克的施滕达尔。父亲是

> 温克尔曼(1717~1768),德国学者,被誉为考古学之父、艺术史之父。他开创了对古希腊和古罗马艺术的系统研究。

一个穷鞋匠,温克尔曼费了很大的劲才上了镇里学校的拉丁文班。作为路德教会唱诗班的一员,他赢得了盲人教区长的支持,后者懂得他非凡的能力和音乐鉴赏力。温克尔曼早年对古典的兴趣要归功于这位新教神父。在柏林度过了一段痛苦而穷困的时期之后,温克尔曼回到了神父的身边。1738年,他去了哈雷大学,在那里研习神学、法律和希伯来文,并去听了鲍姆加登早期的美学讲座。两年后,他在奥斯特堡谋得了一份家庭教师的职位,这个家庭有一批极好的法国和英国文学藏书,他不加选择地阅读了这些藏书。也是在这段时期,他开始研究数学和医学,他还深受牛顿的物理学和解剖课的影响。正是在这一时期,他发展出了自己的个人哲学,并对柏拉图关于青春的观念产生了强烈兴趣。从这些哲学研究中,他产生了对希腊男青年雕像的强烈关注,这在一个更主观的时代可能被误认为是一种另类的好奇。这种关注彰显在温克尔曼的所有活动和著作中,大概正是这种品质,使得他深受一群围绕在他的传记作者沃尔特·佩特身边的英国文人的喜爱。在塞豪森短时间地担任中学教师并在萨克森的海因里希·冯·布鲁诺伯爵的乡村庄园里担任他的第三任图书馆长之后,温克尔曼最终来到了德累斯顿,进入了波兰国王的宫廷。最后这个岗位给了他长期渴望的闲暇时间,并让他有机会接触到萨克森首都的收藏家和学者。

安东·冯·马龙:《温克尔曼肖像》

温克尔曼最早接触的古代雕塑是马斯塔尔堡花园里的大理石收藏。他说:"最纯净的艺术之泉被打开了;寻找并发现它们的人是有福的。要寻找这些泉水,意味着最终要去雅典,而德累斯顿越来越成为艺术家们的雅典。"事实上,他在德累斯顿的那些年只不过是为他在罗马的岁月做准备,只有在罗马,他才找到了自己真正的存在。在德累斯顿,温克尔曼受到了两个意大利人的影响:宫廷医生比安科尼和教皇大使阿钦托,后者后来对他以朋友相待,并给了他在罗马必不可少的进入许可。也是阿钦托,让他在1754年夏天皈依了罗马天主教。

第二年，温克尔曼出版了他的第一部伟大著作《论绘画和雕塑中对希腊作品的模仿》（Thoughts on the Imitation of Greek Works in Painting and Sculpture），在这本书里，他试图解释"希腊雕像高贵的简朴和平静的伟大"。坦率地说，这部作品的目的是要引发绘画艺术内部的改革和当代作品中良好品味的新生。他认为，希腊人是良好品味唯一真正的支持者，并在接受这一假设作为一个不证自明的公理之后，他接下来证明了：模仿希腊人因此比直接模仿自然更有价值；因为，他主张："理想美只是在人的头脑里构想出来的。……画家手里的画笔应当饱含理解。……历史是一个画家所能选择的最伟大的模特儿，纯粹的模仿不会把一件艺术品提升到悲剧或史诗的高度。"他建议今天的艺术家转向伟大的模特儿——古代的石雕、铸币和器具——去那里寻找现代艺术的主题赖以确立的经验教训。

从德累斯顿到罗马只有一步之遥。1755年秋天，温克尔曼去了罗马。他欣喜若狂地喊道："罗马是全世界最伟大的学校，我也得到了净化和检验。我曾经相信，我已经解决了所有问题，如今来到这里，我才认识到我一无所知。"他立即被引见给教皇本笃十四世。他的来自德累斯顿的老朋友阿钦托红衣主教成了教皇新任的国务卿，温克尔曼最开始是作为他的图书馆长寄宿在国务卿官邸，接下来，在1759年依附于热爱艺术的红衣主教、罗马最伟大的收藏家阿尔瓦尼的家庭，与他生活在一起。荣誉很快就接踵而至。他以各种不同的身份依附于教庭，是圣路加学院的成员，是教廷圣库的图书馆长和所有罗马古物的管理者。温克尔曼因此正式成为所有考古档案的保管者和负责人，按照惯例，也是欧洲考古学家的教长。也是在罗马，他成了德国画

拉斐尔·门斯：《珀尔修斯和安德洛墨达》

家拉斐尔·门斯的朋友，后者同样是德累斯顿萨克森宫廷的产物，他那些"干巴巴的、正确的、没有生命的画作"是他那个时代古典主义者最喜欢的东西，后来为西班牙皇家学院的画家们定下了沉闷的调子，正是这些画家把他请到了马德里。

身处梵蒂冈的收藏和他的朋友兼保护人阿尔瓦尼的收藏当中，那是一段令人心醉神迷的岁月，据尤斯蒂说，正是这段岁月

把他从一个依据道听途说撰写关于艺术的著作的文人,转变成了一个真正的哲学家,积极地运用自己的五种感官。德累斯顿的白天是在主神殿博物馆的古代雕像当中、在观景楼、在路德维希和马蒂的别墅和宫殿里度过的,夜里梦境漫长,梦到了古典的过去,并构思他的《古代艺术史》(The History of Ancient Art)一书。这部巨著将成为现代考古学和艺术史的奠基石。他说:"我着手撰写的这部古代艺术史并不纯粹是时代的编年史和兴衰变迁;我使用历史这个词是在希腊语中所具有的那种更宽泛的意义上;我的目的是要尝试着建立一套系统的学说……艺术的性质是主要目的。……因此,艺术史应当讲授艺术的起源、发展、变化和衰落,连同各个民族、时代和艺术家不同的风格,应当尽可能通过参考现存的古代作品来证明这些东西。"③

在这部纪念碑式的艺术史的第一部分,他讨论了一些美学问题,并论述了世界上不同国家和民族的艺术互相冲突的起源和形式。据他说,一件艺术品中首要的、也是最重要的一点是它所表现的观念,以及这一观念究竟是原创的还是部分借用来的;第二点是美——换言之,是它的多样性和简单性;第三点是它的技巧。在这部艺术史的第二部分,只讨论了希腊艺术,以及它的演进,迄至塞维鲁皇帝和君士坦丁堡时代。在他相继讨论埃及、腓尼基、波斯、伊特鲁里亚、希腊和罗马的艺术的论述中,温克尔曼第一次谈到了"风格的无意识演化,服从于社会力量的压力,而非个人的奇思妙想。……各个时代,各个流派,各种风格,在逻辑上承前启后,都与当前的政治力量和知识力量相关联。……他把考古学转变成了一门科学。"④

除了这些纪念碑式的大部头出版物之外,温克尔曼还致力于其他工作。他编辑出版了豪华的《未发表的古代遗迹》(Monumenti Antichi Inediti,有 216 幅雕版画,主要来自红衣主教阿尔瓦尼的收藏),他还挤出了大量的时间来研究古代宝石。他给菲利普·冯·施托什男爵的宝石收藏编制了一份

> 施托什(1691～1757),普鲁士贵族、古董收藏家、鉴赏家和藏书家,主要生活在罗马和佛罗伦萨,与红衣主教阿尔瓦尼私交甚密。

豪华的说明目录,施托什的父亲是科斯琴的一位医生,放弃了贵族的特权,想让儿子成为一名牧师。但施托什宁愿成为一个冒险家;他恢复了名字中的"冯",并去了国外。到达佛罗伦萨之后,菲利普·冯·施托什受雇于英格兰国王的特派代表霍勒斯·曼,监视斯图亚特家族的王位觊觎者。在罗马,他立即被克莱门特十一世和阿尔瓦尼红衣主教的私密圈子所接纳。通过弗莱明伯爵,他被介绍到萨克森的宫廷,被任命为波兰国王的王室顾问,代表后者参加康布雷会议。1721 年之后,他决定放弃政治,在罗马和佛罗伦萨度过自己的余生,扮演朝臣和商人的角色。他很喜欢神秘人物的角色。他是一个充满激情的雕刻宝石收藏家,他的收藏大概是那个时代最重要的收藏,总共有大约 3000 颗宝石,其中 253 颗带有铭文,价值 1.1 万个金币。一批这样品质和范

围的收藏，可谓空前绝后。他出版了一份初步的目录，题献给波兰国王，但直到他1757年去世之后，他的侄子才把这项任务交给温克尔曼，他的这份说明性的权威目录依然是关于这一主题的纪念碑式的作品之一。正是依据这份目录，普鲁士国王腓特烈二世在施托什去世7年之后得到了这批收藏，它直至最近依然是柏林老博物馆最大的财富之一。

除了这批宝石收藏之外，施托什还积累了一批神像和祭器，一批钱币，以及一大批考古学图书包括一些希腊和罗马手抄本，以及各种各样的胸像和青铜像。他还获得了一系列中世纪编年史，一批同时代人的执照和绘画，以及素描和雕版画。他编纂了一部地理学和地形学图集，共334卷，雇佣了一大批学者和助手。温克尔曼认为施托什的收藏是全世界最丰富的收藏，甚至超过法国历任国王的艺术收藏。事实上，它是那个年代最辉煌的奇迹之一。

然而，无论是施托什，还是温克尔曼，就其冒险精神来说都不是独一无二的。那年头像现在一样，追求考古学女神就是过一种危险的生活。一件薄薄的学术外衣，掩盖了许许多多的罪孽；然而，温克尔曼依然是有史以来唯一一位被人成功谋杀的考古学家。他的一个熟人阿肯格利刺杀了他，在从德国返回罗马的途中，他在的里雅斯特一家小客栈的卧室里向阿肯格利展示了一些古代钱币。具有讽刺意味的是，就他的情况而言，动机不过是简单的抢劫，凶手并不是一个吃苦耐劳的考古学同行，而是一个普通的窃贼。歌德说："像一个毫无牵挂的行人，温克尔曼带着快乐的表情离开了这个世界，像他来到这个世界时一样穷。"

用劳伦斯·斯特恩的话说："他们让这件事情在法国变得更好。"考古学被证明是法国古玩家最强烈的激情之一，人们贪婪地研究庞贝和赫库兰尼姆古城的新发现，连同探访希腊和累范特的游记（它们还没来得及整理便付梓印行）；相反，对古典过去的透视和理解完全不为德国学者所知。后者在一个半世纪的时间里由于宗教改革而切断了与罗马的联系，如今带着不受控制的天真胃口接近考古学。另一方面，巴黎与罗马之间持续不断的交流（通过早在1666年就建立的罗马法兰西学院）在双方的艺术家和学者当中发展出了一种老于世故的轻松和宽容，这种态度无疑更加优雅——即使缺乏来自阿尔卑斯山那边的语言学专家们的那种深刻。这种态度，结合了民族智慧和本国文化，使得法国人能够既崇敬过去，而又不会以牺牲当代艺术家为代价。因此，在路易十四漫长统治时期的最后几年里，在摄政时期和路易十五统治时期，巴黎产生了一群世界上迄今为止所见过的最耀眼的学者型收藏家和业余艺术爱好者。这些人未必都是名流显贵，他们来自各个不同的社会群体：克罗扎和兰登·德·布瓦塞是金融家；拉罗克是《法兰西信使报》的编辑和出版人，是他那个时代首屈一指的新闻记者；马里埃特来自一个商人、印刷商和雕刻师的家庭；凯吕斯是一个贵族和军人，曾经充当罗马和巴黎考古学家之间的联络人。

凯吕斯伯爵比温克尔曼小25岁，是最著名、也最多才多艺的古文物研究者，是一个臭名昭著的猎艳高手，一个很有钱的人。他出

> 凯吕斯伯爵(1692～1765)，法国贵族和古董收藏家，也是最早对古代艺术品进行分类的考古学家。还是个孩子的时候，他便跟随法国大使去过君士坦丁堡、意大利和小亚细亚，但路易十四去世后，他便退出了军事和政治生活，投身于艺术。

亚历山大·罗斯林，《凯吕斯伯爵肖像》

生于1692年，在路易十四晚年的几次战役中效力沙场，功勋卓著。"拉施塔特和约"之后，他辞去了军职，致力于他的主要兴趣：考古学，游历意大利、希腊、埃及和累范特，后来又去了英格兰和德国，研究和收藏各个国家的古代文物，并从事这方面的著述。作为一个早期的埃及学家，他还成了钱币学和雕刻宝石的权威。他撰写了《画家列传》(*Lives of the Painters*)（用他自己的雕版画作插图），与此同时，他创作的浪漫传奇、童话故事和粗俗下流的喜剧（这构成了其文学努力中更轻松的一面）让勒斯皮纳小姐的星期四更加轻松活泼。他的学问常常错误百出，但依然被大声地宣布出来，并成为定论。他的《古物收藏》(*Recueil d'Antiquités*)以四开本印行，煌煌7卷，专门描述他遗赠给国王的收藏；据勒博说，他的宅邸"看上去就像一座古代文物博物馆，入口处立着一尊巨大的埃及神像；来自美洲和中国的徽章和古玩悬挂在楼梯的墙壁上。他的房间同时是奥林匹斯山、神庙、元老院和战神广场；置身其中，四面八方都被众神、祭司、地方官和士兵所环绕，出土于埃及、伊特鲁里亚、意大利和高卢"。他一直与意大利学者保持着连续不断的通信，在教皇克莱门特十四世着手阻止罗马出口古代文物的那段时期，凯吕斯似乎是唯一一个有钱在走私市场上与英国人一争高下的法国人。

凯吕斯与温克尔曼之间的差异可以从他们各自接近学院的途径中看出：凯吕斯慷慨地把自己的财富耗在这些学院身上，而德国人温克尔曼则利用它们实现自己的目的。不像温克尔曼和拉斐尔·门斯，凯吕斯崇拜古物，但并没有试图把古代风格强加给当代艺术家，因为他比同时代的任何人都更加深刻地认识到，古物在它们自己那个时代曾经也是现代的。他在某种程度上预示了19世纪新古典主义的复兴，就其对大自然的欣赏而言，距离当时开始萌芽的卢梭的观念相去不是太远。

凯吕斯死于1765年，葬在一个斑岩石棺里。（他特意为自己买下了这个石棺，相

信它是古罗马的；它如今的停放地卢浮宫宣称，它是埃及艺术的精美典范。）然而，并非全巴黎人都像他的朋友们那样喜爱他。格林在他的《文学通信》（*Correspondance littéraire*）中友好而充满理解地写到凯吕斯生命的最后时刻：

> 有人说——这个说法有一定的真实性——他是艺术的保护人和艺术家的灾星，因为在鼓励他们并用自己的钱包帮助他们的时候，他总是要求盲目服从他的建议，而且，在着手扮演恩人的角色之后，他最后常常以暴君的角色而告终。不过，如果说他的性格对艺术家不利的话，那么，他对艺术却做了更多的好事，足以弥补他的缺点。凯吕斯伯爵的收入至少有6万里弗；但他花在自己身上的钱不过只有1万。厚实的羊毛袜子，结实的鞋子，一套带有皮革纽扣的粗糙褐色外套，头上的一顶宽边帽，这便是他惯常的行头，想必花钱不多。一辆租来的马车是他最大的一项开支。剩下的钱他都用来做好事和鼓励天才。如果一个年轻人天性快乐，却没有面包养活自己，就像一个缪斯之子身上经常发生的情况那样，凯吕斯伯爵就会把他安排在学院的一位优秀老师的画室里，付给他津贴，负责他的教育，无微不至地照顾他。

> 此外，古怪的是，一个如此全身心地致力于艺术的人，他给人的印象却是一个举止粗鲁的粗野之人，尽管在内心里他本质上是个温厚和善的人。不那么古怪的是，以他那样的艺术品味（这通常意味着精致优雅和心灵的热烈），他似乎有些感觉迟钝；文笔苍白，毫无想象力，也缺乏优雅。

艺术史上很少出现像凯吕斯伯爵、皮埃尔·德·克罗扎和

> 克罗扎（1661～1740），法国收藏家和艺术鉴赏家，也是华托的恩师和保护人，他收藏的古典大师的素描是18世纪初法国最重要的艺术品收藏之一。
> 马里埃特（1694～1774），法国艺术品商人、收藏家和鉴赏家，尤其以他在雕版画和素描领域的造诣而闻名于世。

华托：《热尔尚画店》

皮埃尔－让·马里埃特之间那样令人惊叹的合伙关系。凯吕斯是个古典主义者，而克罗扎是一个艺术资助者，一个有品味的人，拥有几乎无限的财力，以及在仁爱和友谊方面几乎同样无限的能力。马里埃特是个学者，是这个群体中最没有吸引力的，体现了饱学之士各种琐碎的易怒和贪婪，其视野被堆积案头的书本所局限。这三个人全都是一流的收藏家，凭借他们的知识和鉴别能力，开拓了一些新的兴趣领域，对于这些领域，伟大世纪的王室收藏家闻所未闻。因此，巴黎人在第二帝国时期及第三共和国早期如此熟悉的"业余学者"，便是从"伟大君主"衰老期间宫廷的厌倦和疲惫中诞生出来的。

有二三十年短暂的时刻，官方法兰西失去了收藏的兴趣，而且刚好就在英格兰与德意志亲王们及俄国陷入严重冲突之前。具有讽刺意味的是，尽管这个才华横溢的群体（他们领先于英格兰组织化程度更高的"业余艺术爱好者协会"，并给后者指明了道路）所积累起来的艺术财宝属于法国有史以来最重要的收藏，但它们留在法国的时间并不长。在引领法国大革命的那几个十年里，这些收藏散佚到了普鲁士、萨克森、丹麦和瑞典，尤其是流落到了俄罗斯，在那里，凯瑟琳大帝从不知克制自己贪得无厌的胃口，把西欧大师们餐桌上的面包屑悉数扫入了她宽阔的胸怀。

18世纪初年，克罗扎兄弟从图卢兹来到巴黎，此前，他们在图卢兹担任郎格多克省财政大臣和收税官的非官方职位。依据那个时代的惯例，他们同时还从事最赚钱的私营银行业，属于路易斯安那公司最早的发起人，安东尼最终赢得了这家公司的专有控制权。而皮埃尔则退出了金融业，把他已经相当可观的财富花在了获取艺术品上。兄弟俩都在图卢兹建造了自己的豪宅大院，皮埃尔还在蒙莫朗西购买并改造了一座迷人的小城堡。在1714年首次去意大利旅行至1740年去世之间，皮埃尔·德·克罗扎搜集了大量古典大师的作品，其中，素描不下于1.9万幅，绘画400幅——其中大多数都是科隆大银行家雅巴赫瞒着柯尔贝尔保留给自己的最精美的画作——雕塑400件，以及一大批著名的藏书。事实上，对于这个时代来说，更值得注意的是他在瓷器方面的前卫品味，他的收藏中包括几百件中国和日本瓷器，以及最早一批带到法国的意大利彩釉陶器和花饰陶器。

克罗扎收藏的古典大师的素描大概是有史以来最大的此类收藏，是他不辞辛苦、不计代价，一件一件或一批一批地搜集起来的——在无论哪个方面都给他带来了最大的优势。

马里埃特负责管理这批收藏，凯吕斯及巴黎所有著名的收藏家和艺术家都带着轻松随意、信赖有加的态度来到克罗扎的宅邸，使之成为一个学者的俱乐部，而不仅仅是一幢私人住宅。他们在这里研究古典大师们，尤其是通过他们的素描，互相比较它们的风格，更多地不是要熟悉文艺复兴和巴洛克时期重要的油画作品，而是要熟悉那些私人性的草图和试验性的暗示，他们的前辈把这些留在了纸上,揭示出了他们最初的意图,以及他们最难以捉摸的想象力的飞翔。华托是个瞪大眼睛、满腹悲伤、患有结核病的梦想家,他赢得了克罗扎的同情和友谊,长期居住在这幢房子里,同时给餐厅绘制不同季节的装饰。事实上,正是在克罗扎的家里,从未探访过意大利的华托第一次熟悉了提香和鲁本斯的素描,他模仿这些素描,塑造了自己的风格。威尼斯粉笔画家、激情似火的罗萨尔巴·卡列拉总是让严肃刻板的马里埃特心跳加快,她也在克罗扎家里生活了两年,与自己的母亲和两个姐妹生活在一起,既凭借她的艺术,也凭借她的美貌、她的小提琴和她狂欢嬉闹的机智,让那些举止优雅的鉴赏家们神魂颠倒。

今天的卢浮宫为"克罗扎家的夜晚"保留了一份幸运的纪念品,那是一张素描,来自马里埃特的收藏,长期以来被认为是华托的作品。在前景显著的位置上,端坐着凯吕斯、马里埃特、朱莉安娜夫人、华托和马罗勒神父,而演奏者是罗萨尔巴、里贝尔、帕奇尼、阿尔让松夫人和教皇大使。

1779年,《雕版画收藏》(*Recueil d'estampes*)的第一卷出版。这是一项雄心勃勃的计划,由克罗扎提供资金,由马里埃特指导,为的是让公众通过复制品第一次窥见法国首都最伟大的艺术杰作。最初打算出版两卷,每卷分为两个部分,雕版的工作分配给巴黎城最重要的雕刻师。但出版过程受阻,马里埃特还要忙于其他的工作,尽管许多年后,它的另外几个部分陆续出版,但直到克罗扎去世一年之后,他自己所拥有的精美藏品才通过马里埃特编制的目录而被人们充分了解。

克罗扎在遗嘱中提名马里埃特作为编制这份目录的人选,他还指示遗嘱执行人把他的收藏卖掉,收入捐赠给慈善团体。这次拍卖所得款项将近30万里弗。很大一部分藏品落入了他侄子蒂耶尔男爵之手,后来被他通过皇后的代理人狄德罗卖给了俄国的凯瑟琳大帝,充实艾尔米塔什博物馆的收藏。到这个时期,马里埃特已经是一个相当有钱的人了,他购得了一些最精美的素描。在这笔交易中,他的竞争对手指控他把拉斐尔和米开朗基罗的一些最精美的作品藏在一批不那么重要的素描中,然后分成几包成批地标价出售,并赶在其他买主仔细检查之前便迅速买下。通过诸如此类的巧妙运作,他积累了一批可观的素描收藏。跟他的朋友和保护人克罗扎的收藏比起来,它们尽管没有那么庞大,但在质量上一样重要,一样精美。

当然,克罗扎收藏的目录和拍卖并不是马里埃特第一次学术研究和艺术品交易的冒险。在他之前,他的祖父和父亲都是雕刻师、印刷商和出版商。马里埃特延续了家族的生意(直至1753年退休,专心致力于学术研究),他只不过是继承和发扬了一项悠久而可敬的传统。26岁那年,他被欧根亲王召到维也纳,去整理查理六世皇帝著名的雕版画收藏,它们后来被并入了阿尔贝蒂纳宫的收藏。他在那里待两年,对这些雕版画进行整理、评估和分类,撰写注

尼古拉·朗克雷:《克罗扎家的沙龙》

释和文档,这些材料在100多年后成了亚当·巴特什那部纪念碑式著作的基础。

离开维也纳之后,马里埃特去了罗马,一路上,他那双不干不净的手在不断收集价值无法估量的素描和雕版画。在意大利期间,他与一些院士和学者结下了毕生的友谊。正是在罗马,马里埃特奠定了未来与凯吕斯和温克尔曼通力合作的基础。波塔里与他之间的《绘画通信》(Lettere pittoriche)也属于这一时期,对于罗马和巴黎的艺术界,给出了一份有洞察力的、一丝不苟的记述,即使有点枯燥。

那是一个大量产生出版物的时代,马里埃特决不是一个谦逊地退居幕后的人,他是欧洲一些藏品目录的编纂者和评论者。他的早期作品包括对达·芬奇和米开朗基罗的评论,他当选为佛罗伦萨学院院士,其作用只不过是强调了他对意大利画派的偏爱。在凯吕斯的鼓励下,他把自己的注意力及时地转向了古典艺术品,与凯吕斯联手出版了后者所收藏到雕刻宝石目录。他们还撰写了一部同样重要的古代绘画史,所依据的材料是一个世纪前在弗拉米尼亚大道上发现的那些壁画,以及后来在法尔内塞花园里出土的阿尔瓦尼庄园的壁画。比起罗马艺术,他更喜欢希腊艺术,这使他卷入了与皮拉内西之间的一场论战。马里埃特的研究生涯,他撰写的无数序言,他对几个画派的评论,以及他撰写的那些与其说是深刻不如说是尖刻的传记,最终在19世纪中叶被搜集在了一起。如果没有马里埃特在文艺复兴和巴洛克时期艺术史领域所作的这些开拓性的工作,今天艺术批评的情况就会大不相同。

具有讽刺意味的是,在马里埃特作为一个历史学家很快被人们遗忘的同时,他收藏的素描和雕版画却继续存活了下来,由于它们的散佚,从而被编织进了世界重要雕版画收藏的组织结构中。他希望,有人能够为王室收藏整批买下这些藏品,他在遗嘱中向法国王室提出的整体报价是10万里弗。他已经拒绝了另外一些人的出价,这些人包括:奥地利皇后玛丽亚·特丽莎,俄罗斯的凯瑟琳大帝,萨克森选帝侯,以及波兰、普鲁士和英格兰的国王。乔利(《国王图书馆雕版画和雕版画收藏》[*Cabinet des planches gravées et estampes de la Bibliothèque du Roi*]一书的总监)知道这些藏品的价值,他做出了一次勇敢的努力,试图买下它们。他写信给国王的大臣马勒谢尔布说:"已故的马里埃特先生的收藏包含两个独一无二的部分,它们应当属于、也只能属于一位伟大的国王。"接下来,他详细列举了这批收藏的内容和品质;其中,素描约有2000件,包括马里埃特从克罗扎那里得到的,而后者则是从雅巴赫的继承人那里买到了这些藏品。另外一部分是雕版画,数量远远大得多,是他毕生富有耐心地、虔诚地搜集起来的。凭借这些最好的典范之作,他能够展示这门艺术从1470年至他去世时的发展全貌。油画、赤陶、青铜像和雕刻宝石可以忽略不计,只不过是生活中令人愉快的小摆设而已。不过,这位先知在他自己的国家并未享有足够的荣誉。

马里埃特死于1774年,但死得太晚了。蓬巴杜夫人10年前就去世了,她懂得这些东西,而且无疑会在宫廷推动此事。没有一个人支持这项事业。拍卖在1775至1776年间的不同季节举行,最终实现的成交额大约在30万里弗以上,全部捐献给了慈善团体。在拍卖的3天之前,因为公众吵吵嚷嚷着出价,美术大臣安吉维里耶便通过艺术品商人朗珀勒这个中间人,买下了这批收藏,成交价是30万里弗,刚好是马里埃特给国王报价的3倍。他买得很合算,其结果今天可以在卢浮宫和国家图书馆看到。其余的藏品散佚各处。你只要阅读一下关于这次拍卖的详尽记述,就能够认识到,它对于艺术史的意义丝毫不亚于一百年前彼得·莱利爵士的那场拍卖。今天拥有一幅带有克罗扎或马里埃特印戳的素描或雕版画,就像发现一件曾经过曼图亚公爵或美第奇公爵之手的油画或雕塑一样让人兴奋不已。

朗珀勒在马里埃特藏品拍卖会上的购买是一个气数已尽的君主王朝最后的行动之一。法国大革命正在以不可阻挡的速度前进,除蓬巴杜夫人最后的挥霍之外,18

皮埃尔-让·马里埃特

世纪（从约翰·劳泡沫在1720年破灭算起）是艺术领域一段逐步清算的时期。只有那些真正成功的艺术家，才受到这位国王情妇的青睐。在蓬巴杜夫人1764年去世之后，她所留下的真空直到拿破仑的征服才开始得以填补。古玩家们的收藏一批接一批被卖掉，离开了这个国家；才女和哲学家们的沙龙很快就变成了拍卖场，一些更精明、更有远见的移民正在计划逃离，并把他们的资金转移到国外。就连一些伟大人物也倾向于建立能够掩护他们撤退的关系；伏尔泰成了普鲁士国王的宠儿，狄德罗是当时最有名的、无疑也是最能干的批评家，他开始为俄罗斯女皇效劳；女皇全权委托他（连同女皇的大使戴米道夫亲王）购买可能给她在波罗的海的首都带来魅力和声望的任何东西。这一趋势由于1792年奥尔良家族收藏在英格兰拍卖而达到了高潮。

如果说凯吕斯、克罗扎和马里埃特是18世纪古玩家的典型，那么这并不意味着，他们凭着自己辉煌的战绩让一些不那么重要的名人灰心丧气，不敢放射出自己的光亮。不难预料，一些有钱人也会收藏、买进和卖出，并依据他们自己的个人品味，仿照某个公认的神人的模式塑造自己。这个群体的催化剂便是富有魅力、能说会道的艺术品商人杰尔桑，他对华托以朋友相待。作为一个优秀的鉴赏家和博学的批评家，杰尔桑还拥有非凡的个人魅力和远近闻名的机智风趣。布隆德尔·德·加尼，以及伟大的实业家和哥白林挂毯厂的主管让·德·朱利安，都追随他的鞍前马后，任由调遣。《法兰西信使报》的编辑拉罗克在判断力上更独立，而在财力上更有限，但与他们当中任何一个人都不相上下。舒瓦瑟尔公爵、拉利韦·德·朱利、兰登·德·布瓦塞，所有这些人全都属于古玩家行会。他们都出现在查尔斯·布兰克的《古玩宝库》（*Trésor de la Curiosité*）中，连同他们的拍卖品目录、每件藏品的售价和所有拍品的总价值。关于这些收藏的最终命运，弗里茨·卢格特最近的作品给人的印象大概不那么华美，却是更准确的信息，它们是艺术品味在法兰西君主制治下最后的繁花盛开。

○ 注释

① 让·德·拉布吕耶尔：《品格》，伦敦，1713。
② 普里泽夫德·史密斯：《现代文化史》（*A History of Modern Culture*, 1934），第17页。
③ 约翰·约阿希姆·温克尔曼：《古代艺术史》，1764年。
④ 普里泽夫德·史密斯：前引书，第二卷，第621页。
⑤ 弗里茨·卢格特：《素描与雕版画的收藏标记》（*Les Marques de Collections de Dessins et d'Estampes*, 1921），阿姆斯特丹。

第八章 理性时代的英国收藏家
English Collectors in the Age of Reason

1. 乔治时代的品味与不断扩张的财富

英国1688年的政治革命标志着专制主义的终结和宪政的胜利。在法国千方百计增强君主的威望和个人权力的同一时期，英国出现了这样一种趋势：要把宫廷的重要性降到最低。半个世纪的内战、弑君和宗教冲突，使得议会有权制定法律、征收税赋、维持军队；尤其值得一提的是，社会所认可的，更多的不是老贵族阶级的土地拥有者，而是新兴的资本主义投资者，他们的财富源自大英帝国的海外领地。国内和海外殖民地的人口增长使民主制得以加速，因为就像19世纪的美国一样，大英帝国也被人们看做是一个充满机会的国度。正是政治革命和商业革命，为一个世纪之后发生的工业革命铺平了道路。说来也怪，政治自由的这一发展，却是在美国革命和美国宪法中得到了最充分的表达。

这一新的财富和权力导致了两个现象——乡村宅邸（他们创造了乡村绅士），以及乡村绅士（他们反过来创造了乡村宅邸）。他们往往会促进一种与欧洲大陆迥然不同的、新类型的势利。在法国，"资产阶级绅士"和"长袍贵族"的财富完全源自于国王的恩赐。而在英国，有一种土地拥有者的势利，这些人未必被宫廷所接纳，他们的安全依赖于他们的乡村庄园的性质和重要性。从这一事实可以看出，上流社会与乡村家族之间的冲突依然没有得到解决。正是这一社会体制（尽管它建立在世袭特权的基础之上）使得整个社会有能力接受新观念，同时使得新观念得以施行；也正是这一社会体制，使得出身卑微的人能够登上顶层，跻身于绅士和土地贵族的行列。

当伏尔泰在1726至1729年探访英国的时候，一些年轻的英国贵族，以及他们作为文学和科学保护人的能力，都让他大吃一惊。他满怀敬佩地写到他们"巨大的乡村宫殿，里面塞满了来自意大利的绘画，以及来自法国的家具，意大利语、法语和拉丁语作家各种版本的著作在他们的书架上排列成行"。它培养了像三世沙夫茨伯里伯爵那样的哲学家贵族，以及像萨默斯和蒙塔古那样的学者型政治家，因为正是在这里，他发现了真正的文人共和国，现代世界就是建立在它的基础之上，这样一个共和国，被诸如牛顿、洛克和伯克利主教这样一些领袖人物的科学、哲学和宗教所示范。然而，像希腊共和国一样，这个共和国也依赖于贵族传统的奢侈，以及只有财富才能提供的闲暇和独立。

这种贵族精神贯穿于英国上层阶级的整个结构。特里维廉说:"在这个等级的最顶层,是公爵们,他们在那一时期的任何其他国家都被称做亲王。最底层是乡绅,是年收入在200至300英镑之间的人,他耕种自家的土地,说口音最重的方言。他与自耕农的区别,在于他的盾形纹章,在于他作为一个绅士所受到的尊敬。如果他一生中曾因公去伦敦,那么,他在城里的人群中因为他的马毛假发、他的骑手腰带和他老式的无袖外套,而格外引人注目。他的藏书室里传统上包含《圣经》、贝克的《编年史》(*Chronicles*)、《休迪布拉斯》(*Hudibras*)和福克斯的《殉道史》(*Book of Martyrs*),而且,不管他是不是读这些书,他对清教徒和天主教徒的看法都符合后两本书所表达的观点。"①但是,不管他的政治观点或宗教信仰是什么,他的主要关切是重建自己的庄园,因为已经是时候了,自己所挣到的钱至少允许对家里的庄园来一次扩建和重修;因此,建筑成了他最主要的关注,不管他是个年收入10万英镑的公爵,还是一个贫穷的乡村绅士。

绅士们除了改造乡村宅第以符合新的建筑时尚之外,还要加上重建城里住宅的需要。伦敦城在1666年的大火中被毁,几年后,怀特霍尔宫遭受了一场类似的灾难。这座城市的重建被委托给一群建筑师,他们由克里斯多弗·雷恩爵士领导;但

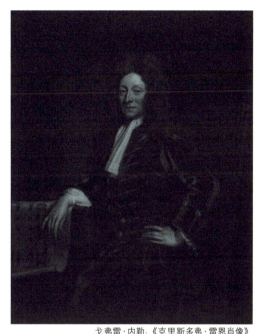

戈弗雷·内勒:《克里斯多弗·雷恩肖像》

是,威斯敏斯特、切尔西、梅费尔和摄政公园的居住区都遵照乔治王时代新的、稍微简朴一些的审美趣味。由于大多数房产属于土地贵族和绅士,因此一点也不奇怪,他们都亲自参与了其新投资的建筑外观的设计。王政复辟之后,由于乡村绅士的兴趣,建筑成了一门高雅技艺和时尚人士的消遣。它似乎是一个宣泄口,在这里,从国外旅行回来的年轻绅士可以把他在意大利、法国以及他探访的其他国家所吸收的观念付诸实践。绘图板因此成了年轻人手里高雅的工具;由于英国人始终认为,建筑是一切艺术中最符合逻辑的艺术,因此,熟悉游戏规则,尤其是文艺复兴时期和帕拉第奥的游戏规则,被认为对于发

> **克里斯多弗·雷恩**(1632~1723),英国数学家、天文学家和建筑师。他是1666年伦敦大火之后主持重建的主要建筑师,因此被称做"城市之父"。他设计过52座教堂,著名的圣保罗大教堂就由雷恩指导重建。

> **帕拉第奥**(1508~1580),意大利文艺复兴时期建筑理论家、建筑师,通常被认为是西方最具影响力的建筑师。他的创作灵感来源于古典建筑,在复兴古罗马建筑对称布局与和谐比例方面作出了贡献。

展艺术品味和热情来说是无害的。

　　三世伯灵顿伯爵理查德·博伊尔是这些业余建筑师当中最热情、最有造诣的一位,他通过与威廉·肯特的合作,一直控制着现场,直至1753年去世。但事实上,古典主义在伊丽莎白和詹姆斯一世时期的建筑中并非不为人知;长久以来就存在一种借鉴古人的传统。帕拉第奥的《罗马古迹》(*Antiquities of Rome*)和柯林·坎贝尔的《英国建筑师》(*Vitruvius Britannicus*)的出版只不过是把一种新的、更学术化的面貌赋予给了借鉴来的形式。这些豪华的出版物都是由伯灵顿伯爵、彭布罗克勋爵和他们的朋友掏腰包。18世纪上半叶有更多的作品出版,比如克尼夫的《贵族的宅邸》(*Noblemen's Seats*),肯特的《伊尼戈·琼斯的设计》(*Designs of Inigo Jones*),班特·兰利的《设计宝典》(*Treasury of Design*),以及稍晚一些詹姆斯·佩因的《贵族宅邸的平面图和立面图》(*Plans and Elevations of Noblemen's Houses*)。甚至在一些伟大的名字当中,也有建筑师在伦敦的宫殿和散落英国各地的乡村宅邸上留下他们的标记,我们发现了业余爱好者所特有的毅然决然的、非专业化的不负责任。伊尼戈·琼斯是剧院的产物,本质上依然是个舞台设计师;克里斯多弗·雷恩爵士从牛津大学毕业之后,便成为这所大学的数学教授;而约翰·范布勒爵士给我们留下了那些"记忆的死胎":约克郡的布伦海姆宫和霍华德城堡,他是一名戏剧家和剧作家。

　　帕拉第奥的理想是要实现"力量与优雅相结合,装饰与简朴相结合,美与庄严相结合"。这彻底否定了英国建筑师所采取的

英格兰的乡村宅邸(皮克顿城堡)

那些渐进步骤，150 年来，他们一直试图借助这样的步骤，把他们的手工艺与珍珠般的光泽及本国寒冷、葱郁、潮湿的气候协调起来。巨大的柱间距和凸窗遭到了压制，砖砌结构的率性自由被抛弃了，取而代之的是古典线条的严谨和精确，烟囱让位于水平天际线；屋顶窗切入了屋顶，不再是墙壁的组成部分。楼层平面图受制于严格的对称法则，"不再按照他们自己的意愿寻求冒险"。按照维琴察习俗，帕拉第奥式的大房子形成了一个巨大的对称建筑块，底层有时候是粗面石工②；主厅（piano nobile）专门用于起居和待客。霍勒斯·沃波尔描述了一幢典型的乡村宅邸，他写道：

> 位置令人愉快。房子非常宽敞。它建成了一个 H 形，两个正面都一样漂亮。门厅、餐厅和两间客厅（其中一间紧邻书房，另一间挨着餐厅）都堂皇气派，陈设优雅，但品味并不豪华；其中一些厅的帘帷只是漂亮的纸。紧挨着书房有一个房间被称做音乐厅，托马斯爵士时代就这样称呼，里面摆放着一些精美的乐器。……餐厅宏伟气派，比例得当。……隔壁是最好的卧室，悬挂着精美的挂毯。床上铺着深红色的天鹅绒，衬里是白色的丝绸，椅子和窗帘也是一样。……办公室据说非常方便。

这就是贵族乡村宅邸的完美典型，一个紧凑的建筑群。除了古典样式贯穿几个楼层之外，没有其他的装饰。一个高耸的、伸出的柱廊并不罕见，一道护栏和阁楼层通常高居于整个建筑的顶部。这些大房子最常见的布局是把马厩和类似的下房置于两个分离的楼房中，通过拱顶柱廊与主建

英格兰的乡村宅邸（布利克林庄园）

筑相连。有时候有 4 个侧翼,各处一角,通常比主楼低矮,常常是完整的实体,是大房子本身的微缩版。③

绅士们城里的房子只不过是把他们的乡村宅邸的奢华和套路加以强调,并压缩为一个更小的空间;无论在理论上,还是在细节上,它们之间的区别都很小。正如在美国的城市一样,地块通常又深又窄,这迫使一些厅堂从门厅一直向建筑物的后部排开,而不是像乡村宅邸那样朝四面八方分散。但无论哪种情况,建筑师和业主都不得不服从意大利生活方式的某种标准,不允许他们丝毫偏离那些老于世故的、意大利化的年轻人的惯例。

多亏了乔治王时期的业余建筑师,我们才有了那种折衷主义,正是从这里发展出了一些异域风情的建筑:威廉·钱伯斯的草莓山丘园,威廉·贝克福德的封特希尔修道院,以及肯特在埃舍尔为佩勒姆修建的别墅。它打开了一扇大门,通向亚当兄弟新的古典品味,以及后来像纳什那样的乔治三世统治时期审美趣味的倡导者,纳什对异国情调的渴求在布赖顿的皇家行宫达到了顶峰,那是维多利亚女王和阿尔伯特亲王纪念碑闪亮登场之前最后的开场戏。

○ 注释

① 特里维廉:前引书,第 306 页。
② 安托瓦内特·佩雷特:"18 世纪的业余建筑师",载《乡村生活》(Country Life),1937 年 4 月。
③ 安托瓦内特·佩雷特:"18 世纪的建筑:绅士们的一项高雅的业余爱好",载《乡村生活》,1937 年 9 月

2. 科学兴趣

18世纪自然科学家最重要的革新是把人从动物学的整体中分离出来。全球探险航行和旅行者的记述为人类学比较研究带来了数量巨大的意外材料。事实上，这些观察材料被扭曲了、理想化了、浪漫化了，以迎合17世纪末叶政治和哲学宣传的需要。正是这样一种好奇心，催生了各种不同的科学学会，伦敦的皇家学会和巴黎的科学院是其中最早的。自17世纪中叶以降，整个欧洲大陆还涌现出了范围广泛的学术和科学出版物，从这些出版物中可以看到，秘学和科学逐步融合在一起，神秘之物和罕见之物逐步融合在一起，成为现代科学思想的基础。通过逐步演化的过程，我们看到，德国王公贵胄的"奇物室"转变成了英国医生和博物学家的科学实验室和标本收藏室。约翰·伊夫林在他的日记中告诉我们，他几乎每个礼拜都要探访某位学术人士或科学家的奇物收藏。

早在詹姆斯一世统治时期，科学收藏的趋势就在罗伯特·布鲁斯·科顿爵士的收藏中留下了清楚的印记。正是他创立了古物学会，并请求伊丽莎白女王建立一家国家图书馆，以保存关乎国家利益的文献。这后面一项努力没能成功，他于是着手亲自搜集尽可能多的文献；不仅有他在公共档案馆里能够接触到的那些文献，而且还有英格兰修道院的那些文献，这些修道院在亨利八世时期遭到了镇压。所有这些材料，连同他自己非同寻常的手抄本收藏，后来都被他的继承人转交给了国家，自此以后成为大英博物馆最重要的组成部分之一。一世牛津勋爵罗伯特·哈利追随科顿的足迹，成为科顿图书馆的一名理事，他留下的一批印刷材料的收藏多达数千卷，还有一大批钱币和徽章收藏。

1686年，《托马斯·布朗爵士文集》（*The Collected Works of Sir Thomas Brown*）的第一版出版。这本书包含了他的《一个医生的宗教》（*Religio Medici*）及其他

> 托马斯·布朗(1605～1682)，英国作家，其作品题材十分广泛，涉及的领域包括医学、宗教、科学和秘学，显示出了他对自然界有着强烈的好奇，并深受当时科学革命的影响。

著作，还包括一些"小册子……全都因为它们的学识、好奇心和简洁而受到人们的喜爱，……似乎充满了想象"。其中有一本小册子，题为《关闭的博物馆》（*Musaeum Clausum*），是一份想象性的收藏和藏书目录，其中"包含一些不同寻常的图书、古物和绘画，以及一些稀有之物，如今活着的人

几乎从未见过"。这份目录被分为3个部分——第一部分涉及一些想象中的作者，或者毋宁说是古代伟大作家的一些想象中的作品，其中所讨论的问题过去的编年史一直没有给出回答，而他们亲手写下了这些问题的答案。托马斯爵士既有幽默感，又有好奇心，他一定会很高兴找到这些答案。

托马斯爵士对博物学的兴趣在这个方向上给他的藏书增加了很重的分量；它包括一份"海底植物志，描述了在海底岩石、山丘、深谷、草地上发现的几种植物"。其中有一份文献"精确记述了阿维森纳的生与死，证实了这样一个说法：他在一次绞痛发作时一气服下了9副灌肠剂，因此导致了他的死亡。"另外一些著作包括亚里士多德和阿尔弗雷德国王的作品，约瑟夫斯用希伯来文写的一篇评论，以及"盖伦的一篇评论，论述修昔底德所描述的雅典瘟疫"，还有被归到尤里乌斯·凯撒名下的两本书，据列日的大主教说，这两本书原先在列日城的老图书馆里。

托马斯·布朗爵士这批想象中的收藏所包含的绘画同样富于幻想，也同样充满了古人史料未载的功绩。它们包括"一幅描绘君士坦丁堡大火的画作，这场大火发生在苏丹阿赫迈特统治时期。土耳其的近卫步兵在此期间洗劫了当时一些最漂亮的宅邸，维齐尔骑着马四处奔走，一手拿着主教法冠，一手拎着一个近卫步兵的头，去阻止他们；教士们则试图扑灭大火，他们把一件件穆罕默德的衬衫在圣水中浸湿，扔进大火里。"

《关闭的博物馆》中记录的几种古物和罕见之物更多地遵循了博物学和科学的兴趣。它们包括"一条用人的脊髓喂养的蛇的皮；用西海的马尾藻酿的烈酒和提炼的盐，治疗坏血病有奇效"。另一些稀奇古怪的东西有"在戈罗附近捕到的一条鱼的肚里发现的一个指环，威尼斯公爵似乎正是在那里与大海结下了不解之缘；一个用蛙头骨制作的漂亮的十字架，以及一杯从轻盐中提炼的烈酒，密封起来了，一直保存在水银里。"

作为对时尚品味的一种让步（一般来说，他很少关心时尚），托马斯爵士列出了很多考古学性质的古董："一些带有希腊和罗马铭文的古代徽章，是在克里姆鞑靼附近发现的。"与这些东西相对应的，是"在

琼·卡利尔：《托马斯·布朗爵士肖像》

中国发现的古代象牙和铜十字架"。拜占庭和文艺复兴时期的意大利在他的奇思妙想里一个都不缺:"在印度偏远地区的圣物保藏室里发现的一些漂亮的雕刻和徽章,推测起来,应该是普罗科比提到过的弗里耶人留在那里的,他们在查士丁尼统治时期去那些地区旅行,并把他们发现的丝绸和蚕带回了欧洲。"

事实上,一个令人惊异的悖论是,这种想象的飞翔混合了这个人文主义者和医生的异想天开,刚好就在艾萨克·牛顿爵士的《数学原理》(*Principia Mathematica*)出版的那一年付梓印行。尽管托马斯·布朗的这个博物馆带有幽默和讽刺的意味,但这批想象中的收藏与那些实际存在的收藏相去并不是太远,它们后来构成了今天的大型博物馆。

早在1656年,英国就出版了最早的博物馆目录,列出了伦敦附近南朗伯斯保存的一批罕见之物。这批艺术和博物学收藏是一个旅行者、探险家和冒险家家族两代人收藏兴趣的成果。**老约翰·特拉德斯坎特**是一位有钱的绅士,也是一个抗击阿尔及利亚海盗的志愿兵,早在1618年,他就深入俄罗斯腹地,寻找罕见的植物。白金汉公爵后来派他去了美洲,并指示他的代理人爱德华·尼古拉斯:公爵很高兴"让特拉德斯坎特跟来自各地的所有商人打交道,尤其是来自弗吉尼亚、百慕大、纽芬兰、几内亚、宾尼、亚马逊和东印度群岛的商人,购买各种珍稀野兽、家禽、鸟、贝壳和石头"。里格比夫妇摘编了这批收藏的目录,把藏品分为14组。这批收藏中最古怪的藏品是"一只古代巨鸟滴在怀特岛上的血,以及一只端坐在一棵天然梨树上的鸟,连同很多杰出大师的几幅草图和一些绘画"。

里格比夫妇引人入胜地讲述了这批收藏在特拉德斯坎特去世之后的兴衰变迁——讲述了他与古物研究者伊莱亚斯·阿什莫尔(他自己的收藏十分巨大)的亲密关系,特拉德斯坎特的寡妻后来如何受到阿什莫尔的催眠,打官司,以及伊莱亚斯后来把法庭判给他的特拉德斯坎特家族收藏并入了阿什莫尔博物馆,并最终在1683年对学者开放。用约翰·伊夫林的话说,这是"英国建立的第一家接纳艺术或自然方面的稀有之物的机构",而且,它至今依然是牛津大学最主要的装饰之一。

海军大臣塞缪尔·佩皮斯是一个孜孜不倦的收藏家,尤其是收藏罕见而珍贵的图书。他在《日记》中提到,他如何欣然接受精美的图书作为贿赂,然后给予公共事务方面的照顾作为回报。他对整洁和秩序有一种狂热,并发展出了一套给藏书编目的方法,对图书馆的护理和使用有严格的限制,这些规定到今天在剑桥大学的麦格达伦学院依然被遵守,这批藏书最终去了麦格达伦学院。构建这些皮藏和专门图书馆的绅士们与欧洲大陆的其他收藏家保持着持续不断的通信[①]。

> 老约翰·特拉德斯坎特(约1570~1638),英国博物学家、园艺家、收藏家和旅行家,他的儿子小约翰·特拉德斯坎特是一个植物学家和园艺家。

普里泽夫德·史密斯说，这样的博物馆"对于学者的作用远不止是提供材料。它们成了教育公众和宣传科学精神的重要工具之一。大批的人群来这些地方观看有异国风情的动物和植物，罕见的宝石和希腊花瓶，罗马的钱币和中国的武器，两个头的牛犊、怪物、美人鱼、独角兽和蛇怪，大多数看热闹的人并没有多少发现，只不过是下午的消遣而已，但也有相当数量的人对自然和历史的世界获得了一般性的领悟，以及对其探索者的尊敬。在富人当中，收藏变得十分流行，人们收藏化石、昆虫、干燥的植物、手抄本、图画和钱币"。②科学领域的涉猎者所陷入的种种荒唐，正好证明了品味的广泛和丰富。史密斯继续说，那个时代的很多作者"都证明了他们的科学研究。蒙田致力于地质学和生理学；卢梭研究解剖学和化学；狄德罗从事解剖学和生理学；托马斯·格雷钻研昆虫学，关于这个课题，他写过一首拉丁文诗歌；歌德用一台老纺车和一些医用药瓶亲手做了一台电机。狄德罗说，这些科学'在过去的世纪里最不寻常，如今日益变得稀松平常'。伏尔泰在他的悲剧《阿济尔》（*Alzire*）的题词中写道：'我斗胆说，我们生活在一个这样的时代，在这个时代，诗人必须是个哲学家，女人胆敢出头露面。'贝蒂奈里在一篇题为《爱情与时尚》（*Love and Fashion*）的对话中描述了这个世界的女人，'博物学、化学和天文学是她的日常消遣；你会看到她收藏蝴蝶、蜗牛、植物或矿物，这里有一个小熔炉和一些蒸馏器，那边有一些显微镜和望远镜，她用这些观察星星，尤其是金星'。"③

爱德华兹说，库尔唐的野心是要"收集一座博物馆，让迄今为止英国所知道的一切此类事物都黯然失色"，他卷入了一些财政上的麻烦，不得不离开了这个国家。他在蒙彼利埃遇到了斯隆，他们都对自然科学的表达颇感兴趣，并结成了毕生的亲密关系，这种关系建立在他们志趣相投的基础之上。

汉斯·斯隆（1660～1753），爱尔兰医生和收藏家，他把自己的收藏都遗赠给了国家，从而奠定了大英博物馆的基础。

汉斯·斯隆

尽管只是个 27 岁的年轻人，但斯隆已经作为牙买加总督阿尔伯马尔公爵的医生去过西印度群岛，在那里逗留的 15 个月里，他收集了 800 多件植物标本，后来他都带回了伦敦。从此他便飞黄腾达，成了王室家庭的医生。1727 年，"部分是通过旅行，部分是通过购买大宗的私人收藏，他收集的矿物标本多达5497件，珊瑚石804件，植物标本8426件，昆虫标本3824件，贝壳3753件，鸟类标本568件，精密仪器54件，钱币和徽章20288件，手抄本2666件，另外还有其他藏品总共多达5.3万件"。④

到这个世纪中叶，汉斯·斯隆爵士的收藏在价值上有了巨大的增长，据他估计，总价值高达5万英镑。在他1753年的遗嘱里，他提出以2万英镑的价格把这批收藏卖给国家，他认为这只是一个名义价格，他写道，这些东西"在很多方面彰显了上帝的荣耀，批驳了无神论及其结论，利用和改进了艺术与科学，使人类受益"。此后几个月的时间里，这批收藏的未来悬而未决。约翰·杰弗里斯神父在发自巴黎的一封信里表达了这样一种普遍的担心：议会可能不会针对这次购买积极地采取行动：

我希望，议长阁下打算购买汉斯·斯隆爵士收藏的计划不会遭到反对。我跟萨利尔神父谈到过这批收藏，我把您费心寄来的目录给了他。如果打算卖给法国国王的话，神父会利用他对阿尔让松先生的全部影响力，促成这笔交易，但我真心希望，我们能够阻止它离开我们的国家。

但是，议会在斯隆去世不到一年的时间便采取了行动，拨出了必须的款项，不仅购买斯隆的收藏，而且还要购买哈利和科顿收藏的手抄本。这项法案创立了大英博物馆，并用下面这段话宣布了它的目的："鉴于一切艺术与科学都彼此关联，对于自然哲学及其他知识领域的发现，上述收藏的目的旨在促进其进步和改良，并在很多情况下对最有用的实验和事业给予帮助，促其成功。"

6年之后，亦即1759年1月15日，大英博物馆正式对公众开放。

○ 注释

① 他们当中最主要的人有丹麦国王克里斯蒂安五世、阿尔伯特·西巴博士（他在阿姆斯特丹的收藏1716年被俄罗斯的彼得大帝买去了），巴黎的布封，以及法国国王和莱顿大学的博物学收藏馆的管理人。
② 史密斯：《现代文化史》第二卷，第141页。
③ 史密斯：前引书，第二卷，第9页。
④ 参见卢格特：《收藏的标记》（斯隆卷，第1363号）。

3. 霍勒斯·沃波尔与多数趣味的统治

在大英博物馆创立的时候,霍勒斯·沃波尔35岁。那年2月,他写信给国王在佛罗伦萨的特派代表、他的朋友霍勒斯·曼,信中说:"你几乎猜不到我如何利用我的时间;眼下主要用于

> 霍勒斯·沃波尔(1717～1797),英国作家,是著名的英国首相罗伯特·沃波尔最小的儿子。他的《奥特兰托城堡》首创了集神秘、恐怖和超自然元素于一体的哥特式小说风尚,形成了英国浪漫主义诗歌运动的重要阶段。沃波尔一生写过约4000封信,其中一些被认为是英语中最杰出的文字。

守护晶胚和鸟蛤壳。汉斯·斯隆爵士去世了,让我做其收藏的受托管理人之一,并向国王、议会及彼得堡、柏林、巴黎和马德里皇家学院出价2万英镑,出售这批收藏。他对这批收藏的估价是8万英镑;任何一个喜欢河马、一只耳朵的鲨鱼以及像鹅一样大的蜘蛛的人都会给出这样的估价。你完全可以相信,那些认为钱是所有奇物中最有价值的人是不会成为买主的。国王借口说他不相信国库里有2万英镑。我们是一帮有趣而聪明的人,全都是哲学家、植物学家、古物专家和数学家。……我们当中有一位成员是个摩拉维亚教徒,他的签名自称是雷乌斯伯爵亨利二十八世。这些摩拉维亚教徒定居在切尔西的一个聚居地,跟汉斯爵士是邻居,我相信,他曾打算要求得到亨利二十八世伯爵的骨胳,作为自己的收藏品。"

很自然,霍勒斯·沃波尔这个人集18世纪英格兰博学之士的品味与癖好于一身。他是乔治一世和乔治二世的伟大首相罗伯特·沃波尔爵士的儿子,晚年在长兄的儿子去世之后继承了四世牛津伯爵的头衔。

拉提蒂娅－玛蒂尔达·霍金斯小姐(约翰·霍金斯爵士的女儿,约翰逊博士的遗嘱执行人和传记作者)住在特威肯汉姆的时候是他的邻居,对他有过一段描述,当时他正计划乘船前往草莓山:

> 他的身材正如此前听说过而且人人都知道的那样,不仅仅是高,更准确地说是过分地瘦长;他的脸色,尤其是他的手,是一种病态的苍白。他的眼睛引人注目地明亮而敏锐,非常黑,而且充满活力;他的声音并不洪亮,但他的语调格外令人愉快,可以说非常有绅士风度。我不记得他平常的步态;他总是以那种做作的精致优雅的方式走进房间,当时的时尚几乎把这种方式视为自然;三角帽拿在两手之间,仿佛他想压扁它,或者夹在手臂之下——膝盖弯曲,

踮着脚尖，仿佛担心湿漉漉的地板。

沃波尔书信的美国编辑和沃波尔研究材料的著名收藏者威尔马思·S. 刘易斯说：

> 很少有作家在赢得批评家的尊敬上比霍勒斯·沃波尔更加大起大落。对他那个时代来说，他是个才华横溢的随笔作家和历史学家（总的说来，18世纪对他的历史著作一无所知）。在19世纪，拜伦声称，他是一个比任何活着的人（"不管他是什么人"）都更加伟大的作家。另一方面，克罗克和利物浦勋爵认为，有史以来没有比他更邪恶的人，因为他从源头上毒害了历史。卡莱尔把他看做是黑暗中闪烁的一束光亮；在麦考利看来，他是一个女里女气的社会所产生的 pâté de foie gras（法语：肥鹅肝酱饼）。……他机智风趣，精明过人，但他不是一个朝臣；他有点像个纨绔子弟；他十分敏感，异乎寻常地羞怯，但他并不轻浮。他对嘲弄有一种毫无意义的害怕，而且喜欢嘲弄他所害怕的人，但似乎没有人谈到他的慷慨。森茨伯里说沃波尔是了解他那个时代社会的关键。森茨伯里指的是社会的某个部分，他们从圣詹姆斯街和怀特霍尔宫统治着英格兰；但是，当我继续阅读他的作品时，在我看来，沃波尔似乎不止是了解这一部分的关键。我开始搜集跟他有关的所有东西；这些物品——他的著作、书信，以及从前在他藏书室里的印刷图书——揭示了他毕生的宏大计划，这就是要深思熟虑地、计划周密地把他那个时代的真实图景传递给子孙后代。

霍勒斯·沃波尔也感觉到了对未来的强烈关注，这是18世纪很多人的典型特征。他决心要让子孙后代铭记，要赢得自己的名声，不依赖于他父亲罗伯特爵士的名声。他深知，他不适合担任重要的政治职务。他从一开始就认识到，他最好是通过著述达到自己的目的。①

他所受的教育是传统的，对于一个富有首相的儿子来说也是适宜的。在伊顿公

约翰·贾尔斯·埃卡德：《霍勒斯·沃波尔肖像》

学（他在那里与诗人托马斯·格雷和年轻的理查德·韦斯特建立了历史性的友谊）毕业之后，他去了剑桥待了大约一年的时间，在那里，他更关注的是文学写作，而不是钻研学问的机会。1739 至 1741 年间，他在忙于游历欧洲大陆。在格雷的陪伴下，口袋里揣着他那位鼎鼎大名的父亲写给国外大使的信件，他在法国度过了 5 年，晚年他还会回到这个国家。

然而，在意大利度过的那一年对他的兴趣和风格的形成有着更大的影响。他先是去了罗马，在那里，作为一个辉格党人和新教徒，他很不自在地周旋于梵蒂冈的天主教社会与流亡的斯图亚特家族王位觊觎者中间；接下来，他去了佛罗伦萨，与国王派驻托斯卡纳宫廷的特别代表霍勒斯·曼一起生活了一年多。在霍勒斯·曼这里，沃波尔结识了一个志趣相投的朋友，从此以后，两个人之间便开始了每周一次的通信，尽管他们再也没有见过面，但这样的通信却持续了 45 年。年轻的沃波尔春风得意地穿梭于意大利的时尚界，一会儿向一群人发表艺术批评，一会儿向另一群人提出政治建议，为他的父亲充当外交密探，打探王位觊觎者的活动，并充当了佛罗伦萨一位美貌而热情的夫人的情夫。

这一时期的沃波尔刚过 20 岁，他是一个例外；事实上，他是遵循既定规则的那种类型的人的杰出发展。他在国内的同时代人醉心于帕拉第奥的建筑，并开始把意大利最主要的宫殿和教堂牢记在心；对于那些点亮巴洛克艺术最后闪光的绘画和雕塑的流行理论，他们同样信息灵通。他们全都读过 1715 年出版的理查森的《绘画

> 乔纳森·理查森（1665～1745），英国画家、艺术理论家和收藏家，他被一些艺术批评家认为是他那个时代英国最重要的画家之一。

乔纳森·理查森：《自画像》

理论》（*Theory of Painting*）；这本书，以及他 7 年后出版的介绍欧洲艺术宝库的指南，是 18 世纪的艺术教科书。事实上，这些作品都得到了温克尔曼的认可，并在很大程度上构成了约书亚·雷诺兹爵士 1769 至 1791 年间在皇家学院发表的那些

> 约书亚·雷诺兹（1723～1792），英国 18 世纪最有影响力的画家，也是学院派艺术的倡导者。他在 1768 年参与创建英国皇家美术学院，并出任第一任院长。

著名演讲的基础。沃波尔究竟是不是理查森的一位深受影响的学生，或者，他本人是不是影响了约书亚爵士，都不能轻易下

结论。然而，我们知道（从草莓山那批精美藏书的目录中得知），沃波尔拥有理查森和阿尔加罗蒂的著作。我们还知道，就在沃波尔去国外旅行之前的那一年，理查森给他画过肖像，因此我们完全有理由推测：在画像期间，他们谈论过这位年轻的旅行者即将看到的那些遗迹。

沃波尔的艺术批评的整体主旨，以及他从意大利回来之后出版的《沃波尔的神殿》（*Aedes Walpolianae*）中的观点，都表明他是在罗马和佛罗伦萨的咖啡馆和沙龙里吸收了一个半吊子业余爱好者对这些问题的认识和评判。此外，他还持续不断地留心给他父亲在霍顿庄园的收藏添加精美的图画和雕像；他能够接触所有私人宫殿和收藏，想必经常跟艺术品商人、画家和批评家打成一片，这些人都很高兴陪伴这样一位显赫而富有的年轻英国人旅行。

沃波尔从意大利回来几乎不到一年的时间，他父亲便下台了。回来之后，他发现了一个缺乏教养的英格兰，他这代人最后将把这种教养带给它。而收藏，在一个世纪之前的查理一世统治时期是如此辉煌，如今在克伦威尔的圆颅党人手里几乎完全停止了。查理一世、白金汉公爵和阿伦德尔伯爵的精美藏品在1650年代的风流云散是绝望的信号；收藏家和有品位的人被席卷英国的清教主义的潮水所淹没。诚然，尽管在詹姆斯二世统治时期，大约有1100幅藏画被抢救出来，并再次聚集到了怀特霍尔宫和汉普顿宫，怀特霍尔宫的大火（当时有那么多伟大的艺术品在这场大火中灰飞烟灭）似乎给了皇家收藏致命的一击。

关于这一时期艺术领域的满目荒凉，最好的图景莫过于沃波尔本人在《英国画坛轶事》中所描绘的。谈到威廉国王，他说：

> 这位国王，像我国历史上大多数国王一样，对艺术的进步没有丝毫贡献。他出生在一个艺术趣味从未兴盛过的国家，大自然没有赋予他这样的趣味，好给他的伟大品质增光添彩。他追求名声，但他的大臣没有一个人这样。荷兰的保全要归功于他的英勇品德，英国的自由要归功于他的勃勃雄心，欧洲的独立要归功于他与路易十四之间的竞争；因为无论他在这场竞争中败得多么惨，斗争本身是有益的。他被迫竭尽自己所有的资源，不满足于通过代理人赢得光荣，像他的竞争对手一样，他没有闲暇来打理自己的功劳簿。他亲自冲锋陷阵，而不是挑选记录这些战斗的勋章上的格言；尽管哈利法克斯勋爵向他保证：他在博伊奈战役中所受的伤'将永远染红我们的织机'，但陛下肯定没有订做过一套纪念这次战斗的挂毯。……
>
> ……总的来说，我相信，陛下既不资助画家，也不眷顾诗人，尽管就后者而言他还算幸运，但情况并不一样。一位伟大的国王，如果他两者都不鼓励的话，他可能会有加思、普赖尔、蒙塔古，但不会有提香和凡·代克。如果你希望得到颂扬的话，你必须去找画家。玛丽王后似乎并不比国王更爱好艺术：这位

善良的王后喜欢工作和谈话，满足于向上帝祷告，祈祷她的丈夫成为一个伟大的英雄，既然他并不想做一个温柔多情的丈夫。②

在安妮女王统治的 12 年里，情况并没有多大改观："安妮女王的统治时期，英雄、诗人和作家们大放异彩，而艺术家却没有同样的好运。除了内勒之外，几乎没有一个值得注意的画家。威斯敏斯特大教堂可以作证，没有一尊优秀的雕塑。有一个人，用他的建筑让这一时期蒙羞，并用他的机智风趣让它变得生动有趣，他创作了《故态复萌》（The Relapse）和布伦海姆宫。"

约翰·范布勒爵士是个机智风趣的剧作

> 约翰·范布勒（1664～1726），英国剧作家和建筑师，他的戏剧粗俗而不失机智。转行为建筑师后，因设计了布伦海姆宫和霍华德城堡而闻名于世，1714 年被册封为爵士。

家和霍华德城堡和布伦海姆宫的设计师。霍勒斯·沃波尔之所以对他心怀怨恨，部分程度上要归因于下面这个事实：布伦海姆宫及其巨大的艺术品收藏是当时与霍顿庄园沃波尔家族争夺艺术品味最高地位的少数几个令人生畏的竞争对手之一。布伦海姆宫是那个时代最大的奢华之一，是安妮女王建造的，作为礼物送给她宠信的将军和政治家马尔伯勒公爵，那是他在那个名叫布伦海姆的德国小村庄赢得了辉煌胜利之后。马尔伯勒公爵夫人莎拉是宫廷里的宠儿——是安妮女王最亲密的朋友和顾问。这座巨大宫殿的建造有点像一桩丑闻，因为人们普遍怀疑它是用议会的拨款建造的。正相反，后来的事实证明，它是由私人掏腰包，安妮女王去世之后，马尔伯勒公爵拒绝支付任何款项，范布勒不得不自己预支工钱给工人，他们很高兴承担了这笔债务的三分之一。

这座宫殿 1702 年开始使用，公爵很快就在里面塞满了绘画及其他藏品。德国皇帝和尼德兰的一些城市、布鲁塞尔、安特卫普和根特争相把公爵最喜欢的大师鲁本斯的作品送给这位热爱艺术的将军。其中一幅是现藏大都会博物馆的《墨勒阿格和阿塔兰特》。这批收藏中更加引人注目的绘画包括凡·代克绘制的查理一世骑马肖像，1649 年在大拍卖中以 150 英镑的价格卖出，在慕尼黑被马尔伯勒重新发现。他还有一幅可爱的家庭肖像，画的是鲁本斯与他的妻子和孩子在自家的花园里。他有幸从他兄弟斯宾塞勋爵那里得到了一幅画作为礼

戈弗雷·内勒：《约翰·范布勒爵士肖像》

物，是加文·汉密尔顿在意大利为他买的，这幅画正是拉斐尔的《安西代伊圣母像》。有特尼尔兹的120幅小画，是临摹利奥波德·威廉大公收藏中一些油画。公爵并不总是很幸运，因为，萨瓦国王和弗尔吕厄夫人的情人维克多·阿马迪厄斯送给他9幅提香的画，结果被证明是根据帕多瓦尼诺的雕版画临摹的复制品。

直至19世纪，马尔伯勒公爵的收藏一直被认为是英国最著名、最出众的收藏。

这批收藏在1885年散佚了，当时，有超过360件绘画作品被拍卖。伦敦的国家美术馆分别以7万英镑和1.7万英镑购得了《安西代伊圣母像》和《查理一世肖像》。阿方索·德·罗斯柴尔德花5.5万英镑买下了《海伦娜·富曼》与《鲁本斯一家》。现藏纽约大都会博物馆的《维纳斯与阿多尼斯》和《奥地利的安妮》共卖得23 389英镑。整个拍卖总价超过35万英镑。

○ 注释

① 《大西洋月刊》(*Atlantic Monthly*)，1945年7月，第48～51页。
② 沃波尔：前引书，第二卷，第585～586页。

4. 霍顿庄园与草莓山

对于沃波尔父子来说，先是在霍顿庄园，然后是在草莓山，依然要向世界展示他们艺术品味的超群出众。在给父亲的藏品目录充当序言的那篇献辞中，年轻的霍勒斯用下面这段话开始了他对霍顿庄园的描述："您的权力和您的财富在整个建筑的富丽堂皇中显露无遗。我冒昧地说，阁下，您在失去前者之后却依然享有后者便是最有力的证据，证明了诚实如何是这两者的基础。假设那两位品德高尚的人，您的父亲和祖父，能够从远处的教堂里站起身来，看到这幢雄伟的建筑和宽阔的种植园（他们朴素平常的住所曾经耸立在那里），他们该会多么惊讶。他们发现这幢宅邸并没有改变家族的道德，那该有多么满足。"

如果说霍顿庄园是仿照（有意也好，无意也罢）黎塞留在图尔地区那幢巨大官殿的模式，那么跟后者比起来，这幢宅邸同样是国家大臣、政治家和有钱人登峰造极的成就。它包含了这样一个人的收藏：他根据其他人的意见培养自己毫无把握的文化修养，但他对人类有着非同寻常的认识，因而很少没能实现自己的目标。沃波尔的收藏据说刚开始时的花费就不下于4万英镑，后来成为自查理一世时代以来英国最大的收藏，这完全是因为他有着过人的能力，对其他人的判断作出自己的评判。尽管最终导致他垮台的托利党人经常暗示：他的收藏是他执政期间侵吞公款和收受贿赂的结果，但后来证实，他的财富几乎完全来自

霍顿庄园

他在南海公司的成功投机,他审慎地及时卖空了这些股票。20多年(1722～1745)的时间里,他把所有这些财富都倾注到了霍顿庄园。在修建庄园期间,他频繁举债,去世的时候背负着4万英镑的债务。

凯顿-克里默说:"霍顿庄园是一幢宏伟气派的宅邸;但指责它炫耀是不公正的。跟范布勒的那些巨大的宫殿或这个世纪晚些时候建起的那些巨大的帕拉第奥式建筑比起来,它几乎可以说比较普通。设计中没有任何东西可以表明它是一个有钱的暴发户已经实现的野心;它简朴、巨大而庄严,建筑表面的每一尺都因为其细节和装饰的有节制的完美而引人注目。就它的宽敞宏大而言,它是罗伯特爵士的完美表达;很难相信他能够让它再小一英尺。房子与人相配。其人身上有某种东西反映在房子的所有景观和所有陈设上。"①事实上,整个宅邸散发着对自身地位的确信和成竹在胸的气息,1742年,当他23年的首相生涯终结的时候,他作为牛津伯爵去了议会上院,他的精神没有丝毫的沮丧。他只是把一间原本打算用做温室的房间改成了画廊,挂上了他收藏的一些绘画,这些画此前一直装饰着唐宁街10号的墙壁。

100年后的麦考利由衷地瞧不起沃波尔父子,然而,就连他也承认,罗伯特爵士"无疑有着伟大的天才和伟大的美德。他确实不像反对他所领导的政府的那个党的一些领导人物,他是个才华横溢的演说家。他不像卡特雷特那样是个渊博的学者,也不像切斯特菲尔德那样是个机智而优雅的绅士。在所有这些方面,他的不足都显而易见。……他的历史知识十分有限。……他的举止过于粗俗和狂暴。……当他不再谈论政治的时候,他只能谈女人。但是,不管他对历史和文学多么无知,他比那个时代任何人都更加了解跟他有关的东西:人类、英格兰民族、宫廷、议会下院和自己的职务"。②

正是在这段退休的黄昏岁月,在他儿子1741年旅行回来和他1745年去世之间的这些年里,他们先后生活在伦敦和霍顿庄园,第一次开始真正地互相了解对方;也正是在这段时期,霍勒斯撰写了《沃波尔的神殿》,描述霍顿庄园及其内容。这是一部不同寻常的作品,是约书亚·雷诺兹之前18世纪英国艺术批评的杰作,除了年轻人的偏见之外,在洞察力上丝毫不亚于雷诺兹的《演讲录》(*Discourses*)。在今天的读者看来,这个年轻人所运用的判断力的独立性着实令人吃惊,然而,对于他之前的一两代人的传统谬见,他又是那样欣然赞同。就风格和语言而言,很少有人写过比这本书更明白晓畅、更引人入胜的艺术批评。这本书的原始手稿现藏纽约大都会博物馆。那是一本很大的对开本剪贴簿,是霍勒斯·沃波尔亲笔所写,他还在手稿中贴了一些由韦尔及其他人制作的雕版画,复制自霍顿庄园的设计图及收藏中的一些绘画作品。它是一部最能透露实情的作品,因为它显示了整个作品完全是霍勒斯·沃波尔自己一手完成的。不过,通过文本上的一些改变和订正,我们能够看出他的观念在准备出版的过程中是如何发展的。

但是，不管他对霍顿庄园的描述多么传统，我们还是在草莓山的哥特式狂想中发现了霍勒斯·沃波尔审美趣味的顶峰。批评家被它困惑了许多年。而我们之前的那一代人更冷静、更沉闷的观点则带着优雅而克制的恐惧，把它看做是一个文人合情合理的怪僻，对这样的文人来说，美大概是一门修辞技艺，肯定不是生活的必需。但对沃波尔来说，它却成了他的内心焦躁不宁的表达，成了他虚构的《奥特兰托城堡》（The Castle of Otranto）的实现。麦考利谈到了沃波尔的智谋，他的天资，以及他在自己所接触的每件事情上的独创性：他的建筑，他的著作，他的园艺，甚至还有他的家具的装饰和摆设。沃波尔对细节的热爱，他对琐碎渺小之物的激情，他把艺术形式还原为文学微妙的无限能力，既是这个人的力量，也是他的弱点。作为一个收藏家，他与父亲形成了如此强烈的对照。公平地说，他是一个维多利亚时代中期的人，比他自己的那个时代领先了一个世纪。尽管他的日记及其他著作表明，他精通那个时代收藏家的学问，但他丝毫没有奥古斯都时代的理性主义和温文尔雅。他带着个人感情从事收藏，接下来把自己所获得的东西淹没在如此光洁完美的掩饰之下，以至于他的批评看上去似乎比实际上更严肃，更不那么异想天开。

霍勒斯·沃波尔不仅恢复了、而且几乎是复活了中世纪英格兰修道士的假虔诚，他从来都不能完全抵制他们的苦行生活；他也屈服于文艺复兴时期人文主义和他自己那个时代的启蒙运动持续不断的冲击。可以有把握地说，如果他不是那样大胆地无视18世纪人们普遍接受的准则，那种没有经过训练的智力好奇的古怪品质（被他的同时代的人热切地模仿，并在后来给予大英博物馆如此强大的推动）将会受到严重阻碍。因为他是第一个集古物研究者和艺术鉴赏家于一身的人；在这个过程中，他成了非专业的英国业余爱好者的象征和典型；在其他任何时代和任何地方，门外汉的艺术修养都不曾达到如此惊人的高度。

除了他的艺术收藏和艺术批评所展示出来的包罗万象的兴趣之外，你还可以感受到霍勒斯·沃波尔的这样一种深刻的激情：想要在英国找到适合于欣赏艺术、培养个人趣味的气候。刘易斯先生曾经暗示，在他从欧洲大陆旅行回来并且被父亲的政治衰落深深伤害之后，本国相对比较野蛮的状态让他痛苦不已。修建草莓山庄园的那几年并不是一段纯粹的自我放纵时期。它们是一项宏大计划的组成部分，《英国画坛轶事》便是这项计划的高潮。

伊丽莎白时代的历史学家哈里森曾经把亨利八世称做"他那个时代唯一热衷于精美而古怪的砖石建筑的凤凰"，如果让他来描述霍勒斯·沃波尔，他该会让自己的想象力驰骋多远啊。因为沃波尔也是一只凤凰，从欧洲大陆巴洛克传统的灰烬里振翅飞出，并把这些灰烬与本国炉膛里的余烬混合在了一起。沃波尔那本有注解、有定价的《草莓山描述》（Description of Strawberry Hill）是一个雄辩有力的证据，证明了沃波尔好奇心的这两个方面。这本书不仅记录了他对一些藏画以及它们的品质和价值的严肃判断，而且它同样也显示了他成了一个多么精明的地方古董的买家，而相对来说，他为涉猎英国历史所付出的代价则微不足道。然而，正是因为搜集这些表面上微不足道的东西，导致他作为一个艺术收藏家名声不佳。

但是，我们从他的书信和他自己的帐簿中可以看出，他绝对不是个傻瓜。他不仅是迄至当时为止用英语写作的最重要的艺术批评家，而且，作为一个收藏家，即使他无法支配像他父亲和他父亲那一代人所拥有的财富或机会，但他还是积累起了（合理也好，不合理也罢）有史以来范围最广泛的收藏。对于品质，他的眼光很有把握，似乎本能地知道真正的价值从何处开始，何时应当压制联想。画廊是这幢宅邸里最大的房间，包含了他收藏的最精美的绘画，最漂亮的瓷器、青铜器和大理石雕像。窗户安装着彩色玻璃，其中很多是专门为这个房间设计的，上面绘着沃波尔家族的多种纹章；另一些窗户组成了一个名副其实的彩色玻璃博物馆，是从英格兰与佛兰德斯的修道院和教堂搜集来的。在房间的另一面，有5个有棚顶的深壁龛，包含一个由丘特和皮特设计的壁炉架。凯顿-克里默说，家具"像墙壁一样覆盖着深红色的锦缎；木工制品漆成了黑色和金色。墙上挂满了油画，壁龛里也挂满了画——亲朋好友的肖

草莓山庄园的画廊

像，16 和 17 世纪名人的肖像，马布斯的油画《亨利七世的婚礼》，以及多不胜数的艺术家的风景画和主题画。有科尼利厄斯·詹森、鲁本斯、莱利、罗萨尔巴、利奥塔尔、雷诺兹等人的作品——是不同时期、不同风格的非同寻常的大杂烩"。③

小礼拜堂里存放着他收藏的一些更小、更珍贵的小饰物。在这里，沃波尔在拥挤的书架和陈列柜中间如鱼得水，身边都是一些个人物品，以及在文学上、而不是在艺术上很重要的物品——尽管，毫无疑问，他的银器、珠宝、珐琅和彩绘手抄本都是第一流的。在壁龛里，摆放着《美第奇的维纳斯》的石膏像或青铜像，一尊《安提诺乌斯》、《观景台的阿波罗》、《法尔内塞·弗洛拉》，以及他母亲的肖像。祭坛上方是一个柜子，里面放着他不可思议的微型画收藏。……在两个玻璃橱里，存放着他的一些最重要的财宝——卡里古拉的青铜胸像，眼睛是银子做的；祈祷书"连同拉斐尔和他的学生们的一些微型画；以及一个银钟，上面有本韦努托·切利尼雕刻的一些令人拍案叫绝的装饰"。④

今天，只有巍然耸立的房子，提醒人们想起父子俩在艺术上的伟大。罗伯特·沃波尔爵士庞大的绘画收藏在 1777 年被他的废物儿子、三世牛津勋爵卖给了俄罗斯女皇。今天的业主重建了这幢房子本身。⑤

草莓山庄园如今成了圣玛丽学院，那是一所招收男孩子的罗马天主教大学。零星杂物早就风流云散，小礼拜堂已经被剥夺了它所有荒谬可笑的骄傲自负，"据说，弥撒如今每天都在霍勒斯·沃波尔的金星下举行"。

○ 注释

① R. W. 凯顿-克里默：《霍勒斯·沃波尔》(Horace Walpole, 1940)，第 46～48 页。
② 托马斯·巴宾顿·麦考利："论沃波尔"，载《爱丁堡评论》(Edinburgh Review)，1833 年 10 月。
③ 凯顿-克里默：前引书，第 199～200 页。
④ 凯顿-克里默：前引书，第 202 页。
⑤ 参见《乡村生活》，1924 年 7 月，第 19 页。

5. 觊觎艺术王座的汉诺威王室

就算霍顿庄园和霍勒斯·沃波尔是例外，他们依然是证明了规则的例外。凡是他们没有遵循安妮女王时代的模式的地方，他们就给约翰逊博士时代树立了榜样；因为在霍顿庄园，以及在霍勒斯对它的描述中，我们看到了关于18世纪中叶时尚趣味和艺术理论的完整的文献记录。很自然，这个辉格党贵族，英国文明独一无二的产物，将提供一个背景，它对统治阶级来说是适宜的，也是有吸引力的。18世纪的大部分时间里都是辉格党在执政。他们产生的驻外大使和政府官员比英国其余政党加在一起还要多。据说，一个这样的贵族"可以靠4万英镑轻松自在地过上一年，而且过得很好"。那是一种奢侈的生活，有大批的仆人和食客，有开放式的食宿招待。他的时间轮流在城里的宅邸和乡村庄园里度过。在乡下，他要度过半年多的时间，才能从伦敦严酷气候的伤害中恢复过来，他遵循时尚作家们规定的生活模式（他在牛津或剑桥念书时读过这些作家的书），撰写漂亮整洁的书信，里面充满了他在伊顿公学和威斯敏斯特公学里学到的拉丁文，"满篇的闲言碎语，讲的是他在欧洲大陆旅行时、在圣詹姆斯街的俱乐部里以及在外国使馆里遇到的人"。通常，作为本地区的选民，如果他支持议会的话，他的选票会严格忠诚于本党的外交政策；但与此同时，他也支持佃农的迫切要求，这些佃农的劳动正是他的财富赖以建立的基础。他的忠诚，他的责任感，以及他的政治见解，都不像伯里克利时代雅典的年轻人；因为尽管他也相信那种只承认本阶级的民主，但与此同时，他会适当考虑底层社会的利益，正是他们，为贵族的特权提供了支撑。

但戴维·塞西尔爵士展示了贵族们的兴趣并不完全局限于政治：

> 议会一年只有几个月开会，而且，即使在开会期间，讨论也要到下午的晚些时候才开始。辉格党人把他们其余的时间都用在了别的事情上。如果他们热爱运动，他们就赛马、打猎；如果他们对农业感兴趣，他们就抱着野心勃勃的态度耕田种地；如果喜欢文学，他们就用韵文撰写贺词和铿锵有力、陈词滥调的演说。不过，他们的空余时间主要给了社交生活，他们举办舞会，创建俱乐部，玩牌，建立私人剧场，交朋结友，培养各种爱的艺术（柏拉图式的或不那

么柏拉图式的）。他们的理想是文艺复兴时期"完整的人"的理想，其雄心壮志就是要最大可能地利用生活所提供的好处，心智上的或感官上的。①

那是一个宁愿要修辞学也不要哲学的时代，给审美趣味披上了同样舒适而得体的自信，就像给时髦的花花公子披上一件刺绣丝绸马甲。

在法国的沙龙准备为人权而战斗的同时，英国的社交界把探究精神暂时搁置一旁，而正是这种精神，使得17世纪末和18世纪初的那些年如此声望卓著，如此振奋人心。国内制造商和海外殖民地出口商在物质上的成功助长了这种浅薄，这种助长同样打上了良好教养的烙印。任何领域专业人士的价值从未贬值得如此之低。优美雅致、令人愉快和风度格调是至关重要的一切。正是这样一种精神状态，十分自然地产生出了雷诺兹、根兹伯罗和罗姆尼等人的

> 托马斯·根兹伯罗（1727～1788），英国肖像画家和风景画家。
>
> 乔治·罗姆尼（1734～1802），英国肖像画家，是他那个时代最时髦的人物，给伦敦上流社会的很多名流画过肖像。

肖像画。尽管深刻在下院的大厅里是可以接受的，但它在社交界是不可接受的，在中产阶级当中也没有受到赞赏和鼓励。正是前两位乔治国王宫廷的无足轻重，不可避免地迫使时尚界依靠自己的资源，不是产生出像法国那样的一个宫廷，而是一个宫廷组成的金字塔，似乎围绕英国乡村庄园所特有的那种生活为中心。

直至18世纪的最后20多年，艺术就

算得到了什么促进，也是在没有汉诺威王室

> 汉诺威王朝是在1692～1866年间统治德国汉诺威地区和在1714～1901年间统治英国的王朝。在英国，安妮女王于1714年驾崩之后，根据《嗣位法》，汉诺威选帝侯乔治·路易继承了英国王位，是为乔治一世。自此，斯图亚特王朝终结，汉诺威王朝开始。

插手的情况下得到的，而不是因为它而得到的。乔治一世仅限于关注音乐，对于音乐，他有一双从他的德国祖先那里继承来的敏感的耳朵。他的儿子乔治二世，据斯蒂格曼说，是"英格兰最后一个军人国王"，他的表现稍微好一些。他那句经常被人引用的话："我痛恨绘画和诗歌"，引来了教皇的鞭挞。

然而，王后陛下安斯巴赫的卡罗琳是一个相当有品味的人。正是她，在从怀特霍

戈弗雷·内勒：《卡罗琳王后肖像》

尔宫大火中抢救出的一张桌子的抽屉里发现了国王收藏的一系列举世无双的荷尔拜因的素描，它们今天是温莎皇家图书馆的骄傲。然而，他们的儿子、乔治三世的父亲、威尔士亲王弗雷德里克·刘易斯是他那个时代艺术生活中的一个积极因素。他经常暗地里帮助和鼓励艺术家，购买他们的作品，他还对王室收藏的内容烂熟于心，在怀特霍尔宫和汉普顿宫消磨了不少时间，给国王各种财产当中传下来的绘画编制目录，并研究它们。他对弗图说："我有各种各样的东西，因为我热爱艺术和稀奇古怪的东西。"

弗雷德里克·刘易斯的艺术品味和鉴赏力中的某些东西想必传给了他的儿子乔治三世和他的孙子乔治四世，因为具有讽刺意味的是，这两位英国历史上最不中用的国王却是查理一世之后对王室收藏贡献最大的人。这倒不一定意味着他们对绘画有着独特的品味或知识。相反倒是因为他们对自己的职务生活厌烦透顶，以至于他们很愿意听取艺术方面的好建议，以避免听到政治方面的建议。乔治三世让图书馆长理查德·道尔顿充当自己的顾问，后者代表他走遍了意大利，并在1762年为他购得了**约瑟夫·史密斯**的收藏，史密斯是一位画家和英国驻威尼斯领事。乔治四世在他漫长的摄政时期（当时，他父亲的精神状况不允许他正常履行职责）获得了一些最壮观的藏品。国内的托马斯·劳伦斯爵士和一群生活在意大利和低地国家的画家是摄政王（他直至1820年才成为英国国王）的合作者，他们在法国大革命和拿破仑战争的残骸上构建起了英国的王室收藏。

特别引起乔治三世关注的肖像画家包括佐法尼、根兹伯罗和拉姆齐。雷诺兹通常并不那么受威尔士亲王的青睐，尽管他对国王发挥了相当可观的影响力。另一方面，根兹伯罗给乔治三世和卡罗琳王后绘制了大量全身肖像和另外一些小幅肖像。不过，所有赢得国王青睐的艺术家当中，最重要的是费城贵格会教徒**本杰明·韦斯特**，他那些令人生厌却非常正确的历史题材油画似乎填补了国王头脑里的一个真空。后来，作

> 约瑟夫·史密斯（1682～1770），英国驻威尼斯领事官，是很多艺术家的保护人。他也是一个收藏家和鉴赏家，他的素描收藏后来成为温莎城堡皇家素描收藏的核心。

> 本杰明·韦斯特（1738～1820）出生于美国，20岁前就已经是纽约颇有名气的肖像画家。1760年赴意大利进修，1763年来到伦敦，开始以历史画家的身份跻身于英国画坛。1792年，韦斯特继雷诺兹之后出任皇家艺术学院第二任院长。

本杰明·韦斯特：《自画像》

为皇家艺术学院的院长,韦斯特成了艺术趣味的仲裁者,他几乎没有想到要扮演这个角色,并开始一段特殊的职业生涯,注定要永久性地确立两个说英语国家的艺术家之间的缺乏共鸣。

史密斯领事官是伦敦俱乐部与 18 世纪威尼斯咖啡馆之间的联系纽带。他定居在威尼斯,起初经商,大约在 1700 年前后被任命为领事官。那年头的领事馆是那些在欧洲大陆旅行的英国年轻人的银行和登记处;对于英国绅士和半吊子业余爱好者来说,通过从领事官那里买一幅画来认识领事服务成了一种很方便的途径。此外,领事官还解决无处不在的各种难题。史密斯的第一任妻子凯瑟琳·托夫茨是一个著名歌唱家,深受意大利人的赞赏。正是通过凯瑟琳,史密斯才有机会进入当代艺术家的核心圈子。他的第二任妻子伊丽莎白·默里是国王特派代表的妹妹,因此,那些他没能在银行里遇见的英国贵族,他得以在特派代表官邸的晚宴上遇见了。对于约瑟夫·史密斯来说,这种关系是有利可图的,而对于国王的收藏来说则是必不可少的——因为,在那段特别短暂的时期,跟安特卫普或阿姆斯特丹比起来,威尼斯更加是一个世界性的艺术品市场。

卡萨诺瓦的《回忆录》详细记述了史密斯的事迹,他在大运河有一幢漂亮的宫殿,在莫利亚诺还有一幢优美雅致的别墅。霍勒斯·沃波尔在自己的书信里总是嘲笑史密斯作为艺术保护人的自命不凡。史密斯还是**卡纳莱托**的朋友和保护人,并在近 25 年的时间里充当后者的商业经理。史密斯把他介绍给英国的经纪人,安排他访问英格兰。乔治三世从史密斯那里得到了卡纳莱托的 53 幅油画和 100 幅素描。其中大部分留在了王室收藏中。要研究这位艺术家,没有比这更好的地方了。史密斯还获得了一批精美的雕刻宝石收藏,以及素描和雕版画收藏,这些原本属于红衣主教亚历山德罗·阿尔瓦尼,就其对 17 世纪大师的表现而言几乎是无可匹敌的。在此基础上,他还增加了一些油画,同样都被他的寡妻卖给了乔治三世,其中包括罗萨尔巴·卡列拉 38 幅、朱卡里 28 幅、皮亚泽塔 7 幅,以及一批五花八门的油画,作者包括贝利尼、委罗内塞、提香、卡斯蒂里奥内及其他很多人。

> 卡萨诺瓦(1725~1798)是意大利极富传奇色彩的花花公子、冒险家和作家,享誉欧洲的大情圣。他最为重要的作品当属其穷尽晚年精力创作的卷帙浩繁的自传《我的一生》。

> 卡纳莱托(1697~1768),又译加纳莱托,意大利风景画家,尤以准确描绘 18 世纪威尼斯的风光而闻名。

尽管作为绘画收藏家很精明,但史密斯的心思尤其集中在藏书上,那是他在 30 多年的时间里一本接一本缓慢积累起来的,他在自己的遗嘱里充满深情地描述了这批藏书。很明显,史密斯领事官在这里提到的这批藏书的王室买主就是威尔士亲王乔治,他在 1860 年继承王位,成为乔治三世。

这位年轻的王子也忍不住赶时髦,要成为图书、绘画和古玩的收藏者,这种诱惑大概可以用下面的方式来解释。

众所周知，威尔士亲王深受比特伯爵约翰·斯图亚特的影响，尤其是自威尔士亲王弗雷德里克1751年去世之后。比特伯爵是个颇有见识的业余艺术爱好者和玩家，他在卢顿庄园积累了一批很有价值的藏书，还有一批精美的油画和雕版画。这个榜样，以及上层社会名流显要的榜样，很可能影响到了年轻的威尔士亲王。为了这一目的，有一个代理人近在手边，他就是理查德·道尔顿，1750年，道尔顿陪伴查尔蒙特伯爵到希腊和东方旅行，是最早为古典遗迹绘制素描的人之一。通过比特伯爵的影响力，道尔顿成了威尔士亲王的图书馆长，几乎用不着怀疑，是道尔顿与史密斯谈判购买后者的藏书和艺术品收藏。②

乔治三世即位之后，道尔顿不仅被任命为皇家图书馆馆长，而且成了王室藏画和古董的管理人。他也是皇家艺术学院早期倡导者之一。在把雕刻家巴托洛齐带到英国这件事情上，道尔顿也起了关键作用。即便这样，乔治三世还是购买了史密斯的藏书及雕刻和浮雕宝石收藏，还有相当一部分（即便不是全部）油画和素描。

尽管史密斯的藏品主要是意大利的，但他也把大量尼德兰绘画引入了王室收藏中。在他购得的尼德兰绘画当中——其

拉姆齐：《乔治三世肖像》

中大部分是荷兰一些次要画家的平庸之作——有3件作品非常重要：伦勃朗的两幅肖像：《戴头巾的年轻人》和《戴平顶帽的拉比》，以及维梅尔的《音乐课》。最后这幅画是现存最伟大的荷兰油画，曾经被人当做凡·米里斯的作品，以100英镑买走。

乔治三世大概是自约翰国王以来最不称职的国王，幸运的是，他盲打误撞地进入了18世纪艺术收藏的乐土。在即将到来的那几个晦暗的世纪里，他所得到的很多藏画对于他失去的那些殖民地来说是一个莫大的安慰。

○ 注释

① 戴维·塞西尔：《年轻的梅尔本》（*The Young Melbourne*，1939），第7页。
② 莱昂内尔·古斯特：《王室藏画注》（*Notes on Pictures in the Royal Collections*，1911）。

6. 业余爱好者的黄金时代

到 18 世纪中叶，英国的收藏已经达到了一代人之前它在法国所达到的时尚高度。不仅宫廷开始占据一个摇摇晃晃的领袖位置，而且，这股风气已经远远超出了贵族的小圈子，把很多的平民百姓也卷入了进来。一个法国人从伦敦给家里写信说："对绘画的爱好成了他们的一种奢侈品，他们在这项爱好上的投入，与他们的财富成正比。"在欧洲大陆的艺术品商人和私人藏家当中，有一个共同的认识：英国人愿意为他们迷恋的任何东西支付最高的价格；他们同样认识到：他通常热情有余而知识不足。很多油画耀武扬威地挂在豪华宅邸的墙壁上，冒用的是一些它们不可能属于的名字。

这种时髦变得如此强大，以至于在 1766 年，乔治三世登上王位几乎不到 5 年，剑桥大学的植物学教授托马斯·马丁便出版了一部题为《英国鉴赏家》（*The English Connoisseur*）的两卷本著作。书中列出的 28 批收藏当中，有 4 批是王室收藏的组成部分，分布在汉普顿宫、肯辛顿宫、圣詹姆斯宫和温莎城堡；有 5 批收藏在牛津大学，分别在万灵学院、阿什莫尔博物馆、波德林图书馆、基督教堂学院和新学院。另外一些精美收藏当中包括德文郡公爵的收藏，分散在他的几处宫殿里：查茨沃斯、哈德威克庄园、奇斯威克，以及皮卡迪利街的德文郡公爵府，有马尔伯勒公爵在布伦海姆宫的收藏，还有诺森伯兰公爵在诺森伯兰公爵府的收藏；有已经举世闻名的罗伯特·沃波尔爵士在霍顿庄园的收藏，坦普尔伯爵在白金汉郡斯托宫的收藏，以及彭布罗克伯爵在威尔特郡威尔顿宫的收藏。还有一些次要收藏，属于不同的骑士和绅士，它们全都参差不齐地、模模糊糊地反映了沃波尔父子在霍顿庄园奠定的模式。到这个世纪的晚些时候，这份清单上增加了贝德福德公爵和汉密尔顿公爵、兰斯道恩侯爵和比特侯爵，以及埃克塞特、莱斯特、沃里克、斯宾塞、伯灵顿、拉德诺和埃格雷蒙特几位伯爵。在绅士们的收藏当中，保罗·梅休因和威尔伯·阿加·埃利斯的收藏注定要创造未来的历史。

米德博士的收藏生动说明了古典时代的审美趣味在 18 世纪上半叶的持续，并体现了绅士收藏的理想。跟霍勒斯·沃波尔的收藏比起来，它当然更有学问，但趣味性稍

> 理查德·米德(1673～1754)，英国医生、收藏家，著有多种具有历史意义的医学著作。

乔纳森·理查森：《米德博士肖像》

逊一筹，不过，它独一无二的品质大概是：它是在伦敦聚集起来的，并一直保存在那里，伦敦已经成了上流社会聚会的地方；它并不像同时代乡村宅邸里的收藏那样为贵族的声望充当结构性的框架。

米德博士证明了医生这个阶层不断增长的声望，以及他们在社会上所占据的新的位置，是18世纪中产阶级的典型。瑞士裔法国人洛奇给这位医生描绘了一幅有点讽刺意味的肖像。在详细评述了他的装束、他的佩剑、他浓密而梳理整齐的假发、他的敞篷双轮马车、他的虚荣和他的博学之后，作者指出，他几乎一直是个半吊子业余爱好者："首先，他一直忙于买画，古代的画或者雕版画；其次就是搜寻一般意义上的自然奇物，或某些特定方面的东西。其中有一些保存在瓶子里，全都是人们发现或发明的畸形物。"他继续怀有恶意地评论道："英国的执业医生在践行本职行当的过程中所表现出来的这种明显的不务正业，有时候对患者来说倒是有着不可估量的价值。有人暗示，大自然经常利用医生的疏忽，对治愈疾病发挥自己的全部影响。"①

但是，米德博士的才干令人信服，洛奇的冷嘲热讽对他来说无伤大雅。他的朋友马蒂博士这样写到他："任何一个有学问、趣味甚或好奇心的外国人来到英国，没有一个不被引见给米德博士；没有见他而回去将会是一件憾事。在这样的场合，他的餐桌始终是开放的，在那里，你突然发现，王公贵族的富丽堂皇结合了哲学家的愉悦。"

他早年的训练是在荷兰获得的，他父亲因为被怀疑同情清教徒而逃到了荷兰。在完成了医学学业之后，他去了意大利，当他在一个阁楼里寻找着他继续医学实验所需要的某个东西的时候，他发现了那些最早进入其收藏的古董。回到英国之后，他在蛇毒及新兴毒理学其他方面的实验为他赢得了名声，使得他被宫廷召到安妮女王的临终病床前。他不仅赢得了声望，而且他的医学执业也一样成功，有人估计，他每年的收入在5000～7000英镑之间。"神职人员，以及所有一般意义上的学问之人，都愿意听取他的建议，他的大门每天早晨都向最穷的人敞开，他经常自掏腰包帮助他们。因此，即便他有高额的收入，但他去世的时候并不十分富有。"这位传记作者声称："他在大奥蒙德街的那幢宽敞的大房子被改造成了自然的神殿，以及时间的贮藏室。"

艺术收藏的历史
A History of Art Collecting

他为自己最喜欢的家具、绘画和古董建造了一个画廊。他的藏书超过 1 万册,在这方面他不惜代价地花钱,为的是购买世所罕见的古本、保存完好的善本,以及最豪华、最耐久的装订。拉丁、希腊和东方的手抄本,以及古董、徽章、钱币、印刷版画和雕版画的收藏,"在整个王国的私人收藏中无可匹敌"。有几件古代绘画以及奥古斯都宫廷里的另外几幅画,是 1737 年在罗马发现的,让他花了不少钱。至于他收藏的古典大师的绘画,"全都是运用良好的判断力精心选择的。在他去世之后,这些藏品总共卖了 3400 英镑,比他当初花的钱多出了六七百英镑。"除了一些极好的古董之外(其中有一件荷马的青铜头像来自阿伦德尔伯爵的收藏),他还藏有一批青铜像,以及一批钱币和宝石。

他的绘画收藏包含了几乎所有在霍顿庄园深受崇敬的艺术家的名字,除此之外,还有一些作品反映了这位医生对医学题材的偏爱。例如,有斯帕尼奥莱托的一幅画:《给圣巴托洛缪剥皮》,这幅画因为"对肌肉做出了正确的解剖学表达"而吸引了他。帕尼尼为他画了那幅《瘟疫时期医神降临罗马》。一直饱受肺病折磨的华托在 1719 年去英国旅行,接受米德博士的治疗,同时给他画了两幅画:《和平之爱》和《意大利丑角》。这两幅油画作品为米德博士打开了通向其他法国同时代艺术家的大门,在他 1754 年去世之后,它们分别以 42 英镑和 52.10 英镑卖掉了,这批收藏中华托的唯一一幅素描卖了 1 个几尼,当时正是普鲁士的腓特烈大帝愿意为这位大师的任何作品支付任何价格的时期。

英国收藏的模式就这样确立了,这一模式一直持续到了 19 世纪末。大英帝国的乡村庄园和城里的宅邸成了今日收藏家幸运的猎场。假如霍勒斯·沃波尔那份清单上的人忽视了他们眼皮底下的机会,也就不会有伦敦的国家美术馆了,博物馆的观念也就不会在美国诞生。

由于在艺术品上的庞大支出,收藏家也就无暇惠顾本国的产业,这不可避免地导致公众对古典大师颇有异议。在俱乐部和咖啡馆里,在艺术家朋友的鼓励下,风趣之士对时髦的英国古玩家冷嘲热讽,当众嘲笑艺术品商人,在他们大发横财的同时,艺术家却在挨饿。我们今天发现,同样是在这个古老的邪恶世界,美德得不到什么

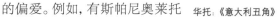
华托:《意大利丑角》

回报,艺术让位于对巴力神的崇拜。贺加斯对此深感痛苦,于是写了一篇文章,发表在《伦敦杂志》(*London Magazine*)上,他在文章中说:

> 来自国外的画商时刻准备在公共媒体上大声疾呼,只要他们觉得自己的行当受到了威胁;事实上,极力贬低一切英国作品符合他们的利益,因为这些作品妨碍了他们整船整船地进口死去的基督、神圣家庭、圣母像以及诸如此类阴郁沉闷的主题,他们在这些画上胡乱签上意大利大师的名字,把我们可怜的英国人当做容易上当受骗的傻瓜。如果一位还算有点判断力的绅士把目光落在了其中一幅画上,并对它的原创性或完美品质表示怀疑,这个江湖骗子就会这样回答:"先生,您不是个鉴赏家;我敢向您保证,这幅画出自奥利索·巴多维内蒂之手,是他最好的作品,笔触大胆,真正令人赞叹,轮廓优雅,头的神态完全符合希腊的品味,确实是最神圣的理念。"然后,在一个模糊不清的地方吐了口唾沫,用一块手帕去擦它,再跳到房间的另一端,欣喜若狂地大喊:"多么令人惊叹的笔触!一个人要是12个月之前得到这幅画,他就能发现它所有的美。"这位绅士尽管有一定的判断力,但他害怕自己的判断不合时尚,他被这番道貌岸然的话给震住了,花一大笔钱买下了这幅画,尽管他谦逊地承认,他确实对绘画一无所知,并赋予这幅糟糕的画一个响当当的名字,如果没有这个名字,它将一文不值,一个画框倒是价值50英镑。

法国人是这场反叛的领袖,有相当一批平庸的法国艺术家因为自己的才能在巴黎得不到承认而定居伦敦。批评家洛奇在日记中花去了相当的篇幅,描述时尚界出席的拍卖会,吵吵闹闹的场景和争斗,以及出价者争相竞购一尊古代雕像上的一块微不足道的残片,或时尚界所认可的某个名人雕像的一只手。不过,剧院提供了一个最有趣的论坛,在这里,可以对时尚界的品味嘻笑怒骂,百般羞辱。

○ 注释

① 威廉·T. 惠特利:《英国艺术家和他们的朋友,1700～1799》(*Artists and Their Friends in England 1700–1799*, 1928),第28页。

7. 皇家艺术学院

在英国建立一家艺术学院的努力最早是由查理一世做出的,他在 1636 年(也就是他统治时期的第 11 年)创立了密涅瓦博物馆。只有绅士才被接纳,他们在这里学习艺术、科学、语言和运动。当国王其余的计划都被共和政体所粉碎的时候,这所学院也就无疾而终了。

另一项创建艺术学院的计划由约翰·伊夫林在 1662 年起草;但直到 1711 年,最早的绘画写生学校才得以组织起来。它的那群世界性的支持者当中包括戈德弗雷·内勒爵士、迈克尔·达尔、安东尼奥·佩莱格里尼、路易·拉盖尔、乔纳森·理查森和詹姆斯·桑希尔。每人交纳了 1 个几尼的捐款,一个合理的前提是:这家新机构将建在女王大街,在过去两个世纪里,那里一直是画家们情有独钟的地方。在 10 月 18 日圣路加节的那天,学院的捐款人"在那幢破旧的宅邸里集会,那里将成为他们的家园",并一致推选内勒为总管。这座新学院的成员当中有一位詹姆斯·西摩,他是这一时期的艺术家之父和一位富有的收藏家;还有欧文·麦克斯维尼先生,他是爱尔兰戏剧家和剧院经理,曾在威尼斯生活过,充当过卡纳莱托、罗萨尔巴及其他艺术家与他们的英国主顾之间的中间人。贺加斯的老丈人詹姆斯·桑希尔爵士在 1715 年成为第二任总管。

长期以来,争取让艺术家得到认可成了贺加斯事业生涯中关注的主要焦点;但

威廉·贺加斯(1697～1764),英国画家,欧洲连环漫画的先驱。他的作品范围极广,许多作品经常讽刺和嘲笑当时的政治和风俗。后来这种风格被称为"贺加斯风格"。

威廉·贺加斯:《自画像》

直到 1761 年的展览，这个问题才最终到了紧要关头；因为在乔治三世继位之前，英伦诸岛的本地天才一直都没有赢得自发的或始终如一的光顾和认可。

事实上，试图创建一家艺术学院的努力在乔治一世和乔治二世统治时期的无果而终使得艺术家几乎没什么希望从国王那里得到任何种类的眷顾或鼓励。艺术家的社会地位并没有提高。就算他成为一个贵族的附庸或者得到贵族的保护，他也比一个仆人或工匠好不了多少。斯蒂格曼指出，不去试图获得什么社会地位对他来说没准更好一些，因为那样做，他得到的往往很少，却会失去一定程度的独立性："进入上流社会的世界，他不可避免地要服从于那个世界的偏见和势利；这样一来，就必定有种种诱惑，使他想逃离这样的处境。"①

终于，在时尚界的混乱当中，一份通知出现在伦敦的咖啡馆里：

> 绘画、雕塑及其他门类的艺术学院，圣马丁巷，1753 年 10 月 23 日。
>
> 有一项计划正在筹划中，打算为促进绘画、雕塑和建筑而创办一所公共学院，我们认为，必须要有一定数量的教授，而且要有一定的权威，为的是制定规章、募集捐款等事项，还要修造一幢建筑，指导学生，以及协商安排今后认为有必要的所有诸如此类的措施。我们希望索霍区爵禄街土耳其头饰咖啡馆里的你们这群人，在 11 月 13 日早晨 5 点召集会议，为了上述目的，推选出 13 个画家、3 个雕塑家、1 个金属雕镂师、2 个雕刻师和 2 个建筑师，总共 24 人。
>
> 弗兰西斯·米尔纳·牛顿（签名）

不久之后，1755 年，另一项计划着手实施，希望建立一家皇家学院并获得特许状。大约 20 位当时最重要的艺术家签署了这份计划。这项计划建议："这家机构应当包括一位校长，30 个理事、院士和学者，并称之为伦敦促进绘画、雕塑和建筑皇家学院。"它还附带有一份要求捐助经费的呼吁书，提交给业余艺术爱好者协会的贵族和绅士们，他们已经做过这样的事了。在艺术家和业余艺术爱好者协会之间几乎立即出现了麻烦；后者发现，他们既不能参与学院的管理，也不能挪用他们自己的资金，于是突然中断了谈判："那个时候，富有的英国人（呼吁书就是提交给他们的）无论对英国艺术，还是对英国艺术家，都普遍不感兴趣，计划自然泡汤了。受挫的艺术家们再一次退回到了他们早已习惯的默默无闻中，他们对国人的呼吁昭告了他们倒霉背运的境遇和孤立无助的状况。"

说来也怪，毕生都在为艺术家获得认可而苦苦奋斗的贺加斯，自己却反对建立一家皇家艺术学院；他反对的主要理由是："尽管艺术学院有时候会促进天才，但它们决不可能创造天才"，而且，它们往往会创造艺术家，同时它们也是英国想要和需要的那种高雅艺术的资助者：

> 在荷兰，自私是主宰一切的激情；在英国，虚荣和自私结合了起来。因此，

肖像画在这个国家比其他任何艺术都更加兴旺，而且还会一直兴旺下去。需求就像新面孔的出现一样持续不断；我们必须满足这一需求，因为，试图把从未实现的东西强加给如今正处在骚动中的体制是徒劳的，至少是不可能通过诸如皇家艺术学院这样的机构来强加。从今往后，纵使时移世易，艺术也会像水一样，终会找到自己的位置。在阻碍绘画和雕塑在这个国家兴旺发展的诸多原因当中，我们必须算上我们的宗教，它极力主张简朴，对于宗教崇拜来说，根本不需要——不，是绝对禁止——画像，甚或是激发热情的图画。油画被视为一件家具，欧洲早已堆满了其他时代的作品。这些作品，连同像海滩上的沙子一样多不胜数的复制品，被来回交换，对于满足好奇者的需求来说绰绰有余，他们自然更喜欢罕见、昂贵而遥远的舶来品，而看不起他们在国内能够得到的那些东西。你能指望谁会为一幅现代风景画掏40个几尼呢？假如他能够以双倍的价格买到某个面孔严肃的鉴赏家所担保的原作的话。考虑到这一点，一点也不奇怪，艺术在这片土地上并没有像在其他地方那样深深扎下根来，在那些地方，人们是从宗教的需要出发来培养它们，技艺娴熟的艺术家也能从这个行当获得更多的利益。这对我们来说究竟是荣是辱，我不敢贸然评论；但事实毋庸置疑：公众宁愿鼓励机械方面的行当，而不是绘画和雕塑。

尽管贺加斯的观点如此，但需要一家皇家艺术学院的看法依然盛行。大不列颠艺术家联合会在1765年又一次做出努力，试图创建这样一家机构。后者在蓓尔美尔街得到了一幢房子，大门上方镌刻着几个大字："皇家艺术学院"。显然有一定的理由证明这种对王室资助的暗示。国王以这样那样的方式批准了这一计划，并捐助100英镑作为协会的经费；但很快产生了纷争，退出的那一方立即创立了自己的机构。

在这一时期的伦敦，艺术家观摩艺术作品的机会十分有限；因为即便在私人收藏当中（米德博士的收藏是个例外，他一贯向学者敞开大门），也必须给仆人一笔酬金或小费，而且数额是如此之高，以至于普通的艺术学生掏不起这笔钱去参观私人收藏。里士满公爵在1760年开放了他在怀特霍尔宫的雕塑画廊，作为年轻艺术家的工作室。那里摆满了罗马和佛罗伦萨最著名的古代和现代人物雕像。给学生们的邀请是通过公开的广告发出的，这间画廊一度由奇普里亚尼先生主持，根据他的记载，"结果是，英国艺术家当中对人物素描的趣味比他们以前表现出来的更加纯粹"。

说来也怪，皇家艺术学院的历史（以及整个英国艺术资助的历史）密不可分地与育婴堂的历史交织在一起，后者的命运与艺术学院的命运相平行，给予英国艺术以极大的促进。乔治二世统治时期已经见证了大量各种慈善组织的兴起，先是由自愿捐助、后是由议会拨款提供支持。育婴堂

第八章　理性时代的英国收藏家

（它的存在似乎冒犯了当时的道德）引起了艺术家们的注意，特别是贺加斯，他在这里发现了对抗社会的武器。育婴堂通过展览当代作品反过来资助艺术是一种策略，以寻求受人尊敬的地位。在18世纪的伦敦，无论是育婴堂，还是艺术家，都不曾拥有这样的地位。因此，这样的情形多少有些讽刺意味：育婴堂被人指责既鼓励私生子，又鼓励英国的艺术家。

育婴堂由宅心仁厚的柯兰船长在1739年创建，经费出自他的商船所带来的利润。它立即开始满足伦敦慈善生活的需要，并赢得了艺术家们十分及时的支持，他们不可能不认识到被丢到育婴堂门口的弃儿们的悲惨遭遇。为了接收弃婴，育婴堂的门口挂了一个篮子，每一个到来的人都通过敲响一口大铁钟发出通报。需求确实很大，以至于1756至1760年间共接纳了14900个孩子。育婴堂没有能力容纳给它送来的所有弃婴，因此，把他们带来的妈妈们都不得不在门外等待；与此同时，她们要从一个袋子里摸出一个小球，抽签决定究竟哪个孩子被接纳，哪个孩子被重新扔给社会。

托马斯·柯兰（1668～1751），英国慈善家，他创建了伦敦育婴堂，收留那些被遗弃的儿童。据说，它是全世界第一家组织化的慈善机构。

艺术家没有能力从经济上给予捐助，但他们完全意识到了那些让育婴堂变得如此必需的现实情况，他们把自己的作品捐献给育婴堂。亨德尔与贺加斯都成了育婴堂的理事：前者举办了《皇家焰火组曲》的募捐义演，并创作了《育婴堂颂歌》，他后来为慈善募捐演出了《弥撒曲》；贺加斯在1740年的第一份礼物是柯兰船长的肖像，后来又为了给育婴堂筹集善款，用抽彩销售的方式义卖了他的巨幅油画《卫兵的行进》。门票几乎销售一空，所得收入全都给了育婴堂，包括得奖的门票。

其他艺术家纷纷仿效贺加斯的榜样，捐献或承诺捐献作品给育婴堂。1746年12月31日，在育婴堂举行了一次地方议会，推选捐赠作品给这家机构的艺术家为理事，他们有权在每年的11月15日到育婴堂开会，"讨论如何给这幢建筑添加装饰而不用花费善款"。艺术家理事们就这样获得了授权，"开始每年在那里举行他们的行业聚会；

威廉·贺加斯：《托马斯·柯兰肖像》

艺术收藏的历史
A History of Art Collecting

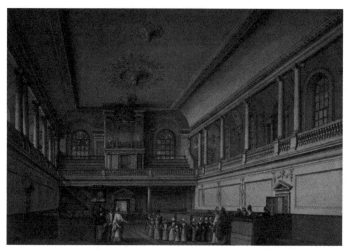

育婴堂的小教堂

而且,他们把自由视为艺术的保护人和朋友,他们像那个时代的习惯做法一样,让自己变得喜欢交际,一起进餐,一起喝酒,纪念威廉三世国王的登陆,这一惯例持续了很多年。"

派伊指出:"有了国王、议会和贵族的认可,事情的进展使得育婴堂成了一个对各个阶层都颇有吸引力的地方,一个观光胜地和聚会地。艺术家们的捐献(部分是该机构著名资助人的肖像)构成了最早一批公众有权参观的英国艺术作品收藏,在很大程度上有助于增加这种吸引力。通过让某些艺术家变得众所周知,以及公众把他们当做当时的名人来谈论,从而让他们获得了很多人长期以来徒然寻求的那种优势,并因此产生了最早的这样一种观念:整个英国艺术家群体通过公开展出他们的作品,从而把自己呈现在世人面前。"

最后,1759年11月,一次全体大会在索霍区的土耳其头饰咖啡馆里举行,大会决定:"每年一次,在4月第二周的某一天,在负责实施计划的委员会(每年推选产生)所指定的某个地方,每个画家、雕塑家、建筑师、图版雕刻师、金属镂刻师、印章雕刻师和徽章设计师都可以展出他们的几件作品。会议的目的是要努力拉到一部分原本应该分配给慈善机构的钱,用来支持那些因为年龄和弱点或其他法律障碍而跟名声无缘的艺术家。会议决定,来参观上述展览的人每天交一个先令。"有人反对协会在育婴堂门口收钱,于是便允许公众免费进入,但每卖一份目录收6个便士,以此回避了这样的反对声。这就是当代英国艺术年展的起源,到今天,这个展览已经成为皇家艺术学院的支柱。

可是,由于有纷争的能力(这是艺术家天赋的组成部分),不同的艺术家群体很快就打得不可开交,自1760年起,至1769年1月2日皇家艺术学院根据国王的公告正式开张②,举行了一系列互相竞争的展览和互相攀比的招待会。然而,到1770年,不同的竞争性组织全都销声匿迹,皇家艺术学院在约书亚·雷诺兹爵士的领导下作为一个无人挑战的团体脱颖而出。正如它在国王面前提出的那样,学院的主要目的是成为一个教学机构和艺术家联谊会。约书亚·雷诺兹爵士被推选为第一任院长。他被授予爵位,1769年春天,皇家艺术学院举行了第一次展览。

在灭掉了所有竞争对手之后,皇家艺术学院很快就成为全伦敦的时尚。国王先是被雷诺兹说服,后来又被第二任院长、美国历史画家本杰明·韦斯特说服,终于通过皇家艺术学院,确保了艺术家在英国的社会地位。

对学生来说,皇家艺术学院无疑是天赐之福。一笔旅行奖学金使得获奖者能够去罗马工作一年。绘画学校请来了那个时代最著名的解剖学家威廉·亨特博士担任教授。写生课上雇佣了4个不同类型的男人,一周5先令,外加每当一次模特儿1先令。女模特儿是那个时代的道德所不赞成的,每坐上两三个小时要支付半个几尼。有一个规则:20岁以下的人不得画女性模特儿,除非他已经结婚。更有甚者,它还规定:"任何人(王室家庭除外),在给女性模特儿写生期间不得进入皇家艺术学院。"

这个规矩跟公众强烈反对萨默塞特宫隔壁房间里的裸体模型有得一比。据说,它们是"英格兰每个体面女人都深感厌恶的东西"。有一份报纸声称,男人和女人宁愿牺牲观赏图画的乐趣,也不愿从它们身边经过。

在他的第一篇讲稿中,约书亚爵士开宗明义:"除了请一些行家里手来指导学生之外,皇家艺术学院的主要优势在于:它是一些伟大艺术典范的储藏室。这里有天才赖以创造作品的原材料,如果没有这些材料,最聪明的才智之士也会一事无成,或者要走很多弯路。"对于1769年的伦敦来说,这些确实是大胆之词,因为在这座城市的任何地方,艺术家都别指望能够走进梅费尔区商人的画廊,或其他艺术家的画室,去观摩大师的作品。这里没有巴黎存在的那种连续不断的王室收藏的传统,在巴黎,即便是在凡尔赛宫的辉煌岁月,当卢浮宫的私人房间被用做画廊的时候,艺术家也总是能够通过认识一些合适的人物而获准进入。而在伦敦,什么都没有。英国所有杰出收藏都散落于豪华的乡村庄园里,从伦敦坐公共马车出发,至少也有一天的路程;而且,艺术家从未获准接触这些收藏。在大奥蒙德街,米德博士的宅邸曾经对所有艺术家和学生开放,如今已经关门了。他死于大英博物馆创建的同一年,也就是1753年,他的收藏在不久之后举行的一次拍卖会上风流云散。

在雷诺兹去世之前不久,艺术学院里有很多人谈到购买一处属于艺术家联合会的房产,它包括很多房间,有一块地紧挨着它,雷诺兹打算拿出他收藏的全部或任何一部分古典大师的作品供学生们研究学习。据詹姆斯·巴里说,由于建筑师威廉·钱伯斯爵士的反对,这一计划无疾而终。巴里因此主张,皇家艺术学院的成员应该拿出自己的一部分钱,用于"购买一些古代艺术的典范之作,并购买一个或多个房间容纳它们。这一开端很快就会结出硕果,并扩大为一座国家美术馆,同时会完善艺术学院关于学生教育的观点,同样也会有益于整个民族的改良进步和娱乐生活"。

建立一座国家美术馆的想法本来就呼声颇高,由于沃波尔家族在霍顿庄园的著

艺术收藏的历史
A History of Art Collecting

约书亚·雷诺兹:《自画像》

名收藏被卖给俄罗斯皇帝而达到了高潮。1777年,议会下院举行了一场辩论,而约翰·威尔克斯在下院预算委员会的一次会议上提出,要把维持大英博物馆的年度拨款从3000英镑增加到5000英镑。这个想法是埃德蒙·伯克提出来的,威尔克斯同时还倡议建立一座国家美术馆,包含在大英博物馆之内:

> 约翰·威尔克斯(1725~1797),英国直言不讳的新闻记者和深受欢迎的伦敦政治家,因屡遭议会的排挤打击而被认为是政治迫害的牺牲品和争取自由的先锋。

> 我听闻,有人将向议会提出申请,要卖掉全欧洲最精美的收藏之一,即罗伯特·沃波尔爵士在霍顿庄园的收藏,举世公认,这批收藏要优于意大利的大多数收藏,几乎不亚于奥尔良公爵在巴黎皇宫的收藏。我真心希望它不要散佚了,而是由议会把它买下来,添加到大英博物馆。阁下,我希望,在我们这座岛上,绘画之眼能够像音乐之耳一样得到充分的满足,如今它终于有望成为高雅艺术所青睐的住所。应当在大英博物馆的花园里建起一座宏伟的画廊,来接纳这批价值无法估量的收藏。

威尔克斯促进艺术的计划无果而终。霍顿庄园的藏画去了俄罗斯,而他那篇支持伯克提议的演说则清楚地指出:拒绝增加议会拨款应该对一些艺术家极其有限的能力负主要责任,这些人一直希望有机会仔细研究尚处于婴儿期的大英博物馆的艺术珍宝。在这一时期,每天只有60个游客获准进入大英博物馆,他们10个人一批,被人带领走过各个房间。每批人分配1个小时,任何个人都不允许到处游逛或脱离向导的视野,在18世纪,博物馆对于普通人来说几乎没什么用处。

整个拿破仑战争时期,对建立国家美术馆的鼓吹和反对一直在持续,但议会完全专注于战争,背了大量的国债,却没有实现任何严肃的事情。法林顿在他的《日记》中记录了巴里计划之外的另一个可选方案,即:艺术学院每年留出一定数额的经费购买藏画,并且,学院的每个成员为美术馆画一幅画。但本杰明·韦斯特（他当时已经继任院长）从一开始就对建立国家美术馆的想法不感兴趣。然而，当他在 1811 年去巴黎观赏德农的收藏时，他改变了主意。韦斯特在福克斯和巴灵陪伴下参观了卢浮宫，这两个人都答应，在他们回伦敦之后将再次向议会提出这个问题。回到伦敦之后，为获得皮特的支持而做了一番努力，但皮特受阻于政府事务的压力，当福克斯最终继任他的位置时，还没来得及履行自己的承诺便去世了。

直至 1824 年，国家美术馆才成为现实。当时，摄政时期结束，乔治四世登上了王位。正如四分之三个世纪之前，汉斯·斯隆爵士收藏的拍卖点燃了创建大英博物馆的热情，如今也是这样，另一批著名收藏（约翰·朱利叶斯·安格斯坦的收藏）面临流入欧洲大陆的危险，这一威胁最终迫使英国议会建立一座国家美术馆。英国已经从沃波尔家族藏画流落俄罗斯这件事上，从拿破仑在创建卢浮宫博物馆时所获得的巨大声望当中，学到了痛苦的教训。

通向国家美术馆的阶梯，时尚的潮流和摄政时期的势利，以及从事收藏的艺术家的出现（雷诺兹、劳伦斯及他们的同时代人），在精神上属于 19 世纪。一千年的收藏传统慢慢死于法国大革命的大屠杀。它究竟如何在摄政时期和拿破仑时代起死回生（披着完全不同的外衣），不属于本章的内容，而属于它的续篇，它将致力于工业革命和浪漫主义运动。因为我们一定不要把摄政时期看做是一个时代的结束；相反，它是现时代的开始，正是乔治四世身边的时尚之士的推动，通向美国早期收藏家的那条小路才开始显现出来。

○ 注释

① 斯蒂格曼：前引书，第 98 页。
② 在上一年的最后几周从国王那里获得了执照。

8. 雅典人、哥特人与中国人

到 1750 年，古典罗马的魅力开始变得暗淡。年轻的时尚之士在古典主义当中浸淫甚深，在乡村庄园的孤独中回顾他们在意大利的发现和他们的英勇行为，开始寻找新的世界去征服。早在 1738 年，那不勒斯国王查理七世就已经发掘了赫库兰尼姆古城，庞贝古城的发掘发生于 10 年之后。那些已经回到英国的人是通过埃尔科拉诺学院的出版物才得知这两座地下古城的发掘，这些出版物中包含很多宝物——绘画、青铜像和灯——的精美图版。在本世纪中叶之前，皮拉内西就一直在发表描绘古文明遗址的雕版画，这些雕版画强调了被毁古物的浪漫色彩，英国贵族将在他们乡村庄园的林荫小径上复述这些浪漫传奇。温克尔曼已经牢牢地巩固了作为梵蒂冈收藏管理人的地位，他很看重学究，但与此同时也向希腊世界的图景敞开了大门，这一图景迄今为止只是通过意大利人的眼睛看到的。早在 1740 年，霍勒斯·沃波尔就从那不勒斯写信给他的朋友理查德·韦斯特说：

人们总是痛恨每一本旅行书中的文字描写；但我们今天看到的东西，我敢肯定你从未在书中读到过，多半也从未听说过。你听说过地下之城么？整整一座罗马城市，连同它所有的高楼大厦，全都留在了地面之下？这座地下之城大概是迄今为止所发现的最宏伟的古董之一。这个世界上此前从不知道有这种东西；我指的是那个时代一座完整的罗马城市，没有被现代的修复所糟蹋。除了仔细地审视这座城市之外，我还倾向于去搜寻其他城市的遗迹，在这场整体毁灭中，它们是这座城市同病相怜的伙伴。这无疑对学术界很有好处，它被封存了如此漫长的时间。

古典主义的捍卫者始终在和那些正在文学领域迅速赢得支配地位的浪漫主义者交战，他们对于古典主义传统有了新的推动力深感满意，为这些新发现而欢欣鼓舞，这些发现将会支持他们的观点。1764 年对温克尔曼的《古代艺术史》的热烈欢迎，以及两年后莱辛的《拉奥孔》(*Laocoon*) 所受到的同样对待，无不表明古典主义的精神帝国至少还会存在 1 个世纪。与此水火不容的，自然是中国人和哥特人审美趣味的倡导者。事实上，这些浪漫主义时尚是如此深深地渗透进了上流社会，以至于批评家们开始怀疑年轻贵族的心智是不是正常。当罗伯特·伍德在 1753 年出版《帕尔米拉遗迹》(*The Ruins of Palmyra*)以及稍后出版《巴尔贝克遗迹》(*The Ruins of Balbec*)的时候,《每月评论》(*Monthly Review*)用下面这段话向英国公众祝贺它们的出现:

> 我们格外高兴地注意到这样一部作品,因为它出版于这样一个时期:战争似乎吸引了人类的全部注意力。出鞘之剑尚没有吓得缪斯女神不敢登上她们的宝座;她们有比战神之子更危险的敌人……《巴尔贝克遗迹》的那位学识渊博、独具匠心的编者已经把建筑的典范传达给了公众,我希望,像这样的典范(还有雅典等地的范本)能够提高我们同胞的审美趣味,消除中国人的琐碎,以及哥特人的野蛮,希望我们再也看不到无用而昂贵的琐碎之物,再也看不到阴暗的地牢,而是看到夏日里阳光明媚的避暑别墅。

有一剂针对浪漫主义躁动的解毒药,这就是业余艺术爱好者协会在 1734 年的成立,它是一个餐会俱乐部,由贵族之子及他们的朋友组成。这个协会最初是伦敦城周围有教养的年轻人组成的酒会俱乐部,很快就成为古典考古学未来进程中的一个重要声音。在它花里胡哨的早期氛围中,业余艺术爱好者协会更像是一个大学生餐会俱乐部或大学联谊会,而不像是一个学术组织。会长坐在椅子上的时候被要求穿一

约书亚·雷诺兹:《业余艺术爱好者协会》

件鲜红的宽外袍,它的褶皱由画家为协会提供,许多年来,此人非是别人,正是约书亚·雷诺兹爵士。典礼官披"一件深红色的平纹皱丝长袍",戴一顶华美的匈牙利软帽,佩一把长长的西班牙托莱多宝剑;协会的秘书穿一件黑色长袍,仿照马基雅维利在一幅肖像画中的样子。从 11 月到 5 月,每个月的第一个礼拜日在酒馆里举行餐会,他们大杯斟满,互相敬酒,为"希腊品味和罗马精神"举杯痛饮。事实上,他们会为任何智力事业高举手中的酒杯,"艺术万岁"的欢呼声是酒神谈话的信号,谈话中充满了古典隐喻和拉丁文警句。

但就其余的部分而言,这个协会为那些在绘画、雕塑或建筑领域很有前途的年轻人提供了资助,让他们去意大利从事学习和研究,回国之后,会给他们一些委托,

这既保证了他们的生计,同时也是一种担保:他们的作品会变得知名。尽管表面上花里胡哨,但你会在协会成员的名单上找到大多数伟大鉴赏家和资助人的名字。事实上,直到几代人之后,庄重严肃和聪明智慧才会被看做是完全一样的美德。他们的经费,以及协会的资本(后来变得相当可观),与其说是通过馈赠和捐助积累起来的(年轻的贵族们拿不出太多的钱),还不如说是来自会长针对他们在餐会上的不端行为收取的罚金。他们的议事录中有很多这样的条目:"朗格洛伊斯先生因捣蛋或敲打理查德·沃斯利爵士的头而判处罚金2先令6便士",或"桑德威奇勋爵和班克斯先生用很不尊重的俱乐部的名字来称呼这个正派体面的协会,各判罚一大杯酒,而且要以谦恭有礼的态度喝干"。不过,他们最大的收入来源还是来自1744年采纳的一份决议:"每个收入有所增加的成员,不管是通过继承、遗赠、联姻,还是因为晋升,都必须把他第一年增加收入的0.5%捐献给公共基金,但是,每个缴费超过10英镑的成员应当免除该项义务。"

查尔蒙特勋爵是个热心的业余艺术爱好者,也是最早把希腊艺术与罗马艺术区别开来的英国人之一。1746年,他在能干的绘图师理查德·道尔顿的陪伴下去希腊旅行,回到英国之后,他出版了最早描绘帕台农神庙和伊瑞克提翁神殿的雕版画。说来也怪,在过去的100年里,英国人对累范特关注甚少。似乎没有一个人继续威廉·配第和托马斯·罗伊的调查研究,他们为阿伦德尔伯爵和白金汉公爵所做的富有成效的工作是查理一世统治时期最辉煌的篇章之一。

英国收藏家及其代理人几乎完全把注意力局限于获取像雕塑和建筑残片这样一些可移动的、方便携带的、价格合理的作品。但正如莱昂内尔·古斯特爵士所指出的那样,在古典研究的其他分支已经有了一个开端,在这些领域,业余艺术爱好者不久将会收获他们的殊荣,亦即在原地对古代遗迹进行系统化的探索和研究。

庞培奥·巴托尼:《查尔蒙特勋爵肖像》

大约1674年或者稍早一些的时候，法国驻奥斯曼宫廷大使奥里耶·德·诺因特尔侯爵从雅典路过，被一些依然留在帕台农神庙里的雕塑的美所震惊，于是雇佣了勒布伦的弟子、画家雅克·卡里（他在1674年陪伴侯爵一起旅行），用红色粉笔精心绘制当时幸存的雕塑①。战争和地震，时间的消磨和人类的蹂躏，只留下很少没有损坏的或完整的东西在地面之上。土耳其人从来不是一个故意破坏的民族，但他们依然在轻蔑的疏忽中，听任古典时代幸存下来的古代遗迹由于鲁莽的对待而缓慢地消亡、朽败和毁坏。即使在卡里那个时代，帕台农神庙的雕塑也已经受到严重损坏，缺胳臂少腿，不过，他那些素描画的独特价值源自于这样一个事实：在1687年威尼斯人在莫罗西尼率领下对雅典狂轰滥炸期间，它们受到了进一步的损坏。科内利奥·马格尼在1688年出版了一本描述奥里耶·德·诺因特尔探险的纪闻，他当时也陪伴在侯爵身边。在卡里开始画遗址之后不久，乔治·惠勒爵士去累范特和希腊旅行，陪伴他的是法国古物研究者和批评家雅各布·斯庞。

关于这次探险的英文记述②唤起了更喜欢冒险的英国人去希腊旅行的兴趣，尤其是业余艺术爱好者协会的成员，他们的目光早已超出了罗马七山之外。那些立即对这些新的机会作出响应的人是一群建筑师、画家和鉴赏家，他们靠卖古董给探访首都的英国贵族为生。这群人当中，有3个人的名字格外引人注目：给莱斯特伯爵设计霍尔汉姆庄园的建筑师马修·布雷廷厄

安吉利卡·考夫曼：《托马斯·詹金斯和他的侄女安妮》

姆和画家加文·汉密尔顿，而第三个人托马斯·詹金斯在很多方面都是这三个人当中最别具一格、最有吸引力的，他

> 托马斯·詹金斯（约1722～1798），英国古董收藏家和画家，大约1750年前后陪伴英国风景画家理查德·威尔逊去罗马旅行，并在那里定居下来，成为一名艺术品交易商，并给英国游客充当导游。

被认为是罗马古董生意领域最臭名昭著的造假者和骗子。这三个人全都是温克尔曼和阿尔瓦尼红衣主教的朋友，不仅有条件接触罗马城里很多私人宫殿和收藏，而且在发掘这件事情上享有很高的特权，许多

年来在最著名的古代花园和别墅里实施了挖掘。温克尔曼推荐詹金斯充当代理人,负责销售已故的施托什男爵的宝石收藏,这批收藏后来被腓特烈大帝为柏林买去了。詹金斯是一个十分高明的演员和画廊玩家,经常为了做成一笔交易或拍卖而诉诸眼泪及其他戏剧性的姿态,起初总是哭哭啼啼地拒绝卖掉一件心爱的藏品,任何价格都不行,尽可能打动预期买主的情感,赢得他的同情。戈兰尼曾这样说到他:"他会为一出绝妙的喜剧提供材料。他的感情多半是真诚的,他大概确实依恋他所卖的东西。无论如何,如果说这种装模作样是他的生意不可分割的组成部分,那我们必须承认,他已经把这一绝技操练到了尽善尽美的程度。"

米歇利斯对詹金斯的描述是基于英国雕塑家诺勒肯斯的证词,诺勒肯斯在罗马生活了将近10年,跟着卡瓦切皮学习修复的原理,以及优雅的造假技艺:用茶水和烟草汁做铜绿。

1742年,英国人在罗马的聚居地因为两个人的出现而扩大了,他们毕生的心血之作《雅典古迹》(*The Antiquities of Athens*)将成为19世纪考古学的奠基石。第一个人是英国北方一位军人的儿子**詹姆斯·斯图亚特**,他最初是一位画师,给古匹画扇面,后来徒步去了罗马,在那里成为传信学院一名研究古典的学生。他在那里出版了一本拉丁文专著,论述战神广场的方尖塔碑,这本书让

> 詹姆斯·斯图亚特(1713~1788),英国考古学家、建筑师和艺术家,新古典主义的先驱,以研究雅典古迹而闻名。

他引起了教皇的关注和青睐。另一个人是**尼古拉斯·列维特**,他父亲是一个英国乡绅,

> 尼古拉斯·列维特(1720~1804),英国业余建筑师和艺术家,研究古希腊文物的先驱,因为整理和研究雅典古迹而被人称做"雅典人列维特"。

尼古拉斯·列维特

他来罗马原本是为了跟本内菲亚勒学画。6年后,也就是1748年,布雷廷厄姆、斯图亚特、加文·汉密尔顿和列维特一起去那不勒斯徒步旅行,探访了赫库兰尼姆古城,以及庞贝新出土的文物,这座古城就是在那一年被挖开了。正是在这次旅行中,他们起草了一份计划书,题为《关于出版雅典等地古物的精确描述的提议》。对斯图亚特和列维特来说,这是一次爱的劳动;而加文·汉密尔顿则主要是被它所提供的机会给打动了:可以弄到一些能够在伦敦市场上卖个好价钱的东西。两年后,斯图亚特和列维特得到了马尔顿伯爵和查尔蒙特勋爵的

资金支持,信心倍增,他们动身去了威尼斯,打算从那里乘船去希腊。

在威尼斯,他们受到了英国国王特派代表詹姆斯·格雷爵士的影响,格雷是业余艺术爱好者协会的一位热心会员,这两个年轻人给他留下了很深的印象,以至于要推荐他们成为该协会的会员,4 年之后,刚一回到英国,他们便被正式推选为会员。在多次耽搁和推延之后,他们终于到达雅典。他们在那里遇到了约翰·布沃利、詹姆斯·道金斯和罗伯特·伍德,这 3 个英国绅士肩负着类似的使命,打算动身前往小亚细亚。尽管有瘟疫和热病(布沃利后来就死于热病),还有战争和土耳其警察没完没了的刁难,但正是由于这几位考古学先驱的通力协作,雅典的工作才得以完成。很快,《雅典古迹》和《爱奥尼亚古迹》(The Ionian Antiquities)相继出版,还有另外一些关于小亚细亚古迹的出版物,这些古迹迄今为止在西欧尚不为人知。业余艺术爱好者协会十分热情,以至于立即着手为斯图亚特著作随后几卷(第二、第三和第四卷)的出版筹集资金。

不可避免的是,这次新一轮的、有见识的考古学研究将反映在建筑和室内装饰上。在法国,到 18 世纪中叶,所谓的"路易十六风格"已经在枫丹白露宫玛丽·安托瓦内特的房间里得到了示范。蓬巴杜夫人,以及她的继任者(或多或少有些偶然)杜巴利夫人,热烈欢迎古典主义的新发现,这些新发现影响了装饰和纺织品设计的各个方面。法国丝绸的图案,以及洛可可式的波浪花纹,也被弄直了,并被严格的古典线条弯曲成了弧形。在英国,由于苏格兰的一个建筑和设计世家亚当家族的影响,也发生了类似的转变。

萨克维尔-韦斯特小姐说,亚当兄弟"极其优雅而精致。关于他们,最令人惊讶的一件事情是:他们竟然是兄弟,而不是姐妹。他们一共有 4 个人:罗伯特、詹姆斯、约翰和威廉。罗伯特(1728~1792)和弟弟詹姆斯(他在所有工作中与哥哥通力合作)是其中有重大影响的两个人。他们喜欢更轻巧的古典样式:壁龛、弦月窗、浅浮雕、壁炉架,以及与外部建筑相匹配的家具设计。亚当兄弟从内到外都很优雅,他们像伊尼戈·琼斯一样,强有力地赋予英国建筑以新风格。希腊的优雅装饰着比例恰到好处的房间,像鸟蛋一样着色细腻而微妙,樱草色和韦奇伍德青花色,柠檬黄和乳白色,淡绿色和白色,看上去似乎有些古怪,这样高度原创而细腻的风格,竟然是苏格兰和戴克里先在斯巴拉多的宫殿的产物。"③

罗伯特·亚当在意大利过了 3 年,在那里结识了温克尔曼,并成为皮拉内西的密友。法国考古学家克莱里索陪伴他去了达尔马提亚,去考察那里的公共建筑和戴里克先的宫殿,并绘制精确的素描图。回到英国之后,他把这些研究成果立即付诸实践,应用于像塞恩庄园和兰斯道恩庄园这样一些大房子。

就算你可以指责亚当的风格琐碎而乏味,但你至少得承认,正是这种风格与那个时代的品味和学术形成了鲜明的对照。

亚当兄弟设计的建筑铸件

亚当第一次发现，罗马人自己在良好的比例感的引导下，认真细致地把公共建筑的内部装饰与家庭起居室的内部装饰区别开了，据此，"他推翻了主宰着乔治王时期建筑的那种自负而笨重的理论。高居于墙顶之上的笨重檐口和柱上楣构被驱逐出去了，取而代之的是轻盈、欢快、优雅、奇特、甚至怪诞的装饰样式。"艾伦·斯普拉格认为，在亚当发展自己风格的过程中，对他影响最大的是"梵蒂冈凉廊中精美浮雕上的古代灰泥制品，以及拉斐尔设计的彩绘阿拉伯图饰。他声称，就内部装饰而言，这种古典装饰风格是迄今为止最完美的风格，当我们巧妙地运用它的时候，就能够呈现出独一无二的美"。他自己设计的壁画，其基本图案包括斯芬克斯、格里芬和公羊的头，黄道带的符号，大徽章，带有用浅浮雕的形式制作出来的布纹花饰的长方形牌匾，是古典主义奇思妙想的全套动作，使得辉格党协会的新客厅显得如此令人愉快，同时又如此宽敞。

对纯正雅典风格的狂热并没有逃脱无礼者的攻击。一位批评者写道，在亚当先生设计的房间里，"细木工、玩具制作者和糕点师傅的小装饰肆无忌惮地主宰着一切。在这里，床柱那轻盈而优雅的律令战胜了古希腊笨重的样式。在这里，半壁柱与雕花桁条争辉，芜蔓繁杂的古代叶饰让位于精致漂亮的铸件"。而且，贺加斯一直痛恨一切外国的影响，只相信对本国产品的人为刺激，他在一幅题为《假发的5种样式》的雕版画（发表于1761年）中讽刺了斯图亚特的古董。他之所以把这幅雕版画命名为"假发的5种样式"，是因为"从建筑学上衡量，它们不过是在最后一次加冕礼上佩戴的假发"。

○ 注释

① 关于这些画的实际作者身份的争论，可参看科利尼翁的《帕台农神庙》（Le Parthénon），第72和73页。
② 1678年由乔治·惠勒以《希腊之旅》（A Journey into Greece）为题出版。
③ V. 萨克维尔－韦斯特：“英国乡村宅邸”，载《乡村英格兰全景》（Panorama of Rural England），1944年，第64页。

9. 业余爱好者与考古学

18世纪最后四分之一个世纪见证了古典文物收藏家的活跃,这种活跃将于1811年在围绕议会凭借法案获得埃尔金大理石的问题所展开的激烈争论中达到高潮。在此期间,由于查尔斯·格雷维尔、威廉·汉密尔顿爵士、查尔斯·汤利和佩恩·奈特这几个人,大英博物馆古典文物部门未来至高无上的地位得以确保。约瑟夫·班克斯爵士的影响(他把自己的一大批藏书捐献给了大英博物馆)使得业余艺术爱好者协会(他是该协会的一名官员)把目光转向了这家新生机构的发展和促进。格雷维尔发现,漂亮的艾玛·莱昂(后来的汉密尔顿夫人、纳尔逊勋爵的情妇)是一个颇有造诣的钱币和徽章收藏家。她那位乐于助人的丈夫**威廉·汉密尔顿爵士**,就其对古代文物的热情而言几乎是专业性的,他积攒了有史以来最大的两批古文物收藏。

作为英国公使和全权代表,汉密尔顿在那不勒斯生活了26年,每天与赫库兰尼姆和庞贝古城的考古学家通信,事实上,他是"第一个到现场购买农民的私藏文物并把它们从发掘地带走的有钱人"。而且,他作为外交官的位置使得他能够从瓜分官方

> 威廉·汉密尔顿(1731~1803),苏格兰外交官、古董专家、考古学家和火山学家,曾出任英国驻那不勒斯王国大使。他妻子艾玛与纳尔逊勋爵之间的风流韵事是当年社交界轰动一时的桃色事件。

乔治·罗姆尼:《艾玛·汉密尔顿肖像》

发现中得到酬劳，每天都有这样的发现被挖掘出来。汉密尔顿对任何形式的古代艺术都有着强烈的兴趣，他的主要贡献是作为"伊特鲁里亚"花瓶的收藏家，在这方面，他搜集了大约730件品质精良的样本。这些花瓶的目录是第一次努力，试图把这种古代陶器分为不同的类型和群组。米歇利斯说："汉密尔顿的功劳在于，他最早欣赏这些花瓶的形状、色彩和绘图的朴素之美，把简朴与其图案的设计感结合了起来，正是他，最早认识到这些朴实无华的器皿对于塑造和提升现代艺术品味的价值。"①这些花瓶，连同175件赤土陶器，300件古代玻璃器皿，627件青铜器，大量的盔甲，150件象牙制品，150件宝石和同样多的黄金珠宝装饰品，超过6000个钱币（大多是大希腊地区的），以及一批五花八门的大理石收藏，全都在1772年被他带回了英国，并以8400英镑的价格卖给了大英博物馆。这次购买是大英博物馆自建立以来利用公共经费对它的藏品所作的第一次重要添加，并为它未来的古典收藏奠定了坚实的基础。威廉·汉密尔顿爵士还在波特兰太公爵夫人收藏的发展中起到了关键作用，后者正是通过他，才获得了著名的"波特兰花瓶"。他再度回到了那不勒斯，并立即着手积攒第二批收藏，这批收藏的一部分后来流入了迪普登的霍普先生的收藏，但大部分在海难中葬身汪洋。

就在汉密尔顿在那不勒斯忙着为自己购买藏品的同时，另一位英国驻威尼斯外交官也在忙着搜罗他在希腊和亚得里亚海沿岸能够找到的每一件希腊古物的残片。他就是理查德·沃斯利爵士，一个充满激情的业余考古学家，他在一部重要的两卷本著作《沃斯利博物馆》（*Museum Worsleyanum*）中发表了他的庞大收藏。这批收藏中的一部分如今被他的后人亚伯勒伯爵所拥有。

不过，说到18世纪那些把自己毕生的精力和财富奉献给古典文物的业余爱好者，

约书亚·雷诺兹：《威廉·汉密尔顿肖像》

其中最引人注目、也最可爱的，还得算是查尔斯·汤利（属于兰开夏的汤利家族）。他母亲的那一支源自阿伦德尔伯爵，一出生就是个天主教徒和二世党人。查尔斯·汤利自1765至1772年生活在罗马，在那里成为威廉·汉密尔顿爵士的心腹密友，他经常去那不勒斯看望威廉爵士，还跟加文·汉密尔顿以及那位行迹可疑的詹金斯有着密切的联系，经常在他们的发掘和谈判中充当一个默不作声的伙伴。尽管有梵蒂冈的禁令，以及教皇和他手下的考古学家们为罗马保全精美艺术品所付出的努力，可是，凡是汤利想要得到的藏品，他很少输给他的竞争对手。1772年，他回到了英国，带回了他的收藏，并为这些藏品在威斯敏斯特区公园街7号专门建造了一间画廊和房子。这幢房子成了那个时代的鉴赏家、艺术家和文人主要的聚会地。约书亚·雷诺兹爵士和佐法尼经常出席"汤利先生著名的礼拜日晚宴"。

汤利原本打算把自己的收藏遗赠给大英博物馆，他在遗嘱中也是这样说的，但是，清算其财产所涉及到的困难使得遗嘱执行人不得不卖掉这批收藏。国家很不情愿地花2万英镑为大英博物馆买下了它们。专门安排了一间汤利画廊，在这里，这些希腊大理石雕像（可惜大部分是罗马人的）的优先权一直无可置疑，直到围绕埃尔金大理石而爆发的那场论战被人们遗忘了许久之后。然而，汤利最应该被人们铭记的，还是他与佩恩·奈特合作为业余艺术爱好者协会承担的那份出版物。这份出版物直至汤利去世之后才面世，题为《保存在几批英国收藏中的古代雕塑样本选》（*Select Specimens of Ancient Sculpture Preserved in the Several Collections of Great Britain*）。至于选择哪些作品制作雕版画，则是两位作者共同完成的。

大概颇有讽刺意味的是，半个世纪以来，业余艺术爱好者协会如日中天，却由于他们出版了一部论述生殖崇拜的著作，由于他们坚持认为埃尔金勋爵带回英国的帕台农神庙的雕塑要么不重要、要么不是希腊人的原作，从而导致人们的反感，变得灰头土脸。事实上，在佩恩·奈特的粗暴领导下，他们支持斯庞博士在1680年提出来的意见：这些雕塑只不过是哈德良时代的罗马复制品。

理查德·佩恩·奈特具备了真正考古学家身上所有的复杂和困境——妒忌，自认为一贯正确，再加上一种迫害感，以及对本学科的狂热。他的知识仅次于他的影响力和说服力，他的品味（在有限的专门化领域是如此显著）被扭曲到了这样一种程度，以至于任何东西，只要不是他本人发现的成果，都会招致他的报复和嫉恨。在他还是一个17岁的小伙子时，他就探访过意大利，并于1777年在西西里待了一年，他在那里出版了一本日记，深深打动了德国诗人歌德，后者把它翻译成了德文，题为《西西里旅行日记》（*Tagebuch einer Reise nach Sicilien*）。结果，佩恩·奈特以伦敦社交界的品味仲裁人自居，以斩钉截铁的语气发表他神谕般的意见，最终让他颜面扫地。

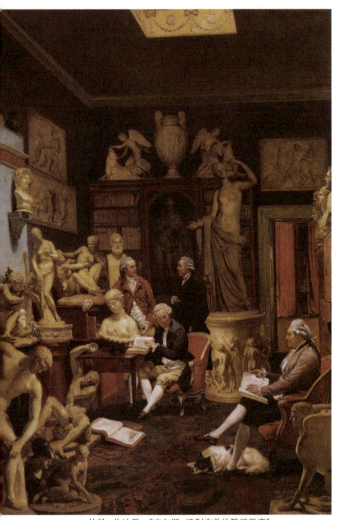

约翰·佐法尼:《查尔斯·汤利在他的雕塑画廊》

如果说,作为一个学者,佩恩·奈特有点勉为其难,那么,作为一个收藏家,他真正算得上超群出众。他的古物收藏包括大理石雕像、宝石、钱币和青铜像;在青铜像这个领域,他有真正的鉴别力,尽管在雕塑上他的鉴赏力并不怎么样。他热心收藏古典大师的素描,尤其是克罗德的;事实上,他所获得的这些藏品对大英博物馆的宝藏来说构成了非常重要的添加,他在去世时把它们全部遗赠给了大英博物馆。

假如汤利还活着,佩恩·奈特多半不可能陷入他所犯下的那些判断错误:因为在很多方面,他们的品味和兴趣是互补的。汤利对雕塑感兴趣,他的家里塞满了各种尺寸和形状的大理石雕塑。另一方面,佩恩·奈特对柜中陈列品感兴趣,最精美的金银珠宝和钱币,小青铜像,以及技艺精湛的工艺品占绝大多数。当然,这种对小玩意儿的专注同样是纨绔子弟的典型特征,他无疑是个纨绔子弟,这使得他对更大的形状毫无感觉。在他去世的时候,其藏品的价值在5万至6万英镑之间,这对那年头来说是一个非同寻常的数字,也让我们对他的兴趣和活动有了一定的认识。

1784年,佩恩·奈特在汤利家里遇见了迷人的法国探险家皮埃尔·弗朗索瓦·于格,用的是汉卡维尔男爵这个名字。他与威廉·汉密尔顿爵士合作,出版后者的希腊和罗马花瓶图录。然而,他毕生的工作是编纂他的《希腊艺术的起源、精神及发展研究》(*Recherches sur l'origine, l'esprit et les progrès des arts de la Grèce*),这部著作最终于1785年出版。后面这本书,是"神秘符号的揭示和毫无根据的假说所组成的异想天开的大杂烩",虽然想象力丰富,但一点也不科学,是詹姆斯·弗雷泽爵士那部《金枝》(*The Golden Bough*)的先驱。但18世纪没有经历过赫胥黎和达尔文的进化论,尚没有准备探索象征主义和纵欲过度的意义。因此,当佩恩·奈特和威廉·汉密尔顿合作(也受到了汉卡维尔的影响)的那部著作把生殖崇拜的详尽材料带到热心公众的面前时，它也就打开了一扇道德义愤的泄洪闸门，释放出一场自诺亚时代以来就未曾见过的狂风骤雨，并在未来几代人的时间里吞没了英国人审美品味的诺亚方舟。

子孙后代和学术界确实可能早已忘记了佩恩·奈特犯下的这次良好教养上的失误；但正是他针对埃尔金勋爵的那场战争（打了将近20年）让他罪无可逃，永远像个孤魂野鬼一样在古典考古学家的炼狱里徘徊游荡。在《样本选》的第一卷里，佩恩·奈特甚至没有见到从雅典带回的大理石雕像，便竭力抨击它们，并挪用斯庞原创的、但完全是试探性的意见，说它们是罗马人的作品。尽管有少数反对的声音，但奈特的声望，以及他对业余艺术爱好者协会的绝对控制，足以让他们支持他的看法。在这件事情上，佩恩·奈特的动机究竟是什么，如今在很大程度上只能是推测了。有些作者认为，一个像他这样真正有尺度、有能力的鉴赏家，必定是故意采取这样的立场，为的是保护朋友们收藏的声誉，比如汤利和兰斯道恩勋爵的收藏，他必定意识到了这些收藏更次一些。这些论点总是被另外一些考古学家提出来，但他们没能从奈特的姿态中认识到这位考古学家的性格和气质的本质。更有可能，这正是由于全知全能者的傲慢和固执，即使是和谈会议上的一个政治家，也比一个学界霸主（作为自

理查德·佩恩·奈特

己所从事的特定领域的权威）更有能力否定自己先前抱持的观点。

在"雅典人"斯图亚特的著作出版之前，18世纪一直信赖一个世纪之前卡里为国家美术馆绘制的那些素描图，信赖斯庞和惠勒所作的注释，认为他们关于雅典卫城遗迹的知识是可靠的。在这一时期，雅典卫城被抛弃了，被扔给了威尼斯人，扔给了土耳其人和现代雅典的建造者。几百年来，后者一直在把他们手边能够找到的大理石雕像全都拿去烧制石灰，为中世纪城市的建筑制作灰浆。最后，威尼斯人在1687年对雅典的狂轰滥炸，是一个把古典遗迹所剩无几的东西抛弃给大规模破坏的信号。

○ 注释

① 米歇利斯：前引书，第110页。

10. 埃尔金大理石之战

"把古希腊迁移到英格兰",这是将近两百年前皮查姆向阿伦德尔勋爵提出的建议,但直到拿破仑战争结束,这个想法才得以实现。但它终归实现了,这要归功于约克郡建筑师哈里森与他的雇主、七世埃尔金伯爵托马斯·布鲁斯之间的合作,哈里森在法夫郡为埃尔金伯爵建造了布鲁姆庄园。托马斯·哈里森曾在罗马求学,长期以来一直是"雅典人"斯图亚特的一位满腔热情的门徒。1799年,当埃尔金伯爵被任命为英国驻君士坦丁堡大使的时候,哈里森向他暗示,"可以为他的布鲁姆庄园弄点雅典古代雕塑遗迹的铸件和素描画"。埃尔金被这个想法给迷住了,起初他认为,政府应该提供经费,详细记录伯里克利时代残留下来的所有遗迹。皮特倒是产生了兴趣,但拒绝批准任何额外的费用,政府已经过多地负担了战争的成本。因此,埃尔金决定自掏腰包着手这项工作,在威廉·汉密尔顿爵士(他当时在西西里)的建

> 托马斯·布鲁斯(1766~1841),七世埃尔金伯爵,苏格兰贵族和外交官。他因为把帕台农神庙的大理石雕塑从雅典运到英国而举世闻名。他还是第二次鸦片战争中英军总司令埃尔金勋爵的父亲。

约书亚·雷诺兹:《埃尔金伯爵肖像》

议下，埃尔金雇佣了一个绘图师、两个建筑师和两个训练师，跟他一起去雅典。大使带着这帮随从，前往君士坦丁堡。他自己并没有去雅典附近，而是在做了一些必要的准备之后，派出了一小队人马，在汉密尔顿的指导下，前往那里。由于这一时期拿破仑在埃及的成功，英国在君士坦丁堡的影响力微不足道，除了画点素描之外，要想做更多的事，获得官方的许可是不可能的。米歇利斯说，雅典当局"在各种五花八门的阴谋诡计、推脱回避、妨碍拖延上表现出了足智多谋。比方说进入雅典卫城，每天要花掉将近5英镑的赏钱。"因此，在9个月的时间里，仅此一项就是一笔不小的花销。

接下来，埃及的事态发生了变化，米歇利斯说（后文引用的就是他对埃尔金事件的记述），英国的影响力再次在土耳其宫廷占主导地位。埃尔金立即利用了这一有利的转变。①

> 土耳其皇帝立即颁发了一道新敕令，允许竖起脚手架，浇铸石膏模型（1801年5月）。这项工作在雅典卫城郑重其事地开始了，进入卫城再也用不着每天交钱，尽管即使到这个时候，卫戍部队方面的反复无常和麻烦一点也不少。埃尔金勋爵亲自探访了雅典，使得他确信了这些事实，于是，他要求得到进一步的权力。他很快就能够安排购买和毁坏帕台农神庙隔壁的两幢房子。在一幢房子下面发现了大量代价高昂的残片和山墙装饰图案，而在另一幢房子下面什么

也没找到。土耳其业主带着嘲讽的微笑指了指城墙里的石灰，这些石灰就是用曾经耸立在这里的大理石雕塑烧制的。这并不是唯一一次这样的经历。对世界上最精美艺术品的毁坏正迈着巨人的步伐一路向前。自道尔顿、斯图亚特和列维特在半个世纪之前绘制素描图以来，很多东西已经消失不见了，很多东西已经被摧毁。年复一年，不断涌入的旅行者越来越多，不断经水路带走或大或小的古迹残片。很显然，最悲惨的命运在等待着雅典的建筑和菲迪亚斯的雕塑，它们将逐渐被打碎，散落到世界的每一个角落。

大使馆的牧师菲利普·亨特是"雅典各项任务的生命和灵魂"。正是他，向埃尔金爵士建议，应该借助那些授予工作人员更大自由的条款，来获得进一步的特许令。事实上，许多年后，议会下院那些诋毁埃尔金勋爵的人正是利用这一特许令来反对他，因为它许可他的探险队有几乎不受限制的自由，"进出雅典要塞，在古庙神像的周围搭建脚手架，用白垩或石膏浇铸装饰及可见图案的模型，测量其他被毁建筑的残片和遗迹，或者在他们认为有必要的时候挖掘地基，以寻找废墟中的碑铭"。这份特许令最后命令："任何人不得干扰他们，不得乱动他们的脚手架或工具，不得阻碍他们拿走任何带有铭文或图案的石头。"米歇利斯继续说，"这份值得铭记的特许令最后那句很有弹性的话，亨特十分明白易懂

地向雅典总督进行了详细解释,并送上了鲜亮耀眼的刻花玻璃吊灯架、火器及英国制造的其他用品作为礼物,公爵立即许可他拿走帕台农神庙上的一块柱间壁。亨特十分审慎,立刻让人把这块柱间壁搬上了船,运往英国。后来,议会下院任命了一个委员会来调查此事,亨特在给委员会的报告中声称,如此轻而易举地获得了这块柱间壁,这诱使埃尔金勋爵利用这份特许令,从帕台农神庙上卸下另外几组雕塑,他在相当可观的范围内这样做了,不仅在帕台农神庙,而且在雅典卫城的其他大型建筑物上如法炮制。"

他们在一年左右的时间里雇佣了两三百人,他们的劳动成果众所周知,米歇利斯是这样总结的:

> 从帕台农神庙上卸下的主要的三角墙装饰图案、15块柱间壁及56块岩屑板(这还不包括大量残片),从伊瑞克提翁神殿卸下的一尊女性人体雕像,从雅典娜胜利女神庙雕带上卸下的4块石板,此外还有大量建筑残件和超过100件石刻,构成了这批宝贵的战利品。其中很多东西被毫无困难地从原来的地方带走了;特别是几块柱间壁的拆除,以及伊瑞克提翁神殿上那尊雕像的拆卸,给周围建筑造成了严重的损害。与此同时,我们一定不要忘记这样一个事实:很大一部分雕塑很久之前就切断了原先的联系,散落于要塞的各个角落,有时候在上面建造了简陋的棚屋,要不然就是被砌进了墙里,如今,它们的收集和保护要归功于埃尔金勋爵的代理人。有人可能会怀疑,埃尔金勋爵在利用其官方地位的影响力促进其私人事业上是不是有欠审慎,或者,对特许令的解释(有雅典地方官的默许)是不是符合土耳其政府的观点。但是,只有那些盲目愤怒的人才会怀疑下面这个事实:埃尔金勋爵的行动实际上是一次保护行动,他所采取的是唯一可能的步骤,只有这样才能把菲迪亚斯包罗万象的作品搜集到一起,保护它们免遭进一步的损毁,使得这些有幸在此前所有灾难中幸存下来的东西,幸免于莫罗西尼的轰炸,幸免于法奥维尔的劫掠。

埃尔金勋爵在1803年被召回伦敦。他在雅典停了下来,想看到这项工作结束,并检查满满200箱打算运往英国的大理石。鲁西埃里和他的秘书威廉·理查德·汉密尔顿留了下来,负责监督这些东西装船。接下来,埃尔金勋爵去了罗马,他在那里向卡诺瓦展示了这些大理石作品的素描(卡诺瓦是最早赞赏这些东西的欧洲艺术家)。我们有趣地注意到,正是卡诺瓦,努力说服了埃尔金,应该原封不动地保存这些大理石,千万别让修补师碰它们。在继续返回英国的途中,埃尔金勋爵在1805年被法国人掳为战俘,被监禁在巴黎长达两年。他的艺术财宝遭遇了另一种不幸的厄运:

> 它们当中的大多数通过不同的船运抵了英国,但由于箱子的主人和他的家

人都不在,它们一直留在了英国的各个港口无人认领。大约有10多个大箱子在雅典装上了双桅船"曼托尔"号,旅行回来的汉密尔顿也登上了这艘船。在基西拉岛附近,这艘船突然漏水,就在港口的入口处撞上了一块礁石,葬身海底。同一年,汉密尔顿曾经在科斯岛和塞因岛成功地挽救了潜水员打捞起来的4个箱子。这一回,他做出了代价更为高昂的努力,试图在快速帆船的帮助下,把整个船打捞出来,但没有成功。直到两年后,这艘船已经化为碎片,同样是那几个潜水员,把剩下的几个箱子从海底打捞了上来,让它们重见天日。这批货物如今可以运往英格兰。在此期间,鲁西埃里不得不在雅典经受另外的危险。1807年,土耳其宫廷向英国宣战,他被迫离开雅典。埃尔金勋爵的大理石一直储藏在军火库里,这回被法国人查扣了,被带到了比雷埃夫斯港,在那里面临着被运往法国的危险。因此,它们看上去似乎很可能再次风流云散。但英国握有海上霸权,因此法国人找不到可靠的机会来运输它们。敌对状态因为一次仓促的和谈而结束了,鲁西埃里发现自己再次拥有了所有这批财产。然而,直到1812年,大约由80个箱子组成的这一大批货物才运往英国。

埃尔金勋爵在自己被法国人抓为俘虏的那一刻捎话给英国政府,希望政府接管自己辛苦搜集起来的这批收藏。但佩恩·奈特暗地里的捣鬼已经造成损害。在《古代雕塑样本选》的导言中,他攻击帕台农神庙的雕带和柱间壁"只不过是些建筑雕塑,是根据菲迪亚斯的设计图、并在他的指导下,由工人制作出来的,这些工人几乎不可能跻身于艺术家的行列,很少能够呈现其

埃尔金运回的大理石浮雕

艺术的重要细节。它们明显是很多不同的人的作品,其中很多人,即便是在文明程度不高、也不怎么讲究的时代,也算不上艺术家"。在埃尔金勋爵回到英国之后第一次遇见佩恩·奈特的那次宴会上,后者大声喊道:"您白白浪费了您的劳动,我的埃尔金勋爵,您的大理石被高估了,它们不是希腊人的,它们是哈德良时代罗马人的作品。"

但是,佩恩·奈特的攻击,其性质是如此怯懦而具有报复性,以至于皇家艺术学院的艺术家立即来给埃尔金解围,他们包括:费城画家和皇家艺术学院院长本杰明·韦斯特,学院收藏的管理人、瑞士人亨利·福塞利,不过,其中最重要的是**本杰明·罗伯特·海登**。这些艺术家都是一代人之前的古典主义学说喂养大的,他们宣称,这些雕塑是全世界所见过的希腊艺术真品最美的样本。

> 海登(1786~1846),英国历史画家,一辈子被财务上的困难所烦扰,几次因负债而遭到监禁,最终于1846年自杀。

这些大理石展出了一段时间,展览地点是所谓的"埃尔金博物馆",那其实是一间马厩,与他在公园巷的宅邸相连。海登与画家威尔基(他手里有一张入场券)一起去观看了展览,他后来在1809年9月23日写信给埃尔金勋爵说:

> 从这些精美的作品中,我能看到所有伟大的艺术原则,所有这些都是宏大的、必需的和美的。您已经通过把它们带到英国从而让自己名垂千古了,我的勋爵,您如果愿意建造一幢配得上它们

的房子,允许学生们前来参观,那您的不朽就会有更牢固的根基。米开朗基罗是从洛伦佐·德·美第奇的花园里培养出来的。对于我们国家的艺术,我一点也不担心,假如这些作品得到了应有的研究和学习——无论它们流落何方,它们都会创造卓越——我预言,我们的子孙后代将会把真正艺术的开始追溯到它们落足这个国家的那一刻——它们是如此纯粹,如此未受污染,没有任何多余的东西。那个马头是人类构思和创作的最高成就,假如创作这尊雕塑的人不是世界上最伟大的艺术家,我不知道谁是——瞧它的眼睛、鼻子,还有嘴,它足以赋予周围的大理石以生命的活力,足以在死的骨架之下创造出灵魂。

但是,海登及其他艺术同行的请求被当成了耳旁风,贵族圈子、内阁和议会下院全都在佩恩·奈特和他在业余艺术爱好者协会的朋友们的掌控之中。当埃尔金由于这项事业而遭遇了很多经济困难而不得不提出把这些雕塑卖给英国政府的时候,珀西瓦尔首相只给他报出了一个微不足道的价格。在此期间,论战变得如此激烈,业余艺术爱好者协会反对这些雕塑的理由由于欧洲大陆艺术家的意见而显得如此不堪一击,于是,他们索性把枪口转向了埃尔金勋爵的品格,指控他在外交机构的保护下着手一项劫掠希腊的商业事业,其目的是为了中饱私囊。他被嘲弄为"大理石贩子",甚至是"大理石窃贼",被描述为一个现代的

皮克特人。拜伦勋爵在 1812 年加入了这场战斗，他自始至终是希腊的捍卫者，他借恰尔德·哈洛尔德之口发出了这样的哀叹：

看着英国人的手破坏你的胜景，
搬走你残破的神坛，他们本该
*保护这些古迹，那是责无旁贷。*②

然而，潮流很快变得对埃尔金有利。在 1848 年的巴黎和会结束之后，巴伐利亚王储路德维希访问了伦敦，他此行抱着一个明确目的：如果可能的话就买下帕台农神庙的大理石。他最近刚为慕尼黑弄到了几件著名雕塑，来自埃伊那岛神庙的三角墙。他在赞美雕塑上嗓门很大，但在行动上却很谨慎；据说他曾把 3 万英镑交到他的代理人手里，让他在合适的时候加入这场论战。拿破仑博物馆的主管恩尼奥·基里诺·维斯康蒂也抱着同样的想法来到伦敦。维斯康蒂的父亲是一位伟大的考古学家，曾经在梵蒂冈为克莱门特十四世和庇护六世组建庇护-克莱门特博物馆。在给拿破仑效力之后，维斯康蒂便负责监管运输罗马遗迹去巴黎，被认为是他那个时代最重要的权威，但在很多人看来，他是一个"用 10 英镑就能买到其鉴定意见的权威"。

埃尔金依然希望永久性地把他的大理石保存在大英博物馆。直到他从前的秘书威廉·理查德·汉密尔顿成了外务次官，政府的意见才最终抛弃业余艺术爱好者协会的偏见，开始带着赞成的态度看待购买这些著名作品。此外，就在同一年，也就是 1814 年，摄政王（后来成了乔治四世）花 1.5 万英镑为大英博物馆买下了来自菲伽里亚的那些著名浮雕。佩恩·奈特和他的小圈子故意大声表达他们对这些雕塑的喜爱和赞颂。

最后，卡诺瓦抵达伦敦，他的到来引发了必要的行动。他大声宣布，埃尔金的大理石"甚至超过了《观景楼的阿波罗》"。他说："噢，假如我是个年轻人，不得不从头开始，我将按照完全不同于我以前所遵循的那些原则工作，我希望由此开创一个全新的流派。"

> 安东尼奥·卡诺瓦（1757～1822），意大利新古典主义雕塑家，他的作品标志着雕塑从戏剧化的巴洛克时期进入到以复兴古典风格为追求的新古典主义时期。

最不客气的一击，也是让佩恩·奈特彻底无法立足的一击，来自卡诺瓦，他建议："如果英国政府愿意为菲伽里亚的浮雕掏 1.5 万英镑，那么毫无疑问，埃尔金大理石值 10 万英镑。"在这一议价建议的提示下，议会下院开始竖起他们的耳朵，并表达了潜藏在每个人心里的这样一个疑问："既然这些雕塑是埃尔金勋爵肩负外交使命获得的，那么，它们属于英国政府的自然财产难道不是天经地义的么？"有很多人谈到了国王的征用权和特权。亨利·班克斯在议会下院表达了这些疑问，当他被任命为下院特别委员会主席负责调查此事的时候，埃尔金的朋友们深感震惊。这个委员会还负责调查："为了公众的利益而购买这批收藏是否恰当，如果恰当的话，应该以什么样的价格购买才算合理"。

正是在这个节骨眼上，由于下院有机

会采取行动,巴伐利亚王储的代理人才公开报出了他的价码:3万英镑。但班克斯表现得十分得体(尽管他早先心存偏见),是一个十分公正的主席。我们必须再一次信赖米歇利斯对这次调查的精彩记述。1816年2月29日,听证会开始举行,埃尔金勋爵是第一个证人,他、汉密尔顿和亨特自然是查明事实的主要证人;还召来了另一批旅行者,要求他们证明雅典卫城的状况和疏于管理,以及这些古物如果继续留在土耳其人和希腊人手里,它们将面临何种程度的危险。接下来,有更大的一群艺术家和鉴赏家,其中最强烈的反对者正是佩恩·奈特本人。海登没有被叫来作证,因为他已经表现出了对佩恩·奈特的强烈反对。但艺术家们的证词"语气大不相同,尤其是雕塑家弗拉克斯曼、钱特里·韦斯特马科特和罗西的证词,脾气古怪的老诺勒肯斯不怎么爱说话。尽管他们回答个别问题时风格各异——弗拉克斯曼就艺术史的问题给委员会讲了一堂课——但他们的一致意见是:埃尔金大理石属于所有已知古代文物中最高级别的,它们不仅胜过汤利收藏的希腊或罗马雕塑,而且比菲伽里亚的浮雕更值得选择。卡诺瓦已经表达了这样的意见。……这是新老品味的第一场战斗,不过,前者的胜利是预料之中的结局"。海登对自己没有被委员会召来作证深感愤慨,他在媒体上发表了一篇文章提出强烈批评,文章的题目是:《论鉴赏家的判断比专业人士的判断更受青睐》。正是这篇文章,造成了一时的轰动,很多人撰文回应和反驳,并被翻译成了多种外语,作为新的艺术福音传播到了欧洲各地。接下来,出现了"维斯康蒂的两篇十分高明的文章,他上一年秋天在巴黎皇家学院宣读过它们。埃尔金勋爵及时收到了这两篇文章,并让人把它们连同卡诺瓦的一封信,分别用原文和英语一起付梓印行。这本书在5月出版。埃尔金伯爵在调动本国军队和外国援军来打这场战斗上所表现出来的技巧赢得了不小的赞赏"。最后,1816年6月7日,议会举行辩论。尽管埃尔金光成本就花掉了5.1万英镑,由此产生的利息据估计高达2.3万英镑,但议会的提议还是回到了珀西瓦尔先前的报价:3.5万英镑。这个价格被十分不情愿地接受了。议会以82票对30票通过决议,以这笔钱为大英博物馆买下了埃尔金大理石。通过这次投票,罗马的统治终结了,埃及考古学合理合法地登上了王座。

○ 注释

① 米歇利斯在其著作《英国的古代大理石雕像》(*Ancient Marbles in Great Britain*) 中概述了《埃尔金伯爵大理石收藏遴选委员会报告》(*Report from the Select Committee on the Earl of Elgin's Collection of Marbles*) 等材料给出的证据。

② 译者注:这节诗引用的是杨熙龄先生的译文,参见《恰尔德·哈洛尔德游记》,新文艺出版社,1956年7月,第62~63页。

第九章 德国专制主义与仿造的凡尔赛
German Absolutism and the Ersatz Versailles

1. 波兰与萨克森

18世纪是德国所知道的唯一的世界性的世纪。正是这个世纪,给德国造就了最伟大的人和最强大的人:康德、腓特烈二世、歌德——拿破仑说他"这才是个人!"——和贝多芬。但18世纪还是没能产生一个重要的德国艺术家。不管什么时候,要想得到一件艺术品,它就不得不进口。尽管中产阶级满足于查多维奇和格拉夫平淡无奇的艺术造诣,但王公贵胄的资助还是转向了法国和意大利。德国贵族对国内的作品似乎有一种恐惧。无以数计的少年王子和萨克森的那些冷酷无情的统治者毫无创见地、通常也是拙劣地模仿路易十四及其继任者的宫廷,模仿者当中甚至还有像腓特烈大帝这样杰出的人物。

不像我们这个世纪,18世纪的人并不十分看重原创性。模仿并不是什么人人避之唯恐不及的东西;而是在文化修养上迅速达致较高标准的捷径。德国的王公贵胄们不加掩饰地争相模仿法国的榜样。高乃依、拉辛和莫里哀主宰着舞台;吕利在歌剧院大行其是,最优秀的意大利人也被歌剧院所接纳;宫殿按照"凡尔赛的模式"建造,花园要跟着勒诺特尔亦步亦趋,搜集艺术品的热情丝毫不亚于法国的国王们。19世纪的德国画廊,其存在和品格既不归功于对鲜活艺术的真诚兴趣,也不归功于历史的趋势,而完全要归功于王公贵胄们希望享受美的特权。这解释了一位同时代人所描述的那种古怪特征,他说,像蜜蜂一样,他们从每一朵鲜花中获取蜜。即使像腓特烈二世这样有独立个性的人,其对艺术的资助也是以这种折衷主义为特征:他在无忧宫的花园里建造了一座中国式的亭阁,一年后又在波茨坦建造了一座哥特式的高塔;他更喜欢法国艺术,潘斯涅是他的宫廷画家,但他也收藏古代艺术品,渴望探访意大利。

像在凡尔赛一样,宫廷生活也是每天举行的盛装表演,国王在其中扮演主要角色。艺术将在这里提供背景,对戏剧的热爱是普遍的,其虚幻性与他们所生活的这个装模作样的时代完美协调。腓特烈大帝在登上王位之后建起的第一幢建筑便是一座剧院,上面有一段铭文:Fredericus Rex Apollini et Musis(拉丁文:献给腓特烈国王、阿波罗和缪斯)。例如,德累斯顿歌剧院的演出团队由175个人组成,据说,仅一个芭蕾舞团就要花费3.6万泰勒。天才演员在那个时代所得的报酬,按比例算丝毫不亚于他们在今天的好莱坞。

所有德意志亲王当中,萨克森的统治者四百年来以他们作为艺术保护人和收藏家的眼光而著称。选帝侯智者腓特烈(1486～1525)是马丁·路德的信徒,他曾试图按照意大利宫殿(他年轻时探访过这些宫殿)的模式重塑他的首都,以此提高本国的文化水平。在创立维滕贝格大学之后,他邀请路德、斯波拉丁和墨兰顿去那里担任教授。但他对艺术的兴趣主要在于他渴望让自己的名字永远活在艺术的纪念碑中。选帝侯奥古斯都(1553～1586)很早就积累了一批引人注目的藏书,后来他在此基础上增加了一些多少有些传统的艺术品,以及那个时期的珍奇古玩。跟其他德国宫廷的同时代人比起来,他们既不更好,也不更糟。他的直接继承人——两位克里斯蒂安和四位乔治——很好地照料了这些收藏,并尽自己最大的努力使它们有所增加。1640年的那份藏品目录显示,1587年那份目录中所列出所有藏品全都依然在那儿,还增加了很多新藏品。

正是在选帝侯腓特烈·奥古斯都二世(1670～1733)登上王位的时候,萨克森人对艺术的资助达到了全盛时期。这位强人奥古斯都正是巴洛克时期的化身。他在约翰·索比斯尔德于1696年去世之后,通过贿赂和皈依天主教,从而获得了波兰的王位,不料5年之后被入侵萨克森的瑞典人废黜了。然而,当瑞典国王查理十二世在波尔塔瓦被彼得大帝打败之后,他再一次回到了波兰王座上。

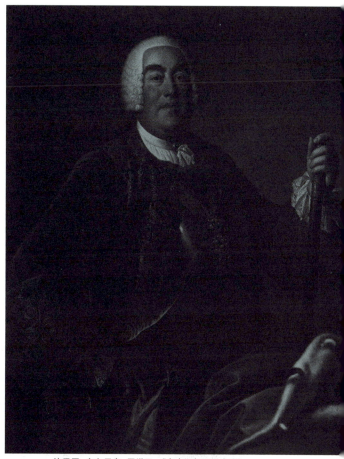

彼得罗·安东尼奥·罗塔里:《奥古斯都二世肖像》

年轻时游历欧洲大陆的时候,他发展出了对艺术品贪得无厌的胃口,并下定决心要把他继承来的伟大收藏置于更加合适的环境中。1701年德累斯顿王宫的一场大火给了他必不可少的借口。1711年,茨温格宫(通常被认为是德国洛可可艺术最精美的样板)开始建造,指派王室医生约翰·弗雷德里希·冯·休彻博士来遴选和重新安排这些收藏。茨温格宫将把一连串的建筑统一起来:一幢巨大的宴会厅,带有浴室和洞穴的舞厅,石柱廊,以及赏心悦目的人行道。还会有花园和瀑布。它是那位造诣极高的玩具制作师和建筑师珀佩尔曼的杰作。

20 年后,这项任务终于完工了。印刷图版被编纂成了洋洋 10 大卷,有自然陈列馆、数学沙龙、印刷室,以及艺术馆,后者藏有 16 和 17 世纪的油画,直至 19 世纪依然是一个独立的单位。还有军械库和绿色穹顶大厅,最贵重的珠宝和陈列柜藏品被安置在这间大厅里。

1723 年,奥古斯都二世从普鲁士的威廉一世那里买下了一大批古董收藏,后者是从罗马的奥德斯卡奇宫获得的,主要是瑞典女王克里斯蒂娜、贝洛里教士和基吉等人收藏中的古典部分,连同 32 件著名的古代文物,那是他从阿尔瓦尼红衣主教手里买来的。穷兵黩武的普鲁士国王很高兴把这些古董卖给他,因为他的条件是:萨克森国王支付的款项应该是一群个子格外高的萨克森士兵,补充普鲁士国王最喜爱的军团。但这些古董从未在德累斯顿的宫廷里扮演过什么重要角色,其中大部分被保管在一间破破烂烂的柴房里,而那些被放置在花园里的古董则在 1759 年普鲁士士兵占领德累斯顿期间被他们用做靶子。

我们长期以来所赞美、今天已经成为记忆的那个德累斯顿,要归功于强人奥古斯都和他的儿子奥古斯都三世。前者在 1694 年用他继承来的核心收藏开创了德累斯顿画廊。他"兴高采烈地购进"了 18 世纪的品味——鲁本斯、约尔丹斯、特尼尔兹、德奥、梅特苏、特博尔赫和沃弗曼;他还得到了最早一批意大利人的作品,包括乔尔乔内、阿尔瓦尼和西玛。画廊在他儿子满腔热情的推动下继续发展,后者忽视了对国家的责任,来满足自己对艺术的热爱。他的大臣布吕尔伯爵同样是个一流收藏家,他雇用了著名鉴赏家、"德国的马里埃特"海尼根,用意大利最贵重的藏品来充实他的宫殿。他父亲用 200 幅画给王室锦上添花;而奥古斯都三世在一年之内(1742 年)就购买了不下于 715 幅藏画。3 年后,他买下了摩德纳公爵弗朗西斯科三世举世闻名的

提香:《贡钱》

收藏。阿尔卑斯山以北地区此前从未见过如此如此辉煌的收藏：提香的《贡钱》，柯勒乔的4幅大画，委罗内塞的几幅巨作，以及安德里亚·德尔·萨托、卡拉齐、圭多·雷尼、多索·多西和加罗法洛等人的名画，还有委拉斯开兹、荷尔拜因和鲁本斯的名作。摩德纳公爵的藏画是用"两桶金子"买来的。紧接着是购买瓦伦斯坦的收藏。这批收藏夹杂了很多佛兰德斯画派和荷兰画派的作品，当然还有法国画派的作品，是海尼根在巴黎帮他搞到的。奥古斯都三世的收藏随着《西斯廷圣母》的获得而达到顶峰。博洛尼亚的卡洛·乔瓦尼像其他很多意大利艺术家一样，为了更赚钱的活动（帮萨克森国王弄到古典大师的作品）而放弃了绘画。正是他，为了购买这幅画而跟皮亚琴察的圣西斯托教堂的修道士们进行谈判。当这幅画抵达德雷斯顿准备安顿在王座大厅时，国王欣然接待了它。他以一种更像是维多利亚时代的姿态，而不是奥古斯都时代的姿态，把王座推到一旁，大声喊道："给伟大的拉斐尔腾出地方来。"

拉斐尔：《西斯廷圣母》

到18世纪中叶，洛可可艺术和巴洛克艺术已经式微。在企图复兴古典风格的努力中，其形式得到了改良，其魅力得到了增强。温克尔曼1748年来到德累斯顿，他大概是对德国人的品味发生变革贡献最大的人。他的名字始终跟奥古斯都三世的名字紧密联系在一起，后者派他去了意大利，在他逗留圣城期间，他始终不断地与奥古斯都国王保持通信联系。他的著作《关于在绘画和雕塑中模仿希腊作品的思考》（*Thoughts on the Imitation of Greek Works in Painting and Sculpture*）出版于1755年，也就是他动身前往意大利不久之前。这本书的主要论点是："要想让我们变得伟大、甚至不可超越（这应该是可能的），唯一的途径就是模仿希腊人。"

温克尔曼的影响力从罗马辐射出来，传播到欧洲各地，这种影响力，我们已经在前面论述维多利亚时代收藏的发展以及18世纪艺术史的黎明的那几章里着重强调过了。他那本题献给施托什男爵的《古代艺术史》出版于1764年，也是在同一年，康德出版了他的《论美感与崇高感》（*Beobachtungen über das Gefühl des Schönen und Erhabenen*），莱辛的《拉奥孔》两年后付梓印行。斯塔尔夫人预言：温克尔曼的作品对德国文学的影响将会比它对德国艺术的影响更大，这个预言完全实现了。当他还是莱比锡的一个年轻学生、在奥塞尔门下上素描课的时候，歌德就深刻意识到了他对温克尔曼欠下的债。歌德说："他的观念将会影响我的整个一生。他教会我懂得，简单和平静是美的理想。"这些关于古典主义的观念深深地扎下了根，以至于草图和形式领先于色彩。在模仿古物的时候，被认为重要的正是素描，席勒甚至走得更远，他在参观德累斯顿画廊的时候说："这些画如果没有着色的话一定会相当精美。"但是，尽管德国古典主义起源于那座洛可可风格的城堡，可正是在柏林，温克尔曼的观念才功德圆满，硕果累累。在探访了腓特烈大帝的收藏之后，他写道："我在波茨坦看到了雅典和斯巴达，我心里对这位神圣的君主充满了一种崇拜的挚爱。"

2. 腓特烈大帝与普鲁士收藏的兴起

腓特烈二世出生于 1712 年,死于 1786 年,差不多经历了整个 18 世纪;他死的时候,法国大革命的风暴刚刚从波旁王室的头顶上席卷而过。作为一个哲学家、政治家和文人,他比那个时代有王室血统的任何人都更加体现了哲人的理想。他拥有一个国王的意志和品格,同时又有艺术家的性情和敏感。像很多 18 世纪的人一样,他也是一个惊人的书信写作者,以惊人的坦率把自己展示在世人面前。这些写给他的兄弟姐妹,以及他遍布全世界的朋友,写给贴身陪伴他的朝臣的书信,似乎给这个孤独的人提供了一个出口,使他能够逃离他的社会地位强加给他的与世隔绝。

腓特烈大帝性格的形成,起决定性作用的是他与父亲、军人国王腓特烈·威廉一世之间的激烈对抗。后者认为自己是一切普鲁士美德的化身,并把他儿子的智力兴趣和艺术趣味解释为可悲退化的表现,是对自己缺乏尊重,令人气恼。另一方面,王子受教于胡格诺派家庭教师的门下,认为自己的父亲是一个残忍而无知的暴君,既不理解他的家人,也不理解他的人民。父子之间的冲突很快就达到了这样一种程度,以至于腓特烈在 18 岁那年计划了一次惊险的逃亡,打算逃到英格兰的宫廷去,当时在他看来,那里似乎是一切自由的摇篮。但国王得知了这一计划,阻止了它的实施。王储被剥夺了头衔,受到了死亡威胁,然后被关了起来,他最亲密的朋友和助手凯特中尉当着他的面被处死了。

潘斯涅:《作为王储的腓特烈》

这一经历让他清醒过来了，这个浪漫而聪明的年轻人从一个激烈的反叛者转变为一个明智而成熟的男人。他放弃了对国王的徒劳抵抗，遵从他的愿望。他开始对军队产生适度的兴趣，并在1733年与不伦瑞克-拜恩的伊丽莎白·克里斯蒂娜缔结了一桩政治婚姻。但他成功地为自己保留了按照自己的品味打造自己的私生活的权利。他定居于莱茵斯堡，平静地生活和工作，那是父亲送给他的一处美丽庄园。腓特烈致力于他广泛的智力兴趣。他用法语写作和谈话，试图跻身于著名法语作家的行列。在这一时期，他创作了《对欧洲当今国家和政治体的思考》（*Considérations sur l'état présent du corps politique de l'Europe*）和《反马基雅维利主义》（*Anti-Machiavel*），并与伏尔泰保持着活跃的通信。后者最终在1750年来到腓特烈的宫廷，成了一群出席国王宴会的知识分子的偶像。

正是在莱茵斯堡安静平和的那几年里，腓特烈开始搞收藏，用朗克雷和华托的油画装饰了两个房间。在他1740年继承王位之后，他又给自己的收藏增添了大量著名法国艺术家的作品，然而华托始终是他最喜爱的。普鲁士国王对这位大师的喜爱很快就被巴黎的艺术品商人所了解，结果，华托的作品被数以十计地制造出来，目的很明确：把它们卖给腓特烈国王。如果说以今天的批评眼光来看，腓特烈的收藏并不完全是杰作，那么你必须认识到，在这之前，普鲁士还没有什么东西能跟它们相比。

当腓特烈大帝登上王位的时候，他继承了少量相对而言不那么重要的作品，以及他父亲对任何不实用之物的痛恨给王室财产带来的混乱。在即位的第二年，腓特烈已经着手收集雕塑，在他去世之前总数高达5000件。最早购买的是波利尼亚克侯爵收藏中的大约300件，总共花了8万里弗。这些古物几乎全都来自罗马，波利尼亚克在那里曾经有一个野心勃勃的计划：让台伯河改道，目的是为了让挖掘河床成为可能。1747年，腓特烈获得了极其精美

罗萨尔巴·卡列拉：《华托肖像》

的雕像《祈祷的男孩》。那是希腊艺术最好时期的一尊青铜像，最初属于法国财政大臣富凯。30年前，它被欧根亲王得到。欧根亲王去世之后，又被列支敦士登亲王以5000泰勒购得。若干年后，在巴黎的朱利安藏品拍卖会上，腓特烈大帝是最大的买家之一，他获得了价值5万里弗的艺术品，其中包括古代胸像《奥古斯都》和《凯撒》。在他妹妹拜罗伊特伯爵夫人去世之后，有超过100件大理石雕塑落入了腓特烈之手。腓特烈把马可·奥勒留的胸像放在自己的卧室里，把荷马、阿波罗和苏格拉底的胸像放在他的藏书馆里。所有这些古代大理石雕像最终都被搬到了他在无忧宫花园里建起的安提克神庙里。

在绘画方面，腓特烈的兴趣偏向于当代法国人的作品，正如他在当代雕塑方面的品味一样。他尤其喜欢亚当、布沙东、皮加勒和吉拉尔东的作品。现代雕塑被腓特烈国王用来装饰1755年在波茨坦建起的那间画廊。

在建立这间画廊之前，腓特烈就几乎是专门收藏法国艺术品，由于他的宫廷画家**潘斯涅**的影响，法国艺术几乎是他所知道的唯一的艺术。但在探访德累斯顿之后，他开始严肃地思考这样一个问题：要让勃兰登堡拥有与萨克森同等程度的文化。在写给他妹妹拜罗伊特公爵夫人的一封信中（日期为1755年11月30日），腓特烈国王写道："我建造的这间画廊是全新的，我没有从柏林的画廊拿来任何东西；但我还是搜集了大约100幅画，其中有两幅柯勒乔，两幅吉多，两幅委罗内塞，一幅丁托列托，一幅索利梅纳，12幅鲁本斯，11幅凡·代克，这还不算另外一些著名大师的作品。我依然需要大约50幅画，我希望它们来自意大利和佛兰德斯，我想，这应该能完成我的画廊了。你瞧，我亲爱的妹妹，哲学并不总是把愚蠢从人们的头脑里放逐出去；迷恋绘画的蠢行在我身上将会是短时间的；根据我所定下的原则，这些藏品暂时已经足够了，我不会再买任何东西了。"

这样的承诺，很多收藏家都曾作出过，但谁也不曾信守，腓特烈国王当然也没有信守，他还会继续收藏下去，生命不息，收藏不止。当无忧宫的画廊被塞满的时候，他又开始装饰其他的宫殿。

1755年，也就是画廊建立的那一年，商人戈兹科斯基代表腓特烈国王实施了8次重要的购买。**戈兹科斯基**最喜欢做的事情莫过于大规模收藏，他积累了数量庞大的藏画。国王买下了其中大量的画，直至他的收藏活动被战争所打断。然而，即使身在前线，被无以数计的责任和战斗的危险所包围，腓特烈国王依然渴望无忧宫那安静平和、从容优雅的氛围，并忍不住渴望给自己的收藏至少多增加几幅画。他在1760年3月写信给阿尔让斯侯爵说：

> 安东尼·潘斯涅（1683～1757），普鲁士宫廷画家，出生于法国。他最初崇尚巴洛克风格，后来成为绘画领域洛可可风格的先驱。

> 约翰·恩斯特·戈兹科斯基（1710～1775），普鲁士商人，经营小饰品、丝绸和瓷器，同时还充当外交官和艺术品商，据说去世的时候穷困潦倒。

亲爱的侯爵,我有一件小事委托你去办。你知道,戈兹科斯基还有一些精美的油画打算卖给我。我恳请你去调查一下价格,并看看里面是否有他曾答应给我的柯勒乔的作品。我还不知道,我的下场会如何,也不知道这场战斗的结局会怎样,在我看来,这场战斗最为冒险,而且像我一样疯狂,因为这个时候我还在打听藏画的事。不过在这里,人们都变成了这个样子,他们度过了理智的几个月,也度过了任性的几个月。纵容自己的人应该会理解我的弱点。你写信给我讲那些至少能让我开心,让我脑海里立即浮现出无忧宫,浮现出我的画廊。我向你保证,在我的内心深处,这些想法远比想到残杀、屠戮及各种灾难更令我愉快,而这些正是人人避之唯恐不及的事情,就连赫拉克勒斯在面对它们的时候也不由得浑身颤栗。

尽管现存的一份账单表明,腓特烈国王支付了11.552万帝国泰勒给戈兹科斯基,购买一大堆画,但依然有相当数量的藏画留在这位商人的手中。尽管后者声称,国王的行动使他陷入了破产,但他依然像往常一样,把这些画卖给了代表俄罗斯女皇的多尔戈罗基亲王。当戈兹科斯基不久之后提出以3万达克特的价格卖一幅拉斐尔的画给腓特烈的时候,国王答道:"波兰国王出得起3万达克特买一幅画,然后在萨克森征收10万帝国泰勒的人头税;但这不是我做事的方式。如果价格合理的话,我会买下它,太贵的东西还是留给波兰国王吧,因为我造不了钱,我也不操心征税的事。"然而,腓特烈大帝还是毫不犹豫地支付了2.1万里弗给帕斯奎尔,购买柯勒乔的《丽达》,这幅画从前属于法国摄政王奥尔良公爵①。

腓特烈生命中最后的岁月是他收获胜利果实的日子。与凯瑟琳大帝缔结了盟约,1770年,他参与了波兰的第一次瓜分。在这些年里,他一心致力于农业、工业和商业。他还对科学院和教育问题产生了极大的兴趣。他给

柯勒乔:《丽达》

了人民一套新的司法规则，并鼓励多项宪政改革，特别是宗教宽容方面的改革，而且，他成了文学和音乐的保护人。

说来也怪，终其一生，他从未给过本国艺术家以任何支持。他相信，艺术只服务于装饰目的，他在谈到艺术家时说他们拥有"一门机械手艺"。他愿意为两个水晶吊灯支付高价，相当于他购买朗克雷和佩特的一打画作的价钱。到他的生命快要结束时，他已经对艺术失去了兴趣，就像他轻而易举地对法国文化失去了兴趣一样，他很乐意把这些兴趣传递给他的兄弟海因里希亲王和他的姐妹们。海因里希亲王是个音乐家，也是维吉·勒布伦夫人的心腹密友，他本人是一个热心的收藏家，拥有150幅画，并收藏了乌东的一批最精美的雕塑作品。然而，随着腓特烈大帝的去世，德国收藏的古典时代也就走向了终结。

18世纪一些次要的德意志宫廷的收藏甚至比普鲁士和萨克森的收藏更加沉闷无趣。同样的模式，同样的自命不凡，到处显而易见。在任何地方，自鸣得意的鉴赏家的总体水平，以及精心设计出来的富贵奢华，似乎都离不开对凡尔赛的习惯性模仿。这些宫廷都是小人物的小宫廷，他们所创造出来的那个上流社会，与其说是资产阶级的，不如说是中产阶级的。每个选帝侯或大公爵都在模仿他的邻居。显著特色的普遍缺乏，与我们在两次世界大战之间的第五大道上看到的那种千篇一律并无不同。德意志是艺术品商人的天堂，各个公国的虚荣自负不仅依赖于给市民带来舒适和快乐的国家大剧院、歌剧院和交响乐，而且也依赖于画廊，它们如此明显地昭示了在任国王和忠诚臣民的文化自豪。

巴伐利亚是个例外，因为它很早就开始参与这场游戏。马克西米连一世是鲁道夫二世皇帝强有力的竞争对手，他是一个不知疲倦的收藏家，坚持不懈地收藏丢勒的作品。这些藏画，连同他收藏的克拉纳赫的作品和意大利绘画，都存放在绿色画廊。马克西米连二世给这批收藏增加了1000多幅画。他把这些藏品分开存放于慕尼黑的皇宫和那座辉煌气派的施莱斯海姆宫。马克西米连二世出手大方，从不讨价还价。有一次在安特卫普，他在一个小时的时间里花掉了20万弗洛林购买藏画；另一次，他一时冲动，从吉尔伯特·冯·科伊伦手里买下了100幅画。这批藏画当中，就包括慕尼黑画廊里那12幅著名的鲁本斯作品，以及凡·代克的很多风景画和肖像画。他搜集了很多尼德兰画派的代表作，增加了不少意大利人的作品，还有一些西班牙人的作品。仅在施莱斯海姆宫，就可以看到100幅佛兰德斯人的绘画，65幅意大利人的，53幅德国人的，18幅法国人的。奥地利人在1706年对慕尼黑的占领导致了收藏的中断，而且再也没有大规模地重新开始，直到拿破仑时期。

1805年，由于增加了巴拉丁选帝侯创立的杜塞尔多夫画廊的收藏，慕尼黑画廊的藏品极大地丰富了。这批收藏之所以搬到了慕尼黑，是为了保护它们不被法国人

拉斐尔:《卡尼吉安圣母像》

抢走;它们证明了维特尔斯巴赫家族的这一个分支作为鉴赏家的能力。1691年,选帝侯约翰·威廉从意大利带回了他的第二任妻子、托斯卡纳大公的女儿安娜·玛丽亚·路易莎,她的嫁妆当中包括拉斐尔的《卡尼吉安圣母像》。这个时候,他已经确立了作为收藏家的名声,并获得了鲁本斯的《圣母升天图》及其他著名作品。在他位于杜塞尔多夫的宫殿里建起了一幢专门的宫殿来安顿他的藏画,这批藏画中包括40幅鲁本斯、17幅凡·代克和7幅伦勃朗。在获得拉斐尔的《圣母与圣婴》及萨托、提香、韦基奥和丁托列托等人的画作上,他的妻子起到了关键作用。其中还有一些博洛尼亚画派和罗马画派的大师们的作品,有多梅尼基诺、卡拉齐和雷尼等人的作品。荷兰和佛兰德斯一些不那么重要的大师在这批收藏中也得到了充分的代表。他用鲁本斯的几幅画跟他的岳父科西莫·德·美第奇三世交换了古代雕塑《摔跤手》和乔瓦尼·博洛尼亚的《强掳萨宾妇女》。他的弟弟卡尔·菲利普送给他另外一些画,他还试图通过他的妹妹、西班牙国王查理二世的妻子从马德里购买委罗内塞的一幅名作。这批伟大的收藏对18世纪的德国发挥了巨大的影响。歌德曾经与荷尔德林和海姆瑟一起探访过这批收藏,他写道:

> 我们有一批油画收藏,在整个德意志(甚至包括德累斯顿)都无可匹敌。如果希腊的一座城市因为一个著名大师的某件雕塑或绘画而名闻天下,那么,杜塞尔多夫为什么就不会这样呢,只要艺术依然像它应得的那样被人们崇敬和珍视。

与此同时，家族另一个分支同样在曼海姆的宫殿里塞满了绘画杰作和古代大理石雕塑。当巴拉丁选帝侯在1777年篡取了巴伐利亚统治权的时候，他便把这些收藏与慕尼黑的收藏合并了起来，并任命杜塞尔多夫画家兰伯特·克拉赫担任画廊的主管，克拉赫扩大了画廊，增加了收藏。事实上，卡尔·西奥多（译者注：即巴拉丁伯爵、巴伐利亚选帝侯）是稍后的那个时代德国教授的缩影。没有哪个知识领域落在他的关注之外。他创建了德国国家剧院（这家剧院与席勒的名字密不可分）和巴拉丁学院，这家学院对医学和自然科学给予了极大的支持，它还包括一座拥有5万册藏书的图书馆。选帝侯的古董收藏室里塞满了罗马宫殿的残片——皇帝的头像，古灯，伊特鲁里亚人的青铜雕像——都是那些更见多识广的法国和英国鉴赏家弃之不顾的东西。选帝侯还是一个贪得无厌的印刷品收藏家，尤其喜欢收藏地图，他获得了大约400幅素描，以及一些雕版画和古董，全都来自施托什男爵的收藏。在这方面，他更加幸运，因为在他购买的9000件藏品当中，发现有伦勃朗的373幅蚀刻版画。其中大多数艺术品最终流入了慕尼黑，在路德维希一世统治时期，它们与维特尔斯巴赫家族的其他宝藏混合在了一起。

不伦瑞克家族的收藏与杜塞尔多夫的收藏大约始于同一时期（1691年）。一个世纪之后，总共有1200幅油画，其中包括乔尔乔内、丁托列托、委罗内塞和尼德兰画派领军人物——伦勃朗、鲁本斯和凡·代克——的著名作品。这些收藏在瓷器和玻璃制品方面尤为丰富——有1000件意大利花饰陶器完好无损地传承至今。

黑森－卡塞尔的收藏同样在18世纪达到了卓越的高度。它主要是作为博物学收藏由卡尔伯爵开始的，后来被他的继任者弗雷德里希二世转变成了一座辉煌的艺术画廊。其核心是一批荷兰名作收藏，是布雷达总督威廉八世带回德国的。拿破仑后来允许约瑟芬作为离婚赡养费留下的，正是这批收藏。它的一部分藏品后来被俄国沙皇买去了。

逐一列举德国王公贵胄们的收藏既单调乏味，也没什么意义——它们全都大同小异。偶尔有某个地方幸运地获得了一幅意大利名作，到处都有荷兰画派的平庸之作——有时候是杰作，各家的收藏都一家比一家陈腐。1920年代百万富翁的收藏模式终归是一个现实。

○ 注释

① 正是这幅画，摄政王的儿子路易下令把它切割成4个部分，但几块残片并没有按照他的指示烧掉；画廊的主管科瓦贝尔把它们给救了下来，据为己有，并成功地把它们拼到了一起。科瓦贝尔去世之后，这幅画被卖给了帕斯奎尔。

3. 凯瑟琳大帝

然而，德国审美趣味的顶峰并不是在德国本身实现的，而是在奥得河以东的圣彼得堡。俄罗斯在彼得大帝治下的突然觉醒使得它对欧洲的文化产品有了新的胃口，许多个世纪以来，它一直躲在斯拉夫人自满自足的"铁幕"后面，与欧洲的文化保持着距离。它被切断了与欧洲审美趣味常规演化的联系，几乎没有被文艺复兴和巴洛克艺术连续几轮周期所触及。俄罗斯对古物的兴趣主要涉及到一些偶然发现的宝藏，这些是在它的南方地区（尤其是黑海和里海沿岸）一些希腊化时期的和锡西厄人的古墓中发现的。然而，从它与欧洲共同拥有的过去中，俄罗斯所保留下来的是一种强烈的中世纪精神，在查士丁尼之后一千年的时间里，拜占庭教会也几乎没有让俄罗斯人背离这种精神。彼得大帝时代的圣像与一千年前所描绘的那些圣像没有什么大的差别，唯一不同的是这样一个事实：早期典范作品中的精神活力已经干涸了，由于东正教的严格限制而枯萎凋敝，东正教已经不再是一种个人信仰，而是精心设计出来的国家宗教规划。

诚然，欧洲和亚洲的影响都偷偷地渗透进来了，尤其是渗透进了帝国一些更加了无遮拦的边境地区农民的通俗艺术中。各绘画流派继续以一种异乎寻常的忠诚，遵循着教会的规则；相反，正是在衣服或家具中偶然出现的装饰性元素中，或者在边框的雕刻中，我们看到了外来风格和图案的引入。此外，君士坦丁堡陷落之后，意大利对拜占庭人文主义者的接纳为这两个世界的学者之间建立了一个联络点。俄罗斯与伊斯兰和中国西部之间日益广泛的文化交流持续不断地给这个与世隔绝的大陆的装饰宝库提供了新鲜的元素。

在彼得大帝之前，欧洲人所理解的那种收藏从未在俄罗斯存在过；宫廷很少有人（即便有）敢于走出俄罗斯，他们对西方王公贵胄所关注的东西一无所知。彼得在荷兰学习造船的那几年学徒期让他大开眼界，认识到了文化收藏对于一个国家的首都所具有的提高声望的价值。像今天的很多"商业巨头"一样，他也是从荷兰绘画开始，尤其是海上题材的绘画，因为他也有着大陆君主对海洋的那种热爱。他整批整批地购买收藏——但泽的布雷盖家族和科茨沃尔德家族收藏，柏林的利贝昆家族收藏，汉堡的吕德斯家族收藏，以及另外几批收藏。这些构成了他自己的艺术品收藏和古董收藏的核心，他为这些藏品专门建造了一幢新建筑，并用德文出版了一份藏品目录。他有很多时间是在这里度过的，仿照萨克森和普鲁士的模式，在他借来的富贵华丽中接见外国公使。

如果说德国的宫廷是模仿法国，那么，18世纪俄罗斯的审美趣味本质上是条顿人的。仿效腓特烈大帝的榜样（他给自己最喜爱的宫殿取了一个法国名字：无忧宫），彼得大帝给他在波罗的海边的新首都取名圣彼得堡，并用德文名字来称呼他的另外两座宫殿：彼得宫和奥拉宁鲍姆宫。类似的对比可以从下面这个事实中看出：柏林的普鲁士科学院以法语为主导，而彼得大帝新近在圣彼得堡创立的科学院则用德语讲话和写作。事实上，法语直到凯瑟琳大帝即位后才成为俄罗斯的宫廷语言。

对彼得大帝来说，艺术本质上是一件进口品，尽管他邀请了法国和德国的一些艺术家来俄罗斯，但他完全忽视了本国的一些不那么重要的天才。他曾徒劳地试图建立一家瓷器厂，但既没能从外国引进专家，也没能引进他们小心守护的制造秘密。然而，他还是成功地把一个英国人威廉·埃尔姆泽尔请到了俄罗斯，建立了本国的玻璃工业。但是，对于来自国外的代理人和艺术品商人，他总是给予各种机会，让他们扎下根来，鼓励贵族光顾他们的生意，让他们的身边堆满与其地位相适应的艺术品。无论何时，只要他在欧洲旅行，他就会对沿途的遗迹、教堂和宫殿给予特别的关注。在访问伦敦的时候，他还抽出时间给内勒充当模特儿画肖像；在巴黎的时候，他曾试图说服纳蒂埃去俄罗斯担任宫廷画师，但没有成功。当他第一次访问德累斯顿的时候，到达的那天深夜他就要求立即参观艺术品收藏，并全神贯注地研究藏品，就这样度过了整整一个晚上。

彼得对德国事物的偏爱得到了腓特烈大帝的悉心培养，他在这里面看到了削弱奥地利势力的途径，这就是通过巩固俄罗斯和普鲁士之间的联盟。他不顾当朝皇后的猜疑和顾虑，把一位德国公主、安哈特－采尔布斯特的凯瑟琳推上了俄罗斯的王座。

纳蒂埃：《彼得大帝肖像》

15岁那年,这个路德教派的姑娘,为了国家的事业,皈依了希腊东正教会,并开始了一段不幸的婚姻,这门婚事很快就会使她成为世界上最有权力的女人。

作为一个热爱艺术的人,凯瑟琳大帝的贪得无厌丝毫不亚于她作为一个热爱男人的人。无论在哪个方面,她从来都不以鉴赏家自居,凡是能找到这两样东西的地方,她都坦率而欣喜地满足自己的激情。在谈到自己的收藏时,她曾说:"那不是对艺术的热爱,那是一种贪婪。我不是什么艺术爱好者,我只是贪婪。"她轮流与几位大臣睡觉,在寻获艺术品的时候也同样放纵,为它们支付最高的市场价格,然后为了满足某种身体和灵魂的净化,而把它们逐一抛弃;但总体上始终保持手头有一批收藏,无论是艺术品,还是男人,它们能够刺激她的想象力,同时有助于满足她的权力欲。她的鉴赏力就像她的哲学观一样肤浅,但在她所生活的那个时代确实都很出色,也很典型。

凯瑟琳曾这样写到自己:"我喜欢,那是我的强项。"她从不误判她的力量和她的声望,她有能力放松宫廷生活的规矩和礼仪,把巴黎沙龙里的无拘无束引入到俄罗斯的上流社会。

凯瑟琳由衷地鄙视她的丈夫彼得三世,就像彼得由衷地憎恨和害怕她一样。她说:"我清楚地认识到,我会毫无遗憾地离开他。在我看来,由于他的性情气质,他几乎有些冷淡,但俄罗斯的国王毕竟不是我。"正是她的婚姻生活那种难以言说的痛苦,导致她投入其他男人的怀抱。最终,她的转折点随着她的情人格里高利·奥尔洛夫所策划的那场不流血的革命而到来了。1762年的一天早晨,她被人

罗科托夫:《凯瑟琳大帝肖像》

从睡梦中叫醒，发现奥尔洛夫站在她的床边。他说："到你该起床的时候了。万事俱备，只等你宣布。"她迅速穿好了衣服，"没有洗漱"。卫兵们向彼得的宫殿行进，要把他作为囚犯抓起来。凯瑟琳穿着卫兵的制服，骑马走在他们的前面，陪伴在身边的，是一群忠诚于她的贵族。"你分不清这究竟是一次政治行动，还是一场浪漫的化装舞会。"这一次，凯瑟琳像往常一样表现出了她与生俱来的统治能力，以及她高人一等的舞台感。彼得无条件地退位了。凯瑟琳倾向于把他流放到荷尔斯坦去，但奥尔洛夫和贵族们都认识到，只要彼得还活着，他们谁都不可能安全。于是，彼得被处死了。用卡拉乔利的话说："俄罗斯的皇位既非世袭，亦非选举，那是篡位。"

就这样，凯瑟琳在33岁那年——比以前任何时候更美丽、更健康——成了女皇，全俄罗斯唯一的统治者。她立即着手一项任务：要让她的暴发户政权与西欧最伟大的宫廷平起平坐。她最初的计划（但从未实施）是要创立一所北方学院，有一大批艺术收藏附属于它。但她还是给彼得大帝已经开始的收藏增加了不少藏品。她的前任，伊丽莎白皇后，除了皇村的宫殿里有几件普普通通的藏品之外，没有给它们增添任何东西。伊丽莎白唯一关注的是她的个人衣橱，里面有大约1.5万件衣服和5000双鞋子。宫殿的房间与金碧辉煌的凡尔赛形成鲜明对照，它们破旧不堪，完全被忽略了。潮湿的墙壁上，织着金线的挂毯朽烂了。很明显，现在需要的是住着舒适的房间。

她从罗马请来了建筑师。1765年，她委托法国人拉莫特建造一座与冬宫相连的展馆，以安顿她的藏画。它将成为一个隐居处，仿照让－雅克·卢梭在埃皮奈侯爵夫人庄园里的那座隐居处。索莫夫写道，在那里，"凯瑟琳二世放下了王权的重担，成为一个通达人情世故的女人，用她'最美好的精神和心灵品质'，让宾客们为之着迷"。

她在1764年第一次购买的艺术品是德国商人戈兹科斯基为腓特烈大帝搜集起来的一批油画，她为此支付了18万帝国泰勒。这批油画里面有3幅伦勃朗的作品。这之后，紧接着是疯狂的购买：1768年购买了路易十五的大臣盖尼亚的收藏，1769年以14.8万弗罗林整体购买了德累斯顿布吕尔伯爵的收藏。这次购买是最辉煌的购买之一，给她的隐居处带来很多最珍贵的藏品。她的代理人1771年在阿姆斯特丹帮她购买的一批藏品在芬兰海岸遭遇海难。只有一幅米尼亚尔的作品（当时因为耽搁了，没有装上船）运抵俄罗斯。同一年，凯瑟琳整体买下了弗朗索瓦·特龙金的著名收藏，是后者的朋友伏尔泰、狄德罗和格林向她推荐了这批藏品。格林还在1787年以45万弗罗林为她购得了奥尔良公爵举世无双的古代雕刻宝石收藏，马里埃特曾经为这批收藏编写过一份目录。1772年，大约有400幅来自克罗扎家族收藏的油画运抵凯瑟琳的隐居地，她为此花掉了44万里弗。这批藏品包括提香的《达娜厄》，普桑的《帕拉维奇尼红衣主教肖像》，以及伦勃朗的大量油画，尤其是拉斐尔的《圣乔治》。

法国另外一些重要收藏也在这一时期被俄罗斯获得。关于它们的详细材料,可以在查尔斯·布兰克和杜蒙斯尼尔的著作中找到。副首相伽利津亲王被专门派往巴黎,为的是在斯坦维尔伯爵藏品拍卖会上买下11幅画。另外两批被俄罗斯收入囊中的著名收藏是兰登·德·布瓦塞的收藏和博杜安伯爵的收藏。

凯瑟琳经常诉苦,说自己"一贫如洗",并发誓要停止购买。但她的代理人总是带着全欧洲最大的钱包,奔赴下一个大拍卖场。正如她自己所言:"那不是对艺术的热爱,那只是一种贪婪。"

然而,最大的一批藏品是俄国大使穆辛-普希金在伦敦购买的,他花了4万英镑买下了霍顿庄园沃波尔家族的收藏。这批收藏之所以卖掉,是为了偿还第二世和第三世牛津伯爵的欠债,霍勒斯·沃波尔很不情愿地同意了。(卖掉的这批藏画一共有198件,包括79幅意大利人的作品,75幅佛兰德斯人和尼德兰人的作品,7幅西班牙作品,22幅法国作品,以及5幅英国作品。)英格兰失去了自查理一世收藏拍卖以来最大的一批增添光彩的装饰。

第十章 拿破仑时代的收藏
Collecting in the Napoleonic Age

1. 山雨欲来的革命风暴

凯瑟琳大帝连同她对其他民族的艺术那种贪得无厌的胃口，既是一个象征，也是一项事业。她代表了专制主义的极致，是个人权力和自私自利的具体体现；与此同时，通过艺术领域的活动，她为那些从更不稳定的西欧国家逃离出来的资本提供了一个庇护所。这次资本的逃离，更多的不是表现在黄金白银的运出上——因为有一些贵重的小东西，普通的法国贵族可以留在自己手里——而是表现在便于携带的艺术品上，这些东西可以搬出他们的乡下城堡或城里的宅邸，然后在英国或其他移居地立即变现。蓬巴杜夫人对塞夫勒皇家工厂的慷慨支持已经引发了对瓷器的狂热追捧，给王公贵胄们用一些更时尚、更易碎的器皿装饰自己的餐桌提供了一个很好的借口，他们因此把家里的金银器皿交给熔炼工去处理，把可兑换的资金转移到国外。这个过程随着约翰·劳"泡沫"在1720年的破灭而开始，并一直缓慢而不可阻挡地持续着。

只有少数人盲目地模仿宫廷的奢华，没有认识到即将到来的灾难不仅威胁到政权，而且威胁到整个欧洲体制。民主大概是沙龙里最时髦的话题，但在哲学家们洒着香粉的假发之下，在知识女性春波荡漾的塔夫绸和发饰之下，内心的焦虑和不计后果的绝望发动了一场持续不断的、冷酷无情的战争。所谓的"路易十六风格"，如此甜美，如此纯净，有一种古典主义的安静平和，却不是政治安全或经济安全的可靠保障。相反，它所宣布的是一个新兴社会的原则，旧政权来得太晚，没法得到它的认可。如果说有人在瞬间的恐慌中承认了个人的权利和共和主义的正义，那么在"大难临头各自飞"的时刻，常常并非如此。

路易十五和路易十六统治时期积攒起来的收藏有一个共同特征：它们都在创立者去世之后散佚到外国去了。德国、俄罗斯和瑞典是拍卖会上的主要买家。在1768年的盖尼亚藏品拍卖会上，凯瑟琳大帝的代理人抢先购得了大多数精美藏品。百科全书派的朋友特龙金在1771年卖掉了他最好的藏画。次年，凯瑟琳大帝在克罗扎的侄子蒂耶尔的藏品拍卖会上购得了提香的《达娜厄》，以及伦勃朗的几幅作品。同年，伽利津亲王花50多万里弗买下了斯坦维尔伯爵收藏中的11幅画。兰登·德·布瓦塞的收藏在1777年被一件一件地卖掉了，勒布伦充当女皇的代理人，买走了其中大部分藏品。1781年，又举行了一次著名的拍卖，处理博杜安伯爵收藏的一批伦勃朗的作品。就在同一年，朱莉安娜和拉罗克的著名收藏也同样在拍卖锤下风流云散。

在这一时期，并不存在国家博物馆，可以把这些收藏遗赠给它，就算收藏者有任何意向想这样做。当蓬巴杜夫人去世的时候，她雄心勃勃的计划（推动路易十五统治时期艺术的发展）也随着她一起消亡了。她弟弟马里尼侯爵一度继续当政，诚然，杜巴利夫人觉得有必要以一种姿态——couleur de rose（法语：玫瑰色，亦即乐观态度）——和流行品味的些许改变来表明：蓬巴杜夫人的时代已经过去；但她的艺术属于另一种类型。

1750年做过一次失败的努力，试图在卢森堡宫开放一座博物馆，公开展出皇家收藏。在画廊的隔壁展示了110幅油画，其中包括组画《玛丽·德·美第奇的生活》，是鲁本斯专门为这位法国王后绘制的。画廊一周免费开放两天，但很快，宫廷担心，国王对当时的激进要求所作出的这种让步会被人理解为软弱，于是把它关闭了，只允许少数能够在内部圈子里说得上话的艺术家进入。这批藏画留在了那里，直至1785年，当时，宫殿被普罗旺斯伯爵所接管，所有藏画都用船运往了凡尔赛宫。在此期间，马里尼侯爵得到了路易十五的允许，把柯尔贝尔辛辛苦苦为国王搜集起来的希腊和罗马雕塑搬到他的私人庄园默纳尔城堡去了。另外一批大理石雕塑成了昂丹公爵私家花园里的装饰品。

据说，路易十六"没有情妇；他是个锁匠"。关于他的天真和他的愚蠢，历史学家在这个问题上众说纷纭。对于艺术史家来说，无论哪种品质都不是特别重要，因为他对法兰西民族的艺术思想贡献甚少，除了几幅杰出的藏画之外（其中包括伦勃朗的《埃梅厄斯朝圣》），对国家的遗产几乎没什么贡献。1769年，阿尔格朗日伯爵再一

鲁本斯：《玛丽·德·美第奇的加冕礼》（《玛丽·德·美第奇的生活》之一）

次做出努力，试图把忽视了半个世纪之久的所有王室收藏都转移到卢浮宫去，借此扩大卢森堡官的那座尚处于胚胎期的博物馆。尽管国王签署了法令，但这项计划还是被拖延了，直至为时已晚。山雨欲来的大革命迫使阿尔格朗日流亡国外，这场风暴已经迫使路易十六的首相加隆先生这样做了。后者的收藏，是他"在35年的时间里，以超过6万几尼代价积攒起来的"，被他带到了英国，将成为伦敦上流社会的一个亮点，直至它最终在1794年被卖掉。

即便路易十六在今天历史学家的评价里并不显得重要，但在他那个时代，作为革命怒火和革命恐怖的象征，他依然扮演了一个角色，成为这场革命的牺牲品。霍勒斯·沃波尔十分崇敬华盛顿和富兰克林，他的个人同情始终倾向于美国的革命者，而面对法国的"老虎、鬣狗、野蛮人、易洛魁人，面对这个嗜血而凶残的民族"，他却在厌恶和恐惧中退缩了。在写给奥索里夫人的一封信中，他概括了他那个时代的整个革命：

> 事实上，夫人，我很不愿意写，我的词典里没有一个词可以表达我的感觉。未开化的人、野蛮人等等这些词汇，都是用来描述可怜而无知的印第安人和黑人，或者是一些最高级的形容词，用来形容秘鲁和墨西哥的西班牙人、宗教裁判官或宗教战争中各种出身的狂热分子。对于开明的18世纪来说，这些在词汇表中找不出词来形容的恐怖，依然让我们的语言显得苍白无力，让我们的编造手段捉襟见肘。什么样的语言能够描述这样一个民族，它公开承认无神论，公开宣扬暗杀，在长达4年的时间里大开杀戒：仿佛他们既毁灭了他们的国王，也毁灭了上帝，并通过法律确立了怀疑论，有谁不会表现出悔恨的征兆！这些恶魔谈到了要制定一部宪法——它可能是一部简短的宪法，用一句话可以概括："你们将颠覆关于道德和正义的每一条戒律，对全人类行一切你们所能行的不义。"

大概有些讽刺意味，正是最嗜血的"鬣

杜普雷西斯：《路易十六肖像》

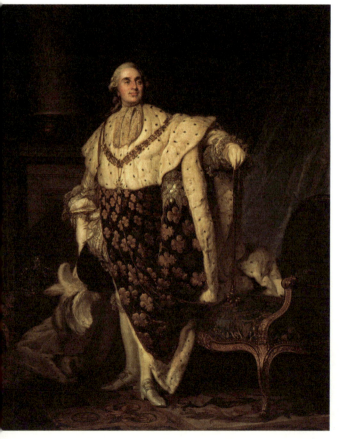

狗"之一,最终导致了卢浮宫博物馆的组建。1791 年 5 月 29 日,"断头台诗人"巴雷尔向制宪议会提议创建一座国家博物馆。两年后,共和二年雾月十八日(1793 年 11 月 8 日),法兰西博物馆终于开张了。公众被允许在每十年或十天期的最后三天免费进入,艺术家可以在头五天进入。大卫被任命为委员会的主席,负责管理这家机构的事务。从恐怖统治时期的混乱中建立一家公共博物馆并不意味着大功告成,因为对艺术界的嫉妒很容易转化成政治;告发和处决经常发生;艺术家压力集团对博物馆管理人的困扰与今天的情况并无不同。此外,有一些艺术家和他们的家人住在卢浮宫的大画廊分隔成的那些偷工减料的小房间里——他们中的很多人在那里生活了 20 多年,并发展出了相当可观的声望和势力——如今要把他们全都赶出去,这使得委员会的工作变得更加困难。然而,挽救委员会的,是对空间的迫切需要,以容纳从各地涌入的成千上万的艺术品——胜利的革命军从法国和比利时的教堂里掠来的油画和雕塑。男女修道院的关闭,对所有教会财产的没收,以及对移民的私人财产的强行占有,把异乎寻常的财宝(尤其是法国的艺术财宝)纳入了公

> 贝特朗·巴雷尔(1755～1841),法国政治家和新闻记者,在法国大革命期间,是国民大会最臭名昭著的成员之一。

> 雅克-路易·大卫(1748～1825)被认为是他那个时代法国最有影响力的画家,他后来成了法国大革命的积极支持者和罗伯斯庇尔的朋友。在拿破仑统治时期,他成了法兰西共和国艺术实际上的掌门人。

大卫,《苏格拉底之死》

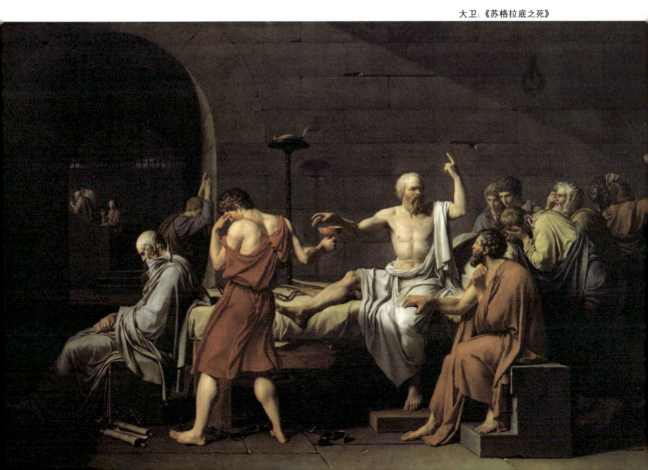

有领域。尽管沙文主义不可避免地在革命者的心目中占据着至高无上的地位，但博物馆委员会还是认识到了他们的责任。由于王室收藏在意大利文艺复兴时期名作及荷兰与佛兰德斯画派的领域最为丰富，委员会于是以介绍法国人的杰作为自豪——勒叙厄尔、普桑和勒布伦及其他很多人——"因为它们的美成功地与其他国家的杰作争辉"。

当革命积累起了势头之后，对艺术品的需求就越来越成为新权威的一个象征。雅各宾党人决心要证明：曾经专门保留给君主及其宠臣们享受的文化，是人民的自然权利和天赋。执政内阁派头十足地通知它那位年轻的科西嘉将军："如今是时候了，法兰西博物馆应该把世界上最著名的遗迹收入囊中；因为主宰一切艺术的最高统治权应当转移给法国，为的是宣示和美化自由的统治。"

法国人都同意：他们是上帝挑选来接收古代战利品的民族；他们是古罗马的继承人。他们迅速穿过了比利时，一路上，他们让佛兰德斯和瓦隆的教会遭受了跟法国教会一样的命运。其中最精美的财宝——凡·艾克为根特大教堂绘制的祭坛画《羔羊的崇拜》——属于最早一批运往法国的艺术品，与之一起的还有来自安特卫普大教堂的鲁本斯的《解下十字架》。他们为自己进一步的艺术掠夺提出的借口十分常见——为了保护和挽救最珍贵的历史财富。革命军从比利时挥师荷兰，在这个约翰·加尔文的国家，由于再也不能以迷信为理由抢夺古代遗迹，他们于是把军事总督的收藏和荷兰市民的财产作为专制和狂热的物品而据为己有。他们始终以人道主义的名义行动，是为了人类的利益。到了拿破仑准备越过阿尔卑斯山的那段时期，这一传统已经牢固地确立起来。

阿姆斯特丹也有它的传统，当拿破仑和他手下的劫掠者来到这里，准备拿走伦勃朗的《夜巡》时，这幅画已经从画框中取了下来，平放着藏在展出这幅画的那家画廊的地板之下。皇帝很想知道，这批收藏中究竟有没有这样一幅画——而就在此刻，他正站在它的上面。荷兰官员答道："陛下，您在这里并没有找到这幅画，这意味着它想必已经被人取下来了，此时此刻，它没准正在前往巴黎的路上呢。"皇帝接受了这个答复，不再进一步搜查。

2. 洗劫意大利

> 法国人都是强盗——
> 也不全是，但多半是。①

意大利人民： 法国军队即将砸碎你们的锁链。请相信他们。你们的财产，你们的宗教，还有你们的习俗，都不会被触及。每个人都将安全享受自己的财产，并在美德的保护下，行使自己的权利。人民必将安居乐业，我们是一切民族的朋友，尤其是布鲁图、西庇阿及我们奉为楷模的其他伟大人物的子孙后代，我们更是你们的朋友。重建朱庇特神殿，重新竖起使之名闻天下的英雄们的雕像，将会唤醒被千百年的奴役所麻木的罗马人民。那将是我们胜利的果实。

就这样，拿破仑宣布他的军队进入罗马城，他早就认识到了宣传的价值，当然还有艺术的价值。他写信给卡诺说："要让巴黎成为全欧洲的胜地"，为了实现这个愿望，他翻转了每一块石头——尤其是，如果那是一块宝石的话。如果说，他对罗马人民的宣言发出了这样一种声音：他关注他们的福祉，那么，他的行为和他私下里的言论则缺少这样的情怀。他说："我们将会拥有意大利的一切漂亮东西，除了少量在都灵和那不勒斯的东西之外。"在这个基础上，他强迫教皇签署了《托伦蒂诺条约》，根据这一条约，卢浮宫（即便只是在很短的几年里）将接收梵蒂冈的100件最大的宝石。同盟国1815年对这一条约的"违反"，一直被法国人视为历史上最黑暗的犯罪。他们说，它难道不是两个君主国所缔结的一份外交条约么？再者说，画家伊萨贝和热拉尔已经充分阐述了这样做的理由，他们说："法兰西共和国，凭借它的力量，凭借它的启蒙和它的艺术家的卓越，是世界上能够给这些杰作以可靠保护的国家。"

法国大部分艺术家立即赞同了这个观点。"我们的气候越是不适合艺术，我们就越需要把典范之作留在这里，为的是克服前进道路上的障碍。……罗马人曾经是一个不开化的民族，通过把被征服的希腊的作品移植到罗马，从而变得文明起来。……因此，天生细腻而敏感的法国人，通过观摩古代的典范之作，借此训练他们的感觉和他们的批评意识，也会如此。……所有民族都必将来借鉴我们的艺术，就像他们曾经模仿我们的轻浮一样。"

幸运的是，这一早期的民族优越论在一些负责任的圈子里受到了质疑。法兰西美术院终身院长夸特梅尔·德·昆西在给米兰达将军的一封公开信中,强烈抗议人们为了把这些东西从意大利拿走而设想出来的这些对艺术和科学的严重偏见。

德·昆西的抗议是一个英勇的姿态,但没什么效果。法国人品尝了胜利的滋味,并坚决认为,只有他们才有资格享受胜利的果实。拿破仑大概是为了澄清自己作为一个科西嘉人那模棱两可的立场,1796年从米兰写信说:"所有天才人物,所有在文学界赢得杰出声望的人,都是法国人,不管他们出生在哪个国家。"《托伦蒂诺条约》中的各项条款被充分履行了。根据这些条款,教皇被要求"按照被派到罗马的特别代表们的选择,把一百件绘画、胸像、花瓶和雕像交给法兰西共和国,其中明确包括来自朱庇特神殿的尤尼乌斯·布鲁图的青铜胸像和马库斯·布鲁图的大理石胸像,以及上述特别代表们所选择的500份手抄本。"

但是,对罗马的劫掠并没有止步于条约的限制。私人别墅和官殿也遭到了洗劫,包括梵蒂冈的起居区,罚金和税赋被强加给罗马居民。凡是特别代表们不是为了官方目的而弄到的东西,他们和军队的高级指挥官就会把它们据为己有:"他们对待古代遗迹几乎不比对待人民好多少。在修道院,在阿尔瓦尼别墅,在法尔内塞官,在朱庇特神殿的克莱门特博物馆,每一件东西都遭到劫掠、损毁或偷窃。……进入梵蒂冈图书馆的士兵们毁掉了很多珍品,其中包括红衣主教本博那部著名的《特伦斯》(*Terrence*),那是最珍贵的手抄本之一,有人为了其装帧中的黄金饰品而把它偷走了。博盖塞别墅的《维纳斯》被狄俄墨得斯后代之手所伤,《雌雄同体》雕像被打断了一只脚。"

在1796~1797年第一次意大利战役期间,整个半岛不计其数的珍宝拱手交给了这位高卢的凯撒:米兰、摩德纳和帕尔玛都遭到了劫掠。那不勒斯被洗劫,军队擅自征用了帕维亚、蒙察、博洛尼亚的图书馆,征用了米兰的布雷拉和安布罗西亚图书馆。《托伦蒂诺条约》的一项条款规定:除了梵蒂冈交出的艺术品和教皇国缴纳的3亿斯库多征收款之外,拉文纳、里米尼、佩扎罗、安科纳和洛雷托的艺术珍宝都要交出。1797年的4月和5月,入侵威尼斯的法国人搬走了圣马可教堂的《有翅膀的狮子》和廊柱大厅那几匹著名的青铜马。《卡波福米奥和约》签订之后,威尼斯被分配给奥地利军队占领,但直到提香和丁托列托的大部分作品都已经上路、运往法国首都之后,这座城市才被交给奥地利人。

罗马的艺术收藏被打包装箱,聚集在来亨港,再从那里经海路运往马赛。接下来它们将被转到驳船上,沿罗讷河溯流而上,然后经数不清的运河与内陆水道,进入塞纳河。最早一支船队在共和六年热月九日(1798年7月27日)抵达巴黎。特别代表之一索宁十分气愤:这些珍宝被堆放在卢浮宫的码头,"就像一箱箱肥皂一样",他建议举行一场盛大的欢迎仪式,庆祝它们抵达巴黎。于是,一支凯旋队列从巴黎植物园附近出发(驳船就停泊在那里),在军队的护送下，庄严地向战神广场行进，法兰西学院的成员身穿制服，列队前进，队伍中还有"一大帮名流显贵"。凯旋彩车装饰着绿叶和丝带，上面写着箱子里的内容，横幅上大言不惭地写着"希腊交出了它们，罗马失去了它们；它们的命运改变了两次，现在再也不会改变了"。与之相称的仪式在战神广场的革命祭坛前举行，巴黎暴民表现出了对古代文化的欣赏，其热情丝毫不亚于当年迎接动物园的野生动物和《洛雷托的圣母像》（传说它出自圣路加之手）。②

卢浮宫已经关闭了一年，为的是给这些来自意大利的藏品做准备。法兰西博物馆已不复存在，一家新机构取而代之，它就是中央艺术博物馆，由一个新的委员会负责管理。很显然，这样一项宏大的计划需要一个新的主管，但执政内阁极其吝啬，新博物馆必须努力在财务上自立。直到1805年，卢浮宫才根据皇帝的命令被置于博物馆的控制之下。在此期间，恩尼奥·基里诺·维斯康蒂在来自梵蒂冈的几个雕塑家的陪同下，负责这些藏品的展览问题。他的父亲老维斯康蒂曾经跟温克尔曼一起创立了梵蒂冈博物馆，他很自然地觉得，由于他已经变得比法国人更加狂热地支持拿破仑，他理所当然是卢浮宫博物馆的继承人。

大卫：《拿破仑穿越阿尔卑斯山》

但说来也巧，那是1797年的某个下午，一个年轻人出席了塔列朗侯爵举行的一场招待会，并和拿破仑将军围绕一只潘趣酒杯展开了一番交谈。几个月之后，这个年轻人加入了将军的参谋团队，参加埃及的军事行动，此人非是别人，正是维旺-德农男爵，艺术界有史以来最伟大的经理人。

○ 注释

① 译者注：这是一句双关语，意大利原文中的"多半"(buona parte)一词，与拿破仑的姓氏波拿巴的拼法几乎一样，因此这句话也可以理解为"虽说不全是，但拿破仑肯定是。"
② 多萝西·麦凯·奎因："拿破仑战争中的艺术品没收"，载《美国历史评论》(American Historical Review)1945年4月。

3. 维旺-德农与拿破仑博物馆

维旺-德农男爵是那些只有法国和18世纪才能产生出来的人物之一。他青春岁月的早期是在凡尔赛度过的,受到蓬巴杜夫人的保护,他在旧政权、大革命和帝国之间打造了一条联系的链条。他一生中最严酷的岁月是在波旁王室随着路易十八和查理十世回到法国的那段时期度过的。当他遇到拿破仑并跟他一起去埃及的时候,尽管他有着年轻人的活力和激情,但他已经是个50岁的人了,狂暴地生活了半辈子,熟悉各种各样的欧洲社会。7岁那年,一个吉普赛人给他看了手相,并说:"你会深得女人的欢心,一颗美丽的星星照耀着你。"年轻的维旺-德农从未放过任何机会让这些预言兑现。他最早的一次晋升是在凡尔赛的花园里玩耍时得到的,当时他几乎还是个孩子,他抛了一个网球在国王经过的小路上。路易十五喜欢上了他,欣赏他那种粗俗的机智,那些下流的喜剧和诗歌(他写这些东西十分轻松),以及他技巧娴熟的阿谀奉承。由于他是外省的一个小贵族,穷得叮当作响,蓬巴杜夫人于是帮他谋得了一连串的外交职位,出使俄罗斯凯瑟琳大帝的宫廷,出使瑞士和那不勒斯,那里的宫廷当时正沉浸在新近发现的庞贝和赫库兰尼姆古城的新奇阳光中。他是一个杰出的绘图师和雕刻师,在艺术家那里享受了深受尊敬的专业地位,同时结合了与大卫之间悉心培养起来的亲密关系,当断头台的刀片开始落下的时候,这些都让他站在了幸运天使的一边。

勒费弗尔:《维旺-德农肖像》

当维旺－德农在塔列朗侯爵的招待会上端给拿破仑一杯柠檬汁的时候，他已经是一个既有才干、又有阅历的人，不可能被视为一个谄媚者或冒险家而轻易被打发。事实上，就算这两者的特点他身上都有一点，那也只会让他能够以一种与其格局相称的方式，扮演更重要的角色。他最为人所知的，是他记述埃及战役的出版物，那部最早论述尼罗河谷古代遗迹的纪念碑式的作品，以及他对自己不顾危险的非凡事迹的记录，当时，他面对敌人的炮火，证明了他对考古学的浓厚兴趣到了何等程度。大概多少有些讽刺意味的是，大英博物馆（它是维旺－德农害怕和痛恨的一家机构）大批的埃及文物在很大程度上要归功于他给拿破仑的好建议。因为这些原本打算运往卢浮宫的文物是拿破仑在特拉法加抢来的，而巴黎从未品尝过这次战役的丰厚回报。

在维旺－德农从埃及回来之后，来自意大利的艺术品已经堆积在卢浮宫，由维斯康蒂照看。1800 年，第一执政官拿破仑首次参观博物馆，陪同他参观的有勒布伦、约瑟芬·波拿巴、霍顿斯·马拉、杜罗克、欧根等人，还有一个人就是维旺－德农，他并无恶意地自称是"一位研究埃及探险的学者"。这一时期的拿破仑开始表现出对君主制的兴趣。维斯康蒂来不及为博物馆的这次揭幕仪式打造一枚徽章，因此只好在雕像《观景楼的阿波罗》的底座上钉了一块铜牌，上面刻着这样一段铭文：

立于这块底座上的阿波罗雕像，乃十五世纪末在安提乌姆发现，十六世纪初被尤里乌斯二世置于梵蒂冈，于共和五年被意大利军队奉波拿巴将军之命所获，于他担任执政的第一年，亦即共和八年芽月二十日立于此。

博物馆的开张是一次巨大的成功，以至于行政委员会的成员投票作出决定，要用一年一度的盛宴使之永远被人们所铭记。报纸纷纷庆贺这一事件，剧院也是如此；观光客们争论：在卢浮宫里看到的《观景楼的阿波罗》是不是比在梵蒂冈看到的更好。霍勒斯·沃波尔的年轻朋友玛丽·贝里小姐为它失去了端庄高贵而伤心落泪，而德国音乐家雷查德则向卢浮宫表示祝贺，因为它拿掉了假装正经的梵蒂冈要求盖上的那片令人讨厌的无花果树叶。

博物馆如今对它的雕塑收藏颇感自豪，它让那批著名的大理石雕像重新回到了卢浮宫，当年，马里尼在路易十五的同意下，从王室收藏里拿走了这些雕塑，放在他的默纳尔城堡的花园里。法国人并不满足于止步《托伦蒂诺条约》，他们开始有规律地、系统地掠夺罗马的另外一些公私收藏。根据《托伦蒂诺条约》割让的 11 件藏品，尤其是巨大的群雕《尼罗河》与《台伯河》，由于太重，没法装在马车上运往来亨港，而不得不暂时存放在罗马。法国军队撤退之后，那不勒斯人拿走了它们，连同最近在韦莱特里出土的一尊雕像《帕拉斯》，以及阿尔瓦尼别墅和布拉斯齐公爵的一些古董，打算把它们运到那不勒斯去。然而，在经

艺术收藏的历史
A History of Art Collecting

拉斐尔:《椅子上的圣母》

过大量的外交运作之后,它们最终在 1802 年被送到巴黎去了。**两西西里国王斐迪南**的大使说,那不勒斯绝对不会为了一尊雕像而兵戎相见。

> 两西西里王国,包括今意大利南部和西西里岛。1504年,西班牙在占领那不勒斯王国之后,将南意大利与西西里合并,建立了两西西里王国。

为了在它们抵达巴黎之后尽快展出这些绘画作品,并使得博物馆的条件适合于展出,人们设计出了一套新办法。最精美的油画,最著名的油画,在卢浮宫的方形沙龙里临时展出,这个沙龙被用做临时展览厅。正是在那里,公众目不暇接地欣赏到了拉斐尔的《利奥十世肖像》和《椅子上的圣母》,委罗内塞和鲁本斯的一些名画,还有一些来自热那亚的鲁本斯和凡·代克的作品,以及弗拉·巴托洛米奥的作品;还有福利尼奥的《圣母像》和提香的《殉道者圣彼得之死》。一位英国旅行者把方形沙龙命名为"波拿巴之花"。然而,直到拿破仑时代过去很久之后,下面这个想法才变得流行起来:要把卢浮宫的方形沙龙打造成佛罗伦萨乌菲齐美术馆的裁判室那种类型的展厅。

这一时期,卢浮宫经常被用做招待厅,接待来到巴黎的名流显贵。在埃特鲁里亚国王到访的那一次,方形沙龙挂出了委罗内塞的两幅巨作《迦拿的婚礼》和《利未家的盛宴》,还有勒布伦的巨幅油画《亚历山大的战役》。另外一些意大利名画在卢浮宫的水边画廊占据着关键性的位置,紧随其后的,是法国画派的作品,以及德国、荷兰和佛兰德斯的作品。画廊的开张制造了一阵轰动:英国时尚界倾巢而出,越过英吉利海峡,来参观世界七大奇迹之一。

艺术品并没有经历太好的旅行。来自梵蒂冈的伊特鲁里亚花瓶破成了碎片,不得不让画家兼修补师和塞夫勒皇家陶瓷厂的装饰设计师拉格莱尼把它们拼接起来。一些油画被擦伤了,光面清漆受到了潮湿空气的影响,在把它们挂起来之前,不得不做大量的工作。幸运的是,组成卢浮宫委员会的艺术家们都是一些聪明而有品味的人,他们在修描的问题上十分克制。

《雅典学院》的草图分成几块从米兰带到巴黎。它们被重新组装在一起,1802年在阿波罗画廊展出。卢浮宫管理当局还试图占有梵蒂冈的那批著名的拉斐尔挂毯。正当执政府的军队在1798年占领罗马的时候,这批挂毯被拿去拍卖了。这激起了一阵可怕的抗议和愤怒,特别代表费波尔特把它们从拍卖场上撤了回来,并声称它们属于法国。这批挂毯最后去了遥远的热那亚。考虑到罗马共和国所签署的一些契约,它们被交出去了。它们一直留在了意大利北方,直至1808年,好像被一个犹太艺术品商人打包卖给了庇护七世;它们最终被后者带回到了它们在梵蒂冈的古老位置上。

卢浮宫在这一时期的历史不可避免地紧跟着国家的历史亦步亦趋。起初它是作为中央艺术博物馆在执政内阁的治下组织起来的,但在执政府和帝国的治下,它变成了拿破仑博物馆。这些改变是通过1802年11月的一纸行政命令实现的。谁将成为新的拿破仑博物馆的馆长,这个问题那年冬天在巴黎引发了激烈的争论。罗马考古学家和古典学者维斯康蒂是最热门的候选人,人们确信他会接受这一任命。夏普塔尔部长亲笔起草了一份政令,以1.2万法郎的年薪聘请馆长。据说,他留下了一张空白委任状,他打算要么填上他儿子的名字,要

拉斐尔:《雅典学院》

么填上维斯康蒂的名字。皇帝把这张空白委任状还了回来,并在上面亲笔填写了公民德农的名字。

被任命为拿破仑博物馆馆长6周之后,维旺-德农写信给第一执政:"这些日子我每天都在熟悉您托付给我的这一切,为的是让自己掌握它们,并向子孙后代证明,您对我的选择是正确的,每当我觉察到有所改进的时候,我都为这样的改进由衷地向您表示敬意,并感谢您选择我来执行这样的改进。"在陪伴拿破仑南征北战、指导他抢夺全欧洲的艺术品和藏书的时候,他一直不择手段地创造谄媚讨好的印象。在拿破仑计划入侵英格兰的时候,德农指挥了一次疯狂的搜索,想寻找一些特殊的物品,在某些方面能够让人回想起征服者威廉的伟大。结果一无所获,他从小奥古斯丁修道院法兰西古迹博物馆的地下室里拿走了一尊老雕像,那是"一尊无名雕像,穿着11世纪的装束,胖嘟嘟的脸庞,看上去怒气哼哼的样子"。这尊雕像被秘密地打包,运到了塞纳河畔的一个小村庄,然后耀武扬威地用一艘专门装饰过的驳船运回巴黎,宣布它是新近发现的征服者威廉的雕像,是在诺曼底找到的。不过话说回来,我们拥有今天的卢浮宫博物馆,功劳依然要记在这个人的头上,要归功于他的勇气,他积极战斗的自发意愿,他的胡搅蛮缠(为的是弄到足够的钱给他的雇员发薪水)。维旺-德农在财务上的战斗无休无止,他持续不断地与部长们爆发冲突,尤其是与财政部长,后者试图把他和他五花八门的职能纳入严格约束之中。他不会容忍这种约束。在1806年的一封信中,他向拿破仑指出,他16岁那年就是路易十五的侍从;他抗议政府部门的一项改革,这一改革把他的地位降低到了办公室主任这一级。

1803年3月底,那不勒斯割让的第一批古董运抵巴黎。维旺-德农在博物馆的一次公开会议上宣称:"一颗幸运之星引导着这批货物的命运。"话虽如此,但困难依然不少。一些更老的东西,更小的物件,同时与一些非常大的物品一起运来,途中因为干旱而耽搁了。这场干旱使得运河水位降到了很低,驳船无法驶抵巴黎。一些打算运往巴黎植物园的外来野生动物吃够了苦头,德农尤其担心一头幼狮,自离开马

卡斯蒂里奥内:《卢浮宫的方形沙龙》

赛以来，它的个头已经长了不少，以至于没法在笼子里转身。除了《托伦蒂诺条约》的这些延误的战利品之外（其中包括两座巨大的群雕《尼罗河》与《台伯河》），还有一尊来自佛罗伦萨的《美第奇的维纳斯》。

佛罗伦萨的收藏流入巴黎的历史，与《马德里条约》紧密地交织在一起。1801年，根据这一条约，托斯卡纳大公在佛罗伦萨的位置被年幼的路易一世（帕尔马公爵与西班牙国王查理四世之女所生的儿子）所取代，后者成了短命的埃特鲁里亚王国的国王。早在1797年法国军队逼近的时候，托斯卡纳大公斐迪南就已经收拾好佛罗伦萨收藏中的74箱藏品，把它们运到了来亨港。这些箱子里包括佛罗伦萨收藏（尤其是美第奇家族收藏）中最精美的藏品。1800年秋天，英国海军把这些箱子从来亨运到了巴勒莫，他们说，这是为了更好地保护其所有者的权利。次年，根据拿破仑政府的倡议，托斯卡纳共和国，连同埃特鲁里亚国王的头衔，一起被赏赐给了路易·德·波旁。法国驻那不勒斯公使和革命会议的成员阿尔基耶负责把带到西西里的藏品归还给佛罗伦萨宫廷。很自然，他们将代表卢浮宫要求得到《美第奇的维纳斯》，作为法国介入此事的一笔回扣。福贝尔写道："《美第奇的维纳斯》是最著名、最珍贵的古代雕像，得到它是法兰西的荣耀。"他建议，用价值30万法郎的法国制造的产品作为交换。

埃特鲁里亚的傀儡国王宁愿（正如他写信给第一执政所说的那样）"我的国家有一条不断扩大、不断丰满的边境线"，但拿破仑坚定不移。他的嫉妒和贪婪被唤醒了，他想在卢浮宫把《美第奇的维纳斯》和《观景楼的阿波罗》并排放在一起。1802年，《美第奇的维纳斯》从巴勒莫运往马赛。托斯卡纳人伤心不已。乌菲齐美术馆的馆长指着空荡荡的底座，冒冒失失地对法国官员说："我们在它的位置上没有放置任何东西，因为没有什么东西能取代我们的维纳斯，它是佛罗伦萨的荣耀。"皇帝徒劳地试图安抚他们，他后来下令把卡诺瓦制作的一尊雕像放置在它的位置上；法国驻托斯卡纳的警察主管写道："艺术家们坚持认为，这尊《拿破仑的维纳斯》丝毫不亚于《美第奇的维纳斯》"，但佛罗伦萨人并不领情，直到滑铁卢战役之后物归原主，他们才心满意足。

这尊雕像尽管在9月7日离开马赛，但它直到1803年7月14日才抵达卢浮宫码头，为时已晚，赶不上那天的揭幕仪式。这让德农有充足的时间为安置它做准备。他写信告诉第一执政（他当时在比利时）："我会等您回来之后开放雕塑博物馆。它是您的，将军，是您把这座博物馆的藏品搜集到一起，为它揭幕是您的特权，因为它永远是纪念碑中的纪念碑。"揭幕仪式在8月15日拿破仑的生日那天举行。在约瑟芬的陪伴下，拿破仑在杜伊勒里宫过了一夜，早晨6点在巴黎圣母院举行了一场严肃的大弥撒之后，他在德农的陪同下前往卢浮宫，为拿破仑博物馆打开了大门。仪式很简短，而且因为是在大清早举行，所以免去了正式致辞。但几天之后，维旺-德农发表了一篇措辞雄辩的宣言，通篇毫不留情地透露出法国人的沙文主义秉性："今天，我们可以有把握地对艺术界说：《维纳斯》再一次被置于世界上最强大国家的保护之下，正是因为这个国家，曾经安放它的那座圣殿，雅努斯神庙，已经永远对它关上了大门。"最后，他不可避免地把《观景楼的阿波罗》与《美第奇的维纳斯》相提并论。他宣称，《阿波罗》"会让最大胆的女人感到害怕；而最羞怯的小伙子也会带着敏感的表情，对《维纳斯》说上最初的几句话"。

拿破仑自封为皇帝之后，德农便在他所有的战役中追随他的鞍前马后，始终与他亲密无间地相处，从不放过任何机会向皇帝指出，在他征服的那些国家，有哪些东西可以给他的名字增光添彩。当《韦莱特里的帕拉斯》(6年前刚刚发现的)被添加到博物馆的收藏之后，他敦促皇帝再要求佛罗伦萨交出8件最精美的雕塑。他声称，这些雕塑绝不是佛罗伦萨祖传遗产的组成部分，因为它们最初来自罗马，来自美第奇宫。然而，皇帝不愿意对托斯卡纳提出这样的要求，但在获取博盖塞庄园的古董这件事情上，他听从了德农的意见，1808年，他强迫他的妹夫、妩媚性感的保琳·波拿巴的丈夫卡米洛·博盖塞亲王把这批收藏中他想要的东西卖给他。这些大理石雕塑又大又沉，以至于需要专门建造的大车，并用12~15头公牛来拉它们。另一次，当拿破仑与德农和卡诺瓦共进午餐的时候，这位博物馆长表示，他打算把法尔内塞的《赫拉克勒斯》带到法国去。但雕塑家卡诺瓦大惊失色，不由得叫了起来："恳请陛下至少给意大利留点什么东西。这些古代遗迹形成了一根链条，与不计其数的其他东西紧密相连，万万不可全都从罗马或那不勒斯运走。"结果，皇帝把《赫拉克勒斯》留在了那不勒斯。

拿破仑对古罗马的英雄情结表现为很多稀奇古怪的方式：他一心想得到罗马斯帕达亲王收藏中的那尊著名的庞培雕像，据说，尤里乌斯·凯撒就是在庞培的脚下被人刺杀身亡。斯帕达亲王开价2.3万罗马达克特。皇帝派德农去罗马检查这尊雕像，而古物研究者菲尔故意贬低这件藏品的价值，为的是把它留在罗马。在菲尔的影响下，德农最终得出了这样一个结论："它雕塑的不是庞培，而是一位邪恶的皇帝，而且，这件艺术品很平庸。"德农十分高兴，他写道："提醒陛下是我的责任，这尊雕像不会给博物馆的收藏增添任何东西。在我看来，这尊雕像只不过是罗马每天都在制造的许许多多的狂想之一，赋予它们一个伟大的名字，为的是让那些高价购买它们的人晕头转向。"维斯康蒂大概是为了泄愤，并希望德农丢脸，他极力为这尊雕像辩护。拿破仑依然被三月十五日（**译者注：即凯撒被刺的日子**）的古老传说所迷惑，还是命令博物馆长达成交易。可是，由于这样那样的原因，这尊雕像并没有从罗马运走，直到今天依然留在斯帕达宫。

为了得到来自埃伊那岛神庙的三角墙雕塑——慕尼黑古代雕塑展览馆的镇馆之

宝——而做出了一次惊人的努力。这17件雕塑是两个英国考古学家和两个德国考古学家在埃伊那岛发现的，表现的是特洛伊战争的场景，被其拥有者运到了克桑西，在那里拿出来拍卖。让德农恼火的是，在维斯康蒂的坚持下，法国人成了出价最高者：15万法郎。但1813年对于拿破仑来说是困难的一年。这些大理石雕塑接下来从克桑西运到了马耳他，在英国人的监护下，拍卖在那里继续进行，拍卖锤敲响，买主不是法国，而是巴伐利亚的路德维希亲王，也就是未来的路德维希一世国王。拿破仑越来越怀疑他与巴伐利亚之间的同盟是否牢靠，希望不要在这个节骨眼上冒犯德国人，于是万分不情愿地把它们让给了慕尼黑画廊。

到拿破仑的统治快要结束的时候，卢浮宫里展览的古代雕塑、胸像和浅浮雕已经超过400件。拿破仑几乎把手伸向了全欧洲可以弄到而且值得弄到的每一件东西。他甚至险些弄到了运往大英博物馆的埃尔金大理石。要不是他在特拉法加倒了霉，解释这些大理石如何从希腊运走的艰巨任务如今就会落在法国考古学家的肩上。

德农和维斯康蒂（他继续担任古董馆的馆长）自然要从这些战役中为卢浮宫捞取每一样东西。然而，有一批重要藏品，他们不得不拱手交给政治家和军人，这就是来自威尼斯圣马可教堂的青铜马。据传说，这些青铜马是利西波斯在雅典为亚历山大大帝制作的，被亚美尼亚国王梯里达底送给了尼禄，而尼禄后来把它们放置在君士

德拉罗什：《拿破仑肖像》

坦丁堡的竞技场；最后，在12世纪，被威尼斯人从土耳其偷去了。这些青铜马被安放在杜伊勒里宫花园小凯旋门的拱顶上。它们被放在那里是为了庆贺拿破仑的军事胜利；他计划再建一座这样的纪念碑式建筑：胜利女神殿（这座神殿并未建成），并打算把《胜利女神四马战车》安放在这幢建筑上，这尊雕塑至今以它遍体鳞伤的荣耀装饰着柏林的勃兰登堡门。为了给博物馆里稳步增长的藏品腾出地方，有必要把一些长期以来借住在卢浮宫的机构清理出去。1806年，法兰西学院搬了出去，搬到了塞纳河对岸马萨林为四国学院建造的那座宫殿里，今天的法兰西学院就坐落在那里。卢浮宫的卡娅第德大厅被重新调整，以容

纳博盖塞庄园的大理石雕塑,以及从梵蒂冈窃取来的那些雕像。

古董博物馆的光辉怎么评价都不为过,但德农主要关注的是组织卢浮宫的绘画收藏,他在那里拼凑起了世界上最大的画廊。在他履行作为馆长职责之后短短几个月的时间里,他便沿着塞纳河畔建起了一座巨大的画廊,专门容纳拉斐尔的作品。这位大师的16幅作品围绕着《圣容显现》排列,可以追踪到其艺术天才的整个演变历程。他宣布:"我会继续以同样的精神来安排所有画派的展览,在短短几个月的时间里,在漫步穿过画廊的过程中,你就能看出艺术、尤其是绘画的整个历史进程。"像所有博物馆长一样,他也对画廊的照明很不满意,并做过五花八门的实验,试图加以改进。建筑师雷蒙德与他一起工作,设计出了一套还算成功的方案:把大画廊分成一个个小间,控制光的分布。

这些改造在1810年被早早地终止了,当时,大画廊被指定为拿破仑政权最值得铭记的庆典仪式之一充当背景,命令已经下达,要把卢浮宫大画廊改造成一个小礼拜堂,为皇帝和奥地利的玛丽·路易莎举行结婚大典。德农接到下面这份来自达鲁的指示的时候,距离结婚大典只有短短3周的时间:

阁下,皇帝陛下的宗教性婚礼仪式将在巴黎举行,就在那座将被装饰成小教堂的画廊里举行。要为三个阶层的代表分配专门的地方,每一件事情都要安排得井然有序。沿着博物馆的整个画廊,两侧各有两排长椅,能坐3000人,其后面将有两排绅士,也是3000人,总共6000人。这么多人挤在这间画廊里,应当采取一切可能的预防措施,避免发生任何意外。

为这场婚礼重新安排画廊,有很多困难需要面对,尤其是要移动一些巨幅帆布油画。德农冒冒失失地指出,委罗内塞的《迦拿的婚礼》实在太大了,没办法移走。皇帝答复道:"既然没法移走,那就把它烧掉。"

格奥尔格·鲁热:《拿破仑与路易莎的婚礼》

德农只好很不情愿地把一些巨幅油画从画框中卸下来，装在转筒上。德农写信给总管达鲁说："您可以向陛下保证，公众和陌生人将会看到、他的宫廷将会经过世界上最漂亮的博物馆。"婚礼在 1810 年 4 月 2 日举行。第二天，拿破仑和他的新娘秘密探访了画廊，只有德农和他的助手被允许陪伴在他们身边。

卢浮宫如今处在它的顶峰时期；尽管皇帝把战争带到了欧洲的每个角落，但它依然是艺术世界公认的中心。画家和雕塑家蜂拥着来到巴黎，尽情欣赏挂满四壁的来自意大利和佛兰德斯的名作。它成了 19 世纪法国年轻艺术家的圣地，事实上，他们从未放弃他们早年形成的来博物馆参观的习惯。

德农依然不满足于他举世无双的收藏。耶拿战役之后，当拿破仑占领德国的时候，他敦促皇帝要求得到萨克森国王在德累斯顿画廊的一些名画作为赔偿，尤其是柯勒乔和荷尔拜因的作品。他写道："陛下的收藏中还缺乏后面这位画家的作品。我再次向陛下重申：在征服欧洲其余地区的时候，再也不会出现像萨克森这样千载难逢的好机会了。"然而，拿破仑不同意这个观点，他想让萨克森的弗雷德里克·奥古斯都成为自己的盟友。德农于是扑向了卡塞尔，在那里抢先得到了 299 幅油画，153 件艺术品，367 件漆器、瓷器和陶器；接下来，他继续在不伦瑞克、柏林和波茨坦大肆掳掠。耶拿战役之后，卡塞尔画廊有 50 幅最精美的画作被拿走，奉黑森选帝侯之命藏在了一位狩猎监督官的家里。拉格朗日将军没收了它们，把它们送到了美因茨，送给约瑟芬皇后，她不顾德农的抗议，把这些藏品据为己有，存放于玫瑰城堡。因此，这批画从未进入卢浮宫，后来被皇帝认为是他与约瑟芬离婚财产补偿的组成部分。当约瑟芬在 1814 年去世之后，这批藏画被卖给了俄国沙皇亚历山大一世。其中的一些画依然留在圣彼得堡的艾尔米塔什博物馆，另一些如今属于华盛顿的梅隆收藏。

对德国城市的劫掠持续多年，在程度上超过了意大利的劫掠。从 1794 年开始，革命党人便从艾克斯拉沙佩勒带回了霍希梅斯特的大理石柱，后来与卢浮宫的画廊与查理曼大帝的石棺进行了合并，装饰着表现强掳普罗塞耳皮娜的浮雕。在《吕内维尔和约》签署之后，特别代表们变得更有学问了，大概也更德国化了，他们随身携带了一些注解详尽的旅行指南，比如《圣莫尔的两个本笃会修士旅行记》(*Le Voyage de Deux Bénédictins de Saint Maur*) 之类，这本书很方便地列出了他们探访过的修道院。1806～1807 年间，在德农和他两个同样贪婪的副手达鲁和亨利·贝尔（此人后来以司汤达这个笔名而扬名天下）的指导下，德意志北部王公贵胄们的收藏和城堡遭到了系统性的劫掠。亨利·贝尔特别关注的是不伦瑞克公爵的财产——公爵尤其被法国人所痛恨，他在沃尔芬比特尔有一座豪华的图书馆，藏有 500 件手抄本，来自红衣主教马萨林的收藏。这些手抄本一起运往了巴黎，连同78幅油画，其中很多是拉斐尔、提香、伦勃朗和凡·代克的作品。从柏林和波茨坦窃取了范围广泛的藏品：图书（其中有些书有伏尔泰的注解），绘画，一批价值50万马克的徽章收藏，以及一批雕刻宝石。到拿破仑战争结束的时候，这份厚颜无耻的记录如下：

> 柏林和波茨坦损失了60幅油画；卡塞尔在第一轮搜刮之后损失299件藏品；什未林209件；维也纳仅观景楼就损失250件，杜塞尔多夫和茨魏布吕肯也损失惨重。1800年，在慕尼黑，施莱希姆的杰出收藏遭到洗劫，纽伦堡和萨尔茨堡也没能幸免；1809年，又有一批藏品从维也纳运走。到1814年，他们共抢走了4 000册图书，不计其数的油画和小古董，以及他们能染指的所有贵重宝石，包括3顶教皇的三重冕。

约瑟夫·波拿巴被推上西班牙的王位，又为德农的贪婪提供了另外一个机会。他写信给皇帝说："假如不是陛下的兄弟、而是任何其他人占据着西班牙的王座，我都会恳求皇帝下令割让20幅西班牙画派的作品给博物馆；这个画派在我们的收藏中完全没有代表作，这批绘画将会充当最后一战的永久性战利品。"在经过几轮谈判之后，1809年，约瑟夫同意把委拉斯开兹、里贝拉、牟利罗、里瓦尔塔等人的一批重要作品交给法国当局处置，这批绘画是从西班牙各地的修道院里抢来的。然而，当这批藏品抵达法国的时候，事实证明，它们令人大失所望。其中只有6幅画，德农认为完全符合卢浮宫的高品质要求。后来，德农亲自去了马德里，挑选了250幅画，作为西班牙战役的赔款。这批藏品当中，只有150幅画符合博物馆的质量要求，另外一些则被认为只适合装饰皇帝的住处。但这是在1813年，政治形势变得越来越糟，这批藏品一直没有运走。

1812年，托斯卡纳与帝国的合并是一个信号：德农可以提出的新要求。他写信给皇帝指出，在托斯卡纳、帕尔马公爵领地和教皇国镇压修道院为充实博物馆提供了一个很好的机会，可以搜罗到一些尚没有足够代表作的大师们的作品。他声称："我可以向您保证，陛下，出于慎重，我只要求得到我们博物馆尚没有收藏其作品的那些艺术家的画作。"正是由于这一政治事件，在英国爆发前拉斐尔派运动的将近一个半世纪之前，卢浮宫就已经收藏了大量精心选择的意大利"原作"，范围从契马布埃到拉斐尔。有两个画家提出了一个骇人听闻的建议，说他们可以把梵蒂冈的壁画《圣礼之辩》和《雅典学院》拆卸下来。幸运的是（这是德农的功劳），这个提议遭到了拒绝，尽管另一方面，他曾让人把柯勒乔的几幅壁画从帕尔马的本笃会修道院拆走了，他还批准从罗马圣三一教堂拆走达尼埃莱·达·沃尔泰拉的著名壁画《卸下十字架》。正是在这次探访中，他在米兰停了下来，搬走了布雷拉的很多精美藏画；还在佛罗伦萨停了下来，洗劫了佛罗伦萨美术学院。

运送藏品的船只往来频繁，尽管最后

一批原作由于1813年12月的撤军而从未离开过意大利，这次又是因为政治形势的变化。除了德农通过军事征服获得的艺术品之外，在拿破仑政权的早期，他还能说服皇帝，通过购买获得一些著名藏品；但到了拿破仑的帝王野心充分膨胀的时候，他就拒绝为那些他觉得能够凭借军事手段获得的艺术品付钱，省下来钱可以购买帆船、大炮和军舰，用来对付英国。他在特拉法加战败之后尤其如此。然而，他还是把一定数额的经费交给德农去支配，用于当代艺术家的委托作品和购买当代艺术品。

除了通过军事征服获得艺术品之外，大革命从教会窃取和没收的所有艺术品也都被认为是皇帝的财产，并交给德农管理。在签订1802年的协定之后，拿破仑特别希望安抚教会。他责成德农把他们抢去的很多东西归还给巴黎圣母院，他还要求额外给他们10幅意大利画派的作品。皇帝还着手实施一项返还政策，只要可行，凡是从现在依然存在的教会机构抢走的艺术品全都归还给它们。自然，还剩下了大量的艺术品，是从那些已经遭到镇压和摧毁的教堂和修道院没收来的。这些藏画数以千计，大量的藏品在大革命期间已经拿到拍卖行里卖掉了；还剩下一些，被用做与教会当局谈判的砝码。然而，德农拒绝归还他认为在艺术上很重要的任何东西，并宣布："卢浮宫的需要就是国家的需要。"

让德农烦不胜其烦的，不仅有教会的胡搅蛮缠，而且还有各个政府部门，他们同样要求得到国家的藏品，作为宫殿和政府办公室的陈设。在洛林的吕内维尔，有一座宫殿为签署条约而进行了装饰，后来它被送给了南锡的博物馆。约瑟芬皇后（特别是在执政府时期）是一个十足的贪婪者，对艺术品的要求贪得无厌，多多益善，这些藏品都被她作为私人财产留了下来。就连拿破仑本人，对于装饰其私人房间的艺术品的品质，也提出了越来越高的要求。

在众多的烦心事当中，最让德农感到不胜其烦的，是来自各地方博物馆的压力。自执政府时期起，拿破仑的政策是：帝国各地都有权得到国家收藏中多余的藏品。但是，为了喂饱各行省而让卢浮宫挨饿明显违背德农的政策。然而，他还是被迫把一些非常重要的油画送给各行省的博物馆，这些藏品打那以后便一直留在了那里，部分原因是由于下面这个事实：在拿破仑战役之后，当一些藏画被归还给外国的时候，那些留在各地博物馆的藏品并不被认为是归还品的一部分。

4. 法兰西古迹博物馆

在拿破仑博物馆流星般崛起的同时，巴黎还目睹了另一家机构的出现，它就是法兰西古迹博物馆。像维旺－德农的梦想一样，它也是另一个艺术家热切而短暂的梦想。亚历山大·勒努瓦出生于1762年，是一个相当有干劲、有能力的画家，目睹了法国人民的祖传收藏被大革命所掠夺，从四面八方涌入首都，他于是着手实施一项计划：要从大教堂和教区教堂，从修道院，从私人业主那里，拿走一切既没有被牢牢钉住、也没有成为建筑物不可分割的组成部分的东西。无论何时，只要有机会，勒努瓦都会推倒一切障碍，哪怕是一道撑墙或扶壁这样微不足道的障碍，几乎不考虑一座历史遗迹有可能会坍塌，只要能搬走他所选择的目标物就行。

然而，勒努瓦的博物馆依然是第一家名副其实的中世纪古物博物馆，如果我们把威斯敏斯特教堂和圣丹尼斯皇家修道院排除在外的话。它是浪漫主义运动的催化剂，是法国哥特式艺术复兴的报信使者。此外，当拿破仑泡沫破裂、外国的艺术财宝物归原主的时候，它为法国沙文主义提供了辩护。因为，法兰西古迹博物馆的收藏成了今天卢浮宫法国绘画和雕塑收藏的核心。

就其本身而言，勒努瓦的活动对拿破仑博物馆的活动是一个补充，并赋予今天的政府美术部门以最终的形式。

从法国大革命最早的时候起，制宪议会便做出决议：法国的所有教会财产都将被卖掉；所有修道院和教区教堂都要把它们的财产交给制宪议会处置。尽管有大量的教会财产被当做不动产卖掉了，但雅各宾党人依然认识到，有必要挽救艺术品——绘画、雕塑、图书和手抄本——并把它们临时存放起来，直至政府决定如何处置它们。这批被没收财产的主要存放地当然是巴黎。一个由年轻的勒努瓦领导的艺术家委员会负责管理它们。1790年，他获得了小奥古斯丁修道院的使用权，它位于滨河路与小奥古斯丁街（今天被称做波拿巴街）的拐角处，亦即今天的美术学院的所在地。他把所有重要的古迹都集中到了这里，最早的一批是巴黎地区的古迹，以及来自圣丹尼斯皇家修道院的古迹，尤其是在恐怖统治时期遭到洗劫和损坏的法国历代国王的陵墓。这些陵墓被挖开了，国王们的遗骨遭到抛撒和羞辱。勒努瓦的想法是：把这些遗迹与法国历代伟人、诗人和哲学家的陵墓集中在一起，放进修道院的回廊和花园里。

他的博物馆的著名陵墓当中,包括蒂雷纳、笛卡尔、莫里哀和拉封丹等人的陵墓。

勒努瓦的《法兰西古迹博物馆》一书的序言是一篇雄辩的证词,为自己的目的进行了辩护;它还对这些古迹本身给出了描述。它首先说到了国民大会的决议,以及他们对"国家所拥有的艺术遗迹"的关注:

> 雅典人所处的环境更为有利,他们实现了对暴君的放逐,他们改变了自己的政府形态,宣布了民主政体。从那一刻起,人民便参与到了公共事务中;每一个个体的思想变得更加开明,雅典迅速崛起,傲视群雄,凌驾于希腊其他所有城邦之上。一种正确的品味非常普遍地确立起来了,富足得到了普通公民的赞赏,通过建造公共建筑,拥有各种天才的人都立即来到这座宏伟的城市,艺术和科学适合于居住在这样的地方;就像从一个共同的中心向外辐射,它们从那里传播到外国。审美趣味的进步与国家的繁荣程度成正比。时代更近的佛罗伦萨证明了前面这个说法是正确的:这座城市刚刚变得富足,蒙昧无知的乌云便立即被驱散开来,艺术和科学眼看着繁荣兴旺。

在正面陈述了自己的文化信念之后,勒努瓦接下来讨论了他所搜集的古迹的不同类型,对帮助过他的人表示感激,并坚持认为,他的主要动机是担心革命早期的破坏会再次发生,他继续写道:

大卫:《亚历山大·勒努瓦肖像》

> 我能够向公众展示经历了400年的岁月依然完好无损的沙龙,我完美恢复了一间墓室,其建造的目的十分明确,就是为了容纳弗朗索瓦一世的陵寝。……一片乐土在我看来十分适合这家机构的特性,紧挨着房子的一片花园为我提供了足够的手段来实施我的计划。在这个人迹罕至、平和安宁的僻静之地,超过40尊雕像散落各处;在一片草地上,那些陵墓在寂静和安宁之中看起来庄严肃穆;苍松翠柏,杨柳依依。雕像和陶瓷(里面装着"神圣的往昔遗骸")安放在墙头,同时以温柔的忧

伤赋予这片令人愉快的场地以灵气,对于感情丰富的心灵有着不可抗拒的吸引力。

1795年,制宪议会正式宣布法兰西古迹博物馆成立,它一直作为一个独立单位存在,直至拿破仑成为第一执政,才把它置于德农和拿破仑博物馆的管辖之下。麻烦就此开始,因为两位馆长都野心勃勃,都陶醉于权力和贪婪。勒努瓦不会止步于法国领土的范围之内,正如德农把整个欧洲视为自己独家关注的目标。但是,当前者用来自教会的战利品充实他的画廊时,终于破天荒第一次有了这样的可能:这个世界上有一个地方可以看到雕塑艺术从古代直至18世纪的整个发展历程。他所遇到的麻烦无休无止,既有财务上的,也有政治上的。有人千方百计要把古迹博物馆消灭掉,把它的藏品要么转移到巴黎圣母院,要么转移到先贤祠。但勒努瓦坚持了下来,他逐步消除了德农的敌意,慢慢赢得了他的信任,使得法兰西古迹博物馆在整个拿破仑时代几乎完好无损地保留下来了。

维旺-德农的职责扩大到了远远超出卢浮宫的范围,进入了法国艺术生活的方方面面。正是他负责承办纪念性油画和官员肖像的委托;年度沙龙画展同样在他的管辖之下,另外一些收藏以及像凡尔赛和枫丹白露这样的宫殿也是如此。卢森堡宫依然保留了鲁本斯为玛丽·德·美第奇绘制的巨幅油画,1802年在参议院的要求下转变成了一座公共美术馆。那里展出的精品包括勒叙厄尔的《圣布鲁诺》,来自皇帝大街上的加尔都西会修道院,是大革命之前路易十六从他们那里买来的;还有约瑟夫·弗纳特(因路易十五而被处死)的巨幅组画,以及大卫的巨幅油画《荷加斯兄弟的宣誓》和《布鲁图的儿子们》。参议院还要求用拉斐尔的一幅画去装饰他们的建筑,来自乌菲齐宫的巨幅油画《圣母和圣安妮与圣凯瑟琳在一起》被拿到那里去展出。

还有一些重要收藏也是在这一时期形成的;特别是鉴赏家塞金(他的艺术品味远近闻名)、红衣主教费什(拿破仑的舅舅和法国驻教廷大使)和苏尔特元帅的收藏。其中最富有的收藏家之一是吕西安·波拿巴。这些收藏全都部分向公众开放,拥有很多重要藏品。同样重要的是维旺-德农的个人收藏。

吕西安·波拿巴(1775~1840),拿破仑一世的弟弟。他1814年被庇护七世封为卡尼诺亲王,1824年被利奥十二世封为穆西格纳诺亲王。

5. 归还和赔偿

拿破仑的艺术帝国就像他的政治野心一样突然而可耻地终结了。1814年4月6日,拿破仑在枫丹白露宣布退位,第二周,同盟国的全权代表们签署了一份协定,对他本人和他的家人做出了安排。新国王路易十八当时正在英国,但他的兄弟阿图瓦伯爵在临时政府中取代了他的位置,直至国王在5月抵达巴黎。阿图瓦伯爵与奥地利、英国、俄罗斯、瑞士和葡萄牙签署的停战协议并没有包含归还艺术品的条款,尽管他已经分别同意归还梵蒂冈的档案以及教廷仪式上所使用的很多物品。作为一种策略性的姿态,路易十八宣布:他愿意把那些尚没有在卢浮宫或杜伊勒里悬挂或展出的艺术品归还给低地国家和普鲁士,但国王对自己的地位很没有把握,因此向人民隐瞒了这个声明。1814年6月4日,他宣布:"法兰西军队的荣耀没有遭到玷污,他们

让·巴蒂斯特·伊萨贝:《维也纳会议》

英勇的纪念碑依然留存，从今往后，这些艺术杰作依然属于我们，其所凭借的，与其说是军事的胜利，不如说是权利。"

整个欧洲群情沸腾，尽管就其本身而言，这些财宝对拿破仑所征服的那些国家来说已经足够宝贵，但它们如今已经成了自由和复仇的象征。军队在巴黎的存在，给波旁家族新任国王的自吹之词增添了一个空洞和讽刺的音符。对此，1815年10月15日的《伦敦信使报》（London Courier）上有一篇文章是这样总结的：

> 被解散的军队指挥官成群结队地来到巴黎，脱去戎装，扮作平民，四处走动。当外国军队撤走的时候，巴黎人的傲慢大为增长。他们大声嚷嚷，反对拿走这些艺术品。为什么？凭什么权利？是征服的权利么？那么，他们不是两度失去了它们么？他们不是坚持行使这样的权利么？那么，如今盟军抢走法国每一件有价值的东西，难道不是搬走他们在拿破仑时代之前曾经拥有的东西么？他们有资格这样做，他们仿效的正是拿破仑的榜样，巴黎人曾经如此热切地认可这个榜样。

奎因小姐证明，盟军方面的克制源自于他们认识到：国王的声望承受不了对法国军事骄傲的太大打击。因为，这些艺术品，如果说对它们的来源国是一个象征，那么，在它们逗留卢浮宫期间，它们同样也成了法国力量和威望的一个象征。普鲁士尽管依据德国遭到洗劫的程度提出了很重的赔偿要求，但出于这个原因，并且因为它很想让波旁家族留在王座上，因此"不会要求立即归还当时还在展出的绘画和雕塑，直至它们在卢浮宫能够被其他藏品所取代；并规定它们应当在一年的时间内归还，而所有尚未展出的作品应当立即归还"。

在厄尔巴岛归来和滑铁卢战败之后，同盟国的地位已经变得更加牢固。法国试图在《巴黎协定》（1815年7月3日）中插进一条：保证"博物馆和图书馆的完整性"，但这一企图遭到了拒绝。利物浦勋爵的立场是："最可取的做法是尽可能从法国搬走它们（即战利品）。因为，如果把它们留在这个国家，必定会产生这样的效果：提醒他们回忆起从前的征服，使国民珍视他们的尚武精神和虚荣。"

英国（尤其是威灵顿公爵）扮演的角色因为公正和智慧而受到人们的尊敬。今天，有人带着嫉妒的眼光看待阿普斯利庄园的收藏，他们选择性地遗忘了这样一个事实：威灵顿公爵从西班牙带回的那些藏画，都是依据公认的、传统的战争惯例而送给他的；而且，他们还无视这样一个事实：他曾慷慨地提出把它们归还给斐迪南国王——这一姿态遭到了同样慷慨的拒绝。

并非所有同胞都相信他的宽宏大量；摄政王指示利物浦勋爵：要设法为大英博物馆搞到一些名画。但是，据奎因小姐说，威灵顿和卡斯尔雷都拒绝这样做。W. R. 汉密尔顿是埃尔金勋爵的秘书，法国人痛恨他，称之为"毒蛇汉密尔顿"，这是因为他在为英国获得埃尔金大理石雕像这件事情上所扮演的角色，还因为他曾在亚历山大港登上了一艘法国船，从法国拿走了罗塞塔石碑，他写信给巴瑟斯特伯爵说：

> 我们一定要放弃这样的想法：设法从卢浮宫为我们自己弄到任何艺术名作。那会让人们非难我们为归还被偷艺术品所做的努力，那些对整个归还措施最感愤怒的法国人已经利用这个理由，质疑我们出于正义所做出的所谓公正无私的努力。试图全部归还所有艺术品非常困难。如果伴之以任何为我们自己谋利益的提议，那么，整个事情将彻底泡汤。法国人将会很高兴把这归咎于我们的处置不当。

但是，如果说英国人在这件事情上有所保留，而且公正无私，那么，他们的榜样并没有被一些小国所仿效。在1815年的整个秋天和初冬，巴黎的艺术品在一天天地减少。巴黎人满腹心酸地接受了这一现实，维旺-德农的帝国迅速土崩瓦解。对于这三四个月的活动，法国人的评论充满了憎恨和愤怒：它们几乎毫无价值。尽管维也纳会议正在十分严肃地召开，但巴黎的事件同样紧张。

德农使出浑身解数，千方百计要拖延、阻挠、防止从博物馆搬走藏品。最后，为了填补这些藏品被拿走之后留下的空缺，他不得不从各行省调来曾经被卢浮宫送出去的很多藏品。

归还的问题占据着1815年最后几个月的全部时间；最早是普鲁士的藏画被拿走了，接下来是比利时，然后是意大利和教皇国，以及来自奥地利的艺术品。卡诺瓦是教皇的代表，领着大使的头衔专门从罗马来到巴黎。当他在塔列朗的一次招待会上被宣布为"大使阁下"的时候，后者向众人介绍他是"打包先生"。即便如此，德农的活动和持续不断的金钱损失（他不记得有些藏品放在什么地方），以及拉瓦雷的技术障碍，还是为法国和卢浮宫保全了很多非常重要的意大利原作，特别是今天陈列在七米画廊的那些画作。

在拉瓦雷与托斯卡纳政府进行谈判之后，这些画最终留在了巴黎。勒布伦也能够留下委罗内塞的《迦拿的婚礼》，因为它实在太大，没法用船运走，尽管奥地利当局要求把它还给威尼斯。司汤达指出："同盟国拿走了1150幅画。恕我直言，我们是根据条约（《托伦蒂诺条约》）得到这些画。而同盟国拿走它们却没有任何条约。"除了1816年在巴黎公开归还的艺术品之外，还有大量藏品是暗地里做出了赔偿。俄国沙皇为约瑟芬皇后在玫瑰城堡的那批藏画而获得了94万法郎的赔偿。根据《托伦蒂诺条约》从罗马的阿尔瓦尼别墅里拿走的那批艺术品，在巴黎被巴伐利亚王储为慕尼黑古代雕塑展览馆买去了。索涅为卢浮宫归还的艺术品编制了一张表，显示了这些物归原主的艺术品的特征和品质。我们有趣地注意到，就意大利的情形言，有很多物主已经不在人世，于是创立了一系列市属画廊和博物馆，专门接收和展出法国归还的这些艺术品。

结　语

拿破仑战争把一个艺术资助和艺术收藏的时代带向了终结，这个时代几乎不间断地持续了300年。随着19世纪的降临，出现了一套新的哲学和新的观点。民主政府如今主张自己对绘画和雕塑的所有权；总的来说，王室收藏的观念已经成为过去，尽管它那垂死的躯体将会随着巴伐利亚国王路德维希和一出喜歌剧的主人公（拿破仑三世）的自动反射而抽搐。艺术已经从觐见室里解放出来了，这次解放，更多地不是通过雅各宾党人，不是通过恐怖统治，而是通过工业革命，通过中产阶级和劳动者日益增长的文化愿望。我们过去的遗产在此前一百年里所经历的种种改变，最激进的方面，莫过于对当代艺术家的资助，以及相伴而生的占有感。古往今来，正是这种占有感刺激着富人争相成为收藏者。

然而，收藏目的的改变更甚于人性的改变。在19世纪前三分之一的时间里，欧洲一些大型国家美术馆纷纷建立起来了——普拉多美术馆和伦敦美术馆在这份清单上名列前茅。考古学通过英国、比利时和法国资本对东地中海国家的开发而获得了新一轮的刺激。拿破仑在埃及的战役，为商博良和马里埃特的研究开辟了通道；亨利·莱亚德爵士揭示了圣地浪漫传奇的可能，给英国带回了大英博物馆里那一系列举世无双的亚述浮雕。伊斯兰世界被发现，并得到了负责任的开发。一直以来，西方只是通过17世纪耶稣会士的眼睛才知道中国，随着通商口岸的建立，这个国家的艺术品便源源不断地涌入欧洲。紧跟在佩里将军的后面，日本将成为美国人的一次冒险。法国人致力于艺术哲学，重温其漫长的历史——这项任务最初由勒努瓦在法兰西古迹博物馆开始，最终在1840年代的克吕尼博物馆，以及在系统性地维护和保存这个国家的教堂和修道院、宫殿和城堡中得以完成。德国通过疯狂的路德维希国王，突然陷入了一场知识狂热，使得慕尼黑古代雕塑展览馆成为古典主义狂热崇拜的圣地；其最丰富的硕果便是施利曼，其人是一介平民，通过低端制造品，提供了向神魂颠倒的公众揭示荷马世界所需要的资金。

在大洋彼岸，关于艺术和文化，一种新的精神正在流传。杰斐逊的民主主义和富兰克林博士的开明犬儒主义创造出了一种宝贵的新模式，在后来崇尚空谈的那些年里，这一模式几乎输给了维多利亚时代中期的势利。它就是美国大型公共博物馆的模式，里面堆满了私人资本家捐赠的藏品，由税收和公众捐助提供财务支持。

欧洲的艺术资助和艺术收藏在工业革命和美国收藏兴起之后所取得的进步，必须留做另外一本书的主题——那本书将讨论浪漫主义运动，以及现代艺术对这一运动的反叛。我们希望，眼下这本书能够为它打好地基。回顾前面的篇章，某些结论不可避免地浮现出来。

不证自明的是，对艺术的欣赏——既欣赏其内在的固有价值，也欣赏其作为一种人类精神表达的价值——看来是几乎每个时代所共有的。这一表达所采用的形式，随着每个民族的气候、语言和社会习俗的不同而千变万化。但是，博物馆的参观者或历史文献的阅读者经常忽略的是同质性，是艺术传统的有机特征。本书各章试图展示的，不仅仅是艺术与财富的关系，更是珍贵藏品与观念之间的关系。这些艺术品之所以得到保护，并一代代传承下来，是因为其背后潜藏的观念，这些观念一直被认为是丰富的生命所必不可少的。它们就是把一个民族的青春期与另一个民族的智力成熟区别开来的那种东西。

这里所讨论的艺术品，不过是一张张永不过期的流通货币，是三千年来人们用观念、理想和愿望兑换来的流通货币。由于这个原因，它们被视若珍宝，常常超出其票面价值；它们从来都不是静止不动的；就像金币一样，它们总是依据每个民族的经济高度或文化高度的需要，从一个国家转移到另一个国家。我们这一代人依然要做出决定：我们究竟该不该为这些货币精神价值的涨落起伏提供担保，或者说，作为临时保管人，我们究竟该不该对文明人的一种残存货币的贬值承担责任。

人名、地名（英汉对照）

A

Abruzzi　阿布鲁齐
Acciaiuoli　阿奇阿尤利
Achilles　阿喀琉斯
Achmet　阿赫迈特
Adhémar, Jean　让·阿德玛
Adolphus, Gustavus　古斯塔夫·阿道夫
Adrian　阿德里安
Aegina　埃伊那岛
Aegisthus　埃癸斯托斯
Aelst, Pieter van　彼得·范·阿尔斯特
Aertsen, Pieter　彼得·埃特森
Aeschylus　埃斯库罗斯
Agard　阿加德
Agricola, Johannes　约翰尼斯·阿格里科拉
Agrippa　阿格里帕
Aix-la-Chapelle　艾克斯拉沙佩勒
Alba　阿尔瓦
Alba de Tormes　阿尔瓦-德托梅斯
Albani, Alessandro　亚历山德罗·阿尔瓦尼
Albano　阿尔瓦诺
Albemarle　阿尔伯马尔
Alberti, Giovanni Battista　乔万尼·巴蒂斯塔·阿尔伯蒂
Albertina　阿尔贝蒂纳
Albrecht　阿尔布雷希特
Alcalà　阿尔卡拉
Alcaraz　阿尔卡拉斯
Alcherio, Giovanni　乔凡尼·阿尔切里奥
Alcibiades　亚西比德
Aldgate　阿尔盖特
Aldobrandini　阿多布兰蒂尼
Aldrovandi, Ulisse　乌利塞·阿尔德罗万迪
Alethea　阿勒西娅
Aldrovandi　阿尔德罗瓦迪
Alfonso the Wise　智者阿方索
Algarotti　阿尔加罗蒂
Altdorfer　阿尔多弗
Altieri　阿尔蒂里
Altissimo　阿尔蒂西莫
Altman　奥尔特曼
Altmark　阿尔特马克
Altoviti　阿尔托维提
Alquier　阿尔基耶
Amadeus, Victor　维克多·阿马迪厄斯
Amarneh　阿马内
Amazon　亚马逊
Amberger　安贝格尔
Amboise　安布瓦斯
Ambras　阿姆布拉斯
Amenhotep　阿孟霍特普
Amsterdam　阿姆斯特丹
Amyot, Jacques　雅克·阿米欧
Ancona　安科纳
Andronicus　安得罗尼库斯
Angelico, Fra　弗拉·安吉利科
Angerstein, John Julius　约翰·朱利叶斯·安格斯坦
Angevillers　阿尔格朗日
Angivilliers　安吉维里耶
Angoulême　昂古莱姆
Anguier, Michel　米歇尔·安吉埃尔
Anhalt-Zerbst　安哈特-采尔布斯特
Anjou　安茹
Ansbach　安斯巴赫
Antilles　安的列斯群岛
Antin　昂丹
Antinous　安提诺乌斯
Antiope　安提厄普
Antium　安提乌姆
Antoinette, Marie　玛丽·安托瓦内特
Anton　安东
Antonio, Marc　马克·安东尼奥
Apelles　阿佩利斯

Aquinas, Thomas 托马斯·阿奎那
Aragon 阿拉贡
Aratus 亚拉图
Arc, Joan of 圣女贞德
Arcangeli 阿肯格利
Archinto 阿钦托
Aretino, Pietro 彼得罗·阿雷蒂诺
Argens 阿尔让斯
Argenson 阿尔让松
Ariadne 阿里阿德涅
Aries 阿雷兹
Ariosto 阿里奥斯托
Aristeides 阿里斯提德
Aristotle 亚里士多德
Armenia 亚美尼亚
Armstrong, Edward 爱德华·阿姆斯特朗
Arnolfini, John 约翰·阿诺菲尼
Arpino 阿尔比诺
Arras 阿拉斯
Artois 阿图瓦
Arundel 阿伦德尔
Ascham, Roger 罗杰·阿什克姆
Ashmole, Elias 伊莱亚斯·阿什莫尔
Ashurbanipal 亚述巴尼拔
Assolini 阿索里尼
Asturias 阿斯图里亚斯
Auchier, Jean 让·奥希耶
Audley, Thomas 托马斯·奥德利
Augsburg 奥格斯堡
Augustus, Charles 查尔斯·奥古斯都
Augustus, Philip 腓力·奥古斯都
Aumale 奥马勒
Aunay 欧奈
Aurelius, Marcus 马可·奥勒留
Aurisipa 奥里斯帕
Avicenna 阿维森纳
Avignon 阿维尼翁
Avila, Luis de 路易斯·德·阿维拉
Azzolino, Pompeo 庞佩奥·阿佐利诺

B

Bachelier 巴舍利耶
Bacon, Francis 弗朗西斯·培根
Baedeker, Karl 卡尔·贝德克
Bagarris, Rascas de 拉斯卡斯·德·巴加里斯
Baglione 巴廖内
Baker 贝克
Balbec 巴尔贝克
Baldminetto, Alesso 奥利索·巴多维内蒂
Banks, Joseph 约瑟夫·班克斯

Baptist 巴普蒂斯特
Barablla 巴拉布拉
Barbari, Jacopo dei 雅各布·德·巴巴里
Barberini, Francesco 弗朗西斯科·巴尔贝里尼
Barberini, Maffeo 马菲奥·巴尔贝里尼
Barbo, Pietro 彼得·巴尔博
Barcelona 巴塞罗那
Bardi 巴尔第
Baren, Jan Anton van der 让·安东·范·德巴伦
Barère 巴雷尔
Baring 巴灵
Barry, James 詹姆斯·巴里
Bartolommeo, Fra 弗拉·巴托洛米奥
Bartolozzi 巴托洛齐
Bartsch, Adam 亚当·巴特什
Bathurst 巴瑟斯特
Battista, Giovanni 乔瓦尼·巴蒂斯塔
Bayreuth 拜罗伊特
Basel 巴塞尔
Bassano 巴萨诺
Batiffol, Louis 路易·巴蒂福尔
Baudeau 博多尔
Baumgarten 鲍姆加登
Bautista, Juan 胡安·包蒂斯塔
Beard, Miriam 米里亚姆·比尔德
Beaudouin 博杜安
Beauvais 博韦
Beaverbrook 比弗布鲁克
Beck, David 大卫·贝克
Becker, Hermann 赫尔曼·贝克
Beckford, William 威廉·贝克福德
Bedford 贝德福德
Berry, Mary 玛丽·贝里
Belges, Jean Lemaire de 让·勒梅尔·德·贝尔热
Bellay, Joachim du 约阿希姆·杜·贝莱
Bellevue 贝尔维尤
Bellini, Gentile 詹蒂莱·贝利尼
Bellini, Giovanni 乔瓦尼·贝利尼
Bellori 贝洛里
Bembo, Pietro 彼得罗·本博
Benedict 本笃
Benefiale 本内菲亚勒
Bentivoglio 本蒂沃里奥
Berbier 比伯
Bergamo 贝加莫
Berkeley 伯克利
Bermuda 百慕大
Bernini 贝尔尼尼
Bertaux, Emile 埃米尔·贝尔托克斯
Berthelot 贝特洛
Bertoldo 贝托尔多
Besançon 贝桑松

Bessarion 贝萨里翁
Bettinelli 贝蒂奈里
Beyle, Henri 亨利·贝尔
Bianchini 比安契尼
Bianconi 比安科尼
Bibiena 比比恩纳
Bidassoa 比达索阿
Bicci, Giovanni di 乔凡尼·迪比奇
Binney 宾尼
Birkenheim 伯肯海姆
Bladelin, Pierre 皮埃尔·布拉德林
Blanc, Charles 查尔斯·布兰克
Blenheim 布伦海姆
Blois 布洛瓦
Boethius 波伊提乌
Boileau 布瓦洛
Boisset, Randon de 兰登·德·布瓦塞
Bologna 博洛尼亚
Bologna, Giovanni 乔瓦尼·博洛尼亚
Bon, Jean Le 让·勒庞
Bonaparte, Joseph 约瑟夫·波拿巴
Bonaparte, Josephine 约瑟芬·波拿巴
Bonaparte, Lucien 吕西安·波拿巴
Bonaparte, Napoleon 拿破仑·波拿巴
Bonaparte, Pauline 保琳·波拿巴
Bonnaffé, Edmond 埃德蒙·博纳费
Borch, Ter 特博尔赫
Bordeaux 波尔多
Borghese, Camillo 卡米洛·博盖塞
Borgia, Cesare 凯撒·博尔吉亚
Borgia, Francisco de 弗朗西斯科·德·博尔吉亚
Borgia, Lucrezia 卢克蕾西亚·博尔吉亚
Borgia, Roderigo 罗德里戈·博尔吉亚
Bosch, Hieronymus 希罗尼穆斯·波希
Bosch, Jerome 杰罗姆·波希
Both 博斯
Bottari 波塔里
Botticelli 波提切利
Bouchardon 布沙东
Boucher 布歇
Boulle, Charles-André 查尔斯-安德烈·布勒
Bourbon, Louis de 路易·德·波旁
Bourdon, Sebastien 塞巴斯蒂安·鲍登
Bourges 布尔日
Bouts, Dierec 迪里克·鲍茨
Bouverie, John 约翰·布沃利
Boyle, Richard 理查德·博伊尔
Boyne 博伊奈
Brabant 布拉班特
Bracciano 布拉齐亚诺
Brahe, Tycho de 第谷·德·布拉赫
Brandenburg 勃兰登堡

Brandi, Karl 卡尔·布兰迪
Brandt, Isabella 伊莎贝拉·勃兰特
Brantôme 布朗托姆
Braschi 布拉斯齐
Breda 布雷达
Bredius 布雷迪乌斯
Bregue 布雷盖
Brera 布雷拉
Brettingham, Matthew 马修·布雷廷厄姆
Brèves, François Savary de 弗朗索瓦·萨瓦里·德·布雷弗斯
Brice, Germain 杰尔曼·布赖斯
Brienne 布里埃纳
Brings, Martin S. 马丁·S. 布里格斯
Bristol 布里斯托尔
Bronzino 布隆齐诺
Brouwer 布劳威尔
Browning, Robert 罗伯特·勃朗宁
Bruce, Thomas 托马斯·布鲁斯
Bruegel, Pieter 彼得·勃鲁盖尔
Bruges 布鲁日
Brühl 布吕尔
Brun, Le 勒布伦
Brunelleschi 布鲁内莱斯基
Bruno, Giordano 乔达诺·布鲁诺
Brunswick 不伦瑞克
Brussels 布鲁塞尔
Brutus, Junius 尤尼乌斯·布鲁图
Brutus, Marcus 马库斯·布鲁图
Buccleuch 巴克勒奇
Buckingham 白金汉
Budé, Guillaume 纪尧姆·布代
Buffon 布封
Bugiardini 布贾尔迪尼
Bünau, Heinrich von 海因里希·冯·布鲁诺
Buontalenti 布翁塔伦蒂
Buontempo, Giovanni 乔瓦尼·布翁滕波
Burckhardt, Jacob 雅各布·布克哈特
Burgau, Markgraf Karl von 马克格拉夫·卡尔·冯·布高
Burghley 伯利
Burgkmair 布克迈尔
Burgos 布尔戈斯
Burgundy 勃艮第
Burke, Edmund 埃德蒙·伯克
Burlamacchi 伯拉马奇
Burlington 伯灵顿
Burn-Murdoch 伯恩-默多克
Bute 比特
Byron 拜伦

C

Cabot　卡伯特
Caesar, Julius　尤里乌斯·凯撒
Caffardiolo　卡法迪奥罗
Caffieri　卡菲里
Caligula　卡里古拉
Calixtus　加里斯都
Calonne　加隆
Calvin, John　约翰·加尔文
Camarion　卡马里翁
Cambiaso, Luca　卢卡·坎比亚索
Cambray　康布雷
Cammell, Charles Richard　查尔斯·理查德·卡梅尔
Campbell, Colin　柯林·坎贝尔
Campo Formio　卡波福米奥
Canaletto　卡纳莱托
Canova　卡诺瓦
Canterbury　坎特伯雷
Capart, Jean　吉恩·卡帕特
Caracalla　卡拉卡拉（
Caraccioli　卡拉乔利
Caravaggio　卡拉瓦乔
Carbajal　卡尔瓦哈尔
Cardenas, Alonzo de　阿朗佐·德·卡德纳斯
Carleton, Dudley　达德利·卡尔顿
Carlisle　卡莱尔
Carlo, Giovanni　乔瓦尼·卡罗
Carlos, Balthasar　巴尔萨泽·卡洛斯
Carnarvon　卡那封
Carnot　卡诺
Caroline　卡罗琳
Carpaccio　卡尔帕乔
Carpi　卡比
Carracci, Annibale　安尼巴莱·卡拉齐
Carrey, Jacques　雅克·卡里
Carriera, Rosalba　罗萨尔巴·卡列拉
Carter, Howard　霍华德·卡特
Carteret　卡特雷特
Cartwright, Julia　朱莉亚·卡特莱特
Casimir, Albert　阿尔伯特·卡齐米尔
Cassandra　卡桑德拉
Cassel　卡塞尔
Cassiodorus　卡西奥多鲁斯
Castagno, Andrea del　安德里亚·德尔·卡斯塔尼奥
Castelbarco　卡斯特巴尔克
Castile　卡斯提尔
Castiglione, Baldassare　巴达萨尔·卡斯蒂里奥内
Castiglione, Sabba　萨巴·卡斯蒂里奥内
Catalonia　加泰罗尼亚
Catelan, Laurent　劳伦特·卡特兰
Catena　卡特纳

Cavaceppi　卡瓦切皮
Caylus　凯吕斯
Cecil, David　戴维·塞西尔
Cellini, Benvenuto　本韦努托·切利尼
Ceolfrid　西弗里
Cesi　切西
Ceulen, Gilbert von　吉尔伯特·冯·科伊伦
Chacon, Francisco　弗朗西斯科·查孔
Chambers, Frank P.　弗兰克·P.钱伯斯
Chambers, William　威廉·钱伯斯
Chambord　尚博德
Champaigne, Philippe de　菲利普·德·尚佩涅
Champollion　商博良
Chaptal　夏普塔尔
Chardin　夏尔丹
Charlemont　查尔蒙特
Charles the Bold　大胆查理
Chartres　沙特尔
Chatsworth　查茨沃斯
Chaytor, Henry John　亨利·约翰·蔡特
Chelidon　西利东
Chesterfield　切斯特菲尔德
Chevrot, Jean　让·谢弗罗
Chigi, Agostino　阿戈斯蒂诺·基吉
Chiswick　奇斯威克
Chodowiecki　查多维奇
Choiseul　舒瓦瑟尔
Christine, Elizabeth　伊丽莎白·克里斯蒂娜
Christina, Maria　玛丽亚·克里斯蒂娜
Churchill, Winston　温斯顿·丘吉尔
Chute　丘特
Ciampolleri, Giovanni　乔瓦尼·西亚姆波勒里
Cicero　西塞罗
Cima　西玛
Cimabue　契马布埃
Cipriani　奇普里亚尼
Ciriacus　克里亚库斯
Citeaux　西笃
Clagny　克拉涅
Clarendon　克拉伦登
Claudia　克劳狄亚
Cleef, Van　范·克利夫
Clement　克莱门特
Cleopatra　克利奥帕特拉
Clerisseau　克莱里索
Clouet, Jean　让·克卢埃
Clovis, Giovio　乔维奥·克洛维
Cluny　克吕尼
Cochin　科钦
Coello, Sanchez　桑切斯·科埃略
Coeur, Jacques　雅克·科尔
Colbert　柯尔贝尔

Cole, Charles Woolsey 查尔斯·伍尔西·科尔
Colignon 科利尼翁
Cologne 科隆
Colonna, Odo 奥多·科隆纳
Colonna, Prospero 普罗斯佩罗·科隆纳
Colonna, Vittoria 维多利亚·科隆娜
Commine 科迈
Conservatori 康塞巴托里
Constable 康斯特布尔
Constantinople 君士坦丁堡
Contarini 孔塔里尼
Coques, Gonzales 冈萨雷斯·科克斯
Coram 柯兰
Cordova 科尔多瓦
Corneille 高乃依
Cornelis, Leendeet 林迪特·科内利斯
Cornaro, Caterina 卡塔丽娜·科尔纳罗
Corot 柯罗
Correggio 柯勒乔
Corsini 科尔西尼
Cortes 科尔特斯
Cortona, Pietro da 皮埃特罗·达·科尔托纳
Coruna 科鲁尼亚
Corvinus, Matthias 马提亚斯·科维努斯
Cosimo 科西莫
Costa, Lorenzo 洛伦佐·科斯塔
Cotton, Robert Bruce 罗伯特·布鲁斯·科顿
Cotswold 科茨沃尔德
Coulton 库尔顿
Courten 库尔唐
Coustou 库斯图
Cox, Trenchard 特伦查德·考克斯
Coxie, Michiel van 米歇尔·范·科克西
Coypel 科瓦贝尔
Cranach, Lucas 卢卡斯·克拉纳赫
Cranmer 克兰麦
Craon 克拉翁
Crates 克拉图斯
Crécy 克里西
Credi, Lorenzo di 洛伦佐·迪·克雷迪
Creighton, Mandell 曼德尔·克莱顿
Créqui 克雷基
Crim Tartary 克里姆鞑靼
Critz, John De 约翰·德·克里茨
Crivelli, Carlo 卡洛·克里韦利
Croce 克罗斯
Crocker 克罗克
Cross 克罗斯
Crowe 克罗
Crozat, Pierre de 皮埃尔·德·克罗扎
Croy, William de 威廉·德·克罗伊
Cumberland, Richard 理查德·坎伯兰

Cuyp, Albert 阿尔伯特·奎伯
Czernin 切尔宁

D

d'Este, Alfonso 阿方索·德·埃斯特
d'Este, Beatrice 贝亚特丽斯·德·埃斯特
d'Este, Ippolito 伊波利托·德·埃斯特
d'Este, Isabella 伊莎贝拉·德·埃斯特
d'Estrées, Gabrielle 加布里埃尔·德·埃斯特蕾
d'Étiolles, Le Normant 勒·诺尔芒·德·蒂奥勒
d'Urfé 杜尔菲
Daedalus 代达罗斯
Dahl, Michael 迈克尔·达尔
Dallaway 达拉韦
Dalmatia 达尔马提亚
Dalton, Richard 理查德·道尔顿
Dandolo 丹多罗
Danzig 但泽
Daru 达鲁
David, Gerard 杰勒德·大卫
Dawkins, James 詹姆斯·道金斯
Deepdene 迪普登
Delft 代夫特
dell'Abbate, Niccolo 尼科洛·德尔阿巴特
Demetrius 德米特里厄斯
Demidoff 戴米道夫
Denucé, Jan 扬·德努塞
Descartes 笛卡尔
Deval 德瓦尔
Dial 戴尔
Dianti, Laura 劳拉·黛安蒂
Diderot 狄德罗
Dido 狄多
Digby, Kenelm 凯内尔姆·迪格比
Dijon 第戎
Dinsmoor, William B. 威廉·B.丁斯莫尔
Diocletian 戴克里先
Diodorus 狄奥多洛斯
Diomedes 狄俄墨得斯
Dolgorouky 多尔戈罗基
Dombes 东布
Domenichino 多梅尼基诺
Don Juan 唐璜
Donatello 多纳泰罗
Donath 多纳斯
Dorchester 多尔切斯特
Doria 多里亚
Dossi, Dosso 多索·多西
Dou 德奥
Drake 德雷克

Dresden 德累斯顿
Drouilly 德鲁伊
Dryden 德莱顿
du Barry 杜巴利
Dubois 迪布瓦
Ducerceau 迪塞尔索
Duclos 杜卡洛斯
Dumas, Alexandra 大仲马
Dumesnil 杜蒙斯尼尔
Dujardin 卡雷尔·杜雅尔丹
Dupuy, Pierre 皮埃尔·杜佩
Durand 杜兰
Durand-Ruel 杜朗-吕埃尔
Dürer, Albrecht 阿尔布雷希特·丢勒
Duroc 杜罗克
Düsseldorf 杜塞尔多夫
Duveen 杜维恩
Dyck, Van 凡·代克

E

Ebermayer 艾伯迈耶
Ecouen 埃库昂
Edinburgh 爱丁堡
Effen, Justus van 贾斯特斯·凡·埃芬
Egremont 埃格雷蒙特
Eleonora 埃利奥诺拉
Elgin 埃尔金
Ellis, Welbore Agar 威尔伯·阿加·埃利斯
Elmzel, William 威廉·埃尔姆泽尔
Epictetus 爱比克泰德
Épinay 埃皮奈
Erasmus 伊拉斯谟
Ercole 埃尔科勒
Erechtheion 伊瑞克提翁
Etruria 埃特鲁里亚
Escorial 埃斯科里亚尔
Esher 埃舍尔
Espina, Juan de 胡安·德·埃斯宾纳
Esquarte, Pablo 帕布罗·埃斯夸特
Esquilache 埃斯基拉切
Estienne, Henri 亨利·埃斯蒂安
Estremadura 埃什特雷马杜拉
Étienne 艾蒂安
Eton 伊顿
Etruria 伊特鲁里亚
Eugene 欧根
Eugenius 欧根
Eusebius, Carl 卡尔·优西比乌
Evelyn, John 约翰·伊夫林
Évreux 埃夫勒

Exeter 埃克塞特
Eyck, Jan van 扬·凡·艾克

F

Fabriano, Gentile da 詹蒂莱·达·法布里亚诺
Fabritius 法布里蒂乌斯
Faipoult 费波尔特
Falieri 法列里
Farnese, Alessandro 亚历山德罗·法尔内塞
Farnese, Ottaviano 奥塔维亚诺·法尔内塞
Farnesina 法尔内西纳
Fauvel 法奥维尔
Fea 菲尔
Feltre, Vittorino da 维多里诺·达·菲尔特
Ferdinand 斐迪南
Fernandez, Juan 胡安·费尔南德斯
Ferrara, Alfonso de 阿方索·德·费拉拉
Farrington 法林顿
Fesch 费什
Feti, Domenico 多米尼科·费蒂
Ficino, Marsilio 奇尼奥·斐奇诺
Ficoroni 菲科罗尼
Fifeshire 法夫郡
Filarete 菲拉雷特
Fisher, John 约翰·费希尔
Fitz-Alans 菲茨-阿兰斯
Flaminia 弗拉米尼亚
Flandes, Juan de 胡安·德·弗兰德斯
Flaxman 弗拉克斯曼
Flemming 弗莱明
Fleury 弗勒里
Floerke 弗勒尔克
Foligno 福利尼奥
Fonseca, Juan 胡安·丰塞卡
Fontaine, André 安德烈·方丹
Fontana, Giovanni 乔瓦尼·丰塔纳
Forli, Ansuino da 安萨维诺·达·弗利
Forli, Melozzo da 梅洛佐·达·弗利
Forster 福斯特
Forzetta, Oliviero 奥利维耶罗·弗泽塔
Foscarini 福斯卡里尼
Foubert 福贝尔
Foucquet, Louis 路易·富凯
Foucquet, Nicholas 尼古拉斯·富凯
Foulc, Edmond 埃德蒙·富尔克
Fouquet, Jean 让·富凯
Fourment, Daniel 丹尼尔·富曼
Fourment, Helene 海伦娜·富曼
Fox 福克斯
Fragonard 弗拉戈纳尔

France, Anatole　阿纳托尔·法朗士
France, Jean de　让·德·弗朗斯
Francesco, Piero della　皮耶罗·德拉·弗朗西斯科
Franche-Comté　弗朗什孔泰
Francia　弗朗奇亚
Frazer, James　詹姆斯·弗雷泽
Frescobaldi　弗雷斯科巴尔迪
Fresne, du　杜·弗雷纳
Fresnoy　弗雷努瓦
Frick, Henry Clay　亨利·克莱·弗里克
Friedländer, Ludwig　路德维希·弗里兰德
Friedrich　弗雷德里希
Frimmel　弗里梅尔
Frizell, William　威廉·弗里泽尔
Frobisher　弗罗比舍
Fromantiou, Hendrick van　亨德里克·冯·弗罗曼蒂欧
Froseley　弗罗斯利
Fry, Roger　罗杰·弗莱
Fugger, Hans Jakob　汉斯·雅各布·富格尔
Fuller　富勒
Fulvio, Andrea　安德里亚·富尔维奥
Fulvy　菲尔维
Fuseli, Henry　亨利·福塞利

G

Gagny, Blondel de　布隆德尔·德·加尼
Gaignat　盖尼亚
Gaignières, François Roger de　弗朗索瓦·豪日·德·盖涅
Gainsborough　根兹伯罗
Galen　盖伦
Galileo　伽利略
Galitzin　伽利津
Ganganelli　甘加内里
Gardiner　加德纳
Gardner, Isabella Stewart　伊莎贝拉·斯图亚特·加德纳
Gardner, Jack　杰克·加德纳
Garofalo　加罗法洛
Garth, Samuel　塞缪尔·加思
Gastone, Gian　吉安·加斯托内
Gastone, Giovanni　乔瓦尼·加斯托内
Gattamelata　加塔梅拉塔
Gellée, Claude　克罗德·热莱
Geneva　日内瓦
Genoa　热那亚
George of Trebizond　特拉布宗的乔治
Gérard　热拉尔
Gerbier, Balthazar　巴尔萨泽·热比耶
Germanicus　日耳曼尼库斯

Gersaint　杰尔桑
Ghent　根特
Ghiberti　吉贝尔蒂
Ghirlandajo　吉兰达约
Giambologna　詹博洛尼亚
Gianfrancesco　詹弗朗切斯科
Gibbon, Edward　爱德华·吉本
Gilpin　吉尔平
Giorgione　乔尔乔内
Giotto　乔托
Girardon　吉拉尔东
Giulia　朱利亚
Giustiniani　朱斯蒂阿尼
Giorgione　乔尔乔内
Giovanni, Carlo　卡洛·乔瓦尼
Giovio, Paolo　保罗·乔维奥
Glovio　格罗维奥
Goes, Hugo Van der　雨果·凡·德·古斯
Goethe　歌德
Goncourt　龚古尔
Gonzaga, Elisabetta　伊丽莎贝塔·贡萨加
Gonzaga, Luigi　路易吉·贡萨加
Gorani　戈兰尼
Gorro　戈罗
Gottifredi, Francesco　弗朗西斯科·戈蒂弗雷迪
Gotzkowsky　戈兹科斯基
Goujon, Jean　让·古戎
Goupy　古匹
Goya　戈雅
Gozzoli, Benozzo　贝诺佐·戈佐利
Graff　格拉夫
Grammont　格拉蒙
Granacci　格拉纳奇
Granada　格拉纳达
Granvella　格兰维拉
Granvelle, Antoine de　安东尼·德·格兰维尔
Granvelle, Charles Perrenot de　查理·佩勒诺·德·格兰维尔
Gray, James　詹姆斯·格雷
Gray, Thomas　托马斯·格雷
Graz　格拉茨
Greco　格列柯
Gregorovius　格雷戈罗维乌斯
Gregory　格列高利
Gresham, Thomas　托马斯·格雷欣
Greville, Charles　查尔斯·格雷维尔
Grimaldi　格里马尔蒂
Grimani　格里马尼
Grimm　格林
Grisons　格里松斯
Groesteline, Willem　威廉·格罗斯特莱恩
Grolier, Jean　让·格罗里埃

Gronau	格罗瑙
Groot, Hofstede de	霍夫斯塔德·德·赫罗特
Guadalajara	瓜达拉哈拉
Guastallo	瓜斯塔罗
Guercino	圭尔奇诺
Guicciardini	奎恰迪尼
Guido	吉多
Guidobaldo	吉多贝多
Guiffrey, Jules	儒勒·吉弗雷
Guinea	几内亚
Guiscard, Robert	罗伯特·奎斯卡
Guise	吉斯
Gust, Lionel	莱昂内尔·古斯特
Gustos, Dominick	多米尼克·古斯托斯

H

Hackett	哈克特
Haddon	哈顿
Hadrian	哈德良
Halicarnassus	哈利卡那苏
Halifax	哈利法克斯
Hals, Frans	弗兰斯·哈尔斯
Hamilton, Earl J.	厄尔·J.汉密尔顿
Hamilton, Gavin	加文·汉密尔顿
Hamilton, William	威廉·汉密尔顿
Hamilton, William Richard	威廉·理查德·汉密尔顿
Hancarville	汉卡维尔
Handel	韩德尔
Hannibal	汉尼拔
Hansen	汉森
Hardwick	哈德威克
Harley, Robert	罗伯特·哈利
Haro, Luis de	路易斯·德·哈罗
Harold, Childe	恰尔德·哈洛尔德
Harrach	哈拉赫
Harris, Enriqueta	恩里奎塔·哈里斯
Harrison, Thomas	托马斯·哈里森
Haskins, Charles Homer	查尔斯·霍默·哈斯金斯
Hatfield	哈特菲尔德
Hautefeuille	奥特弗耶
Hawkins, John	约翰·霍金斯
Hawkins, Laetitia-Matilda	拉提蒂娅-玛蒂尔达·霍金斯
Haydon, Benjamin Robert	本杰明·罗伯特·海登
Hearst	赫斯特
Hecataeus	赫卡泰厄斯
Heemskerk, Martin van	马丁·凡·海姆斯凯克
Heinecken	海尼根
Hemse	海姆瑟
Herculaneum	赫库兰尼姆

Herrera, Francisco	弗朗西斯科·埃雷拉
Herrera, Juan de	胡安·德·埃雷拉
Hervey	赫维
Heseltine, Michael	迈克尔·赫塞尔廷
Hesse-Cassel	黑森-卡塞尔
Heucher, Johann Friedrich von	约翰·弗雷德里希·冯·休彻
Hilliard, Nicholas	尼古拉斯·希利亚德
Hitler, Adolf	阿道夫·希特勒
Hochmeister	霍希梅斯特
Hogarth	贺加斯
Holbein	荷尔拜因
Holderlin	荷尔德林
Holkham	霍尔汉姆
Holstein	荷尔斯坦
Homer	荷马
Honthorst, Gerard van	杰勒德·凡·洪特霍斯特
Hooch, Pieter de	彼得·德·霍赫
Hoogstraeten	霍赫斯特拉滕
Houdon	乌东
Howard, Thomas	托马斯·霍华德
Hübner, Paul Gustav	保罗·古斯塔夫·霍伯纳
Hugues, Pierre François	皮埃尔·弗朗索瓦·于格
Huizinga, Johan	约翰·赫伊津哈
Hunt, Phillip	菲利普·亨特
Hunter, William	威廉·亨特
Hutten, Ulric von	乌尔里希·冯·修顿
Huygens, Constantine	康斯坦丁·惠更斯

I

Imhof	伊姆霍夫
Immenraat	伊曼拉特
Innocent	英诺森
Innsbruck	因斯布鲁克
Iphigenia	伊芙琴尼亚
Isabey	伊萨贝

J

Jabach, Evrard	埃瓦拉德·雅巴赫
Jakob, Johann	约翰·雅各布
Jans, Geertgen tot Sint	盖尔特根·托特·辛特·扬斯
Jean le Bon	好人约翰
Jeanne	让娜
Jena	耶拿
Jansen, Cornelius	科尼利厄斯·詹森
Jefferson, Thomas	托马斯·杰斐逊
Jeffreys, John	约翰·杰弗里斯

Jenkins, Thomas　托马斯·詹金斯
Jex-Blake　杰布拉克
Joachim of Flora　弗罗拉的约阿钦
Joanna　乔安娜
Joinville　若茵维莱
Joly　乔利
Jones, Inigo　伊尼戈·琼斯
Jonson, Ben　本·琼森
Jordaens　约尔丹斯
Josephus　约瑟夫斯
Julienne　朱莉安娜
Julienne, Jean de　让·德·朱利安
Julius　尤利乌斯
Jully, Lalive de　拉利韦·德·朱利
Junius, Franciscus　弗朗西科斯·朱尼厄斯
Justi, Carl　卡尔·尤斯蒂
Justus　尤斯图斯

K

Karcher, Nicholas　尼古拉斯·卡彻
Karnak　卡纳克
Kenilworth　凯尼尔沃思
Kent, William　威廉·肯特
Keppler　开普勒
Ketton-Cremer　凯顿-克里默
Kircher, Athanasius　阿塔纳斯·基尔歇
Kneller, Godfrey　戈德弗雷·内勒
Knight, Richard Payne　理查德·佩恩·奈特
Knoedler　诺德勒
Knole　诺尔
Knyff　克尼夫
Königsmark　柯尼希斯马克
Krahe, Lambert　兰伯特·克拉赫
Kretzer, Martin　马丁·克雷泽
Krupp　克虏伯
Kustrin　科斯琴

L

La Bruyère, Jean de　让·德·拉布吕耶尔
La Fontaine　拉封丹
La Rochelle　拉罗谢尔
La Rocque　拉罗克
Laar, de　德·拉尔
Laborie, Lanzac de　朗扎克·德·拉博里
Laetus, Pomponius　庞波尼乌斯·拉图斯
Lagrange　拉格朗日
Lagrenée　拉格莱尼
Laguerre, Louis　路易·拉盖尔

Lamot　拉莫特
Lanciani, Rodolfo　罗道夫·兰奇安尼
Lancret　朗克雷
Landucci　兰杜奇
Langley, Batty　班特·兰利
Langlois　朗格卢瓦
Languedoc　朗格多克
Lanier, Nicholas　尼古拉斯·拉尼尔
Lansdowne　兰斯道恩
Lascaris　拉斯卡里斯
Lassay　拉赛
Lasso, Orlando di　奥兰多·迪·拉索
Lassurance　拉絮兰斯
Lastman　拉斯特曼
Lateran　拉特兰
Lauch, Christoph　克里斯托夫·劳什
Laurana, Francesco　弗朗西斯科·劳拉纳
Laud　劳德
Lavallee　拉瓦雷
Law, John　约翰·劳
Lawrence, Thomas　托马斯·劳伦斯
Layard, Henry　亨利·莱亚德
Le Bas　勒巴斯
Le Beau　勒博
Le Brun, Vigee　维吉·勒布伦
Le Nôtre　勒诺特尔
Le Sueur　勒叙厄尔
Leemput　立普特
Leganes　莱加内斯
Leghorn　来亨
Leicester　莱斯特
Lely, Peter　彼得·莱利
LeMaire, Jean　让·勒梅尔
LeMercier, Jacques　雅克·勒梅西耶
Lempereur　朗珀勒
Lenoir, Alexandre　亚历山大·勒努瓦
Leo　利奥
Leoni, Pompeo　彭佩欧·莱奥尼
Leonora　利奥诺拉
Leopoldo　利奥波德
Lescot, Pierre　皮埃尔·勒柯
Lespinasse　勒斯皮纳
Levant　累范特
Levi, Cesare Augusto　西萨尔·奥古斯托·利瓦伊
Lewis, Frederick　弗雷德里克·刘易斯
Lewis, Wilmarth S.　威尔马思·S. 刘易斯
Leyden, Lucas van　卢卡斯·凡·莱顿
Leyen, Antoon van　安东·凡·莱恩
Lieberkuhn　利贝昆
Liechtenstein　列支敦士登
Liège　列日
Lievens　列文斯

Ligorio 利戈里奥
Lill, Georg 乔治·利尔
Limburg 林堡
Liotard 利奥塔尔
Lippi, Filippino 菲利比诺·利皮
Lippi, Lippo 利波·里皮
Liverpool 利物浦
Livy 李维
Lombardo, Tullio 图里奥·隆巴多
Lombardy 伦巴第
Longleat 朗里特
Lopez, Alfonso 阿方索·洛佩兹
Lorches 罗彻斯
Loreto 洛雷托
Lotto, Lorenzo 洛伦佐·洛托
Louisa, Anna Maria 安娜·玛丽亚·路易莎
Louise, Marie 玛丽·路易莎
Louvois 卢瓦
Lucca 卢卡
Lucrezia 琉克勒齐亚
Luculli 卢库利
Lucullus 卢库勒斯
Lüders 吕德斯
Ludovica, Anna Maria 安娜·玛丽亚·卢多维卡
Ludovico 卢多维科
Ludovisi 路德维希
Ludwig 路德维希
Lugt, Frits 弗里茨·卢格特
Luini 卢伊尼
Lully 吕利
Lunéville 吕内维尔
Lusieri 鲁西埃里
Luther, Martin 马丁·路德
Luxeuil 吕克瑟伊
Luynes, Jeanne d'Albert 珍妮·阿尔伯特·德·吕讷
Lyon, Corneille de 高乃依·德·里昂
Lyon, Emma 艾玛·莱昂
Lyons 里昂
Lysippus 利西波斯

M

Mabuse, Jan de 让·德·马布斯
Macaulay, Thomas Babington 托马斯·巴宾顿·麦考利
Maccarone, Mario 马里奥·马卡罗内
Machiavelli 马基雅维利
Madrazo, Pedro de 彼得罗·德·马德拉索
Maffei 马菲
Magni, Cornelio 科内利奥·马格尼
Mahaffy 马哈菲

Maintenon 曼特农
Maisainville 麦塞因维尔
Malatesta, Francesco 弗朗西斯科·马拉特斯塔
Male, Van 范梅尔
Malesherbes 马勒谢尔布
Malet, Albert 阿尔伯特·马雷
Malipiero 马利皮耶罗
Malta 马耳他
Malton 马尔顿
Maltravers 马特雷弗
Mancini, Hortense 霍腾斯·曼西尼
Manetti 曼内蒂
Mann, Horace 霍勒斯·曼
Manners, Katherine 凯瑟琳·麦纳斯
Mannheim 曼海姆
Mantegna, Andrea 安德里亚·曼坦那
Mantua 曼图亚
Manuel 曼努埃尔
Maratti, Carlo 卡洛·马拉蒂
Marcellus 马塞勒斯
Marche, Olivier de la 奥利维尔·德·拉马什
Marcia 玛西亚
Margaret 玛格丽特
Maria, Henrietta 亨利埃塔·玛丽亚
Marianna 玛丽安娜
Mariette, Pierre-Jean 皮埃尔-让·马里埃特
Mariette 玛丽叶特
Marigny 马里尼
Marlborough 马尔伯勒
Marly 马尔利
Marolles, Michel de 米歇尔·德·马罗勒
Marot 马罗
Marseilles 马赛
Martial 马提雅尔
Martini, Simone 西蒙·马尔蒂尼
Martyn, Thomas 托马斯·马丁
Masaccio 马萨乔
Massimo 马西莫
Mattei 马蒂
Maty 马蒂
Maupeou, de 德·莫普
Maurepas 莫勒帕
Maxentius 马克森提乌斯
Maximilian 马克西米连
Mazarin 马萨林
McSwiney, Owen 欧文·麦克斯维尼
Mead 米德
Meder, Josef 约瑟夫·梅德
Medici, Chiarissimo de 奇里西莫·德·美第奇
Medici, Giambono de 詹博诺·德·美第奇
Medici, Giuliano di 朱利亚诺·迪·美第奇
Medici, Giulio de 朱利奥·德·美第奇

Medici, Ippolito dei　伊波利托·德·美第奇
Medici, Marie de　玛丽·德·美第奇
Medici, Silvestro de　西尔维斯特·德·美第奇
Meilleraye　梅耶雷
Melanchthon　墨兰顿
Melfort　梅尔福特
Mellon, Andrew W.　安德鲁·W.梅隆
Melmoth, William　威廉·梅尔莫思
Memling　梅姆林
Memmi, Lippo　利波·梅米
Menars　默纳尔
Mendoza　门多萨
Mengs, Raphael　拉斐尔·门斯
Messina, Antonello da　安托内罗·达·墨西拿
Methuen, Paul　保罗·梅休因
Metsu　梅特苏
Metz, Guillebert de　吉耶贝尔·德·梅斯
Meudon　默东
Meulen, Van der　范·德·莫伦
Michaelis, Adolf　阿道夫·米歇利斯
Michelangelo　米开朗基罗
Michelet　米什莱
Michelozzo　米凯洛佐
Michiel　米歇尔
Middelburg　米德尔堡
Mieris, Frans van　弗兰斯·凡·米里斯
Miglione　米里奥内
Mignard, Pierre　皮埃尔·米尼亚尔
Milan　米兰
Miletus　米利都
Minerva　密涅瓦
Miraflores　米拉弗洛雷斯
Miranda　米兰达
Miseroni, Eusebius　尤西比乌斯·米塞里尼
Mocenigo　默森尼戈
Modena　摩德纳
Mogliano　莫利亚诺
Molière　莫里哀
Molinet, Jean　让·莫利内
Molino, Argoto de　阿戈托·德·莫利诺
Mollet　莫莱
Momper, Bartholomew de　巴塞洛缪·德·蒙佩尔
Monferrat　蒙凡拉
Monstrelet　蒙斯特勒莱
Montagnana, Jacopo da　雅各布·达·蒙塔尼亚纳
Montagu　蒙塔古
Montaigne, Michel de　米歇尔·德·蒙田
Montefeltro, Federigo da　费德里戈·达·蒙特费尔特罗
Montelupo, Baccio da　巴奇奥·达·蒙特卢波
Monterey　蒙特雷
Montespan　蒙特斯潘

Montesquieu　孟德斯鸠
Monteverdi　蒙特威尔第
Montmorency　蒙莫朗西
Montpellier　蒙彼利埃
Monza　蒙察
Morales　莫拉雷斯
Mor, Anthonis　安东尼斯·莫尔
More, Thomas　托马斯·莫尔
Morgan　摩根
Morison, Richard　理查德·莫里森
Morosini　莫罗西尼
Mortlake　莫特莱克
Motteville　莫特维尔
Mucianus　穆奇阿努斯
Mühlberg　米尔贝格
Mummius　穆米乌斯
Müntz, Eugène　尤金·蒙兹
Murano　慕拉诺
Murat, Hortense　霍顿斯·马拉
Murena　穆列纳
Murillo　牟利罗
Murray, David　戴维·默里
Murray, Elizabeth　伊丽莎白·默里
Musin-Pushkin　穆辛-普希金
Mussolini, Benito　贝尼托·墨索里尼
Myron　米伦
Mytens　迈腾斯

N

Nacré, Forest de　弗罗斯特·德·纳克勒
Nancy　南锡
Naples　那不勒斯
Narbonne　纳博讷
Nash　纳什
Nattier　纳蒂埃
Nauplius　瑙普利俄斯
Navagero　纳瓦吉罗
Neickel, Caspar F.　卡斯帕·F.尼克尔
Nere, Giovanni delle Bande　乔瓦尼·德勒·班德·尼里
Nero　尼禄
Nestor　内斯特
Nevers　内维尔
Newfoundland　纽芬兰
Newton, Francis Milner　弗兰西斯·米尔纳·牛顿
Newton, Isaac　艾萨克·牛顿
Niccoli, Niccolò　尼古洛·尼古里
Nicholas, Edward　爱德华·尼古拉斯
Nicolas　尼古拉
Nimes　尼姆

Niobe 尼俄伯
Nixon 尼克松
Noailles 诺瓦耶
Nointel, Olier de 奥里耶·德·诺因特尔
Nollekens 诺勒肯斯
Norfolk 诺福克
Northumberland 诺森伯兰
Nosse, de 德·诺斯
Nôtre, André Le 安德烈·勒诺特尔
Nuremberg 纽伦堡
Nys, Daniel 丹尼尔·奈斯

O

Ocampo 奥坎波
Octavian 屋大维
Odescalchi, Livio 利维奥·奥德斯卡奇
Odysseus 奥德修斯
Oeser 奥塞尔
Oglander, John 约翰·奥格兰德
Olivares 奥利瓦雷斯
Oliver, Isaac 艾萨克·奥利弗
Orestes 俄瑞斯忒斯
Orleans 奥尔良
Orley, Bernard van 伯纳德·凡·奥雷
Orlov, Grigory 格里高利·奥尔洛夫
Orry 奥里
Orsini 奥尔西尼
Ossory 奥索里
Ostade 奥斯塔德
Osterburg 奥斯特堡
Osymandyas 奥西曼德斯
Ott, David 大卫·奥特
Ottoboni 奥托博尼
Ovid 奥维德

P

Paccini 帕奇尼
Pacheco 帕切科
Pacioli, Loca 卢卡·帕乔利
Padovanino 帕多瓦尼诺
Padua 帕多瓦
Paine, James 詹姆斯·佩因
Palermo 巴勒莫
Palissy, Bernard 伯纳德·帕利西
Palladio 帕拉第奥
Pallavicini 帕拉维奇尼
Palma 帕尔马
Palmyra 帕尔米拉

Palomino 帕罗米诺
Pamfili 帕姆菲利
Pamplona 潘普洛纳
Pannini 帕尼尼
Paris 帕里斯
Parisis 帕里西
Parius 帕里乌斯
Parker 帕克
Parma 帕尔马
Parmigianino 帕米贾尼诺
Parnassus 帕纳塞斯
Parthenon 帕台农
Pasquier, Étienne 艾蒂安·帕斯奎尔
Pastor 帕斯托
Pater, Walter 沃尔特·佩特
Patte, Pierre 皮埃尔·帕特
Paulus, Lucius Aemilius 卢基乌斯·埃米利乌斯·保卢斯
Pausanias 帕萨尼亚斯
Pausias 鲍西阿
Pavia 帕维亚
Pazzi 帕齐
Peacham, Henry 亨利·皮查姆
Peiresc, Claude de 克劳德·德·佩雷斯克
Pelham 佩勒姆
Pellegrini, Antonio 安东尼奥·佩莱格里尼
Pellicier, Guillaume 纪尧姆·佩利奇尔
Pembroke 彭布罗克
Penshurst 彭斯赫斯特
Pepin 丕平
Pepys, Samuel 塞缪尔·佩皮斯
Perceval 珀西瓦尔
Perez, Antonio 安东尼奥·佩雷斯
Pericles 伯里克利
Perinchief 佩林契夫
Perrault, Charles 夏尔·佩罗
Perrault, Claude 克劳德·佩罗
Perrett, Antoinette 安托瓦内特·佩雷特
Perry 佩里
Perseus 珀尔修斯
Perugia 佩鲁贾
Perugino 佩鲁吉诺
Peruzzi, Baldassare 巴达萨尔·佩鲁齐
Pesaro 佩扎罗
Pesne 潘斯涅
Petrarch 彼特拉克
Petronius 佩特罗尼乌斯
Petty, William 威廉·配第
Peutinger, Conrad 康拉德·波伊廷格
Phidias 菲迪亚斯
Phigalia 菲伽里亚
Philibert 菲利伯特

Philip, Karl 卡尔·菲利普
Philip the Good 好人腓力
Philo 菲罗
Philoctetes 菲罗克忒忒斯
Philostratus 斐洛斯特拉图斯
Phoenicia 腓尼基
Piacenza 皮亚琴察
Piazzetta 皮亚泽塔
Piccolomini, Aeneas Sylvius 埃涅阿斯·西尔维乌·比科罗米尼
Pigalle 皮加勒
Pignatelli 皮尼亚泰利
Piles, de 德·皮雷
Pinas 皮尼亚斯
Pinturicchio 平图利奇奥
Piombo, Sebastiano del 塞巴斯蒂亚诺·德尔·皮翁博
Piraeus 比雷埃夫斯
Piranesi 皮拉内西
Pisanello 皮萨内洛
Pisano, Nicolo 尼科洛·比萨诺
Piscina 皮斯琴纳
Pius 庇护
Piombo, Sebastiano del 塞巴斯蒂亚诺·德尔·皮翁博
Pirckheimer, Willibald 威利巴尔德·皮尔克海默
Platina 普拉蒂纳
Plato 柏拉图
Pliny 普林尼
Plutarch 普鲁塔克
Podestà, Andrea 安德里亚·波德斯塔
Poelenburgh 普伦比尔赫
Poggio 波吉奥
Poisson, Abel 阿贝尔·普瓦松
Poisson, Jeanne-Antoinette 让娜-安托瓦妮特·普瓦松
Poitiers, Diane de 黛安娜·德·普瓦捷
Polignac 波利尼亚克
Poliziano 波利齐亚诺
Pollaiuolo 波拉尤奥洛
Pollio, Asinius 阿西尼乌斯·波利奥
Polo, Marco 马可波罗
Poltava 波尔塔瓦
Polybius 波利比乌斯
Polyclitus 波利克里托斯
Polygnotus 波利格诺托斯
Pomfret 庞弗雷特
Pompadour 蓬巴杜
Pompeii 庞贝
Pompey 庞培
Ponsonby 庞森比
Pöppelmann 珀佩尔曼
Porcari 波卡里
Porta, Giacomo della 雅各布·德拉·波尔塔
Porta, Giuseppe della 朱塞佩·德拉·波尔塔
Porter, Endymion 恩狄弥翁·波特
Portinari 波提纳利
Portland 波特兰
Postel, Guillaume 纪尧姆·波斯德尔
Potsdam 波茨坦
Poussin, Nicolas 尼古拉斯·普桑
Pozzuoli 波佐利
Prado 普拉多
Prague 布拉格
Praemer, Wolf Wilhelm 沃尔夫·威廉·普拉默
Praun, Paulus 保卢斯·普劳恩
Praxiteles 普拉克西特列斯
Pres, Josquin des Pres 若斯坎·德·普雷
Prescott, William H. 威廉·H.普雷斯科特
Prévost, Nicolas 尼古拉斯·布雷沃
Primaticcio 普里马蒂乔
Procopius 普罗科比
Prospettin 普洛斯佩蒂诺
Provence 普罗旺斯
Putnam, Samuel 塞缪尔·帕特南
Putnam, Emily James 艾米丽·詹姆斯·帕特南
Pye 派伊
Pylades 皮拉德斯
Pyle, Howard 霍华德·派尔
Pyrenees 比利牛斯山脉
Pyrrhus 皮洛斯

Q

Quickelberg, Samuel 塞缪尔·奎克伯格
Quijada, Luis de 路易·德·基哈达
Quincy, Quatremère de 夸特梅尔·德·昆西
Quintilian 昆体良
Quirinal 奎利那雷
Quynn, Dorothy Mackay 多萝西·麦凯·奎因

R

Rabelais 拉伯雷
Racine 拉辛
Radnor 拉德诺
Raleigh 罗利
Rambouillet 朗布依埃
Rameau 拉摩
Rameses 拉美西斯
Ramsay 拉姆齐
Ramus 拉米斯
Ranke, Leopold von 利奥波德·冯·兰克
Rastatt 拉施塔特

Rataban 拉塔班
Rauwaert, Jacob Engbrechtsz 雅各布·英格布莱希兹·劳威特
Ravenna 拉文纳
Raymond 雷蒙德
Reade, Brian 布莱恩·里德
Réaux, Tallemant des 塔勒芒·德·雷欧
Rebel 里贝尔
Reichardt 雷查德
Rembrandt 伦勃朗
Renan 勒南
Renata 伦娜塔
René 勒内
Reni, Guido 圭多·雷尼
Reumont, Alfred von 阿尔弗雷德·冯·罗伊蒙特
Reus 雷乌斯
Revett, Nicholas 尼古拉斯·列维特
Reynolds, Joshua 约书亚·雷诺兹
Reynst 雷恩斯特
Rheinsberg 莱茵斯堡
Rhone 罗纳
Riario, Rafael 拉菲尔·里亚里奥
Ribalta 里瓦尔塔
Ribera 里贝拉
Richardson, Jonathan 乔纳森·理查森
Richelieu 黎塞留
Richter, Gisela M. A. 吉塞拉·M. A. 里克特
Ridolfi 里多菲
Rigby, Douglas 道格拉斯·里格比
Rigby, Elizabeth 伊丽莎白·里格比
Rimini 里米尼
Ris, Clement de 克莱门特·德·里斯
Robert, Hubert 休伯特·罗伯特
Robertet, Florimond 弗洛里蒙德·罗伯特
Robinet 罗比内
Rochester 罗彻斯特
Rodez 罗德兹
Roe, Thomas 托马斯·罗伊
Romano, Giulio 朱利奥·罗曼诺
Romano, Paolo 保罗·罗曼诺
Romney 罗姆尼
Romulus 罗穆卢斯
Ronsard 龙萨
Rooses, Max 马克斯·卢瑟斯
Roost, Jean van der 扬·范·德·鲁斯特
Rospigliosi 罗斯皮廖西
Rosselli, Cosimo 科西莫·罗塞利
Rossi, Matteo de 马泰奥·德·罗西
Rosso, Il 伊尔·罗索
Rothschild, Alphonse de 阿方索·德·罗斯柴尔德
Rottenhammer 罗滕哈默
Rotterdam 鹿特丹

Rouen 鲁昂
Rouquet 洛奇
Rovere, Francesco della 弗朗西斯科·德拉·罗维雷
Rovere, Vittoria della 维多利亚·德拉·罗维雷
Rubens, Peter Paul 彼得·保罗·鲁本斯
Rucellai 鲁切拉
Rudolph 鲁道夫
Ruskin 罗斯金
Rustici 鲁斯蒂奇
Ruysdael 雷斯达尔
Ruzzini 鲁兹尼

S

Sacchetti 萨切蒂
Sackville-West 萨克维尔-韦斯特
Sagredo, Giovanni 乔瓦尼·萨格雷多
Sainsbury 塞恩斯伯里
Saint-Cloud 圣克卢
Saint-Germain 圣日耳曼
Saintsbury 森茨伯里
Sallier 萨利尔
Sallust 塞勒斯特
Salviati 萨尔维亚蒂
Salzburg 萨尔茨堡
Salviati 萨尔维亚蒂
Samos 萨摩斯岛
Sandrart, Joachim von 约阿希姆·冯·桑德拉特
Sansovino, Francesco 弗朗西斯科·桑索维诺
Santacroce, Antonio 安东尼奥·桑塔克罗切
Santiago 圣地亚哥
Santos 桑托斯
Sanzio, Raphael 拉斐尔·桑西
Sarto, Andrea del 安德里亚·德尔·萨托
Sassetti 萨塞蒂
Sassi 萨西
Saunier 索涅
Savelli 萨维利
Savonarola 萨沃纳罗拉
Savoy 萨瓦
Scali 斯卡利
Scandinavia 斯堪的纳维亚
Scarlatti 斯卡拉蒂
Scaurus 考卢斯
Schalcken, Godfried 戈德弗里德·沙尔肯
Schedel, Hartmann 的哈德曼·舍德尔
Schiavone 斯齐亚沃尼
Schiller 席勒
Schleissheim 施莱希姆
Schliack 施利亚克
Schliemann 施利曼

Schlosser, Julius von　朱利叶斯·冯·施洛塞尔
Schwarzenberg　施瓦岑贝格
Schwerin　什末林
Scio　希俄斯岛
Scipio　西庇阿
Scopas　斯科帕斯
Scott, Walter　沃尔特·司各特
Seba, Albert　阿尔伯特·西巴
Seine　塞纳河
Seehausen　塞豪森
Seghers, Hercules　赫拉克勒斯·塞盖尔斯
Séguin　塞金
Seignelay, de　德·塞尼雷
Seneca　塞涅卡
Severus, Annius　安尼乌斯·塞维鲁
Severus, Septimius　塞普蒂米乌斯·塞维鲁
Seville　塞维利亚
Sevres　塞夫勒
Seymour, James　詹姆斯·西摩
Sforza, Caterina　卡特琳娜·斯福尔扎
Shaftesbury　沙夫茨伯里
Sicily　西西里
Sidney, Philip　菲利普·西德尼
Sigismund　西吉斯蒙德
Signorelli　西尼奥雷利
Signoria　西格诺里亚
Sigüenza, José de　何塞·德·锡古恩萨
Siloe, Gil de　吉尔·德·西洛埃
Sistina　西斯蒂纳
Situm, Michel　米歇尔·西图姆
Six, Jan　扬·西格斯
Sixtus　西斯笃
Slingelandt, Govert van　霍弗特·凡·斯林格兰
Sloane, Hans　汉斯·隆
Smith, Joseph　约瑟夫·史密斯
Smith, Preserved　普里泽夫德·史密斯
Sobiesld, John　约翰·索比斯尔德
Socius　索希斯
Socrates　苏格拉底
Sodoma　索多马
Solario　索拉里奥
Solimena　索利梅纳
Somers　萨默斯
Somov　索莫夫
Sophocles　索福克勒斯
Soter, Ptolemy　托勒密·索特尔
Soufflot　苏夫洛
Soult　苏尔特
Spada　斯帕达
Spagnoletto　斯帕尼奥莱托
Spencer　斯宾塞
Spenser　斯宾塞

Spinola　斯皮诺拉
Spolatin　斯波拉丁
Spon, Jacob　雅各布·斯庞
Sprague, Allen　艾伦·斯普拉格
Squarcione, Francesco　弗朗西斯科·斯卡拉奇奥
Staël　斯塔尔
Stafford　斯塔福德
Stainville　斯坦维尔
Stark, Karl Bernhard　卡尔·伯恩哈德·斯塔克
Steegmann　斯蒂格曼
Steiermark　施蒂利亚
Stendal　施滕达尔
Stendhal　司汤达
Sterne, Laurence　劳伦斯·斯特恩
Stevenson　史蒂文森
Stirling-Maxwell, William　威廉·斯特林-麦克斯韦尔
Stockholm　斯德哥尔摩
Stoffels, Hendrickje　亨德里克·斯多弗
Stoppi, Niccolo　尼科洛·斯托皮
Stosch, Philipp von　菲利普·冯·施托什
Strabo　斯特雷波
Strada, Jacopo　雅各布·斯特拉达
Strieder, Jacob　雅各布·斯特利德
Strozzi, Filippo　菲利普·斯特罗齐
Strozzi, Roberto　罗伯托·斯特罗齐
Stuart, James　詹姆斯·斯图亚特
Stuart, John　约翰·斯图亚特
Suetonius　苏埃托尼乌斯
Suger　絮热
Suliman　苏利曼
Sulla　苏拉
Sutton, Denys　德尼斯·萨顿
Symonds, John Addington　约翰·阿丁顿·西蒙兹
Syon　塞恩

T

Tacitus　塔西陀
Taine　泰纳
Talleyrand　塔列朗
Taylor, Rachel Annand　雷切尔·安南德·泰勒
Temple　坦普尔
Teniers　特尼尔兹
Tenison　特尼森
Terbruggen　特尔布鲁根
Thebes　底比斯
Theodor, Karl　卡尔·西奥多
Theodosius the Great　狄奥多西大帝
Theophrastus　泰奥弗拉斯托斯
Theresa, Maria　玛丽亚·特蕾西亚
Thiers　蒂耶尔

Thompson, James Westfall 詹姆斯·韦斯特夫·汤普逊
Thonin 索宁
Thornhill, James 詹姆斯·桑希尔
Thou, Jacques-Auguste de 雅克-奥古斯特·德图
Thucydides 修昔底德
Thutmose 图特摩斯
Tibaldi, Pellegrino 佩莱格里诺·蒂巴尔迪
Tiepolo 提埃波罗
Tintoretto 丁托列托
Tiphernias 蒂弗尼亚斯
Tippi 蒂比
Tiridates 梯里达底
Titian 提香
Titus 提图斯
Tivoli 蒂沃利
Tofts, Catherine 凯瑟琳·托夫茨
Toledo 托莱多
Tolentino 托伦蒂诺
Tommaso 托马索
Torlonia 托洛尼亚
Torriano 托里亚诺
Torrigiani, Pietro 彼得罗·托里贾尼
Torrigiano 托里贾诺
Toulouse 图卢兹
Touraine 都兰
Tournai 图尔奈
Tournehem, Le Normant de 勒·诺尔芒·德·蒂奥勒
Tours 图尔
Townley, Charles 查尔斯·汤利
Tradescant, John 约翰·特拉德斯坎特
Trafalgar 特拉法加
Tremayne, Eleanor 埃莉诺·特里梅因
Trent 特伦特
Trevelyan 特里维廉
Trianons 特里亚农
Trieste 的里雅斯特
Trimalchio 特里马乔
Tronchin, François 弗朗索瓦·特龙金
Troy 特洛伊
Troyes 特鲁瓦
Tuileries 杜伊勒里
Tunis 突尼斯
Tura, Cosimo 科西莫·图拉
Turenne 蒂雷纳
Turin 都灵
Tutankhamun 图坦卡蒙
Twain, Mark 马克·吐温
Twickenham 特威肯汉姆
Tyrannion 提兰尼奥

U

Uffel, Lucas van 卢卡斯·凡·乌菲尔
Uffizi 乌菲齐
Ulenborch, Gerrit 格里特·乌伦布罗赫
Ulenborch, Saskia van 萨斯基亚·凡·乌伦布罗赫
Ulrich 乌尔里希
Unamuno 乌纳穆诺
Upsala 乌普萨拉
Urban 乌尔班
Urbino 乌尔比诺
Uruk 乌鲁克
Utrecht 乌得勒支

V

Val de Rueil 瓦德瑞尔
Valckenisse, Philip van 菲利普·凡·沃尔肯尼斯
Valentiner 瓦伦丁纳
Valetta 瓦莱塔
Valle 瓦莱
Valpergues 瓦尔佩格斯
Vanbrugh, John 约翰·范布勒
Vanderdort 范德多特
Vasari 瓦萨里
Vatican 梵蒂冈
Vau, Louis Le 路易·勒沃
Vecchio, Palma 帕尔马·韦基奥
Velasco 贝拉斯科
Velasquez, Diego Rodríguez de Silva y 迭哥·罗德里格斯·德·席尔瓦·委拉斯开兹
Velde, William Van de 威廉·凡·德·维尔德
Velletri 韦莱特里
Vendôme 旺多姆
Vendramin, Andrea 安德里亚·文德拉明
Venice 威尼斯
Venier, Sebastiano 塞巴斯蒂亚诺·维尼尔
Vergil 维吉尔
Vermeer 维梅尔
Vermeyen, Jan 让·佛米恩
Vernet, Joseph 约瑟夫·弗纳特
Veronese, Paolo 保罗·委罗内塞
Verres 维勒斯
Verrocchio 韦罗基奥
Verrue 弗尔吕厄
Versailles 凡尔赛
Vertue, George 乔治·弗图
Vicenza 维琴察
Vicenzo 文森佐
Vien 维恩
Vignola 维尼奥拉

Vignon, Claude 克劳德·维尼翁
Villahermosa 比亚埃尔莫萨
Villamediana 维拉梅迪安那
Villehardouin 维尔阿杜安
Vlillers, George Francis 乔治·弗朗西斯·维利尔斯
Villon, François 弗朗索瓦·维庸
Vincennes 万塞讷
Vindex, Novius 诺维厄斯·文德克斯
Visconti, Giambattista 詹巴迪斯塔·维斯康蒂
Visconti, Ennio Quirino 恩尼奥·基里诺·维斯康蒂
Visconti-Sforza 维斯康提-斯佛扎
Vitruvius 维特鲁威
Vivant-Denon 维旺-德农
Volkmar 沃克玛
Vollard, Ambroise 安布鲁瓦兹·沃拉尔
Volterra, Daniele da 达尼埃莱·达·沃尔泰拉
Vosmaer 沃斯梅尔
Vulcan 伍尔坎

W

Waagen 瓦根
Wackernagel, Martin 马丁·沃克内格尔
Wake, Isaac 艾萨克·韦克
Walden 瓦尔登
Walker, Edward 爱德华·沃克
Wallenstein 瓦伦斯坦
Wellington 威灵顿
Walloon 瓦隆
Walpole, Horace 霍勒斯·沃波尔
Walpole, Robert 罗伯特·沃波尔
Warwick 沃里克
Watteau 华托
Welser, Philippine 菲利皮娜·威尔瑟
Ware 韦尔
Welser, Carl 卡尔·威尔瑟
Wendel 温德尔
West, Benjamin 本杰明·韦斯特
West, Richard 理查德·韦斯特
Westphalia 威斯特伐利亚
Westmacott, Chantrey 钱特里·韦斯特马科特
Weyden, Rogier Van der 罗希尔·范德魏登
Wheler, George 乔治·惠勒
White, Lynn 林恩·怀特
Whitley, William T. 威廉·T.惠特利
Whitlocke 惠特洛克
Wilhelm, Leopold 利奥波德·威廉
Wilhelm, Johann 约翰·威廉

Wilkes, John 约翰·威尔克斯
Wilkie 威尔基
William of Wykeham 威克姆的威廉
Wiltshire 威尔特郡
Winckelmann, Johann Joachim 约翰·约阿希姆·温克尔曼
Windsor 温莎
Wittenberg 维滕贝格
Wittelsbach 维特尔斯巴赫
Wolfenbüttel 沃尔芬比特尔
Wolsey 沃尔西
Wood, Robert 罗伯特·伍德
Woolley, Leonard 伦纳德·伍莱
Worcester 伍斯特
Worsley, Richard 理查德·沃斯利
Wotton, Henry 亨利·沃顿
Wouvermans 伍弗曼
Wouwerman 沃弗曼
Wren, Christopher 克里斯多弗·雷恩
Wright 赖特
Wycherly 威彻利

X

Xanthis 克桑西

Y

Yarborough 亚伯勒
Ypres 伊普勒
Young, Colonel 科内尔·杨
Young, George Frederick 乔治·弗雷德里克·杨
Yuste 尤斯特

Z

Zaccarello, Jiulio Caesare 尤里奥·卡萨雷·扎卡雷洛
Zaragossa 萨拉戈萨
Zinzerling 津泽林
Zoffany 佐法尼
Zoppo, Marco 马可·佐普
Zuccari 朱卡里
Zuccaro, Federico 费德里科·朱卡罗
Zuider Zee 须德海
Zurbaran 苏巴朗
Zweibrücken 茨魏布吕肯